"博学而笃志,切问而近思。"
(《论语》)

博晓古今,可立一家之说;
学贯中西,或成经国之才。

复旦博学·复旦博学·复旦博学·复旦博学·复旦博学·复旦博学·复旦博学

作者简介

孙健敏，博士，中国人民大学劳动人事学院教授，博士生导师。美国纽约州立大学管理学院兼职教授，香港浸会大学商学院、中国人民大学商学院、中山大学商学院兼职教授，曾留学美国、加拿大、澳大利亚，出访英国、法国等。主要研究领域为组织设计与人力资源管理制度、人员素质测评理论与技术、领导艺术与素质模型、激励理论、管理技能开发与评价等。先后主持或参与了国家自然科学基金项目、社会科学基金项目、教育部基金项目、"211工程"项目、国际劳工组织项目、国际合作项目以及多家政府机构的委托项目等，在《管理世界》、《经济理论与经济管理》、《南开管理评论》、《社会学研究》、《人类工效学》、《中国人力资源开发》等刊物上发表50多篇学术论文，主持编写或翻译出版了《人力资源管理》、《组织与人力资源管理》、《创造性问题解决》、《管理中的沟通》、《管理技能开发与评价》、《人力资源管理》、《管理学》、《组织行为学》等著作20多部。提出了"人才流动的社会协同论"、"绩效的三维结构"、"绩效影响因素的四维度模型"、"企业变革的7阶段模型"、"三维的领导理论"等。兼任国内多所大学的EMBA课程的主讲和多家企业的管理顾问，先后为中国电信集团、青岛颐中集团、招商银行、宁波大红鹰集团等近百家企业提供管理咨询。

李原，博士，中国社会科学院社会学所助理研究员，美国卡耐基－梅隆大学管理学院访问学者。主要研究领域是中国员工的心理契约，印象管理，激励理论与方法，领导，工作与家庭冲突等。主持和参与了多项国家课题和社科院课题，发表"员工心理契约的结构"、"心理契约违背的形成过程"等多篇学术论文。主持编写和参与翻译了《管理学》，《人力资源管理》，《组织中的印象管理》，《哈佛商业评论：变革》，《组织中的沟通》，《动机理论与实践》等多部著作和教材。兼任多所大学研究生课程和高级管理人员培训讲师，先后为十多家企业提供管理咨询。

丛书编辑委员会

主　任　曾湘泉

委　员　（按姓氏笔画排序）

文跃然　孙健敏　刘子馨　刘尔铎　萧鸣政

苏荣刚　郑功成　徐惠平　彭剑锋

总策划

文跃然　苏荣刚

组织行为学

中国最有影响和最具实力的人力资源院校

中国人民大学劳动人事学院组织编写

复旦博学
21世纪人力资源管理丛书

编著 孙健敏 李原

复旦大学出版社
www.fudanpress.com.cn

内容提要

本书是高校人力资源管理、劳动经济、经济管理等专业的基础课教材。全书包括第一部分导论：第一章什么是组织行为学、第二章组织行为学的历史沿革；第二部分个体行为：第三章能力、人格与学习、第四章价值观、态度与工作满意度、第五章情绪与工作压力、第六章知觉、归因与印象管理、第七章动机概念与应用、第八章个体决策；第三部分群体行为：第九章群体行为、第十章团体建设、第十一章人际沟通、第十二章领导；第四部分组织行为：第十三章权力与政治、第十四章组织文化、第十五章组织变革与发展。每章均附学习要点、相关案例与思考题，以引导学生把握书中的重点、难点内容，同时增进学生对组织行为学理论与实践的了解与理解。本书适合高校人力资源管理、劳动经济、经济管理等专业师生作为教材使用，也可作为企业高层管理者和人力资源主管的参考书。

总 序

时间过得飞快！从1991年12月红旗出版社正式出版《中国人民大学劳动人事学院系列教材》至今，12个年头已经过去了。中国的政府、企业和其他非赢利组织对劳动科学，特别是对人力资源管理的认识，可以说发生了翻天覆地的变化。当时，人力资源管理在国内还处于无人知晓的阶段，所以到了1993年我们首次将人事管理专业改成人力资源管理专业后，在招生时竟发生学生家长误以为，学人力资源管理是搞计划生育的笑话。今天，战略性人力资源管理、薪酬制度、绩效管理、E-HR、素质模型等，几乎成为媒体出现频率最高的词汇。可以说，历史上从来没有像我国今天这样，社会各个层面的人们，特别是从事实际工作的各个组织的高级管理者，对人力资源管理理论和实践的关注达到了前所未有的程度。加入WTO后，经济的全球化大势所趋，企业面临更加激烈的来自国内外的竞争，对人才的吸纳、维系和激励，即对人力资源管理的需求迅速上升，最终派生了对人力资源管理知识的巨大需求。

回顾十多年的教学和人才培养所走过的道路，我们对人力资源管理学科的认识也在不断提升。从20世纪80年代起，我们大胆学习和借鉴了以美国为代表的发达市场经济国家的人力资源管理的理论、技术和方法。当年，在赵履宽院长的领导之下，我们学院积聚了一批具有市场化和国际化意识的教师，敢于抛弃前苏联劳动学科体系，大胆提出发展中国劳动力市场，积极推动运用现代人力资源管理理论、技术和方法，解决我国企业面临的"人"的实际问题的理论观点和做法。20世纪90年代中期以后，在引进发达国家人力资源管理理论和技术的同时，我院的一批教授，通过对国内大量企业的管理咨询，体验企业的人力资源管理和变革的活动，增加了对我国人力资源管理现实问题的理解和认识，使我院在历史上曾被称之为"以市场经济理论见长"而"实际管理操作不足"，得到了根本的弥补，并且很快成为一个新的亮点。这为今天我们静下心来，总结我国人力资源管理实践，采集我国企业人力资源管理的案例，编写既有国外先进的理念和知识，又贴近我国企业现实的人力资源管理教科书，无疑打下了很好的基础。今天摆在您面前的这一套人力资源管理的系列丛书，可以说是真实地反映了20世纪90年代以来，我国人力资源管理理论和实践发展的脉络，从一个侧面，展示了劳动人事学院教师们多年来吸收和消化国外理论、技术和方法，以及实践活动探索的路径和轨迹。

如果说，本套丛书有着一些特点的话，我以为可归结为如下几点。

首先是它的理论性。管理，包括人力资源管理，常常被视为只是一套具体的技术，而缺乏理论。无论从西方的管理学说或东方的管理思想的演变，人们常常得到的感觉是表达和说法层出不穷，而最终缺乏一致的范畴和分析的框架。正如国外的一位学者所言，人力资源欠缺适切的核心理论。在整个人力资源管理学科教材体系设计过程中，在强调基础学科内容的训练，强化经济学、心理学、管理学和法学等学科之间的融合的同时，从整个教材体系搭建到每一本教材内容的安排，我们都试图做出努力，尽可能地减少和避免这一不足。在本丛书中，突出了《劳动经济学》、《组织行为学》等基础理论分量较重的教材。

其次，我们也考虑到了尽可能地向读者提供系统性的知识。这主要体现在两个方面：一是尽最大可能从整个人力资源管理流程，如招聘、培训、薪酬和考核等所需要的教学内容出发，以更加细化的方式加以完整体现，使人力资源管理专业的学生，能全面地对人力资源管理流程中的各个环节、接点，有深入的理解、认识和把握；二是试图从理论到实践、从经济到文化、从国外到国内，给学生提供一种尽可能全面的、也是新颖的透视和观察的角度。

技术性和操作性较强也是本丛书的一个特点。当前，人们对人力资源管理的学习热情持续升温，国内近百所院校都开设了人力资源管理专业，培养专业的人力资源管理学生。有数以万计的在职人员，积极申报由国家劳动和社会保障部颁发的人力资源专业资格证书的考试。光顾各大书店，人们对现代人力资源管理知识的需求上升，我们也能不断目睹新的人力资源管理方面的教科书应运而生，但总体而言，符合国际通行的人力资源管理理念、技术和操作规范，又能适合我国国情的教科书尚不多见。目前已出版的教科书，明显存在着两方面的问题：一是简单拷贝国外已有的教材，其内容几乎与国外教科书完全相同，甚至所有案例都无一例外来自国外。另外一个问题是，大量的概念和一般知识介绍有余，实际操作的技术和方法介绍不足，甚至可以说是极端缺乏。与此相比，由于劳动人事学院教师团队，多年来企业管理咨询的实战经验的积累，为编写这种实际操作性较强的教科书打下了一定的基础，在一定程度上弥补了这些缺陷。本套丛书，在所撰写的教材中，从技术、方法和国内所选择的案例，充分反映了我们对国际人力资源管理技术的理解和运用，乃至于一些新的知识和技术的特点，这将在一定程度上，较好地满足当前人力资源管理专业人士的实际需求。

当然，我们也毫不忌讳地承认，本套丛书中的不同教材，包括一本教材中的不同章节的质量，也参差不齐。最重要的是，一个国家的一本教材，深刻地反映了一个国家该学科领域研究的真实水平和发展的状况。坦率地讲，无论是经济学还是管理学，甚至是整个社会科学，国内学术界与国际学术界的学术规范和研究前沿相比，仍存在着一定的差距和不足。一套教材不可能超越目前国内学者对人力资源管理领域现有研究状况，特别是对现有知识系统的贡献的程度。不过，这也并不妨碍本套丛书的特点，更不能否认如下这一点：这里的大部分教材，都是我们教师群体"用心"体会、独立思考完成的成果。

成立于1983年的中国人民大学劳动人事学院，今年迎来了它成立20周年的喜庆日子。《复旦博学·21世纪人力资源管理丛书》的出版，也是带给我院成立20周年的一份献礼。感谢我院人力资源管理系主任文跃然副教授的策划，复旦大学出版社副总编刘子馨先生、副编审苏荣刚先生的鼎力支持。还要感谢人力资源管理系硕士生朱玲玲同学在丛书编辑过程中的辛勤付出。学院老师和出版社共同努力来出版这一套教材，让我写下这一段算是"序"的文字。我们相信，这套丛书的出版，将会推动我国人力资源管理的教学、科研及管理实践活动的健康发展。希望如Arthur K. Yeung 和 Kenneth J. Dewoskin在"亚洲国家的人力资源管理发展"一文中所指出的那样，"展望未来，我们相信当亚洲或拉丁美洲等地区受到更多专家学者的关注之后，终将出现以亚洲或南美洲为主的人力资源理论与措施。"

中国劳动学会副会长
中国劳动学会劳动科学教学分会会长
中国人力资源开发研究会副理事长
中国人民大学劳动人事学院院长
博士生导师

曾湘泉
2003年7月7日于中国人民大学资料楼323室

目录

第一篇 导 论

第一章 什么是组织行为学 ... 3

- 学习目标 ... 3
- 开篇案例 ... 4
- 第一节 组织与管理的基本概念 ... 4
- 第二节 组织行为研究是组织管理的基础 ... 20
- 第三节 组织行为学的学科体系 ... 25
- 第四节 组织行为学的分析模型 ... 27
- 本章小结 ... 33
- 复习思考题 ... 33
- 案例 "转盘"方案 ... 34

第二章 组织行为学的历史沿革与研究方法 ... 37

- 学习目标 ... 37
- 开篇案例 ... 38
- 第一节 早期实践 ... 40
- 第二节 古典理论时代 ... 41
- 第三节 行为学派时代 ... 46
- 第四节 组织行为学的今天：权变的观点 ... 50
- 第五节 组织行为学的研究方法 ... 51
- 本章小结 ... 59
- 复习思考题 ... 60

| 60 | 案例 原因何在？ |

第二篇 个 体 行 为

65	**第三章 能力、人格与学习**
65	学习目标
66	开篇案例
67	第一节 能力
73	第二节 人格
80	第三节 学习
86	本章小结
86	复习思考题
87	案例 人才测评——让人才各得其所

89	**第四章 价值观、态度和工作满意度**
89	学习目标
90	开篇案例
91	第一节 价值观
105	第二节 态度
115	第三节 工作满意度
122	本章小结
123	复习思考题
123	案例 三联软件公司

125	**第五章 情绪与工作压力**
125	学习目标
126	开篇案例
127	第一节 情绪
134	第二节 工作压力
145	本章小结
146	复习思考题
146	案例 许君是否该辞职？

148	**第六章　社会知觉、归因与印象管理**	
148	学习目标	
149	开篇案例	
150	第一节　知觉与社会知觉	
158	第二节　归因	
162	第三节　印象管理	
167	本章小结	
168	复习思考题	
168	案例　苹果电脑公司的史蒂夫·乔布斯	
170	**第七章　动机概念与应用**	
170	学习目标	
171	开篇案例	
172	第一节　什么是动机	
173	第二节　内容型动机理论	
180	第三节　过程型动机理论	
185	第四节　动机的整合模型	
186	第五节　动机理论的应用	
189	本章小结	
189	复习思考题	
190	案例　上海浦东大众公司的员工持股计划	
192	**第八章　个体决策**	
192	学习目标	
193	开篇案例	
194	第一节　个体决策的基本要素	
199	第二节　基本的决策过程模型	
210	第三节　决策偏差	
212	本章小结	
212	复习思考题	
213	案例　鲍勃·鲁兹的直觉决策	

第三篇 群体行为

217　第九章　群体

217	学习目标
218	开篇案例
219	第一节　群体的基本概念
223	第二节　群体行为的解释
239	第三节　群体决策
244	本章小结
245	复习思考题
245	案例　我的新伙伴

247　第十章　团队建设

247	学习目标
248	开篇案例
249	第一节　团队的含义
251	第二节　团队运作分析
260	第三节　有效的团队管理
266	第四节　把自己塑造成为优秀的团队成员
270	本章小结
270	复习思考题
270	自我评估练习　别人是否认为我可以信赖？
271	案例　高绩效团队的困惑

273　第十一章　人际沟通

273	学习目标
274	开篇案例
275	第一节　沟通概述
281	第二节　开发有效的沟通
290	第三节　有关沟通的当前问题
294	本章小结
295	复习思考题
295	案例　芒克的震惊

297	**第十二章 领导**
297	学习目标
298	开篇案例
299	第一节 领导与领导者
303	第二节 领导的行为理论
307	第三节 领导的权变理论
316	第四节 关于领导的最新观点
322	第五节 领导班子的结构
324	本章小结
324	复习思考题
325	案例 惠普CEO——卡莉·费奥利那

第四篇 组织行为

329	**第十三章 权力和政治**
329	学习目标
330	开篇案例
330	第一节 权力概述
337	第二节 权力、权威、权术和影响力
340	第三节 组织政治
347	本章小结
348	复习思考题
348	案例 加拿大戴亚米公司

350	**第十四章 组织文化**
350	学习目标
351	开篇案例
353	第一节 什么是组织文化
360	第二节 组织文化的功能
363	第三节 组织文化的创造、维系与传承
369	第四节 组织文化的分析和测量
381	本章小结
382	复习思考题

382	案例 3M 的管理哲学

388　第十五章　组织变革与发展

388	学习目标
389	开篇案例
390	第一节　组织变革的基本概念
408	第二节　影响变革的因素
412	第三节　实施组织变革
415	第四节　组织发展
423	本章小结
424	复习思考题
424	案例　科龙地震

427	**参考文献**

440	**后记**

第一篇 导论

Organizational Behavior

第一章

什么是组织行为学

【学习目标】
　　学完本章后,你应该能够:
 1. 熟悉组织的概念和特点;
 2. 理解组织的系统观;
 3. 了解组织有效性的概念及其评价指标;
 4. 熟悉管理的概念和功能;
 5. 理解管理者的角色及其对组织的支持功能;
 6. 陈述有效管理者所应具备的资质;
 7. 熟悉组织行为的概念,理解组织的行为系统及其几种模式;
 8. 清楚组织行为学的学科体系;
 9. 陈述组织行为学的分析模型;
 10. 掌握组织行为学对组织管理的意义和作用。

【开篇案例】

大张的问题

大张是鸿运机械制造厂的工程师,从事技术开发工作已有7年历史。他的业务水平在厂里是人人称道的。大张为人正派,工作作风踏实,与上级和下属的关系也都十分融洽。最近,厂领导任命他为技术开发部经理,以接替退休的前任,同时也是对大张以前工作的肯定。由于大张在技术开发工作中的出色成绩,领导对他担任经理抱有很大希望。大家也希望他在经理的岗位上能做出像他干工程师一样出色的成绩来。

上任后,大张感到心中没底。以前他对管理工作从来不关心,总想靠自己的技术吃饭。加之他又是个不愿与人打交道的人,因此,大张多少有些不安。为了尽快适应新的职位,大张工作十分投入,他不仅以身作则,身先士卒,要求下属做到的自己先做到;而且主动帮助下属干好他们的工作。只要他发现下属的工作有问题,他就会替他们纠正,从中获得的成就感和权威感使大张很满意。前3个月,大张工作顺利,各方面也都配合,他自己信心十足,决心不辜负领导和同事的厚爱。

可是,最近的情况发生了变化,大张遇到了几个棘手的问题。

首先,部门内部员工的积极性不像以前那样高涨了。有时工作任务分派不下去,分派下去后大家也是在应付,只有大张在场时大家还能干点活,大张一离开,员工就开始休息。下属对他不像以前那样热情了,看得出来,大家有回避他的倾向。

其次,员工之间出现了矛盾,老员工倚老卖老,新员工自以为是,相互推诿责任,互不服气。双方都到大张这里告状,弄得大张不得不为这些人为的关系而伤透脑筋。

再次,他所在的部门与其他部门也出现了矛盾,其他部门把没完成工作任务的责任都推到他这个部门,虽然大张很清楚,这不是他的责任,但在中层管理干部会议上,其他部门的经理好像商量好了一起来"对付"他,大家都在埋怨或指责他的部门。

最后,他自己的工作越来越复杂,很多事情都要自己去做,忙得不亦乐乎。令他百思不得其解的是他做得越多,越辛苦,下属好像越不买他的账,再加上工作繁杂,头绪混乱,他自己脾气变得越来越坏,而领导也开始对他的工作有看法了。

第一节 组织与管理的基本概念

你怎么看待大张的问题?要解决大张的问题需要哪些知识和技能?这样的问题也许看起来很普通,仔细一想好像也很复杂,不是那么容易回答的。但是,当你读完本章,当你学完本书,笔者相信你的看法就会改变了。这本讨论组织行为的书,就是要告诉你为什么会出现这样的问题以及如何处理这样的问题。

大张的问题是发生在组织中的,那就让我们先从组织开始吧。

一、组织

任何社会都是一个组织的社会,尤其是现代社会更是如此。人们的生活不是彼此互不相干的,而是充满了人与人之间各种形式的交往互动,这就是我们通常所说的"社会生活"。组织既是社会正常运行的基本单位,又是人们进行交往互动的环境和框架。我们的学校是一个组织,学校里的一个学院是一个组织,一个村委会是一个组织,还有政府、工厂、企业、社团等等都是各种各样的组织。组织由一些个体组成,很多组织又组成了社会。

1. 组织的定义

管理学家们提出了很多关于组织的理论,这些理论从不同的角度看待组织,比如,有的从组织结构方面;有的从组织形态方面;有的从组织行为方面;有的又从组织控制方面等去理解组织,因而他们对组织概念也有不同的解释。

我们常常把"组织"作动词用,指有目的、有系统地把人们集合起来,如组织群众,这不是我们的书名"组织行为学"中"组织"的含义,不过也是管理的一种职能,我们会在后面提到;"组织"作名词时,是指按照一定的宗旨和目标建立起来的集体。

作为名词的"组织"也有广义和狭义之分。

在广义上,组织是指很多要素按照一定方式相互联系起来的一个系统。系统论、控制论、信息论、耗散结构论和协同论等,都是从不同的侧面研究这样的系统的。这时,组织和系统是同等程度的概念。我们在生物学中说的"皮下组织、肌肉组织"就是用的这个概念;动物的群体组织,如一群蜜蜂也是一个以蜂王为核心、秩序井然、纪律严明的群体,是一种组织。

在狭义上,组织就是指人们为了实现一定的目标,运用知识和技能互相协作结合而成的具有一定边界的集体或团体,如党团组织、工会组织、企业、军事组织等等。这时我们提到"组织"就是特指人群了。组织是社会的细胞和基本单元,是社会运行的基础。本书所要研究的组织是指狭义的组织。

组织是如何产生的呢?很多学者给出了不同的解释。以原始人打猎为例,由于他们没有"先进"的器具,又没有猛兽的尖牙利爪,所以一个人打猎很难成功。经过多年实践,他们发现集体打猎效果很好,并且发现听从一个人的指挥比乱哄哄地乱打更好,于是就共同选出一位能干的人当首领,其他的人听他指挥,这就是最原始的组织。于是,有人得出这样一个结论:由于个人有所期望,但又无力实现这一期望,往往需要和他人相互依存,相互合作,联合起来,共同行动,创造群体合力。后来这也成为组织形成原因的一种解释。有人甚至用《出埃及记》的故事来解释这种人类社会的现象。

2. 组织的特点和分类

组织的形式各不相同,它们的共同特点是什么呢?

首先,组织是由个人和群体组成的。

从直观的角度看,当我们谈论组织的时候,一般人更容易想到的是代表组织的一些象征,例如建筑物、产品、服务或组织的名字等。实际上,所有这些都不是组织的根本特征。组织的根本特征是人,正是由于人的存在,才使组织具有了生命的意义。我们不会把一个没有人在其中工作的楼房称为组织,我们也不会把一个只有机器和设备而没有人的车间称为企业。相反,我们可能把一群人称为一个组织——即使他们没有正式的办公地点,但他们有共同的目标,有一致的行为,甚至相同的观念。所以,组织是由人组成的,没有人便没有组织。

其次,组织有自己的目标。

组织的存在一定是为了某个目标的实现。当一个目标仅靠一个人无法完成时,组织就出现了。企业组织的存在是为了向顾客提供产品或服务,学校组织的目的是为人们提供教育,医院组织是为人们提供健康服务。所以,组织目标是组织存在的第二个重要特征。

最后,组织通过专业分工和协调合作来实现目标。

组织的存在是由于个人不能完成所有的活动功能,而这些功能和活动对于实现其目标又是必需的。为了完成这些活动或功能,组织中的人就需要有所分工,每个人或一部分人都在实现复杂目标的过程中承担一部分工作或任务。一旦工作被分割开来,每个人就在做自己专业化的工作,组织就需要一定的方法来协调组织成员的活动,以保证我们能够最终实现组织的目标。

对于众多的社会组织我们可以按不同的标准给它们分类。

按组织的规模可分为小型组织、中型组织和大型组织。比如,同是企业组织,就有小型企业、中型企业和大型企业;同是医院组织,就有个人诊所、小型医院和大型医院;同是行政组织,就有小单位、中等单位和大单位。按组织规模进行分类是具有普遍性的,它只是对组织现象的表面认识。

按组织的社会职能不同可分为文化性组织、经济性组织和政治性组织。文化性组织是一种人们之间相互沟通思想、联络感情、传递知识和文化的社会组织,各类学校、研究机关、图书馆、艺术团体、博物馆、展览馆、报刊出版单位、电视台等都属于文化性组织。文化性组织一般不追求经济效益,属于非盈利组织。而经济性组织是一种专门追求社会物质财富的社会组织,它存在于生产、交换、分配、消费等不同领域,工厂、工商企业、银行、财团、保险公司等社会组织部属于经济性组织。政治性组织是一种为了某个阶级的政治利益而服务的社会组织,国家的立法机关、司法机关、行政机关、政党、监狱、军队等都属于政治性组织。

按组织内部是否有正式分工关系可分为正式组织和非正式组织。如果一个社会组织内部存在着正式的组织任务分工、组织人员分工和正式的组织制度,那么它就属于正式组织;反之,则是非正式组织。非正式组织可以是一个独立的团体,比如学术沙龙、文化沙龙、业余俱乐部等,也可以是一种存在于正式组织之中的无名而有实的团体。这是一种事实上存在的社会组织,这种组织现在正日益受到重视。在一个正式组织的管理活动中,应特别注意非正式组织的影响作用。对这种组织现象的处理,将会影响到组织任务的完成和组织运行的效率。

3. 组织的系统观

(1)组织是一个整体,它由要素组成。

从广义上来讲,组织是一个系统,要研究组织,就需要分析组织的要素。组织的系统观是20世纪60年代以后提出的,它首先强调组织中各要素的相互作用和相互依存的关系。组织作为一个整体如果要有效运作,其中的每一个要素就必须依赖其他的要素。在组织中,我们可以看到拥有不同技能和专长的人分别在为他们所负责的任务而工作,而组织结构则是协调所有成员不同活动的基础。

(2)组织与其外部环境之间发生相互作用。

组织不是生活在真空中,而是受到其所处环境的社会、政治、经济、文化环境的影响,并在这些环境之中从事实现自己目标的活动。如图1-1所示,组织与环境间的作用主要有以下两个方面:

首先,组织要从环境中获得投入,也就是资源,例如资金、劳动力、原材料等等。如果一个组织不能吸引优秀人才,就不可能使组织存在下去;如果一个组织无法获得必需的原材料或必要的资金,也就无法为社会提供产品或服务。

组织对环境依赖的第二个方面是为环境提供产出,无论是产品或服务,都需要有购买者,如果组织提供的产品或服务没有需求者,那么组织也就难以生存下去。同样,只要环境中有人需要组织所提供的产品或服务,组织就能生存下去。

组织的作用就在于通过转换投入和产出的关系或形态,实现组织的目标。

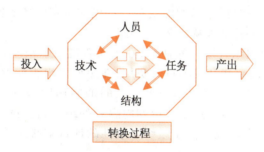

图1-1 组织的系统观

因此,组织的系统观强调组织必须掌握关键的影响因素、把握因素之间的相互依存关系并认识组织所处的环境。为了更有效地完成转换过程,组织内部必须通过人员的有效配置、技术的有效利用、结构的有效协调来保证其相互依赖的关系,通过调整组织与环境相适应,有效利用环境资源,来保证组织的正常发展。

(3)切斯特·巴纳德(Chester. Barnard,1938)认为,社会的各级组织都是一个协作的系统,它们都是社会这个大协作系统的子系统。这些协作组织是正式组织,都包含三个要素:协作的意愿、共同的目标和信息联系。

一个协作系统是由相互协作的许多人组成的。个人可以对是否参与某一协作系统做出选择,这取决于个人的需要、目标和愿望,组织则通过其影响和控制的职能来协调个人的行为和动机。对于个人目标和组织目标的不一致,巴纳德提出了有效性和能率两条原则。当一个组织系统协作得很成功,能够实现组织目标时,这个系统就是有效的,它是系统存在的必要条件。系统的能率是指系统成员个人目标的满足程度,协作能率是个人能率综合作用的结果。这样就把正式组织的要求同个人的需要结合起来,这在管理思想上是一个重大突破。

4. 组织的有效性

组织行为研究的根本目的是要提高组织的有效性。是什么因素使得有的组织绩效卓越,成长快速,而有的组织却绩效不佳、停滞不前甚至最终衰亡呢? 如何解释国内近年来出现的"明星变流星现象"? 为什么一些公司成立之初快速发展,赢利水平不断提高,但在经过了短暂的辉煌之后,却顷刻间销声匿迹了?

如果我们把那些绩效卓越、经久不衰、长期保持稳定的成长速度的组织称为有效的组织,那么我们就希望找出这些有效的组织所共同具备的特征。换言之,我们要评价一个组织是否有效,需要衡量哪些因素或指标呢? 对于企业组织,衡量绩效最明确的指标之一是利润。而对于非赢利组织,就找不到这种一般性的指标,考核学校、博物馆、政府机构、慈善组织的绩效是比较困难的,常需要根据不同的组织特点和功能来确定。

(1) 如何评价组织的有效性。

对一个组织有效性的评价在很大程度上取决于评价者的角度和立场,评价的时间范围,以及所使用的评价标准。

① 评价角度。不管在组织内部还是外部,不同的个人和群体会把重点放在组织绩效的不同方面。因此便产生了对组织有效性评价的不同结论。例如,股东和投资者更多根据利润增长和生产率来评价组织的有效性。而组织的管理人员可能比较强调组织的适应性和创新以及提供产品的质量方面,或员工的满意度方面。同时,组织内的一般员工则主要关注组织如何对待自己,组织能给他们提供多少报酬等。因此,不能简单地说一个组织是否有效,要看是什么人从什么角度评价。

② 时间范围。对组织有效性的评价,在很大程度上取决于评价有效的时间周期。例如,通过削减维修、研究和开发项目的费用,在短期内组织能够增加利润。但这样的做法在长期内会对组织的健康运作产生重大的抑制作用,阻碍组织的健康成长。因此,如果从长远的角度看问题,这个在短期内赢利的组织,很可能被评价为一个创新和适应性不高的组织。所以,任何关于组织有效性的评价都必须清楚地说明是在什么时间范围内。

③ 评价标准。当我们运用上面提到的指标来评价一个组织的有效性时,究竟达到什么标准为好呢? 组织有效性的评价取决于我们选择的标准,一般来说,评价组织有效性的标准可能来自三个方面。第一个标准是生产同样产品或提供同样服务的其他相似公司的绩效。例如,中国银行可以与中国工商银行进行比较,或者与美国花旗银行进行比较。第二个标准是组织过去的绩效水平。在快速增长的行业中,例如 IT 行业,如果一家公司在前几年的规模是以 50% 以上的速度增长,那如果它在某一年度的增长速度是 20% 也会被认为是业绩不佳。第三个标准是根据组织的期望或计划达到的绩效水平来判断,这是组织自身的绩效目标。如果一个组织确定的目标是销售额增长 10%,而实际上它的销售额增长是 20%,那就是非常有效的,而如果其销售额增长是 8%,那就是效率低下了。

2001 年的联想集团就面临了这样的局面。当年联想集团的销售增长率是 20%,利润增长率是 50%,但公司还是采取了重大措施来进一步提高组织的运作效率。原因是公司没有达到集团年前制定的战略目标。

(2) 评价组织是否有效的指标。

不同的组织功能不同,也需要不同的评价指标。下面我们主要以经营型组织和学校为例讨论组织的有效性。

斯坦利·E·西肖尔(Stanley E. Seashore)是美国经济学家和社会心理学家,他提出了衡量企业组织效果的各种评价指标及其相互关系的金字塔型的层次结构（Seashore，1967）。

位于塔顶的是最终指标。它们反映了有效地运用环境资源和机会以达到其长期和正式目标的程度。

位于金字塔中部的是一些中间指标。这些指标是较短期的经营效益影响要素或参数，其内容不超出最终指标的范围，它们可以称作结果性指标。这些指标的度量值本身正是企业要追求的成果。对经营型组织来说，在这一层次上的典型指标或变量包括：销售额、生产效率、增长率、利润率、职工满意度、用户满意度。

位于塔底的是一些对组织当前的活动进行评价的指标，这些指标大体上反映了顺利和充分实现上述各项中间指标所必需的前提条件。对经营型组织来说，在这一层次上的硬指标可能包括：次品数量、短期利润、生产进度、设备停工时间、加班时间、员工士气、企业信誉、内部沟通的有效性、缺勤率、员工流动率、群体内聚力、顾客忠诚等等。

西肖尔提出的层次系统对评价组织效果具有很大意义，不足之处是没有把企业作为一个开放的系统进行考虑。

需要说明的是，如果我们根据上面所列举的全部要素去评价一个组织，很可能任何组织都不能算是有效的，因为这些指标相互之间可能存在一定的冲突。例如，为了增加利润或提高生产率，企业可能会采取裁员或降低工资的办法，这样必然导致员工的不满或抱怨，使员工满意度降低。为了不断推出新产品或新服务，企业可能会在新产品开发方面投入大量资金，从而使得利润降低（至少在短期内如此）。

关于组织有效性的研究，不仅关注企业组织，也关注其他类型的组织。显而易见，评价政府的有效性和评价企业的有效性根本不同。而不同的非经营组织，它们的有效性的评价指标是有很大差异的。卡麦隆（Cameron，1978）通过访问大学校级领导，归纳出9个独立的评价大学有效性的维度，如表1-1所示。这些维度的共同特征是强调主观评价和满意度，关注学生、教师、行政人员以及整个组织。

表1-1　高等教育机构组织有效性的评价维度

1. 学生对教育的满意度
2. 学生的学术进步幅度
3. 学生的职业发展
4. 学生个人的发展
5. 教职工对工作雇佣关系的满意度
6. 教师的质量和职业发展
7. 系统的开放性和与社区的互动
8. 获得资源的能力
9. 组织的健康

很明显，这些维度与西肖尔的评价指标有很大差异。我们虽然不能得出结论说卡麦隆的评价维度是很完善的，但至少有一点很明确：不同组织的有效性，其内涵是不同的。对一个组织的有效性的评价，涉及到很多因素。目前关于组织有效性评价指标的研究，普遍存在这样几个缺陷：第一，组织有效性与评价指标之间的关系没有具体说明。第二，一般只考察每个指标的有效性，对不同指标之间可能存在的关系或矛盾没有进行分析。

第三,没有区分有效性的决定与结果的差异,即对过程与结果没有进行区分;忽视了时间因素。第四,在解释指标信息的时候没有体现组织中不同部门的差异。尽管如此,对组织有效性的有关研究还是给我们提供了分析问题的有益启发。

(3)组织有效性的影响因素。

一个组织的有效性受很多因素影响。概括地讲,所有的影响因素可以归纳为以下四个方面:环境因素、组织因素、员工因素和管理实践(Anord. Hill. J, Feldeman. Danier. C, 1990)。

组织外部环境的影响。组织面临的外部环境可能会在以下几方面发生变化:可预测性,例如,组织的原材料供应的稳定性如何,消费者的需求水平如何,行业政策的稳定性如何等;环境的复杂性,例如组织要与多少不同的群体、机构、消费者、供应者打交道;外部竞争环境,例如是否有直接的竞争对手,人们是否接受这个公司的存在,本地或社区是否喜欢这个组织等。

组织因素的影响。组织的结构与部门划分是否合理,职能分工是否恰当,不同部门和职能是否能有效协调,组织所拥有的技术水平以及能否有效地利用新技术,组织结构是否反映了所用技术的内在要求,组织的设计对组织规模是否合适,是否有利于组织的成长,组织处于什么发展阶段等。

组织成员特点的影响。组织拥有什么样的员工,就可以成就什么样的事业。员工是否拥有高效工作所必需的技能,员工个人的目标与组织的目标是否一致,员工是否有强烈的动机去做好自己的工作,员工对组织是否认同,员工是否受到有效的激励去出色地完成自己的工作等。

组织的管理实践对组织有效性的影响,表现在组织的管理政策和制度是否有利于组织的健康发展,信息沟通是否充分,领导方式是否合适,决策是否正确,报酬制度能否保证员工的全身心投入等。(参见图1-2)

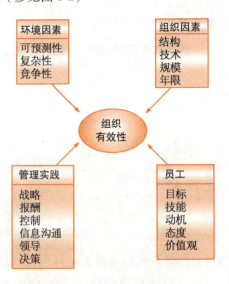

图1-2 组织有效性的影响因素

二、管理

1. 什么是管理？

管理的实践同人类历史一样悠久。但真正对管理进行科学系统的研究，发端于现代的西方社会。值得提醒我们自己的是，管理并不实际存在。这是一个词语，是一种思想。就像科学、政府、工作一样，管理是个抽象的概念。但是，管理人员是存在的，他们可不是抽象概念，他们是活生生的人，是特殊和特别种类的人。他们是具有特殊作用的人，他们领导、推动其他人和发掘其他人的潜力（理想）。美国管理学家卡斯特和罗森茨威克说："我相信这一点，这是我全部生活经验所给我的教育。管理工作是一切人类活动中最广泛的、最苛求的活动，毫无疑问，它也是最全面、最敏锐的活动，并且是最重要的活动。"（卡斯特，罗森茨威克，2000）

很不幸，就管理学来说，我们迄今还没有一套可以适用于所有情况下的理论。对某种问题来说，某一个方法可能比其他的方法较为有用。由于没有一种通用的管理理论，管理者就必须熟悉一些已有的主要理论，然后针对各种不同的情况灵活运用。

正如任何有用的理论一样，管理理论本身不是一个终极的目标。它只是提供给管理人员一个工具以增加其管理的效能或效率。管理人员如熟知现代的管理理论，其管理方法便可适应时代潮流，自己也不被历史所淘汰。不幸的是，一些过去很成功的管理人员，在时代改变后仍执著于与现代情况脱节的管理理论与方法，甚至对管理理论一无所知，完全凭借经验或"跟着感觉走"。在市场经济越来越规范、全球性竞争日益加剧的现时代，无论对于企业还是对于管理者个人，这种现象都是极为有害的。熟悉和了解管理理论，可以结合自己的工作实际，调整工作方法，制订更加有效的工作方针。关于"管理究竟是什么"有这样一些看法（孙健敏，1998）：

（1）管理是一种职业。

与工人、农民、教师一样，管理是一种职业。社会上应该有一大批专门从事管理工作的人，他们是职业管理者。我们国家已经明确提出要培养大量的"职业企业家"，实际上就是承认了管理的职业特点。当然，作为一种职业，管理有它的特殊性，具体表现为以下几个方面：

管理是在人际互动的情景中实现和完成的，是一种群体合作的活动。任何管理工作都不可能是一个人单独进行的，实际上单独一个人的工作也不需要管理。两个以上的人，就产生了人际互动，管理正是在这种互动的环境中发生的。

管理任务的不确定性。任何管理工作都没有一个统一的模式或章法，管理工作具体做些什么，往往因人而异，因事而异，因环境而异，因此，管理任务是不确定的。

管理工作特别重视情境因素。由于是在人际互动的环境中，管理工作必须考虑环境因素对于人的思想和行为的影响。

管理工作是一种服务工作。管理工作本身并不直接产生结果，它是通过为别人服务，通过组织、指导别人的工作来产生某种结果。在组织和协调别人的过程中，管理者是在为别人服务。

管理工作是十分复杂的工作。由于管理任务不确定，因此，工作内容往往繁杂多样。

管理工作要承担一定的风险。管理工作并不是万能的、绝对有效的，尤其是企业管理,其效果最终要体现在投入产出之比率上,有效性是带有一定风险的。

(2) 管理是一种观点。

20世纪50年代初期,为了恢复遭受战争破坏的经济,60位英国经理专程到美国考察访问了9个月。他们在调查报告中指出:"如果说美国人在生产率上所取得的成就有什么秘密经验的话,那么,首先就得从美国人对管理的态度中去寻找。"

美国管理人员坚信:只要坚持以下的态度,就能解决企业面临的问题:

井井有条的计划;狠抓培训;对工作的热忱;不断进取。

英国经理们把美国人的观点归纳为4个因素:第一,拓荒者的精神渗透于美国工业和社区生活中;这种精神使得美国管理人员善于抓住机会;第二,对企业和个人高度信任,企业家受到高度尊重;第三,竞争的思想深入人心,美国管理人员懂得:如果要使企业生存下去,就必须保持企业的竞争优势;第四,对变革的信念可以防止人们把成功经验看成是固定不变的法宝,同时把失败的经历看成是一次职业上的风险。

(3) 管理是一种过程。

这是目前大多数管理理论所赞同的观点。管理是计划、组织、指挥、协调与控制组织机构内的人员以及其他资源以达到组织机构所要达到的目的的过程。这种过程包括下列要素:管理者与被管理者;管理活动;管理目标。

(4) 管理是一种活动。

著名管理学家彼德·杜拉克(Peter Drucker)认为:管理是经由他人的劳动,以完成工作目标的一系列活动。哈罗德·孔茨(Harold Koontz)认为:管理就是设计和保持一种良好的环境,使人在群体里高效率地完成既定的目标。所以,管理工作的目的是要提高人的生产率(劳动效率)。

孙健敏给出一个定义:管理就是由一个或多个人来协调他人的活动,以便收到个人单独活动所不能收到的效果而进行的各种活动。这个定义有三个要点。第一,管理工作的中心是管理其他人的工作,管理工作的主要目的是通过其他人的活动来收到工作效果。第二,管理工作是通过协调其他人的活动来进行的。第三,管理人员必须同时考虑两个问题:其他人的活动或工作与其他人。

最为直接的理解就是管理是通过别人来实现预定的目标。通俗地讲,管理工作不是自己去完成工作任务,而是让别人去完成工作任务。管理的艺术和技术在于如何让别人为我们工作。因此,管理者更像教练,而不是队员。更像导演,而不是演员。

传统的观点认为,管理工作就是要处理人、财、物的问题。然而,仅有人、财、物就可以实现管理的目标吗?答案是否定的。那么,管理的对象还包括什么呢?完整的表述应该是:人;工作与组织;生产与作业;资料与设备;财务。

2. 管理的功能

管理对于组织究竟有哪些方面的作用呢?传统观点认为,管理的功能主要表现在五个方面:计划、组织、指挥、协调、控制。现代的观点一般把管理的功能归纳为四个方面:计划、组织、领导、控制。

(1) 计划。

计划是对未来状况进行选择和设计的过程,它可以帮助组织界定其目标以及达到目标的手段和方法。其必要性有三。第一,计划可以使管理者确认为了达到某种目标,如利润、市场占有率等,公司在资源上所受到的限制。第二,计划可以使管理者知道什么活动才符合公司的既定目标,确定评价一项工作好坏的标准。第三,计划可以使管理者衡量和把握工作过程是否朝着目标迈进,进展程度如何,借以采取适当的纠正和控制措施。

(2)组织。

管理者一旦作出计划、设定了目标,就必须着手设计并发展出一套能够成功地实现计划并达到目标的结构。组织就是建立这种结构的一系列程序,包括部门的设置、工作描述、工作流程设计等。良好的组织使管理者得以有效地调配和使用各种资源,而这种有效地获得并使用资源的能力,常常是一个组织能否成功的关键。

(3)领导。

作出计划、建立组织之后,还必须有人来领导组织内的成员,保证每个人的行动都朝着实现组织目标的方向。虽然我们把领导放在计划和组织之后来讨论,实际上在计划和组织的过程中领导就已经开始了。领导的有效性在很大程度上决定了组织的有效性,而有效的领导关键在于良好的沟通和激励。

(4)控制。

广义地讲,一个人、一个组织或团体有意识地去影响其他人或组织的过程就是控制。这里所说的控制,主要是讲组织实现预定目标的过程中采取各种措施,以保证组织中各部门和个人的工作是有利于组织目标的实现的。借助于控制功能,管理者可以衡量组织的业绩和工作表现,判断当前状态与既定目标或理想状态的差距,从而采取有效的纠正措施,保证工作的有效性。领导意味着激励别人,而控制意味着指导和督促别人。需要说明,控制并不是"限制"。有效的控制应该是"无所为而为"。

3. 管理者

(1)管理者的角色。

对组织而言,管理工作十分重要,但在很长一段时间内没有人讨论管理者的真正工作。

亨利·明茨伯格(Henry. Mintzberg, 1973)曾进行了一项关于管理工作的本质的研究。他花了一周时间,对 5 位 CEO 的活动进行了观察和研究。这 5 个人分别来自大型咨询公司、教学医院、学校、高科技公司和日用消费品制造商。

管理者是全权负责组织或其子机构的人。管理者有很多种,除了首席执行官外,还包括副总裁、主教、工头、曲棍球教练和国家总理等等。管理者被授予在这个组织的正式权力,而正式权力能带来地位和各种人际关系。通过这些人际关系,管理者获得了信息,并用这些信息帮助自己决策。

明茨伯格将管理者的工作描述为下列三类共 10 种角色。

① 人际关系角色。

管理者的角色有 3 个直接来自于正式权力并且涉及基本的人际关系。

- 首脑。作为组织的首脑,每位管理者有责任主持一些仪式,比如接待重要的访客、参加某些职员的婚礼、与重要客户共进午餐等等。涉及人际关系角色的职责有时可能是日常事务,几乎不包括正式的交流或重要的决策制定,然而,它们对组织能否顺利运转非常重要,不能被管理者忽视。

- 领导者。由于管理者管理着组织,他就对该组织成员的工作负责,在这一点上就构成了领导者的角色。这些行动有一些直接涉及领导关系,比如,在大多数组织中,管理者通常负责雇佣和培训职员。另外,也有一些行动是间接地行使领导者角色。比如,每位管理者必须激励员工,以某种方式使他们的个人需求与组织目的达到和谐。在领导者的角色里,我们能最清楚地看到管理者的影响。正式的权力赋予了管理者强大的潜在影响力。
- 联络人。通过对每种管理工作的研究我们发现,管理者花在同事和单位之外的其他人身上的时间与花在自己下属身上的时间一样多。并且,令人吃惊的是,他花在上级身上的时间却很少,通常这三种情况所花时间的比例分别是45%、45%和10%。在明茨伯格的研究中,5位首席执行官所做的联系涉及很多人,这些人包括:下属、客户、生意伙伴、供应商、类似组织的管理者、政府及贸易组织官员、国外子公司董事等等。罗伯特·格斯特(Robert Guest)对工头进行的研究显示,工头的联系涉及的人同样数目众多,而且范围广泛,很少少于25人,通常多于50人。研究发现,管理者结交这些联系人在很大程度上是为了发现信息。实际上,联络角色是专门用于建立管理者自己的外部信息系统的——它是非正式的、私人的、口头的,然而却是有效的。

② 信息角色。

依靠与下属和关系网的人际联系,管理者成为组织的神经中枢。很多研究证明,不论这个管理者是街头团伙的头目还是美国总统,在这个方面都是相似的。乔治·C·霍曼斯在《人类群体》一书中,解释了街头团伙的头目是如何比其他任何下属都更好地得到信息的(Homans,1950)。理查德·诺伊施塔特在对富兰克林·罗斯福的研究中这样描述到:罗斯福收集信息技巧的本质是鼓励竞争。他的一个助手曾告诉我这样一件事:"他会召你进来,要求你去弄清一些复杂事情的来龙去脉。你辛苦工作了两天,回来后呈上你在某处发现的饶有兴趣的一小片信息,然后你会吃惊地发现他知道关于这事的一切,还包括一些你不知道的别的事情。"

人际角色和情报角色之间是有联系的,作为领导,管理者有正式和简单的途径去接近下属和组织外部的各类人,他们比其他任何人都知道更多关于自己组织的事和外部信息。以这种方式,管理者逐步建立起强有力的信息资料库。

沟通和信息处理是管理者工作的关键部分。监控者、传播者、发言人3种角色从这方面描述了管理工作。

- 监控者。作为监控者,管理者为了得到信息而不断审视自己所处的环境。他们询问联系人和下属,接收他们主动提供的信息(这些信息大多来自他的个人关系网)。担任监控角色的管理者所收集的信息很多都是口头形式的,通常是传闻和流言。这些联系使管理者在为组织收集软信息上具有天然的优势。
- 传播者。管理者必须分享并分配信息。组织内部可能会需要这些通过管理者的外部个人联系收集到的信息。在传播者的角色中,管理者需要直接传递给下属一些他们独享的信息,因为下属没有途径接触到它们。当下属彼此之间缺乏便利联系时,管理者有时会分别向他们传递信息。
- 发言人角色。管理者把一些信息发送给组织之外的人,比如总裁发表演讲或者工头建议供应商改进某个产品。另外,作为发言人角色的一部分,每位管理者必须随时告知并满足控制其组织命运的人或部门的要求。首席执行官可能要花大量时间与有影响力的人周旋,要就财务状况向董事会和股东报告,还要履行组织的社会责任等等。

③ 决策角色。

信息是决策制定的基本投入。管理者在组织的决策制定系统中起着主要作用。作为具有正式权力的人,只有管理者能够使组织专注于重要的行动计划;作为组织的神经中枢,只有管理者拥有及时全面的信息来制定战略。以下4种角色描述了作为决策者的管理者的工作。

- 创业者。管理者必须努力组织资源去适应周围环境的变化。在监控者角色里,总裁不断寻找新思想,而作为创业者,当出现一个好主意时,总裁要么决定一个开发项目,直接监督项目的进展,要么就把它委派给一个雇员。
- 危机处理者。创业者角色把管理者描述为变革的发起人,而危机处理者角色则显示管理者非自愿地回应压力。在这里,管理者不再能够控制迫在眉睫的罢工、某个主要客户的破产或某个供应商违背了合同等变化。实际上,每位管理者必须花大量时间对付高压或骚乱,因为没有组织能够事先考虑到每个偶发事件。
- 资源分配者。管理者要做出组织中的重大决策,他们需要分配自己的时间、组织内分配责任、设计组织的结构、决定分工和协调组织的资源使用。组织中的重要决策在被执行之前,首先要获得管理者的批准。管理者的这种权力能够确保决策是互相关联的。
- 谈判者。对在各个层次进行的管理工作研究显示,管理者花了相当多的时间用于谈判,比如足球俱乐部老板被叫来解决与坚持不让步的超级球星的合同纠纷、公司总裁率领代表团去处理一次新的罢工事件等等。正如伦纳德·塞尔斯所言,谈判对于富有经验的管理者来说是一种"生活方式"。谈判是管理者不可推卸的工作职责,而且是工作的主要部分,因为只有管理者有权把组织资源用于"真正重要的时刻",并且只有他拥有重要谈判所要求的神经中枢信息。

10种角色的关系:上面所描述的10种角色不能轻易分开,它们形成了一个完全形态,是一个整体。比如,如果一位没有联络交往的管理者缺乏外部信息,那么他既不能传播下属需要的信息,也不太容易做出一个有效的决策。但同时,我们发现并不是所有的管理者都给予每种角色同等的关注。比如,销售管理者可能花更多的时间在人际关系角色上,因为营销活动是外向性的;生产管理者可能给予决策角色相对更多的关注,因为他们需要关心高效率的工作流程。

在中国情况又有所不同,一些国内外学者对中国的企业特别是国有企业进行了研究,发现管理者在管理企业时更像是在管理一个公共机构,而不是一个经济组织(Shenkar & Von Glinow,1994;Shenkar,1996)。中国企业在运作时同时要关注三方面的内容:生活支持,社会政治支持和商业经营(Schermerhorn & Nyaw,1991)。其中只有最后一方面是与西方企业相同的。所以政治职能是中国企业管理者管理角色的一个重要部分。提出"在中国的企业管理运作中,最重要的还是人际关系,而不是商业技巧"(Ignatius,1990, p. 18)。Boisot 和 Liang(1992,p. 171)发现"中国的经理人用在与组织层级中的下属打交道的时间几乎与西方相同,但是用于与上级打交道的时间几乎是西方同类企业的四倍,也就是说这些时间中的事务都需要他们的上级参与。"对于很多"大而全"的国企来说,给职工分配资源成为管理者的一项重要权利,一位厂长这样抱怨:"每年我都得为 2 000 对新婚夫妇的住房问题、2 000 个新生婴儿的看护问题以及 2 500 个学校毕业生的就业问题担忧……"(Wall Street Journal,April 13,1989)。

几位学者 1998 年曾对中国的管理者的角色进行过研究(Shenkar,Ronen,Shefy 等,1998)。研究选取了来自于河南省 100 家企业的 100 名经理人员,其中 87 名来自于国有企业,12 名来自于集体企业,1 位来自于中外合资企业(根据当时中国的经济构成进行的抽样)。该研究假设中国经理人所承担的角色可以划分为两大类:信息类和决策类,信息类包括发言人、联系人和监控者;决策类包括领导者、企业家、分配者。除了分配者一项,其他都在研究中得到了验证,见表 1-2 所示。

表 1-2　关于中国管理者角色的研究结果

角色类别	角　色
信息类	发言人 联系人 监控者
决策类	领导者 企业家 分配者

(2) 管理者对组织的支持功能。

实际上,管理者的功能是随着管理的任务和管理的层次而变化的。当管理任务不同,或者管理是发生在不同层次上时,管理者的职能也在随之变化。对于中国的管理者来讲,一项十分重要的功能就是对上级的支持功能。

管理者的支持功能,首先表现在管理者对上级领导的意图的了解和把握。管理者必须全面、深刻领会上级的意图,体会上级的思想,能站在上级的角度看问题和想问题,并将其内化成自己的指导思想和行动纲领。

支持功能的第二个表现是行动上的服从。中层和基层的管理者,可以在思想上与上级领导有不同看法,但在实际执行的过程中,必须无条件的服从。也就是说,一旦公司已经做出了决策,各级管理人员就要全面执行公司的决策,而不能以个人的好恶为取舍的标准。

支持功能的第三个表现是服务功能。管理者对上级的支持,不仅表现在对上级的服从上,更不是"唯命是从",而是要主动服务。上级领导不可能把所有的事情都考虑得很周到、很完美,在大政方针确定了以后,具体的执行过程中的细节和步骤,就需要各级管理人员去细化,在执行的过程中,如果遇到问题,管理者应该主动去处理和应对。从这个意义上说,管理者的支持功能相当于"保姆"的功能。

支持功能的第四个表现是主动维护公司领导的统一指挥地位,保持公司指挥系统的协调一致和畅通无阻。这种主动维护的功能,是任何一个管理者不可推卸的责任。

(3) 有效的管理者所应具备的资质。

管理的工作是多方面和多层次的,这就决定了一个有效的管理者应该包括多方面的管理资质,正如下面的模型(见图 1-3)所示(Hellriegel,Slocum,Woodman,2000)。下面我们来具体看一下几个主要方面的管理资质:

① 自我管理。

图 1-3 有效管理者的管理资质模型

自我管理的资质,包括评价自己优势和劣势的能力;建立和追求个人和职业目标的能力;平衡个人生活和工作的能力;学习新技能——包括新的技术或变化的技术和技能、行为和态度的能力。这些能力是需要终生学习的。自我管理资质的核心包括:
- 理解自我和他人的人格和态度。
- 准确地认识、评价和解释自己、别人和所在的环境。
- 理解自己和别人与工作相关的动机和情绪,并能依此行动。
- 建立和评价你自己的工作、生活和发展目标。
- 承担起管理你自己和你的职业的责任,能应付压力的情境。

自我管理是 7 项管理资质中最基础的一项。具备了这项资质,就可以为培养和形成其他资质提供基础和条件。例如,如果你不能准确地认识和评价自己的价值观、态度和行为方式,你就难以建立起管理多样性的技能,因为这里的多样性是与你的文化信念、行为习惯不一样的。

② 沟通管理。

沟通管理的资质包括传递、接受、理解资料、信息、思想和情感的能力,包括书面和口头信息,言语和非言语信息,电子信息等等。沟通管理资质的核心包括:
- 向他人清楚地传递自己想表达的信息、观点和情感。
- 向他人提供建设性的反馈。
- 主动倾听。包括整合信息理解对方所表达意思,通过提问向对方提供适当反馈并使信息完整的过程。
- 使用和整合非言语交流的信息,如,面部表情,肢体语言等。
- 通过言语交流向其他个人或群体表达自己的观点、信息和情感。
- 通过书面交流(如报告、书信、备忘录、电子邮件等形式)传达资料、数据、观点和情感。
- 运用电子信息的资源,如电子邮件和 Internet 网络等。

这项资质像一个循环系统,能够滋养和携带其他的资质。

③ 多样性管理。

多样性管理包括分析和评价每个独特个体或群体的特征,接受这些特征并将其作为可能构成组织优势的潜在资源,尊重每一个人的特殊性。这项资质包含 6 种基础成分:年龄、种族、民族、性别、身体特征和性爱倾向。同时包括 8 种二级成分,包括教育、工作背景、宗教信仰。这种多样性对工作和组织管理至关重要,因为它们会体现在一个人的观点、风格、态度、价值观和行为上,无论是高级管理人员还是普通员工,都有自己的独特性。如何对待员工的多样性将在很多程度上影响组织的有效性。差异化管理资质的核心包括:

- 建立一种宽松的组织环境,使它能够容纳与管理者本人特质不同的各类成员。
- 向具有不同特征、经历、观点和背景的人学习。成员间的差异往往是组织创新的源泉。
- 与那些工作能力强、对组织的贡献大的个人和团队进行交流与持久合作,而不要去考虑他们的个人特征。
- 面对组织中一些可能因为个体差异而存在偏见的事件中表现出果断的领导力。
- 在遵守政府法律法规的同时,也使用适合与本组织的多样性管理的规章制度。

④ 伦理道德管理。

伦理道德管理的资质包括把区分正确和错误的价值标准和原则结合到决策和行为中。伦理是区分正确和错误的价值标准和原则,组织成员经常会经历伦理困境:个人或团队必须作出涉及不同价值标准的决策。伦理道德管理资质的核心包括:

- 在进行有关道德问题的决策或行为时,能够有清晰的判断标准。
- 需要由个人做出决策或采取行动时,应该考虑政府的政策法规和雇主的行为准则。一般而言,个人职权越大,越容易面临复杂的道德困境。
- 在工作关系中表达出对每个成员的尊重。
- 除了出于法律、隐私或竞争的考虑,尽可能地使用诚实和公开的交流方式。

⑤ 跨文化管理。

跨文化管理的资质包括辨别和承认不同国家和文化的相似性和差异性,即使在同一个组织中,也有不同的文化,并以开放和好奇的心态去对待组织问题或战略问题。管理文化资质包括 5 种基本成分,个人主义和集体主义是两个基本的与工作有关的价值观,在培养管理文化资质的时候必须给予特别的注意。这些价值观会影响人们的知觉、沟通、决策和行为。跨文化管理资质的核心包括:

- 理解并尊重某种文化的独特之处,尤其是可能影响一个人行为的那些特征。
- 分辨并理解与工作相关的一些价值观,如个人主义还是集体主义,以及人们的选择会对他们的决策和在组织里的行为方式有什么影响。
- 理解并激励持有不同的价值观和态度的成员。
- 处理好一些特殊的情况,比如某些任务需要在国外完成时,应该尽可能地考虑到当地的经济波动、政治动荡、文化冲突、法律环境等等。
- 以全球视角来进行管理,关注外界发展的趋势以及组织可能面临的威胁和机遇。

⑥ 团队管理。

团队管理的资质包括开发、支持、促进、领导群体实现组织目标的能力。团队管理的资质包括 9 项主要的成分。
- 确定所处的条件下是否适合使用团队,如果适合,应该选用哪种类型的团队。
- 参与团队设计清晰合理的绩效目标的过程或进行指导。
- 参与或领导确定团队及其成员的责任和工作的过程。
- 传达一种团队共同目标的观念,而不是强调个人的目标。即团队的工作是大家的责任。
- 使用科学的方法进行团队决策。
- 处理好团队中的个人的或是有关工作的冲突,防止矛盾激化。
- 能够评价个人和团队的绩效,看预期目标是否完成,需要时能够采取合适的纠正措施。

⑦ 变革管理。

变革管理的资质包括在个人责任范围内,辨认并实施针对人、任务、战略、结构或技术所需要的调整或完全的变革的能力。这项资质包含 5 个主要成分,其中技术是推动变革的主要原因。
- 能够把前面 6 项能力用在诊断、发展和采取必要的变革措施上。
- 在计划变革的过程中提供必要的领导。
- 诊断出具体情境中支持或反对变革的是哪些力量。
- 在实现组织变革的过程中使用变革的系统模型。
- 积极搜寻、学习、共享和使用新知识,追求持久地改进、提升和创造,不断达成新的组织目标。

(4) 有效的管理活动与成功的管理活动。

佛雷德·洛桑斯(Fred Luthans)和他的同事们(1988)从另外一个不同的角度考察管理者做什么。他们提出这样一个问题:在组织中晋升最快的那些管理者和工作最出色的管理者所从事的活动和强调的重点是一样的吗?你可能会认为那些工作最出色的管理者也是晋升最快的人。然而,事实并非如此。

洛桑斯和他的同事研究了 45 名管理人员,他们发现,这些管理者都卷入了 4 类管理活动之中:
- 传统的管理:决策,计划和控制;
- 沟通活动:交换日常信息并处理书面资料;
- 人力资源管理:激励、训练、管理冲突、安置、培训;
- 网络活动:社交、政治活动、与外部交往。

在所研究的管理者中,平均而言,管理者把 32% 的时间花在传统管理活动中,29% 用在沟通上,20% 用在人力资源管理活动上,19% 用在社交联络上。但是,不同的管理者花费在这 4 种活动上的时间和精力相差甚远。具体地讲,如图 1-4 所示,成功的管理者(根据在组织内部晋升速度来衡量)与有效的管理者(根据他们绩效的数量和质量及其下属的满意程度和承诺程度来界定)所关注的工作重点大相径庭。社交网络对管理者的成功贡献最大,人力资源管理的贡献最小。对于有效的管理而言,沟通的贡献最大而社交的贡献最小。

这项研究可以帮助我们理解管理者究竟在做什么。从平均时间上看,管理者分别花费大约 20%—30% 的时间在 4 类活动上:传统的管理、沟通、人力资源管理和社会交往。

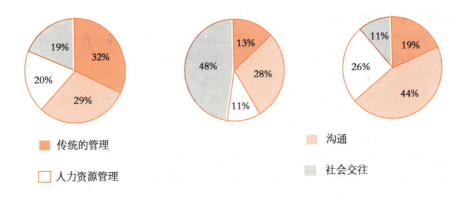

图1-4 分配在不同活动上的时间

但分别看他们各自的时间分配时却发现有很大差异,实际上,成功的管理者和有效的管理者对4类活动的重视程度差别很大,甚至可以说正好相反。原来的经验和概念中,我们都假设组织中的晋升是以绩效为基础的,这项研究使人们产生了疑问,它生动地向我们展示了这样一个事实:社会和政治技能对于管理者谋求组织内部的晋升起着重要作用。

第二节 组织行为研究是组织管理的基础

前面我们详细讨论了组织的概念、分类和有效性,又介绍了组织中最重要的活动——管理,以及管理者所扮演的角色、需要必备的资质。我们发现管理活动所涉及的范围非常广泛。

由于是"通过"别人来实现预定的目标,因此,管理的核心是对人的管理。这是当前国际国内理论界和实业界共同的认识。就企业管理来讲,生产、开发、销售、财务的管理都是十分重要的,任何一个环节都不容许出问题。但是,这些环节都是由人来实现和完成的。所以,归根到底还是对人的管理。西方社会的人力资源开发热和我国的"经济的竞争就是人才的竞争"都是这种认识的具体体现。越来越多的企业管理者认识到,把人管好,是一个管理者最重要的任务,同时也是最艰难的任务。

我们所讲的对人的管理,也包括管理者自己对自己的管理。上面已经谈到,管理过程包括管理者和被管理者两个方面。一讲到对人的管理,人们往往想到的是如何去"管理"别人,却很少想到如何更好地管理自己。古语说的好,"其身正,不令而行,其身不正,虽令不从",管理者的自我管理恰恰是有效管理别人的基础和前提。所以我们前面提到的管理者所应必备的资质模型中自我管理也是最重要的方面之一。

所以有效管理的基本前提是对人性的了解、对组织中人的行为的了解。现在国内很多企业提倡"人本管理"、"人性化管理",但究竟"人性"是什么?以"人"为本以什么为本?恐怕没有多少企业能够真正说得清楚。这些问题都是管理者应该了解的,也正是组织行为学试图回答的问题。

一、什么是组织行为?

本书讨论的是组织行为,实际上这是两个概念的叠加。组织行为是相对于个人行为和群体行为而言的。有关组织的研究是一门独立的学科,包括很多假设和前提,这门学科的知识来源于组织科学。

组织是由人组成的,人是组织研究中的基本分析单位。组织管理中对人的关注,不关心人的生理机制和体质结构,更多的关注人的行为。对行为的研究涉及很多学科,例如生理学、心理学、社会学、人类学、政治学等,不同学科从不同角度对人进行研究。组织行为主要关注人的外在行为,也就是一个人的所作所为、行为的原因、规律和模式,以便利用这些规律。

我们可以把组织行为学定义为:对组织中的人的行为的系统研究。组织中的人不仅是个体,同时还是群体成员,所以,定义中的人是广义的,包括个体和群体。组织中的人受到很多因素的制约,包括制度、文化、组织结构、领导等。同时,每个组织都受着参与者的各种个人因素的影响。比如,成员的价值观和对组织的认识就深深影响了他们在组织中的表现。组织中的成员都有各自的目标,这些目标可能互不相同,包括心理的、社会的以及经济的等等,在行动上,他们又可能表现为个人主义或是集体主义。这些不同的利益和目标以及其他的很多因素都会影响组织中的成员行为。组织行为学研究的这些内容在管理中扮演着重要的角色,他们都对组织的最终绩效产生影响,我们将会在后面的各章中详细地进行介绍和分析。

二、组织的行为系统

组织中的行为并不是互不关联和散乱的,它是一个系统,系统内的因素间存在着各种相互关系和相互作用。这个系统我们可以用下面的图简单表示出来(Davis & Newstrom,1985)(参见图1-5)。

如图1-5所示,组织的控制系统、员工态度以及情境因素三者之间的交互作用形成了某个特定时间阶段的特定动机。如果三者中的任何一个因素——控制、态度或情境改变了,动机也将会不同,它们之间的关系是随机的,例如,如果组织对成员的控制加强了而成员的态度和组织的情境没有改变,人们的动机就会改变并产生不同的结果。

比如某个建筑公司在完成一个项目的后期才发现可能不能按时完成合同规定的任务了,于是决定加强对员工的时间控制,并对员工们的绩效提出了更高的要求。但是,如果这个公司的员工对工作自由非常在意,这样的决定很可能导致员工们降低了工作效率而不是提高绩效。这时,管理者处理这个系统的操作就是失败的。

一个有效的组织行为系统能够激发员工工作的动机。而这种动机将会带来高于平均水平的绩效,它建立起了管理者与员工之间的双向联系:使他们既能互相影响又能互相受益。管理者对于员工是授权而不是控制他们,而这种效果是单向操作无法达到的。

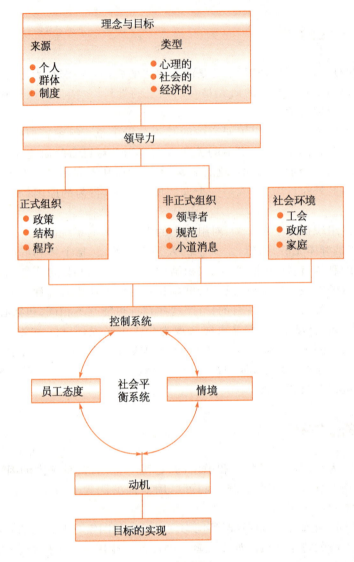

图 1-5　组织的行为系统

三、组织行为的模式

在不同组织中,组织行为发展的形式是不同的。研究者发现,一个主要的原因是在不同的组织中,管理者对组织行为模式的认识是不同的。这种认识一般源于管理者本人对人性的基本假设,而如何假设又决定了管理者如何解释一个事件。例如,同样是一个员工迟到了,自己解释的原因是母亲病了需要照顾,如果管理者假设人是趋乐避苦和喜欢为自己的错误辩护的,他可能会猜测这位员工是出门晚了找的借口,反之,如果管理者相信多数人是诚实的、尽职的,他就会原谅这位员工的迟到,并对他表示同情。管理者的这些观念常常是无意识的,但却无时不影响着管理者的行为。所以,研究组织行为的模式对于理解组织行为是极其重要的。

研究发现组织行为模式主要可以归为四类（Davis & Newstrom, 1985），它们是：独裁的、监护的、支持的和共同的。这四个模式概括在表1-3中。按照被提及的次序，它们代表了在过去的100年或更长的时间里管理实践的历史进化的概貌。虽然几种模式在同一时期都会同时存在，但每一种模式都曾在一定的历史阶段中占据着主导的地位。

表1-3 四种主要的组织行为模式

内 容	独裁的	监护的	支持的	共同的
模式的基础	权力	经济资源	领导力	合作伙伴
管理导向	权威	金钱	支持	团队合作
员工导向	遵从	安全和利益	工作绩效	责任
员工的心理结果	对老板的依赖	对组织的依赖	参与	自律
员工需求实现	维持生存	安全	地位和社会尊重	自我实现
绩效结果	最低的	消极的合作	被唤醒的驱动力	温和/适度/恰到好处的热情

1. 独裁模式

独裁模式的历史渊源可以追溯到工业革命时期。如表1-3所示，它依赖于权力，那些处于发号施令位置的人必须拥有可以对他人命令的权力，他们会说："你做这个、做那个"，而不服从命令的员工将会受到惩罚。这种模式认为管理做的是思考的事情，员工则应该遵循命令。我们可以想象到，这种传统的管理观点导致的管理者行为就是对员工的严密控制。

在独裁情境下，由于老板具有雇用、解聘、奖励员工的权利，所以员工对老板有所依赖，这成为他们工作的动力。而仅仅出于这样的动机工作时员工的绩效产出可能是很低的，所以老板向员工支付最低的工资。员工给予最低的绩效——有时很不情愿地——因为他们必须通过工作为他们自己及其家庭获得起码的生活保障，有些员工出于内在的成就动机而表现出更高的绩效，因为他们喜欢他们的老板，因为老板是个"天生的领导者"，或因为其他的原因，但他们中的绝大部分只是表现出最低的绩效。

就完成工作本身而言，独裁式的管理是一种有用的模式。它不是一种彻底失败的方式，图示中的独裁模式只是向我们展示了一个极端的方面。事实上，在某些组织情境下，独裁模式可能是有利于任务的完成的，比如工程浩大的铁路系统建设、规模巨大的钢铁企业建设。而它最大的弱点就是较高的人员成本。

2. 监护模式

当管理者们开始研究雇员的时候，他们很快意识到虽然那些被强制性管理的雇员们不会跟老板当面顶嘴，但是他们在心里则一定会有不满的情绪。这样的员工没有安全感、情绪沮丧、对老板充满反抗性。如果他们的这种情绪得不到很好的发泄就会转移到家庭或者邻居，对他们的工作造成影响。

对于成功的雇主来说，他们会想方设法为雇员提供较高的工作满意度和安全感。如果能够消除不安全感、沮丧和逆反的情绪，雇员将会有一个高质量的工作和生活环境。

一个成功的监护模式依赖于经济来源。如果一个组织没有财力去提供养老金和其他的福利，它将不能采取这种监护模式。当员工在生理方面的需求已经得到很好的满足时，雇主应该把雇员对安全感的需求作为一种激励动力。

监护模式导致了雇员对组织的依赖。雇员们把对雇主的依赖转移到对组织提供的福利和安全感的依赖。

3. 支持模式

支持模式依赖于"领导"而不是权力或者金钱。通过领导，管理者提供了一种氛围来帮助雇员成长，并在组织中完成他们感兴趣并且有能力做的事情。领导们认为，雇员并不是天生被动和有抵触心理的，而是在工作中没有得到足够的支持。如果能够给他们机会，他们会主动承担责任、做出贡献并努力提高自己的水平。因此，管理的导向应该是为雇员的工作绩效提供支持，而不是简单的为雇员提供类似于监管模式中的福利那样的支持。

由于管理者在工作中对雇员的支持，雇员会在心理上产生一种"参与其中"的感觉。当提到他们的组织的时候，他们会用"我们"而不是"他们"。由于这种模式能够满足雇员的地位需要和被认可的需求，会比以前的模式有更大的激励作用。

支持性行为不只是用金钱的支持，而是日常工作的一部分，会影响到管理者与人交往的方式。管理者的角色是帮助雇员解决问题和完成工作。

4. 共同模式

共同模式是支持模式的一种有益扩展。"collegial"这个词通常指一些有着共同目标的人，是一个团队的概念。这种模式对类似研究实验室的工作环境尤其有效，而且也渐渐地扩展到其他一些工作情境。

共同模式对生产流水线作用不大，因为严格的工作情境使得人们很难去发展这种模式。共同模式更适用于一些缺乏计划性、富有智力性和具有足够的工作自由度的工作情境。而在其他一些工作情景中，另外一些模式则会更加适用。

共同模式依赖于管理者建立起一种同雇员是合作伙伴的感觉。这样雇员会感觉自己是被需要和有用的。他们会觉得管理者同样为组织贡献，因此会很容易的接受并且尊敬管理者在组织中的角色。而管理者则被看成是做出贡献的合作伙伴而不是老板。

在这种模式下，管理的导向是建立工作团队。管理者负责建立更好的团队，而雇员做出的反应则是对组织的责任感。例如，雇员从事高质量的工作不是因为管理者告诉他们这么做或者是有监督人员对他们进行了监督，而是因为他们从内心感觉自己有责任高质量地完成工作。同时他们也感觉到自己有责任提高完成工作质量的标准来为公司和自己的工作赢得信誉。

对于雇员来说，共同模式在心理上产生的结果是一种自我约束。由于感受到了责任感，雇员会约束自己在团队中的工作表现。在这种情景中，雇员会体会到一定程度的满足感，认为值得为团队做贡献，同时体会到自我实现感。

第三节 组织行为学的学科体系

作为一门独立的学科,组织行为学属于应用科学,它是在多门行为科学的基础上建立起来的。主要的领域是心理学、社会学、社会心理学、人类学、政治学、生理学等。我们将了解,心理学和生理学的贡献主要在个体和微观的分析水平;其他几个学科的贡献在于帮助我们理解一些宏观的概念,如群体过程或组织。图1-6表明了对组织行为学研究有贡献的主要学科(罗宾斯,1997)。

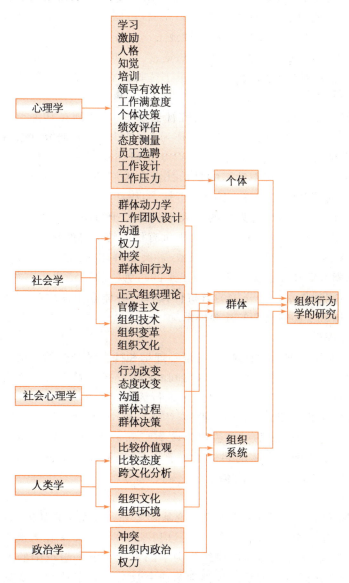

图1-6 对组织行为学有贡献的学科

(1)心理学。

心理学是研究人类心理现象规律的科学,它对人和动物的心理活动和行为规律进行测量和解释,在实际应用中也可以用来改变人的行为。一般来说,心理活动是内隐的,行为是外显的。所以要研究组织中人的外显行为的规律性,必须要以心理学作为理论基础。因为心理活动和心理特征是人们产生行为的重要原因和内动力。

心理学主要是指个体心理学。个体心理学集中于个人的心理活动和特征的分析,这是一切心理研究的基础。

"工业心理学"和"人事心理学"的出现是心理学最早在组织研究中的应用,早期的工业组织心理学是由实验心理学的研究发展而来的,它重视如何设计适合于每一个人的工作程序与工作环境(包括物质环境的设备、工具、机器设计等),关心如何减少疲劳和厌倦,因为这些因素会妨碍工作的有效性或导致工伤事故。

心理学近期的研究已经扩展到学习、知觉、人格、培训、领导有效性、需要和动机、工作满意度、决策过程、绩效评估、态度测量、员工选聘技术、工作设计和工作压力等方面。

(2)社会学。

心理学关注的是个体,社会学主要研究社会系统,个体则在其中充当某种角色。社会学是"一门综合性较强的学科,它把社会作为一个整体,综合研究社会现象各方面的关系及其发展变化的规律性"。一般来说,社会学是研究社会关系的科学。社会关系可以分为动态的和静态的两种,其中动态的是指社会中人们的互动,如合作与冲突等。静态的是指社会现象的关系模式,如家庭结构、群体、组织和阶级等。

具体地讲,社会学对组织行为学的最大贡献是关于组织中群体行为的研究,特别是正式和复杂的组织。社会学家对组织行为提供有价值的信息的领域包括群体动力学、工作团队设计、组织文化、官僚制度、沟通、权威、冲突和群体间行为。通过运用这些社会学的知识,可以探索人们在社会关系中表现出来的行为。组织是由很多群体组成的,所以组织行为学把组织看作是一个开放的有机体:组织、群体和个体之间彼此互相依赖和影响,他们与环境构成互动的复杂的社会体系。

(3)社会心理学。

社会心理学属于心理学的领域,但它是心理学和社会学结合的产物。它把人作为社会的人来研究其心理过程,它关注人与人之间的相互影响。社会心理学一方面研究社会对于人的心理与行为的影响,一方面研究个人行为对社会的影响。事实上,一般人都是生活在社会中的,他的心理活动必然与群体、组织和整个社会生活有着密切联系。

社会心理学家研究较多的一个主要领域是变革——怎样实施变革及如何减少变革的阻力。另外,社会心理学家额定共享还在于测量、理解和改变态度的研究、沟通模式、群体活动满足个体需要的方式、群体决策过程。

(4)人类学。

人类学也是研究组织行为学的重要理论基础之一。人类学是研究人类的科学,它分析体质人类学、文化人类学(又称社会人类学)和考古学。其中文化人类学与组织行为研究的关系最为密切。文化人类学对组织行为学的贡献主要是组织中的人的行为与人类社会的起源以及文化根源的关系。人类学家研究社会是为了认识人及其活动。他们对于文化和环境研究使我们得以了解不同国家和不同组织内人们的基本价值观、态度和行为的差异。我们现在对组织文化、组织环境和民族文化差异的认识大多是人类学家的研究结果或采用人类学方法的研究结果。

人的行为中文化性的行为多于生物性的行为。在不同的文化环境中人们逐渐形成了不同的价值观念、规范、风俗、习惯、民族性等。在一个组织中，其成员的教育程度、家庭背景、社会环境也有差异性。这些都会影响他们的态度与行为。因此任何组织管理者和领导者都必须根据不同的文化背景和现实环境，选择相适应的有效的组织形式和领导方式。

（5）政治学、伦理学、生理学等。

这些学科的知识也是组织行为学的理论基础。政治学和伦理学常被忽视，但他们的研究对于理解组织行为的贡献是至关重要的。政治学家研究政治环境中个体和群体的行为，具体的研究题目包括冲突的结构、权力的分配、人如何为个人的利益操纵权力。25年前，研究组织行为学的人对政治学家的研究几乎没有什么兴趣。但现在人们已经清醒地认识到：组织是政治实体，如果我们想准确地解释和预测组织中人的行为，就必须在我们的分析中引入政治学的观点。伦理学的道德规范也会影响组织中的人的行为。生理学在组织行为学中的应用开始于20世纪80年代，那时开始研究工作压力对个体、群体、组织的行为和工作绩效的影响，主要分析当人们承受工作压力时，身体所做出的生理反应，以及引起身体的变化和如何防治等等。

第四节 组织行为学的分析模型

在本章的最后，让我们再来回顾一下组织行为学涉及的两个基本问题：

第一个问题是组织对其成员的思想、感情和行为的影响方式。每个人都处在一个组织中，我们所在的组织会影响我们的思想、观念、工作方式和我们对自己的看法，也会影响我们在完成工作任务过程中的行为方式。组织行为学试图解释组织是如何对其成员产生影响的，这些影响的效果是什么，组织如何通过对成员的影响使整个组织的运作效率更高。

组织行为学研究的第二个问题涉及组织成员的思想、观念和行为对组织的影响，或者说组织成员的个人绩效如何影响整个组织的绩效。每个人都有自己的特点和风格，这些特点如何对组织的运作产生影响，以及如何使这些影响有利于组织目标的实现，是组织行为学关注的焦点问题。

通过研究组织如何影响个人以及个人如何影响组织，我们可能从新的角度来看待和解释一些组织中的现象和组织的运作机制，提高组织管理的有效性。

为了更好地研究这两个问题，我们给出定义组织行为领域的一般模型，在这个模型中标出组织行为学的参数，确定主要的因变量和自变量，最后引出权变的组织行为学模型。

一、概述

模型是对现实的抽象，是对真实世界的一些现象的简化代表。现实生活中我们会接触到各种各样的模型，比如车展上的汽车模型、服装店的模特、经济学里的数学公式等等。如图 1-7 所示,我们展示了用来构建组织行为学模型的基本框架。对于组织的研究,不同的学科有着不同的视角,无论什么视角,都有一个基本的共同点:我们可以从不同层次来分析组织行为。从组织行为学的角度出发,这个模型分为 3 个层次:第一个分析层次是在个体水平上的,也就是把组织看成是为某个共同目标而努力的一群个体的集合。第二个层次是在群体水平上,把重点放在组织中的部门、群体或小组的活动上。第三个层次在组织的水平上,把组织作为一个整体来分析和研究。每一个层次都有自己独特的概念,随着讨论的不断深入,我们对组织行为的理解会越来越系统。这三种分析水平就像建筑砖块,每一水平都是建立在前一水平的基础之上。群体的概念来自对个体行为的讨论,而组织行为的讨论则来自于我们对个体和群体行为的分析。

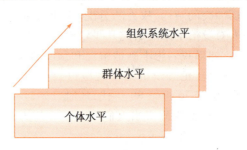

图 1-7　基本的组织行为学模型,阶段 1

二、因变量

因变量是受自变量影响而产生反应的变量,是需要我们解释和预测的关键因素。在组织行为学的研究中,学者们倾向于强调生产率、缺勤、流动、组织公民行为和工作满意度五个因素。在这里,我们就把这五个因素作为组织中人力资源效果的关键变量。但是,我们这样做并不是因为这五个变量有什么神秘之处,学者们只不过想通过这五个变量表明:组织行为学研究强烈地反映了管理者的兴趣在于作为整体的个人或社会。下面我们详细阐述一下这些术语,以保证我们的理解是正确的,弄清为什么它们成为组织行为学中主要的因变量。

1. 生产率

组织生产率的高低是由组织实现其目标的情况来衡量的。要实现高的生产率,就必须以最低的成本完成输入和输出的转换。这样,生产率就意味着对效果和效率两方面的关注。

例如,如果学校成功地向学生传授了知识并能使他们将知识应用于实践,就是有效果的,如果能以较低的成本做到这一点,就是有效率的。如果学校的校长想在现有教员的基础上通过减少授课的平均时间或者通过先进的教辅设备增加每一位老师所能教授的学生的数量,我们就可以说这所学校是生产效率比较高的。如果我们要提高一家销售公司的生产率,那么我们不仅要保证实现其销售目标或市场份额目标,而且还要保证以一定的效率实现这些目标,而用来测量效率的指标可以是投资回报率、单位销售额的赢利、人均单位时间的产出等等。

当然,我们也可以从个体的角度来考虑生产率问题。举个例子,A 和 B 两人都是同一房地产公司的楼盘推销员。假设他们要在一个月的时间把50套房子推销出去,如果他们能在规定的时间内完成任务,那么就是有效果的。但是,生产率的测量还要考虑为完成目标所付出的成本,这就是效率的来历。假设A用3个星期的时间完成了推销任务,平均每天的推销成本(包括车费、餐费、礼品费等等)为40元,而B也用3个星期的时间完成了任务,平均每天的推销成本为35元。A和B都有效果,因为他们都完成了目标,但是,B的效率比A高,因为后者的推销成本更低,也就是说,B以较低的成本实现了同样的目标。

总而言之,生产率是组织行为学所关心的基本问题之一,我们希望知道什么因素会影响个体、群体及整个组织的效果和效率。

2. 缺勤

管理者们都有这样的感受,当自己的员工出现缺勤情况的时候,总是会或多或少感到不适,最终对组织的整体绩效产生消极的影响。据估计,由于缺勤所导致的每年的花费,美国的公司为400亿美元,加拿大的公司高达120亿加元,这些数字进一步说明,降低缺勤率对组织来说是十分重要的。

很明显,一个组织要想使生产平稳的进行,需要所有的员工都按时来上班,否则,组织要想实现其目标是很困难的。在以生产线为主的组织里,缺勤就不只是破坏生产了,它可能导致产品质量的严重下滑,有时可能使生产设备完全瘫痪。而在知识型的企业中,缺勤会导致某些工作流程被打断,致使重要的决策不得不推迟。一般来讲,任何组织的缺勤程度若超出正常范围,都会对组织的效果和效率产生直接影响。

从另一方面来考虑,缺勤也并非总是坏事。虽然大多数缺勤对组织的影响是消极的,但是有些缺勤的发生也会使组织从中受益。我们都有过这样的经历,过度的疲劳或者过高的压力会使我们的生产率大大地降低,尤其是对于一些要求员工警觉性比较高的工作岗位来说,如:飞行员、外科医生等等,员工主动请求缺勤比他们出勤却无法全身心的投入工作对组织来说更有益处。同样,对于其他岗位来说,虽然错误没有那样一目了然,如果员工在压力和疲劳下对组织造成了损失,还不如他们不来上班更有利于绩效的改进。但是,一般情况下,组织会从降低缺勤率中获益。

3. 流动

组织中的高流动率通常意味着招募、甄选和培训费用的提高。同时,流动也会对组织的有效运作产生影响,因为我们必须重新找到能够替代的人来补充空缺的岗位并承担其责任。对于组织来说,一定程度的员工流动是正常的也是必需的。如果离开组织的人是无用的或者说是不胜任的话,那么流动可能会是好事,因为这样可以使没有能力的人离开组织,使有能力的人找到适合自己的位置,增加组织内部晋升的机会,给组织添加新生力量。但是如果离开组织的人恰恰是组织的核心员工和优秀员工,那么这时流动就是一个破坏因素,会妨碍组织的有效运作,甚至造成更大的损失。世界著名的英特尔公司曾经历过这样的一个教训。公司创业初期,天才设计师费根设计的第一代微处理器8080一炮打响,该产品给公司开创了巨大的市场。意想不到的是,费根在关键时刻离开了公司,并带走了另两名重要的技术人才,在外面重组了一个新公司,推出了比8080还要先进的新产品,很快将英特尔的市场抢去。这个沉重的打击,使英特尔几乎一败涂地。若干年后,英特尔才重新崛起。

4. 组织公民行为

组织公民行为是指雇员的一种自由的非正式的工作所要求的行为,有效的组织公民行为能够提高组织的有效性。

可以想到的组织公民行为包括：

对工作群体和组织的建设性的陈述；

帮助团队中的其他人；

主动承担额外的工作任务；

关心组织的财产；

遵守组织的规章制度和惯例；

能够接受临时的强制性任务。

5. 工作满意度

我们要考察的最后一个因变量是工作满意度。我们把它定义为个体对工作的总体态度,是员工实际得到的报酬数量与他认为自己应得数量之间的差异。与前面三个变量不同,工作满意度代表的是态度而不是行为。那么,为什么工作满意度成为一个主要的因变量呢？原因有两点。首先,工作满意度与员工的绩效有关,因而成为管理者们的兴趣所在；其次,组织行为学研究者的价值偏爱。

许多年来,管理者有一种信念：满意的员工比不满意的员工生产率要高。虽然许多证据对这个假设的因果关系提出了怀疑,但我们仍然可以争辩：现代社会不应该只关心生活数量,即关心高生产率和物质的获得,还应该关心生活质量。尤其是面对新出现的知识型员工,我们需要对组织中的工作满意度问题更加关注,因此,那些持有强烈人本主义价值观的研究者认为,满意应该是一个组织合法的目标。工作满意度不仅与缺勤和流动是负相关,组织有责任给员工提供富有挑战性的工作,使员工从工作中获得满足。因此,虽然工作满意度代表的是态度而不是行为,组织行为研究者们仍然把它看成是重要的因变量。

三、自变量

是什么因素决定生产率、缺勤、流动、组织公民行为和工作满意度呢？对这个问题的回答涉及自变量。同我们用复杂的"建筑砖块观"作比喻来理解组织行为的因变量一致,对自变量的研究也应该首先从个体行为开始。

1. 个体水平的变量

我们对组织的定义强调组织是由人组成的。从这个事实出发,不难想到我们可以从单个组织成员的角度来研究组织问题。每个人在进入组织之前都有着不同的经历,而管理者面对的正是这些有着不同社会经验的人而不是新生儿。我们打个比方,当个体进入组织时,他们就像一张张图画,每张画都不一样。有些画只是被简单的勾勒过,他们受到谨慎的对待,接触现实的面很小,经历也相对较少。另一些则被严重的涂抹过,有着各种各样的经历。这告诉我们,人们是带着各自不同的特点进入组织的,这些特点将影响他们在工作中的行为。比较明显的特点是那些个人的或属于传记的特征,如年龄、性别、婚姻状况、人格特征、价值观与态度、基本的能力水平。一旦个体进入劳动力范畴,这些特征基本上是完整的,其中的大部分是很难改变的。而这些特征对员工的行为会有非常大的影响。因此,每一个因素——传记的特征、人格、价值观和态度以及能力——都作为自变量在第3章和第5章进行讨论。

另外,四个个体水平的变量也会影响员工的行为:知觉、个人决策、学习和动机,这些因素在第3、4、5、6、7和8章进行讨论。

2. 群体水平的变量

人们在组织中很少是单枪匹马地工作,大多数工作都是通过组织成员的协调合作完成的。组织目标的实现,不可能靠一两个个体的行为。人们在一起工作的方式一般是小组、团队、部门、车间或委员会等形式。而个体在群体中的行为远比个体单独活动的总和要复杂。如果我们考虑到人在群体中的行为与他一个人独处时的行为不一样时,我们的模型就变得更加复杂了。因此,理解组织行为的下一步是研究群体行为。

第8章为理解群体行为动力学打下了基础。这一章讨论群体中的个体如何受到别人期望他表现出来的行为模式的影响,群体认为可接受的行为标准是什么,群体成员相互吸引的程度。第9章把我们对群体的理解应用到有效的工作团队的设计中。第9章到第13章展示沟通模式、领导方式、权力和政治,群体间关系和冲突水平如何影响群体行为。

3. 组织系统水平的变量

当我们把正式的结构加到前面有关个体和群体的知识中时,组织行为就到达了其复杂性的最高水平。正像群体比个体成员之和大一样,组织也比其构成群体之和大。在对组织系统的研究中,组织行为学研究者把整个组织作为他们的研究目标,这种相对宏观的思路来源于社会学的知识和理论。他们试图从组织与环境之间的关系来分析组织的有效性,其研究的重点在于理解组织结构和组织设计如何影响组织的效率,组织的规模、所应用的技术、组织的年限等也是这个思路所强调的重点问题。正式组织的设计、技术和工作过程、组织的人力资源政策和实践(即选拔过程、培训项目、绩效评估方法等)、内部文化、工作压力水平等也都对因变量有影响。这些因素在第14章和第15章进行详细讨论。因为我们的教材系列有专门一本组织设计的教材,所以,这部分内容本书不再涉及。

四、整合后的模型

我们的最后一个模型如图1-8所示。它表明了五个关键的因变量和大量的自变量的关系,自变量是根据分析水平来排列的。研究表明,这些自变量对因变量的影响是不一样的。虽然这个模型很复杂,它仍然未能完全反映组织行为学所研究的客观事物的复杂性。但它可以帮助我们解释为什么本书的章节要这样安排,有助于你解释和预测人们在工作中的行为。

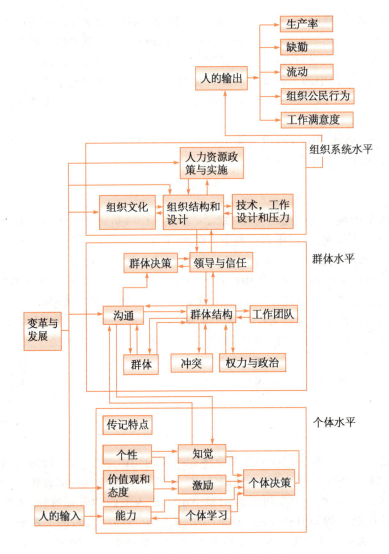

图1-8 基本的组织行为学模型,阶段2

我们的模型在很大程度上并没有明确地把所有的权变因素都包括在内,因为要想把众多的因素都包括在这样一个图中实在太复杂了。所以,在这本教科书中,我们引进了重要的权变变量,他们足以改善组织行为学模型中自变量和因变量的解释性关系。

请注意,图1-8包括三个水平之间的联系。例如,组织结构与领导有关。这是要说明权威和领导是有联系的——管理层通过领导实施他们对群体行为的影响。同样,沟通是个体传达信息的手段,它也是个体和群体行为的纽带。

本 章 小 结

组织就是指人们为着实现一定的目标,运用知识和技能互相协作结合而成的具有一定边界的集体或团体。组织是一个整体,它由要素组成,并与其外部环境之间发生相互作用。对一个组织有效性的评价在很大程度上取决于评价者的角度和立场,评价的时间范围,以及所使用的评价标准。主要有四个方面的因素影响组织有效性:环境因素、组织因素、员工因素和管理实践。

管理就是由一个或多个人来协调他人的活动,以便收到个人单独活动所不能收到的效果而进行的各种活动。管理的功能主要是计划、组织、领导和控制。管理者的工作可以描述为10种角色,它们可以分为三类:人际关系角色,信息角色和决策角色。有效的管理者和成功的管理者关注的工作重点是不同的。

组织行为学是对组织中人的行为的系统研究,它在管理中扮演着重要的角色。组织中的行为是一个系统,系统内的因素间存在着各种相互关系和相互作用。研究组织行为的模式对于理解组织行为非常重要,组织行为模式主要可以归为四类:独裁的、监护的、支持的和共同的。

组织行为属于应用科学,它是在多门行为科学的基础上建立起来的,这些学科包括心理学、社会学、社会心理学、人类学、政治学、生理学等。

组织行为领域的模型一般包括个体水平,群体水平和组织水平三个层次的分析。我们一般把生产率、缺勤、流动、组织公民行为和工作满意度五个因素作为组织中人力资源效果的关键变量。个体水平,群体水平和组织水平中大量的自变量都会对这五个因变量产生影响。

复 习 思 考 题

1. 什么是组织?它有些什么特点?
2. 请用身边的例子解释组织的系统观。
3. 如何判断一个组织是否有效?
4. 关于"管理"的概念,你最同意哪种看法?为什么?
5. 请解释明茨伯格的"管理者角色研究"的方法和结论。如果你来做这个研究,会采用什么办法?
6. 有效的管理者应该具备哪些资质?你认为哪个或哪几个最重要?为什么?
7. 从"有效和成功的管理活动"的研究中我们得到什么启发?
8. 为什么管理中需要组织行为研究?
9. 组织行为有哪几种模式?他们各自有什么特点?
10. 组织行为研究中有哪些层次的自变量?请举例说明。

案例 "转盘"方案

从前,有个大型快餐连锁店的总经理参加了一个"工商企业中的人际关系"的讲座。他是抱着学到一些有用的东西的希望去听这个讲座的,多年的经验使他相信,如果人际关系问题会给任何组织带来麻烦的话,它一定也会影响餐饮业。

演讲人讨论了许多造成人际关系问题的压力。他讲到心理压力、社会压力、利益矛盾、权力结构的矛盾等等。这位总经理听不懂演讲人所讲的全部内容,但是,他确实带着一个概念回到公司。如果有这样多来自各方面的压力,那么,可能对他的经理们的要求太高了;不能想象要他们看出公司的全部问题,还要他们单独解决所有问题。他想到也许他应该从几个不同学科领域请一些专家来,让每一位专家对人际关系问题的解决做出他自己的贡献。

于是,餐饮连锁商店的总经理决定和他的高级经理成员在一起,会见一位社会学家、一位心理学家和一位人类学家。总经理向科学家们提出了问题的要点,并讲到他希望他们能对这个有关人际关系的问题得出一个跨学科的回答。人事经理介绍了对离职人员的访谈记录。他解释说,辞去餐馆工作的大多数人是由于工作的无效率和同事们的坏脾气所造成的压力感过重。

专家们接受了这样的任务:找出为什么女性服务员哭着不干工作、为什么厨师离开工作、为什么经理们变得如此烦恼以致他们要立即坚决当场开除雇员等。要找出这些问题的原因,并找出解决这些问题的办法和对策。

后来,在一个会议室里,专家们坐下来着手他们的工作了。不久,就可以看出,这些专家好像是三个盲人,而问题可能正是谚语里的大象。由于所受的教育和经验不同,他们观察事物的角度和方法也不同。因为彼此的语言不同,他们决定分开来研究比较好。每个人去一个不同的城市,用自己的方法开始研究。

第一个回来的是社会学家。他给管理公司领导人的报告是这样说的:

"我以为我发现了一些非常重要的东西,从某种意义上说,很明显,有一件事以前可能完全被忽视了,那就是你们的人际关系问题发生在高峰营业负荷时间。也就是当女服务员哭着停止工作的时候,当厨师变得情绪急躁,突然离开工作的时候,当你的经理们发脾气和轻率地开除员工的时候。"

他在详细地说明这个问题,并展示了几张图表以支持他的主张。然后,他提出了对问题的解决方法。他说,"简言之,先生们,你们这里有一个社会问题。"他走到黑板边,开始写字。他一边写一边说:

"你们在高峰营业时间存在着一种压力模式。在顾客和女服务员之间有压力……
女服务员和厨师之间有压力……
经理与厨师之间有压力……
而经理为顾客的抱怨所恼火。

我们可以看出,从社会学的角度来说,这是不公平的。在餐馆里,经理的地位最高,厨师次之,而女服务员总是当地雇用的,所以地位最低。当然,她们的地位与公共汽车上的练习生和洗碗工的地位相比要高一些,但比厨师的地位低,然而,她们却给厨师发命令。

地位较低的人给地位较高的人发命令肯定是有问题的。我们必须找出一个办法,打破女服务员和厨师之间面对面的关系。我们要使他们无须彼此讲话。我的意见是,在点菜柜台上放一个'转盘',转盘上有轮子,在轮子上有很多夹子。这些夹子的作用是,女服务员只要把点菜的单子放在轮子上,用夹子夹住,而不必向厨师呼喊定菜单。厨师可以自己从夹子上取定菜单。"

当社会学家离去时,总经理和他的成员讨论了社会学家所谈的意见,觉得有一定道理。但是,他们决定听听其他几位专家的意见以后,再采取措施。

第二个研究回来的是心理学家。他向公司领导人报告说:

"我认为,我已经发现了一些相当重要的东西。从某种意义上说,很明显,有一件事情以前可能被完全忽视了,那就是你们的人际关系问题发生在高峰营业时间,也就是当女服务员哭着停止工作的时候,当厨师变得生气并突然离开工作的时候,当你的经理们发脾气和轻率地开除员工的时候。"

然后,心理学家在黑板上画出同样的顾客、女服务员、厨师和管理人员之间的压力模式。但是,他的解释有点不同。

"按照心理学的观点,我们认为经理是父亲式的人物,厨师是儿子,而女服务员是女儿。我们知道在我们的文化中,你不能叫女儿给儿子下命令。这样会玷污他们内部的自我结构。

我们要做的就是要找出一个办法,打破他们之间面对面的关系。我的意见是在定菜柜台上设置一个转盘,也就是按在一根轴的一种轮子,轮子上有很多小夹子。这样,女服务员把定菜单放到夹子上而不必向厨师大喊定菜单了。"

心理学家的解释在某种程度上也有意义。一些人同意地位矛盾的解释,而其他人则认为性别和角色矛盾的解释。总经理则将自己的意见秘而不宣。

最后一个来报告的是人类学家。他分析说:

"我认为我已经发现了一些重要的东西。从某种意义上讲,很明显,有一件事情以前可能被忽视,那就是你们的人际关系问题发生在高峰营业时间。也就是当女服务员哭着停止工作的时候,当厨师变得性情急躁和离开工作的时候,他你的经理们发脾气和轻率地开除员工的时候。"

在做了详细说明以后,提出对问题的诊断。他说,"简言之,先生们,你们存在一个人类学问题。"他走到黑板前,开始画图。这时,又一次出现了顾客、女服务员、厨师和管理人员之间的压力模式。

"我们人类学家知道人类是按照他的价值系统行事的,经理以餐馆的继续成长和发展为核心价值观。厨师可能分享这个核心价值观,因为当企业兴旺时,他们也有好处。但对女服务员来说,则是另外一回事。他们的大多数之所以工作,是为了补助家庭收入。只要餐馆是一个尚可工作的地方,能够给他们足够的报酬,她们不会关心其兴旺还是不兴旺的问题。你不能叫一个非核心价值的人给核心价值的人发布命令。

我们所要做的是找出一些方法,打破女服务员与厨师之间面对面的接触。我想到一个办法,就是在点菜柜台上放一个老式转盘,在转盘的顶端有个轮子,轮子上每隔几寸的地方放上一个夹子。这样,女服务员就可以把定菜单放在轮子上,不必向厨师发布菜单了。这就是我所指的一个模型。"

当人类学家离开以后,对于哪一位专家的意见正确,大家发生了争执,讨论很热烈。最后,总经理发言了。他说,"先生们,很清楚,这些人对于矛盾发生原因的看法是不一致的,但大家都提出关于转盘这个一致的解决意见,让我们抓紧机会来试一试吧。"

于是,大家都赞同在餐馆连锁店普遍采用转盘,这对减少餐馆中人际关系问题确实有很大的帮助,比以前所采取的任何措施都有效。不久,这个方法就被其他餐馆模仿去了,而转盘也像星星之火传遍了全国。

(根据亨利·西斯克,《工业管理与组织》,中国社会科学出版社 1985 年版,第 149—153 页改编)

问题讨论:

1. 企业主认为自己遇到了什么问题?所观察的到人事问题是"问题"还是"征兆"?为什么?
2. 这些问题的原因是什么?我们可以用哪些知识来解释它们?
3. 如果要在组织行为学的范畴内对案例里的现象做研究,我们可以设计出什么研究?

第二章

组织行为学的历史沿革与研究方法

【学习目标】

学完本章后,你应该能够:

1. 了解组织行为学的发展过程;
2. 了解古典理论时代主要的代表人物,其主要观点和理论的实践意义;
3. 熟悉行为学派时代主要的代表人物,其主要观点和理论的实践意义;
4. 当代组织行为学研究的重点,权变理论的实践指导意义;
5. 熟练掌握研究术语;
6. 了解研究设计的基本原则;
7. 知道如何评价一个研究设计的好坏;
8. 了解各种主要的研究方法。

【开篇案例】

霍桑实验的经验

霍桑实验的经验和成功,促使其他人开始关注组织中员工的满意度与生产率的问题。哈佛商学院的扎莱兹尼克和克里斯腾森在其同事的协助下,进行了一项有影响的研究,其成果反映在《工人的动机、生产率和满足》一书中(Zalezmik, Christensen, Roethlisberger, 1958)。这项研究是在一家中等规模的制造企业中进行的现场研究。研究者与 50 名工人在一起共同生活了将近一年。研究者采用收集资料、推测群体行为、通过现场走动来观察群体的实际行为等方法,以确定哪些因素影响着群体条件下工人的动机、生产率及满意度。研究共分四个阶段,为期两年多的时间。调查资料和实际观察都发现,群体成员身份在工人的生产率和满意度中产生着积极的作用。研究者们做出了许多假设,试图说明群体中的个体行为。

关于群体互动、参与非工作性活动和友谊的若干假设:

假设 1:个体或亚群体的功能越接近,他们之间的互动也越频繁。

假设 2:某一个体或一个亚群体的地位越高,其互动也就越频繁。

假设 3:个体或亚群体间的地位越平等,他们之间的互动也越频繁。

假设 4:某个体的社会地位"确立的越稳固",他与其他人的互动也越多。

假设 5:某个体的社会地位"确立的越稳固",他参与非工作性活动也越多。

假设 6:个体或亚群体相互间的互动越频繁,他们的友谊感越有增强的倾向。

……

关于内部等级和群体策划的若干假设:

假设 9:内部系统中的等级伴随着外部系统中的地位的变化而变化。

假设 10:个体或亚群体的外部地位越高,他们在内部系统中从事的工作性与非工作性活动越可能实现群体的规范和价值。

假设 11:个体或亚群体的社会地位"确立的月稳固",他们在内部系统中从事的工作性与非工作性活动越可能实现群体的规范和价值。

假设 12:某个体的总的地位越高,他的活动就越有可能实现群体的规范,并因此更有可能成为改群体的成员。

假设 13:某个体的社会地位"确立的越稳固",他就越有可能服从群体规范,并因此更可能成为改群体的成员。

……

关于生产效率的假设:

假设 18:个体或亚群体的地位越高,其社会地位的等级"确立的越稳固",他们越有可能实现管理的意图和群体关于生产效率的规范。

假设 19:个体的生产效率随着他们从管理者和群体那里获得奖赏的变化而变化。

A:当个体受到管理者和群体两方面的奖赏时,他的生产效率将接近群体的规范,即正好达到标准要求;

B：当个体受到管理者的奖赏但未受到群体的奖赏时，他会是一个"能人"，也就是一个高产者；

C：当个体未受到管理者的奖赏但受到群体的奖赏时，他的生产效率接近或略低于群体的规范；

D：当个体既未受到管理者也未受到群体的奖赏时，他的生产效率将低与围裙体规范。

假设20：某个体与部门中大多数工人的社会背景差异越大，他越不可能遵从产量的标准，越有可能大大超过标准要求的产量。

……

关于满足和抱怨的假设：

假设24：个体或亚群体的职业地位越高，其满意程度也越高。

假设25：个体或亚群体的社会地位"确立的越稳固"，其满意程度越高。

假设26：个体或亚群体的收入越是等于或超出他的社会投资，他们对报酬和其他事情的满意度越高。

假设27：个体或亚群体的收入越少于他们的社会走体，他们对报酬和其他事情的抱怨越多。

研究结果基本证实了以上的假设。研究者最后得出关于工人工作动机和满意度的几个主要结论：

第一，当某个体受到管理者（外部奖赏）群体（内部奖赏）双方的奖赏时，他会心满意足，他的生产效率接近群体的标准。

第二，当某个体只受到群体奖赏而未受到管理者奖赏时，他仅会获得一般性的满足，他的生产效率可能接纳金也可能略低于群体的标准。

第三，当某个体只受到管理者奖赏而未受到群体奖赏时，他会略感到不满足，此时，他的生产效率高于群体的标准，在大家眼里，他是一个"逞能者"。

第四，当某个体既未受到管理者也未受到群体的奖赏时，他会非常不满，其生产效率也低于群体的标准，是一个"磨洋工"的人。

他们的研究基本上证明了上述假设。

为什么要研究历史？奥立弗·温德尔·赫尔姆斯（Oliver Wendel Holmes）简明地回答了这个问题。他说："当我想知道今天正在发生什么或想确定明天会发生什么时，我向后看。"通过回顾组织行为学的历史，你可以更深入地了解这个领域到今天的发展过程，比如：管理者是如何将规章制度强加于员工的；为什么组织中的许多工人在生产线上从事标准化的和重复性的工作；而为什么近年来，一些组织已经用以团队为基础的工作单位取代了生产线。本章将向你介绍组织行为学理论和实践的演化历程[①]。

---

① 本章内容主要依据罗宾斯的《组织行为学》第7版改编而成。

第一节 早期实践

毫无疑问,成百上千的人为组织行为学"大花园"的成长播下了种子。其中,三位学者在思想方面尤为重要,这些思想对于组织行为学发展方向和界限的形成产生了重要的影响。他们是:亚当·斯密(Adam Smith),查尔斯·巴比奇(Charles Babage),罗伯特·欧文(Robert Owen)。

一、亚当·斯密

经济学家们引证亚当·斯密的话更多的是出于他对古典经济学说的贡献。他在1776年出版的《国富论》(The Wealth of Nations)中,论述了一个精彩的观点:组织和社会将从劳动分工中获得经济优势。斯密以针的制造为例,他指出:10个工人如果每人分担一项具体任务,一天能生产48 000根针。但如果这10个工人各自为阵,分散和独立地去工作,那么这些工人一天能生产10根针就已经很幸运了。倘若每个工人都要做抽丝、拉直、剪断、敲针头、磨针尖、焊接针头和针柄这些活的话,一天能生产10根针确实是一件了不起的事。

斯密总结说:(1)劳动分工提高了工人的技能和技术熟练程度;(2)节省了通常由于变换工作而损耗的时间;(3)有利于创造出种种节省劳动耗费的办法和机器,从而提高了生产率。毫无疑问,亚当·斯密在200多年前关于劳动分工产生经济优势的学说,促进了20世纪以来生产过程中生产线的广泛应用和发展。

二、查尔斯·巴比奇

查尔斯·巴比奇(1792—1871)是一位英国的数学教授,他在斯密学说的基础上进一步补充了劳动分工的优点。在其1832年出版的著作《论机器和制造的经济》(On the Economy of Machinery and Manufacturing)中,巴比奇对斯密关于劳动分工的一系列优势作了补充:

(1)减少了熟悉工作所需的时间;
(2)降低了在学习阶段的劳动耗费;
(3)有助于高技术水平的实现;
(4)促进了工人的技术、体力与具体工作任务更细致的搭配。

巴比奇认为:脑力劳动分工与体力劳动分工所带来的节约是类似的。他指出,专业化经济对于脑力劳动和体力劳动应该是同样相关的。比方说,当我们得了皮疹时,我们就去找皮肤病专家;当我们购房时,我们就去向房产方面的律师请教;商学院的教授们在诸如税收会计、企业家精神、营销研究、组织行为学等领域各有所长。当今世界,无论是在生产还是服务行业的组织当中,劳动分工都得到了广泛应用,而这在18世纪之前的英国是闻所未闻的。

三、罗伯特·欧文

罗伯特·欧文（1771—1858），一位威尔士的企业家，18岁时他就拥有了自己的第一家工厂。他之所以在组织行为学的历史上很重要，是因为在首先承认工厂制度贬损了工人的利益的企业家中，欧文是其中的重要一员。

欧文对他在工厂中目睹的残酷现实很反感。例如，雇用童工（多数在10岁以下），13个小时的工作日，悲惨的工作环境等等，他成了一名改革家。他指责那些重设备、轻雇员的工厂主，批评他们买了最好的机器却雇用最廉价的劳动力来操作，警告工厂主们要对他们"最重要的机器——他们的工人们"给予极大的关注，就像对待他们自己的实物机器一样。欧文认为在改善劳动条件方面花钱，是企业经营人员所能做的一项最佳投资。他声称，关注雇员对企业经营是有利的，同时，这会减轻人们的不幸。

在那个年代，欧文是一个理想主义者。他倡导的是一个可以减轻工人阶级苦难的"乌托邦"的工作场所。1825年，他主张制定工作时间法、童工保护法和提倡公共教育、工作餐、企业参与社区规划，这比他所处的那个年代超前了100多年。

第二节 古典理论时代

从19世纪末至20世纪初的这一段时期为古典理论时期。这个时期，最初的一般管理理论开始演进。对古典理论做出重要贡献的人包括弗雷德里克·泰勒、亨利·法约尔、马科斯·韦伯、玛丽·派克·福莱特、切斯特·巴纳德，他们奠定了当代管理实践的基础。

一、科学管理运动

科学管理运动首先是在弗雷德里克·泰勒（1865—1915）的推动下开展起来的，主要重点放在计划、标准化和在作业层改进人的努力方面，以便以最小的投入获得最大的产出。泰勒初期的思想受当时的新教伦理的强烈影响，推崇刻苦工作、经济合理性、个人主义的价值观以及人人都在社会中起作用的观点。他注重提高工人的生产效率，认为当时工人提高劳动生产率的潜力是很大的。为此，他精心设计了著名的生铁搬运实验。实验最终使得他制定出了所谓标准的操作方法，并进而用这种标准的操作方法对全体工人进行训练，据以制定较高的定额，这就是所谓的工作定额原理。为了使工人完成较高的工作定额，除了让工人掌握标准的操作方法以外，还对工人使用的工具、机械、材料以及作业环境加以标准化，这就是所谓的标准化原理。并且，"通过最大限度地提高每个工人的生产效率，科学管理能为劳资双方赚取最大的收益。因此，一切视劳资关系为'零和游戏'的消极情绪及矛盾冲突均可由科学管理而解决"。

生铁实验 被引用得最广泛的例子可能要数泰勒的生铁实验了。泰勒挑选了一个身体强壮、对钱很看重的荷兰移民施密特作为被试。施密特像其他装卸工一样，每天的收入是仅能维持生存的1.15美元。实验中，泰勒用每天挣1.85美元的机会来作为刺激施密特提高生铁搬运效率的主要手段,以观察施密特的休息时间、行走速度、运送地点和其他变量。经过长时期对各种过程、技术、工具和工作指导等结合使用后,泰勒成功地获得了他认为可能达到的生产水平——从日搬运量12.5吨提高到了他所想要的48吨的目标。

泰勒所做的另一个实验和铁锹的尺寸有关。泰勒认为所有工人使用相同尺寸的铁锹是不科学的,铁锹的尺寸应该取决于所铲掘的物料重量。在广泛的实验后,泰勒发现21磅是铁锹的最佳容纳量。对于重的物料如铁砂,可以用小铁锹来运送,而轻的物料如焦炭就用大铁锹来铲掘。根据这种办法来确定恰当尺寸的铁锹,其结果当然是工人产出量的明显增加。

泰勒通过明确界定提高效率的准则,致力于在工人和管理者当中引发一场思想革命。他确立了4条管理原则(如表2-1所示),他指出,遵循这些原则将会使管理者和工人同时受益,工人会获得更多的收入,管理者会获得更多的利润。

表2-1　泰勒的4条管理原则

1. 给每个人工作的基本组成部分提出科学的工作方法。(以前,工人们用的是经验法)
2. 科学地挑选、培训、教育、培养工人。(以前,工人们自己选择要干的工作并尽其所能来进行自我训练)
3. 与工人热忱合作,确保所做的工作符合已提出的科学原理。(以前,管理者与工人处于持续的冲突之中)
4. 在管理者和工人之间基本实现工作与责任的对等分工,管理者承担那些他们比工人更具有适应性的工作。(以前,大多数的工作和大部分的责任是强加给工人的)

泰勒用类似的方法确定了完成其他工作的最佳方式,然后用这种最佳方式来训练选用出来的工人准确地工作。为了调动工人的积极性,泰勒大力提倡激励工资制度。经过一系列的努力,最后,泰勒实现了生产率200%甚至更大范围内的持续增长。

今天,联合包裹服务公司的司机所遵循的是90年前泰勒在其论著《科学管理原理》中所提出的原理:通常,一个联合包裹服务公司的司机在每次值班期间要停顿120次,司机日常工作的每个步骤诸如:熄火、过交通灯(traffic)、绕道(detours)、按门铃(doorbells)、过人行道(walkways)和台阶(stairways)以及喝咖啡的时间等所有的动作环节,都被UPS的212qkZE工程师们认真论证、仔细研究过,以减少浪费的时间,确保效率最大化。例如,所有联合包裹服务公司的司机在接近一个停车点时,为了使顾客尽快出来取包裹,他们会提前几秒钟按喇叭。又比如,所有的联合包裹服务公司的司机都会以每秒0.9米的速度快速赶到顾客家门前,并首先敲门以免又得花上几秒钟来找门铃。

泰勒确认的科学管理原则不仅对美国而且对欧洲的工业实践活动都产生了巨大的影响,它不仅对工人完成工作任务的方法产生了影响,而且也为工业组织结构方面带来了很多变革。在科学管理运动以前,诸如工业工程、人事、维修、质量控制等部门是不存在的。《科学管理原理》以及泰勒的其他论著,不仅在美国,而且在法、德、俄、日都传播了泰勒的思想。1910年一次关于火车速度的听证会极大地推动了人们对科学管理的兴趣。在州际商务委员会(Interstate Commerce Commission)面前,一位效率专家声称通过运用科学管理原理,铁路费用每天能节省100万美元(相当于1996年的每天1 500万美元)。事实上,那些早先为美国制造企业所承认的科学管理技术给了他们更多的竞争优势。同时,这也使得美国的生产效率在至少50年左右的时间里为世界所瞩目。

二、行政管理理论

科学管理是与车间或作业层的最佳方法和最大产出有关的,因而是一种微观的方法。与此相对的是在20世纪前半期出现的另一种知识体系,它把重点放在适用于管理层的行政管理原则上。这是一种宏观的方法,是对正式组织结构与一般管理基本过程的说明。具体地说,行政管理理论主要在以下两方面做出了努力:(1)界定了管理者所执行的基本职能;(2)明确了组成有效管理实践的基本原理。对行政管理理论做出主要贡献的是法国工业学家亨利·法约尔(Henri Fayol)。

法约尔(1841—1925)出生在一个法国资产阶级家庭,他几乎与泰勒同时著书立说,但当时,他的著作一直在很大程度上被泰勒的著作所掩盖。1916年,他发表了以他作为高层管理者的经验为基础的管理巨著:《工业管理与一般管理》。该书把管理分为五个环节,管理者执行也就是这5个环节的职能:计划、组织、指挥、协调、控制。直至今日,这五个管理环节和职能仍然是学者和管理者研究管理的基本过程及职能的基础,几乎所有的管理学教科书仍然使用这5项职能作为描述管理者工作的基本框架。从这一点,我们把法约尔尊称为"管理理论之父"是当之无愧的。

此外,法约尔还把管理实践描述为与会计、金融、生产、分配以及和其他通常的商业活动相区别的事物。他认为,管理活动存在于企业和政府,而且在家庭中也是司空见惯的。后来,他进一步归纳了14条管理原则,这些原则在大学中被广泛传授,如表2-2所示。

表2-2 法约尔的14条管理原则

1. 工作分工:这项原则与亚当·斯密的劳动分工原理类似。专业化通过提高雇员工作效率来增加产量。
2. 职权:管理者必须善于发布命令。职权给了他们发号施令的权利,但与职权相伴的是责任。一旦实施职权,责任随之产生。
3. 纪律:雇员必须服从和尊重组织的规章制度,管理者和工人对组织的规章制度必须有清晰的理解。组织必须对违反规章制度者实施有效的处罚。
4. 统一指挥:每个雇员只应接受一个上级的指挥。
5. 统一指导:对于同一目标的组织活动,只能有一个管理者、一个计划。
6. 个人利益服从整体利益:任何一个雇员或雇员群体的利益都不能超越作为整体的组织利益。
7. 员工报酬:必须改进工人的工作并给予公平薪资待遇。
8. 集权:集权是指下属参与决策的程度。决策是集权(对管理者而言)还是分权(对下属而言)是一个比例的选择问题。关键在于寻求每一情境下的最佳集权化程度。
9. 等级链:是指从最高层到最低层的职权层次。沟通必须遵循这一链条。但是,如果遵循该等级链引起了迟滞,在各方同意和上级知悉的条件下可以进行交叉沟通。
10. 秩序:人员和物料在恰当的时间都应该在相应的位置。
11. 公正(平等):管理者应对下属保持善意和公平。
12. 人员任期的稳定:高人员流动率会造成低效率。管理者应该制定有序的人事计划,确保当职位出现空缺时,能找到替代者。
13. 主动性:在被允许参与制定和执行计划时,雇员会很努力地去完成工作。
14. 团队精神:宣传团队精神将会在组织中建立和谐与统一。

法约尔还扩展了"原则"这个概念的内涵:"……我在使用它(原则)时丝毫不愿意把它同死板联系在一起,因为在管理事务中没有任何东西是一成不变的,或者是绝对的,这完全是一个做事要恰到好处的问题。我们很少把同一原则重复运用于类似的情况;必须考虑到不同的和各种变化的情况……。作为管理者,首先要清楚的是知道应该如何使用这些原则。这是一种需要有智力、经验、决断和调协能力的复杂而有相当难度的艺术"(丹尼尔·雷恩,1997)。

法约尔的管理思想为后来的理论研究和实践都奠定了根本性的基础。他的管理理论概念是能够被学习、传授和实践的,他是管理史上的一个重要的里程碑。正如波拉德所评论的:"在他那个时代,他的行动知识那种要建立一种基本管理理论而又无法估价的尝试中的一种。那是没有完成的工作……但是其中却具有很多的价值……"(丹尼尔·雷恩,1997)。

法约尔提出的管理要素提供了现代管理过程的概念理论,他的原则像灯塔指引着管理者的行动。后来的管理理论家对此虽有些修改,但从本质上讲都脱离不了这14条管理原则的精髓和内涵。

三、结构化理论

社会学家马科斯·韦伯(Max Weber,1864—1920)出生在德国一个有着广泛社会和政治联系的富裕家庭,他是一位博学的知识分子,对社会学、宗教、经济学和政治学都有着广泛的兴趣。与泰罗关注于车间层面上的管理、法约尔把重点放在一般管理职能上不同,韦伯提出的是职权结构理论,该理论试图为权力建立一个合理合法的基础,并且为挑选人员和进行各种活动做出有秩序的安排。韦伯将组织活动描述为建立在职权关系基础上的活动,是从结构化的角度看管理和组织活动的第一人。

被韦伯称之为官僚模型的理想组织结构有如下几个特点:(1)劳动分工;(2)明确界定的等级制度;(3)详细的规章制度;(4)非人格化的人际关系。韦伯承认这种理想的官僚模型在现实生活中并不存在,但是它代表了一种对现实世界有选择性的重组,在大型组织中,可以作为对工作以及如何完成工作进行推理的基础。他的理论成为了大型组织的设计原型。韦伯的理想官僚模型的详细特征如表2-3所示。

表2-3　韦伯的理想官僚模型

1. 工作专门化:将工作分解成各种简单、日常、详细界定的任务。
2. 职权等级:职务和职位都是以等级来组织的,每个低等级的职位都受高一职位的监督和控制。
3. 正式挑选:所有的组织成员都在技术资格的基础上被挑选,这一技术资格为培训、教育、正规考试所证明。
4. 正式的规章和制度:为了确保一致性和调节雇员的行为,管理者必须主要依靠正式的规章和制度。
5. 非人格化:运用规章和制度时必须一视同仁,要避免人格和个人偏好的介入。
6. 职业定向:管理者与其说是他们所管理的单位的所有者;不如说是职业官员。他们为固定的薪水而工作,在组织内寻求自己的事业。

每一管理理论的产生和发展都离不开其特定的政治、经济、社会、文化和科学环境。以泰勒"科学管理"为代表的古典管理理论尽管被后来的一些学者责难为"没有人的组

织",但这种传统的管理理论与当时人们的思想观点和当时人们可使用的人力资源情况是相适应的,它为当时的社会解决企业组织中的劳资关系、管理原则、生产效率等方面的问题,提供了管理思想的指导和科学理论方法,是人类历史上首次用科学的方法来探讨管理问题,反映了当时欧洲和美国社会的生产力发展到一定的阶段对管理上的要求,因而,对古典管理理论家过于严厉的批评是不公平的。

四、"社会人"理论

无论是泰勒,还是法约尔、韦伯,他们都被认为忽视了一点:人是每一个组织中的核心,是具有社会性的动物。他们因此遭到了批判。玛丽·派克·福莱特和切斯特·巴纳德是两位看到组织中社会一面重要性的理论家。他们的观点产生在科学管理之后,但是在30年代之前,并没有受到多大程度上的认可。

玛丽·派克·福莱特(Mary Paker Follett,1868)出生于美国的波士顿,并从她的祖父和父亲那里继承了一笔相当可观的遗产。她在塞耶学院接受了她的早期教育,然后在哈佛大学的安内克斯(后改名为拉德克利夫学院)继续其学业。随后,到英国剑桥的纽罕姆学院深造。《众议院里的发言人》一书的出版,树立了她作为一位政治哲学家和学者的声望并将她引入到波士顿的知识界。福莱特在哲学和政治学领域受过训练,对职业指导、成人教育和正在兴起的社会心理学感兴趣。从年代上讲,福莱特属于科学管理时代;从哲学和知识方面讲,她是社会人时代的一员,福莱特的企业哲学在很大程度得益于这种丰富的知识和时代背景。她既把泰勒的很多思想予以概括化,又预测到霍桑研究人员的许多结论,从而成为这两个时代之间的一个联系环节。

福莱特是最早承认应该从个体和群体行为两个角度来看待组织的作者之一。作为一位社会哲学家,她提倡以人为本的观点;组织应建立在团体道德而不是个人主义的基础之上;个人潜力除非在群体交往中得以释放,否则,依然是个人潜力,管理者的工作就是协调群体努力激发个人潜力;管理人员与工人应将对方视为合作伙伴——双方都是共同群体中的一个组成部分;管理者领导下属,不仅要依靠正式职权,更要靠他们的专业技能和知识,等等,在科学管理占支配地位的背景下,福莱特的思想具有转折性的意义。

福莱特的人本主义观点影响了今天我们看待激励、领导行为、权力和职权的方式。事实上,比如日本的重视群体凝聚力和团体努力的组织和管理风格(70年代末期在北美和欧洲很流行)正是根植于福莱特的思想。

切斯特·巴纳德(Chester Barnard,1886—1961) 巴纳德出生在美国马萨诸塞州马尔登,由于他在对组织的性质和目的方面有独到的见解,所以在一生中曾经得过七个荣誉博士的学位。他还作为钢琴音准师以及舞曲乐队成员的收入以补贴学习期间的生计。和亨利·法约尔一样,切斯特·巴纳德是一位实践家。他于1909年进入美国电话电报公司,并于1927年成为新泽西州贝尔实验室的总裁。巴纳德研究过韦伯的著作并深受其影响。但与韦伯机械和非人格化的组织观不同,巴纳德将组织视为需要人际合作的社会系统。在其1938年出版的《经理的职能》一书中,巴纳德表达了他的这些观点。

巴纳德认为,社会活动一般由通过正式组织来完成,那些贯穿于历史中的社会失败是由于人们未能在正式组织中进行工作。组织是人们自觉的、有意的、有目的的一种协作,是由具有相互作用的社会关系的人所组成。管理者的主要作用是进行沟通,激励下

属付出更大的努力。巴纳德指出,任何组织都包含着三种普遍的要素:

（1）协作的意愿:协作意愿是所有各种组织不可缺少的首要的普遍要素。人们必须愿意为一个系统的目标做出贡献。但这种意愿的强度和实践安排却是变动的,因为它是以组织成员所感受或预计的满足或不满足为基础的;

（2）共同目标:组织动机和个人动机是不同的。个人之所以愿意为组织做出贡献,并不是因为组织动机就是他们的个人动机,而是因为他们感到,通过组织目标的实现,他们可以获得个人的满足。作为管理者,必须让所有的组织成员看到共同目标对于整个组织所具有的意义;

（3）信息的交流:协作意愿、共同目标的实现等所有活动都是以信息交流为依据通过沟通来实现的。良好的信息交流能够将组织的共同目标传递给个人,通过赢得他们的协作实现组织目标和个人满足。所以,一个组织的成功主要依赖于沟通并从其员工中所获得的合作程度。

对正式组织中的这三种普遍要素的确定,导致巴纳德去探求"非正式组织"中的普遍原理。他把非正式组织定义为"不属于正式组织,且与正式组织管辖的个人以及有关的人们、团队没有接触和相互作用然而却存在于正式组织中的一部分"。

组织的成功也有赖于与那些组织外的、与组织有定期联系的机构和人维持良好的关系。通过承认组织对投资者、供给者和其他外部情境(constituencies)的依赖性,巴纳德引入了这样的观点:管理者必须审视企业的环境并通过调整企业与环境的关系来保持一种均衡的状态。例如,无论企业的生产效率如何,如果管理者不能确保原料持续地输入与供应,或者找不到产品的销售市场,那么企业的生存就会因此而受到威胁。现在对环境如何影响组织和雇员的研究兴趣,都可以追溯到由巴纳德首先提出的观点和思想上来。

玛丽·派克·福莱特和切斯特·巴纳德是两个时代之间的桥梁,两人都关心人,但不是作为个人的本身,而是作为通过合作的团体努力来实现自己的个人;两人都强调协调和统一,都得出这样的结论:只有专职的、有道德的领导才能提高组织的效率和人们的福利。

第三节　行为学派时代

在我们称之为"行为学派时代",关于组织人性方面的观点开始自成体系。正如我们所看到的,这个时代以人际关系运动和行为科学研究在组织中的广泛运用为标记。行为学派理论直到20世纪30年代才开始兴盛。不过,在此之前,两个事件在组织行为学理论的运用和发展中起了很重要的作用,它们是:20世纪初,人事办公室的诞生;以1913年雨果·芒斯特伯格的教科书的出版为标志——工业心理学诞生。

一、人事办公室的诞生

作为对本世纪初工会化运动发展的回应,一些公司,例如汉斯公司(H. J. Heiz)、科罗拉多燃料和钢铁公司、国际收割机公司等纷纷设立了"福利秘书"的职位。福利秘书通过建议改善工作环境、住房、医疗、教育和娱乐设施等来给工人提供帮助。这些福利秘书就是现在的人力资源管理经理的前身,他们在组织与雇员当中起着稳定阀的作用。固德瑞奇(B. F. Goodrich)公司于1900年成立了雇用事务部,但其职责仅仅是招聘。1902年国家现金注册公司(National Cash Register Company)建立了第一个职能全面的劳动部门。它的主要职责是:工资管理、处理矛盾、改善雇用和工作环境、改进卫生条件、保管记录、促进工人发展等。

二、工业心理学的诞生

随着《心理学与产业效率》(Psychology and Industrial Efficiency)一书的出版,雨果·芒斯特伯格(Hugo Munsterberg,1913)创建了工业心理学这一领域。在这本书中,他指出只有对人的行为进行科学的研究才能鉴别一般模式和解释人的个体差异。有意思的是,芒斯特伯格看到了科学管理和工业心理学的关系:两者都致力于通过科学的工作分析以及提高个体技能与各种各样的工作相适应的程度,来影响工作效率。

芒斯特伯格建议运用心理测验来提高甄选雇员的工作质量。同时他强调了学习理论在培训方法开发中的价值,提倡通过研究人的行为来了解什么是对工人最有效的激励方式。现在,我们通行的多数关于甄选技巧、雇员培训、工作设计以及激励方面的理论都是建立在芒斯特伯格的研究工作之上的。

三、劳动法案

随着1929年的股票市场崩溃,美国和世界许多国家的经济进入了大萧条时期。为了减轻大萧条对美国劳动力的负面影响,富兰克林·罗斯福支持瓦格纳法案。该法案于1935年通过。这项法案承认工会是工人的授权代表,为了其成员的利益,工会可以与雇主进行集体谈判。瓦格纳法案后来被通过成为劳动法案(the Magna Carta of Labor)。它从法律上肯定了工会的作用,同时鼓励工人参加工会。由于在企图把工会排除在工厂之外的斗争中失败,同时也作为对这项立法的回应,企业管理者开始更开放地寻求新的方式与雇员打交道,开始改善工作环境并谋求与劳动者建立良好的关系。20世纪30年代末至50年代,人际关系运动在美国产业界盛行一时,而在西方电气公司霍桑工厂所做的一系列实验就是它的先导。

四、人际关系理论

人际关系理论的精髓在于相信在组织中获得更高生产率的办法是提高雇员的满意度。除霍桑研究之外,三位学者在传播人际关系信息方面起着重要的作用,他们是:戴尔·卡耐基、亚伯拉罕·马斯洛、道格拉斯·麦戈里格。

霍桑研究 毫无疑问,对组织行为学中的人际关系运动的最重要的贡献来自霍桑研究。这项从1924年开始一直延续到30年代早期的实验在伊利诺伊州西赛罗市(Illinois Cicero)的西方电气公司所属的霍桑工厂展开。实验最初由西方电气公司的工业工程师设计,他们的意图是观察照明水平的变化对工人劳动生产率的影响。为此成立了控制组和实验组,研究者给予实验组不同的照明强度,而控制组则一直处在平常的照明状态下。

工程师原以为个体产量与光照强度是直接相关的。然而结果发现：尽管只是增加了实验组的照明强度，但两个组的产量都上升了。令人奇怪的是，当实验组的光照强度下降时，两个组的劳动生产率依然持续上升。事实上，只有当实验的光照水平降低到仅仅相当于月光的强度时，工程师们才观察到了实验组的生产率水平有所下降。于是工程师们得出结论："光照强度与群体的生产率并无直接联系。对该研究问题来说，照明度并不是所要寻求的答案，……存在着太多的变量，最重要的可能是'人类个体的心理状态'"（丹尼尔·雷恩，1997），他们不能清楚地解释所目睹的工人的行为。

1927—1932年，哈佛大学教授埃尔顿·梅奥（Elton Mayo）及其助手被邀请作为顾问参加了这项研究。梅奥在苏格兰期间作为一位精神病理学的副研究员的经验，为他以后作为一位工业研究员提供了基础。

梅奥感到解释霍桑秘密的关键因素是"小组中精神状态的一种巨大改变"。他认为两个组（实验组和对照组）的劳动生产率依然上升，是因为实验使工人成为了一个社会单位，他们因为受到了实验者越来越多的关心而感到高兴，继而培养出一种参与实验计划的感觉。这种感觉是促使在没有稳定、没有目的、没有规范的经济大萧条的背景下，恢复"有效协作"和"社会团结"的信心，从而使生产率依然保持上升的关键因素。为此，他进行了无数次的实验，包括重新设计工作、改变工作日和工作周的长度、引入工间休息、建立个人与团体的工资制度等等。例如，其中的一个实验是用来评价团体计件工资制度对团体劳动生产率的影响的。梅奥的结论是：计件工资对工人产出的影响比群体压力、归属以及随之产生的安全感等因素对工人产出的作用更小；行为与情感紧密联系，组织的力量显著地影响这个人的行为，群体内标准决定着单个工人的产出量；与群体内标准、群体情感、安全相比，金钱是决定产出的次要因素；群体内的社会规范或标准被认为是个体工作行为的决定性因素。这些结论导致了在组织运作与实现组织目标的同时，对人的因素有了新的重视，但同时也导致了家长式管理的加强。

梅奥当时和后来都遭到了很多批评，有些学者对实验过程、结果分析及其所归纳的结论都进行了攻击。但是，从历史的角度上来看，这项研究是否具有可靠的学术性或论证是否言之有据都无关紧要，重要的是它促进了对人的因素的研究兴趣。

戴尔·卡耐基（Dale Carnage，1835—1919） 戴尔·卡耐基的书《如何赢得朋友和影响人》在20世纪30年代、40年代、50年代为千百万的人所拜读，同一时期成千上万的经理和渴望成为经理的人参加了他的管理讲座和研讨会。卡耐基的思想之所以值得关注，是因为它赢得了大量的听众。

卡耐基的核心论点是：只有赢得他人的合作才能赢得成功。他对他的听众提出如下建议：(1)通过衷心感谢（赞赏）他人所作的努力来使他人感觉到自己的重要性；(2)极力留下良好的第一印象；(3)通过让他人主动谈话，同情他人，"永远不要告诉一个人他错了"等方式，赢得他人对你的想法的认可；(4)通过赞扬他人的优点，给冒犯者保全面子的机会来改变他人。

亚伯拉罕·马斯洛（Abraham Maslow，1908—1970） 没有受过马斯洛思想影响的大学生很少。作为一名人本主义的心理学家，马斯洛提出了5层次需求——即生理、安全、社会、尊重和自我实现的需要理论。从激励的观点出发，马斯洛论证说，层次中的任何一个需要都在前一需要满足之后才被激活，一旦一种需求得到充分满足，它就不再具有激励作用了。5层次系列的最高一级是自我实现的需要，是一种"一个人能够做到什么，他就必须做到"的状态,这是实现人的全部潜能——人类存在的最高点。5层次需求理论实质上提出了人类需求的演变的、动态的性质,接受马斯洛观点的管理者力图通过改变管理实践来减少自我实现过程中的障碍。

道格拉斯·麦戈里格(Douglas Mcgregor,1906—1964) 道格拉斯·麦戈里格任职于马萨诸塞州技术研究所,担任心理学的教学工作。期间,除了1948—1954年担任安蒂奥克学院的院长之外,他一直到逝世都在这个研究所工作。麦戈里格以其两个假设而著名:即关于人性的X理论和Y理论。简言之,X理论主要停留在以消极的观点看待人之上。它假设人们没有什么野心,厌恶工作,希望逃避工作,需要严格的控制才能有效地工作;人天生就是自我为中心的;人的本性是反对变革的;他们轻信而不明智,易于被骗子和野心家所蒙蔽。而Y理论与之相反,它建立在以积极的观点来对待人的基础之上。它假设人们可以进行自我指挥练习,能接受责任,并认为工作与休息或游戏一样是一件自然而然的事情;多数人具备高度的想象力、智谋和创造性。麦戈里格相信:靠改变对人性的假设,组织的和谐是可以实现的。管理者要相信员工是可以信任的,能够自我激励、自我控制,具有将自己的个人目标于组织目标结合起来的能力。对麦格雷戈而言,人怎样被对待基本上是一个自我实现的预言:如果管理者假定人是懒惰的并把他们当作懒人来对待,那么他们就会是懒人;相反,如果以Y理论的设想去对待工人,那么他们就会成为寻求创新、效率、对自己行为负责的人。因此管理者应解除对工人的束缚,使他们发挥出全部创造力和生产潜能。

五、行为科学理论家

行为理论时代的最后一个阶段包括了一群研究者,与泰勒在科学管理中所做的相似,他们都借助科学的方法来研究组织行为。但是不同于人际关系运动的成员,行为科学理论家专注于对组织内的人际行为进行客观性研究。他们谨慎细致地将个人信念排除在研究工作之外。他们力图提出严密精确、能够为其他行为科学家所复制的研究设计,希望由此能建立起组织行为科学来。

要对行为科学理论家所作的贡献做一个完整的回顾将会是长篇累牍的。因为他们的研究工作构成了今天组织行为学的主要基础,但是为了使你品味到他们的工作,让我们简要回顾一下几位主要理论家的贡献吧。

雅各布·莫瑞诺(Jacob Moreno) 雅各布·莫瑞诺创建了叫做"社会测量法"的分析工具,用于研究群体互动行为。群体成员被询问他们喜欢或厌恶什么,希望与谁工作或不与谁工作。根据这些从面试中收集到的数据,莫瑞诺建立起社会统计图,以此来判断群体成员内的吸引、排斥以及中立的模式。在组织中已经采用莫瑞诺的社会计量分析工具以创造出具有凝聚力和绩效高的工作队伍来。

B·F·斯金纳(B.F.Skinner) 很少有行为科学家的名字能像B·F·斯金纳这样为大众所熟知。他在作业调节和行为矫正方面的研究对组织培训强化以及奖励制度的设计具有显著的影响。本质上说,斯金纳说明行为是其本身后果的函数。他发现:如果人们因为做某件事而受到奖励,那么他们就很可能会专注于这种受到期望的行为。如果奖励得到所期望的回应,那么这种奖励就最有效,如果行为未受到奖励或受到了处罚,那么行为重复的可能性就很小。

戴维·麦克莱兰（David McClelland） 戴维·麦克莱兰是用如下的方法来测试被试的个人成就动机的：他让被试者看一组有些模糊的图画，然后让他们就每幅图画写出自己所认为的故事。通过这些投射测验，麦克莱兰能把那些有很高成就需求的人——即那些有很强的成功愿望或想达到某种标准的个体——从低成就动机的人群中辨别出来。他的研究对于组织改善人事匹配和为高成就动机者重新设计工作以便实现动机潜能的最大化是很有帮助的。另外，麦克莱兰通过训练个体来提高他们的成就动机，并取得了成功。例如，在印度，接受了成就动机训练的人工作更长时间，发起更多新的商业冒险，在生产性资本方面做更大的投资，雇用许多工人，并且，他们的总收入比那些没有接受过训练的类似群体有了更大幅度的增长。

弗雷德·费德勒（Fred Fiedler） 领导行为在组织行为学中是最为重要并受到广泛关注的主题之一。费德勒在这个问题上所做的工作意义深远，因为他重视领导行为的环境因素并力图提出一套完整的领导行为理论。

从20世纪60年代中期到70年代末，费德勒的权变模型在对领导行为的研究中居于主导地位。他开发出一套问卷来测量一个人具有内在定向的领导行为，并鉴别出3个情境变量。他论证说这3个变量决定了哪种领导行为最有效。为了检测他的模型，费德勒及其助手研究了成百上千个团体。而许多研究者也试图复制他的成果。虽然该模型中的有些结论经过进一步分析后并不是很站得住脚，但费德勒的模型对领导行为的思考和研究都有主要的影响。

弗雷德里克·赫兹伯格（Frederick Herzberg） 除了霍桑研究以外，没有一个研究流派在削弱科学管理所提出的建议方面比弗雷德里克·赫兹伯格所做的工作有更深远的影响。复杂的工作以及提供良好的工作环境等"保健因素"可能会安抚工人，但是他们无法激励工人。赫兹伯格认为，如果管理者想激励员工，那么他们应重新设计工作创造"激励因素"，比如：设计能够产生成就感、认同感、责任感、具有成长和发展机会等因素的任务。现在许多在丰富和改善工作生活质量方面的研究兴趣都可以追溯到赫兹伯格的理论研究上。

理察德·哈克曼和格雷格·奥得海姆（J. Richard Hackman and Greg Oldham） 尽管赫兹伯格的结论大受欢迎，但是他用以得出这些结论的研究方法却不怎么为人所热心关注。工作因素是如何影响雇员动机和满意度的呢？哈克曼和奥得海姆在1970年对此做出了解释，并且提供了一套工作分析的有效框架。哈克曼和奥得海姆的研究揭示了工作的核心维度——技能多样化、任务一致性、工作重要性、独立程度以及反馈——在工作设计中是能够站得住脚的指导准则。哈克曼和奥得海姆发现，在有强烈发展愿望的个体中，那些在这5个维度上得分高的工作会导致雇员的高绩效和高满意度。哈克曼和奥得海姆所提供的方法使得工作个性与员工需求之间更为相称了。

第四节 组织行为学的今天：权变的观点

组织行为学的发展经历了几十年乃至几百年，当代关于组织行为的管理思想和管理理念都是在以往研究成果的基础上扩充、修正并发展而来的。正如UPS所显示的：泰勒的许多科学管理原理都能为今天所采用，并且效果显著。当然，这并不意味着这些原理在其他组织中也同样奏效。如果说在过去的四分之一世纪我们学到了什么的话,那就是:几乎没有什么思想——不管它有多么吸引人——对于所有的组织、所有的工作和所有类型的员工都是适用的。今天,我们必须用一种权变的框架来研究和应用组织行为学。今天人们常说的"管理无定式",就是权变的观点。应用于组织行为学时,权变理论在组织中对人的管理并没有最佳的方法,没有一套放之四海而皆准的简单原理。

在组织行为学的研究当中,权变的方法是具有直观逻辑性的。为什么呢,因为不同的组织在价值、态度、需求、经验等方面都有明显的差异。因此,要找到一个普遍适用并在各种环境下都奏效的原理是不可思议的。但是,说"视情况而定"是一回事,而说"视什么情况而定"则又是另外一回事。

这几年,组织行为学调查研究中最热门的主题是激励、领导行为、工作设计以及工作满意度方面的理论。尽管20世纪60年代和70年代新的理论有所发展,但重点还是放在对现有理论的充实完善、澄清先前的假设以及判别相关的权变变量上。这就是说,研究者一直在试图鉴别"什么"变量以及哪些变量对于理解各种行为现象是相关的。这实质上反应了组织行为学作为一门科学学科的成熟。不久的将来,组织行为学的研究可能会继续把重点放在完善现有的理论,并更进一步深入系统地分析这些理论的最适宜应用环境。

第五节　组织行为学的研究方法

一讲研究方法,很多人的第一反应是给做研究的人讲的。这是一个十分错误的认识。实际上,研究方法要告诉我们的东西,远远不是只做研究的时候才使用,而是每个人在日常生活中几乎每天都在使用的东西。所谓的研究方法,简单地说就是你用什么方法来证明一个命题或判断的合理性,或者是正确的。

学习研究方法,将有助于增强我们凭事实说话的意识,提高我们评价有关研究结论的能力,使我们学会用科学的观点去分析和看待问题,包括接受知识。还能够使我们在阅读商业或专业期刊中关于组织行为学的研究报告或有关论述时,做出更有经验的判断。

一、研究及研究的目的

一提到"研究",很多人会马上联想到自然科学家们在实验中所进行的实验。其实,研究的本质并非如此狭隘,社会科学家们所进行的分析工作也是研究。因为,研究是人类寻求问题、解释问题以及解决问题的过程。从广义和狭义的角度来辨析一下"研究",将更有助于我们对这个概念的理解:从广义看,"研究"相当于英文中的"study",即对某事实或现象加以调查(investigation)、审查(inquiry)、讨论(discussion)及思考(thinking),然后分析并得出研究者所要的结论或结果。从狭义看,"研究"相当于"research",即以最严密的方法探求某项事实或原理,从而获得正确且可靠的结果的过程(谢安田,1979)。

研究涉及系统地收集信息,其目的在于帮助我们探索真理——当然我们永远也不可能发现绝对的真理。在本书中,绝对真理意味着准确地判断任何人在任何组织环境中可能的行为表现。当前进行的研究其目的可具体表现为以下几种方式:支持某些理论;对其他理论提出质疑;以新理论取代旧的缺乏证据的理论。

二、研究术语

研究术语是指研究人员在彼此之间或同外界交流时的专业常用词汇。在行为科学研究中,常见的术语有:

(1) 变量。变量是能被测量的,可能在数量、强度的任一方面或两方面都发生变化的一种一般特征。本书中出现的组织行为学的变量的例子有工作满意度、员工生产率、工作压力、能力、个性、群体规范等。

(2) 假设。对于两个或多个变量间的关系所作的试探性解释称之为假设。如:"参加大学生运动会的学生更有可能在其后的职业生涯中登上大公司的最高职位"即为一个假设。除非被实证研究所证实,否则假设就只能是实验性的解释。

(3) 因变量。因变量是受自变量的影响而发生变化的反应变量。在假设中,它是研究人员着重解释的变量。如上例句中,因变量是指"能够登上大公司的最高职位"这一事件。在组织行为学的研究中,常见的因变量有生产率、缺勤率、流动率、工作满意度及对组织的承诺。

(4) 自变量。自变量是假设中导致因变量变化的原因。上述例句中,"参加大学生运动会"便是自变量。在组织行为学中,通常研究的自变量包括:智力、个性、工作满意度、经验、动机、强化模式、领导风格、报酬分配、甄选方法以及组织设计。

你可能已经注意到了,在组织行为学中,工作满意度既是自变量又是因变量。这并不是什么错误,而恰恰反映出具体变量的命名要依据其在假设中的位置而定。如在"工作满意度的提高使得流动率下降"这句话中,工作满意度是一个自变量;而在"加薪使工作满意度提高"这句话中,工作满意度又成了一个因变量。

(5) 中介变量。中介变量可以减弱自变量对因变量的影响,它也能被认为是权变变量:如果 X 是自变量,那么 Y(因变量)出现,但只有在 Z(中介变量)存在的情况下才能发生。组织活动中,这样的现象很多,例如:如果增加直接监督的程度(X),则会提高工人的生产率(Y),但这种影响受到所从事任务的复杂性(Z)的制约。

(6) 因果关系。根据定义,假设中暗含着一种关系,也就是说,它意味着一种预先假设的原因与结果的关系。如自变量的变化被认为会引起因变量的变化。然而,在行为研究中,在揭示关系时可能做出错误的因果假设。例如,早期行为科学工作者发现在员工满意度和生产率之间存在着某种关系,他们得出的结论是:一个愉快的工人会是一个高绩效的工人。随后的研究证实了这种关系,但这个关系在箭头的指向上却出现了失误。因为更有事实明确地显示:高绩效会导致满意度的上升,而非后者导致前者。

(7) 相关系数。研究中,很多时候要求我们不仅要了解两个或多个变量间的某种关系,还要知道其关系的强弱程度和方向。相关系数这个术语就是用来表示变量间的这种强度和方向的,其变化范围从 -1(表示完全负相关)到 $+1$(完全正相关)。当两个变量变化方向相同时,相关系数为正数;当两者变化方向相反,即此涨彼消时,相关系数则为负数;若两者各自独立发生变化时,我们定义相关系数为零。

例如,研究人员想调查一组员工对工作的满意程度,通过公司的缺勤记录,研究人员可对工作满意度分数和个人缺勤记录计算相关系数,来确定是否工作满意度高的人比工作满意度低的员工出勤情况更好。假设研究人员发现工作满意度和缺勤率之间的相关系数为+0.5,则说明两者之间确实存在着相关关系。而这种关系是否显著,则需要用标准的统计检验来确定。

必须注意的是,相关系数是仅仅用来测量两个变量之间的相互关联程度的指标,并不意味着一定存在因果关系。生活中很多事件相互之间都可能有一些关联,至少在表面上看起来是这样,但是,有关联的事件不见得是因果关系。高相关系数更可能来自偶发事件而不是预期事件。这是科学研究必须要注意的。

(8)理论。理论所描述的是一套系统的相互关联的概念或假设,旨在解释或预测某些现象。在组织行为学中,理论也经常被称为模型。本书中的两者可以通用。

组织行为学中的各种理论不胜枚举。例如,关于如何激励员工的理论,关于最有效的领导风格的理论,解决冲突的方法以及如何获得权威的理论等等。在有些情况下,我们甚至可以举出五六个相互独立的理论来解释和预测同一个具体的现象。这种现象反映了研究的科学发展历程:研究者们通过检验和修正过去的理论,提出更具时效性的具有更高解释力和预测力的模型。众多理论都试图解释共同的现象,恰恰说明了组织行为学是一门充满活力的学科,并且在不断成长和发展。

三、研究设计的组成及基本原则

1. 研究设计的组成

研究设计包括三个部分:计划、结构以及为得到研究者提出的问题所采取的策略。

研究的计划设计是研究工作的总体计划或方案,包括从确定研究问题、提出假设、收集资料、分析资料、验证假设到最后提交研究报告等整个过程各个环节的筹划和安排。

研究的结构设计比计划具体。在设计结构中,研究者需要考虑变量及变量之间的关系。例如,研究培训管理对工人生产的影响。研究者假定:培训能导致工人生产更多的产品。然后把参加实验的人分成两组,一个称为实验组,一个称为对照组。培训前,两个小组的生产能力是相同的。对实验组进行管理培训,而对照组则维持原样。培训结束后,对两个小组生产的产品进行检查计量,最后分析检查结果以决定培训的效能。案例的结构见表2-4。

表2-4 调查研究的设计结构

	实 验 组	对 照 组
培训前测定的单位产量	X	X
培训计划	X	0
培训后测定的单位产量	X	X

说明:X:产量数据,0:没有数字。
资料来源:S·阿尔特曼等著(1990)。

研究的设计案例也比计划具体。在设计策略时,研究者要确定收集分析数据资料、实现研究目标等的确切方法,还要考虑研究中的意外问题及其解决办法。比如,研究者打算采用邮寄问卷方法调查,准备随机选取500人,希望有350人回答问卷并寄回。这时研究者应该预先考虑到,如果第一次问卷回收率达不到 200 人,比如只有 167 人怎么办?是否第二次邮寄?是否仍采取随机选人的方法?第二次邮寄选取多少人?情况是否容许?所有这些都应该在调查研究的策略设计中考虑周全。

2. 研究设计的基本原则

之所以要进行研究设计,其目的无外乎两个:第一,为解决研究问题服务;第二,有助于研究者控制可能影响调查结果的设计原则,如假设成立、建立实验组和对照组、选择各组的人员等。

假设成立是研究设计的首要原则。我们把研究者认定的两个或两个以上的变量之间存在某种特定的关系称为假设。这种关系通常都是由自变量和因变量表示的,例如:执行一项激励销售的措施(自变量),可以增加销售额 30%(因变量);给员工提高工资 10%(自变量),可以使他们的服务态度大为改观(因变量)等,都可以作为假设。

研究设计的第二个基本原则是随机地选择实验组和对照组成员。实验组指的是接受加工处理的组,对照组是不进行加工处理的组。通过比较实验组和对照组加工处理前后的状况,研究者就可以确定实验因素的效果。

为了保证两个组在构成上的一致性,建立实验组和对照组时,必须采用能够保证每一个人进入实验组或对照组有均等机会的随机分配法。只有这样,研究者才能测定实验的结果,进而找到"实验组和对照组最终结果的差异是由于实验因素引起的"这一结论。

3. 科学方法的特征

研究人员采集分析数据资料的方法很多,但所有的科学方法都具有以下 6 个特征(也称为理想科学特征):

(1) 过程公开。完整地描述实验的过程,一遍其他研究者能够重复实验,进行检验。

(2) 定义准确。所用的实验程序、变量的计算、实验的方法等都必须准确清楚地表述。

(3) 客观收集数据资料。在数据资料的收集和解释中不容许存在任何偏见。

(4) 结果可靠。其他研究者在同样条件下进行同样的实验应该得到相同的结果。

(5) 具有系统性和积累性。研究方法应该有助于知识的积累,有助于建立系统的理论。

(6) 研究的基本目的是揭示、理解和预测。科学方法的基本目的是搞清楚事情是怎样发生的和为什么发生。如果解决了这两个问题,就可以预测在某种特殊情况下会发生什么事情。例如:已经知道金钱是怎样以及为什么对人有激励作用,那么行为学家就能预测它对哪一类人激励作用最大、对哪一类人的激励作用最小(S·阿尔特曼,1990)。

四、评价研究

在对任何一项研究给出评价时,首先需要回答以下 3 个问题:

(1) 它有效吗?研究是否真的测量了它要测量的内容?近年来,许多心理测验之所以被摒弃,就是因为它们无法准确测量出工作申请者能否胜任工作的能力。效度问题涉及到所有的研究,比如:在探讨高凝聚力的工作团队与高生产率之间的关系时,应该确认每一个变量是如何测量的、是否真正达到了测量的目标、真的测出了他们想测的内容等问题。

(2) 它可信吗？信度是指测量结果的一致性。假如你每天都用一支木制标杆来测量自己的身高,那么你所得到的结果是高度可信的;但如果你用的是弹性卷尺的话,那么测量结果就可能出现显著差异(显然,你的身高不会每天在变),这种差异就是由于测量工具的不可靠造成的。再比如,公司让一组员工完成一份信度较高的工作满意度调查问卷。6个月后,用同一问卷再测一次,只要在此期间没有影响员工工作满意度的重大事件发生,我们可以预期,两次测量的结果应该是相当接近的。

(3) 它具有普遍性吗？研究的结果是否适用于被试以外的群体？例如,那些以大学生为被试的研究结论,是否同样适用于公司员工或其他普通的社会成员呢？

五、具体的研究方法

研究工作是一种此消彼涨的平衡过程,信息的丰富性往往使研究的普遍性大打折扣。研究人员越是尽力控制变量的干扰因素,其研究结果的现实可行性就越低。高精度、普遍适用性和实验控制往往意味着昂贵的代价。研究人员在确定研究对象、研究地点以及收集数据的方法时,总要做出某种程度的妥协。好的研究设计并非完美无缺,关键是它必须能够确切地反映所要解决的重点问题。常见的4种研究设计方法是:现场研究,实验室实验,现场实验以及聚合定量评价。

1. 现场研究

现场研究就是在现场收集被调查者的各种反应进行分析研究的方法,现场研究有两种类型:自然观察型和深入调查型。前者即通过在现场观察人们的行为或事物的发展变化来收集资料、进行研究;观察法是最简单的方法之一,其主要缺点是只能推测行为的导因。深入调查主要是通过面谈或问卷调查来获得资料进行研究的。

(1) 面谈调查。

面谈调查,即调查者和被调查者面对面交流形式。一般说来,面谈调查可以被用来作为探究深层次原因的主要手段。比如:员工离职,通过面谈方式,主管一般都能或多或少地了解到他们离去的想法以及离职的原因。另外。面谈调查可以其他数据资料方法的补充。例如,经过选择问卷调查后,调查者可以和被调查者谈话,问他为什么要选择那些答案,这样就可以获得更深一层的资料。

(2) 问卷调查。

问卷调查有两种形式:选择问卷和叙述问卷。选择问卷就是提出一个问题,被调查者在被选答案中选择一个。许多大公司在调查组织状态时广泛采用就是这种办法。选择问卷的主要优点是被调查者很容易回答,而且有利于计算机处理和统计分析。叙述问卷调查是研究者设计出一系列问题,让被调查者做简要的回答。它比选择问卷调查有更大的回答余地,能够获得选择问卷调查难以获得的资料。它的主要缺点是:被调查者要花较多的时间填表,调查者也要花费较多的时间和精力整理分析这些答案。

通过问卷调查来获取研究信息时,须注意以下几点:①邮寄问卷很少能够全部回收,低回收率带来的问题是:根据答复者得出的调查结论的代表性如何？是否能推广到其他未作问卷的调查对象?一般地,如果采用了系统的统计程序,从样本得出的结论对全体人员就具有代表性。②该调查方式易于了解被调查者的态度或想法,却不易于了解其行为;只能调查被调查者明显意识到的问题,无法探知他们潜在的、尚未明显意识到的问题。③由于问卷调查注重的是具体问题,因此不容易获得深层次的信息。对于需要深入了解的问题须结合访谈来完成。④被调查者的回答容易受到社会赞许性的影响,即被试的回答往往是他们认为研究者想听到的答案。⑤样本的选择决定了调查结果的普遍性。例如,《财富》500家大型企业的抽样调查显然无助于我们了解中小企业和非营利性组织的情况。总而言之,即使设计完好的问卷调查也不得不以放弃信息深度为代价,以实现普遍性和经济性的效果。

2. 实验室实验

米尔格拉姆实验是实验室实验的一个经典例子。研究者斯坦利·米尔格拉姆想测量人们究竟能在多大程度上服从命令,于是他设计了一个学习实验,他让被试扮演教师的角色,研究者告诉这些"教师",在每次"学生"回答问题出错时,都要给予电击惩罚。米尔格拉姆想弄清楚被试是否会听从命令,这是其一;其二,若电击强度加大,被试服从指挥的意愿是否会降低。该实验的详情请见本书第九章。

在实验室实验中,如米尔格拉姆设计的实验,研究人员创设出一种人工环境,然后在控制条件下操纵因变量。由于其他因素保持不变,研究人员最后就可得出这样的结论:因变量的任何变化都是由于自变量的变化所引起的。注意,由于控制了条件,研究人员能够推测出自变量和因变量之间的因果关系。

实验室实验在实现了精确性和可控性的同时,却是以牺牲研究结论的现实性和普遍性为代价的。虽然它对变量的控制程度更高、测量更准确,但许多实验室实验所处理的现象不能在真实情境中重复或应用,所以其研究结果的推广性和实际意义不大,因为人工实验室永远难以仿造出真实组织的内在特征和微妙之处。

3. 现场实验

我们在上面谈到的霍桑实验就是现场实验的一个例子。现场实验和实验室实验一样,在自变量被处理以前或以后都要进行绩效的测量。现在,假如有一家大公司的管理人员想要了解每周4个工作日、每天工作10小时与传统的每周5个工作日、每天工作8小时相比,缺勤率是否会有所降低。实验者所选择的这家公司规模较大,拥有几家具有大致相当条件的制造厂,员工人数也大体相当。

研究者将其中一家工厂为实验组,工人们按4天工作制开始进行,另一家工厂则是控制组,即工人们仍旧按5天工作制进行工作。两家工厂分别记录了18个月内的缺勤情况(之所以持续时间这么久,是为了尽量减少实验工厂的工人们由于新奇感给实验结果带来的误差)。18个月后,管理人员发现,实验工厂的缺勤率下降了40%,而在控制工厂却只下降了6%。基于实验设计的可行性,管理人员认为引起实验工厂缺勤率大幅度下降的原因是工作日的压缩。

现场实验除了在真实的组织中进行实验外,与实验室实验没有多大差别。自然的场景比实验室更真实,这就增加了实验的有效性,但也增加了控制的难度。另外,以下的情形会影响结果的真实性,比如:被实验者知道自己参加了实验,有可能改变自己的行为,导致对结果产生影响；如果控制群体在实验期间受到外界因素的干扰也会降低控制效果，例如工人罢工、大规模裁员、公司重组等。现场实验的最大问题可能与选择组织时的偏差有关。并非所有的组织都允许外部研究人员进行实地的调查研究，尤其是那些遇到严重困难的组织。而大多数已发表的组织行为学研究都是由外部研究人员所做的，因此，很可能所发表的研究报告几乎毫无例外是在成功的和管理有效的组织中进行的。诸如此类的问题在评价工作开始之前应该认真考虑、妥善解决。总体而言，在以上所讨论的3种研究设计中，现场实验是最有效和最具有普遍性的。除了成本较高外，它的确是以最小代价取得了最大成就。

选择什么样的研究方法，归根结底取决于要进行什么样的研究。每一种方法，其优点和缺点共存，选择其一就意味着放弃其他方法的优点。选择研究方法时，一般要考虑5个方面的问题：真实性、精确性、可控性、范围和费用（S·阿尔特曼，1990）。

所谓真实性，是指研究设计必须能够较真实地反映现实。现场实验最具有真实性，但现场实验的有效变量难以控制，变量间的有效联系容易疏忽。实验室实验研究的优点是变量一般都可以控制，但其真实性却难以保证，所以我们不得不在真实性和可控性之间做出选择。所谓精确是指对所有变量的计算要准确。然而很多时候，精确性的提高要以真实性为代价。所谓控制是指研究者能够左右实验变量、推知自变量和因变量之间的因果关系。比如，通过调整工资来观察产量的变化，就可以知道工资和产量之间的关系。控制还应该包括使研究者能够多次重复实验过程，而不是仅仅根据一次实验就得到结论。然而，控制往往是以牺牲真实性为前提的，另外，在动态管理过程中，要想控制全部变量是非常困难的。所谓范围是指研究的领域。现场研究一般比实验室研究范围大得多。如果调查的问题复杂且面广，一般采用现场研究方法；如果想在更深层次上探讨变量之间的因果关系，实验室研究则是比较理想的方案。所谓费用是指设计研究、收集资料、分析数据必须花费的时间和资金。例如：实验室研究雇佣的人员较少，组织结构小，与此相关的费用就小。现场研究和现场实验因为需要有较大的研究机构、较多的参加人员和分析数据的计算设备等，因此费用较高。以上5个方面都不同程度地影响研究方法的选择，研究者必须从中取舍、权衡。正如海尔瑞格尔（Hellriegal）、斯罗卡姆（Slocum）和伍德曼（Woodman）指出：所有研究方法都是优势和劣势共存的，事实上，没有一种方法能够"放之四海而皆准"。作为研究者，需要清楚的是各种方法之间的差别和互补性，权衡选择一种方法而放弃另一些方法的得与失：哪一种方法能达到他们的目的，最适应他们的条件，能最大限度地限制和弥补其弱点，而并不重视方法本身是否尽善尽美（S·阿尔特曼，1990）。

4. 聚合定量评价

员工的性别与工作压力之间是否存在着某种关系？对于这个问题，早已展开过大量的个体现场调查，对这类问题的定性评论也是不胜枚举。遗憾的是，各种研究成果不乏自相矛盾之处。

为了协调这些矛盾，密歇根州立大学的研究人员找出所有发表的对于性别与工作压力相互关系的研究报告，排除其中不适当的信息、非定量化的数据和样本中没有包括男女两种性别的报告，最后将包含了9 439个个体数据的15项研究确定为分析对象，再运用一种被称为元分析的聚合分析技术，研究者能够定量地整合所有的研究，并最终得出结论:在工作环境中,男性和女性在感受到的工作压力方面没有差异。

密歇根州立大学的研究人员所作的性别——压力综述具体地说明了元分析方法的应用。这是一种定量化的文献综述方法,它使得研究人员可以考察大量的单个研究的有效性,然后应用一种公式来确定它们是否能形成一致的结果。如果结果确实具有一致性的话,那么研究人员更有信心得出研究的有效性是具有普遍意义的结论。元分析法是一种克服定性综述之不精确解释的有效手段。此外,这种方法有助于研究人员在自变量和因变量之间发现潜在的中介变量。

在过去的二十多年中,曾掀起过一股推广这种研究方法的浪潮,究其原因是因为它提供了一种更为客观的方法来评价传统的文献。虽然元分析法要求研究者自己做出大量的判断,这使研究过程引入了大量的主观因素。但毫无疑问,元分析法现在已成为组织行为学研究中广泛应用的一种方法。

六、研究中的道德

研究人员在对被试者进行研究时,并不总是坦诚相待的。例如,现场调查中的问题可能会使回答者感到尴尬,或被看成是对隐私权的侵犯。而且,实验室研究也素来以其向被试隐瞒真实的研究目的而闻名。因为他们(研究人员)觉得为获得真实的反应而进行欺骗是十分必要的。由米尔格拉姆所主持的"学习实验"曾受到过心理学家们基于伦理道德的广泛批评,因为他对被试撒谎,告诉被试进行该研究是为了调查学习情况,但实际上进行的却是有关服从的研究。他所运用的电击仪器只不过是一个道具而已,那个"学生"也是斯坦利雇来的同谋,因为他曾接受过伤忍痛伪装的训练。

专业工作者协会如美国心理学学会、美国社会学学会及管理学会曾公布了进行研究的指导方针,但是,有关道德问题的争议仍在继续。一方面,有人认为道德约束太严会损害实验的科学性和有效性,抑制了研究的发展。为了避免调查结果不掺水分,有时欺骗的手段是必要的。并且,那些坚持使道德控制最小化的人注意到,很少有被试由于被欺骗而受到明显的伤害。即使是在米尔格拉姆的高度操纵的实验中,也只有1.3%的被试表示对此经历有不满之感。而争议的另一方将焦点集中于参与者的权力上,有的学者认为对道德问题应严加控制,主张任何程序都不应该使被试在情绪上和身体上感到不适。作为专业人员,研究者应对被试绝对诚实,并不惜一切代价维护被试的个人隐私。

现在,让我们来看一些有关研究的道德问题的例子。

你认为米尔格拉姆的实验是不道德的吗?一家公司以邮寄问卷形式无记名地调查员工对于辞去现有工作的意向,你认为这样做不道德吗?如果公司对调查问卷编号,以确认哪些人没有回答问题,并向这些人再次寄去问卷,你的评价是否会发生变化?管理者为研究群体互动模型(目的在于利用此数据设计更为有效的工作团队)在工作场地隐藏摄像机,而事先并未通知员工,你认为这样做是不道德的吗?

七、总结

组织行为学科是由大量理论组成的,这些理论是以研究为基础的。研究一旦整合在一起,就变成了理论。理论提出来后,会有实验来验证它们。因此,构成组织行为学的概念的有效性取决于支持它们研究的有效性。

本书的主题和论点大部分来源于调查研究。它们体现了系统地收集信息的结果,而不只是凭借预感、直觉或仅仅是某种主张得出的结论。当然,这并不是说我们已经掌握了组织行为学问题的所有答案,事实上,还有许多问题有待于进一步论证,还有一些问题由于受研究方法的限制,而影响了其适用范围。但新的信息正以加速度创造和发表出来。为了跟上最新的研究发现,我们强烈建议你定期关注组织行为学的最新研究成果。要想获得更多的学术研究成果,你可以翻阅下列期刊:《管理学会学报》、《管理学会评论》、《管理科学季刊》、《应用心理学学报》、《管理学报》、《领导季刊》等等。对于组织行为学研究发现在实践中的解释,你可以阅读《管理经营会刊》、《加利福尼亚管理评论》、《哈佛商业评论》、《组织动力学》、《斯隆管理评论》等。国内的学术类期刊可参阅《管理世界》、《南开管理评论》、《社会学研究》、《心理科学》、《应用心理学》等。

本 章 小 结

本章主要介绍组织行为学理论和实践的演化历程和组织行为学的研究方法。

在早期实践中,亚当·斯密、查尔斯·巴比奇、罗伯特·欧文的思想对于组织行为学发展方向和界限的形成产生了重要的影响。

19世纪末至20世纪初为古典理论时期。为古典理论做出重要贡献的人包括弗雷德里克·泰勒、亨利·法约尔、马科斯·韦伯、玛丽·派克·福莱特、切斯特·巴纳德,其中泰勒是科学管理运动的推动者,法约尔是行政管理理论的代表,韦伯提出了职权结构理论,玛丽·派克·福莱特和切斯特·巴纳德则看到组织中社会一面重要性。他们奠定了当代管理实践的基础。

行为学派理论开始于20世纪30年代,这时关于组织人性方面的观点开始自成体系。我们应该记住两个事件:(1)本世纪初,人事办公室的诞生;(2)1913年雨果·芒斯特伯格的教科书的出版标志着工业心理学诞生。它们在组织行为学理论的运用和发展中起了很重要的作用。人际关系理论是行为学派的重要理论,霍桑研究掀开了它的第一页。另外,戴尔·卡耐基、亚伯拉罕·马斯洛和道格拉斯·麦戈里格三位学者在传播人际关系信息方面起着重要的作用。

研究方法,简单地说就是你用什么方法来证明一个命题或判断的合理性,或者是正确的。常见的4种研究设计方法是:现场研究、实验室实验、现场实验以及聚合定量评价。行为科学研究中常见的术语有变量、假设、因变量、自变量、中介变量、因果关系、相关系数、理论等。研究的计划设计是研究工作的总体计划或方案,包括从确定研究问题、提出假设、收集资料、分析资料、验证假设到最后提交研究报告等整个过程各个环节的筹划和安排。它包括三个部分:计划、结构以及为得到研究者提出的问题所采取的策略。

复习思考题

1. 了解组织行为学的发展过程。
2. 简述劳动分工理论对组织行为研究的意义。
3. 古典理论时代有哪些主要的代表人物,其主要观点和理论实践意义是什么?
4. 行为学派时代主要有哪些代表人物,其主要观点和理论的实践意义是什么?
5. 当代组织行为学研究的重点,权变理论有何实践指导意义?
6. 研究设计的基本原则是什么?
7. 如何评价一个好的研究设计?
8. 研究设计方法的类型、各种类型方法的优缺点及其现实指导意义。

案例 原因何在?

本丁公司是位于美国东北部的一个大制造公司。一年前,该公司被一个大企业集团兼并。这个企业集团的主要业务是在金融界,对于制造业的情况知之甚少。根据企业集团的惯例,他们派自己的人担任本丁公司的高层管理职务。这些人精通金融交易业务,懂得如何降低成本,他们的目标就是压缩成本,创造最高劳动生产率。

然而,事情的发展并非如此,在他们上任的头8个月里,销售成本率由原来的72%上升到80%,企业集团领导人想知道原因何在。

本丁公司过去的管理者认为,新管理者采取的削减开支的做法适得其反,因为这些措施影响了工人的情绪,工人中普遍存在着不满情绪。本丁公司的工人都希望企业集团能够撤换这些新管理者,让原来的公司管理者官复原职,按原来的方法管理企业。

另一方面,这些新管理者认为,他们是在非常时期到任的,他们采取的措施提高了劳动生产率,降低了成本。如果不是由于他们的努力,现在的公司恐怕都要倒闭了。他们中有人这样辩称道:"你们怎么能认为我们是劳动生产率下降的罪魁祸首?我们疏通了销售渠道、改革了工资体系、为公司签下了长期优惠贷款协议。我真想知道,如果我们没到这里,没有采取这些措施,公司现在会成什么样子?"

本丁公司的总裁认为,新管理者夸大了他们的贡献,公司目前存在的问题的确由他们所致。他认为,本丁公司的工人们担心企业集团正在利用这些财务管理专家判断哪些部门的人员和费用可以削减,这种担心导致了劳动生产率的下降。总裁所面临的问题是怎样才能验证他的看法。他认为,能够找出成本上升的真实原因的唯一办法是请外部专家调查。他特别想聘请行为学专家调查本丁公司满意度状况,确定工人的行为态度和成本上升的关系,如果能够做到这一点,而且能够证明新的管理者是产生以上问题的原因,总裁相信他能够说服企业集团撤换这些人,让原来的管理者按照原来的方法来管理公司。如果调查确认问题是由原来的管理者产生的,那么这些人可能被解雇,新的管理者将继续留任。总裁认为后一种情况发生的可能性很小。总而言之,总裁信心十足,正如昨天他对助手所说:"不管发生什么问题,我的根本目的就是找出问题的症结所在,只要能够找出真实原因,不管是什么问题我都能解决。"

问题讨论:

1. 面对这种情况,你将建议行为学家采取哪种调查研究方法?为什么?
2. 研究者应该采取哪种方法收集数据资料?为什么?请作完整回答。
3. 如果研究者在调查中没有发现职工情绪低落、满意度减小,目前的状况与新管理者有直接关系吗?如何确定压缩成本的措施与生产成本上升之间的关系?

第二篇
个体行为

Organizational
Behavior

第三章

能力、人格与学习

【学习目标】

学完本章后,你应该能够:

1. 确定能力的三种类型;
2. 了解新兴的智力理论的内容;
3. 了解人格与工作的匹配关系;
4. 熟悉与组织行为最有关的几种人格特点;
5. 掌握三种学习理论;
6. 区分四种不同的间断强化程序;
7. 阐述强化在行为塑造中的作用。

【开篇案例】

比尔·盖茨其人

名人似乎总有与众不同之处，盖茨之所以会成为当今电脑世界的显赫人物，其独特的人格特征也许早已注定了他的非同寻常。

对小时候的盖茨来说，在课堂上睡觉是常有的事。他的生活极其紧张，3天不睡觉对他来说如同家常便饭。据一位朋友说，他通常36个小时不睡觉，然后倒头便睡上十来个小时。他的睡觉习惯也很独特，从不在床单上睡觉。累了的时候，他就躺在他那张乱糟糟的床上，拉过一条电热毯盖在头上，不管何时也不管环境如何喧闹，他总能马上进入甜甜的梦乡。盖茨至今仍保持着这个习惯，当他坐飞机时，他常用一条毯子盖在头上，然后在整个航程中酣睡不止。

盖茨喜欢辩论，辩论的时候言语粗鲁，充满讥讽甚至带有侮辱性。在他表达观点时，如果有人激怒他的话，他会暴跳如雷。对微软公司的大多数编程人员来说，和盖茨一起参加技术会议就如同是进行语言测试一样。盖茨有一种发现他人纰漏的惊人能力，在辩论的时候表现尤为突出。如果给他看《蒙娜丽莎》，他会看到败笔。一旦发现一个人的漏洞，他就会用他最喜欢的字眼，诸如"傻瓜"、"疯子"之类将人贬得体无完肤。据一位微软公司的产品经理说："当你和他一起参加会议时，他总是晃来晃去，还不停地颠膝盖。他是一位头脑清晰的思考家，但却容易感情用事……他向别人发起攻击，目的就是要战胜他。勉强他人接受自己的观点是错误的，对此他却浑然不知。他很富有也很幼稚。在控制性情方面，他从未成熟过。"

时常会有人提醒盖茨说他是美国最富有的人。之所以如此，是因为盖茨看上去更像是一位普通人，他的一位朋友雷伯恩回忆起不久前与他偶遇时的情景说："他哪像美国最富有的人呀，竟然没有随从，好像是闲逛一样，还对我说：喂，你好，我们一起去吃热狗吧。"

只要盖茨感兴趣的事，他便会达到狂热和痴迷的地步。这种品质在湖滨中学时就已表现得淋漓尽致，无论是在电脑房钻研电脑，还是玩扑克，他都是废寝忘食，不知疲倦。

1974年，当盖茨认为创办公司的时机尚未成熟而继续在哈佛大学上二年级时，他迷上了玩扑克，疯狂地玩，扑克和计算机消耗了他的大部分时间。他第一次玩得糟透了，但他并不气馁，最后终于成了扑克高手。只要晚上不玩扑克，盖茨就会出现在哈佛大学的艾肯计算机中心，因为那时使用计算机的人已不多。有时疲惫不堪的他会趴在电脑上酣然入睡。盖茨的同学说，他常在清晨时发现盖茨在机房里熟睡。

成名后的盖茨常在夜晚或凌晨向其下属发送电子邮件，编程人员常可在上班时发现盖茨凌晨发出的电子邮件，内容是关于他们所编写的计算机程序。盖茨经常在夜晚检查编程人员所编写的程序，再提出自己的评价。盖茨位于华盛顿湖畔对岸的办公室距其住所只有10分钟的驾车路程。一般的情况是，他于凌晨开始工作，至午夜后再返回家。他每天至少要花费数小时时间来答复雇员的电子邮件。

（资料来源：人民网，2001年10月22日，《性格决定命运——比尔·盖茨独特个性分析》，有改动）

第一节 能　　力

人的能力各有长短,这是不争的事实。但是,个体能力发展的不平衡未必就意味着孰优孰劣。古人说:"民杂处而各有所能,所能者不同。此民之情也。大君者,太上也,兼畜下者也;下之所能不同,而皆上之用也。是以大君因民之能为资,尽包而畜之;无能去取焉。是故不设一方以求予人。故所求者无不足也。"它的大体意思是说,人的能力是有差异的。应该善于根据人的能力特点去使用他们,尽量兼收并蓄。而不要有所弃有所取。要不拘一格地使用人才。这样就会人才济济,而不会感到人才缺乏。

同样道理,从管理的角度出发,了解能力的个别差异,根本目的在于根据每个员工的能力特点安排给他们合适的工作,从而充分发挥人力资源。用一句话来概括,就是:人能尽其才,才能尽其力。

一、什么是能力?

能力一词到底是什么意思?虽然这个词汇在日常生活中应用十分广泛,但是,心理学家认为,能力(ability)指的是一种心理素质,是顺利完成某种活动的心理条件。例如,一位画家要具有色彩分辨和形象记忆能力,这些品质是保证他顺利完成绘画活动的心理条件;一名管理人员要具有言语表达能力、逻辑推理能力,这些品质是保证顺利实现管理活动的心理条件。

人的能力是各种各样的,通常可以分为一般能力、特殊能力和创造力。一般能力指的是在完成不同种类的活动中都表现出来的能力,如观察力、记忆力、抽象概括力、想象力、创造力等,其中抽象概括力是一般能力的核心,平时我们所说的智力,指的就是一般能力。特殊能力指的是适用于某个特殊领域的能力,例如,音乐、绘画、飞行等。创造能力指的是创造新概念、新事物、新产品的能力,是由已知的东西获得未知东西的能力。它符合创造活动的要求。由于不同能力内容的差异,对它们的测量也采用不同的方法。下面我们分别介绍这三种能力的结构及相关的测量方法。

二、智力及其测量

1. 智力的结构

有关智力的具体构成,不同学者有不同的观点。例如,美国心理学家瑟斯顿(Thurstone,1931)提出了基本心智能力构成的七个维度:(1)语文理解,即理解语文涵义的能力;(2)语句流畅,能否迅速做出反应的语文能力;(3)数字运算,能否迅速而正确地进行计算的能力;(4)空间关系,方位辨识及空间关系判断能力;(5)联想记忆,有关两个事物之间联系的机械记忆能力;(6)知觉速度,能否凭视觉迅速辨别事物异同的能力;(7)一般推理,能否根据经验做出归纳推理的能力。

英国心理学家阜南(P. E. Vernon,1971)提出了智力的层次结构理论,认为智力的结构是按层次排列的。其中最高层次是普遍因素,即人的基本心理能量,是决定一个人智力高低的主要成分。第二层次分为两大群,即言语和教育方面的因素、操作和机械方面的因素,叫大群因素;第三层为小群因素,包括言语理解、数量、教育机械信息、空间信息等内容;第四层次为特殊因素,即完成具体工作时需要的特殊技能(参见图3-1)。

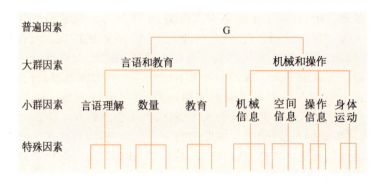

图 3-1　智力的层次结构模型

资料来源:P. E. Vernon,1971。

2. 智力的测量

韦克斯勒(D. Wechsler,1896—1981)在智力层次结构论的基础上,编制了闻名全球的韦克斯勒智力量表。其中包括言语和操作两个分量表,可以分别度量个体的言语能力和操作能力(表3-1)。在韦氏成人智力测验中,言语分量表包括6个项目:词汇、常识、理解、机械记忆、发现相似性和数学推理等;操作分量表包括5个项目:填图、排列图片、图像组合、积木拼图、译码等。应用韦氏量表,不仅可以度量出智商的总体水平(综合智商),还可以度量出智商的不同侧面:言语智商和操作智商。

表 3-1　韦氏成人智力量表举例

测验名称		测验内容	测验举例
言语量表	常识	知识的广度	水蒸气是怎样来的? 什么是胡椒?
	理解	实际知识和理解能力	为什么电线常用铜制成? 为什么有人不给售货收据?
	心算	算术推理能力	粉刷一间房子3个人用9天,如果3天内要完成它需要多少人? 一辆汽车45分钟行驶25公里,20分钟它驶了多少公里?
	两物相似	抽象概括能力	圆和三角形有何相似之处? 蛋和种子有何相似之处?
	数字广度	注意力与机械记忆能力	按次序复述以下的数:1,3,7,5,4。 倒数以下的数:5,8,2,4,9,6。
	词汇	语词知识	什么是河马? "类似"是什么意思?

续表

测验名称		测验内容	测验举例
操作量表	图像组合	处理部分与整体关系的能力	将拼图小板拼成一个物体,如人手、半身像等。
	填图	视觉记忆及视觉的理解性	指出每张画中缺了什么,并说出名称。
	图片排序	对社会情境的理解能力	把三张以上的图片按正确顺序排列,并叙述一个故事。
	积木拼图	视觉与分析模式能力	在看一种图案之后,用小木块拼成相同的样子。
	译码	学习与书写速度	学会将每个数字与不同的符号联在一起,然后在某个数字的空格内填上正确的符号。

资料来源:彭聃龄,2001。

除了韦氏智力测验之外,目前比较流行的还有 DAT 能力性向测验,以及我国学者开发的 MACO 多相能力与职业意向测验等。

不过,使用智力测验进行选拔、晋升以及其他人事决策时,遇到的一个主要困境是:这些测验可能会对少数民族和持有特殊信仰的群体产生不利影响。国外研究表明,平均而言,在言语、算术、空间能力测验中,某些少数民族群体的分数低于白人群体一个标准差。正因为如此,一些心理学家尝试编制文化公平性测验,用以解决上述问题。这种测验的构想是,试图以图形作为智力测验的题目,从而排除学得知识的影响。瑞文图形推理测验就是其中一个代表(图 3-2 是这种测验的一个例子)。这种文化公平的尝试,虽然取得了一定效果,但在选题上却受到明显的限制。

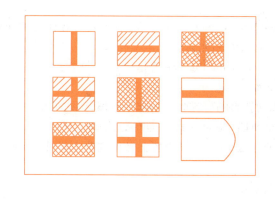

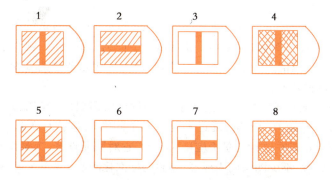

图 3-2 瑞文图形推理测验举例

概括说来，当工作中需要进行信息加工越多时，较高的总体智力水平和言语能力是成功完成此项工作的必要保证。然而，高智商并非是所有工作的前提条件。在很多工作中，员工的行为具有高度规范性，很少有机会使他们表现出差异。此时，高智商与工作绩效之间可以说相关性并不大。相反，一些非智力因素的影响更强烈。

3. 新兴的智力理论

近十多年里，研究者开始把智力的意义进一步扩展。不少学者提出了多维取向的智力理论。其中比较著名的是加德纳的智力多元论和斯腾伯格的智力三元论。

美国心理学家加德纳（Gardner）提出智力多元论（multiple intelligences theory），认为智力应包括：认知智力、社会智力、情绪智力和文化智力。

认知智力指的是传统智力测验中一直关心的那部分潜能。

社会智力指的是一个人与他人建立有效联系的能力。

情绪智力是一种识别、理解和管理情绪的能力。

文化智力则是对跨文化的差异具有敏感性，并能够在跨文化的情境中成功运作的能力。

美国耶鲁大学教授斯腾伯格（Sternberg）新近也提出智力的三元论（triarchic theory of intelligence），主张人类的智力是三边关系组合的智力统合体。这三种智力成分是：

组合性智力（componential intelligence），指个体在问题情境中，运用知识分析资料，经由思考、判断、推理以达到问题解决的能力。传统智力测验中测得的智商，代表的就是这部分智力。

经验性智力（experiential intelligence），指个体运用已有经验处理新问题时，统合不同观念而形成的顿悟或创造力的能力。

实用性智力（contextual intelligence），指个体在日常生活中，运用学得的知识经验以处理其日常事务的能力。

尽管这种多维取向智力的研究尚处于起步阶段，但它的前途充满着希望。它能够帮助我们解释，为什么一个所谓"聪明"的人（即有高认知智力的人），却未必能很好地适应日常生活、与周围人很好地相处、或在领导位置上做得成功。不过，相应的智力测验尚未诞生。

三、特殊能力及其测量

特殊能力（special ability）指的是在某种专业活动中表现出来的能力，它是顺利完成专业活动的心理条件。例如，画家需要形象记忆力、色彩鉴别力、视觉想象力等；音乐家需要音质辨别力、音调记忆力以及节奏比较能力等；现代企业家需要决策能力、组织与计划能力、人际协调能力等。

随着社会分工越来越精细，形成了不同实践领域所需要的专门能力。然而，智力测验只提供了对人们一般能力的了解，远远不能满足不同领域对于人员选拔和使用的迫切需要。特殊能力测验正是在这种背景下应运而生的，它对职业选择、人员配置都有重要意义，但这种测验发展较晚，不少测验尚未成形，测验的标准化问题也尚未得到满意的解决。

特殊能力的测量具有较强的针对性，每种测验只针对一个特定的职业或特定的能力倾向，我们以飞行人员的能力测验为例来说明（表3-2）。

表3-2 飞行人员能力测验

项　　目	测　验　要　求
自我简历	与驾驶、领航和轰炸训练有关的经验背景、社会状况和家庭状况
一般知识	对于飞机、飞行技术、汽车驾驶、机械、体育运动的兴趣和知识
空间定向	从一张大的图片中找出内容相同的小照片
观察辨认速度	迅速辨认形状的异同及对象的细节
选择反应时间	对于不同空间位置的视觉刺激物进行选择性反应
旋转追踪和注意分配	眼手的协调活动,同时进行两项工作的注意分配
手指动作灵巧性	利用手指精确地玩弄小物件的动作速度
舵的控制	用脚调节飞机方向舵的踏板
复合协调活动	对于连续呈现的视觉刺激物在操纵杆上作出连续协调的运动反应
双手追踪	通过双手协调动作把指针保持在运动的目标上
瞄准器操纵	用瞄准器追踪或瞄准一个运动目标
判断	解决实际问题的能力
协调阅读	迅速读出雷达显示器上的目标的距离和方向
阅读理解	阅读技术资料,并根据资料作出逻辑结论
仪表和表格阅读	阅读仪表及复杂性表格的速度与准确度
机械原理	日常生活中的机械常识和经验,对物体安排的表象及推理
机械了解	关于机器的构造、工作原理和修理的知识
仪表理解	根据飞机仪表来确定飞机方位
数学测验	简单运算的速度和准确性
理智活动	判断实际情况的能力

资料来源:李剑锋,2000。

四、创造力及其测量

一个具有创造力的人往往能超脱具体的知觉情境、思维定势、传统观念的束缚,在习以为常的事物和现象中发现新的联系。艺术家构思新作品,发明家设计出新型机器,科学家提出新的理论模型,都是创造力的具体表现。有关创造力与智力之间的关系,研究大致显示出这样一种趋势,创造力与智力之间存在某种程度的相关,但并无高相关。也就是说,高智力的人未必也有着高创造力。但是,"对重要的创造行为来说,个体必须达到某种智慧的阈限——要具备最低限度的智力水平"(Guilford,1971)。

吉尔福特(J. P. Guilford)对创造力进行了较为系统的研究,认为可以通过思维的流畅性、变通性和独特性三个方面来衡量创造力的高低。

流畅性:指的是在单位时间内产生多种反应的数量。高创造力的人,能在短时间内想出数量较多的项目,即反应迅速而且众多。例如,在规定的时间内,写出所有偏旁为"亻"的汉字。写出的汉字越多,说明个体的思维流畅性越好。

变通性:指的是做出不同反应的范围或维度。范围越大、维度越多,说明变通性越强。变通性强的人,在解决问题时能触类旁通,举一反三,不拘泥于现有的常规方式。例如,创造力测验中有这样一道题就是测查变通性的:要求被试在 5 分钟之内列出红砖的用途。如果被试列出的用途只局限于建筑范围内,如盖房子、建教室、铺路、垒墙等,说明被试变通性较差。如果被试举出的例子范围很广,并有一些特别的用途,如压纸、打狗、钉钉子、磨红粉等,则说明变通性很强。

独特性:指的是能对问题提出超乎寻常的、角度独特的见解,不受已有观念的束缚和限制。

创造力测验不同于智力测验。智力测验的内容一般为常识性的,并有固定的答案,因而测量的结果主要反映个人的记忆、理解和一般的推理能力。而创造力测验的内容,不强调对现成知识的记忆与理解,更强调独特和异乎寻常。这种特点也导致测验的标准化问题一直未能有效解决。下面列举一些在创造力测验中出现的项目。

(1) 不寻常用途。

对下列物品,把你所想到的用途尽量多地说出来:

A. 牙签;   B. 红砖;   C. 曲别针

(2) 后果推测。

如果国家和地方的法律都突然被废除,请你想象一下可能发生的后果。

(3) 非直接联想。

让被试给出第四个词并使之与前面的三个词都发生联系:

A. 老鼠—蓝色—农舍小屋;   B. 轮子—电—高;

C. 外面—狗—猫;   D. 惊奇—线—生日

(4) 词的联想。

让被试对下列的每一个词尽可能多地下定义:

A. 螺丝;   B. 布袋;   C. 投掷;   D. 公平

(5) 完成寓言。

给被试提供没有结局的短寓言,要求被试给每个寓言续上三种不同的结尾——"道德的"、"幽默的"、"悲伤的"。根据结尾的数目、恰当性、独特性记分。

五、能力—工作的匹配

我们已经知道,人们的能力水平各不相同,并表现出不同的方面。同时,不同的工作又对能力有不同的要求。员工的工作绩效取决于两者之间的相互作用。当能力与工作彼此匹配时,员工的工作绩效水平就会提高。

当两者匹配不良时,出现的结果很显然,无论你的态度多么诚恳或工作积极性多高,最终还是无法胜任工作。

不过,当员工的能力远远超过工作要求而造成能力与工作要求不匹配时,也会出现问题。它会降低员工的工作满意度,尤其当员工渴望施展自己的才华时,他们会因工作的局限性而灰心丧气,甚至降低工作质量。管理学家布兰查德曾引用过一个例子来说明这个问题。美国建立第一个农业大工厂时,由于当时劳动力过剩,所以雇佣保安人员时,工厂规定的最低标准为:高中毕业,至少有三年警察或工厂警卫的经验。但按这个标准雇用的保安人员工作后,感到农业工厂的保安工作(只检查进出大门的证件)单调乏味,表示无法容忍,因而对工作不负责任,离职率极高。后来工厂雇用了那些只受过四五年初等教育的人来担任这个工作,他们对工作十分满意,也十分珍惜,工作敬业、负责,缺勤率、离职率很低,保卫工作做得十分出色。这个例子很有点中国当前状况的味道,希望能够引起管理者的深思。

第二节 人　　格

在现实生活当中,我们常常能看到身边的人性格迥异:有些人安静被动;有些人热烈进取;有些人冲动鲁莽;有些人执著专注。为什么不同的人会表现出如此不同的特点呢?是否某种人格类型更适合于从事某种类型的工作?这一节我们介绍人格方面的内容。

一、什么是人格?

人格(personality),也有人译为个性,源自拉丁文 Persona,意思是演出时所戴的假面具,也就是说代表着各种人物的身份,就好像京剧脸谱代表个人特征一样。心理学家使用人格这一概念来描述个体整个心理系统的形成和发展,这个独特的整合系统是个体区别于其他人的稳定而统一的心理品质的综合。具体而言,它具有以下特点:

独特性　一个人的人格是在遗传、环境、教育等先天及后天因素的交互作用下形成的。不同的遗传、生存及教育环境,形成了各自独特的心理特点。俗话说"人心不同,各如其面",它说明了人格是千差万别的,这就是人格的独特性。

稳定性　偶然发生的心理特性不能称为人格。例如,内向者在各种不同的场合下都会表现出沉默少语的特点,这种特点随着时间的推移变化一般不大。这正是所谓的"江山易改,秉性难移"。当然,强调人格的稳定性也并不意味着它在人的一生中是一成不变的,随着生理的成熟和环境的改变,人格也可能发生或多或少的变化。

统合性　人格是由多种成分构成的一个有机整体,具有内在的一致性,受自我意识的调节与控制。人格的统合性是心理健康的重要指标。当一个人的人格结构在各方面彼此和谐一致时,他的人格就是健康的。否则,会出现适应不良或心理问题。

功能性　人格决定了一个人的生活方式,甚至决定一个人的命运,因而是人生成败的根源之一。当面对挫折和失败时,坚强者能发愤图强,懦弱者则一蹶不振。这就是人格功能性的表现。

人格是如何形成的? 这一问题曾经在心理学界长期以来争论不休。有的主张人格的形成完全由遗传因素所决定,有的则认为人格的形成与遗传无关,完全受到后天环境中社会文化的影响而养成。显然,现代的心理学者,不再去探求这种黑白分明的简单答案。目前人们普遍认为,人格是由遗传和环境两方面因素构成的,同时还受到情境条件的调节。

遗传指的是那些由胚胎决定的因素。有关同卵双生子的研究发现,他们在人格特点方面具有高度相关性,这一结果为人格的遗传观点提供了支持。近年来,对个体工作满意感的研究也支持了遗传观点。研究发现,个体的工作满意度是相当稳定的,不随时间的变化而变化,也不随工作的变化而变化。研究者由此推断,个人的满意度可能主要由取决于内部的一些因素而不是由外部的因素决定。

但是,如果人格特点完全由遗传决定,则会从个体出生之后就固定下来,并且在成长过程中不会发生任何改变,这显然和实际情况不相符合。

人格特点还受到环境的影响,它包括我们成长的文化背景,早年的生活条件,家庭、朋友和社会群体的规范,等等。这些环境因素对于人格的塑造起着十分重要的作用。

第三项因素,情境,也在遗传和环境对人格的影响中起着一定的作用。个体的人格虽然从总体来说是稳定持久的,但在不同情境下会根据需要有所改变。例如,同是一个外向健谈的人,在参加招聘面试和在咖啡馆里与好友聊天,他的谈话方式、行为特点将表现出极大的差异。

二、有关人格的理论与研究

1. 卡特尔的人格特质理论

特质论认为,人格是一个复杂的心理结构系统,其中包括多种持久而稳定的人格特质(personality traits)。这些特质是人类共有的,但是特质的数量和组合因人而异,因而导致人格方面的个体差异。如果我们能认识和了解这些特质,就可能预测一个人未来的行为动向。

但是,早期的特质理论因为在分离特质上困难重重而受阻。曾有一项研究找出了17 953种特质。在预测行为时如果要考虑这么多的特质,显然是行不通的。

20世纪40年代开始,卡特尔(R. Cattell)从阿尔波特(G. Allport)的约18 000个形容词中筛选出4 504个进行研究,通过语义区别判断,从中辨认出100多个名目。然后,采用因素分析的做法,最终确定了16种稳定而持久的人格因素,称之为人格的主要特质或根源特质。表3-3中列出了这些项目。进一步,卡特尔在16种根源特质的基础上,编制了人格测验,这种人格测验(简称为卡特尔16PF)在组织管理领域中应用十分广泛。

表3-3 卡特尔的16种人格特质

特 质 名 称	低分者特征	高分者特征
1. 乐群性	缄默、孤独	乐群、外向
2. 聪慧性	迟钝	聪慧
3. 稳定性	情绪激动	情绪稳定
4. 好强性	顺从、谦逊	支配、好强
5. 兴奋性	严肃、审慎	乐天、兴奋
6. 有恒性	敷衍了事	负责有恒
7. 敢为性	胆怯、退缩	冒险、敢为
8. 敏感性	理智、注重实际	敏感、感情用事
9. 怀疑性	信赖、随和	怀疑、刚愎
10. 幻想性	现实	幻想
11. 世故性	直率、天真	世故、精明
12. 忧虑性	自信、沉着	忧虑、抑郁
13. 实验性	保守、传统	激进、自由
14. 独立性	随群、依赖	自立、决断
15. 控制性	不拘小节	自律严谨
16. 紧张性	心平气和	紧张困扰

2. 大五模型

近年来，大量颇具影响力的研究证实，有五项人格维度构成了所有人格因素的基础，并包括了人格当中的大多数明显变异。这种人格理论模型称为大五模型（the Big Five）。它包括的五个因素是：

外倾性（extraversion）：该维度描述的是个体对关系的舒适感程度。外倾者喜欢群居、善于言谈、具有决断性。内倾者倾向于封闭内向、胆小害羞、安静少语。

随和性（agreeableness）：该维度描述的是个体服从他人的倾向性。随和性较高的人更为合作、热情和信赖他人；随和性较低的人则是冷淡的、敌对的和不受欢迎的。

责任心（conscientiousness）：该维度是对信誉的测量。高度责任心的人是负责的、有条不紊的、值得信赖的、持之以恒的。在该维度上得分低的人很容易精力分散、缺乏规划性、且不可信赖。

情绪稳定性（emotional stability）：该维度刻画的是个体承受压力的能力。积极的情绪稳定性者是平和、自信、安全的；消极的情绪稳定性者是紧张、焦虑、失望和缺乏安全感的。

经验的开放性（openness to experience）：该维度针对于个体在新奇方面的兴趣和热衷程度。开放性非常高的人富有创造性、凡事好奇、具有艺术的敏感性；开放性维度非常低的人很保守，对熟悉的事物感到舒适和满足。

不少研究发现了大五人格维度与工作绩效之间有着重要关系。这些研究对大量的职业类型进行了调查，包括专业技术人员（如工程师、建筑师、会计师、律师），警察，管理者，销售人员，半熟练和熟练技工。工作绩效使用三个指标进行界定：绩效评估，培训效果（在培训项目中获得的成绩），以及人事资料（如薪酬水平）。调查结果表明，对于各行各业的人员来说，责任感这一维度都可以预测其工作绩效。"占绝对优势的证据表明，那些可以信赖的、细致周到的、做事有条不紊的、勤奋刻苦的、持之以恒的、成就取向的个体，在绝大多数职业当中，会取得更高的工作业绩"（Mount，Barrick，Straun，1994）。另外，在责任意识上得分较高的个体，也会在工作相关知识方面水平更高，这可能是由于高责任感的人会在工作中付出更多的努力。而较高的工作知识水平，又会带来较高的工作绩效水平。

大五中其他人格维度的预测力，取决于绩效标准和职业群两项因素。比如，外倾性可以预测管理和销售岗位的工作绩效。这一点比较容易理解，因为这些岗位需要较多的社会交往活动。同样，研究发现经验的开放性对于培训效果的预测也十分重要，这一点也是合乎逻辑的。在这方面得到的一个比较意外的研究结果是：情绪稳定性与工作绩效无明显相关。凭直觉人们都认为，平和而有安全感的人应该比焦虑不安的人工作干得更好。一些研究者对该结果的解释是这样的：可能只有那些在情绪稳定性方面得分相对较高的人们才会保住自己的工作，而研究样本均选择的是在职受聘员工，因此，他们之间的差异非常小。

3. 麦尔斯—布瑞格斯类型指标（MBTI）

麦尔斯—布瑞格斯类型指标（Myers-Briggs type indicator，缩写为 MBTI）可以说是目前使用最广泛的人格测验之一。仅在美国本土每年就有 200 万人接受 MBTI 测验。使用

MBTI 的组织包括苹果电脑、AT&T、花旗集团(Citicorp)、通用电气、3M 等很多著名公司。这一人格测验包括 100 道题目,用以了解个体在一些具体情境中会有什么样的感觉和会做出什么样的活动。

根据个体的回答,MBTI 在四个维度上对他进行区分:外向的(extroverted)或内向的(introverted)(E 或 I),领悟的(sensing)或直觉的(intuitive)(S 或 N),思维的(thinking)或情感的(feeling)(T 或 F),感知的(perceiving)或判断的(judging)(P 或 J)。然后,在此基础上组合出 16 种人格类型。我们举几个例子来说明 MBTI 中不同人格类型的特点。INTJ 型人是幻想者,他们有创造性思想,并有强大的内驱力实现自己的想法和目标,他们的特点是怀疑、批判、独立、决断,甚至常常有些顽固。ESTJ 型人是组织者,他们现实、理性、果断、实事求是,具有从事商业和机械工作的天生头脑,善长组织和操纵活动。ENTP 型人则为抽象思考者,他们喜欢革新、特立独行、多才多艺、对创业想法感兴趣。这种人在解决挑战性任务方面资源丰富,但在处理常规工作方面则较为消极。有人曾经描述了 13 位美国当代的企业家,他们均是著名公司的创始人,包括苹果电脑公司、联邦快递公司、本田汽车公司、微软公司、索尼公司,调查发现这 13 个人物均为直觉思维型(NT)。这一结果十分有趣,因为直觉思维的人仅占总体比例的 5%。

值得说明的是,尽管 MBTI 这一人格工具在组织中得到了广泛运用,但目前对该测验的信度和效度尚缺乏有力的证据。因此,对这一量表的使用应采取审慎态度。

三、与组织行为有关的人格特点

研究者普遍认为,以下六种人格特点对于预测组织行为是最有力的,它们分别是:控制点、权术主义、自尊、自我监控、冒险倾向、A 型人格和 B 型人格。

1. 控制点

我们把个体对于自己是否掌握命运的认知,称为控制点(locus of control)。一些人认为自己是命运的主人;另一些人则认为自己受命运的操纵,认为生活中所发生的一切均是运气和机遇的作用。前者认为自己可以控制命运,我们称其为内控型(internals);后者认为自己被外界的力量所左右,我们称其为外控型(externals)。

大量内控和外控的比较研究一致表明,外控型人相比内控型人对工作更不满意、缺勤率更高、对工作环境更为疏远、对工作的卷入程度更低。另外,外控型人采取主动行动的可能性更低。

总体来说,内控型人在工作上会干得更好,但这一结论在不同工作中也存在一定的差异。内控者在决策之前积极搜寻信息,对获得成功有更强烈的动机,更倾向于控制自己的环境。而外控者则更为顺从,更乐于遵循别人的指导。因此,内控者在复杂的工作中做得很好,包括绝大多数管理和专业技能的工作,因为这些工作需要进行复杂的信息加工和学习活动。另外,内控者也适于从事要求创造性和独立性的工作活动。例如,几乎所有成功的销售人员都是内控型人。与此相对照,外控者对于结构分明、条例清楚、只有严格遵从指示才会成功的工作来说,会做得很好。

2. 权术主义

权术主义(machiavellianism),也称为马基雅维里主义。该人格特点之所以用尼科洛·马基雅维里的名字命名,在于他的《君主论》以告诫君主如何获得和操弄权术而闻名于世,并由此产生了权术主义这一名词。权术主义高的个体讲求实效,淡泊情感,相信结果能替手段辩护。"为了达到目的,可以不择手段",这是高权术主义者一贯的思想准则。研究发现,高权术主义者更喜欢操纵和控制别人,赢得利益更多,更难被别人说服,却更多地说服别人。当然,这些结果也受到情境因素的调节。

高权术主义者会是好员工吗?答案取决于他们从事的工作类型,以及在评估绩效时是否考虑其道德内涵。对于需要谈判技能的工作(如劳工谈判者)和成功能带来实质效益的工作(如拿佣金的销售人员),高权术主义者会十分出色;而对于以下这些情况,很难预期高权术主义者会更为成功:结果不能为手段辩护的工作,行为有绝对的规范标准。

3. 自尊

人们喜爱或不喜爱自己的程度各有不同,这一特质称为自尊(self-esteem)。有关自尊的研究为组织行为学提供了一些很有趣的证据。比如,自尊与成功预期成正相关,自尊心强的人相信自己拥有工作成功所必需的大多数能力。另外,自尊心强的人在工作选择上会更冒险,更可能选择那些非传统性的工作。

有关自尊方面最普遍的发现是,自尊心弱的人比自尊心强的人更敏感,更容易受外界影响,他们需要从别人那里获得积极的评估。为此,他们更可能寻求他人的认同,更倾向于按照自己尊敬的人的信念和行为从事。从管理的角度来看,自尊心弱的人更注重取悦他人,他们很少站在不受欢迎的立场上。人们还发现自尊与工作满意度之间存在正相关,大量研究证实自尊心强者比自尊心弱者对他们的工作更为满意。

4. 自我监控

近年来自我监控(self-monitoring)这一人格特质日益受到人们的重视,它指的是个体根据外部情境因素调整自己行为的能力。

高自我监控者更善于根据外部环境的因素来调整自己的行为。他们对环境线索十分敏感,能根据不同情境采取不同行为,并能够使公开的角色与私人的自我之间表现出极大差异。低自我监控者则很难通过这种方式伪装自己,他们倾向于在各种情境下都表现出自己的真实性情和态度,因而在"他们是谁"以及"他们做什么"之间存在着高度的行为一致性。

有关自我监控的研究尚处于起步阶段,得到的研究结果也不充分,很难做出明确的预测。不过,一些初步的证据表明,高自我监控者比低自我监控者更关注他人的活动,行为更符合习俗。另外,高自我监控的管理者在职业中会更为灵活应变,得到更多的晋升机会(不论在组织内还是跨组织),更可能在组织中占据核心位置(Kilduff, Day, 1994),因为高自我监控者能够在不同的观众面前呈现不同的"面孔"。

5. 冒险性

人们在冒险意愿上存在个体差异。这种接受或回避风险的倾向性影响到管理者做决策所用的时间以及做决策之前需要的信息量。比如,一项研究让79名管理者进行模拟人事练习,要求他们做出聘用决策。高冒险性的管理者比低冒险性的管理者做出的决策更为迅速,使用的信息量也更少。有趣的是,两组的决策准确性并没有明显差异。

根据工作具体要求考虑与冒险倾向性的匹配性是很有意义的。比如，对一名股票经纪人来说，高冒险性可能会带来更高业绩，因为这类工作需要迅速做出决策；相反，愿意冒险这种特点则可能成为从事审计工作的财会人员的主要障碍，最好在这项工作中安排低冒险倾向的人。

6. A型人格与B型人格

A型人格和B型人格的划分借用了临床医学提出的概念。A型人格表现为：

（1）运动、走路、吃饭通常节奏很快；
（2）对很多事情的进展速度感到不耐烦；
（3）总是试图同时做两件以上的事情；
（4）无法打发休闲时光；
（5）着迷于数字，他们的成功是以每件事中自己获益多少进行定量衡量的。

与A型人格相对应的是B型人格，其特点正好相反。B型人格"很少受到这种欲望的折磨，诸如要获得越来越多的东西、或无休止地压缩完成工作的时间。"

B型人格表现为：

（1）从来不曾有时间上的紧迫感以及其他类似的缺乏耐心的感觉；
（2）觉得没必要展示或讨论自己的成就；
（3）充分享受娱乐和休闲，而不是不惜一切代价实现自己的最佳水平；
（4）充分放松而不感内疚和负罪感。

A型人常常处于中高度的焦虑状态之中。他们总是体验到一种时间上的紧迫性，有着强烈的竞争意识，不断给自己加压要在最短的时间里干最多的事情。这些特点会明显反应在具体的工作方式当中。比如，A型人是速度很快的工人，他们更重视数量而不是质量。从管理角度来看，A型人表现为愿意长时间从事工作，但他们的决策欠佳也绝非偶然，因为他们做的太快了。A型人很少具有创造性，因为他关注的是数量和速度，遇到问题时常常依赖于自己的过去经验。面对一个新问题时，他们很少会花专门的时间来研究和开发具体的解决方法。面对环境中的各种挑战和困难，他们很少改变自己的反应方式，因此，他们的行为比B型人更易于预测。

A型人格者常常被评价为工作积极、勤奋努力、能力强、富于进取、成功动机高。但是，在组织中，A型人和B型人谁更容易成功？尽管A型人工作勤勤恳恳、孜孜不倦，但B型人却常常占据组织中的高层职位。最优秀的销售人员常常是A型人格，但高级管理人员却常常是B型人格。为什么？答案在于A型人格倾向于放弃对质量的追求，而仅仅追求数量，然而在企业当中晋升"常常授予那些睿智而非匆忙、机敏而非敌意、有创造性而不是仅有好胜心的人。"

四、人格与工作的匹配

约翰·霍兰德（John Holland）的人格—工作适应性理论（personality-job fit theory）为工作要求与人格特点之间的匹配提供了最好的解释。霍兰德把人格划分成六种类型，并认为每种人格类型都有与其相适应的工作环境。表3-4中分别描述了六种人格类型的特点，并列举了与之匹配的职业范例。

在此基础上,霍兰德编制了《职业偏好量表》,其中包括160个职业项目。让被调查者回答自己是否喜爱这些职业。根据量表的数据,可以断定个体的人格特征。根据研究数据,霍兰德还提出了六边形模型(图3-3):在六边形中两个领域越接近,则两者越具有相容性。临近的类型比较近似,对角线上相对的类型最不一致。这一模型是对表3-4中人格分类的重要补充。在现实生活中,单纯属于某一类人格的人极为少见,大多数人都是几种类型的结合,但其中必以某种类型为主导。例如,某个人的人格以企业型为主导,兼具有社交型和研究型的特点,这种人就十分适合于商店经理的职业。

表3-4 霍兰德的人格类型与相应的职业举例

人格类型	人格特点	职业举例
研究型	分析,创造,好奇,独立; 喜欢需要思考、组织和理解的活动	生物学家,经济学家,数学家,新闻记者
现实型	害羞,真诚,持久,稳定,顺从; 喜欢需要基本技能、力量、协调性的体力活动	机械师,钻井操作工,电子工,装配线工人,农场主
社会型	社交,友好,合作,理解; 喜欢能够帮助别人和指导别人的活动	社会工作者,教师,议员,临床心理学家
传统型	服从,有效率,务实,缺乏想象力,缺乏灵活性; 喜欢系统规范、有条理、清楚明确的活动	会计,银行出纳员,档案管理员,办公室人员,秘书
企业型	自信,进取,冒险,独断,盛气凌人; 喜欢能够影响他人和获得权力的活动	法官,经纪人,公共关系专家,小企业主
艺术型	富于想象力,杂乱,理想化,情绪化,不实际; 喜欢需要创造性表达的、无规则可循的活动	画家,音乐家,作家,室内装饰设计师

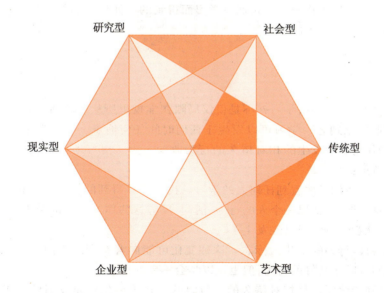

图3-3 人格与职业匹配模型

该理论指出，社会型的个体应该从事社会型的工作，传统型的个体应该从事传统型的工作，以此类推。一个现实型的人从事现实型的工作比从事研究型的工作更为和谐，社会型的工作对于现实型的人则可能最不合适。当人格与职业相匹配时，则会产生最高的满意度和最低的流动率。

概括说来，这一模型的关键内容包括三个方面：

① 不同个体在人格方面存在着本质的差异；
② 工作具有不同的类型；
③ 当工作环境与人格类型相互协调时，会产生更高的工作满意度和更低的离职意向。

值得指出的是，近年来人们的注意力进一步拓展，不仅关注个体人格特点与工作的匹配，还关注于个体与组织的匹配。有人指出，相比员工的人格特点与具体工作的适应性来说，员工的人格特点与总体组织文化之间的适应性可能更为重要。例如，已有的一些研究表明：外倾性高的人会在积极进取和团队取向的文化中干得更好；随和性高的人会在支持性的组织气氛中而不是攻击性的组织气氛中干得更好；经验开放性高的个体会在强调革新而不是规范的组织中干得更好……在招聘员工时遵循这些原则，可以使选拔的新员工与组织文化更为匹配，反过来，这又会带来更高的员工满意度和更低的流动率。

第三节 学 习

我们不可能一出生就知道过马路要"红灯停，绿灯行"；也不可能一出生就拥有阅读和书写的能力。人类的确有一些与基本生存需要相关联的行为是与生俱来的，但是，几乎所有的复杂行为都是通过后天学习而来的。同样，在工作中要表现出的行为——准时上班，遵守规范，做出工作——也是通过学习而得到的。如果我们想解释和预测行为，就需要了解人们是如何学习的。

一、什么是学习？

越来越多的人认识到，学习并不是仅仅局限在学校里所从事的活动。实际上我们每个人都"活到老，学到老"，学习可以发生于任何时间任何地点。心理学家对学习的定义是：在经验的作用下而发生的相对持久的行为改变。为了更好地理解这个概念，需要澄清它的以下特点：

第一，显然，我们无法看到任何人的学习。我们能够看到的是变化正在发生，但这并不是学习本身。但是，如果一个人的行为、活动、反应这些作为经验的结果与过去的方式有所不同时，就意味着学习已经发生了。

第二，学习以行为的变化为标志。这种变化可能向着有利的方向，也可能向着不利的方向。人们可以学会好的行为，但也可以学会不良的行为。

第三，这种变化应该是相对持久的。暂时的变化可能仅仅是反射的结果，而不是学习的结果。例如，由于病痛的折磨人们可能会烦躁不安、举止失常，但引起这些变化的因素消失后，行为的改变也就随之停止了。这种暂时的行为改变并不是学习。可见，在对学习进行考察时，需要把那些由于疲劳、疾病、暂时的适应性而导致的行为改变排除在外。

第四，只有行为活动出现了变化，学习才会发生。如果个体仅仅在思维过程或在态度上发生了变化，而行为未发生相应变化，则不能称为学习。

第五，学习必须包含某种类型的经验。这些经验可以通过直接方式得到，如观察或实践，也可以通过间接方式得到，如阅读书籍。对此，最关键的检验依然是：这种经验是否导致了相对持久的行为变化？如果回答"是"，我们可以说学习发生了。

二、学习理论

人们是如何学习的？我们在这里介绍三种行为学派的理论来解释这一经验获得过程：经典条件反射理论，操作性条件反射理论，社会学习理论。

行为学派的理论家强调人类的行为是在后天环境中通过条件反射的方式建立的，在行为的习得过程中，强化（reinforcement）是一项必不可少的因素，它使外界刺激与学习者的反应之间建立起条件反射，并通过不断重复而使两者的联系进一步加强和巩固，从而达到我们所说的"学会了"的地步。这一学派的研究者认为，任何行为的学习都是为了获得强化物、得到报偿，以满足个体的内心需要。人们之所以进行学习，是因为这一过程中可以得到奖赏、赞扬、优秀的业绩等。我们通过奖励、等级评定这些外部强化手段来激发员工的工作动机。人们之所以回避不良行为，是因为不良行为会受到批评、指责、处分、孤立。我们通过惩罚、忽视这些外部手段来减少员工的不良行为表现。一句话，人类总是趋利避害的。行为主义正是基于这一点来激发行为动机、塑造人类行为。

1. 经典条件反射学说

经典性条件反射是指，将一个不诱发反应的中性刺激（即条件刺激）与一个能诱发反应的刺激（即无条件刺激）进行多次匹配，致使中性刺激最终能诱发同类反应的过程。这种现象最早由前苏联著名的生理学家和心理学家伊凡·巴甫洛夫（Ivan Pavlov，1849—1936）发现。

巴甫洛夫早先致力于有关狗的消化系统研究，为了精确计量狗的消化腺分泌情况，他对狗进行了外科手术，把唾液腺的分泌物通过一根管子引到身体外部，以便观察、计量和记录。在研究中他发现，不仅食物可以引起狗的唾液分泌，即使是以前使用过的装食物的盘子、以前喂过食物的人，甚至喂食者的脚步，也会引起狗的唾液分泌。为此，巴甫洛夫对这种现象进行了系统的研究，提出了"条件反射"的概念，后人称之为"经典性条件反射"。

巴甫洛夫指出，建立条件反射的条件是：

（1）无条件反应：食物吃到嘴里，引起唾液分泌增加，这是自然的生理反应，不需要学习，这种反应叫做无条件反射，此时引发反应的刺激是食物（无条件刺激），做出的反应是无条件反应；

（2）条件反应：喂食者的脚步与狗的唾液分泌增加本来没有必然的联系，是一种无关刺激，或称中性刺激。当脚步声与食物联结在一起，并经过多次重复后，狗听到脚步，唾液分泌就开始增加。也就是说，这时的中性刺激由于与无条件刺激联结而变成了条件刺激,由它引起的唾液分泌就是条件反应。

概括起来,条件反射形成的原理是:条件刺激通过与无条件刺激反复结合,最终会使条件刺激单独存在时也能够引起一定的反应。这样,原来与有机体无关的刺激就具有了一种引起有机体反应的力量(见图3-4)。

经典条件反射形成前阶段Ⅰ	无条件刺激 (肉) → 无条件反应 (唾液分泌)	中性刺激无反应 (铃声)
形成中 (阶段Ⅱ)	中性刺激(铃声) + 无条件刺激 (肉) → 无条件反应 (唾液分泌)	
形成后 (阶段Ⅲ)	条件刺激 (铃声) → 条件反应 (唾液分泌)	

图3-4 经典条件反射形成的三个阶段

巴甫洛夫进一步认为,人类一切的培育、学习和训练,一切可能的习惯都是通过很长系列的条件反射而形成的。也就是说,在人类的学习过程中,可以把已形成的条件刺激作为无条件刺激,在此基础上可以建立新的条件反射,从而形成二级或高级条件反射。正是在这种学习过程中,使我们一步步成长,一天天进步。

经典性条件反射是被动的。由于事件的发生因而使我们以某种特定的方式进行反应。它产生于我们对于具体的、可识别的事件做出的反应。因此,它可以帮助我们解释一些简单的反射行为。然而,大多数行为,尤其是个体在组织中的复杂行为,是主动自觉的而不是被动反射的。比如,员工准时上班,遇到困难寻求老板的帮助,在无人监督时消极怠工等行为。要想进一步了解这些行为是如何习得的,还应该学习操作性条件反射的知识。

2. 操作性条件反射说

经典条件反射学说强调"刺激引起反应"这一规律。然而,美国心理学家斯金纳(Skinner,1904—1990)一改这种传统的观念,认为经典的刺激反应理论只能解释所有行为中很小的一部分。在实际生活中,像穿衣、说话与写字等大量行为的产生似乎没有明显的刺激引发,更多是自发产生的。即使有些行为是由某种刺激引发的,但刺激在其中的作用也是非常小的。斯金纳将自发产生的行为称为操作行为,以区别由于明显刺激引发的应答行为。他对操作行为的形成进行了系统的研究,并提出了操作性条件反射学说。

为了进行深入细致的研究,斯金纳发明了一种叫斯金纳箱的学习装置。箱内装有一个操纵杆,操纵杆与另一个提供食丸的装置连接。实验时把饥饿的小白鼠放置在箱内,小白鼠会左窜右跳,盲无目标地寻找食物,当它偶然踏上操纵杆时,操纵杆带动送食装置,便会有一粒食丸落到箱内。小白鼠经过几次尝试,便学会了通过按压杠杆而获得食物的活动。它会不断按压杠杆,直到吃饱为止。也就是说,此时的操作性条件反射已经建立。

操作性条件反射是指在某种情境中,由于个体的自发反应产生了有利结果而导致反应强度的增加,并最终与某一刺激间建立起新的联系的过程。其中辨别性刺激是指影响个体获得奖励的线索,强化刺激指的是能提高操作性条件反应概率的各种事件和刺激。在这里重要的刺激是反应之后所伴随的强化刺激,而不是反应之前的辨别性刺激。比如,幼儿园的孩子入园的第一周,可能会做出各种各样的反应,如和其他孩子交谈、注意老师、在屋子里走动、和其他孩子打闹等等。随着老师强化某些反应——如对注意老师的孩子微笑,对追逐打闹的孩子责备,对认真听话的孩子表扬等,其结果导致孩子们的某些反应由于得到强化而出现得更为频繁,而另一些反应则会逐渐消失。

斯金纳认为操作性条件反射与两个一般性原则相联系:(1)任何反应如果紧随以强化(奖励)刺激,这个反应都有重复出现的趋向。(2)任何能提高操作反应率的刺激都是强化刺激。应用这个道理,我们完全可以塑造和改变人类的行为,只要我们对于所期望的行为提供奖励就可以。当预期行为出现后立即强化,再出现,再强化。这样,我们所期望的这种行为再度发生的比率就上升了。

你随处可见操作性条件反射的例子。无论何种情境,只要其中或明确或隐含地表明,强化依你所采取的行为而定,那就一定是操作性条件反射的例子。比如,你的老师会指出,如果想得高分就必须正确回答测验问题;一名拿佣金的销售代表发现,挣大钱有赖于他在自己所辖区域内创造的高销售额。当然,行为与强化之间的联系也能教会个体采取一些并非组织希望的行为方式。假设你的老板告诉你如果能在下三周的销售旺季里加班工作,下次绩效评估中你会得到补偿。但是,等到绩效评估时你发现,对于加班工作你没有获得任何积极强化。下次老板再请你加班时,你会怎样做?你很可能会拒绝!你的行为可以用操作性条件反射来解释:如果一种行为得不到积极强化,则该行为重复的可能性会下降。

3. 社会学习理论

个体不仅通过直接经验进行学习,还通过观察或聆听发生在他人身上的事情而学习。比如,我们通过观察榜样——父母、教师、同伴、影视演员、上司等,学会了很多东西。这种认为我们可以通过观察和直接经验两种途径进行学习的观点,称为社会学习理论。

社会学习理论是操作性条件反射的扩展,也就是说,它也认为行为受到结果的影响。不过,它同时还承认观察学习的存在以及知觉在学习中的重要性,强调人们根据自己的认知作出反应并界定这一结果,而不是根据客观结果本身做出反应。榜样的影响是社会学习理论的核心内容。人们发现,榜样对个体的影响包括四个过程。

(1)注意过程:只有当人们认识并注意到榜样的重要特点时,才会向榜样学习。我们最容易受到影响的榜样具有这些特点:有吸引力的,反复出现的,对我们重要的,与我们相似的。

(2)保持过程:榜样的影响取决于当榜样不再真正出现时,个体对榜样活动的记忆程度。

(3)动力复制过程:个体通过观察榜样而看到一种新行为之后,观察必须要把"看的过程"转化成"做的过程"。这种转化表明个体能够切实地执行榜样活动。

(4)强化过程:如果提供了积极的诱因或奖励,将会激发个体从事榜样行为。人们对受到强化的行为将会给予更多关注,学习的效果更好,表现的更频繁。

三、行为塑造:强化的运用

学习不但发生于工作之前还发生于工作过程当中,作为管理者应该利用学习规律指导员工的行为,使他们的行为对组织最有利。前面提到,个体的行为之所以能形成或发生变化,其根本原因是强化的作用。因此,对强化加以控制也就意味着对行为的控制。管理者通过对强化进行系统控制的方式,从而指导个体学习、塑造个体行为的过程,称为行为塑造(shaping behavior)。

强化可以分为正强化(positive reinforcement)和负强化(negative reinforcement)两种。正强化通过使个体获得心理上的满足感而起到激发行为的作用,如适当的表扬、奖励,获得优秀业绩等便是正强化手段;负强化一般是通过引起个体的消极反应从而减少不恰当的行为,如处分、惩罚等便是负强化。负强化由于抑制了不良的行为,从而增加了良好行为出现的概率。但由于这种方式容易造成个体情绪上的对抗与不满,因此,管理者在组织过程中,应该合理增强正强化的作用,慎重使用负强化,这将有助于个体提高动机水平,改善他们的行为和效果。

根据强化的层级,可以把强化分为一级强化和二级强化两类。一级强化物满足的是人与动物的基本生理需要,如食物、水、安全、温暖、性等。这种强化物主要满足与生而来的本能需要,而不是后天学习而来的行为。二级强化指的是一个中性刺激在与一级强化物反复联合后,就能获得自身的强化性质。例如金钱,对婴儿来说并不是强化物,但当小孩子知道钱能兑换糖果时,它就能对儿童的行为产生效果。再如分数,也是在受到老师和家长的注意后才具有强化性质的。其他的二级强化物还有:尊严、赞赏、认可等。这些强化物的作用根据不同个体而有所不同,过去经验以及对强化物的看法都会明显影响到其效果。在组织环境中,提供的绝大多数是二级强化物,这些强化物本身并不能满足员工的基本需求。

根据强化的程序,又可以把强化划分为两大类型:连续强化(continuous reinforcement)和间断强化(intermittent reinforcement)。连续强化指的是每次理想行为出现时,都给予强化。这种方式在激发新反应时最为有效,不过它的问题是不够经济,而且一旦取消强化,已经建立起来的联系、已经学到的行为很容易消退。间断强化指的是,选取理想行为中的一部分进行强化(表3-5)。间断强化是日常生活中更常使用的方式,我们下面具体做一下介绍。

表3-5 连续强化与间断强化的对比

	连 续 强 化	间 断 强 化
强化性质	每次理想反应之后都得到强化	并非每次理想反应之后均得到强化
行为影响	(1) 只要持续在每一反应后给予强化,行为会保持稳定的高水平; (2) 强化太频繁会导致饱足感; (3) 一旦取消强化,行为很快消失; (4) 适合刚开始建立的联系,不稳定或频率很低的行为。	(1) 可以使反应频率提高; (2) 强化频率少,不至于产生饱足感; (3) 适应于稳定或高频率的反应。

在日常生活中,强化并不总是连续的,大多数情况下只是间断的强化,但这种强化对人的行为仍然起到极大的促进作用。例如,钓鱼的人不是每次垂钓都能成功,学生的学习也不是总能取得 A 级,他们只受到间断强化的作用。由于观察到现实生活中,几乎总是以间断强化为特征,这种强化具有很大的应用价值,因此,费尔斯特(Ferster, C. B.)和斯金纳进一步对间断强化进行了探讨,并总结出了一些强化的规律。他们通过大量的动物实验发现,间断强化又可以根据两个维度划分为四种方式(见表 3-6)。

表 3-6 间断强化的分类

	时距	比率
固定	固定时距	固定比率
可变	可变时距	可变比率

(1)定时距强化方式(fixed-interval schedule),指每隔一定的固定时间段给予一次强化,这种类型的强化关键变量在于时间,而且必须持续进行。例如,我们每周或每月定期拿到的工资就属于这种强化方式。

(2)变时矩强化方式(variable-interval schedule),强化根据时间分配,但具体时间却是不可预测的。例如,老师在新学期伊始告诉学生,学期中间将进行 5 次小测验作为平时成绩,平时成绩占总分 40%,但什么时候进行这五次考试却不得而知。

(3)定比率强化方式(fixed-ratio schedule),指在强化过程中,个体反应达到了一定数目后,就给予奖励。这种方式有利于保持反应频率的平稳性,但也很容易因为取消强化而使行为消退。例如,一些企业中实施的计件工资制就是这种强化方式。

(4)变比率强化方式(variable-ratio schedule),在该方式下,以次数不定的间隔来进行强化。例如,拿佣金的销售人员发现,有时打一两个电话就可以成功地获得一份订单,但也有时需要打 20 个或更多的电话才能卖出产品。再比如,赌场中"老虎机"的设计原理也是如此,你不断地给机器输入钱币,有时好运连连、财运如流水。但也有时一无所获、血本无归。在行为的塑造方面,通常这种方式的强化效果最好,因为行为反应最不容易因为不强化而消退,而且反应重复出现的频率也最高。俗话说"赌徒最恨放弃赌博",就是变比率强化效果的真实写照。

各种强化方式的效果不尽相同(见表 3-7 中概括),总体来说,在行为塑造的最初阶段,为了巩固其效果,保证其重复率,强化的次数多一些是比较有效的。但是随后,应该改用可变强化,才会取得更良好的效果。可变方式的强化会产生更高的反应机率和

表 3-7 四种间断强化的比较

强化程序	强化的实质	对行为的影响	范 例
固定时距	强化与奖励在固定的时间间隔下进行	1)通常得到一般性的和不稳定的业绩水平,并会迅速消失。 2)得到强化后会有一定时间里反应效果表现为缓慢无力。 3)在下次强化之前又会恢复快速有力的反应。	周薪制

续表

强化程序	强化的实质	对行为的影响	范　例
可变时距	强化与奖励的时间间隔变化不定	1) 通常得到中等以上的业绩水平,并能维持稳定。 2) 消失缓慢。	随堂测验
固定比例	强化与奖励根据反应次数和比例进行	1) 通常得到较高的和稳定的业绩水平。 2) 容易迅速达到但也迅速消失。	计件工资制
可变比例	强化与奖励根据不同的反应次数和比例进行	1) 通常得到非常高的业绩水平。 2) 消失缓慢。	拿佣金的销售工作

更稳定一致的行为,因为在这种方式中,包含着相当多的不确定性和难以预料的因素,个体为了获得奖励,就必须时刻保持着警觉性。

本 章 小 结

　　能力指的是一种心理素质,是顺利完成某种活动的心理条件。人的能力通常可以分为一般能力、特殊能力和创造力。

　　美国心理学家加德纳提出智力多元论(multiple intelligences theory),认为智力应包括:认知智力、社会智力、情绪智力和文化智力。斯腾伯格提出智力的三元论(triarchic theory of intelligence),主张人类的智力是三边关系组合的智力统合体:组合性智力,经验性智力,实用性智力。

　　人格是个体区别于其他人的稳定而统一的心理品质的综合。关于人格的理论有:卡特尔的人格特质理论、大五模型、麦尔斯—布瑞格斯类型指标(MBTI)。与预测组织行为最有关的一些人格特点是:控制点、权术主义、自尊、自我监控、冒险性、A 型人格与 B 型人格。在组织行为学中,人们关注人格与工作的匹配,约翰·霍兰德(John Holland)的人格—工作适应性理论(personality-job fit theory)为工作要求与人格特点之间的匹配提供了最好的解释。

　　学习是在经验的作用下而发生的相对持久的行为改变。行为学派中有三种理论来解释学习的过程:经典条件反射理论,操作性条件反射理论,社会学习理论。

　　管理者通过对强化进行系统控制的方式,从而指导个体学习、塑造个体行为的过程,称为行为塑造。

复习思考题

1. 智力和创造力之间有什么差异?
2. 概述大五人格模型中各维度与工作绩效的关系。

3. 控制点、自我监控、冒险性等人格特点是怎样影响个体行为的？
4. 对比经典条件反射理论、操作性条件反射理论和社会学习理论之间的差异。
5. 对比在行为塑造上四种间断强化方式的优缺点。
6. "所有的组织都会因为招募到最优秀的员工而受益"，你是否同意这种说法？用一些证据支持你的观点。

案例 人才测评——让人才各得其所

2004年10—12月，受黑龙江省委组织部委托，人事部全国人才流动中心为新组建的黑龙江省招商局，面向国内外公开招聘两名副局长。这次招聘，既是各地党政机关在选拔招聘较高层级官员中首次引入第三方机构，也是全国人才流动中心首次将其开发的"全国人才测评系统"应用于政府部门的人才选拔工作。

人才交流中心使用的这套心理测评系统包括：性向测评、职业适应性测评、专业技能测评、基本素质及潜能测评、绩效管理测评及评价中心6个子系统，共千余道选择题，可对人才的知识水平、能力倾向、发展潜能等方面进行测试和评价。它历经三年时间的开发，上百名心理学界、人事测评领域的专家和学者参与了这项课题的研发工作。

伴随这一事件而来的，是社会对于"人才测评"的广泛关注。什么是人才测评？它具有什么效果？它的应用前景如何？都是一些人们普遍感兴趣的问题。

何为人才测评？

"人才测评，通俗一点讲，就是通过测试告诉不同的人，你适合从事什么工作"，据中国人民大学劳动人事学院孙健敏教授介绍，目前我们讲的人才测评是基于心理测验的一些原理、方法而做出的一套系统，主要对人的能力水平、性格特征等因素进行测量和评判。

人才测评最早兴起于20世纪20年代西方心理学界，主要用于研究；后来作为选拔学生的方法，最先在教育领域得到应用。直到20世纪50年代末60年代初，由于工业心理学的发展，人才测评才逐步应用到更多的领域。早在20世纪20年代，人才测评即被引进到中国，"文革"中断了一段时间后，70年代后逐渐被学术界重视并得到发展。

社会反响

"和以前在网上做的题目大同小异，没有什么实质性的内容，感觉不会有太大帮助。"北京科技大学的两位应届硕士毕业生做完人才测评后说。一位30岁左右的王先生坦言，"我们这个年龄的人对自己的能力已经比较了解，测评只能做些参考。"不过，南开大学一位左姓男生则认为：以前做过类似的测试，感觉还是比较准确的，可以为选择工作做些指导。

另外，不同企业对该测评系统的重视程度也不尽相同。中国北方机车车辆工业集团公司的姚女士介绍说，作为国企，每年都会进行的绩效考核等测评工作并没有引进专业的测评系统，仍由公司人事部门自己做。一是因为公司往往只将测评看成例行公事;二是引进这些系统的花销很高,但测出的结果并不一定符合现实情况。太平洋人寿保险股份有限公司的招聘人员则称,他们采用的是来自西方国家的测评系统。

据人才市场的相关负责人透露,中国建行总行副行长的选拔工作以及中国人保控股公司健康险公司的人员招聘工作都是正在进行测评的项目。人保控股公司健康险公司筹备组负责人力资源的王隽女士认为,"在招聘过程中通过引进人才测评系统及聘请测评专家进行面试,更能发现应聘者的潜力。"虽然面试刚刚结束,还不知道招聘效果如何,但据王女士讲,从招聘的过程中可以感觉到这种方法确实避免了普通招聘中容易掺入的主观因素,感觉更加中立、科学。

专家看法

"中西方拥有不同的文化背景,中国的人才测评无疑也应该有自己的特点。"孙健敏教授认为,"完全照搬西方的思路作中国的人才测评,确实有些问题。"首先,西方社会历经工业革命,各个领域的发展都已经较为规范,工作职责很清楚,这样人才测评就知道测什么;另外,西方人面对测评往往更能实话实说,这也保证了结果的准确性。

"特殊的历史背景培养了中国人不同的性格特点。人才测评应用于我国的教育领域,如大、中学生的性格特征等方面的测评效果还是不错的。但应用到商业领域困难就多了些。由于人们并不能将一些工作的职责定义得十分清楚,因此在设计测评内容时也就无法明确指出该职位要求具备的素质。比如有的企业提出员工应做到'忠诚、有职业精神'等条件,就无法量化。另外,中国人也不太习惯这种十分正式的测评方式;这样,完全按照西方思路设计的测评试题,就会使中国的测试者不能很准确地表达自己的想法,所以测评结果的可信度也不会很高。"

孙健敏教授认为,人才测评在中国的市场还是很大的。只要操作者能够以测试者容易理解又合理有效的方式来设计测评题目,在人才招聘、选拔的过程中,个人、企业就都可以节省大量的时间和精力。

(资料来源:《人民日报》2004年10月19日第五版。有改动)

问题讨论:

1. 你认为心理测评系统在帮助人们了解能力、人格等方面的效力有多大?
2. 谈谈在企业中引入心理测评系统有哪些有利之处?
3. 谈谈在企业中引入心理测评系统可能存在的问题是什么?

第四章

价值观、态度和工作满意度

【学习目标】

学完本章后,你应该能够:
1. 熟悉价值观的含义及其意义;
2. 了解关于价值观的几个主要观点和理论;
3. 对比终极价值观和工具价值观的差异;
4. 分析目前社会中不同类型劳动者的价值观;
5. 区分态度的三种成分;
6. 总结态度与行为之间的联系;
7. 识别一致性在态度中所起的作用;
8. 陈述工作满意度的含义与现状;
9. 分析研究工作满意度的意义。

【开篇案例】

我与我的工作

每天清晨,当我开车回办公室上班时,心里总是充满了兴奋与期待。在公司里,我和同事们每天不停地忙碌,主要在规划电脑的未来演进,我们总是尽全力让各种梦想实现。

也许读者对我服务的公司——英特尔(Intel)感觉既熟悉又陌生,让我先在这里略作介绍。在每台个人电脑内部,都有一片微处理器,它负责整台电脑的基本运作,大家称之为电脑的心脏;从1981年第一台个人电脑问世以来,英特尔就是这微处理器的主要供应者。

事实上,我们在1971年就发明了第一颗微处理器,比个人电脑的诞生足足早了10年。今天,微处理器几乎已经无处不在,无论是录放像机、洗衣机等家电用品、汽车的引擎和刹车控制以及飞机或电话等等,都和微处理器脱离不了关系。当你在电脑或各种机器的外壳上,看到圆形的"Intel Inside"标志时,就代表着这台电脑或构器内部装置了英特尔的微处理器。

我一直觉得英特尔聚集了最聪明也最具创意的一群员工,在这里,我们真的是乐在工作。身为英特尔资深副总裁,我现在的工作是负责开发并推广一代比一代更进步的微处理器,我常常觉得,这真是全世界最有趣的工作。

……

英特尔在1968年成立;我在1972年加入时,全公司的营业额还只有900万美元。当时虽然只是个小公司,但我们一直致力于创新,勇于突破技术的极限,即使今日公司的规模已扩大许多,这种追求创新技术的努力仍没有改变,我们每天仍梦想着为电脑产业创造更多神奇的进步。

经常有人问我:"英特尔为什么会这么成功?"或者"哪些因素使你们有今日的成就?"以及"你对高科技公司的经营管理有哪些独到的心得?"这些问题都很有意义,但却不容易回答。在我参与高科技产业发展近三十年后,写这本书的目的,就是希望能仔细回答这些问题。

我希望能与读者分享我的经验,从中体会:永无止境的学习、追求技术创新的极限与勇于尝试错误是多么的重要。

……

等我加入英特尔,对管理的概念却从此有了180度的转弯。虽然只是3人小组,可是我们的任务却相当重大,因此我们必须分工合作,分头解决不同问题,而且还要确保步调一致,才能完成使命。我第一次体验到自己就像是控制方向盘的驾驶员,要驱使4个轮子克服不同的路况,朝着同样的目标一齐前进……英特尔的第一份工作才让我真正见识到管理的奥妙。我学会如何设定目标;如何当好舵手,领导小组朝同一方向前进;也了解了如何与公司内部其他组织配合,让结果尽快上市,我想这才是管理的真正意义。

第四章　价值观、态度和工作满意度

> ……
> 我倒是认为，电脑产业的未来前景仍然相当乐观。虽然已经发展了十多年，可是我觉得电脑产业还在婴儿期，就好像20世纪20年代的汽车工业一样。个人电脑还是太难使用，就好像20年代的车辆设计；我们现在虽然已经有网络，但也就像20年代的道路一样，并没有铺的太好；各种线上服务还是零星散落，正如同早期的加油站。
>
> 然而，个人电脑与汽车一样都可以为人们带来自由与权力，让我们从实际的束缚中解放。所以，这个年轻的工业也会有同样光明的远景。我可以想到有太多事情，仍值得我们投入，许多现在还是革命性的观念，在即将到来的21世纪很快就会具体成形。
>
> 除了在技术上继续创新以外，未来我也将推动我们的管理体系再上一层楼，虽然我们现有的企业文化与价值观已相当不错，但我还是要致力更加改善。也许我应该开始规划第三次总经理演习会，从推动高级主管的经营理念开始做起。我也希望更有效训练各级经理人与工程人员，让我们能推出更胜于以往的新一代产品。我也想着要帮助亚洲发展中国家推广电脑普及度，未来这市场可能更大过美国……，该做的事情似乎罗列不完。我想你大概也体会到，我对未来总是充满冲劲。
>
> 我真心认为：任何地方、任何发展，都是永无止境的！
>
> （引自：虞有澄（1995）：《我看英特尔》，生活 读书 新知三联书店）

你喜欢虞博士的做法吗？你认为他的所作所为值得吗？你愿意成为他那样的人吗？回想10年前，当我第一次读虞博士的这本传记时，感动最深的就是他开篇的那句话。把去办公室上班叫做"回办公室"，去上班的时候总是"充满兴奋与期待"。你能想象出来这是一种什么样的心情吗？是对工作的一种怎样的态度？如果我们每个人对自己的工作都能像虞博士那样，难道我们的工作还会不出色吗？我们从虞博士的表现中可以学到什么呢？

我们应该明白一个人的价值观对其工作和生活态度的影响，我们应该明白一个人的工作满意度对其工作业绩的影响。

价值观、态度、工作满意度，这些都是组织行为学关注的重要概念，是构成组织行为分析框架的基本单元。在本章内容里，我们就来讨论这几个联系密切、对我们的工作和生活影响巨大的概念。

第一节　价　值　观

一、价值观的含义

要对虞博士的行为进行判断和评价，必定要涉及组织行为学中的一个非常重要的概念：价值观。价值观是一个人关于生活的最基本的信念。对于个体而言，它是非常稳定的，一旦形成，就不容易发生变化；或者，即使有所变化，也十分缓慢，且不易被觉察。从更长远的历史长河来看,在人类一代又一代的传承过程中,人类的价值观又发生着变化。这就提醒我们:价值观不仅有个体差异,还有时代的差异以及民族的差异。

很多学科都关注对价值观的研究。价值观是哲学的核心主题词之一,也是社会学、心理学、教育学等领域的重要课题。组织行为学对价值观的关注,则是把重点放在价值观对于人的行为的影响以及组织价值观的形成上。

1. 价值观(values)的定义

每个人都生活在特定的社会环境中,对现实中的一切事物都会有一定的评价,某些是好的、可接受、值得的,某些是坏的、不可接受的、不值得的。这就是价值观。价值观代表了人们最基本的信念,这种信念使得人们对某些事情的认可和接受程度比对其他事情的要高。换言之,从个人或社会的角度来看,某种具体的行为模式或存在的最终状态比与之相反的行为模式或存在状态更可取,因此,人们就会选择这种行为模式或存在状态。

早在20世纪20年代,人们便开始了对价值观的研究。但直到1951年,学术界才普遍认同文化人类学家克拉克洪给出的定义:价值观是个体或群体的一种外显的或内隐的特征,表示什么东西是"值得的"或"可取的",它影响人们对行为方式、手段和目的的选择。价值观包括内容属性和强度属性。内容属性指的是某种行为模式或存在状态是否重要;强度属性界定的是该行为模式或存在状态有多重要。价值观不是简单地以一维的方式存在的,而是由多个不同但又相互关联的价值衡量标准构筑而成的一个相对稳定的层级和结构,因此,更确切地说,价值观是一套以多元价值观为基础的兼容性的价值体系。

每个人对于是非善恶的判断标准是不同的,因而不同个体其价值体系的内涵是不同的,它体现为人们对人生价值的看法、生活意义的评价、行为方式的选择等不同维度上的差异。比如,即使在同一个组织中,有人看重的是成长机会,有人比较在意金钱和物质报酬,也有的人追求地位或权力。本章开篇案例中提到的虞有澄博士,则把工作看成是最大的乐趣,把创造看成是最大的快乐。

2. 价值观的作用

当某一群体或社会的价值取向一致时,会产生巨大的合力,推动组织目标的实现。历史上最典型的例子便是宗教价值观对文艺复兴的兴起以及工业资本主义的发展所起的巨大的推动作用。德国社会学大师韦伯(Weber,1958)在其名著《新教伦理与资本主义精神》中指出:从16世纪欧洲宗教改革运动发生以后,许多改信新教的人,为了证明自己是上帝的选民,在上帝的召唤下,以一种直接面对上帝的形式性的无私精神,在宗教、科学、经济、法律等各种不同的领域里,勤奋不懈地努力工作,促成了文艺复兴运动的发生。文艺复兴运动发生后,欧洲文明最显著的变化,是理性主义的兴起。欧洲理性主义的最大特色在于它特别重视"方法和程序的可计算性"(calculability),这种以形式理性为基础而营造出来的社会环境,使有意从商的企业家能够精确地计算他的投资和收益,而有助于日后工业资本主义的兴起。

同样为了说明19世纪前的中国为什么没有发生工业资本主义,韦伯(Weber《中国的宗教》,1951)通过详细考察封建帝制下中国的城市、货币经济、农业制度、氏族组织、官僚行政以及士大夫阶层,分析后认为,帝制中国社会运作的基础是儒家的"实质性伦理",而不是西方式的"形式性法律"。因此,他认为,以儒家伦理为核心所构成的中国伦理会妨碍中国发展工业资本主义①。

从社会心理学的角度看,价值观既是个体的选择倾向,又是个体态度及观念的深层结构,它主宰了个体对外在世界感知和反应的倾向,因此是个体重要的社会心理过程和特征,对个体的行为具有决定作用。同时,价值观还是群体认同的重要根据,它是一种共享的符号系统,因此又是重要的群体社会心理现象。

价值观对于组织行为的研究很重要,首先,它是研究各成员对组织的认同及认同程度的核心衡量指标。其次,它是了解组织成员的态度和动机并以此分析其行为的基础。个体在加入某一组织之前,其价值衡量标准显然都已基本定型。在这些标准中,有些是客观的、理性的,而有些则因为个人偏好、知识水平、思维能力和特殊的生活经历等原因,使得他(她)的判断标准包含了主观和非理性的成分,因此我们可以这样说,价值观会使得组织中的个体以自己的价值判断,在一定程度上过滤对人或事件的看法,对其经手的信息加以一定的筛选。再次,价值观会促使个体对那些不被其所在群体或组织所接受的信仰、态度和行为进行合理化,以解决内心冲突,从而提高个体的道德感和自我效能感,在组织中保持和维护其自尊。最后,价值观影响企业领导人的决策行为。如果领导者是一个物质利益第一的人,那么他会把个人的收益看得很重,在选择企业的经营目标时,会将经济效益放在首位,有时甚至不择手段。

3. 价值观的形成

一个人的价值观是如何形成的呢?我们能否对其进行有目的的影响来使人们形成我们所期望的价值观呢?答案是肯定的。一个人的价值观是从出生开始,在家庭和社会的影响下,逐渐形成和稳定下来的(Keller,Bouchard 等,1992)。一个人所处的社会环境、家庭的经济和社会地位、父母的职业和价值观、早期的学校教育等,对其价值观的形成具有决定性的作用。报刊、广播、电视等媒体的影响也是不可忽视的。一般认为,一个人的价值观中的很大一部分在童年时期就已经形成了。当我们还是孩子的时候,父母就告诫我们要"努力学习,长大了做个有出息的人",要"勤奋、诚实,不能撒谎","撒谎就是坏孩子"。当我们听故事或看电影的时候,我们会被告知哪个是好人,哪个是坏人。这一切,就是我们价值观的最初来源。值得注意的是,父母的言谈举止和幼儿园老师以及小学老师的言行,对于孩子们价值观的形成具有重大影响。孩子们正是在无意中,通过观察和模仿父母以及老师的举动,逐步形成自己的是非好坏标准的。这种无意识的影响,有时比正规的教育作用还要大。

西方学者关于价值观的研究表明,一个人的价值观一旦形成,在相对较短和稳定的生活时空中,价值观是相对恒定、持久且不容易发生改变(Rokeach 等,1989)。但随着时间跨度的更迭和生活环境的变迁,人们的某些观念也会发生相应的变化,这就是价值观的时代属性和社会属性。例如,改革开放以来,人们一直在谈论改革、变革等这样的主题,实际上就是价值观的改变。30 年前,大多数中国人对于"时间就是金钱,效率就是生

---

① 笔者并不完全赞同 Weber 的观点,也无意对大师的观点评头论足,在此引用只想说明一个社会的价值观对于整个社会的影响。推而广之,一个组织的价值观对于整个组织的影响、一个人的价值观对于整个人的影响,都是不可限量的。关于组织的价值观,我们将在企业文化一章进行更详细的讨论。

命"的说法很难认同,今天,不认同这一说法的人反而成为少数了。但是,中国人传统美德中的勤俭、礼仪至今仍然是社会的主流价值观(关于价值观的稳定和变化,我们在后面还有详细论述)。

二、价值观分类

关于价值观的实证研究,重点在于对价值观的定量分析和描述。而这种定量分析的基础就是对价值观的分类。

1. 早期分类

最早对价值观进行分类的是德国学者斯普兰格(Spranger, 1921)。他在《人的类型》一书中,把人的社会生活归纳为6个方面,并因此将人相应地分为6种类型:理论型、经济型、审美型、社会型、宗教型、政治型。美国心理学家奥尔波特(Allport, 1951)和他的助手进一步发展了这一分类。他们试图用价值观作为对人格进行分类的标准。从这个角度讲,奥尔波特和他的助手是系统研究价值观并对其进行测量的最早尝试者之一。他们认为6种类型的价值观是存在的,但并不是指6种类型的人。每个人都具有基本可变的价值观趋向,它们不同程度地构建于一个人的观念体系中,贯串于生活的所有方面。也就是说,人的价值观是一个系统,它包容了所有的类型,不过,某一时期某些类型处于重要地位,其他的则处于相对次要的地位。对某一特定情境下的某一个体而言,一种类型的重要性可能超乎其他的类型,我们就可以将其看成此种价值观类型的人。这样,不同类型占主导地位的人,就属于不同价值观类型的人。

上述6种价值观类型的主要行为特征是:理论型(theoretical):重视以批判和理性的方法寻求真理,求知欲强,喜欢追根问底,富于幻想,喜空谈,爱做理论分析,不愿交往。经济型(economic):强调有效和实用,重实务,讲享受,追求实用价值,不愿高谈阔论,属现实主义者。审美型(aesthetic):也称艺术型,重视外形及和谐匀称的价值,注重外在形象的美和心灵的感受,用美来衡量客观事物,自身也注重给人以美感。社会型(social):强调对人的热爱,以爱护他人、关心他人为高尚职责,热心社会活动,喜欢与人交往,随和,能容忍他人,肯牺牲自己。政治型(political):重视拥有权力和影响力,喜欢支配和控制他人,固执己见,具有反抗性,爱表现自己,对权威则恭敬顺从。宗教型(religious):关心对宇宙整体的理解和体验的融合,相信命运,注重超自然的力量和感觉的东西,宁愿相信直觉而不愿正视现实或逻辑推理,喜欢沉思。

根据这样的假设,奥尔波特和他的助手编制了一种问卷,这种问卷描述了大量的不同环境,被调查者从一系列的答案中选出最符合自己的答案。根据被调查者的答案,研究人员可以分别界定出这六种价值观对该被调查者的重要程度,然后确定每一个被调查者的价值观类型。

通过这种方法,人们发现在不同的工作环境下这6种价值观对人有不同的重要性。例如,其中的一项研究是比较教堂牧师、采购代理商和工业科学家,毫不奇怪,对于宗教领导者而言,宗教性价值观是最重要的,而经济性价值观是最不重要的。相反,经济性价值观对于采购决策者是最重要的。

孙健敏(1993)借用奥尔波特的分类,用问卷调查和现场实验的方法,研究了中学生和大学生的价值观类型及其与亲社会行为的关系,得出结论:第一,青少年的价值观的确存在着类型差异。一般而言,所有的人都同时拥有6种不同类型的价值观,它们组成了个体的价值系统。对于不同的人,每种价值观的重要性是不一样的。第二,大中学生的价值类型分布存在显著差异,大学生依次为经济型、社会型、政治型、理论型、审美型、宗教型。中学生依次为理论型、社会型、审美型、经济型、政治型和宗教型。第三,大学生价值观类型存在性别差异,女性偏向宗教、审美和理论价值类型。中学生价值观类型则不存在上述性别差异。第四,价值观对亲社会行为有决定作用,社会型价值观绝大多数有亲社会行为,理论型和宗教型较多有亲社会行为,审美型和政治型较少亲社会行为,经济型大多数没有亲社会行为。

2. 价值层次论

关于价值观的另一个有影响的研究是对价值观的层次进行分类。格瑞夫斯(Graves,1970)研究了组织中各种人员的行为,根据表现形态的差异,把个人的价值观和生活方式划分为7个层级(level)。

第一级,反应型。这样的人没有意识到自己和别人作为人类的存在形式,只是对基本生理需要做出反应,最典型的就是新生婴儿。这样的人在组织中很少见。

第二级,宗族服从型。这样的人以高度服从为特征。他们的行为和观念主要受权威人物(例如父母或领导)、传统和权力的影响。他们服从习惯与权势,喜欢按部就班。

第三级,自我中心型。这样的人相信个人主义,他们具有强烈的进取精神,比较关注个人,主要服从权威。

第四级,顺从型。这样的人不太容忍模糊性,喜欢清楚明白,对于价值观与自己不同的人很难接受,希望别人接受自己的价值观。

第五级,操纵型。这样的人渴望通过控制别人或操弄事件来达到自己的目标,他们是绝对的功利主义者,主动追求显赫的社会地位,渴望支配别人,并得到别人的承认,爱炫耀自己。

第六级,社会中心型。这样的人把受人喜欢和与人友好地相处看得比个人表现突出更重要,他们对人和善,与世无争,更愿意放弃。他们往往被功利主义和顺从类型的人所排斥。

第七级,存在主义型。这样的人能够高度容忍不确定性和与自己价值观不同的人,喜欢创新和灵活性,对僵化的体制、限制性的政策、等级地位、滥用权力等直言不讳。

这个价值观的分类层级,可以用来分析组织中价值观的多样性。我们可以根据他们进入劳动力市场的年代,对组织中的员工进行分类。遗憾的是这个理论没有提出测量这7个层次价值观的工具,所以,其应用范围并不广泛。但其分析价值观的思想,对于我们解释很多组织现象是有启发的。

3. 罗克奇的分类

在价值观的分类中,罗克奇的分类可以说是最为经典的。米尔顿·罗克奇(Rokeach,1973)把社会中个体的价值观与人的行为模式以及存在的终极状态联系起来,把价值观定义为个体关于怎么做人或做什么人、追求什么人生目标的考虑和判断。他认为,个体的价值观可以分为两大类,一类是工具性的或手段性的(instrumental values),另一类是终极性的或目的性的(terminal values)。工具性价值观反映个人在做人方式上的偏好,也即人们对于道德上和能力上可取性的判断,它指的是个体更喜欢的行为模式或实现终极价值观的手段。终极性价值观是个人关于人生追求的目的可取性的看法或信念,指理想的终极存在状态,这些是个体愿意用他的整个生命去实现的目标。这些看法可以是以我为中心的,也可以是以社会为中心的。成就、自由属于以个人为中心的追求目标,世界和平、平等、社会承认等,是社会为中心的追求。

为了证明这个分类的有效性,罗克奇编制了价值观调查问卷(rokeach value survey,缩写为 RVS)。这项调查问卷包括两种价值观类型,每种类型有 18 个具体项目。通过调查,他认为每个人所持的价值观数目相对一致而且数目不多,这些价值观在个人心目中的重要性可以用不同的等级来表示。人与人的差异关键在于价值体系中每条价值观的重要性顺序和排列模式。表 4-1 列出了每一类价值观的一些例子。

一些研究证实,不同人群在罗克奇的价值观上差异很大。相同职业或工作类别的人(例如,公司管理者、工会成员、父母、学生)趋向于拥有相似的价值观。

表 4-1 罗克奇的终极价值观和工具价值观

终极价值观	工具价值观
舒适的生活(顺利的生活)	雄心勃勃(辛勤工作,奋发向上)
振奋的生活(刺激的、积极的生活)	心胸开阔(头脑开放)
成就感(不断的贡献)	能干(有能力、有效率)
和平的世界(没有冲突和战争)	欢乐(轻松、愉快)
美好的世界(艺术与自然之美)	清洁(卫生、整洁)
平等(手足之情,机会均等)	勇敢(坚持自己的信念)
家庭安全(照顾自己所爱的人)	宽容(愿意谅解他人)
自由(独立,自由选择)	乐于助人(为他人的幸福安康着想)
幸福(满足)	正直(真挚、诚实)
内心的和谐(没有内在冲突)	富于想象(勇敢、有创造性)
成熟的爱(性和精神上的亲密)	独立(自力更生,自给自足)
国家的安全(免受攻击)	富有理智(智慧、善思考的)
快乐(享受的、闲暇的生活)	合乎逻辑(理性的、稳定的)
救世(得救的、永恒的生活)	博爱(充满感情的、温柔的)
自尊(自敬)	顺从(有责任感的,可敬的)
社会承认(尊重、赞赏)	礼貌(彬彬有礼的、有修养的)
真挚的友谊(亲密关系)	负责(可靠的、值得信赖的)
睿智(对生活有成熟的理解)	自我控制(自律、自我约束)

我国学者运用罗克奇的价值观问卷,对不同群体进行了调查。王新玲(1987)调查了北京市中学生的价值观,结果表明:中学生的价值系统具有一定的社会性和时代性。四个年级的学生都把"和平的世界"、"文明而富强的国家"、"成为有真才实学的人"、"优异的学习成绩"四项终极价值观列为最重要的前五项;把"有抱负"、"有才能"两项工具性价值观排在最重要的前两位。而对"责任感"、"独立性"、"仁慈"、"集体主义"等项的评

价比较低。研究者进一步分析了学生的价值观系统与道德判断的关系,发现价值观是道德判断的基础或标准,因为价值观不同,所以对道德情境的判断也出现了差异。

4. 工作价值观

我们前面讨论的是一般人的生活价值观,而组织行为学家更关心的是工作价值观,也就是个体对工作意义的认识和评价,或者个体在工作中表现出来的价值观虽然工作价值观与生活价值观具有密不可分的联系,但近年来学者们对工作价值观的关注应该引起我们的重视。

广义地看,工作价值观包括从职业的伦理道德到工作的偏好,甚至工作需要等一系列特征(Dose,1997;Sagie,1999)。

工作价值观是近20年来西方国家组织行为研究的一个重要课题。对工作价值观的研究,主要关注两个方面:一是工作价值观的结构;二是不同工作价值观对组织行为的影响。第一方面的探讨比较多。

修波(Super,1962)最早从结构的角度研究工作价值观,提出了三个类别:一是内在价值,指与工作本身有关的一些因素;二是外在价值,指与工作本身性质无关的一些因素;三是外在报酬。修波根据自己的理论建立了工作价值观问卷,以便对个体的工作价值观进行测量。这个问卷已经有中国学者经过修订后建立了中国版(宁维卫,1996)。国内学者以企业员工为样本进行的因素分析表明,工作价值观主要由三个基本的因素构成:工作行为评价因素,组织集体观念因素和个人要求因素(马剑宏等,1998)。

依利泽(Elizur,1985)通过中东地区样本的研究提出了工作价值观的两层面学说。他认为从工作带给人们的结果来分析工作价值观具有两个层面:一个是工作结果的形态,这一层面可以分为三类:工具—物质性的(instrumental-material)、情感—社会性的(affective-social)、认知—心理性的(cognitive-psychological);第二个层面是绩效层面,可以分为两类:由于组织环境带来的工作结果和由于个人成绩带来的工作结果。

关于国内外工作价值观研究的现状,国内有学者从方法的角度进行了评述(陈红雷等,2003),有兴趣的读者可以参阅。

5. 经营管理价值观

经营管理价值观是对经营管理好坏的总的看法和评价。西方组织行为学家认为,管理者对经营管理的评价,主要有三种观点,可以概括为三种管理价值观:最大利润价值观、委托管理价值观和生活—质量价值观。

(1)最大利润价值观。这是一种最古老最简单的价值观,其局限性也最大。这种价值观认为,企业的全部管理决策和行为都必须服从最大利润这个唯一的标准,企业经营管理的好坏都要以这个标准来进行评价。这种观念在18、19和20世纪初非常盛行,甚至在今天,美国的很多企业仍然奉行这种价值观。但是,随着人类社会进入21世纪,这种传统的经营管理价值观面临着严峻的挑战。以美国安然公司和世界电信公司为代表的一批企业,由于过度追求利润最大化而违反企业伦理道德的行为,已经引起全球的广泛关注,企业社会责任概念的盛行,使得我们必须重新审视企业经营管理的价值究竟是什么,必须重新设计评价企业管理业绩的标准。

(2)委托管理价值观。从20世纪20年代开始,委托管理价值观的形成进一步修正和补充了最大利润价值观。这种价值观是在企业规模扩大、组织日趋复杂、投资额巨大而投资者分散的情况下,管理者受投资者的委托从事经营管理而形成的价值观。其主要思想是:在为投资者取得最大利润的同时,必须兼顾其他相关各方的利益。经营管理的最高价值是保证各利益相关方对企业的满意度:对投资者来说,要取得满意的利润;对员工来说,要取得满意的工资和福利;对消费者来说,要取得物美价廉的商品和服务;对政府来说要取得应得的税收。企业经营者只有同时满足不同人员的利益,才能保证企业的正常运作。反之,如果经营者只顾投资者利益的最大化,忽视甚至不顾其他各方的利益,这种经营是不可能长久的。

(3)生活质量价值观。这是20世纪70年代以来兴起的一种最新的管理价值观。这种价值观的核心战略理念:社会责任决定企业长远发展。它强调在确定企业利润水平时,不仅要考虑企业所有者的利益,更好考虑为实现这种利益所必须付出的代价,以及为实现利益目标可能给社会带来的诸如环境污染、破坏生态平衡、损害社会公德等不利影响,通过自觉承担社会责任为企业带来盈利。例如,TCL集团把管理价值观的表述为"为顾客创造价值,为社会创造财富,为员工创造机会"。这也是为什么进入20世纪90年代以来,经营管理领域"管理利益相关者"的概念越来越受到重视的重要原因。上述三种管理价值观在指导思想等维度的异同见表4-2。

表4-2 三种管理价值观的比较

价值观类型 表现方面	最大利润价值观	委托管理价值观	生活质量价值观
一般目标	最大利润	令人满意的利润水平	利润只是一种手段
指导思想	个人主义,竞争,野心勃勃	混合的,既有个人主义又有合作的	合作
政府作用	越少越好	虽然不好,但不可避免,有时是必要的	企业的合作者
对员工的看法	是实现利润目标的工具之一,员工为物质报酬而工作	既是手段,也是目的	员工本身就是目的
领导方式	专制独断	开明专制、专制和民主混合	民主、高度的参与
股东的作用	头等重要	主要的,但也兼顾其他群体的利益	并不比其他群体更重要

6. 组织价值观

通过分析组织的奖惩系统和组织的权力结构,通过对澳大利亚85家组织在1986到1990年间的研究,Kabanoff 和 Holt(1996)提出了组织价值体系的分类并发现了这些组织的趋势。组织的奖惩系统反映了一个组织对报酬应该如何分配的一种信念。组织的权力结构反映了组织对权力应该如何分配的信念。这些信念是在一个连续体的两个极端中的某个点上,从完全的不平等或集中,到平等或完全的分权。根据公平奖赏规范,奖赏应该与贡献对等;相反,平等的价值体系强调对所有的员工实施相等的奖赏,而不应考虑他们的不同贡献。组织的权力结构反映了组织权力集中或分享的程度。如表 4-3 所示。

组织价值观在 4 年中是相当稳定的,这个结果支持了这样的结论:价值观是相当稳定的,难以发生变化。

组织的价值观不会朝一个统一的价值系统靠拢。85 家组织分别代表了 4 种不同的价值系统。这一发现强化了人们一贯的认识:不存在一种最好的组织文化或价值系统。

具有个人英雄主义价值系统的组织在过去的 4 年中经历了最大的变革,个人英雄主义的组织正在变得更加共同化。

越来越多的组织鼓励员工承诺的个人价值观。这个发现支持了另一个结论:组织的成功在一定程度上取决于员工对组织的承诺的程度。

表 4-3　组织的权力结构与奖惩系统

		不平等或集权		平等或完全分权	
		组织的权力结构			
公平的	组织的奖惩规范	个人英雄		精英团队	
		认同的价值观	排斥的价值观	认同的价值观	排斥的价值观
		权威 绩效 奖赏	团队 参与 承诺 联系	绩效 奖惩 团队 参与 承诺 联系	权威
平等的		领导		共同体	
		认同的价值观	排斥的价值观	认同的价值观	排斥的价值观
		权威 绩效 奖赏 团队 承诺 联系	参与	团队 参与 承诺 联系	权威 绩效 奖赏

三、价值观的时代烙印

价值观与时代是什么关系?前面我们说过,一个人的价值观是相对稳定不变的。那是就正常的社会生活来讲的。既然我们把个体看成是社会的产物,其思想观念必然反映社会的特征,因此,如果社会发生重大变化的话,个体的价值观必然会发生一些变化。西方学者对这个问题进行了大量的研究(Aldag, Brief, 1975;Cherrington 等, 1979;Raelin, 1987),来证明不同时代出生和成长的人,其价值观之巨大差异。也即,这些研究都试图证明个体的价值观所表现出的时代烙印。

1. 西方的有关研究

基于近 20 年来工作价值观的大量分析研究,美国学者罗宾斯把美国人的价值观分成四个阶段(Robbins,2002),每个阶段的主流价值观都体现出明显的时代烙印,可以说,这种分类很好地反映了价值观随时代变化的特征。表4-4表明,根据员工进入劳动力队伍的年代,可以将他们分成几个群体。因为大多数人是在18—23岁之间开始工作的,因此,他们所处的年代与他们的实际年龄有高度的相关。

表4-4 当今劳动力中占主导地位的价值观

人群	退伍军人	婴儿潮	X时代	下一时代
进入劳动力队伍的时间	20世纪50—60年代	1965—1985年	1985—2000年	2000年至今
目前年龄	60岁以上	40—60岁	25—40岁	不足25岁
工作价值观	努力工作、保守、遵从、对组织忠诚	成功、成就、雄心、藐视权威、对职业忠诚	工作与生活之间的平衡、团队取向、不喜欢规则、对关系忠诚	自信、财政上的成功、自我依赖但团队取向、对自我和关系忠诚
终极价值观	生活舒适、家庭安全	成就感、社会认可	真正的友谊、幸福、快乐	自由、舒适的生活
主要影响事件	经济大萧条、两次世界大战、安德鲁斯姐妹等	民权运动、女权主义、甲壳虫乐队	全球化、双职父母、艾滋病、电脑	网络、手机、全球恐怖事件、文化多元化

(1) 退伍军人。是指那些在成长过程中受到经济大萧条、第二次世界大战、安德鲁斯姐妹、柏林封锁影响的员工,他们于20世纪50年代或60年代初进入劳动力大军,他们勤奋工作、认可现状、尊重权威人物。一旦被雇佣,会忠诚自己的雇主。参照RVS的终极价值观,这些工人认为生活舒适和家庭安全最为重要。

(2) 婴儿潮一代人。他们于20世纪60到80年代中叶进入劳动力大军。由于深受民权运动、女性解放、甲壳虫乐队、越南战争、生育高峰等的影响,他们在很大程度上带有嬉皮士的道德观,不信任权威。他们更看重成就和物质生活的质量。他们是实用主义者,相信目标可以使手段合理化。他们把雇佣自己的组织看作是职业生涯的载体。在终极价值观中,成就感和社会认可被放在较高位置。

(3) X时代。这一时代的人,其生活受到全球化、双职工父母、MTV、艾滋病和计算机的影响。他们看重灵活性、对生活的选择权、工作满意感的实现。家庭和关系对这群人也非常重要,他们还对团队取向的工作十分认同。金钱对他们来说十分重要,因为这是衡量职业绩效的一个指标,不过,为了拥有更多的闲暇时间和扩大生活方式的选择范围,他们宁愿舍弃加薪、头衔、工作的稳定和晋升的机会。为了寻求生活的平衡,X时代不像前几代人那样愿意为雇主做出个人牺牲。在RVS的评价中,他们对于真正的友谊、幸福和快乐评价更高。

(4) 最新进入劳动力大军的下一代,是在繁荣时期成长起来的一代人。他们相信自己,对自己有较高的预期,自信拥有获胜的能力。他们似乎永无止境地追求着自己心中的理想工作,不觉得频繁跳槽有什么不对的地方。他们不断寻求工作的意义。下一代人对于多元化十分接纳,而且这是把技术视为理所当然的第一代人。他们的大多数生活时光中离不开CD、VCR、手机和网络。这一代人金钱取向明显,追求财政的成功,并认为钱能够买到所有渴望的一切。与 X 时代一样,他们喜欢团队工作,但他们也更为自我依赖。他们在终极价值观中倾向于强调自由和舒适的生活。

虽然个体的价值观并不相同,但通过它可以反映出个人成长时期的社会价值观,正确理解这一点对于解释和预测行为非常有帮助。例如,60 岁左右的员工可能比小他 10 到 15 岁的同事更容易接受权威。同时,30 多岁的员工相对于他们的父母更有可能拒绝在周末工作,更可能在职业生涯的中期辞职而去寻找那些提供更多闲暇时间的工作。

2. 关于中国人的研究

中国内地和台湾对于工作价值观也有所研究。例如,研究者指出对于台湾人来说,工作的价值在近二十年来发生了相当重大的改变。20 世纪六七十年代毕业的人视工作为生命的焦点和重心,工作是维持家庭生活的一个重要因素,因此,任何与工作没关系的活动,都被视为次要的。而在 80 年代毕业的人却视工作为生活中的一个部分,必须与其他的个人兴趣、需要、家庭、闲暇等相互配合;工作不能够凌驾在其他活动之上。他们认为最重要的目的是去做一个人喜欢做的事,而不一定是为了养活家庭。生存曾经是六七十年代台湾人最重要的工作价值观,但现在已经不再是工作的主要原因了(高尚仁,1998)。

胡军生、肖健等人(2003)调查青年人和老年人价值观的差异,从代沟的角度做了详细分析。调查结构显示:老年人比青年人更重视传统价值观,青年更重视现代价值观。但在有些观念上,老年和青年人的看法没有显著差异。这也说明价值观的社会属性。

3. 价值观的变化及其社会依从性

中国社会正处于急速转型时期,改革开放以来,我们一直在提倡转变思想观念,其中,价值观是重要的组成部分。我们的价值观有变化吗?变化了多少?国内有学者对这个问题进行比较详细的分析。许燕(1999)等综合、比较了四个时期有关大学生价值观的研究结果,从中反映出了社会环境对大学生价值观形成的影响,及不同价值观的演变特点。其中主要说明了大学生价值观的演变是以十多来年社会变动为背景的文化变迁。国外政局的动荡、国内以市场经济为主导的经济改革、传统文化与现代文化的冲撞与整合等,都是大学生价值观演变的影响因素。研究得出结论认为:

第一,社会发展的相对稳定性决定了人们价值观的稳定性。

第二,社会发展特征决定人们主导价值观。

表 4-5 和表 4-6 显示了不同时期大学生主导价值观的变化趋势。

表4-5 不同时期大学生价值观的变化

等级排列	1	2	3	4	5	6
1984 年	政治型	审美型	科学型	实用型	社会型	信仰型
1989 年	政治型	审美型	科学型	实用型	社会型	信仰型
1992 年	实用型	社会型	政治型	科学型	审美型	信仰型
1997 年	社会型	科学型	实用型	信仰型	审美型	政治型

表 4-6　不同时期大学生主导价值观的变化趋势

年　代	1984 年	1989 年	1992 年	1997 年
政治型	1	1	3	6
实用型	4	4	1	3
社会型	5	5	2	1

四、不同文化下的价值观

面对 21 世纪,管理者必须具备能够和异域文化的人们打交道的能力。因为不同文化背景下的价值观存在差异,而对这些差异的理解有助于我们对来自不同国家员工的行为进行解释和预测。

最早对国家间文化差异进行结构性分析的学者是荷兰人霍夫斯塔德(Geert Hofstede)。他的概念和理论更多与文化联系在一起,我们将在组织文化一章中专门介绍他的理论。

尽管霍夫斯塔德的分析数据仅来源于一家公司,而且已事隔 30 多年,但他提出的五维度分析框架已成为辨析各民族文化的根本切入点。自从这些数据被收集之后,世界大舞台上发生了很多变化。一些最显著的事件包括:苏联解体、东西德合并、南非种族隔离政策的结束、中国及东亚国家的崛起。所有这些内容都表明,对文化维度的评估需要更新,而 GLOBE 的研究提供了这样一个最新版本(Javidan, House, 2001)。

从 1993 年开始,"全球领导与组织行为有效性"(global leadership and organizational behavior effective,缩写为 GLOBE)的研究项目一直进行着有关领导与民族文化的跨文化调查。他们的数据来自 62 个国家的 825 个组织。他们在霍夫斯塔德的五个维度基础上,进一步扩展了四个维度。针对民族文化的差异,GLOBE 工作团队确认了九项维度,并提供了每个国家在这些维度上的最新数据(表 4-7 中每个维度下都对一些国家进行了评估)。可以预期,未来针对人类行为和组织活动进行的跨文化研究,会越来越多地使用 GLOBE 维度来评估国家之间的差异。

- 雄心勃勃。一个社会鼓励人们强硬、对抗、自我肯定、竞争,而不是谦虚、平和的程度。这一维度与霍夫斯塔德的生活数量维度相对应。
- 未来取向。一个社会鼓励和奖励未来取向行为(如作出规划、投资未来、延迟满足)的程度。这一维度与霍夫斯塔德的长期/短期取向相对应。
- 性别差异。一个社会最大化性别角色差异的程度。
- 不确定性规避。与霍夫斯塔德的界定相同,GLOBE 团队把这一概念界定为一个社会对社会规范和程序的依赖,以降低对于未来事件的不可预知性。
- 权力距离。与霍夫斯塔德一样,GLOBE 团队把它界定为:一个社会中,成员预期权力分配的不平等程度。
- 个人主义/集体主义。这一概念也与霍夫斯塔德的界定一致,即个体受到社会公共机构的鼓励而融入组织与社会中群体当中的程度。
- 组内集体主义。它不关注于社会公共机构,这一维度包括的是,社会成员对于小群体成员身份的自豪程度,这种小群体诸如家庭、亲密朋友圈、他们所在的组织。

- 绩效取向。指的是一个社会对群体成员的绩效提高或绩效优异给予鼓励和奖赏的程度。
- 人本取向。指的是一个社会对于公正的、利他的、慷慨的、关怀的、对他人友善的个体给予鼓励和奖励的程度。这与霍夫斯塔德的生活质量维度十分类似。

表4-7 GLOBE中的一些关键信息

维 度	评估分低的国家	评估分中等的国家	评估分高的国家
自我肯定	瑞典,新西兰,瑞士	埃及,爱尔兰,菲律宾	西班牙,美国,希腊
未来取向	俄罗斯,阿根廷,波兰	斯洛文尼亚,埃及,爱尔兰	丹麦,加拿大,芬兰
性别差异	瑞典,丹麦,斯洛文尼亚	意大利,巴西,阿根廷	韩国,埃及,摩洛哥
不确定性规避	俄罗斯,匈牙利,玻利维亚	以色列,美国,墨西哥	澳大利亚,丹麦,德国
权力距离	丹麦,芬兰,南非	英国,法国,巴西	俄罗斯,西班牙,泰国
个人主义/集体主义*	丹麦,新加坡,日本	美国,埃及	希腊,匈牙利,德国
组内集体主义	丹麦,瑞典,新西兰	日本,以色列,卡塔尔	埃及,中国,摩洛哥
绩效取向	俄罗斯,阿根廷,希腊	瑞典,以色列,西班牙	美国,新西兰
人本取向	德国,西班牙,法国	瑞典	印度尼西亚,埃及,马来西亚

*低分即为集体主义。

五、在组织行为学中的应用

当前,构成我们称之为组织行为学知识体系的大多数概念是由美国人发展起来的,他们在美国环境中进行研究,并以美国人作为研究被试。例如,一项综述研究表明,近10年来在24本管理学及组织行为学杂志上发表的11 000篇文章中,大约80%的研究是在美国进行的,并由美国人来做的(Adler,1983)。后续的一些研究进一步证实,在管理和组织行为研究领域中缺乏对跨文化研究的关心(Goldkin,Braye,1989)。尽管近五六年里我们看到了一些改观。当然,这种现象已经引起各界的普遍关注,近10年来,关于亚洲和非洲的研究也出现在占据统治地位的美国一流学术杂志上。我们这本书,也尽量把反映中国人自己的研究成果和对中国人的研究结论。即使这样,我们还是要提醒组织行为学的总体分析框架是来自北美的,其中的概念和理论肯定不会适用于所有的文化,所以,在使用组织行为学理论去解释组织现象时应该慎重。其次,在经济全球化的今天,当我们要理解不同国家中人们的行为时,应该考虑到价值观的差异和文化的重要性。

1. 有关价值观对工作表现的影响

罗克奇采用等级排列法,要求被调查者对每一条终极价值观和工具性价值观进行重要性排列,从而反映价值体系中每一条价值观的重要性。在1968年的美国总统选举中,罗克奇用重要性等级排列法对各党派候选人的选民进行调查。以平等和国家安全这两条终极性价值观为例,他发现,支持民主党候选人麦卡锡的选民把"平等"排在第一重要的位置,而把"国家安全"排在第17位;支持石油大亨洛克菲勒的选民把"平等"排在第9位,把"国家安全"排在17位;而尼克松的支持者则把"平等"排在第9位,把"国家安全"

排在第6位。尼克松参加竞选的口号很强调国家安全,这就使那些关心国家安全的选民愿意投他一票。

2. 价值观、忠诚感和道德行为

道德问题正在受到越来越多重视。其原因在很大程度上起源于近年来关于公司不道德行为的报道。美国安然公司和世界电信公司做假账事件、沃尔玛公司雇用童工事件等,使得社会对公司高管人员的道德标准产生了质疑。而组织内部的不道德现象更是司空见惯。超时工作而不付加班费的现象非常普遍,据有关机构估计,美国每年少支付员工加班工资至少是190亿美元。而56%的员工承认他们在工作中对自己的上司说过谎话。我国普遍存在的拖欠员工工资、不能保证适当的劳动条件、违反国际劳动标准等现象,也同样属于不道德行为。

道德行为涉及正确与错误、好与坏等的标准,对一种行为是否符合道德的判断直接体现了一个人的价值观。而道德行为首先取决于符合道德的决策。因此,组织管理面临的一个严峻挑战就是如何制定符合道德原则的决策。

商业道德是否有衰落的迹象?这个问题引起了众多争论。不少人认为道德标准的退步始于20世纪70年代末期。如果道德标准的衰落真的存在,那么我们就应该通过工作人群的模型对这一问题做出合理的解释。总体来说,管理者始终认为,他们上司的行为是影响组织中道德行为和不道德行为的最重要因素(Posner, Schmidt, 1992)。基于这个事实,那些中高层管理者拥有的价值观应该对组织内的整体道德气氛产生重要作用。

20世纪70年代中期,管理阶层主要由退伍军人支配,他们对雇主忠诚。面对道德冲突时,他们根据如何对自己的组织最有利来做出决策。70年代中晚期开始,婴儿潮一代人开始进入高级管理层。到90年代初,大部分商业组织的中高层管理职位落入婴儿潮一代人的手中。

婴儿潮一代人对他们的职业忠诚。他们关注于内在,首要关心的是"争得第一"。这种自我中心的价值观与道德标准的衰退具有一致性。这是否有助于解释从70年代末开始的所谓"商业道德的衰退"呢?

在这种分析中潜在的一个好消息是,X一代正在跻身于中级管理层中,而且他们将很快爬升到高级管理层。由于他们对关系忠诚,因此更可能会考虑到自己的行为对周围其他人的道德涵义。结果会如何?由于管理层级中价值观发生的变化,也许我们可以期望在今后的十到二十年中,企业的道德标准也会回升。

研究表明,道德或不道德行为受到很多因素的影响。图4-1是关于组织中道德行为的一个模型(Kreitner, Kinicki, 1998)。

这个模型的中心是个人决策。一个人的个性特征、价值观、道德准则会影响其道德行为。一个人过去受奖惩的经历也会对其道德行为产生影响。另外,有三种主要因素会影响一个人的角色期待。一个人在社会生活中扮演了许多角色,包括在组织中是员工或者是管理者。关于这些角色该如何行为是由文化、组织和一般环境因素塑造而成的。许多研究表明,组织中的基层和中层管理人员在结果导向的压力下会表现出不道德的行为(Lewis, 1985)。

所以,道德行为是个人与环境相互作用的结果。决策者个人的道德原则和组织的道德氛围都会对一个人的道德行为产生影响。

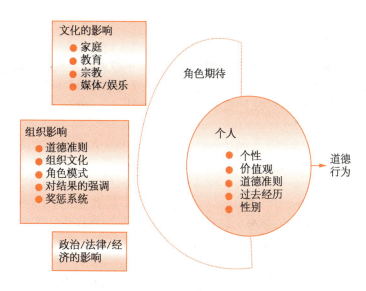

图 4-1　工作场所的道德行为模型

第二节　态　度

一、什么是态度？

这几年国内流行着中国男子足球队前主教练米卢先生的一句话，"态度决定一切。"实际上，态度最早是社会心理学家研究的重要课题。在美国的社会心理学历史中，态度研究扮演了十分重要的角色。在第二次世界大战以前，学者的研究兴趣主要集中在态度测量上，1928 年，芝加哥大学的社会心理学家瑟斯顿发表了里程碑性的论文"态度能够被测量"，开创了态度研究的新局面。从那以后，学者的兴趣转移到了态度改变上。态度测量对社会心理学的发展做出了重要贡献，因为它表明态度能够被量化，这使得社会心理学成为一门真正的科学。

1. 态度的概念

奥尔波特认为：态度是根据经验而系统化了的一种心理和神经的准备状态，它对个人的反应具有指导性的或动力性的影响。洛克奇指出：态度是一种具有结构和组织的复杂的认知体系。前一定义侧重在态度是个人行为的内在结构，或强调态度是个人行为的倾向性，它是对个人行为产生影响的一种心理结构。后一定义侧重于态度是个人对事物的内在新年的总评价，强调态度是一种认识体系，侧重于认知方面。我们比较赞同以下的定义：

态度（attitude）是人们关于物体、人物和事件的评价性陈述，这种评述可以是赞同的也可以是反对的，它反映了一个人对于某一对象的内心感受。当我说"我喜欢我的工作"时，我就是在表达我对工作的态度。态度不是行为而是行为的前提，是一种反应的准备状态。

2. 态度的三种成分

态度不等同于价值观,但两者确实相互关联。你可以通过考察态度的三种成分来理解这一点。态度的三个组成成分是:认知成分、情感成分和行为意向成分。

"战争会给人们带来灾难"这种信念是一种价值陈述,这种对态度对象的认识、理解和评价,即态度的认知成分(cognitive component)。它为态度的一个更为关键的成分奠定了基础——情感成分(cognitive component)。情感是态度中的情绪体验部分,它在下面这个陈述中反映出来,"所以我们坚决反对战争,因此而不喜欢××政府。"最后,情感能够导致行为结果,在本节的后面我们将更深入仔细地讨论这问题。态度中的行为意向成分(behavioral component)指个体可能以某种方式对某人或某事做出行动的意向。接着上面的例子,"由于对战争的感受,我坚决站在××政府一边,揭露战争的罪恶。"

态度的三种成分,是外界刺激与个体反应之间的中介因素,个体对外界刺激的反应受其态度的调节。

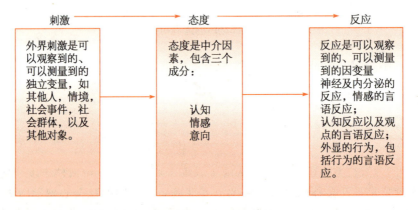

图 4-2　态度的三种成分及其关系

认知因素,规定了态度的对象。态度总是有一定的对象,其对象可以是人、物、群体、事件等,也可以是代表某种具体事物本质的抽象概念,如勇敢,诚实等,还可以是制度或规定,例如上班打卡制度,迟到罚款制度等。如果只是笼统地说某个有善意的态度,那是不确切的。描述一个人态度的时候必须明确针对某一个对象,例如工作态度,对某人的态度,对学习的态度等。认知因素是带有好坏的评价与意义的叙述成分,叙述内容包括个人对某个对象的认识与理解。

情感因素是个人对某个对象持有的内心体验,喜欢或厌恶;尊重或轻视;同情或冷漠等。例如,我喜欢踢足球,他不喜欢数学。

意向因素是个人对态度对象的反应倾向。即行为的准备状态,准备对态度对象做出某种反应。需要注意的是,意向不是行为本身,而是行动之前的思想倾向。

态度的三种成分通常是协调一致、共同起作用的。例如,了解吸烟害处的人,就会反对吸烟,他自己也不吸烟,其中对吸烟态度的各成分也是协调一致的。再例如,员工认识到学习的重要性,渴望学习新的知识或技能,对学习充满了期待,随时准备学习新东西,说明态度中的三种成分是一致的。但是,有时,也会出现三个成分不一致的情况。例如,虽然我知道吸烟有害健康,但我并不讨厌吸烟,甚至自己也吸烟。你是否说过或听到过这样的话,"虽然我知道张三并不坏,可我就是不喜欢他,不愿意和他来往。"这是典型的态度的三种成分不协调的现象。

态度的三个成分不协调将出现什么结果呢?答案是很复杂的。研究发现,态度的三个成分之间作用程度并不一样。一般来说,情感是态度的中心成分,它会决定行为倾向。关于态度的研究表明,即使一个表明了自己对某个对象的态度,也不意味着他的行为与其表达的态度或观点相一致。从本质上讲,态度是一种与外显行为可能一致也可能不一致的主观经验。

把态度看成是由三部分组成——认知、情感、行为——有助于我们理解态度的复杂性,以及态度与行为之间的潜在联系。但是,为了明确起见,请记住态度主要是指三种成分中的情感部分。如瑟斯顿所言,"即使人们对某一事物的认知描述十分混乱,他们还是会对该事物产生强烈赞同或反对的情感性态度。"

还要记住的是,一个人的态度是缺乏稳定性的,这一点与价值观不同。例如,广告的目的是试图转变你对特定产品或服务的看法:如果福特公司的人能使你对他们的汽车产生喜爱感,这种态度就可能导致对他们有利的行为——你去购买福特的产品。

在组织中态度很重要,因为它会影响到员工的工作行为。例如,如果员工相信上级主管、公司老板和有关的管理人员一起设计阴谋使工人在相同或更低工资的条件下加倍努力工作,那他们就不会努力工作,甚至可能消极怠工。相反,如果员工认为公司领导对自己很关心,他们就可能努力工作。因此,理解态度是怎样形成的、它与实际工作行为的关系以及它可能如何改变,就显得十分重要了。这也是组织行为学把态度作为重要变量进行研究的原因。

3. 态度的形成

一个人对某件事或某个人的态度是如何形成的呢?我们为什么会对客观事物包括自己持有某种态度呢?这就要分析态度是如何形成的。

首先,态度的形成过程是一个人复杂的社会化过程的一部分。我们从自然人变成社会人,需要接受社会的影响,在成长过程中逐渐对周围世界形成了某种态度。当然,随着周围世界的变化,我们的态度也会发生变化。

其次,态度的形成过程是从服从到同化再到内化的过程。一个人态度的形成需要一个过程,这个过程表现为几个明显的阶段。第一阶段是服从,个人为了获得物质或精神的报酬而采取表面上服从的行为,但这个时候并不是自己真心愿意的行为,只是在某种条件下对社会大众或规范的服从。后来,人们把服从的东西转化成自己的东西,个人自愿地接受社会的观点或信念,与外界环境保持一致,也就是被环境所同化了。

同化能否顺利实现,他人或群体的吸引力是一个很重要的因素。越是有吸引力的群体或他人,越容易使新人被同化。

最后是内化。个体把外界的标准和思想完全转换成自己的标准,并从内心深处接受和认同,也就是彻底转变了自己的态度。

从表面的服从到内化,这是一个很复杂的过程。但并不是所有的人对所有事情的态度都要经过这个过程。可能简化,也可能重复。无论如何,一个人对某个对象的态度,只有到了内化阶段才是最稳固的。

但态度是一个相对不稳定的心理属性,这一点与价值观不同。

二、态度与行为

1. 态度与一致性

你是否注意过这种情况:人们为了避免和自己的行为发生矛盾,所以改变了自己的言辞? 可能你的一位朋友一直认为美国汽车的质量不及进口车,并且他过去只买进口产品。但是,他父亲却送给他了一辆最新款式的美国造汽车,突然间,他感到美国车并不是那么差。一位大学新生努力想加入女生联谊会,她相信女生联谊会很不错而且它的活动很重要。然而,如果她没有被联谊会接受,那么,她可能会说:"我觉得女生联谊会全然不像人们所说的那样好!"

研究表明,人们总是在寻求态度之间的一致性以及态度和行为之间的一致性。这意味着个体在努力调和不同的态度,并使态度与行为保持一致,以使自己表现得富有理性和言行一致。当出现不一致时,个体就会采取措施促使态度与行为重新回到一致的平衡状态。人们采用的办法有:改变态度,或者改变行为,抑或为这种不一致找到一种合理化的理由。烟草公司的经营者们给我们提供了一个很好的例子。一方面他们知道吸烟有害健康,可同时他们又在大量生产香烟! 这些人面对吸烟与不良的健康结果的各种证据,如何应对呢? 根据一致性理论,他们可以对吸烟与肺癌之间已经定型的明确因果关系予以否认;他们通过不断地阐述烟草业的利润而使自己保持平衡;他们也可以承认吸烟的不良结果,但把它合理化地解释为:人们都可以吸烟,烟草公司给人们提供的是一种选择的自由;他们可以接受研究证据,并积极地从事健康香烟的生产,或至少降低脆弱群体获得香烟的可能性,比如青少年。当然,要是这种不一致与不协调性过大时,他们可能辞去这份工作。

2. 认知失调理论

我们能否从一致性原理中做出如下假设:如果我们知道了一个人对于某事的态度,就可以预测出这个人的行为? 如果张三先生认为公司的报酬水平太低了,那么,如果我们给他增加工资的话能否改变他的行为,也就是说,能否使他工作更加努力? 遗憾的是,对这个问题的回答远比"是"或"否"复杂得多。

20世纪50年代末,美国社会心理学家列昂·费斯廷格(Leon Festinger)提出了认知失调理论(cognitive dissonance),也翻译成认知不协调理论(Festinger, 1957)。这个理论试图用认知的观点对态度和行为之间的联系做出解释。人们有很多观念,其中有些观念相互之间是一致的,而有些可能是相互矛盾的,还有一些相互是没有联系的。相互矛盾的观念就是不协调,不协调会使人感到不舒服,所以,我们有一种倾向,就是把不舒服降低到最小程度。换言之,不协调就意味着不一致。认知失调泛指任何情况的不和谐。例如,个体可能感受到的是两种或多种态度之间的不一致,也可能感受到的是行为与态度之间的不和谐。费斯廷格认为,任何形式的不一致都会令人感到不舒服,因此个体会努力减少这种不协调和不舒服。换句话说,个体寻求的是一种能把失调降到最低程度的稳定状态。

当然,没有人能够完全避免失调状态。人们知道偷税漏税是不对的,但每年还会有人"蒙混过关"一点点,并且希望不被查出来;你要求孩子要好好学习,但你自己却不这么做。那么,人们如何处理这种认知失调呢?费斯廷格指出:个体减低失调的愿望由下面三个因素决定:(1)造成失调的要素的重要程度;(2)个体相信自己受到这些要素控制的程度;(3)个体卷入到失调状态当中的受益。

如果造成不协调的因素相对来说不太重要,调整这种不平衡的压力就比较小。例如,某公司经理李先生坚决认为任何公司都不应该对空气和水造成污染。但遗憾的是,由于工作需要,他在决策时更多地考虑了公司的利益,公司的利益压倒了他对污染的态度。他知道将公司污水倒入当地河流中(在此我们假设这样做并不违法)能使公司获得最佳经济效益。他会怎么办?很显然,李先生此时经历着高度的认知失调。由于这个例子中各要素的重要性,我们认为李先生不会忽视这种不一致。他可以通过以下几种途径来解决自己面临的困境:首先,李先生可以改变自己的行为(停止对河流的污染);其次,他可以认为这种失调行为并不那么严重从而降低失调感("我不能丢掉自己的饭碗,作为公司的决策者,我常常不得不把公司的利益放在环境和社会利益之上");第三种途径是改变态度("污染河流并没有什么大错");最后还有一种途径,寻找另一个更重要的相关因素来平衡不协调因素("我们通过生产而给社会带来的效益远远大于河水污染给社会造成的损失")。

个体相信自己对于这些要素的支配和把握程度,会影响到他们对不协调如何做出反应。当他们感到这种不协调是一种不可控的结果——也就是说,他们没有选择余地,则不太可能改变自己的态度。例如,如果导致失调的行为来自老板的指示,那么减少失调的压力比自愿行为要小得多。尽管此时失调依然存在,但人们很容易把它合理化并做出辩解。

奖赏也会影响到个体减少失调的动机强度。如果与高度失调相伴随的是极高的奖赏,则失调产生的紧张程度就会降低。奖赏通过增加个体"收支平衡表"中的稳定方面起到减少不协调的作用。

这些中介因素表明,仅仅因为个体体验到失调状态并不必然会推动个体寻求一致性——也就是说,付出努力减少不协调。如果导致不协调的问题并不重要;如果个体感到这种失调由外部强加而且自身无法控制局面;如果奖赏足够诱人可以抵消不协调感;那么个体不会有太强的压力来减小这种失调。

认知失调理论对组织的意义何在?它可以帮助我们预测员工在态度和行为改变方面的倾向性。例如,如果由于工作需要员工被要求说或做与他们的个人态度相冲突、相矛盾的事情,他们倾向于努力改变自己的态度,以使他们的态度与言行相一致。而且,这种失调性越大(指经过重要性、选择权和奖赏等因素的校整以后),那么减少它的压力也就越大。

3. 态度与行为的关系

整个这一章中我们都讲的是态度对行为的影响。有关态度的早期研究做出这样的假定:态度作为原因影响到行为,也就是说,人们所持有的态度决定了他们会做什么。我们的日常经验也表明了这种联系。人们看了那些他们说自己喜欢的电视节目,员工会努力逃避他们感到讨厌的工作,这些现象不是很符合逻辑吗?

然而,20世纪60年代末,态度与行为之间的这种假设关系受到一篇研究综述的挑战。在对大量调查 A–B 关系的研究报告进行评估的基础上,研究者得出结论:态度与行为之间并无相关关系，即使有，也不过是很弱的相关性（Wicker, 1969）。不过，更为近期的研究还是表明，如果把一些调节变量考虑进来，那么态度可以有力地预测未来的行为，并且可以证实费斯廷格早年提出的这种A-B关系。

调节变量（moderating variables）。人们发现最有力的调节变量是：态度的重要性，态度的具体性，态度的可提取性，是否存在社会压力，个体对于这种态度是否具有直接经验。

重要的态度是那些基本的价值观、自我利益的反应，或是反应了一个人对于自己看重的个体或群体的认同。被个体认为很重要的态度，倾向于表现出与行为的高度相关性。

态度和行为越是具体，他们之间的联系就越有力。例如，具体问及某人在未来六个月里是否愿意留在组织中，可能比问她对薪水是否满意更好。

很容易回忆起来的态度会比那些不容易从记忆中提取出来的态度更可能预测行为。有趣的是，你更可能记住的是那些频繁表达的态度。因此，你对于某个客体所表达的态度越频繁，你就越可能记住它，而它也越可能影响你的行为。

当社会压力在某种方式上拥有绝对的权力时，态度与行为之间更可能出现差异。组织中的行为倾向于具有这些特点。它可以解释为什么一名持有强烈反工会态度的员工却会参加亲工会者组织的会议；为什么烟草公司的经营者自己不吸烟而且也相信吸烟与肺癌关系的研究，却不会积极地阻止别人在他们的办公室里吸烟。

最后，如果个体对于态度所针对的事件有着直接经验，则态度和行为之间的关系很可能更强烈。当问到为一个专制的主管工作会有何反应时，如果询问那些没有明显工作经历的大学生，则很难预测他们的实际行为。同一个问题问及为类似主管工作过的员工时，得到的效果则不同。

4. 自我知觉理论

虽然绝大多数A-B研究都得到了积极结果，但是，研究者通过另一种途径来考察是否行为会影响态度时，他们发现了更高的相关性。这种观点，称为自我知觉理论（self-perception theory），已经获得了不少鼓舞人心的发现与成果（Bem, 1972）。

当问到一个人对某种事物的态度时，个体会回忆他们与这种事物有关的行为，然后从他们过去的行为中推断出对该事物的态度。所以，如果你问一名雇员她在麦肯特公司（Marriott）作为培训专员有什么感受时，她可能会这样想："我在麦肯特作培训师这项工作已经有十年了，没有人强迫我留下来做这份工作。所以，我肯定喜欢它！"所以，自我知觉理论认为，态度不是在活动之前指导行动的工具，人们在事实发生之后使用态度使已经发生的事具有意义。与认知失调理论正好相反，他们认为态度是一种很随意的言语陈述。当人们被问到自己的态度时，他们并没有太强烈的想法或情感，自我知觉理论指出，人们倾向于找出一种听起来合理的答案。

自我知觉理论得到了广泛的支持。尽管传统的态度—行为关系总体来说成正相关，但行为—态度之间的关系更为有力。当态度不够清晰、模棱两可时尤为如此。当你对某一个态度事件缺乏太多经验，或你过去对它没怎么考虑过时，你会倾向于从你的行为当中推断自己的态度。但是，当你的态度早已在头脑中形成，并且界定得十分清晰时，那么，这些态度很可能会指导你的行为。

5. 情境的压力

当与个人态度相反的情境压力很强时,态度就不可能像平时那样,成为强有力的行为决定因素。强大的情境压力往往使人做出违心的行为。这是涉及的两个最主要的变量是价值和代价。

在某些情况下,由于某对象极有价值,会使个人放弃原有的态度,做出相反的行为。例如,一向不愿意吃药的人,在得了重病时,也会毫不犹豫把药吃下去。太大的代价也会使人望而却步,放弃原有的态度。这种代价指的是,为达到某种目的所消耗的物质或能力。如果为了坚持已有的态度,个人要付出的代价高于个人愿意承受的范围,也常常会出现与态度不一致的违心行为。

影响态度和行为不一致的还有一些原因,如缺乏保证实现良好愿望的能力与技巧;一种行为与几种相矛盾的态度相关联;实现某一态度则与另一些态度不一致,甚至还有仅仅出于策略考虑的情况,等等。

总之,态度与行为并非简单机械地一一对应,有时会出现不一致。以下这种说法是合理的:总体来说态度与行为是相符的,但有时会受到情境因素的干扰。

三、态度的改变

1. 参与活动,改变态度

要改变一个人的态度,必须引导他积极地参加相应的活动,在活动中增强对态度对象的了解,从而有效地改变态度。一个不喜欢跳舞的人,通过参加舞会,很可能会慢慢地喜欢跳舞。对于原来不喜欢的人,由于经常在一起工作、学习,互相了解,也可能由不喜欢变为喜欢。

费斯廷格曾研究了美国白人对黑人态度的转变。他选择的被试是相互住得很远、从不来往的白人和黑人。他设计了几种情境:一是让白人和黑人一起玩纸牌游戏;二是让白人和黑人一起观看别人玩纸牌;三是双方同处一室,但不组织共同活动。结果表明,各种情境下白人对黑人表示友好态度的人数差别很大,三种情境下的比例分别为:66.7%,42.9%,11.1%。说明参加活动可以促成态度转变。

2. 群体规定,改变态度

群体规定也可以有力地改变个体的态度。群体成员的一致性行动对个体来说会产生很大的压力,它迫使个体采取与多数人一致的行为方式,而且群体成员在情绪上也会互相感染,行为上互相模仿,所以群体规定能有力地改变个体的态度。

20世纪40年代,勒温做了一些研究来说明这一问题。以下举一个他的经典实验研究。美国的家庭主妇一般做菜不用动物内脏的。但在第二次世界大战期间,由于食品短缺,美国政府希望能说服家庭主妇购买那些一向不受欢迎的动物内脏做菜。勒温控制了两种情境。其一是,对上述要求进行讲解和劝说;其二是,把上述要求做群体规定,观察并比较两种情境对态度改变的影响。他把主妇编成6个小组,每组13—17人。其中三组接受讲解,另三组采取群体规定。前三组由一位口齿伶俐的人讲解了半个小时这些食物如何美味,营养如何丰富,采用这种食品对国家有多大贡献等,还送给每人一份烹饪这些食物的食谱。当时这些主妇听得津津有味,很想马上实行。后三组主妇只是被简单告知,群体规定大家今后要改用动物内脏做菜,以支持国家当前状况。一周后进行检查,结果讲解组中只有3%的人改变了态度,而群体规定组中的32.9%的人改变了态度。

3. 了解态度差距,"小步子原则"改变态度

当目标态度在个人可接受的范围内,态度是可以改变的,如果超出了可以接受的范围,个体就不能容忍,而可能拒绝。因此,研究结果表明,要转变一个人的态度,必须了解他原来的态度强度,然后再估计要求改变的态度和原来态度的差距是否过于悬殊。若差距过大,急于改变其态度可能发生适得其反的效果。因此,应该逐步地提出要求,每一次提出的要求都在可能性接受的范围内,待态度改变并稳定下来后,再进一步要求,逐渐地缩小差距,有利于完全转变他的态度。

4. 说服的作用

通过信息传播或沟通的方式来改变人们的态度就是说服。说服是改变态度的主要方法。当然,说服的方法能否被大众接受,接受到什么程度,往往取决于诸多因素。概括起来,说服过程包括四个部分,即说服者、说服信息、说服对象和情境。通俗地说,就是谁说,说什么,对谁说,在什么场合下说。

(1) 说服者方面的影响因素。

说服者作为信息源,要向说服对象输入新的信息。而人们总是将信息源和信息结合到一起考虑的,因此,说服对象对信息来说是否信任,就决定了他是否接受这些信息。说服对象对说服者越信任,说服的效果越多。那么什么样的说服者是可信的呢?通常说服者在某一领域中越具有权威地位,影响力越大。另外,说服者的外表越具有吸引力,令人喜欢,则人们也更容易接受他的观点。这正是广告为何会选择美女代言的原因所在。在深层次的说服中,说服者的道德品质,尤其是他的说服动机、他的公正无私、与人为善的品质,都会具有说服的影响力。

(2) 说服对象的特点。

作为说服过程终端的说服对象,是具有主观能动性的人。对于来自相同信息源的相同信息,不同的对象可能有不同的反应,有的接受说服,也有的可能会抵制说服。所以,在设计、组织和传递信息时,必须考虑对象的特点。他的价值观是什么,他的主导动机如何、他的个体特点是随和易变、开放接纳外界新事物的,还是固执己见、具有很强自我防御机制的。

(3) 说服信息的特征。

要转变人们的态度,是单方面论证好,还是正反两面论证好,这是说服信息有效性的问题。

研究表明,对于受教育程度比较低的人来讲,单方面的宣传容易转变他们的态度;而对于文化程度较高的人来说,正反两方面的论证效果更好,前提是对于你所宣传的观点的论证必须充分!

这一原理可以解释为什么广告只对某些人有效。

四、工作中的态度

一个人可以有几千种态度,但是组织行为学只把注意力集中在有限的几种与工作相关的态度上。这些与工作有关的态度包括员工对工作环境等方面的积极或消极的评价。组织行为学对态度的研究大多数集中在以下几个问题上:工作满意度、工作参与、组织承诺。

1. 工作满意度

工作满意度(job satisfaction)指个体对他所从事的工作的总体态度。如果一个人拥有较高水平的工作满意度,说明他对工作持积极的态度;而对工作不满意的人,则对工作持消极态度。当人们谈论员工的态度时,更多时候指的是工作满意度。事实上,这两个词儿经常可以互换使用。由于组织行为学家认为工作满意度非常重要,我们将在本章后面的内容中更深入地讨论这种态度。

2. 工作参与(job involvement)

工作参与这个概念相对来说是最近补充到组织行为学文献中的。尽管对于该术语的定义尚未完全达成一致意见,但人们普遍接受了这样的定义:它测量一个人从心理上对其工作的认同程度、认为他的绩效水平对自我价值的重要程度。工作参与程度高的员工对他们所做的工作有强烈的认同感,并且真的很在意自己的那份工作。

研究发现,工作参与程度高与低缺勤率和低辞职率成正相关。然而,相比缺勤率来说,工作参与似乎可以更稳定地预测流动率,它可以解释流动率变异中的16%。

3. 组织承诺

我们讨论的第三种工作态度是组织承诺(organizatimal commitmant),它界定为:员工对于特定组织及其目标的认同,并且希望保持组织成员身份的一种心态。所以,高工作参与意味着一个人对于具体工作的认同;高组织承诺则意味着对于所在组织的认同。

梅耶及其同事(Meyer, etal, 1993)对组织承诺的维度进行了研究。他们提出组织承诺的三个维度:情感,连续,规范承诺。情感承诺受个体的需要和他们对组织的期望,以及自己实际感受到的满足两者相符程度的影响。边续承诺受到个体对离开组织所产生的代价的认识的影响。规范承诺是对留在组织中的义务的认识,它以人们普遍接受的组织与雇员之间相互的责任与义务为基础。

与工作参与类似,研究结果表明组织承诺与缺勤率和流动率呈负相关。事实上,研究表明,个体的组织承诺水平是预测离职现象的有效指标,它可以解释34%的变异。实际上,它对"离职意向"的预测力更高。虽然人们往往更多地使用工作满意度作为预测指标。组织承诺之所以是一个更好的预测指标,因为它是对组织整体的更全面、更长久的反应。一名员工可能会对他所从事的某个具体工作不满意,但认为这是暂时的现象,因而并不对组织的整体感到不满意。但是,当不满意蔓延至组织本身时,员工更可能会考虑离职。

以上证据中绝大部分是在二十多年前得到的,因此,尚需要考查它是否反应了变化中的雇员—雇主关系。这种二十年前存在于雇主与雇员之间的不成文的忠诚契约,已经受到严重地破坏。另外,那种员工在大部分职业生涯中都呆在一家组织中的观念也越来越过时了。因此,"有关员工—企业联系的测量,例如组织承诺,对于新型的雇佣关系来说存在一定的疑问。"(Rousseau,1997)这表明,作为工作相关的态度来说,组织承诺可能比过去的重要性降低了。在这里,我们预期,那些与职业承诺有关的内容会成为更恰当的变量,因为它们更好地反应了今天不稳定的劳动力。

五、态度调查(态度测量)

上述概括意味着,对于员工态度的了解有助于管理者预测员工的行为。但是,管理者如何获得员工态度的信息呢?最流行的方法是使用态度调查(attitude surveys)。

从表4-8中可以看到一个态度调查表的大体样式。典型的态度调查给员工列出一系列的陈述或问题。从理论上说,这些题目在设计时要有针对性,做到量体裁衣,以获得管理层所希望得到的具体信息。汇总问卷中各题目的得分,可以得到个体的态度总分。在个体分数基础上还可以得到工作群体、工作部门、分公司以及整个组织的态度平均分数。

表4-8 态度调查示范

请根据下面列出的分数等级评估每一项陈述: 5. 非常同意 4. 同意 3. 不确定 2. 不同意 1. 非常不同意 陈述	评分
1. 这家公司是个非常不错的工作场所。 2. 在这里只要我努力就能成功。 3. 与其他公司相比,这里的薪酬水平很有竞争力。 4. 在这里员工的晋升决策很公平。 5. 我知道公司提供了各种各样的福利政策。 6. 这份工作能够使我人尽其才。 7. 我的工作很有挑战性但并非无法承受。 8. 上司对我十分信任。 9. 我可以很坦率地告诉上司自己的想法。 10. 我知道上司对我的期望是什么。	

态度调查的结果经常令管理层感到惊讶。例如,斯普林菲尔德再造公司(Springfield Remanufactoring)重型机械分公司的管理者们觉得每件事都十分不错。员工积极参与了分公司的决策,而且分公司在整个企业中也是效益最好的,所以,管理层以为工作士气也会很高。为了证明他们的这些想法,他们进行了简要的态度调查。询问员工对于下列陈述是否认同:(1)在工作中,你的看法受到重视;(2)在你们当中,如果有人想成为公司的领导者,他是有机会成为这个角色的;(3)在最近6个月里,有人和你谈过你的个人发展问题。在这项调查中不认同的比例,第一题为43%,第二题为48%,第三题为62%。管

理层大大吃了一惊。怎么会是这样？这一分公司十二多年来一直每周举行一次员工大会以了解他的成员，而且绝大多数的管理人员都是一步一步升上来的。管理层对此做出了回应，他们成立了一个由所有部门以及所有三班倒的工作小组都派出代表参加的委员会。这个委员会很快就发现，分公司做了许许多多的小事令员工产生了疏离感。委员会还提出了大量建议，这些建议实施之后，极大改善了员工对于自己决策影响力的认知以及自己在公司中职业机会的认知。

　　定期使用态度调查能够为管理者提供有价值的反馈信息，从而了解员工对他们的工作环境是如何感受的。管理层可能认为组织中的规章制度和实践活动是客观和公正的，然而员工群体或一部分员工却可能并不这么认为。这些歪曲的、失实的理解会导致对于组织和工作的消极态度。对管理层来说了解这些信息十分重要。为什么？因为员工的行为是建立在知觉基础上，而不是建立在事实基础上。请记住，即使管理层拥有客观证据表明给员工支付的薪水相当有竞争力，但如果员工自己觉得薪水过低，他也会因此而辞职，其结果与他实际上得到了过低的薪水毫无差异。定期使用态度调查能够提醒管理层注意潜在的问题，及早了解员工的意图，以便采取措施防患于未然。

第三节　工作满意度

　　工作满意度是组织行为学的核心概念之一，我们有必要对这个概念进行更仔细地剖析。实际上，当前组织行为对满意度的关注，已经从单纯的工作满意度转变为员工满意度。虽然这两个概念有本质的区别，但我们在讨论中还是沿用传统的习惯，交替使用。我们的讨论主要围绕以下几个问题：如何测量工作满意度？员工对他们的工作有多满意？工作满意度对员工的生产率、缺勤率和流动率有什么影响？

一、工作满意度的测量

　　前面我们把工作满意度定义为：个体对其工作的总体态度。很显然这种定义是广义的，过于抽象了。不过它确实反应了这个概念的内在本质。要知道，一个人的工作不仅仅是那些处理文件、撰写方案、等待客户、驾驶卡车等显而易见的活动，任何工作都需要与同事和上司进行相互交往、遵守组织的规章制度、达到绩效评价标准、生活在与理想有差距的工作环境中等。这意味着员工对自己工作是否满意的评价，常常是对大量不同工作元素进行总合的结果。那么，我们如何测量这个概念呢？

　　有两种使用最广泛的手段，其一是单一整体评估法（single global rating），其二是包括多维度的综和评价法（summation score）。单一整体评估法只要求个体回答一个问题，例如"如果你把所有因素考虑在内，你对自己的工作满意吗？"要求被试从数字1—5所代表的分数等级中圈出一个符合自己的数字，这些数字代表了从"非常满意"到"非常不满意"的不同程度。另一种方法——多维度综和评价法，则是一种更复杂的方法。它首先需要确定工作中的关键要素，然后询问员工对于每一个维度的感受。典型的因素包括五个方面：工作性质、收入水平、晋升机会、同事关系、上级的监督与控制。然后，通过标准化的量表来评估这些要素，数据累加起来就得到了工作满意度总分。

两种测量方法中哪一种更好呢？从直觉上看，似乎对诸多工作要素的综合反应能够使工作满意度的评估更为精确。然而，研究结果并不支持这种直觉（Wanous，Reichers，1997）。有人对整体评估法和更繁琐的综和评分法进行了比较，结果表明前者与后者同样有效。对这一结果的最好解释是：由于工作满意度概念的内涵太广，因此一个问题就抓住了它的本质。

二、员工对他们的工作有多满意

大多数员工对他们的工作满意吗？对于美国和大多数发达国家来说，似乎很有理由回答为"是"。但是有证据表明，美国人对自己的工作并不那么满意。更严重的是，这种状况在不断恶化。非赢利组织 Conference Board 进行的一项研究发现：1995 年，58.6% 的美国人对他们的工作感到满意；到 2000 年，这一比例下降为 50.7%。这一现象从直觉上令人感到吃惊，因为这五年里经济在发展、收入在增长、劳动力市场的状况也十分看好。它使我们看到，经济的繁荣并不必然转化成为更高的工作满意度。美国的 Conference Board 进行的研究发现，尽管所有的收入群体都表现出 2000 年的工作满意度低于 1995 年的态势，不过金钱似乎可以买到某些快乐。无论是 1995 年还是 2000 年，在每一个收入分层中，工作满意度的增长都与收入水平有着直接关系。

哪些因素可以解释工作满意度上最近的下降趋势？专家指出，一种可能是，雇主试图通过对员工施加更重的工作负荷和规定更苛刻的工作期限来提高生产率；另一种可能是一种感觉，越来越多的工人报告说，他们对工作的控制程度日益降低。但是，工作满意度随收入的提高而提高这一事实，是否意味着金钱可以买到快乐？未必如此。尽管更高的收入本身可能转化为更高的工作满意度，但对这一现象还有另一种解释：更高的收入反应了工作类型的不同。更高收入的工作通常需要技能更高、在职者的工作职责更多、工作更具刺激性和挑战性、员工对工作的控制更多。因此，报告中"在较高收入的工人里有着较高的满意度"，可能反应的是，这些人在工作中拥有更多挑战性和自由度，而不是收入本身的影响。

三、中国员工的满意度

国内学者对工作满意度和员工进行了很多研究。应该说，这是组织行为领域中中国学者研究最多的专题。

王文惠、梅强（2002）应用二级综合模糊评价模型对某一高科技企业进行了员工满意度调查。调查以该企业关键岗位的管理人员和技术人员为调查对象，发放了 50 份问卷，全部回收并且有效。采用德尔菲法确定指标权重，在企业内部和高校管理学研究生中共邀请 10 位人员就问卷表的各项指标权重进行逐项打分，然后汇总并均值化获得指标权重。最后形成员工满意度的综合评估指标体系（见表4-9）。

殷红霞（2004）以访谈和问卷调查相结合的方法，选择西安市 9 家高科技公司开展调查，运用层次分析法（AHP），将反映员工工作满意度的内容归纳为工作本身、工作回报、工作条件、工作群体、企业历史文化五个基本维度，并将这五个基本维度的内容分解为 26 项具体的评价指标。（如图4-3）

表4-9 员工满意度综合评估指标体系

因素 U_t	a_i	U_y	A_i
对工作回报的满意度	0.345	薪酬与福利 工作被认可 培训与晋升	0.44 0.28 0.28
对工作本身的满意度	0.19	工作胜任感 责权匹配度 工作安全感	0.27 0.56 0.17
对企业的满意度	0.2	企业文化 规章制度 组织参与感 领导支持信任	0.36 0.30 0.34 0.35
对工作协作的满意度	0.12	沟通与尊重 信息开放度	0.48 0.17
对工作环境的满意度	0.145	工作时间 工作空间 工作配合	0.54 0.19 0.27

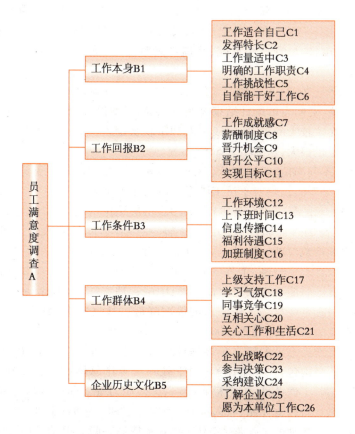

图4-3 员工工作满意度的AHP分析模型

在问卷调查中首先请调查对象把工作本身、工作回报、工作条件、工作群体、企业的历史文化这五个方面对其工作积极性的影响进行排序。根据调查对象的排序分别给排在第一位、第二位、第三位、第四位、第五位的因素赋不同的权值。若员工将某因素排在第一位则该因素权值加5,排在第二位则该因素权值加4,依此类推。按照这样的方法得出了各个维度的权值,从高到低依次为工作回报(708),工作本身(547),工作群体(498),工作条件(369),企业的满意程度(329)。

该研究最后分别从 A、B、C 三个层次作出了结论:

(1) 从 A 层指标来看,西部高科技企业的员工工作满意度普遍不高。整体满意度调查结果为0.433,在0—1区间中较低水平上。学历越低对工作的满意度越高,工作职位越高对工作的满意度越低。

(2) 从 B 层指标来看,影响员工满意度最重要的因素是工作回报。员工认为重要的但不满意的六个因素中,属于工作回报因素的就有四项。员工期望值与实际中工作回报水平之间的差距是造成员工工作满意度低的主要原因。

(3) 从 C 层指标来看,西部高科技企业员工存在着较强烈的情感需求。但是从调查结果来看,大部分西部高科技企业缺乏长远规划和公平的用人机制。短期行为严重。从而造成员工与员工之间、员工与企业主之间缺乏凝聚力。

潘悦华(2003)对一家国有上市公司进行了问卷调查和访谈调研。该研究根据 Porter& Lawer 综合激励模型结合内容激励理论,综合了11项指标作为员工满意度的评价指标:岗位满意度、薪酬福利满意度、个人发展满意度、绩效管理满意度、管理沟通满意度、绩效管理满意度、岗位管理满意度、管理者满意度、团队合作满意度、客户满意情况、工作环境满意度。

袁声莉、马士华(2002)采用单一整体评估法(single global rating),对22家企业进行了问卷调查和访谈,对问卷的统计结果表明,员工满意度仅有48.5%,不同类型的员工在工作满意度上存在着较大的差异,一线工人和市场营销人员的满意度最低。各个企业之间员工满意度差距也很大,从23%—56%不等。

该研究表明,不同岗位、不同年龄、不同企龄和不同教育背景对于员工满意度都存在着显著性差异,但是不同岗龄对于员工满意度没有显著影响。

有人对跨国公司的员工满意度进行了研究,得出结论:在合资企业中,职务高、女性、年长、受教育程度高的人比职务低、男性、年轻、受教育程度低的人工作满意度高(俞文钊,1996)。与次此形成鲜明对比的是,关于国内企业的研究结论认为:性别和年龄对满意度没有影响。教育水平越高,工作满意度越低。月收入、所在行业和工作单位性质显著影响工作满意度。职能和级别也存在差异:中层管理、一般员工、高层管理人员依次升高。合资、民营、国有企业员工工作满意度依次降低。月收入3 000元以上的员工,收入的增加伴随满意度的增加(张勉等,2001)。

国内学者对工作满意度的研究很多是针对教师进行的。陈卫旗(1998)提出了中学教师工作满意感的结构包含10个因素,中学教师对工作总体和教育体制、学生素质、领导与管理、工作成就、工作条件、工资福利待遇、工作压力等工作因素均感到不满意;教师总体的工作满意感及对教育体制、收入福利、领导与管理、教师社会地位及工作环境条件等方面的满意水平与教师的工作卷入、留任都有密切的关联。冯伯麟(1996)通过让中学教师列出在工作中满意的方面和不满意的方面,然后进行因素分析,获得教师工作满意的五个因素:自我实现,工作强度,工资收入,领导关系和同事关系。

如果把教师作为脑力劳动者的代表,那以上的结论是否可以推而广之呢?让我们来看另外一项研究。有人专门研究了脑力劳动者的工作满意度,得出的结论是:我国脑力劳动者普遍对激励机制不满意,工资待遇低引起脑力劳动者不满意,工资待遇高却不能导致满意。工资待遇是脑力劳动者较为关心的问题之一。普遍对工作环境表示满意。不同性质单位的满意度有差异,企业的劳动者对工资收入满意度最高,其次是政府机关,事业单位最低。三类组织的脑力劳动者都将上下级关系作为影响其工作满意度的首要因素(胡蓓、陈建安,2003)。

中国科协组织有关专家对我国科技人员的工作满意度进行了研究,得出结论:科技人员对薪酬的满意度存在层次差异:高层、中层、基层依次递减;对薪酬的满意度存在地区差异:东部、西部、中部依次递减。科技人员对科技政策的满意度存在层次差异:基层、中层、高层依次递减,也存在职称差异:初级、中级、副高级、正高级依次递减(中国科协,2004)。

不难看出,这些研究虽然给我们提供了一定的数据和结论,但还不能形成最后的定论。我们还需要进行更系统的研究。由此,我们也可以理解科学研究对于我们认识客观事物必然规律的重要性。

四、工作满意度与员工绩效

管理者对工作满意度的兴趣主要集中在工作满意度对员工绩效的影响上,大量研究是为了评价工作满意度对员工生产率、缺勤率和流动率的影响而设计的。让我们看看当前的一些研究成果。

1. 满意度与生产率

前面我们已经指出,快乐的员工未必就是高生产率的员工。在个体水平上,有证据表明两者的反向关系更为准确,即可能是生产率带来了满意感。

有趣的是,如果我们站在组织水平上而不是个体水平上,则会重新支持过去关于"满意感—工作绩效"的关系。当我们以组织作为整体来收集满意度与生产率的数据时,而不是在个体水平上收集时,则会发现员工满意度较高的组织相比员工满意感较低的组织更有效。原因可能是这样的:我们缺乏有力的证据支持"满意感导致生产率"这一命题,因为大量的研究关注的是个体而不是组织,而在个体水平上对生产率的测量并未考虑到工作流程中的关联性和复杂性。因此,我们也许不能说快乐的员工就是更高生产率的员工,但我们可以肯定地说,快乐的组织是更高产的组织。

2. 满意度与缺勤率

研究发现,满意度和缺勤率之间存在着稳定的负相关,但这种相关为中等程度——通常低于0.40。尽管不满意的员工更可能旷工这一点从道理上说得通,但是,其他因素也影响着两者之间的关系并降低了两者的相关系数。例如,组织对病假提供慷慨的福利待遇实际上就是在鼓励所有的员工(包括那些满意感很强的员工)去休病假。

在西尔斯—罗巴克公司(Sears Roebuck)进行的一项研究给我们提供了一个相当难

得的例子,来了解当其他因素的影响降到最低程度时,满意度对出勤率有着什么样的直接影响。研究者得到了在西尔斯的芝加哥和纽约两个总部工作的员工有关满意度的材料。另外,值得一提的重要一点是,西尔斯公司的政策不允许员工因为可以避免的原因而缺勤,否则要受到惩罚。由于芝加哥4月2日发生了一场经年不遇的暴风雪,为比较芝加哥和纽约办公室的工作人员的出勤率提供了机会。当天纽约的天气相当好。在这项研究中提供了一个有趣的维度,暴风雪给了芝加哥员工不去工作的借口。大雪使城市的交通陷于瘫痪状态,每个人都知道他们那天可以不上班,而且不会受到任何惩罚。在这个自然实验中,可以比较两个地区中满意和不满意员工的出勤记录——一个地方的员工被预期去上班(因为处于正常的出勤压力下),另一个地方的员工可以自由选择而不会受到惩罚。如果满意度会导致出勤率,那么,在没有外部因素的影响时,有较高满意度的芝加哥员工应该去上班,而满意度较低的员工则可能待在家里。研究发现,4月2日这一天的纽约员工中,满意群体和不满意群体的缺勤率一样高。但在芝加哥,满意度得分高的员工比满意度低的员工的出勤率高得多。这一研究发现正如我们所预期的那样,满意感与缺勤率之间呈负向关系。

3. 满意度与流动率

满意度和流动率之间也是负相关,而且这种相关性比我们看到的满意度与缺勤率之间的相关性更高,不过,其他因素如劳动市场条件、对其他工作机会的期望、在组织中任职时间的长短,都对员工是否离开当前工作的切实决策有着重要影响。

有证据表明,满意度—流动率关系的一个重要调节变量是员工的绩效水平。具体而言,在预测高业绩者的流动情况时满意度并不重要。为什么?一般来讲,组织都会做出相当的努力来挽留这些高绩效的员工。他们会得到高薪、更多的表扬和认同,更多的晋升机会等。而那些低绩效的员工得到的正好相反。组织很少会挽留这样的人,他们甚至会受到一些微妙的压力鼓励他们辞职。因此,我们可以预期,工作满意度对于低绩效者的影响大于对高绩效者的影响。无论满意度水平如何,高绩效者更可能呆在组织里,因为他们得到的认可、表扬以及其他奖励给他们提供了更多的理由留下来。

4. 工作满意度与组织公民行为

工作满意度是决定员工组织公民行为(OCB)的一个重要因素。感到满意的员工更可能以积极的心态来谈论组织、帮助他人,在工作中也做得比正式期望更多。另外,感到满意员工可能更倾向于主动承担正式要求之外的更多责任,因为他们希望回报自己的积极体验。与这种想法相一致,早期对于组织公民行为的讨论也假定它们与满意感有密切联系。然而,近来越来越多的研究证据表明,工作满意度对于组织公民行为的影响,是通过公平感发生的。

工作满意感与组织公民行为之间的关系总体上仅达到中等程度的相关。但是,如果控制了公正性这一因素后,满意感与OCB之间无相关。这意味着什么?从根本上说,工作满意感来自于公平的结果、待遇、程序这些概念。如果你觉得上级主管、组织程序、薪金制度是不公平的,则工作满意度可能会受到显著打击。当你感觉到组织的过程与结果是公平的,则会发展出信任。当你信任自己的雇主时,就会更愿意自觉履行正式工作要求之外的行为。

五、员工如何表达不满

员工可以通过很多途径表达他们的不满意。例如,员工可以报怨、不服从、窃取组织财产或者逃避一部分工作责任,这些做法都比辞职更为普遍。图 4-10 说明人们可以在两个维度下产生四种不同反应,这两个维度是建设性/破坏性和积极性/消极性,它们的界定如下:

	消极	积极
主动	退出	建议
被动	怠工	忠诚

图 4-10 对工作不满意的反应

退出(exit):行为直接指向离开组织。包括寻找新的工作岗位或者辞职。

建议(voice):采取主动的、建设性的努力来改善工作条件。包括:提出改进建议,主动与上司以及其他类型的团体一起讨论所面临的问题。

忠诚(loyalty):被动但乐观地等待环境有所改善。包括:面对外部批评时站出来为组织说话,相信组织及管理层会做出"正确的事"。

怠工(neglect):被动地听任事态越来越糟。包括:长期缺勤或迟到,降低努力程度,增加失误率。

退出和怠工行为包括在我们的绩效变量(生产率、缺勤率和流动率)之中。但是这一模型中补充了员工的其他反应方式,它包括了建议和忠诚。这些建设性行为能使个体容忍不愉快的情境或者重新恢复满意的工作条件。这有助于我们理解这样的情境:有时在工会成员中会遇到这种情况,他们工作满意度低但伴随着的是低流动率。工会成员经常通过劳资调解委员会的申诉程序或正式的劳资契约谈判等形式来表达他们的不满意。这些建议机制使得工会成员继续从事他们的工作,同时他们又觉得能够采取积极行动去改善环境。

六、哪些因素可以提高工作满意度

综合各研究证据,可以看到有四项因素影响到高水平的员工工作满意度:富有心理挑战性的工作,公平的报酬,支持性的工作环境和融洽的同事关系。重要的是,这些因素都是被管理层所左右的。

(1)心理挑战性的工作(mentally challenging work)。员工更喜欢得到这样的工作:这些工作能为他们提供施展技术和能力的机会,能够为他们提供多种多样不同的任务,有一定的自由度让他们决定如何工作,可以得到反馈以了解自己干得怎么样。这些特点使得一项工作更富有心理上的挑战性。

(2)公平的报酬(equitable rewards)。员工希望报酬制度和晋升政策能让他们感到公正、明确,并与他们的期望相一致。当报酬建立在工作要求、个人技能水平、社区工资标准的基础上时,就会被视为公正,也会导致对工作的满意。同样,员工还追求公平的晋升政策与活动。晋升为员工提供的是个人成长的机会、更多的责任感和社会地位的提高。因此,如果员工觉得晋升决策是在公平和公正基础上进行的,则可能会从工作中体验到满意感。

(3) 支持性的工作条件(supportive working conditions)。员工之所以关心他们的工作环境,既是为了个人的舒适,也是为了更好地完成工作。研究证明,员工喜欢的是舒适的和不带危险性的物理环境。另外,大多数员工希望工作场所离家比较近,有整洁并且装备现代的办公设施,有充足的工具和设备。

(4) 支持性的同事(supportive colleagues)。人们从工作中不仅获得了金钱和看得见的成就。对大多数员工来说,工作还能满足他们的社交需要。所以,毫不奇怪,友好的和支持的工作伙伴会提高员工对工作的满意度。上司的行为也是决定满意度的一个主要因素。研究总体上发现,当员工的直接主管是善解人意的、友好的、对优秀业绩给予表扬、倾听员工的意见、对员工感兴趣时,员工的满意度会提高。

本 章 小 结

为什么了解一个人的价值观很重要?尽管价值观并不直接影响到行为,但它有力地影响到一个人的态度。所以,对个人价值体系的了解能够使我们更深入地认识他的态度。

由于不同人的价值观并不相同,管理者可以使用"罗克奇价值观调查问卷"来评估潜在的员工,并判断他们的价值观与组织的主导价值观是否一致。如果员工的价值观与组织价值观相匹配,那么他的工作绩效和满意程度可能更高。例如,一个非常看重想象力、独立性、自由度的员工可能很难适应一个强调员工服从的组织。管理者对于那些与组织相处融洽的员工可能更为欣赏,评价更积极,提供更多的报酬。同时,如果员工感觉到自己适合组织要求,他们也更可能感到满意。这一点告诉管理层,在甄选新雇员时,不仅需要了解求职者完成工作的能力、经验和动机,还应该考虑其价值体系是否与组织相适应。

管理者应该对员工的态度感兴趣,因为态度可以预警潜在的问题,也因为态度会影响到员工的行为。例如,感到满意并忠诚组织的员工,其流动率和缺勤率都更低。管理者当然希望降低流动率和缺勤率——尤其是那些高生产率的员工,他们也愿意做些什么来促进员工的积极工作态度。

管理者还应认识到员工总是试图减少认知失调。更为重要的是,失调是可以管理的。如果员工被要求从事那些似乎与他们的态度不协调甚至是相违背的活动,那么,当他们感到这种失调是外部强加而且超出了他们的可控范围,或者得到的奖赏足够大足以抵消失调感时,这种降低失调的压力就会大大削弱。

复习思考题

1. 什么是价值观？价值观对一个人的行为有什么影响？
2. 不同人的价值观有差异吗？这种差异体现在哪里？
3. 如何理解一个人的价值观是相对稳定的，而不同群体的价值观是有差异的？
4. 对比态度的认知成分和情感成分。
5. 什么是认知失调，它与态度之间有什么联系？
6. 什么是自我知觉理论？它怎样提高我们对行为的预测能力？
7. 哪些权变因素能够提高态度和行为之间的统计学相关系数？
8. 如何解释最近员工工作满意度的下滑状况？
9. 快乐的工人是高生产率的工人吗？
10. 工作满意度与缺勤率之间是什么关系？与流动率之间是什么关系？哪种关系更有力？
11. 管理者如何帮助员工做好准备愿意和与自己不同的同事共同工作？
12. 对比员工对工作不满意时的几种反应方式之间的差异：退出、建议、忠诚和怠工。

案例　三联软件公司

在过去的几年里，其他产业很少像网络的相关产业那样一直处于混乱状态。以德州奥斯丁为基地的三联软件公司（trilogy software），是这一产业中的领头羊之一。该公司于1989年成立，他们编制软件以帮助企业解决电子商务问题，如物流管理、客户服务、关系管理、数据整合。他们拥有1 500名员工，并为很多著名客户提供服务，包括福特、联邦速递、天涯服饰（Land's End）、嘉信理财、摩托罗拉等公司。

乔·莱曼特（Joe Liemandt）是三联软件公司的总裁兼首席执行官，他致力于招募并留住那些能在混乱的环境中发挥才干的员工，那些愿意进行冒险、不怕长时间工作的人。莱曼特为公司制定的战略方针是，在已有经验的基础上继续保持创业时期的高度热情和冲动。这项战略中的一个重要组成部分是，不断招募"那些最好的人员"——那些毕业于最好的大学和商学院的学生，或是那些来自最好的企业中最聪明和最活跃的员工。通过雇用这些最出色的员工，并从工作第一天起就请他们承担大量的责任，使得三联软件公司有充分资源应对竞争的挑战，能够保持创业精神长盛不衰，能够实现它的目标——成为充满活力和影响力的公司。

通过招聘面试后的新员工被请到奥斯丁共进晚餐，进行公司文化和娱乐的旅行，并得到极有竞争力的薪水。而后，这些新成员要经历"新兵训练营"的生活——在三联大学接受高强度的培训项目。培训课程由莱曼特及公司其他老员工主持，第一周要学习程序语言、产品规划、市场营销等内容。课程从早上8点开始，而且在第一个月里至少要到午夜才结束。从第二周开始,新成员分成小型工作团队,给他们三周时间完成项目。可供选择的项目范围很广,可以是加快某种现有产品的运作速度,也可以是根据设计思想创造一样新产品。新员工在该项目上取得的成绩将影响到他们能否被最终留用,还影响到他们在"新兵训练"结束时能否得到去拉斯维加斯旅行的奖励。

三联公司引入"新兵训练营"的设计思想,是为了灌输公司的价值观并塑造新员工的期望。新员工被告知仅有努力是不够的。莱曼特在一次讨论团队项目的演讲中,给新成员看了一张胶片并且不客气地说,"尝试不会得到奖励",他直截了当地指出:"如果你设定了一个困难的目标却没有达到它,那和'输'有什么区别?"这是每一个新成员必须面对的残酷现实。当然,如果新成员通过了培训,而后在三联的生活可以说非常有意义和非常令人满足。

公司气氛是工作和娱乐相结合。三联公司让员工享有责任和资源,并帮助员工实现最高目标。三联的企业文化鼓励员工最充分地施展自己的热情、精力和承诺,而且企业根据他们的绩效进行奖励。公司福利旨在保持员工的积极性和兴奋感,它提供各种福利项目,如设备齐全的灶具、公司组织的旅行、当地体育馆的打折卡、在两个奥斯丁湖上享用公司的划艇、完整的医疗及牙科保险、人寿保险、上门家政服务以照顾家庭事务等。

问题讨论:

1. 设计一份该企业的管理者可以使用的员工态度调查问卷。请记住你应对态度问卷进行调整,以适应三联公司所寻求的那种员工态度。

2. 你能对三联公司员工的工作满意度做出一些预测吗?能做出什么样的预测?在三联公司,工作满意度是否影响到工作结果?

3. 自 2000 年以来,众多网络公司的瓦解对三联公司的员工可能有何影响?管理层可以做些什么来塑造员工的积极态度?

第五章 情绪与工作压力

【学习目标】

学完本章后,你应该能够:
1. 了解情绪的四个特点;
2. 对比情绪感受和情绪表现之间的差异;
3. 描述情绪的认知评价理论;
4. 应用情绪概念解释组织行为中的问题;
5. 概述工作压力的起因和后果;
6. 对工作中的过度压力进行管理。

【开篇案例】

工作中的情绪反应

泰斯科公司(Tesco)是英国最大的连锁超市,其全球排名仅次于沃尔玛和家乐福,位列第三。泰斯科公司的创立,已有超过80年的历史。上世纪初,创始人杰克·科恩把退役养老金用作投资,推着板车在伦敦市场上贩卖廉价的商品。后来不断壮大,直至发展成为今天这个庞大的零售帝国。

这家公司诸多成功的统计数字中有两点特别值得注意:其一,公司雇员中将近半数是该公司的股东,他们中的许多人因为公司的成功而成为百万富翁;其二,自1979年以来,这家公司的利润始终保持着持续上升的势头。而这些成功的背后,都与一个名字联系在一起,艾恩·麦克劳林(Ian Maclaurin),公司的前任总裁和董事长。他于1959年加入这家公司至1997年退休,整整工作了38个年头,从一名普通的销售人员最终当上了董事会主席。由于成功地带领企业走出困境,他成为英国消费行业中最优秀的专业管理人士。

人们对艾恩的主要评价是:温和热情,张弛有度,能够体谅和理解他人,擅长为人们树立信心。他的办公室里总是井井有条,非常舒适。书架上摆满了书籍、手工艺品和高尔夫球,房间里摆放着板球运动器械。他从小喜爱板球运动,并且在多支板球队里担任队长角色。

他自己坦言,控制和调动情绪在他的成功中占有重要地位。而他把这种管理风格归功于自己的运动生涯。"我的体育背景为我奠定了与人相处的技能,我热爱参加各种社交活动,我发现与人相处是一件很轻松的事情,无论是工作中的同事还是顾客。我总是在他们中间,他们也非常高兴地告诉我对业务的各种想法,以及他们感到需要做出变化的事情。"的确,这些经历使他关注和重视每个人,理解他们的动机,了解他们的实力,恰当地把人们安排在合适的位置上。

同时,他认为自己擅长调控自己的情绪。"我不会使自己总处在威胁当中,我能够把事情和个人分开思考。无论多么激烈的争论,我都不认为是对我个人的攻击和敌意。我也同样会感到情绪和压力,但它们不能主宰我,我会选择其他渠道来舒解它们,比如运动,比如休假。"

不过,他也承认,有时"妥善处理情绪问题"的确是巨大的挑战,这一点尤其表现在他和公司创始人杰克之间的冲突上。泰斯科公司的创始人杰克是一个典型的商人,有着精明的头脑、执著的敬业精神和对市场的敏锐洞察力,并对零售业的各个环节十分熟悉。正是这些特点,使得公司在创业之初发展迅猛。但同时,杰克也是一个专制主义者,难免会对他人的成功充满提防、挑衅和怀疑。他的另一个显著特点就是情绪多变。他会对任何人措辞激烈、摔门而去,令人不知所措。在很多场合下,他干脆把情绪宣泄作为一种工具和武器使用,有效地创造了一种充满敬畏的文化氛围,树立了他在企业中说一不二的统治地位。

20世纪70年代后,由于管理风格和经营理念的陈旧,企业内部的冲突不断加剧,来自竞争对手的威胁又与日俱增,泰斯科处于恶性循环状态。然而此时的杰克,执意强调对过去成功的复制,在他面前发出任何形式的变革信号,都是异常困难的。

终于,身为董事会成员的艾恩·麦克劳林,决定向那种陈旧的经营管理方式冲击,向科恩提出挑战。"我在这个领域中花了大量的时间,我经常呆在商店里,我比董事会里的任何一个人都更多地接触顾客。我清楚地看到,我们不得不进行变革。下面的人也明白这一点。但真正的挑战是,董事会对于是否进行变革一事摇摆不定,创始人杰克更是坚持抵制。他已经习惯了自己的生活方式,已经失去了变化的动力。"

在1977年上半年,董事会召开了一个重要会议,是两个人之间最终的、也是最尖锐的一次交锋。"当时的情形十分紧张,赌注和压力都非常大。虽然我知道很多商店经理都支持我,但是董事会成员的角度毕竟不同。他们中的很多人已经习惯了杰克的管理方式。按照当时的惯例,用投票的方式来做出决定,表决结果是5:5。此时杰克科恩转向莱斯利说:'你是主席,你有否决权。'这时我说,'等一等,我这里有一封大卫·比哈的信。大卫想表达他赞同我的意见和观点。因此,主席先生,我们以6:5赢了。'"

那真是一个非常紧张的时刻,70岁的杰克无论如何也不相信这个事实!他过去从来没有失败过!他要求再进行一次表决。结果还是6:5。这样又反复进行了五六次。他希望有人受到他的影响,改变自己的观点,但是,最终结果没有改变。

艾恩回忆到,"会议结束以后,他冲进我的办公室,抓住我的衣领,使劲摇动。他已经狂怒了。他说:'如果你的做法失败了,你知道会发生什么吗?'我把他的手掰开,冷静地说:'如果我失败了,我完全清楚会发生什么。但是,科恩先生,我认为我不会失败!'"

在艾恩的带领下,企业不但扭转了不利局面,而且还呈现出强劲的发展势头,保持了他们"更便宜的价格、更好的价值和更多的选择"的竞争优势。同时,杰克对艾恩的态度也渐渐发生了变化。在一次企业的庆祝活动中,两个人又和好如初了。

在组织行为中,情绪与工作压力是两个近年来日益受到关注的问题。长期以来,管理领域中都认为工作场所是一个理性而专业的地方,不应"感情用事"。然而,情绪不可避免地反映在工作与生活的方方面面,人们越来越清醒地认识到,不考虑情绪对工作行为的影响,组织行为学就是不完整和不全面的。工作压力与情绪有着密切的联系。一谈到压力,常常与焦虑、紧张、担心、挫折感等不愉快的情绪体验联系在一起,通过本章的学习,你会看到工作压力的反应不仅涉及情绪方面,还包括生理、行为和认知方面。

第一节 情 绪

人非草木,孰能无情?我们的生活中总是充满着情绪的色彩。当苦苦追求的目标终于实现时,我们会欣喜若狂;当成功与我们擦肩而过、失之交臂时,我们会伤感无奈;当无端受到攻击、指责和伤害时,我们会满腔怒火;当企业由于经营不善而需要大幅度裁员时,我们会担惊受怕……然而,尽管情绪在我们日常生活中扮演着重要角色,令人吃惊的是，查一查组织行为学的文献，你会发现这一领域中对情绪的关注少得可怜，这种情况直到最近才稍有改变。为什么会出现这种情况？原因包括三个方面。

第一，工作场所中的理性神话。19世纪末随着科学管理的兴起，人们进行组织设计的根本目的在于控制或杜绝非理性因素的影响。运作良好的组织是一个有着明确清晰的目标、进行理性选择和理性行为的组织，在这样的组织中可以成功排除人们因为焦虑、害怕、愤怒、憎恨、欢乐、悲伤等情绪而带来的人为影响。因此，尽管研究者与管理者都知道情绪是日常生活中不可分割的一部分，但他们试图创立的组织是排除情绪的。当然，这是不可能做到的。

第二，不少人相信情绪是有害的。一提起情绪，人们常常首先联想到的是喜、怒、哀、惧、爱、恶、愁这七情六欲。不过，如果按照性质分类，这七情六欲中属于欢乐方面的情绪仅占七分之二，而属不快的情绪，却占有七分之五，这似乎说明日常生活中苦多于乐，无怪乎人们在思考情绪时，更多想到的是它的负向作用。情绪很少被人们看作是具有建设性的，或者能够带来提高绩效的行为。平时我们提到"这个人闹情绪了"时，也暗指他产生了不满或抵触情绪。

第三，情绪由于其复杂性，又与行为、生理、认知等因素有着错综复杂、相互交织的关系，因此对其研究极为困难。目前心理学对情绪的研究仅仅处于初始阶段，尚没有成型的理论对其进行有效解释。

的确，一些情绪会降低员工的工作绩效，我们对情绪的复杂机理也没有完全认识清楚。但是，我们无法改变这样的事实：组织行为学如果不研究情绪肯定不够完整和全面。一位企业顾问一针见血地指出："你无法使工作场所与情绪分离，因为你无法使人与情绪分离。"

一、什么是情绪？

1. 情绪的概念与特点

简言之，情绪（emotion）指的是个体受到某种刺激所产生的一种身心激动状态。当你对某件事感到快乐时，当你对某个人感到愤怒时，当你害怕见到某样东西时，你所体验到的就是情绪。具体来说，情绪这一概念具有四个特点：

第一，情绪不是自发的，它由刺激所引起。引起情绪的刺激，有时是外在的，具体可见的。例如，生活环境中的各种人、事、物这些外在刺激，都会引发情绪。有时是内在的，含而不露的。例如，对于去世亲友的思念，想起往事历历在目，不觉痛苦不已，潸然泪下。只不过，不同人面对相同的刺激，未必会引发同样的情绪状态。同样都面对癌症，不同患者和患者家属的表现却十分不同。这种差异，与一个人的性格特点有关，也与他的工作和生活经历有关。

第二，情绪是一种主观意识体验。个体对情绪的体验是主观的，是一种自我感受过程，它构成了情绪的心理内容。他人只能通过观察当事者的行为和表现，来推测个体的情绪状态，而不能直接通过刺激去了解其情绪。

第三，伴随情绪体验同时出现的，是情绪的外部表现，包括面部表情、身体动作、手势、语调等等。人们的主观体验常常与外部表现之间存在着固定联系，例如，愉快的体验常常伴随着神采飞扬的笑脸和手舞足蹈的行为；与悲哀体验相伴随的常常是痛哭流泪和捶胸顿足。因此,对情绪的外部表现,即这些身体各部分的动作进行量化和识别,可以帮助我们更精确地鉴别情绪。

第四,情绪会产生生理唤醒。生理唤醒指的是情绪所引起的生理反应,它涉及广泛的神经结构,如中枢神经系统的脑干、中央灰质、下丘脑、外周神经系统、内外分泌腺等。不同情绪的生理反应模式是不一样的,如满意、愉快的时候心跳节律正常;恐惧或暴怒时,心跳加速、血压升高、呼吸频率增加甚至出现间歇或停顿;痛苦时血管容积缩小等。情绪的生理反应常常是个体无法控制的。测谎器正是在"情绪状态下个人难以控制生理变化"的原理下设计出来,它通过测量脉搏、心率、呼吸频率、皮肤电流,来记录人们说谎时的细微情绪变化。

2. 与情绪有关的几个概念

与情绪有关的几个概念在组织环境中越来越受到重视,我们在这里具体介绍一下。

(1)情绪劳动。

当员工把体力投入到工作中时,他们消耗的是身体劳动;当员工把智力投入到工作中时,他们消耗的是心理劳动。值得注意的是,大多数工作还需要付出情绪劳动(emotional labor),也就是说,员工要在工作当中表现出令组织满意的情绪状态。这种情绪劳动尤其在强调人际交往的工作中十分重要。例如,飞机航班上的乘务员应该是热情友好、积极主动的;医生应该是沉着冷静、情绪中性的;婚礼司仪应该是风趣愉快、充满激情的;几乎所有的精彩演讲中都要包括强烈的情绪成分,才会感染他人,调动他人的积极性……不少组织已经在绩效考核当中把情绪劳动作为一个关键成分。

(2)情绪智力。

萨罗威和梅伊尔(Salovey & Mayer, 1990)明确提出了情绪智力(emotional intelligence,缩写为EI)这一概念,认为它是一种"个体监控自己及他人的情绪,并识别和利用这些信息指导自己的思想和行为的能力"。它具体包括五个维度:

- 自我意识:体味自我情感的能力;
- 自我管理:管理自己情绪和冲动的能力;
- 自我激励:面对挫折和失败依然坚持不懈的能力;
- 感同身受:体味他人情感的能力;
- 社会技能:处理他人情绪的能力。

在情绪智力上存在明显的个体差异。情绪智力高的个体更可能深刻意识到自己和他人的情绪,对自我内部体验的积极方面和消极方面更为开放。这种意识有助于他们对情绪做出积极的调控,从而维持自己良好的身心状态,与他人保持和谐的人际关系,对周边环境有较强的适应能力。

研究表明情绪智力对工作绩效有着重要影响。一项研究对15家全球性大型公司进行了调查,包括IBM公司、百事可乐公司、沃尔沃汽车公司等,结果表明:在普通公司和最佳公司之间,情绪智力有着极为明显的差异。另外,对于那些被大家评价为工作出色的员工,其典型特点是情绪智力高,而不是认知智力高。一项追踪调查也发现,高情绪智力的受聘者在未来获得成功的可能性比其他人高出2.6倍。另一项很有趣的研究考查了美国历史上11位总统的成败与哪些个人特点有关。研究者采用六项品质来评估他们:沟通,组织,政治技能,愿景规划,认知风格,情绪智力。研究发现,区分成功总统(如罗斯福、肯尼迪、里根)与不成功总统(如约翰逊、卡特、尼克松)的关键品质是情绪智力。

(3) 情绪感受与情绪表达。

情绪感受指的是个体的实际情绪状态。而情绪表达指的是我们表现出来那些符合社会环境或组织环境的情绪。大多数人都知道,在葬礼上应该表现出悲伤和遗憾,无论你是否真的觉得这个人的去世是一种损失;在婚礼上需要表现出快乐和祝福,即使你并不看好这场婚姻;得知同事得到晋升后需要表示喜悦和庆贺,尽管你的内心可能充满嫉妒和不满……显然,情绪表达并不是与生俱来的,它是后天学习的产物。区分这两个概念的重要意义在于:个体的情绪感受与情绪表达常常是不同的。我们表现在众人面前的,并不总是自己的真情实感。

情绪表达在组织中尤其重要。因为工作情境和角色要求常常要求人们展现出符合特定需要的情绪行为。在运动竞技场中可以接受的情绪,如果表现在工作场所中,则可能全然不可接受。当然,这意味着有时我们不得不掩饰自己的真情实感。例如,直接与顾客打交道的员工,常常会面对牢骚满腹、行为粗暴、提出各种不合理要求的顾客,他们需要把自己的真情实感隐藏起来,表达出一种热情、友好、微笑、乐于助人的精神面貌。如果做不到这一点,很可能会与顾客疏远,难以取得优秀的工作成绩。

不同的组织、不同的工作性质对于情绪表达的要求也不相同。麦当劳的员工手册中写道,柜台人员"必须表现出诸如真诚、热情、自信、幽默这些品质来"。如果你很少微笑或表现出快乐的样子,则不太可能获得在迪斯尼乐园里工作的机会。

二、情绪的分类

我国心理学家林传鼎(1944)从《说文》中发现其中有354个字是描述人的情绪的,并按它们的意思分为十几类,如安静、喜悦、愤怒、哀怜、悲痛、忧怒、烦闷、恐惧、惊骇、恭敬、悦爱、憎恶、贪憩、嫉妒、威惧、惭愧、耻辱等。众多国外学者也提出几十种甚至上百种之多的情绪种类(Izard,1977),如何对它们进行归类和概括?下面我们介绍两种情绪的分类方法。

1. 基本情绪与复合情绪

从生物进化的角度来看,人的情绪可以分为基本情绪和复合情绪两大类。基本情绪来自于遗传,是那些人类与生而来、不学自通的、不分种族不分文化可以为全人类所理解的情绪,每一种基本情绪都具有独立的神经生理机制、内部体验和外部表现,并有不同的适应功能。

研究者们进行了大量努力来识别人类的基本情绪,他们给被试呈现带有不同情绪面孔的照片,要求他们辨认这些照片上的情绪。那些具有普遍意义的面部表情所代表的情绪,也就是说,被试在识别这些照片时具有高度一致性的情绪,被列入基本情绪的序列中(Ekman,1984,1994)。通过这种方法研究者识别出了七种基本情绪:愤怒,害怕,悲伤,快乐,厌恶,惊奇,轻蔑(见图5-1)。

而复合情绪则是由基本情绪的不同组合派生出来的,主要是后天在社会环境中学习的产物。研究者指出复合情绪有上百种之多,其中有些可以命名,大多数则很难命名。例如,愤怒—厌恶—轻蔑组成的复合情绪可以命名为敌意;害怕—愤怒—悲伤组成的复合情绪可以命名为焦虑。

下面的每幅图中刻画了一种基本的情绪。先试着自己识别它们,然后查找答案。

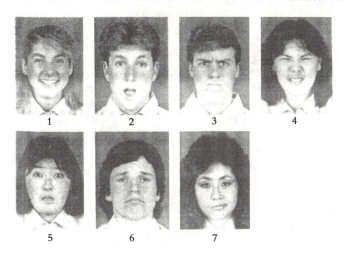

图 5-1　七种基本的人类情绪
资料来源:Gerrig & Zimbardo, 2002。
(答案:上排左起——快乐,惊奇,愤怒,厌恶;下排左起——害怕,悲伤,轻蔑)

2. 罗素的环形情绪分类

罗素(Russell, 1980)提出情绪可以划分为两个维度,愉快度和强度。愉快度方面可以分为积极和消极两个方向,强度方面可以分为高与低两个方向。由此根据两个维度可以划分为四个象限以及相应的四大类情绪(见图 5-2)。愉快—高强度表示高兴类的情绪;愉快—低强度表示轻松类的情绪;不愉快—高强度表示惊恐类的情绪;不愉快—低强度表示厌烦类的情绪。对于这种分类方法,在英语国家和非英语国家如中国、克罗地亚、希腊、波兰等地进行的验证性研究得到了不少一致的结果(Larsen & Diener, 1992; Reisenzein, 1994)。

三、对情绪的解释:认知评价理论

一些研究者对情绪的发生机制进行了探讨,并提出相关的情绪理论。其中情绪的认知评价理论近年来受到广泛关注和认可,其代表人物是沙赫特和拉扎勒斯。

20 世纪 60 年代初,美国心理学家斯坦利·沙赫特(S. Schachter)和辛格(J. Singer)提出,情绪体验是一种生理唤醒和认知评价相结合的状态,这两项因素对于情绪的产生至关重要、必不可少。他们通过实验研究来检验这种情绪的两因素假设。

实验是这样操作的:把大学生被试随机分为三组,给他们注射一种药物,并告诉被试注射的是一种维生素,目的为了研究这种维生素对视觉改善的作用。实际上,研究者给被试注射的是肾上腺素,这是一种对身体无副作用的激素,但在注射之后个体会处于生理激活状态,出现心悸、手抖、脸红发烧等典型反应(无论是兴奋还是愤怒情绪,都可能产生这种生理反应),经过一段时间后这些症状会自然消失。主试向三组被试解释药物注

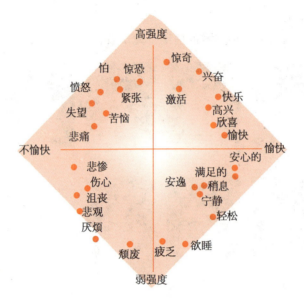

图 5-2　罗素的情绪分类模式

资料来源:彭聃龄,2001。

射后可能产生的反应时,做出的说明不相同:告诉第一组被试,注射后将会出现心悸、手抖、脸红发烧等现象,即给他们提供充分而明确的信息;告诉第二组被试,注射药物后,身上会有点发抖,手脚有点发麻,没有别的反应。也就是说,提供的信息不够准确也不够充分;对第三组被试不做任何说明。注射药物以后,再把三组被试每组各分一半,让他们分别进入预先设计好的两种实验环境里休息:一种是惹人发笑的愉快环境(有人做滑稽表演),另一种是惹人发怒的不快情境(强迫被试回答很多繁琐问题,并对被试的回答横加指责)。研究者指出,如果情绪体验仅仅由于刺激引发的生理反应而决定,那么三组被试注射的都是肾上腺素,引起的生理状态应该相同,情绪表现和体验也应该相同;如果情绪由外部环境因素决定,那么不论哪组被试,进入愉快环境中都应表现出愉快情绪,进入愤怒环境中都应表现出愤怒情绪。但是,根据主试的观察和被试的自我报告结果,第二组和第三组被试,在愉快环境中显示出愉快情绪,在愤怒情境中显示出愤怒情绪;而第一组被试则没有明显的愉快或愤怒表现和体验。

这说明,不仅仅是生理反应引发了情绪,个体对生理反应的认知和了解对于最后的情绪经验有着重要的影响作用。事实上,情绪状态是由认知过程(期望)、生理状态和环境因素在大脑皮层中整合的结果。环境中的刺激因素,通过感受器向大脑皮层输入外界信息;生理因素通过内部器官、骨骼肌的活动,向大脑输入生理状态变化的信息;认知过程是对过去经验的回忆和对当前情境的评估。来自这三个方面的信息经过大脑皮层的整合作用,才产生了某种情绪经验。图5-3显示了这一情绪唤醒机制的工作模型。

这个情绪唤醒模型的核心部分是认知,通过认知比较器把当前的现实刺激与储存在记忆中的过去经验进行比较,当知觉分析与认知加工间出现不匹配时,认知比较器就产生信息,动员一系列的生化和神经机制,释放化学物质,改变脑的神经激活状态,使身体适应当前情境的要求,这时情绪就被唤醒了。

理查德·拉扎勒斯是情绪认知理论的另一位代表人物。他也强调"情绪体验不能被

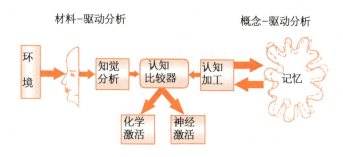

图 5-3 沙赫特的情绪唤醒模型

资料来源：彭聃龄，2001。

简单地理解为在个人或大脑中发生了什么，而要考虑和评估环境的交互作用"（Lazarus，1994）。在情绪活动中，个体不仅反映环境中的刺激事件对自己的影响，同时要调节自己对于刺激的反应。也就是说，情绪活动中必须有认知活动的指导，个体才可以了解环境中刺激事件的意义，才可能选择有价值、有意义的行动。按照拉扎勒斯的观点，情绪是个体对环境事件知觉到有害或有益的反应。因此，在情绪活动中，人们需要不断地评价事件与自身的关系。具体来讲，有三个层次的评价：初评价、次评价、再评价。

初评价是指个体辨别刺激事件与自己是否有利害关系，以及这种利害关系的程度。只要人们处在清醒状态下，这种评价会随时随地发生。不过，这种评估常常是在无意识下发生的。

次评价是指个体对自己反应行为的调节与控制，它主要涉及人们能否控制刺激事件，以及控制的程度，也就是一种对控制力的判断。当人们要对刺激事件做出行为反应时，必须根据主观条件和客观社会规范来考虑行为的后果，从而选择有效的措施与方法。例如，当人们受到侵犯与伤害时，是采取攻击行为还是防御行为，这取决于人们对刺激事件的控制判断。在这种评价过程中，经验起着重要的作用。

再评价是指人对自己的情绪和行为反应的有效性和适宜性的评价，实际上是一种反馈性行为。如果再评价的结果表明，该行为是无效的或不合时宜的，人们就会在下一个循环中调整自己对刺激事件的初评价和次评价，并相应地调整自己的情绪和行为反应。

四、情绪组织行为中的应用

我们主要从以下五个方面了解情绪在组织行为中的应用。

1. 员工甄选

了解自己的情绪并擅长阅读他人情绪的人，会在工作中维持自己良好的身心状态，与他人保持和谐的人际关系，对周边环境有较强的适应能力。近年来有关情绪智力的研究证实，对情绪的表达及管理在组织环境中有着重要作用。因此，在员工招募过程中，应该把它作为一项因素加以考虑，尤其是那些需要大量人际交往才会成功的工作。当然，在绩效考核中，也应把情绪劳动作为一项考核指标。

2. 领导选拔

有效的领导者几乎都会依赖于情绪表达来帮助他们传递信息。实际上，演讲过程中的情绪表达常常是导致个体是否接受领导者信息的一项关键变量。"当领导者表现出兴奋、热情、活跃时,他们更有可能调动下属的积极性,并传递着一种有效、胜任、乐观、喜悦的感受"。有效的领导者,还会利用积极的情绪作为一个社会粘合剂,使周边的人贴近他并支持他。

企业经营人员都知道,情绪成分在员工是否接纳公司的未来愿景和变革举措方面十分重要。当面对新的愿景时,尤其是当这种愿景中包括着遥远而模糊的目标时,人们常常很难接纳这样的变革。因此,有效的领导者在实施重大变革时,他们依赖于"对情绪的唤醒和调动"。

3. 人际冲突

正如你在本章开篇案例中看到的,只要冲突出现,你可以非常肯定地判断,情绪也会出现,尤其是负向情绪。实际上,管理者在处理冲突方面能否成功,常常在很大程度上取决于他识别冲突中情绪成分的能力,以及通过情绪力量促使冲突双方恢复工作的能力。如果管理者在冲突过程中只关注理性与工作内容,忽视其中的情绪成分,很难有效地处理冲突。

4. 组织决策

组织中有关决策的传统观点强调理性的作用,它们低估甚至完全忽视了焦虑、害怕、失落、快乐、嫉妒等情绪的作用。然而,"在决策中不受情感影响"这种假设十分幼稚。面对同样的客观资料,我们可以预计,当人们愤怒和承受压力时,与当他们平静和沉着时,会做出十分不同的选择。

5. 动力功能

个体并不是冷酷无情的理性机器。他们对于环境的认知与理解充满着情绪色彩,并且,情绪会显著影响到他们付出的努力水平,进而影响活动的效率。

你可以看到,适度的情绪兴奋、积极的情绪体验,可以使身心活动处于最佳状态,它会引导并维持你的行为直到达到最终目标。它会促使人们积极地思考问题、解决困难,进而有效地完成工作任务。你会发现,"在活动过程中投入了全部身心和全部情绪"的人,会在工作中废寝忘食,而且因为工作而兴奋异常。

第二节 工 作 压 力

现代人的一个显著特点就是"生活在压力当中"。随着就业竞争的加剧、生活节奏的加快、工作负担的加重、工作与家庭之间冲突的日益明显,工作压力正在成为颇受个体和组织关注的一个问题。由于工作中的很多压力是不可避免的,而且过重的压力无疑会干扰个体的绩效水平,进而影响到身心健康,因此,了解压力的形成原因和造成结果,掌握一些应对压力的策略和办法十分必要。

一、什么是工作压力？

压力(stress)指的是一种动态状态,当个体在实现对自己有着重要意义的目标过程中,遇到机会、障碍或要求时,便会处于压力状态。简言之,压力是环境刺激与个体反应相互作用的结果。

潜在的压力情境转化成个人体会到的现实压力,需要具备两个关键条件:首先,是活动结果的不确定性。当面对一个具体情境时,如果个体确定不了自己能否抓住机会、突破障碍、符合要求、避免损失时,压力就会存在。所以,如果一个人无法确定自己能否成功,则压力最大;如果成败已成定局,即使是面对失败的不利状况,压力也会变小。例如,组织中进行全年绩效评估时,大多数人会感到很有压力,因为你面对着各种机会、障碍和要求。优秀的绩效评定结果可能导致未来的晋升、更多的责任、更高的报酬;如果绩效评估较差,则可能阻碍晋升机会;绩效结果十分糟糕的话,还可能导致自己被炒鱿鱼。其次,是活动结果对个体的重要性。如果能否获得晋升或能否留职对你来说并无所谓,那你显然不会在年终绩效评估的过程中感受到压力,即使得到的评估分数很低,也不会紧张和焦虑。

压力虽然不可避免,但就其本身来说未必都是有害的、破坏性的。尽管我们通常一提到它时就会想到其负面影响,其实它也有积极的价值,会给我们带来潜在的收益。有关研究指出,压力强度与工作绩效之间并不是线性关系,而是成倒 U 型曲线关系(图 5-4)。也就是说,如果压力水平过低,活动的效率也相应较低;当压力强度达到一个最佳水平时,此时的工作绩效最高;一旦超过了峰值状态,也就是压力过强时,又会对活动的结果产生阻碍作用。

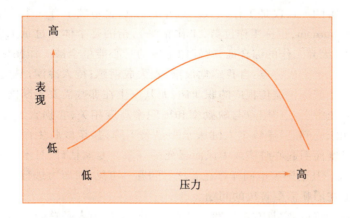

图 5-4 压力强度与工作绩效之间的倒 U 曲线关系

如果工作中缺乏压力,会让人觉得索然无味、毫无意义。因此,为了保持工作兴趣及避免烦闷的感觉,一定的工作压力是绝对必要的,它可以提高我们的生理唤醒水平和心理警觉程度,调动有机体应激系统来应对环境刺激。例如:组织中给员工设置富有挑战性的工作任务,会使他们工作积极性更强,付出的努力更大,取得的效果更好。这恰恰反应了一定程度的压力具有积极作用。但是,如果压力过度,事实上是一种我们平时所说的过度焦虑和紧张状态,反而会阻碍已有水平的发挥。例如,学生在重大考试前,如果希望获得好成绩的动机十分强烈,可能会因为过度压力而产生"怯场"的现象,干扰了记忆和思维过程,竟然回答不出自己本来十分熟悉的问题。

心理学家耶基斯和多德森(R. M. Yerkes & J. D. Dodson,1908)进一步指出,压力强度的最佳水平并不是固定不变的,它根据任务性质的不同而不同。当工作任务比较简单时,压力强度较高时可达到最佳水平;当工作任务比较困难时,压力强度较低可达到最佳水平。这一规律称为耶基斯—多德森定律(参见图5-5)。它有助于我们解释为什么一些简单的竞技运动项目,在竞争激烈的赛场上更可能取得最佳成绩;而一些重大的科学发现,科学家常常会在相对轻松的时刻出现灵感,从而解决复杂问题。

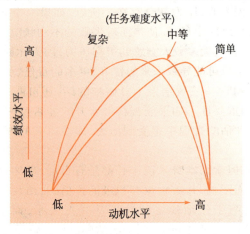

压力强度、任务类型与工作绩效的关系

图5-5 耶基斯—多德森定律

过度压力损害的不仅仅是工作绩效。近年来在职业领域中有一个非常流行的概念叫工作倦怠(job burnout,也称工作过劳,工作枯竭),指的是个体在过重工作压力下出现的一种身心衰竭、厌弃工作的综合征,就好像个体的身心能量全被工作耗尽而枯竭一样。这种综合症状有三个突出特点:自我感觉很糟,丧失成就感;待人冷漠,易受激惹;身心疲乏。它被称为当代职场中流传很广的职业病,尤其发生在那些需要不断同客户和公众进行密切接触的职业中。工作倦怠与缺勤率和离职率高度相关,它损害工作绩效,带来恶劣的同事关系和家庭问题,导致个人健康水平显著下降,甚至威胁生命。过劳死就是指因为工作压力过度而引起心脏病或中风而暴死的现象。专家估计,日本每年的过劳死人数超过10 000人。其他国家也同样存在着这一问题。可见,对压力进行有效管理已经成为职业环境中迫在眉睫需要解决的问题。

压力还有一个特点,它具有累加性。日常工作与生活中未必总会经历那些影响重大的事件,例如失业、离婚等,经常面对的更可能是一些看似影响不大的小事。回想一下昨日在你身上的事情,可能是找不到自己的笔记本、在重要的约会中迟到或收到一张违章停车罚单。但要注意,压力因素具有累加性。每一个新的压力事件都会增加个体的压力水平。也许就单项压力因素本身来说无足轻重,但如果加在业已很高的压力水平上,无疑会火上浇油,成为"压死骆驼的最后一根稻草"。因此,如果你要评估一个员工所承受的压力水平,就必须综合累计他所经受的各种压力。

一项研究对250项工作的压力状况进行了评估,评估的指标包括加班工作、最后期限、竞争性、身体要求、环境条件、面对的危险、需要的主动性、公众监督下工作等等。部分结果如表5-1所示。

表5-1 美国最有压力的工作

排列等级	压力分值	排列等级	压力分值	排列等级	压力分值
1 美国总统	176.6	20 股票经纪人	71.7	60 中小学校长	51.7
2 救火队员	110.9	22 飞行员	68.7	103 市场分析员	42.7
3 高层管理人员	108.6	25 建筑师	66.9	104 人事招募专员	41.8
6 外科医生	99.5	31 律师	64.3	124 按摩师	37.9
10 航空管制人员	83.1	33 内科医生	64.0	173 会计	31.1
12 公共关系专员	78.5	35 保险代理商	63.3	193 采购代理商	28.9
17 房地产代理商	73.1	50 大学教授	54.2	245 精算师	20.2

二、工作压力的成因与后果

哪些因素会导致压力产生？它会给个体带来什么后果？为什么在同样条件下有些人会产生压力，但对另一些人却没有影响？图5-6提供的模型有助于我们回答这些问题。

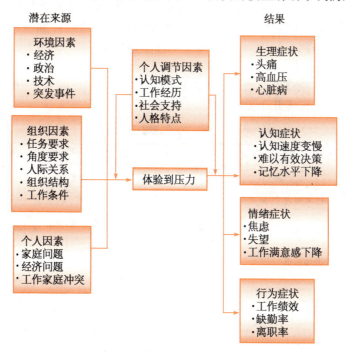

图5-6 压力模型

这个模型表明，环境、组织、个人三类因素，构成了压力的潜在来源。它们能否转变成现实的压力，还取决于个体差异的调节。当个体体验到压力时，会表现为四类症状：生理的、认知的、情绪的和行为的。

1. 潜在的压力源

潜在的压力来源包括三大类：环境因素、组织因素和个体因素。每项因素在强度、频率、持续性等方面的差异，造成压力的程度也不同。当完成工作规定的时间紧、任务重、处理的问题很复杂时，压力越大；引发压力的因素如果频繁出现，则压力越大。信息产业的从业人员感到的巨大压力来自于技术更新的速度。有人统计，软件业不到两年时间技术换代一次，这意味着两年之后个人所学的知识与技术大多数已被淘汰，需要从头学起。能否始终跟得上时代的脚步，是这一行业人员面对的最大压力。压力事件持续的时间越长，压力越大。如果一项工作需要两三天熬夜完成，个体在此之后很容易恢复精力和体力。如果长期以来都需要持续的长时间工作，就会令人精疲力竭、心力交瘁。下面我们具体针对各个压力源进行分析。

（1）环境因素。

环境的不确定性会影响到组织中员工的压力水平。当经济低迷、失业人口增加时，人们会对自己的工作安全感和稳定性更为担忧；如果政治局势不稳定、政策频繁变动，人们会因前途未卜而人心惶惶，因而产生压力；随着技术革新的速度日益加快，使得很多员工的技术能力在很短时间内过时。电脑、自动化、机器人以及其他类似的技术发明会对许多人构成威胁，并给他们的工作带来压力；突发性事件，如地震、火灾、恐怖袭击，也是环境压力之一。美国的9·11事件后，出现了大量与恐怖主义有关的压力事件，例如在摩天大楼中工作、乘坐飞机、面对越来越多的安全检查。印度洋海啸灾难，使人们再次因为生命的脆弱和对自然界的无力控制，而感到无助和恐慌。

（2）组织因素。

组织内部也存在众多因素给我们带来压力，主要表现在任务要求、角色要求、人际关系、组织结构、工作条件等几个方面（参见表5-2）。

表5-2 组织内部的潜在压力源

潜在压力源	因素举例
任务要求	工作超负荷 工作十分枯燥 工作复杂性 工作责任重大
角色要求	角色模糊 角色冲突
人际关系	同事关系 领导—员工关系
组织结构	机构设置不合理 制度不健全 员工无权参与决策
工作条件	物理危险 时间变化 空间设置

任务要求指的是那些与个人工作任务有关的因素。当工作任务具有以下特点时,容易产生压力:工作负担过重,员工必须集中精力,从事高强度工作,此时很容易造成疲劳和紧张;工作任务以简单、枯燥、重复性为特点,会带来烦燥、压抑及其他身体不适感;工作需要收集各种渠道的信息,并且现有办法难以解决问题;工作责任重大,稍有不慎,造成的损失不可弥补。例如急诊室中的医生和航空管制员的工作。

角色要求指的是个体因为在组织中扮演特定的角色而带来的压力。如果组织对角色的界定不够明确,员工就会不清楚自己该做什么不该做什么。这种角色的模糊感和不确定性无疑会产生焦虑;个体在组织当中常常不止扮演一种角色,当个体难以同时满足不同角色的不同要求时,角色冲突就会产生。例如,作为中层管理人员,常常发现下属对自己的期待和老板对自己的期待是不同的,当对公司的忠诚与对下属的关心相抵触时,压力就会产生。

人际关系指的是由于个体与他人的关系而带来的压力。人是社会性动物,组织环境是大多数人满足自己社交需要和归属需要的重要场所。如果一个人在组织中得不到群体的接纳、他人的关怀和领导的支持,就容易产生压力。例如,在人际较差的环境中,成员之间缺乏凝聚力,缺乏相互支持与信任的氛围,会使个体产生极强的压力感,尤其是那些高社交需要的个体。组织领导与员工之间的关系,也会影响到个体的压力水平。有些高级主管一味强调提高业绩,不断施加压力要求员工要达到看似不可能实现的目标,他们对员工实施严密控制,定期解雇那些"不符合标准"的员工。这种环境下个体的压力水平无疑很高。

组织结构界定了组织中的层级水平、规章制度的效力、决策在哪里进行。如果组织中的机构设置不合理、组织制度不健全、员工缺乏参与决策的机会,这些结构变量都可能成为潜在的压力源。

工作条件中也有不少因素会引起压力。有些工作需要经常面临潜在的危险,员工在心理上和生理上时刻处于高度警觉的水平。例如井下矿工和刑警的工作;一些需要长期倒班的工作,或一些需要经常出国和出差的工作,要求员工的工作时间不断变化,并对个人的生理节奏、生活习惯产生诸多影响,也会造成压力;工作场所的空间设计也可能成为潜在的压力源。如在一个相当拥挤、干扰颇多、人员往来混乱的办公室里办工,更容易使员工产生焦虑感。

(3)个人因素。

通常,员工每周的工作时间在40—50小时之间。其余120多个非工作小时内人们的各种生活事件也必然影响到个体的压力水平,例如家庭问题、经济问题、工作生活之间的冲突等。

1967年,两位知名心理学家霍尔莫斯和拉希(Thomas Holmes & Richard Rahe)对个人生活事件的压力水平及对健康的影响进行了研究,他们提出,个体如果在相对较短的时间内经历过多的压力事件,通常会对健康造成有害影响。在这里的生活事件包括消极不利的事件,例如考试失败、夫妻分居、失业固然会造成压力,同时也包括积极有利的事件,如外出度假、子女出世、彩票中奖这样的好事,同样会对我们造成额外的压力。因为它们会使生活规律产生变化,需要个体去适应新的要求。如果个体在短时间里积聚了大量这样的压力,并超过了身体能承受的阈限水平,便会造成病痛。

两位学者编制了一个社会再适应量表(social readjustment rating scale,简称SRRS,见表5-3)对生活事件的压力状况进行评定。量表包括43项生活事件,按照其造成压力程度进行排列,其中压力最大的事件是配偶死亡,压力最小的事件如轻微的交通违规。个体在一年里经历的生活改变单位(life-change units, LCUs)的总值,代表了个体所经历的压力总量。两位研究者发现,在一年里 LCU 总值低于 150 点的人,而后的生活中健康状况良好;150—200 点的人处于轻度的生活危机当中。200—300 点之间的人处于中度生活危机当中,超过 50% 的人第二年里会出现健康问题;超过 300 点的人,第二年出现病痛的比例高达 79%。

表5-3 社会再适应量表

生活改变事件	压力值(LCU)	生活改变事件	压力值(LCU)
1. 配偶亡故	100	23. 子女成年离家	29
2. 离婚	73	24. 涉讼	29
3. 夫妻分居	65	25. 个人有杰出成就	28
4. 牢狱之灾	63	26. 妻子新就业或刚离职	26
5. 家族亲人亡故	63	27. 学业开始或毕业	26
6. 个人患病或受伤	53	28. 改变生活条件	25
7. 新婚	50	29. 个人改变习惯	24
8. 失业	45	30. 与上司不和睦	23
9. 夫妻复婚	45	31. 改变上班时间或环境	20
10. 退休	45	32. 搬家	20
11. 家庭成员患病	44	33. 转学	20
12. 怀孕	40	34. 改变休闲方式	19
13. 性关系适应困难	39	35. 改变宗教活动	19
14. 子女出世	39	36. 改变社交活动	18
15. 事业重新调整	39	37. 借债少于万元	17
16. 经济状况改变	38	38. 改变睡眠习惯	16
17. 好友亡故	37	39. 家庭成员团聚	15
18. 改变行业	36	40. 改变饮食习惯	15
19. 夫妻争吵加剧	35	41. 外出度假	13
20. 借债超过万元	31	42. 过圣诞节	12
21. 负债未还,抵押被罚没	30	43. 轻微违法、违规事件	11
22. 改变工作岗位	29		

2. 压力的调节因素:个体差异

在任何一个企业、机关、学校中,都会有大量的压力源,但不同的人面对相同的压力源却有不同的反应。对我来说难以承受的压力,对你来说也许只是件微不足道的小事。例如,晋升对大多数人来说是一个好消息,因为他们都渴望获得晋升。但对某些人来说,升职会带来巨大压力,因为他们并不愿意去适应新环境和新挑战。那么,哪些因素使得人们在压力的感受和处理压力的能力方面存在差异?研究发现四项个体因素起着调节作用:个人的认知模式、工作经历、社会支持网络、人格特点。

我们已经知道,个体的行为基础是他们对现实的认知,而不是客观现实本身。因此,个人的认知模式是影响压力感知的一项调节变量。例如,当公司裁员时,某个员工会担心自己失去工作,另一个员工却可能认为这是脱离公司、发展自己事业的一个机会。可见,潜在的压力感并不取决于客观条件,而是取决于员工对这些因素的理解。

有证据表明,工作经验与工作压力成负相关。为什么?有两种可能的解释。第一种看法认为工作经验是个体应对压力的有效资源。工作经验越丰富,说明面对过更多的困难情境,因此再次面对类似情境时,拥有更多的技巧和办法来处理问题,而不会面对困难束手无策,因而压力感也会降低;第二种看法是选择性退缩。体会到更大压力的人员更可能会选择自动辞职,因此,在组织中工作时间较长的员工,更可能是那些抗压素质较高的人。

社会支持网络是周边他人提供的一种资源,它表明个体生活在一个彼此支持、相互帮助的网络当中,在此他能感受到被爱、被关心和被尊重(Cohen & Syme,1985)。在这个网络中包括与个体有着融洽关系的同事或上级主管,也包括非工作关系中的亲朋好友。社会支持网络除了提供情感支持之外,还可以提供有形的物质帮助和信息支持。这些内容能有效帮助个体缓解压力,增强面对问题的信心和克服困难的实力。

个体的人格特点也调节着人们对于压力的感受。有证据证明,当内控型人与外控型人面对相似的情景时,内控者更倾向于认为自己能对行为后果产生较大影响,因此,他们会主动采取行动以控制事态的发展,并且压力感受相对较弱。外控者更倾向于消极防守,并产生无助感。自我效能感也对压力结果产生影响。研究证据表明,高自我效能感的人对自己的能力更有信心,更可能把压力视为挑战和机遇,而不是问题与威胁。

3. 压力的后果

前面已经提到,压力本身并不都是破坏性的,一定程度的压力会产生积极后果。但是,当压力过大,则会造成相当有害的影响。由于压力过度越来越成为全球工作场所的普遍现象,因此在这里,我们主要针对的是压力过度带来的不良后果。

压力后果的表现形式多种多样。例如,感觉到高度压力的人可能会有高血压、溃疡、易怒、例行性的决策困难、缺乏食欲、易出事故等症状。这些症状可以归纳为四类:生理症状、认知症状、情绪症状和行为症状。

生理症状 大多数有关压力的早期关注是指向其生理症状的。健康心理学对该主题进行了很多研究,并得到了一些主要的结果:过度压力感能使患者新陈代谢出现紊乱,降低身体对疾病的抵抗力,心率、呼吸频率加快,血压升高,头痛,易患高血压、心脏病、中风等心身类疾病。

情绪症状 压力导致不满意感。实际上,工作不满感是压力方面的"最简单和最明显的情绪后果"。除此之外,压力的情绪反应还表现为紧张、焦虑、冲动、易怒、烦躁、悲观无助等。

认知症状 主要表现为不能集中注意完成工作;反应速度变慢,思维模式杂乱无序,难以作出有效的决策;对自己的能力表示怀疑,常常拿不定主意,容易疲劳、健忘,无助感增加,错误率增加。

行为症状 压力的行为症状包括:生产效率变化、缺勤、离职、饮食习惯改变、抽烟喝酒增多、言语速度加快、烦躁、睡眠失调等。疑病症加重,即总觉得自己浑身有病,健康快乐感消失殆尽。神经过敏,自我防卫。单从经济角度来讲,我们也不能低估工作压力的代价。近年来美国学者估计,美国组织每年在工作压力的损失方面高达1 500—3 000亿美元,其中包括员工每年在缺勤、工作效率降低、员工辞职、事故增加、工人赔付、医药费、法律和保险等方面的费用。

三、对工作压力进行管理

过度的工作压力不仅危害员工的身心健康,削弱工作能力,而且会降低组织绩效。

因此，不论是个体还是组织都应采取各种措施消除或控制过度压力的消极影响。

1. 个人的解决途径

在降低压力水平方面，个体策略包括：掌握有效的时间管理技术，增强体育锻炼，及时倾诉，寻求帮助，学习放松训练。

（1）进行时间管理。

很多人不善于管理自己的时间。如果他们能井然有序地安排时间，则可以在同样时间里更快、更多地完成工作。掌握并运用时间管理原则，可以帮助员工更好地应对工作要求带来的压力。表5-4列出了常用的几项时间管理原则。

表5-4　有效的时间管理原则

1. 列出每天要完成的事情
2. 根据重要程度和紧急程度，分清工作任务的主次顺序
3. 了解自己的生物钟，在自己最清醒和效率最高的时间段里，完成最主要的工作
4. 把要用的材料或东西放好地方，避免在寻找东西上耽误时间
5. 把大的项目分割成小项目，分别确定时间按部就班完成
6. 规定每项任务的完成时间
7. 集中时间处理琐碎小事，每天留出一些固定时间来处理这些事情

（2）加强锻炼，重视休息。

每天固定抽出半个小时到一小时时间，参加各种运动锻炼，如有氧健身、散步、慢跑、游泳、骑自行车等。这类体育锻炼有助于增强心脏功能，提高抵抗疾病的能力。同时，它们还提供了一种使工作压力得以"宣泄"的渠道，从而舒解了身心的紧张水平。另外，还应强调劳逸结合，学会及时休息，保证充分睡眠，以使身体机能得以恢复。

（3）及时倾诉。

当压力过强时，与朋友、家人、同事一起讨论，说出自己的苦闷，会给压力提供一个释放的出口。同时，周围的同事和朋友还可能为你提供一个针对情境的更客观看法，帮助你对压力情境进行重新的审视。

（4）寻求帮助。

个体拥有的社会网络的数量和质量，对压力改善有着重要作用。社会支持包括来自他人和群体的支持、帮助和信息提供。它可以表现为感情支持，如亲密关系、信任、尊重、倾听；也可以表现为评价支持，如反馈、证实；还可以是信息支持，如提供建议、劝告、指导等。个体要成为有效的社会支持网络中的一部分，在需要时寻求他人的帮助，千万不要让自己与社会孤立起来。另外，如果工作压力导致的症状十分严重，应及时寻求专业心理医生的帮助。

（5）学会放松。

个体可以自学一些放松技术来减低压力。每天进行15至30分钟的深度放松练习，有助于减轻紧张感，使人产生显著的平和感。同时，深度放松的状态对心跳、血压及其他生理状况也会有所改善。

放松训练的原理基于躯体神经活动的规律。我们知道，当有机体处于紧张状态时，如受到威胁、害怕、愤怒或激动时，交感神经系统处于兴奋状态。当有机体处于安静、轻松、满足的状态或在睡眠中，副交感神经系统在起作用。传统观点一直认为，身体的神经活动是不可控制的，但是科学家后来发现，通过一定的训练，我们可以对身体的自主神经系统进行控制，从而达到有意识地调整躯体紧张水平的目的。也就是说，在个体处于紧张状态下，我们可以调动副交感神经系统的作用，降低紧张和焦虑，让人们体会到放松的感觉。这一训练通过对身体各个肌肉进行放松与紧张的交替练习，使人们体会到每一块肌肉放松的感受以及我们对于放松的控制，最终有效控制副交感神经系统。表 5-5 中具体介绍了一种肌肉逐步放松方法，希望大家可以借鉴。

表 5-5　肌肉逐步放松的步骤指导

一、注意事项
　　(1) 放松前做好准备工作。首先，找到一个安静场所，可能的话暂时切断电话，以避免外部干扰。其次，松开领带、皮带，摘下手表，脱掉鞋子，以避免身体上触觉刺激的干扰；第三，找一个最舒服的姿势。例如，轻松地坐在软椅或沙发上，双臂和手平放于扶手上，双腿伸展，头和上身轻轻靠在椅背上；
　　(2) 合理安排时间。整个放松练习大约持续 20—30 分钟。开始时最好每天练习两次，随着练习的熟练化，每次练习的时间可能减少至 15 分钟左右，每天的练习次数也可以减少至一次。另外，最好保持固定的时间，这样易于形成习惯；
　　(3) 坚持不懈，必然产生效果。这种训练大约至少坚持三周左右的时间，才能形成习惯，动作也逐渐定型。因此，应克服急躁情绪，坚持练习，不应中断。

二、放松步骤
　　整个放松训练遵循由下至上的原则，从脚趾肌肉放松开始，到面部肌肉放松结束。
　　(1) 脚趾肌肉放松
　　动作要领：将双脚脚趾慢慢向上用力弯曲，与此同时，两踝与腿部不要移动。持续 10 秒钟（可匀速慢慢默数到 10），然后渐渐放松。放松时注意体验与肌肉紧张时不同的感觉，即微微发热、麻木松软的感觉，好像"无生命似的"。20 秒钟后，做相反的动作，将双脚脚趾缓缓向下用力弯曲，保持 10 秒钟，然后放松。
　　(2) 小腿肌肉放松
　　动作要领：将双脚向后上方朝膝盖方向用力弯曲，使小腿肌肉紧张。保持该姿势 10 秒钟后慢慢放松。20 秒钟后做相反动作。将双脚向前下方用力弯曲，保持 10 秒钟，然后放松，放松时注意体验紧张的消除。
　　(3) 大腿肌肉放松
　　动作要领：绷紧双腿，使双脚后跟离开地面，持续 10 秒钟，然后放松。20 秒钟后，将双腿伸直并且双膝绷紧，如同两只膝盖紧紧夹住一枚硬币那样，保持 10 秒钟后放松。注意体验微微发热的放松感觉。
　　(4) 臀部肌肉放松
　　动作要领：将双腿伸直平放于地，用力向下压两只小腿和脚后跟，使臀部肌肉紧张。保持此姿势 10 秒钟，然后放松。20 秒钟后，将两半臀部用力夹紧，努力提高骨盆的位置，持续 10 秒钟，随后放松。这时可感到臀部肌肉开始发热，并有一种沉重的感觉。
　　(5) 腹部肌肉放松
　　动作要领：高抬双腿以紧张腹部四周的肌肉，与此同时，胸部压低，保持该动作 10 秒钟，然后放松。注意由紧张到放松过程腹部的变化感觉。20 秒钟后做下一个动作。
　　(6) 胸部肌肉放松
　　动作要领：双肩向前并拢，使胸部的四周肌肉绷紧，体验紧张感，保持该姿势 10 秒钟，然后放松。此时，会感到胸部有一种舒适、轻松的感觉。20 秒钟后做下一个动作。
　　(7) 背部肌肉放松
　　动作要领：向后用力弯曲背部，努力使胸部和腹部突出，使成桥状，坚持 10 秒钟，然后放松。20 秒钟后，往背后扩双肩，使双肩尽量合拢以紧张其上背肌肉群。保持 10 秒钟后放松。放松时应注意该部位的感觉。
　　(8) 肩部肌肉放松
　　动作要领：将双臂外伸悬浮于沙发两侧扶手上方，尽力使两肩肌肉向上提，保持该动作 10 秒钟后放松。注意体验发热和沉重的放松感觉。20 秒钟后做下一个动作。

续表

> （9）臂部肌肉放松
> 动作要领：双手平放于沙发扶手上，掌心向上，握紧拳头，使双手和双前臂肌肉紧张。保持10秒钟，然后放松。接下来，将双前臂用力向后臂处弯曲，使双臂的二头肌紧张，10秒钟后放松。接着，双臂向外伸直，用力收紧，使上臂三头肌保持紧张，持续10秒钟，然后放松。每次放松时，均应注意体验肌肉松弛后的感觉。
> （10）颈部肌肉放松
> 动作要领：将头用力下弯，力求使下巴抵住胸部，保持10秒钟，然后放松。注意体验放松时的感觉。
> （11）头部肌肉放松
> 动作要领：
> 第一步，紧皱额头，就像生气时的动作一样，保持这种姿势10秒钟，然后放松20秒。
> 第二步，闭上双眼，做眼球转动动作。先使两只眼球向左边转，尽量向左，保持10秒钟后还原放松20秒。再使两只眼球尽量向右边转动，保持10秒钟后还原放松。随后，使眼球按顺时针方向转动一周，然后放松。接着，再使眼球按逆时针方向转动一周后放松。
> 第三步，皱起鼻子和脸颊部肌肉，保持10秒钟，然后放松。
> 第四步，紧闭双唇，使唇部肌肉紧张，保持此姿势10秒钟后放松。
> 第五步，收紧下腭部肌肉，保持该姿势10秒钟，然后放松。
> 第六步，用舌头顶住上腭，使舌头前部紧张，10秒钟后放松。
> 第七步，做咽食动作以紧张舌头背部和喉部，但注意不要完全完成咽食这个动作，持续10秒钟，然后放松。
> （12）至此，整个放松动作全部完成。

资料来源：郑日昌，陈永胜，1991。

2. 组织的解决途径

引起工作压力的不少因素都与工作要求和组织结构等因素有关，因此，管理层可以采取一些措施进行调整或改变，从而降低员工的压力水平。这些策略有：

（1）改善甄选过程。

表5-1给我们的启发是，不同的工作引起的压力水平并不相同。某些工作的确会比其他工作产生的压力更大。但同时，我们也看到，不同员工面对同一压力情境时的反应并不相同，这与员工的工作经历、人格特点等因素有关。因此，在人员甄选和配置过程中，管理者应把这些因素考虑在内，实现个人与工作的恰当匹配。

（2）进行有效的目标管理。

大量研究得到这样的结论：当员工拥有具体明确、富有挑战性的目标时，他们会因为降低了角色的模糊性，减少了挫败感，从而在工作当中更加积极；当他们能参与目标的设置过程、有机会发表自己的意见和建议时，会因为增强了控制感，而减轻角色压力；当他们能及时得到沟通和信息反馈，从而了解自己的工作业绩和工作表现时，更愿意付出努力改善工作水平，并在实现目标时体验到成就感。

（3）重新设计工作。

工作任务本身是造成工作压力的主要因素之一，因此，组织可以在一定范围内设法改变一些工作内容。例如，对过于枯燥的工作进行工作扩大化和丰富化设计，使员工在工作当中拥有更多的责任、更多的意义、更大的自主性；对于负担过重的工作可以进行合理的工作分担；对工作的物理条件进行一定改变，增加安全性和舒适性；增加休息和休假时间，使员工能有机会充分恢复精力。实际上，工作设计有很多不同的思路，是组织行为学在人力资源管理中的重要应用领域（孙健敏，2002）。

当然，值得注意的是，并非所有员工都喜欢丰富化的工作。对于那些成就需要不高的员工,在进行工作设计时,应给他们提供工作责任较轻、工作要求具体的工作。如果员工更喜欢从事例行性和结构化的工作,那么,降低工作技能的多样化程度,就可以相应地降低工作中的不确定性和压力水平。在工作设计上,重要的一点是清晰了解个人的需要。

(4) 增强正式沟通渠道。

在压力过程模型中,可以清楚看到,员工的认知是一项重要的调节变量,而管理层可以运用有效的沟通作为塑造员工认知的手段。请注意,员工如果没有从正式的沟通渠道中获得充分的信息,则会借助于小道消息了解信息,或是进行主观臆测,并因而出现认知失真和误解的现象。因此,使正式的沟通渠道畅通无阻,及时就相关问题与员工进行讨论和交流,有助于减轻角色模糊性和角色冲突。

(5) 资助员工健康计划。

这些健康计划注重于员工身心状况的改善。例如:提供各种咨询活动帮助员工戒烟、戒酒、减肥、改善饮食状况、开发良好的锻炼计划。大多数组织确实从员工的健康项目中得到了明显回报。例如,根据强生公司的计算,帮助员工改掉一些坏习惯后,公司每年可以在保险费用上节省不少开支,具体数字如下:戒烟(1 110 美元),开始身体锻炼(260 美元),胆固醇从 240 降至 190 毫克(1 200 美元),从肥胖减到正常的瘦身运动(177美元)。施乐公司也报告说,他们的健身项目使医药费节省了五倍。

本 章 小 结

情绪指的是个体受到某种刺激所产生的一种身心激动状态。一些概念在组织环境中越来越受到重视,如情绪劳动、情绪智力、情绪感受与情绪表达等。从生物进化的角度来看,人的情绪可以分为基本情绪和复合情绪两大类。罗素提出情绪可以划分为两个维度,愉快度和强度。愉快度方面可以分为积极和消极两个方向;强度方面可以分为高与低两个方向。关于情绪的发生机制,沙赫特和辛格提出,情绪体验是一种生理唤醒和认知评价相结合的状态。

压力(stress)指的是一种动态状态,当个体在实现对自己有着重要意义的目标过程中,遇到机会、障碍或要求时,便会处于压力状态。压力强度与工作绩效之间并不是线性关系,而是成倒 U 型曲线关系。环境、组织、个人三类因素,构成了压力的潜在来源。而人们在压力的感受和处理压力的能力方面是存在差异的,四项个体因素起着调节作用:个人的认知模式、工作经历、社会支持网络、人格特点。在降低压力水平方面,个体策略包括:掌握有效的时间管理技术,增强体育锻炼,及时倾诉,寻求帮助,学习放松训练。组织降低员工的压力水平的方法有:改善甄选过程,进行有效的目标管理,重新设计工作,增强正式沟通渠道,资助员工健康计划等。

复习思考题

1. 为什么长期以来组织行为学中回避情绪的影响作用?
2. 什么是情绪劳动,它对于理解组织行为有何意义?
3. 你是否认为组织环境中情绪智力比认知智力更重要?为什么?
4. 工作压力对工作绩效有何影响?
5. 哪些方面的因素会引起工作压力?
6. 组织可以采取哪些措施减轻员工的压力?
7. 员工可以采取哪些措施减轻工作压力?
8. 面对同样的压力情境,为什么不同的人却有不同的反应?

案例 许君是否该辞职?

这是IMS国际集团在新加坡的一家公司,也是IMS集团产品业务的开发中心之一。除了新加坡,IMS在德国还有另外一个开发中心,并在中国、印尼和波兰有三个生产中心。

IMS国际集团是一家传统的欧洲消费电子制造商。历来以发明创新作为公司主要形象,拥有多项消费电子产品的发明权。近年来,由于全球企业环境变化,公司被迫转为市场导向型,更加注重客户和利润。公司愿意承担经过分析计算的风险,对员工要求比以往更高、更严格。而且,对提高品质和减低成本有更强的驱动力。

公司生产彩电和多媒体电脑用协调器,除了内销,它也向世界各主要彩电和多媒体制造商供货。公司经营状况良好,多次获新加坡生产力标准局颁发的品质和管理奖,公司也连续多年保持利润增长。公司技术主要在于消费电子产品设计,以及大规模生产制程开发。主要设备和流程更新换代时间大约在3—5年。公司产品面对来自客户和竞争对手的极大价格压力。客户每年都要求超过5%的削价。而竞争对手为了争取较大的市场占有率,也不惜削价,以低于成本价促销,竞争已达白热化。图5-7是公司工程部的组织结构图。

劳伦斯:调谐器厂工程部经理。

冈特:调谐器厂工程部制程与设备开发处经理。德国专家,两年前调来新加坡发展亚太地区业务。在工作上,向劳伦斯汇报。他具有很强的技术技能,人际关系则相对较弱。

许君:调谐器厂工程部制程与设备开发处,制程开发科科长,主任工程师。在工作上向冈特汇报。曾被派往德国,在冈特手下工作两年,相处愉快。

林君:调谐器厂工程部制程与设备开发处,设备开发科科长,高级工程师。在工作上,向冈特汇报。

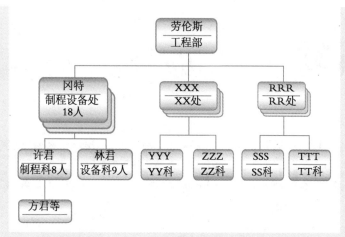

图 5-7　IMS 工程部

方君：制程开发工程师之一。在工作上，向许君汇报。

两年前，冈特刚来新加坡时，受到许君欢迎。因为两人在德国就是上下级关系，相处愉快，建立了一定的友谊。冈特目光敏锐，能为公司描绘出技术发展蓝图，并推动组织向前发展。许君则是资深的工程师，可以协助冈特，并准备在三年后成为他的接班人。

然而，事情发展并不尽如人意。两年来，冈特和许君发生了许多冲突。许君也因此承受了很大压力，心理很压抑。经过许君再三申请，劳伦斯把他调离了工程部，使工程部在冈特离开之前，失去一位能干的工程师和冈特的接班人。

有一次，劳伦斯交给冈特一项任务，希望他的部门能够优先处理。这时，整个部门都已超负荷，冈特想来想去，最后觉得只有许君是最合适人选。可是，许君正巧出差在外。冈特只好找来方君，并指示他如何去做。一个月以后，方君发现任务并不如冈特所说的那样简单，可能无法按期完成。他找到上司许君，而许君认为，既然该任务是由冈特亲自分派，自己不该过问，叫方君直接与冈特讨论。希望能够找到解决方案。讨论中，三人起了争执。冈特因为经验丰富且亲手处理，占据上风，说服二人接受了他的方案。但是许君并不开心，心想：既然你要亲手处理，就不该让我来帮你收拾残局。

还有一次，在员工晋级的问题上，两人也发生争执。冈特、许君和林君经过讨论提交了一份推荐晋级名单给劳伦斯，其中没有方君的名字。到了年终，方君从人力资源部发的公司书信中，知道自己获得晋级，十分高兴，把结果通知了大家。许君知道后十分惊讶，向冈特问及此事，冈特的答复是："我也不同意这个升职，但那是劳伦斯的主意。"许君对这样的回答并不满意，心想：至少也应该事先通知我一下，让部下来告诉我算是怎么一回事嘛？

类似这样的事情又陆续发生，许君的健康也每况愈下，常请病假，他在考虑是否该辞职。

（本案例选自李秀娟著，《组织行为学》，第 54 页）

问题讨论：

1. 许君面对怎样的压力？
2. 许君采取什么策略应付压力？它们能起作用吗？
3. 在这种情况下你认为什么是管理压力的有效办法呢？

第六章
社会知觉、归因与印象管理

【学习目标】

学完本章后,你应该能够:

1. 了解知觉的三个特点;
2. 解释为什么两个人看到同样的东西却会有不同的理解;
3. 列出凯利归因理论中的三个维度;
4. 比较海德、凯利和维纳三种归因理论的异同;
5. 描述社会知觉中的主要偏差;
6. 认识印象管理的意义。

【开篇案例】

对人的印象

图6-1 他给你留下的印象是什么样的?

照片上的这个人留给你的是什么印象(图6-1)？先自己想一想,然后看看其他人的评价。

一位研究者曾经做过这样一项研究：分别让两组大学生看了这张照片后,用文字写下他们各自的印象。其中一组被试的大体描述是：自负,凶残,工于心计,从深陷的双眼可以看出内心的仇恨和冷酷无情,突出的下巴证明了不达目的、绝不罢休的决心……另一组被试的描述是：坚毅,智慧,进取,百折不挠,深陷的双眼表明思想的深度和探索未知世界的热忱,突出的下巴表明克服艰难、无畏而前的决心……

你一定觉得奇怪,为什么针对同一张照片形成的印象竟会差异如此大呢？原来,在实验之前,研究者向第一组被试介绍说,这是一名制造了多起恐怖活动的恐怖组织头目；而向第二组被试介绍说,这是20世纪初一位伟大的心理学家。仅仅因为一句不同的介绍,却会导致人们对于同一个人产生如此不同的印象!

组织生活中也常有这样的情况发生,人们面对相同的事件却产生不同的看法和评价,原因在于,我们对事物的知觉并不总是以客观世界为基础的,它受到很多主观因素的影响。这一章中,我们主要来介绍知觉的过程,人们在知觉过程中通常存在的偏差,并讨论它们在管理上的涵义。同时,还介绍两个与知觉十分相关的内容,归因过程及印象管理。

第一节 知觉与社会知觉

一、什么是知觉?

知觉(perception)是客观事物直接作用于感官后,在头脑中形成的对客观事物的整体反映。值得注意的是,这种反映不是消极、被动的,而是一种积极、能动的认识过程。个体的知觉能动性主要体现在以下三个方面:

知觉的选择性 在同一时刻进入我们各种感官渠道的信息十分丰富,但我们不可能对所有信息同时给予加工,只是选择其中一部分信息进行反映,而忽视其他信息。人们这种对于外来刺激有选择地进行组织加工的过程,叫做知觉的选择性。

知觉的整体性 在知觉过程中,并不是孤立地反映刺激物的个别特性和属性,而是反映事物的整体和关系。人们常常根据自己的知识经验,把直接作用于感官的不完整刺激整合成为完整而统一的整体。

知觉的理解性 们在知觉过程中,不是被动地吸收信息,而是力求对知觉对象做出解释,形成意义。由于知觉者的知识经验、实践经历、个人兴趣爱好等因素的影响,人们对同一事物可以形成不同的解释,做出不同的判断。

正是由于知觉的这些特点,一个人所知觉的东西可能与客观实际差距很大,也可能与其他人的知觉差异很大。理解知觉过程对于组织行为研究和管理实践有重要意义,因为人们的行为不是以客观环境本身的存在为基础的,而是以他们对客观环境的认知与理解为基础。要想激励他们的行为,必须首先了解他们眼中的世界是什么样的。

二、影响知觉的因素

哪些因素会影响到人们的知觉过程?我们可以把它们归纳为知觉对象、知觉环境和知觉者三个方面。

1. 知觉对象

知觉产生的先决条件是外界刺激的存在,刺激本身的特点会影响到人们对于知觉对象的选择、组织和理解。

当知觉对象具有与众不同的特性时,被觉察到的可能性更大。体积较大、声响较大、反复出现、运动变化、对比分明的事物,更容易被注意到;相反,体积较小、数量不多、较少发生、静止不动、含糊不清的事物,则更可能被忽视。例如:顾客服务部门更多地注意到那些嗓门较大的顾客,并尽最快可能帮助他们解决问题;而安静礼貌的客人更可能被忽视;一封信中只有一个错字时,很可能会被忽略;但若错别字连篇,很容易被看出来;闪动的霓虹灯、画面不断变换的广告牌更容易被人们看到并记住。

这些具有鲜明特点的刺激,通常会被选择出来进行认知加工,我们称这些被选择加工的刺激为知觉对象,同时作用于感官的其他刺激会退后作为知觉背景。知觉对象与知觉背景的区别在于:知觉对象有鲜明的、完整的形象,突出于背景之前,容易被记忆。不过,知觉对象与知觉背景两个概念是相对而言的,此时的知觉对象也可以成为彼时的知觉背景。图6-2 中的两个经典图形就是知觉对象与知觉背景相互转换的明显例证。

少女与老妇

花瓶与双面佳人

图6-2　少女与老妇,人面与花瓶

知觉对象的另一些特性会影响到知觉的整体性和理解性,其中包括物理性质的相似、空间上的接近、时间上的接近等特点。

我们会把物理性质相似的事物联系在一起,而把性质不相似的分开识别。当我们看到足球场上纵横驰骋的 22 名球员时,很容易根据球衣的颜色把他们分成两队进行知觉。我们还会把形状、颜色、大小、亮度等特性相似的物体,知觉成一个整体。例如图6-3 的方阵中,圆点与斜叉交错排列,但我们很容易把它们看成是:由斜叉组织的大方阵当中,另有一个由圆点组成的方阵。

图6-3　知觉中的相似性法则

知觉对象可能因为空间上的接近,而被看成是有联系的。图6-4 中的 40 个圆点,更可能被知觉为两组;当我们在马路上看到一个男人、一个女人和一个孩子站在一起,很可能认为他们属于一个家庭;如果同一部门中,有好几个员工同时辞职,人们也很容易觉得他们的行为具有内在的关联性。

图6-4　知觉中的空间接近性

知觉对象也可能因为时间上的接近,而使人们认为它们是关联的。例如,一名新任经理就职之后,生产力大增,则人们会把生产力的增长归功于这位新任经理,即使他并不具备这种能力。

2. 知觉环境

在不同的环境下认识和了解客观事物,会影响到我们的知觉。在此,物理环境和社会环境均扮演着重要的角色。

(1) 物理环境。

一个事物能否被察觉到,取决于它在环境中是否显著。当一只老虎在枝繁叶茂的树林中躲避时,我们近在30米内也可能看不见;如果是在草木不生的荒野上,同样这只老虎,即使远在200米外,我们也可以看得清清楚楚。早上十点接到朋友的一个电话,可能会令人心情愉快;但是如果同样的铃声半夜三更响起,就可能引起你的反感与不快了。其他环境因素还包括地点、光线、温度等。

(2) 社会环境。

个体所在社会环境的不同,也会使人们对于相同事件的知觉有所不同,甚至差异很大。如果管理者当众对一位员工提出"建设性的批评意见",可能会让员工觉得老板是苛刻冷酷、不近人情的。同时,员工可能不会把注意力集中在老板说了什么,而更多集中在同事们会有什么样的反应。同样的"建设性批评意见",如果是在老板办公室里进行的私下交谈,则员工更可能接受它,并对老板的印象也更好。再比如,同样百分之五的加薪,不同员工的感受可能不同。有人因此而高兴,因为其他同事平均只涨了百分之二的薪水;有人则可能不快和恼火,因为他看到周围人的平均加薪水平是百分之十五。

3. 知觉者

即使面对同样的知觉对象,又在相同的物理和社会环境下,不同的人也会有不同的知觉。这取决于知觉者的需要、兴趣、爱好、知识经验,以及刺激物对个人的重要性等主观因素。

(1) 过去经验。

过去经验会影响到当前的知觉过程,使自己更多注意到那些我们熟悉的事物或特性。看一看图6-5,如果只看上面一行,你会很快识别为A、B、C、D、E几个字母,你对13的知觉,取决于你过去对于英语字母排列顺序的了解。如果只看下面一行,则会立刻识别为11、12、13、14这些数字,而你对13的知觉,则是基于数字学习的经验。同一个刺激13,却引起了不同的知觉,其原因在于观察者对于当前情境所唤起的经验不同所致。

对于图6-6中的六个图形,请你从左端向右看起,你得到的是什么知觉经验?再找你的同学从右端开始向左看起,他的知觉与你的一样吗?为什么会这样,现在你自己也可以解释这个现象了。

A, B, C, D, E, F
10, 11, 12, 13, 14

图6-5 知觉受经验的影响

资料来源:Fisher,1967。

图 6-6　你知觉到的是什么？

资料来源：Fisher, 1967。

当道路上出现一起车祸时,亲眼目睹事件全过程的警察和医生,事后回忆他们所"看到"的细节内容很可能是不一样的;在组织环境中,当讨论在哪里建立新工厂时,营销部门的代表更多会注意销售数字、市场潜力。生产部门代表则对原料、人力来源以及当地反污染的法律等问题较为敏感。可见,个人接受的训练和从事的职业不同,会影响到知觉的角度与方式。

蒂尔邦和西蒙(Dearborn & Simon, 1958)曾进行过一项实证研究证明了这一点。他们请23位企业管理人员阅读一份描述某钢厂的组织活动的案例。23名经营人员中6人掌管销售工作,5人掌管生产工作,4人掌管财会工作,8人掌管后勤工作。让每名管理者写出在"这一组织当中你认为最重要的问题是什么"。掌管销售的经营人员中83%认为销售最重要,而其他人中只有29%持同样看法。研究者由此得出结论:当外界刺激较为模棱两可时(如钢厂案例),个体的知觉更可能受到个体解释基础(如经历、态度、背景)的影响,而不是刺激本身的影响。

(2) 需要。

人的需要不仅影响到知觉的选择性,而且会导致对同一对象的不同知觉。尤其在知觉对象是模棱两可、缺乏明确意义的情况下,更是如此。一项研究让饥饿程度不等的被试看模糊不清的图片。研究中把未进食的时间作为饥饿程度的指标,被试未进食的时间分别从1小时至16小时不等。研究者提供的图片本身是胡乱涂抹的,没有任何明确的意义,上面再盖上一层薄纱,更使图片上的墨迹模糊不清。然后,请被试看完图片后回忆自己看到了什么。结果表明,饥饿程度越高的人,对图片回忆的内容越与食物有关。

(3) 期待。

期待指的是一种心理准备状态,是对即将出现的情况的一种预期。这种心理准备状态对人们的知觉有着重要影响。简言之,人们会看到自己想要看到的东西。1959年加拿大曾发生过这样一宗法庭案例。一名猎户到野外打猎,结果把自己的同伴射死。在案件审理过程中,猎户坚持说自己看到的是一只棕色的鹿,而不是穿着红色工作服的同伴。后来,法庭分析了这一案件发生的原因,指出有两个因素造成了被告把人看成鹿的错觉。其一是天色将晚,此时的外景确实使红色变暗,趋近于棕色。第二个方面的原因就是猎户的期待。他急于回家,但又想到一整天都一无所获,急切地希望有点收获再回家。这时看到远处一个晃动的目标便以为是鹿,于是开了枪。本章开篇的案例也说明了心理期待对于知觉的影响。当你预期自己会看到一个恐怖组织头目时,你所看到的各种特点都会与这种心理预期相吻合,它显著地影响到人们的知觉以及而后的行为。

三、社会知觉及其效应

前面我们介绍了知觉的特点和影响因素。下面的讨论主要集中在社会生活中的知觉上,因为它对组织行为学的意义更为重大。由于社会生活是离不开人的,所以社会生活中的知觉针对于对人的知觉。针对于人的知觉和针对于物的知觉有很多相似之处,但不尽相同。原因在于,物的特征静态较多,而人的特征更多是变化不定的;同类物之间的个别差异较小,而人与人之间的差异较大;物没有动机、信仰、态度等内在心理活动,而人却有。可见,社会知觉更为复杂。不过,为了使这项工作更易于管理,个体发展了很多技术手段,能使我们"快速阅读"他人,及时做出预测和判断。这就是接下来要介绍的社会知觉中的一些效应。值得注意的是,这类手段并不是绝对安全可靠的,它们可能会使我们的知觉过程出现偏差和失真。

社会知觉的效应主要表现在以下几个方面:

1. 首因效应

首因效应也称第一印象作用,指的是知觉者最初得到的信息,对于知觉的形成具有强烈影响。老师的第一天上课,学生们会凭他的衣着、谈吐、对学生的态度等等有限资料,形成对他的第一印象。而且,第一印象一旦形成,就在人的心理上占据重要地位,它鲜明而牢固,显著影响到以后的长期认知。虽然常言道:"不能根据一本书的封面来断定其内容",但不幸的是,在知觉的形成过程中,确实有着偏重最初得到的那些表面信息而忽视全面信息的倾向。那么,哪些因素最容易影响第一印象的形成?研究表明以下两类因素常常会影响这一知觉过程。

(1) 属于相貌的因素。

虽然我们总会强调不应"以貌取人",但心理学家的研究发现,对方的相貌是影响知觉者形成第一印象的重要因素之一。一项研究在调查对于大学生偷窃行为应该如何惩罚时,发现一般人都相信相貌姣好的大学生不会有偷窃行为(Efran,1974)。另一项调查研究了美国大学男生就业时的起薪与其身高的关系,结果发现身高平均在6.2英尺以上者的起薪,反而高于以优异成绩毕业的荣誉生(Deck,1968)。

(2) 属于性格的因素。

与人初次接触获得第一印象时,除了注意到对方的外在形象特征外,还会注意到其言行举止中表现出来的性格特征。这些性格特点出现的先后顺序不同,会影响到人们对他的印象。心理学家阿希(Asch,1946)曾用实验方法研究了性格因素出现的先后顺序对于知觉的影响。他设计了甲、乙两位主人公,他们都拥有六种性格特征,只是以不同的排列顺序出现(见表6-1)。让一组被试对主人公甲进行评价,另一组被试对主人公乙进行评价。研究者发现,尽管所列的六种性格特征两人完全相同,但是排列顺序的先后差异,却影响了人们的知觉和判断:被试多对甲产生积极印象,把最先出现的两项特征作为判断的主要根据;而对乙产生负面印象,同样也主要是因为最先出现的两三项负面性格所至。

表6-1 实验中两位主人公的性格排序

甲的性格排序	乙的性格排序
聪明的	嫉妒的
勤奋的	倔强的
冲动的	挑剔的
挑剔的	冲动的
倔强的	勤奋的
嫉妒的	聪明的

对他人形成的第一印象会不会持续下去呢？研究证据表明：除了第一印象与而后的事实之间产生强烈冲突，促使人们做出改变和调整之外，第一印象形成之后常常会一直保持下去。早先对他人形成的印象，会使个人产生知觉准备状态，以一种特定的方式看待这个人，它影响到人们对以后信息的选择及组织。

为什么会出现首因效应？有两种解释受到认可。一种解释认为，个体最先接受的信息在头脑中构成了核心的记忆图式，后来的信息被整合到已有记忆图式中去，因此，后来的信息就带上了先前信息的色彩，并不断强化先前的信息。另一种解释是以注意规律为依据的，研究者认为最先接受的信息受到更多的注意，后来的信息更容易被忽略。

认识首因效应还有一项重要意义。在与他人初次接触时，如果希望给对方留下美好的印象，不妨尽量把自己的优点提前显现出来。因为最初提供的记忆最易于记忆，以后不易改变。

2. 近因效应

近因效应指的是在社会交往环境中，时间上离知觉最近的，也就是最近的信息，容易给人留下深刻而强烈的印象，对认知和评价有着较大的影响。例如，一个人多年来总是全勤，只是最近两个月生病没来上班。另一个人是多年的老病号，最近半年才正式上班。但在年终评审的时候，人们更可能会把前者视为病号，而把后者视为出勤较好。

那么，什么时候首因效应起作用，什么时候近因效应起作用呢？有研究者指出，这与人际交往的时间与熟悉程度有关。当两个陌生人之间接触时，首因效应的作用更大一些。随着交往次数的增加，彼此比较熟悉，近因效应就可能有更大的影响。但是无论如何，有一点是清楚明确的，即在认知加工过程中，处于中间位置的信息常常受到忽略或遗忘，而最初和最近出现的信息产生的影响作用更大。

3. 晕轮效应

当我们对一个人形成的整体印象或评价，受到个体某一种特征（如智力、社会活动力、外貌等）的影响而普遍偏高或偏低时，我们就受到晕轮效应（halo effect）的影响。例如，当你觉得一个女同事的性格十分可爱时，也会对她的能力、态度、人品甚至外貌均有较高评价。也就是说，你对"性格可爱"这个特质的评价影响了对她的总体评价。当然，晕轮效应的影响也可能是消极的，这种消极影响有时也称作扫帚星效应，它指的是我们对一个人的总体评价，往往因为其某一方面不理想而普遍偏低。例如，一名受过处分的员工，人们常常也会认为他在其他方面表现较差。

阿希的另一项经典研究证实了一些人格特质会影响到晕轮效应的出现。研究者给被试出示的一张纸上列有六种品质。一些纸上写的是：聪明、灵巧、勤奋、实际、坚定和热情。在另一些纸上，研究者仅仅把"热情"换为"冰冷"，其他品质保持不变。然后，给被试另一张清单上包含了其他的一些品质，要求被试指出那个人还具备其中的哪些品质。结果发现，"热情—冰冷"这一人格特质的变化，会导致人们对于这个人的整个印象产生极大变化（见表6-2）。

不过，晕轮效应并不是随机发生的。研究表明，在下面这些情况下，晕轮效应最可能出现：当被知觉的特质在行为表现上模棱两可时；当这些特质含有道德意义时；当知觉者根据自己有限的经历来判断特质时。

表6-2 阿希的晕轮效应研究

形容词	热情（N=90）%	冰冷（N=76）%
温柔	91	8
智慧	65	25
好脾气	4	11
快乐	0	34
幽默	77	13
善于交往	91	38
受欢迎	84	28
自高自大	88	99
仁慈	86	31
拘谨	77	89
利他	69	18
想象丰富	57	19

4. 刻板印象

刻板印象（stereotyping）指的是：我们对某人进行知觉时，可能会依据一些明显的特性，先对某人进行归类（这些特性包括性别、年龄、民族、国籍、职业、所属组织、所属宗教等），再根据这群人已有的固定形象作为判断某人的依据。日常生活中刻板印象的例子不胜枚举，例如：大家普遍认为英国人持重守旧，美国人开放进取，德国人勤勉严谨；北方人豪爽率直，南方人灵活精明；女人以家庭为重，男人以事业为重；销售人员是积极进取、伶牙俐齿的，财务人员是严谨认真、安静稳重的，广告设计人员是想象丰富、思维前卫的……。

并非所有的刻板印象都是不好的，它们也不完全不对。有证据指出，某些特质的确在一些社会团体的成员身上较容易找到，而在另一些社会团体中不易找到。这种手段使复杂世界变得简化，并承认人们之间拥有一致性。但是，刻板印象的问题就在于过度类化，它抹杀了一群人当中的个别差异，所以具有形成错误印象的潜在危险。因为未必每一个销售人员都是努力进取的，也并非所有财会人员都是安静内向的。

5. 对比效应

我们对一个人的评价并不是孤立进行的，它常常受到我们最近接触到的其他人的影响。在面试情境中常常可以看到对比效应的例子，此时面试考官会连续考查一系列求职者。对某一位具体的求职者而言，如果排在他前面的人水平较差，则可能有利于面试考官对他的评估；如果排在他之前的是一位极出色的申请者，则可能不利于对他的评估。在这里，知觉的失真是由于他在面试中所处的位置造成的。

6. 投射作用

投射作用指的是，我们在判断他人时，总是有意无意地假定别人与我们相似，因而把自己的感受、态度或动机,投射在对于他人的判断上。俗话说的"推己度人"就是这个道理。例如,如果你希望自己的工作富有挑战性,则会假定别人也同样希望如此;如果你是个诚实守信之人,则会想当然地认为别人同样是诚实可信的;胆小之人常常也会把别人的行为解释为恐惧或紧张。

投射作用使人们倾向于根据自己的状况来知觉他人,而不是按照对方的真实情况进行知觉。当管理者进行投射时,他们了解个体差异的能力就降低了,他们很可能认为别人比实际情况更为同质,并因而使我们对其他人的知觉产生失真。虽然俗话说"将心比心",但在知觉过程中,这样做无疑会阻碍我们的判断力。

四、在组织中的具体应用

组织环境中充满了知觉与判断活动,同时,有很多过程容易受到知觉偏差的干扰而出现失真或错误。充分认识社会知觉的规律,会对组织产生重要影响。下面我们简要看看社会知觉在以下个方面的应用。

1. 招聘面试

几乎对任何组织来说,面试都是目前招聘员工的最常用方法。但研究证据表明,面试考官常常会做出不正确的知觉判断。另外,面试考官之间的评价一致性常常很低,也就是说,不同面试考官看到的是同一求职者的不同方面,因而对同一个人得出了不同的结论。

在面试环境中,面试考官形成的第一印象会很快占据统治地位。研究表明,在面试开始四五分钟之后,绝大多数面试考官的决策几乎不再发生变化。因此,面试中最初出现的信息远远比其后出现的信息重要得多。被录用的求职者更可能是因为他没有令人不满的特点,而不是因为他具有令人赞赏的特点。另外,由于面试考官的过去经历、职业背景、个性特点各不相同,他们在求职者身上寻求的信息也往往不同,因而不同面试考官对同一求职者的判断也会有很大差异。

如何避免面试中存在的这种知觉偏差?可以从面试的结构化着手解决。例如,对所有求职者询问相同的问题;改善面试的内容效度;增加与职务有关的行为取样等。

2. 绩效评估

管理者的重要任务之一是对员工的绩效进行评价。通过绩效评估,能够使管理者获得必要的信息,了解管理指示或管理政策的有效性;同时,它可以显示员工在工作中的优点与缺点,指出哪些方面需要改进和弥补。由于绩效评估的结果常常涉及员工的晋级、提升、加薪或能否继续聘用,因此,绩效评估的内容或要素,往往会成为员工的工作目标。

但同时应注意,绩效评估也在一定程度上受到知觉过程的影响。虽然绩效评估体现的是对员工工作的评价,评价过程也依赖于不少客观指标(比如,销售人员创下的销售额)。但其中依然有很多工作是以主观方式进行评估的,例如工作是否努力,对组织是否忠诚等。这些方面的评价和判断,常常容易受到知觉偏差的影响。一些员工对自己的职责并不尽心尽力,但却常常在老板面前表现得十分努力,并擅长讨好上级,为的是在老板那里留下一个好印象。

年终评审时,近因效应起着重要作用。由于第一印象很难消除,那些在老板头脑中留下不良第一印象的员工,即使以后工作再努力,取得的成绩再出色,也常常难以改变老板心目中的已有印象。

3. 员工行为塑造

管理者还可以运用知觉过程的规律,对员工行为进行积极干预与塑造。管理者应该认识到,你怎样对待员工,很可能员工就会怎样表现。换句话说,如果管理者对下属的期望很高,他们就不太可能令管理者失望。同样,如果管理者预期员工只能完成最低水平的工作,则他们倾向于表现出这种行为以符合这种低期望。这就是心理学中所说的自我实现预言(self-fulfilling prophecy),它具体指的是,个人对于自己或对于别人的预期,常常会在以后的行为结果中应验,也称为皮革马利翁效应。

皮革马利翁效应这一术语出自希腊神话故事。说的是雕刻大师皮革马利翁曾经倾注全部心血雕成了一个象牙美女塑像。作品完成之后自己爱上了她,朝思暮想希望与她在一起。结果他的诚心感动了天神,神灵赋予雕像以生命,让有情人终成眷属。

皮革马利翁效应的观念早已有之,但是正式的实证研究,却是1966年美国心理学家罗森塔尔和雅各布森(Rosenthal & Jacobson,1966)所做的一项经典研究。他们以小学儿童作为研究对象,试图了解教师对于儿童的不同期望对学生智力和发展的影响。研究者选择了旧金山的一所学校,在学年开始时先在全校实施了一项智力测验。并从每班学生中,以随机抽样的方式选出20%的儿童,作为实验组。研究者告诉老师和校长,这些学童在班上是智力"最优秀的",并会在未来几年里学业成绩突飞猛进。18个月后,研究者回到学校再次实施同样的智力测验。结果发现:那些原本随机抽取的实验组学童,智商普遍有所提高,学习成绩进步最大,得到教师的赞赏也最多。

为什么会出现皮革马利翁效应呢?研究发现,教师一方的心理活动有助于这种效应的出现,他们另眼相待这群"最优秀的"和"最具发展潜力"的学生,对他们积极鼓励、耐心培养。学生方面的心理活动也有助于这种效应的出现:他们从教师对自己的爱护中,增强了自信,激发了学习动机。

组织环境中也是同样,如果管理者相信自己的员工能够取得出色的成绩,对他们重视、鼓励和爱护,员工也会因此而增强自信心与自尊感,提升自我期望水平,激励他们的工作动机,更有可能取得管理者希望看到的业绩。

第二节 归 因

一、归因的理论

当我们观察人类行为时,总是试图解释"为什么"他以某种方式行动。这种将观察到的行为归咎于某种原因的过程,称为归因。也就是说,我们不但观察和了解个体的行为,而且还对引发行为的原因产生兴趣。而我们对个体的不同判断,取决于我们把特定行为归因于何种意义的解释。

归因可以说是社会知觉的一个重要拓展方面,正是通过归因过程,人们才会由表及里、由浅入深地认识自己和他人。因此,归因过程的研究已成为社会知觉领域中的一个重要课题。研究者对归因的要素、规则、可能产生的错误、对未来行为的影响等等进行了大量研究,并形成了许多理论。以下介绍几种最有影响的归因理论。

1. 海德的归因理论

海德(F. Heider)是归因研究的创始人。他认为,我们对行为给予解释时,一般不外乎两种方式:一种是认为该行为的发生由于情境因素导致,也就是说,属于自己控制范围之外的因素引起的,故称为外部归因(external attribution);另一种是将行为的原因归于个人的自身因素,也就是说,属于自己控制范围之内的因素,故称为内部归因(internal attribution)。对于一名上班迟到的员工,如果你把他的迟到归结为昨天晚会上玩到半夜因而睡过了头,这就是内部归因。如果你认为他的迟到是因为今天的大雾天气导致交通严重阻塞而造成的,那么你进行的就是外部归因。再比如:一位先生忘记了太太的生日,你认为这位太太对先生的行为如何归因? 以下两种归因都有可能:其一,太太怀疑先生对自己表现冷淡;其二,太太猜想先生的工作太忙所致。前者是内部归因,后者是外部归因。遗憾的是,在这种情况下,人们常常倾向于做内部归因。我们在下面的归因错误中还会讨论其中的原因。

海德的归因理论虽然简单,但他开创了一个新的研究领域,为以后的一系列研究打下了基础。

2. 凯利的三要素理论

凯利进一步补充了海德的归因理论。他认为当我们观察个体的行为时,总会试图判断这种行为是由于内部原因还是外部原因造成的。但是,这种判断在很大程度上取决于三个要素:特殊性,共同性和一贯性。凯利以"玛丽在看电影时为什么会大笑"为例,解释了这三个要素在归因判断中的作用。图6-7概括了凯利归因理论中的关键因素。

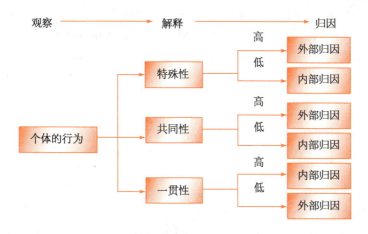

图6-7 凯利的归因模型

特殊性(distinctiveness)考查的是这种行为是只在特殊情境下发生,还是在不同情境下经常发生? 例如,玛丽只是在看到这个电影时大笑,还是她每次看电影时都会大笑? 我们想了解的是这种行为是否不同于平常。如果是,则观察者可能会对行为进行外部归因,如果否,则可能将活动归于内部原因。

共同性(consensus)考查的是这类情境下是否引起大家共同的反应。例如,玛丽看电影过程中大笑时,大家也都在笑吗?还是别人都不笑而只有她一个人大笑?凯利认为,如果共同性高,我们很可能对大笑行为进行外部归因;如果其他人都不笑而只有玛丽一个人大笑,你更可能会断定大笑的原因来自于内部。

一贯性(consistency)考查的是在不同的时间和情境下这个人是否都表现出类似的行为?例如,玛丽每次看到这类电影都会大笑吗?行为的一贯性越高,观察者越倾向于对其做内部归因。

3. 维纳的归因理论

在组织生活中,我们常常对这些说法并不陌生,"我只要努力就会取得好成绩","我天生就不是一块干大事的材料,也就是干点跑跑腿、打打杂的工作","这次能晋级真是撞大运了"……总之,人们在完成一件重要工作之后,无论其行为后果是成功的,还是失败的,往往喜欢对自己的成败理由作出分析。而这些分析探讨,又会决定以后行动的方式和方向。但是,不同的人对于自己的行为结果会有不同的考虑。20 世纪 70 年代后,维纳(Weiner)及其同事扩大了原来归因论的观念,建立了一套从个体自身的立场上解释自己行为成败的归因理论。维纳提出,影响归因的因素很多,总体上可以分为三个维度:原因源、稳定性和可控性。

原因源(内部、外部)维度指的是造成事实的原因属于个体内部还是外部的因素。天资、能力、心境、努力等因素都是个人因素决定的,即是内部原因,而任务难度、运气、他人偏见、同事帮助则是由个体之外的力量决定的,即外部原因。

稳定性(稳定,不稳定)维度指的是作为行为原因的内外因素是否具有持久的特征。能力是稳定的,而心境、运气这些因素则是不稳定的。

可控性(可控,不可控)维度指的是行为动因能否为行动或他人所支配或驾驭;如努力是可控的,而天资、心境、机遇是难以控制或不可控的。

根据三种归因维度,个人在对自己成败理由分析时,可能不出以下六个方面的归因:

- 能力。根据自己评估,个人承担此项工作有无足够能力。
- 努力。个人反省此次工作是否尽了最大的努力。
- 工作难度。凭个人经验,对这次工作感到困难还是容易。
- 运气。个人自认为此次的工作成败是否与运气好坏有关。
- 身心状况。凭个人感觉工作当时的心情及身体健康状况。
- 别人反应。在工作当时及以后别人对自己工作表现的态度。

表 6-3 归纳了三个维度与六项主要归因之间的关系。

维纳认为,个人对其成败原因的归纳分析广泛地影响到后来行为的方向和方式。不同的归因,对而后行为产生的影响是不同的。

当倾向于能力归因(稳定、不可控、内部归因)时,个体成功时会认为自己能力高,因而信心十足。个体失败时,就会有羞耻感,认为自己能力低,因而丧失信心,但不会做出任何改变,只是听任下次失败的再度到来。

当倾向于努力归因(不稳定、可控、内部归因)时,个体成功时话,会认为是努力的结果,并预期今后的成功,鼓励自己,再接再厉。个体失败时,最可能的情绪是内疚,认为是由于不努力造成的,自己只要努力,一定可以获得下次的成功。因此,这种归因的潜在效果是提高了激励水平,促进了工作积极性。

表6-3 归因的三种维度与归因类别

归因类别	归因维度					
	原因源		稳定性		可控性	
	内部	外部	稳定	不稳定	可控	不可控
能力	√		√			√
努力	√			√	√	
工作难度		√	√			√
运气		√		√		√
身心状况	√			√		√
别人反应		√		√		√

当倾向于任务难度等外界条件归因(稳定、不可控、外部归因)时,个体成功时会冷静地提醒自己,并非自己可控因素导致。个体失败时,会埋怨客观,并在今后的活动中寻找难度水平不那么高的任务。

当倾向于运气、他人反应等归因时,个体成功时,会认为不过是一时侥幸,并不是自己真有水平。个体失败时,会自认倒霉,只是祈求下次的好运降临。

可见,对第一个行为的归因决定或影响了对下一个行为(第二个行为)的期待。而这个期待又决定了对第二个行为的归因,以此类推。因此,归因与期待之间有着逻辑上的密切联系,也会因此而形成一个自我实现的预言。一种良好的归因方式会促使这个循环越来越好。那么,哪种归因方式最好呢?答案是努力归因,因为它把成功(失败)的结果归因于内部的、可控的、同时是不稳定的因素。作为管理者,有责任花一些时间来了解员工对于成败的归因方式,并在业绩反馈的时候,依据归因理论的规律,对员工产生积极的影响。

二、归因中的偏差

归因方面还有一项有趣的发现,即人们常常在归因过程中出现偏差或错误。

一般情况下,在解释别人的行为表现时,常常倾向于归因于人格或态度等内部特质,而较少归因于所处情境等外部因素,即低估外部因素的影响而高估个人因素的影响。但是,一般人在解释自己行为时,却倾向于外部归因。这种归因误差称为基本归因错误(fundamental attribution error)。为什么人类会有这种归因心理?心理学家认为有两个原因:

第一,个人对自己知道的较多,对别人知道的较少;个人不能设身处地站在别人立场看别人的行为,故而只能笼统地解释说行为原因是出于对方本身。

第二,由于注意焦点不同所致。观察别人行为时,注意力的焦点大多落在对方本人身上;而自己表现出某种行为时,自己的注意力往往落在周围环境上(Taylor, Fiske, 1975)。

商品广告的设计者,经常利用观众基本归因错误的心理倾向推销商品。当你看到一个身材健美的运动员或演艺明星,在电视里手持一罐某品牌饮料,一再重复该饮料可使身材苗条和健美时,你对他的行为作何解释?如果你相信了他的说法,就是对这一事件做了内部归因;如果你不相信他的说法,认为这种举动是收受了厂家报酬而为之,则就是做了外部归因。实际上,人们在这种情况下,犯基本归因错误的可能性是相当大的。也就是说,更多人会采用内部归因方式。再回到前面那个先生忘记太太的生日的例子中,你也会看到,我们对他人行为的原因,常常倾向于做内部归因。

个体还倾向于把自己的成功归因于内部因素(如能力或努力),而把自己的失败归因为外部因素(如运气),这称为自我服务偏见(self-serving bias)。项目小组的组长倾向于把项目的成功归功于自己的能力强,擅长调动他人积极性;而把失败归结为小组成员不努力,缺乏合作精神,或总体上缺乏实力;老师倾向于把学生学习好归因于自己教得好,而把差生学习不好归因于学生自己不努力。

第三节 印象管理

我们每个人都是非常注意自己在他人面前的形象的。参加重要的会议,会见重要的客户,都要穿戴整齐,刻意修饰一番。在应聘的面试当中,除了注重穿着之外,还会对如何介绍自己,如何表示对这份工作的兴趣,如何表达自己的才能,小心谨慎地仔细考虑,字斟句酌。可见,印象管理在人际交往中是十分常见的。所谓印象管理,就是试图控制他对我们所形成印象的过程。

一、什么是印象管理?

人类不可能离群索居,都有与他人往来、建立联系的需要和愿望,也都希望从他人那里得到认可和肯定,获得自尊感,在他人面前显得有"面子",并最终获得有利于自己的社会评价和报偿。为了使相互之间的交往能够建立并且维持下去,在别人心目中树立一个良好的印象并使人产生好感,是前提和关键。因为没有人愿意和一个印象不佳的人保持密切的联系。在日常生活中,这种试图控制自己在别人心目中印象的过程和现象,叫做印象管理(impression management,也有人称之为印象整饰)。

对自己的印象进行管理和控制,有助于人际交往的发生与维持,这种例子在日常生活中比比皆是。例如,求职者在重要的招聘面试之前都会精心选择自己的衣着服饰、斟酌自己的言谈表达,以展现自己的最佳形象。另外,人们在面试过程中常常会去猜测招聘者的偏爱,有意无意地使自己的行为举止投其所好,因为这样做更容易得到别人的接纳与认可,更有可能得到那份工作(得到社会奖赏)。其实,不仅个人之间的往来如此,国家与国家之间的往来,也常常通过隆重的仪式、盛大的欢迎、热情的款待等印象管理手段来表达自己的友好和尊重。在对方国家心目中留下一个好印象,为双方之间的友好往来打下良好的基础。

不过,值得注意的是,为了给人留下一个良好的印象,对印象的管理必须恰当,也就是说,要符合具体环境和具体场合。比如,我国早期的革命活动家彭湃同志,刚开始下农村进行革命宣传和发动群众时,尽管革命道理讲得十分透彻,但工作总是开展不好。什么原因呢?他自己也搞不清楚。后来经人提醒,才知道,自己每次到农民中去都是西装革履、一副阔少派头,总免不了让农民觉得格格不入。于是,他换上了农民的粗衣短打,操起农民习惯的方言土语,经过一段时间的努力,农民运动终于轰轰烈烈地发动起来,他也成了农民的知心朋友。可见,只有恰当的印象管理才会赢得他人的认可和接纳。

二、印象管理研究的发展历程

威廉·詹姆斯可以说是最早进行印象管理的探讨者了。他在其经典著作《心理学原理》中,用多重自我的比喻(metaphor of multiple selves)来描述人类行为。詹姆斯认为,人有多重自我,在不同场合下可以表现出不同的方面,而非仅有简单而统一的自我概念。他指出,"一个人总是很看重自己所处的群体的意见,当这些群体的意见明显不同时,这个人会有多个社会自我。他通常在不同的群体中展现他的不同侧面"(William James,1890)。也就是说,我们为了取悦于不同的对象而很巧妙地表现出多重的社会自我。这一观点极大地影响了后来的印象管理理论。

对印象管理领域的研究产生划时代作用的应首推美国著名社会学家欧文·戈夫曼(Erving Goffman)。他的理论是在符号互动论的基础上提出来的。符号互动论者米德(Mead)和库利(Cooley)强调参与社会活动的人要站在别人的角度上看待自己,才能使自己有效地控制社会行为。因为人们留给他人的印象说明了他人怎样知觉、评价和应对自己,所以,有时人们用一个给他人造成特定印象的方式做出行为。戈夫曼发展了符号互动论的观点,在他那本享誉世界的著作《日常生活中的自我呈现》(Goffman,1959)中,戈夫曼指出,印象管理包括在社会互动过程中建立意义与目的的种种尝试,它指导着我们的行为,帮助我们预期别人对我们的希望是什么。印象管理是相互的,它有助于梳理和润滑社会关系,避免尴尬局面的出现。戈夫曼的理论被人们称为戏剧化比喻(dramaturgical metaphor)(即生活如同一个戏剧舞台)。根据他的看法,我们每个人都是表演者,其主要任务是在社会生活中扮演许多不同的角色,建构他们的社会形象和身份。威廉·莎士比亚的《皆大欢喜》道出了戏剧化比喻的精髓,"世界是个大舞台,所有的人都只是演员。他们出场又退场,而且一个人要同时扮演许多角色"。由于印象管理作为一种主要的手段影响到他人如何看待我们,因此,我们都试图控制自己的印象管理行为。

自戈夫曼的开拓性工作以来,有关印象管理的研究得到了迅速发展。在社会学、管理学、组织行为学、社会心理学、人际沟通、犯罪学和政治科学等等领域里都可以看到相关研究。

戈夫曼认为印象管理可以作为一种社会润滑剂,缓和人际交往中的相互摩擦。社会心理学家而后的一些研究工作进一步认为,印象管理可以服务于一些更为具体和目标导向的目的,比如获取权力和影响他人。20世纪60年代琼斯(Edward E Jones)对于印象管理的讨好技术进行了深入细致的研究。在此基础上,他指出印象管理者(他称为"好好先生")通常使用讨好手段,比如顺从他人的意见,以使别人喜欢自己。印象管理者之所以讨好,是为了获得更多有利的资源,减少对方给予伤害的可能性,或者是提升自己的价值。由于我们倾向于奖赏我们喜欢的人,因此,成功的好好先生利用"喜爱"作为获得权力与影响力的垫脚石(李琼,郭德俊,1997)。

20世纪70年代的印象管理观点在具有实验室取向的实验社会心理学家当中非常流行。当时占主流的印象管理理论是操纵者比喻(the metaphor of manipulator)。印象管理被视为实施行为以控制他人、欺骗大众的方法(而且经常出于一些不良的理由)。它是基于这样的假设:绝大多数人的印象管理行为是出于不良的动机。今天看来,这种论述有一些过分极端,因为它只涵盖了印象管理行为中很小的一部分。

史兰科尔和温古尔德(Schlenker & Weigold, 1992)综合前人的看法,指出印象管理领域中对概念的界定包括两种观点:广义观点和狭义观点。广义观点假定,印象管理是一种普遍存在的现象,是所有人际互动过程中的基本组成部分。人们主动积极地运用印象管理来帮助自己实现个人的、群体的及组织的目标。狭义观点认为,印象管理从根本上说是坏的、邪恶的,主要是一些试图控制和欺骗他人的行为,这种观点带有浓郁的马基雅维里主义色彩。今天,大多数人持广义观点,认为印象管理在日常生活中是无处不在的。

三、有关与印象管理的一些问题

1. 印象管理是好是坏?

应该明确的是,印象管理作为社会生活与工作生活中的基本组成部分,本身并无好坏之分。印象管理是好是坏,是道德还是不道德,实际上取决于人们为什么运用它和怎样运用它。也就是说,在特定环境下,对运用印象管理的动机或结果进行判断。请看下面的例子。林芳芳一直致力于进行"好上司"的印象管理,关注下属在个人及事业方面的各种需要。如果林芳芳做事考虑周到,并因此使她的下属成为更加有效和更加能干的群体,没有人会认为她的印象管理是不道德的或者是坏的。但是,如果她利用手下人对她的信任,相信她是个关爱下属的上司,从而使一些员工签署了一份对自己非常不利的退休协议,情况就大大不同了!两种情况中,印象管理背后的动机决定了它是好还是坏。

2. 印象管理是否意味着人们成为"社会变色龙"?

印象管理使得一个人在不同的场合,对不同的人做出不同的表现。因此有人认为,印象管理是"墙头草"、"变色龙"、"伪君子"们惯用伎俩,他们借此以虚伪的手段达到不同的目的。而在人际交往中人们应该坦率诚实,以真实面目示人,不应有意识地控制他人对我们的印象。其实,印象管理是人际关系的润滑剂,它能使人际关系变得更美好更愉快。而不顾交往的场合、不顾交往的对象,一味我行我素的人,往往被人认为缺乏修养,粗鲁唐突,不会受到人们的欢迎。随着社会的进步和发展,人们文化水平和心理素质的提高,表达自己的观点和看法更为适应情境的需要。

概言之,印象管理能使我们在现代社会中更快地、更富有弹性地适应不同人的角色要求,使我们面对形形色色的环境做出恰如其分的自我表现和社会行为。

3. 人们是否有意识地管理某些印象?

人们在进行印象管理时,在多大程度上是有目的、有意识的活动?这也是一个颇有争议的问题。的确,某些印象管理行为是有意识和有目的的。我们可能会仔细规划并反复练习一些印象管理行为,为重要的社交场合做准备(比如求职面试或第一次约会)。但是,在现实生活中,很多印象管理行为是自发的,它们在无意间发生或未被人们特别注意到。比如,对权威人士表现出尊敬,当上司看见我们的时候避免表现出不恭,我们的缺点只让自己和最亲密的朋友知道……因此,很多印象管理行为我们可能并没有意识到。

自动化的印象管理行为叫做印象管理习惯。许多非语言行为,如未被提升时表现出的痛苦,或获得绩效奖励时的微笑,都属于这一类别。当人们觉得行为的结果对自己非常重要,或与预期的结果相差很大时,我们会脱离"自动行为控制器",对印象管理行为给予更密切的注意。比如,在一个重要会议上做正式报告时;当我们预计自己所展现的形象会受到挑战时;当在求职面试当中谈了一些很愚蠢的事情时(Leary 和 Kowalski,1990)。在这些场合下,我们会更多地考虑到印象管理的技巧,它能达到的作用,以及观众对它会有什么反应。

四、印象管理策略

在人际交往中,常见的印象管理策略可以分为四种:

(1)取悦他人。这是一种能使别人喜欢自己的重要策略。取悦他人的行为之所以能达到效果,"是因为人类的本性如此,他们接受赞美,想从别人那里得到对自己意见的认同,喜欢那些喜欢自己的人"(Odom,1993)。卡内基(Carnegie,1936/1973)在其《如何赢得朋友并影响人们》一书中提出了6条取悦他人的方法:①真诚地对别人感兴趣;②微笑;③要记住名字是一个人所有语言中最美、最重要的声音;④做一个好听众,鼓励别人谈论他们自己;⑤谈论别人感兴趣的事;⑥真诚地使别人感到他是重要的。

不过,这种策略也并非是无往而不利的;有时,当人们对明显逢迎背后的动机心知肚明时,反起戒心,认为是"别有用心"。不过一般而言,如果能够避免使用盲目地恭维、凡事不问是非就阿谀奉承,而是在别人有了优异表现之时加以真诚的赞美,在对人尊重的同时也提出善意建议,则大多数情况下能收到良好的效果。

(2)自我推销和宣传。即个体表现出一种令人称道、受人赞许的形象。吉尔卡隆与罗森菲尔德(Giacalone & Rosenfeld,1986)指出:"取悦他人的目的是通过表达喜欢他人的方式而受人喜欢,而自我宣传者则希望被人看起来有能力,从而愿意跟自己打交道。自我宣传者想方设法使别人认为自己或是在通常能力方面(比如智力),或是在特殊能力(比如会一种乐器)方面是出类拔萃的。"

谦虚是我们文化中的美德,但的确在日常生活中,善于自我推销的人往往能近水楼台先得月。因此,如何能恰当地宣传自己和展示自己是一门不可不学的艺术。不过,在使用自我推销这一策略时一定不能过火,适当谦虚很有必要,因为过度的自我表现很容易使别人感到威胁和压力,对相互之间的沟通与交往造成负面影响。

有时,取悦他人和自我推销两种策略之间可能是相互矛盾的。讨好者被动谦恭地遵从别人的意见,也许会被认为是不够聪明、缺乏主见和能力欠缺(Jones,1990);成功的和富有进取心的自我宣传行为则要冒被别人嫉妒和怨恨的风险。想想看,如果我们周围的一个同事被人认为是绝顶聪明、能干和机智的,我们会怎样评价他呢?在现实生活中,尽管很多人都不得不承认微软的创始人和精神领袖比尔·盖茨在计算机方面的卓越成就,但他也因为极具挑战性和竞争性的做事风格而不受众人喜欢,其潜在的原因颇值得我们深思。

(3)哀兵之计。这种办法是利用自己的弱点来影响别人,给人留下的是弱势的、需要帮助的形象(Becker & Martin,1995)。这种策略试图激活一种强有力的社会准则——我们应该帮助那些需要帮助的人。例如,交报告的日期迫在眉睫,林妮的工作还没有完成,于是她摆出一副楚楚可怜的姿态寻求他人的帮助;当李健告诉丁利自己因为不会用公司的新电脑操作系统而焦虑得睡不着觉时,于是丁利主动提出教给他如何使用该系统。有研究者指出:这种方法真的很有效,因为"寻求帮助如此之简单,而且,很少有人会拒绝它。"

研究显示,许多人都用过这种技巧。不过,这种手段的使用程度是有限的,如果过度使用,恳求者可能被视为一个逃避责任的人,宁愿接受公众救济而不愿意自食其力的人。另外,这种技巧也许能够得逞一时,但是,他人对你印象的转变却可能影响到未来生涯的发展,因此,使用此策略冒的风险与付出的成本不可谓不高。

(4)以身作则。印象管理常常给人以负面的联想,以为印象是在别人面前"做出来的",其实不然,它应该是以客观事实作为基石,加以修饰整理而来的。在印象管理的众多策略中,言行如一、表里一致最为重要。反复无常、言不由衷、出尔反尔的人会令人觉得难以捉摸和预料,怀疑从他那里获得的信息的准确性,从而回避与他的深入交往。言行一致还表明言语与非言语行为应该是匹配的,例如,努力传递一个友好的印象,不仅表达你的赞赏,同时还包括非言语沟通,如身体前倾、缩短人际间的距离、微笑、点头、目光接触等。可见,保持一致的形象是给人以良好印象的前提保证。应该说,这种策略是几种印象管理策略中最为诚实,也是效果最为持久的一种。

概括起来,为了维持正常的人际关系,使他人更容易接纳和认可自己,个体对自己的印象进行管理和控制是十分必要的,人们需要根据情境、交往对象的特点来形成有利于自己的形象,即控制他人对自己的社会知觉和认知。但应当明了,印象管理在应用时,最重要性原则就是适度。我们在这里引用一个研究来说明这一点。巴伦发现(Baron,1989),在面试情境中,如果过度使用印象管理行为,则会造成适得其反的效果。他在实证研究中,请了一些大学生对一名女性求职者(实际上是实验者的助手)进行模拟面试,这位女性应聘的是一个初级工作岗位。在所有面试过程中,她所表达的言语信息完全相同,但在非言语信息的使用上采用两种方式:一种情况是大量使用积极的非言语行为,如微笑、身体前倾等;另一种情况则没有使用这些积极的非言语线索。另外,在她身上还有另一个维度的变化,即抹香水和不抹香水。如果这位女性求职者在面试中只使用积极的非言语线索,或只是抹香水的话,男性面试考官倾向于评介她为更为聪慧、更有成功潜质。但是,如果她同时使用上述两种印象管理手段,则男性面试考官对她的评价降低。不过,该研究没有发现女性面试考官表现出这种差异。巴伦的结果在某种程度上支持了这样一种观点,过度的印象管理会产生消极的影响,这一结果是值得我们深思的。

五、管理者如何运用印象管理技术

管理者需要通过他人来完成工作。他们做出决策,制定目标,但是最终要通过下属完成任务。他们的意图能够得到贯彻落实,还取决于一个重要因素:管理者本人能否被下属接纳。也就是说,管理者能否在下属心目中树立一个良好的印象并让下属产生好感,愿意与他并肩作战,为他付出努力,是前提和关键。在这方面有一些印象管理策略可以参考:

(1)积极地关注员工。管理者要表现出一种喜欢他们、愿意为他们做些什么的态度。愿意和他们在一起,愿意倾听他们的想法、见解、意见,甚至是抱怨。这样做的同时,管理者与员工之间的心理距离也拉近了。请记住社会心理学中有这样一条规律："人们喜爱那些喜爱自己的人。"

（2）展示自己的实力。工作场所当然是管理者展现自己专业能力的主要场所。除此之外，还可以通过其他业余活动展示自己相关的或其他方面的才干，赢得员工的敬重。另外，还要注意发展自己有效的沟通、交往、领导、处理冲突等人际方面的技能。

（3）平等对待、相互学习。身为管理者，无疑在某些领域上具备良好的知识和技能，才能担当此任。不过，这并不意味着管理者在各个方面都优于下属，尤其在科学技术飞速发展的今天，每一个员工都可能在某些领域超越管理者，如果管理者能放下架子，在自己不足的领域中向学生学习，无疑让员工由衷地感到管理者是平等相待、虚心好学的，而绝不是高高在上、不可接近的。

（4）言行一致。只有当个体的言行一致，我们才容易预期到他的行为，也容易和他打交道、对他建立信任。作为管理者，更要兑现自己的承诺（包括明确的承诺，也包括隐含的承诺），要一视同仁地对待所有员工，要表里如一、言而有信。

（5）注意非言语沟通。管理者在与员工之间创造温暖、亲切、平等的气氛时，不仅要注意自己的言谈、行动，还要注意一些更细微的环节，"润物细无声地"向员工传递自己的态度。例如，要注意，在与员工意见交流时身体前倾、保持目光接触、展示放松的身体姿态和生动的面部表情，等等。

本 章 小 结

知觉是客观事物直接作用于感官后，在头脑中形成的对客观事物的整体反映。知觉的能动性体现在选择性、整体性、理解性三方面。知觉对象、知觉者和情境都会影响到人们的知觉过程。社会知觉中的效应主要有首因效应、近因效应、晕轮效应、刻板印象、对比效应、投射作用等。

将观察到的行为归咎于某种原因的过程，称为归因。当我们观察个体的行为时，总会试图判断这种行为是由于内部原因还是外部原因造成的。但是，这种判断在很大程度上取决于三个要素：特殊性、共同性和一贯性。基本归因错误是指人们在解释别人的行为表现时，常常倾向于归因于人格或态度等内部特质，而较少归因于所处情境等外部因素；而在解释自己行为时，却倾向于外部归因。个体还倾向于把自己的成功归因于内部因素（如能力或努力），而把自己的失败归因为外部因素（如运气），这称为自我服务偏见。

人们试图控制自己在别人心目中印象的过程和现象，叫做印象管理。印象管理作为社会生活与工作生活中的基本组成部分，本身并无好坏之分。印象管理是好是坏，是道德还是不道德，实际上取决于人们为什么运用它和怎样运用它。印象管理是人际关系的润滑剂，它能使人际关系变得更美好更愉快。印象管理的策略包括取悦他人、自我推销和宣传、哀兵之计、以身作则等。管理者需要通过他人来完成工作，所以，管理者能否在下属心目中树立一个良好的印象并让下属产生好感，愿意与他并肩作战，为他付出努力，是前提和关键。

复习思考题

1. 选择性知觉会怎样影响到知觉过程？
2. 什么是刻板印象？举例说明刻板印象是怎样造成知觉失真的？
3. 什么是晕轮效应？举例说明晕轮效应是怎样造成知觉失真的？
4. 什么是归因理论？它在解释组织行为方面有什么意义？
5. 什么是印象管理？你对印象管理的看法是什么？
6. 一名员工在分配给他的工作上完成的不够好。请解释该员工的管理者会使用什么样的归因过程对员工的工作绩效进行判断。

案例　苹果电脑公司的史蒂夫·乔布斯

熟悉计算机的人，大概没有人不知道那只被咬了一口的苹果。这只小小的苹果自创立之初仅仅10年时间，就占领了世界市场8%以上的份额，让IBM这样的大牌公司着实吃了一惊。又一个10年之后，当众人都在为这种苹果敲响丧钟时，它却再一次迸发出亮丽绚烂的火花。这不得不说是一个商界奇迹。而总裁史蒂夫·乔布斯（Steve Jobs）先是公司的创建者，后是救世者的形象，更是名扬四海，谱写了创业史上的神话。不管你是他的崇拜者还是厌恶者，都会对乔布斯的领袖魅力不容置疑。

那只被咬了一口的苹果，真正的含义取自于背叛上帝的亚当和夏娃偷吃的禁果，暗喻苹果电脑是PC领域的叛逆者。这种形象也恰如其分地勾画了乔布斯本人的特点。乔布斯成长于美国张扬个性的20世纪60年代，他从小特立独行，刻意塑造一个不同寻常的形象，执意要成为人们心目中的"叛逆"。尽管有父母的悉心照顾，但他却努力使自己看起来像个四处流浪了多年的孤儿。他的很多行为在外人看来十分古怪，离经叛道。例如，上大学没多久却又退学；与同伴一起远赴印度要进入修道院修行；在进入阿塔利（Atari）公司时，他每顿饭只吃酸奶和水果，并相信这种饮食习惯可以免去洗澡的麻烦。

即使在苹果公司蓬勃发展的时代，乔布斯也总是一副不修边幅的外表出现在众人面前。人们对他的描述是"瘦削、邋遢、留着长发、满面风尘、穿着破牛仔服、脚上趿着拖鞋。甚至在吃饭时也会把脏脚丫放在桌上，晃来晃去"。这与企业界那种西装革履的正统形象格格不入，也触怒了华尔街的不少名人。

乔布斯的管理方式曾被戏称为"愤怒管理"（anger-management），他喜怒无常，经常在公司里上蹿下跑，对自己的手下大喊大叫。甚至在与雇员谈话时，一句话不投机就把人辞掉。他粗暴，常出言不逊，脏话连篇。他独断专行，用他的话说，"要么照着去做，要么滚蛋"（my-way-or-the-highway）。正是这种特立独行的风格和排他的绝对主义，使得Mac机得以诞生。但是，这种管理方式也显然是不利于一家公司长期稳定地发展。终于,喜怒无常、骄傲粗鲁的乔布斯在 1985 年初权力争斗失败,被 John Sculley 扫地出门。

1998 年 8 月,乔布斯受命于危难之中,回到苹果任职临时 CEO 时,人们看到了多年风风雨雨对乔布斯的改变。他依然带着一贯的自信和坚韧,但同时又多了一份成熟和平和。工作也比以前人性化多了,他在具体的工作中并不过多插手,更多关注于需要进行协调的工作,譬如在财政、市场和交易等方面。20 年前帮助苹果创造奇迹的硅谷公关之王里吉斯·麦肯纳(Regis Mckenna)说:"乔布斯成熟了。你知道我是怎么判断的?因为他一回到苹果,就虚心地向许多人请教,而且认真地听取了意见。他已从失败中学会了许多东西。"

在他带领下推出的 iMac 大获成功,使公司迎来自 1995 年后的第一个盈利财年。接着,又推出了全新 iMacDV、G4、iBook,在短短一段时间内竟然推出这么多成功出色的新产品,令人目不暇接。1999 年,美国"洛杉矶时报"评选出了"本世纪经济领域 50 名最有影响力人物",史蒂夫·乔布斯与另一名苹果公司创办人沃兹尼克并列第 5 名。史蒂夫·乔布斯也是跻身"洛杉矶时报"排行榜前 10 名中唯一一位仍然活跃在商业经济第一线的企业家。

今天的乔布斯衣冠楚楚,风度翩翩,口若悬河,与 20 多年前创办苹果公司的那个不修边幅的大学生相比,完全判若两人。

问题讨论:
1. 之前和之后的乔布斯给人们留下了什么样的不同印象?
2. 你认为乔布斯使用了什么样的印象管理策略?
3. 你认为什么样的人更容易使用印象管理策略?

第七章

动机概念与应用

【学习目标】

学完本章后,你应该能够:
1. 概述动机的特点;
2. 描述马斯洛的需要层次理论;
3. 区分激励因素和保健因素;
4. 解释动机的折扣性原则;
5. 陈述分配公平与程序公平的差异;
6. 掌握期望理论中的三个关键联系;
7. 解释当代各动机理论之间是如何相互补充的;
8. 识别目标管理方案中四种基本成分;
9. 解释员工持股方案如何提高员工的动机水平。

【开篇案例】

巨华的激励措施

巨华公司是一家非常有名的高科技民营企业,主要从事通信网络技术与产品的研究、开发、生产与销售。规模已达到上万人,而且集中了中国学历最高的一群年轻人。张华和沈强同一年进入公司,都是名校的硕士毕业生,又分在一个部门,工作能力都被上司和同事给予较高评价。作为应届毕业生工作两年之后,两个人今年的薪水已将近10万元。不过,稍微探寻一下他们的内心世界,你会看到不少差异。

张华充满激情地描述在巨华公司的岁月。他说自己在这里的两年里,血脉里燃烧的全是被老板点燃的干劲与热情。"老板是一个极富激情和感召力的人,成为企业无可争议的精神教父。在商场的征战中,他俨然像一个帝王——果敢,敏锐,性格坚毅,咄咄逼人。"

让他最受鼓励的是"巨华公司的气魄"。它敢于让员工做他们没有做过的事情,它愿意让自己的员工接受更多的挑战,同时耗资巨大给他们提供培训。"巨华是一个有名的三高企业——高效率、高压力、高工资。它让你觉得贡献得到了肯定,它告诉你有奉献必有回报。"

提起以后的人生道路,张华直言不讳地说:"希望有一天能像老板那样做成大事。"但也坦言道,"还有太多的地方值得学习。"

沈强也直言自己在巨华很敬业、也很奉献。然而,巨大的不安全感让他觉得透不过气来。"巨华公司的天空中始终漂浮着危机的阴云,那种危机感天天陪伴着你。"在这里常常听到大家谈论的是,"我这个项目要是丢了,在巨华的日子就到头了。""在巨华干一天算一天吧,不知哪一天巨华就让我卷铺盖滚蛋了。"

沈强还受不了这里"训斥之声不绝于耳"。下属常常被骂得面红耳赤。不仅是基层员工,老板对高层管理者也照骂不误。大家常常互致关怀和问候的一句话不是"吃了吗?"而是"有没有挨骂?"企业宣扬只有"不要脸"才能成功。在这样的企业中,人们甭想还有什么样的尊严可言。"在巨华,你永远感觉不到一个家园的亲切感,它让你觉得自己不过是一架高速运转的机器。"

当然,沈强也强调,自己从巨华学到了不少东西,这么高的工资也确实让过去的同学羡慕不已。而且趁着年轻,自己见识了不少世面。谈到以后的人生道路,沈强的梦想是"开间茶馆,常常能有三五好友来此小聚"。

哈佛大学教授威廉·詹姆斯发现:对于按时计酬的职工来说,一般仅发挥了自己20%—30%的能力,来应付工作、保住职位不被解雇。如果他们被充分调动和激励,则可以发挥80%—90%的能力,其中50%—60%的差距是激励作用所致。这一分析不能不使人们感到吃惊。因为大多数企业的管理人员,每当出现困难影响生产任务与绩效时,首先想到的常常是要在设备与工艺上进行改进,较少想到他们周围的人力资源还有很大潜力值得开发和利用。不过,通过张华和沈强的内心世界我们可以看到,个体行为的原因和动力有着很大的差异。只有深入洞察了人们行为的内在需要和动机,才可以有效地调动员工的工作积极性。本章中,我们就来谈谈人们行为的原因和动力。

第一节 什么是动机

一、动机的基本特点

人们无论从事什么活动,总要受到动机的调节和支配。比如,工人在厂里做工,是因为他有工作的动机;顾客去商店采购,是因为他有购买的动机。即使是像吃饭、喝水、走路这些比较简单的活动,也是在不同动机的推动下产生的。动机可以说是活动的原因和动力,它表明一个人"为什么"去从事某种活动。在这里需要澄清一种说法,尽管在日常生活中,我们常常会说某些人缺乏动机。其实这种说法是不对的。动机存在于每个人身上,只不过有强度上的差异,而且会指向不同的方向。同一名学生,上课时可能心不在焉、昏昏欲睡,但上网玩电子游戏时却可以几个小时不休息,说明的就是动机的方向性这个道理。

那么,到底什么是动机呢?

在组织行为学中,动机(motivation)是指引起和维持个体的活动,并使活动朝向某一目标的内部心理过程或内部动力。人的各种活动都是在动机的指引下,并指向某一目标的。从这个定义中可以看到动机的四个特点:

第一,动机是人们从事某种活动的原因,是推动人们进行某种活动的内部动力。比如,饥择食,渴择饮。这种择食、择饮的活动是由饥、渴的动机激发起来的。没有这种动机,就不会产生相应的行为和活动。

第二,在动机的支配下,个体的行为将指向一定的目标或对象。比如,在学习动机的支配下,人们可能去图书馆借书,或者去商店买书;在休息动机的支配下,人们可能去电影院、娱乐场或公园,并选择自己乐意的休息方式。可见,动机不一样,个体活动的方向以及它所追求的目标,也是不一样的。

第三,动机引发某种活动出现之后,并不能也不会立即停止,而是继续发挥其作用,即维持已引起的活动,并使该活动朝向某一目标进行。

第四,动机是一种内部心理过程,是一个"中间变量",我们无法直接观察到它,有时个体甚至不一定能意识到它的存在,只有通过一个人"当时所处的情境及其行为表现"才能觉察或测量到这个人的动机,并给予解释。

二、动机与效果

动机的性质和强度决定了人们行为的方向和进程,并进一步影响到行为的效果。但是,在现实生活中,常常能看到动机与效果不太一致的情况。例如,一个工作十分努力的员工,却在工作业绩上并不出色。这表明:动机与效果的关系还受到其他因素的影响,其中一项主要因素是个体的能力水平。能力对动机与绩效的影响如图 7-1 所示。

此外,越来越多的研究者认为在这种关系中还应加入机会这一变量,即:绩效 =

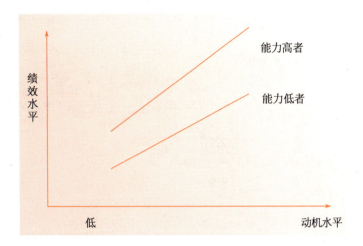

图 7-1　动机与绩效的关系受到能力的影响

f(能力×动机×机会)。在现实生活中,很容易找到这样的例子,即使一个能干而且想干的人,却因为一些主客观因素制约了绩效水平。可见,动机是影响行为效果的一个重要因素,但却不是唯一的条件。当你在评价一名员工为什么没有取得他应该取得的绩效水平时,不要忘了看一看员工是否拥有足够的工具、设备、材料和供应? 是否拥有有利的工作条件、热情帮助的同事、支持性的规章制度? 是否拥有做出工作决定所需的充分信息、是否有充分的时间完成工作? 等等。如果没有,那么他的绩效水平就会受到影响。

动机是组织行为领域研究最多的一个课题。由于问题的复杂性,研究者从不同角度进行分析,因而发展出了各种理论学派,虽然每种理论都不能完整全面地解释工作动机问题,但它们都对而后的理论产生了重大影响。下面我们分为三大类介绍这些理论内容:内容型动机理论,过程型动机理论,强化型动机理论。最后引入一个综合动机模型。

第二节　内容型动机理论

内容型动机理论注重解释人们为什么做出这样那样的行为,主要研究激发人们行为的各种动机因素。主要包括五种理论:马斯洛的需要层次理论,阿尔德弗的 ERG 理论,麦克莱兰德的三种需要理论,赫兹伯格的双因素理论,以及近年来提出的内部动机和外部动机理论。

一、需要层次理论

美国心理学家亚伯拉罕·马斯洛(Abraham Maslow)于 1943 年提出需要层次理论(hierarchy of needs)。它历经半个多世纪,依然在管理领域中广为流传,并对而后的理论有着重要影响。这一理论把人类多种多样的动机归纳为五大类,并按照他们发生的先后次序划分出等级,由低向高列成一个金字塔形状(见图 7-2)。

(1) 生理需要:指衣、食、住、行等能满足个体生存所必须的一切物质方面的需要。这是人类最基本的需要,而且在推动人们行为方面有着强大的原动力。

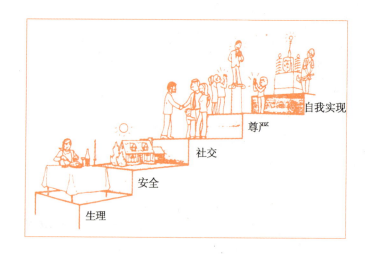

图7-2 马斯洛的需要层次

资料来源：Robinns，1986。

（2）安全需要：指对生命安全、财产安全、职业安全和心理安全的需要。这类需要主要是对生理需求和身体安全的社会保障。

（3）社交需要：指个人归属于某一群体的需要，参与群体活动及交往的需要，以及对友谊、接纳和爱情的需要等。

（4）尊重需要：这类需要可以分为两类。一类与内部尊重有关，例如自尊、自信、自主和成就感；另一类与外部尊重有关，例如地位、荣誉、认可和关注。

（5）自我实现需要：这是最高层次的需要，指的是个体能充分发挥自身的潜能，实现个人的理想抱负，同时使自己不断成长、发展的那些需要。

马斯洛认为，人们的这五种需要是按次序逐级上升的。只有当低一级的需要获得基本的满足后，下一层级的需要才会成为主导需要。请注意，他指出虽然没有一种需要会得到完全、彻底的满足，但只要它大体上获得了满足，或者说获得了大部分的满足，就不再具有激励作用了。

马斯洛还把五种需要分为高和低两级。其中生理需要和安全需要属于低级需要，它们是通过外部使人得到满足的。例如，借助于工资收入可以满足生理需要，借助于法律制度可以满足安全需要。而社交需要、尊重需要和自我实现需要属于高级需要，它们是从内部使人得到满足。低级需要是有限的，一旦得到满足就不再具有激励作用。而高级需要则不同，它们往往不易得到满足，更不可能得到完全满足。不过，只有在高级需要的满足过程中，才能产生更巨大、更稳定、更持久的力量，成为决定人们行为的关键因素。

这一理论对管理者很有启示，如果你想激励某个人，根据马斯洛的需要理论，你就需要了解他目前处于哪个需要层次，然后重点满足这种需要以及在其以上的更高层次需要。一些管理者根据马斯洛的五种需要，相应地制定了一些管理措施，指导组织中的管理实践（见表7-1）。

马斯洛的需要理论得到了普遍认可，尤其是在从事实际工作的管理者当中。这一点应该归功于其理论的直观性和易于理解性。不过话又说回来，该理论总体上缺乏实证检验。实际上，几乎没有证据表明人们的需要是像马斯洛所说的层次组织起来的，需要层次的排列恐怕因人而异，也受文化的影响。因此，运用此理论解释行为时应该慎重。

表 7-1 与五种需要相应的管理措施

需要层次	生理需要	安全需要	社交需要	尊重需要	自我实现需要
追求的目标	薪水、健康、良好环境、各种福利	工作保障、安全生产等	友谊、良好的人际关系、团体接纳	地位、名誉、权力、责任、薪水的公平性	能发挥个人特长的组织环境、挑战性的工作等
管理措施	安排好医疗、保健、休息、住宅、福利设施等	雇佣保证、退休金、各类保险（健康，意外事故等）	协商、访谈、团体活动、教育、培训、娱乐制度	人事考核、晋升、表彰、选拔进修、员工参与制度	参与决策制度、提案制度、研究发展计划、劳资协商

二、ERG 理论

由于缺乏实证研究支持马斯洛的层次学说，不少学者试图对它进一步修正，从而与实证研究结果更加一致。耶鲁大学的克莱顿·阿尔德弗（Clayton Alderfer）就是这方面的典型代表。他在马斯洛学说的基础上提出了 ERG 理论，认为人类存在三类核心需要：生存需求（existence）、关系需求（relatedness）、成长需求（growth），故称为 ERG 理论。

生存需求关注于满足生存的基本物质条件，它包括了马斯洛学说中的生理需要和安全需要两部分。

关系需求是人们维持重要人际关系的愿望。要想满足这些社会的和地位的愿望，就需要和其他人相互交往。这类需要和马斯洛的社会需要及尊重需要中的外在部分相对应。

成长需求指的是对于个人发展的内在愿望。这与马斯洛尊重需要的内在部分和自我实现需要的特征相一致。

除了在需要的层级上与马斯洛理论不同之外，阿尔德弗的 ERG 理论还有两个鲜明特点：

（1）强调多种需要可以同时并存。马斯洛的需要层次遵循逐级上升的严格过程。ERG 理论却并不假定其中存在一个严格的层级，即人们必须在低层次需要获得满足后才能进入高层次需要。例如，一个人甚至可以在生存需要和关系需要均未获得满足的情况下，为了成长需要而工作。或者三种需要在同一时间里共同起作用。

（2）ERG 理论不仅提出了需要层次的"满足—上升"趋势，也包括了一个"挫折—倒退"趋势。也就是说，当个体较高层次的需要受到挫折未能满足时，则较低层次的需要强度会增加。例如，当个体无法满足社会交往需要时，可能会导致他们对于更多金钱或更好工作条件的渴望。所以，挫折可以导致人们向较低层级需要的回归。

不少研究证据支持了 ERG 理论的内容，但是同样也有证据表明该理论在某些组织中并不适用。不过至少可以这样说，ERG 理论在解释需要层次方面代表了一种更为有效的版本。

三、成就、权力与亲和需要

哈佛大学教授麦克莱兰德（David McClelland）则从另一个角度对人类的动机进行了分类，它认为个体身上存在着这样三种基本需要：成就需要、权力需要、亲和需要。

成就需要（need for achievement）指的是追求卓越、争取成功的内驱力；

权力需要(need for power)指的是说服和影响别人以某种方式行为而不以其他方式行为的需要;

亲和需要(need for affiliation)则是在社会环境中与他人建立友好、亲近人际关系的愿望。

有关成就需要的研究发现,高成就需要的人具有下列特征:①能积极在不利情境中冲破障碍、克服困难、全力以赴地完成困难的任务,看重自己的声誉;②有明确的目标和较高的抱负水平,相信自己的技能,并坚信自己一定会成功;③精力充沛,探新求异,对工作精益求精,以期达到尽善尽美的地步;④选择工作伙伴以高能力为条件,而不是以交往的亲密关系为标准。

高成就需要的人强烈渴望获得成功,追求个人成就感。当他们感到一项任务的成败几率各占一半时,会有最高的努力水平,工作成绩也最好。他们不喜欢偶然性过高的赌博,因为从偶然的成功中他们得不到任何成就满足感。同样,他们也不喜欢胜算过高的任务,因为那样他们就感受不到成功的难得与可贵。他们喜欢的是那些需要经过一定努力才能实现的目标。

麦氏还在他的研究中论证了个体的成就需要水平与国家经济发展的关系。具体来讲,如果一个国家所有的个体都追求个人成就感,总是渴望把事情做得一次比一次更好,那么会使国家总体经济水平繁荣与增长。也就是说,通过了解一个社会中其成员成就动机水平的高低,可以预测到社会经济与科技发展的速度快慢。

麦氏最初的兴趣集中在成就需要的研究上。但是,多年的研究中他发现了一个奇怪的现象,凡是成就动机很高的人,对人事问题的兴趣都不高。换句话说,工作中高成就动机者均没什么领袖欲(McClelland, 1975)。这一发现促使他进一步研究权力需要这一课题。研究发现,高权力需求的人热衷于承担责任,努力对他人施加影响,喜欢竞争激烈和能够带来地位的情境。比起工作本身,他们倾向于更关心自己的威望、获得地位、赢得对他人的影响。权力需要高的人能够得到更高的职位,晋升速度更快,并寻求更多的影响他人的机会。

麦克莱兰德分离出来的第三种需要是亲和需要,不过针对这种需要进行的研究最少。高亲和需要的人看重与他人的联络,他们渴望得到他人的喜欢、认可、支持和合作,追求友爱。这样的人更喜欢合作环境而不是竞争环境,努力形成亲密的人际关系,渴望相互理解、彼此关怀。

基于大量研究基础上,我们可以对三种需要做出一些推断和预测。当然,其中关于权力需要与合群需要的研究相对较少,值得进一步的研究探索。

第一,高成就需要者更喜欢具有个人责任感、可以获得工作反馈和中等冒险程度的工作环境。如果在环境中具备这些特征,高成就者就会工作积极性极高。例如,不少证据一致表明,高成就需要者在以下创业活动中更有建树:经营自己的公司,或在大企业中管理一个独立的工作单元。另外,有人发现在专业技术人员当中,有不少人是高成就动机者。他们在工作中得到的主要奖赏来自于工作本身,把工作视为生活的核心乐趣。

第二,高成就需要者未必是一位优秀的管理者,尤其是对规模较大的组织而言。他们感兴趣的是自己如何做得更好,而不是如何影响其他人做好工作。高成就需要的销售人员未必是一名优秀的销售经理,大企业中工作出色的总经理也并不一定就是高成就需要者。

第三,归属需要和权力需要与管理者的成功与否密切相关。最优秀的管理者拥有高权力需要和低归属需要。实际上,高权力动机可能是管理效果的一个必要条件。当然,至于哪个因素是因哪个因素是果,还有待进一步确定。有人曾提出,高权力需要可能仅仅是一个人在组织层级中所处地位的产物。也就是说,一个人在组织中的位置越高,其权力动机就越强。

四、双因素理论

弗雷德里克·赫兹伯格(Frederick Herzberg)采用关键事件分析技术对员工的工作满意度问题进行研究,并在此基础上提出了双因素理论(two-factor theory),也称激励—保健理论(motivation-hygiene theory)。赫兹伯格在调查中请人们详细描述自己感到工作中特别好和特别差的情境。对调查结果进行分类后,他发现有两大类因素影响着人们的工作,而且,这两类因素的影响效果十分不同。如图7-3所示,一些特点始终与工作满意有关,如获得进步、得到认可、拥有责任、取得成就等内部因素;另一些因素则总是与工作不满意有关,如公司政策、监督管理、薪资水平、工作条件等外部因素。

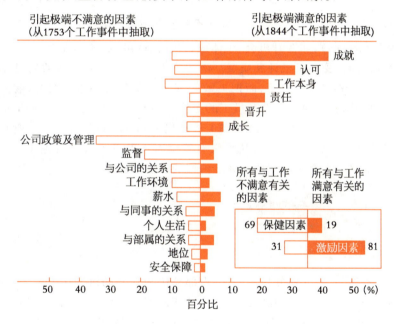

图 7-3　满意因素和不满意因素比较

赫兹伯格还指出,与传统的看法不同,这些数据表明满意的对立面不是不满意。消除了工作中的不满意因素并不必定会让员工对工作感到满意。如图7-4所示,赫兹伯格提出,满意感方面存在二维连续体:"满意"的对立面是"没有满意","不满意"的对立面是"没有不满意"。

根据赫兹伯格的观点,导致工作满意的因素与导致工作不满意的因素是相互独立的。因此,管理者若努力在工作中消除不满意因素,则只能给工作场所带来和平气氛,却未必具有激励作用。赫兹伯格把管理质量、薪资水平、公司政策、工作环境、与他人的关系、工作稳定性这些因素概括为保健因素(hygiene factors)。当组织充分保证了这些因素时,员工便没有了不满意感,但也不会因此而感到满意。赫兹伯格提出,要想激励人们积极从事工作,必须要重视与工作本身有关的因素或是可以直接带来结果的因素,即激励

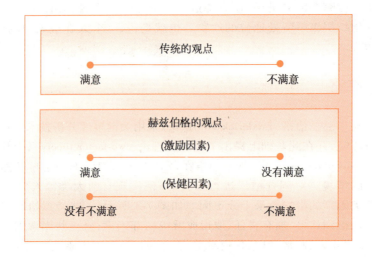

图7-4 满意-不满意观的对比

因素(motivation factors),如晋升机会、个体成长机会、认可、责任和成就。

　　双因素理论同样受到了批评和质疑。例如不少人指出,这一研究在方法上具有局限性。人们容易把功劳归因于自己,而把失败归因于外部环境因素。另外,赫兹伯格的调查只考察了工作满意度,而没有涉及员工的工作成绩与努力程度。要想使他的研究结论存在意义,就必须假定满意感和生产率和工作动机之间存在密切关系。尽管存在诸多批评,赫兹伯格的理论仍然流传甚广,几乎没有管理者不熟悉他提出的建议。工作再设计的流行恐怕在很大程度上应该归功于赫兹伯格的发现和建议。

五、内部动机与外部动机理论

1. 内部动机与外部动机的界定

　　从动机的来源上,可以划分为两大类:内部动机和外部动机。在组织环境中,存在着许多外在条件,可以吸引和激励员工,成为推动他们积极工作的诱因。例如高报酬、高职位、和谐的同事关系、上司的赞赏等。这种由外在力量激发而来的动机,称为外部动机(external motivation)。另一方面,个体的内部心理因素,如兴趣、爱好、好胜心、荣誉感、自我实现等等,在一定条件下,也可以成为推动员工积极活动的内部力量。这种由内在心理因素转化而来的动机,称为内部动机(internal motivation)。长期以来,动机理论家们普遍假定,内部动机与外部动机因素是相互独立的。也就是说,对其中一方的激发并不会影响到另一方。但是,近年来一些研究则表明,使用外部强化虽然可以提高外在动机,但同时也带有一定的副作用,即破坏了内部动机的效果。

2. 折扣性原则

　　德西(Deci,1971)可以说是对这个问题进行实证研究的第一人。研究者让大学生学习一种类似于"七巧板"的智力游戏。这种玩具包括7块形状和大小各不相同的方块,利用它可以组成各种形状,如蛇、金字塔等等。事先的调查表明,大学生对这种游戏很感兴趣，经常在闲暇时间玩这种游戏，亦即平时他们是在内部动机的支配下从事这种活动的。在实验中，研究者让被试把"七巧板"摆成规定的各种图形。实验分三天进行，每天让被试摆4个图形，要求每个图形必须在13分钟之内摆完。在第二个图形摆完之后，第三个图形开始之前，主试会借口有事离开实验室，让被试休息8分钟，告诉他们随便做什么都可以，可以吸烟、听音乐、看杂志（实验室中摆放着《时代周刊》、《花花公子》等各类杂志）或继续游戏。如果被试选择继续游戏，则意味着他是在内部动机的激励下主动进行活动的。实际上，研究者通过单向玻璃来观察被试在这段时间里的活动，记录被试是否选择继续游戏，以及继续进行游戏的时间长短，以此来评估其内部动机水平的高低。

被试分成两组，一组为实验组，一组为对照组。两组的唯一区别是在第二天的实验中，实验组的被试每摆好一个图形就会得到1美元的报酬，而对照组则没有任何报酬。德西把两组被试第一天和第三天的内部动机水平进行了比较，结果发现，实验组第三天的内在动机水平明显低于第一天。而与之相比，对照组则没有出现这种情况。由此，德西得出"第二天的外部强化（即提供1美元报酬）降低了大学生针对智力游戏的内部动机"的结论。迄今为止，至少100项研究采用类似的情境考察外在奖励与内部动机之间的关系。这些研究较为一致的结论是，外部奖励可能削弱了个体完成任务的内在动机（Freedman，Cumming，& Krismer，1992）。外在奖励越多，内部动机的效果就会越打折扣，因此，不少研究者称这种规律为"折扣性原则"（discounting principle）。

3. 认知失调理论对折扣性原则的解释

为什么会出现这种现象呢？我们可以用费斯廷格的认知失调理论进行解释。认知失调理论认为，如果人们的某种行为本来有充分的内在理由（如兴趣的支持），此时人们对于行为及其理由的认知是协调的。但如果以具有更大吸引力的刺激（如金钱奖励），给人们的行为增加额外的、更为明显的理由，那么人们对于自己行为的解释，会转向这些更有吸引力的外部理由，同时减少或放弃原有的内在理由。如果外在理由不复存在（如不再提供金钱奖励），则人们的行为就失去了明显理由，从而倾向于中止这种行为。下面一个有趣的故事可以帮助我们来理解折扣性原则的道理。

> 住宅院里的一位老年人偏偏碰上邻居们的一群半大不小十来岁的孩子。孩子们每每聚在一起，总是嘻嘻哈哈、追逐打闹，热闹非凡，吵声震天，使得这位颇需休息的老先生大受其苦。可是面对孩子们的吵闹，他又不能发作，屡次出面干涉也全然不起作用，孩子们很快就在游戏的兴奋中把"吵闹会影响他人休息"的事忘得一干二净。不过，老先生想出了一个好主意来治理孩子们的吵闹。第二天，他把孩子们叫到身边，告诉他们：他的听力不太好，但又想分享他们的快乐，听到他们的欢笑声，所以，在游戏中谁的嗓门大、谁的叫声高，他给谁的钱就多。结果，有些孩子得到5角钱，有些得到2角钱，有些只得到5分钱。此后的一周里，总是施以同样的奖励。等到孩子吵闹的理由被吸引到金钱奖励上之后，突然在第二周开始时不再给予任何金钱奖励。结果，孩子们感觉自己受到的待遇颇不公正："今天怎么喊得这么响连一分钱都不给"，"不给钱了谁还给你喊叫"。至此，孩子们对大声喊叫完全失去了兴趣，原来的行为模式发生了根本性的改变，吵闹得到了治理。这便是折扣性原则的巧妙运用。

认知失调理论告诉我们,人们有维持认知平衡的心理需要,一种行为的外在理由越多,相应的内在理由就会越少。无论是对学习成功给予的物质奖励,还是对人们的道德行为强加的外在约束力,都会使人倾向于用外在理由来解释自己的行为,促使人们养成他律的人格。受外在奖励学习的人,没有奖励也就不再愿意学习。同样,由于外在约束才强迫自己的行为符合道德规范的人,一旦外在约束失去,其行为也会自然地超出道德的轨道。

折扣性原则应该对管理实践具有重要意义。长期以来,薪资专家一直认为下面这种观点是不言而喻的:要想使工资或其他外部奖励成为有效的激励物,它们必须与个体的绩效水平保持一致。但是,折扣性原则却指出,这样做可能会降低个体从工作当中获得的内部满足,使他降低了对任务本身的兴趣,因为我们用外部激励因素代替了内部激励因素。

当然这一理论也受到一些攻击,还有一些模棱两可的内容需要澄清,但研究证据确实可以使我们得出这样的结论:外部奖励和内部奖励的相互依赖性是一种客观事实。它提醒管理者注意,在组织中不能只关注外部的奖励,更应创造环境满足人们的内部动机。那么,内部动机受哪些因素影响呢?近些年对于内部动机的研究为我们提供了一些证据。

4. 托马斯的内部动机模型

肯·托马斯(Ken Thomas)这样描述受到内在动机激励的员工:他们真诚地关心自己的工作,他们寻找更好的办法解决问题,他们总是精力充沛,当作好工作时,他们获得了巅峰体验,有一种自我实现的感觉。受内部动机推动的员工获得的奖励来自于工作本身而不是外在因素(如加薪或老板的表扬)。托马斯指出内部动机包括以下几个成分:

选择:个体能够选择对自己有意义的活动,并按照自己喜欢的方式完成它们。
胜任:对于自己所选定的任务活动可以熟练完成,并由此而带来成就感。
意义:个体可以追求有价值的任务目的,这一任务的意义深远。
进步:个体感到在实现任务目标的过程中,自己可以获得重要的成长与发展。

托马斯报告说,大量研究表明,这四种内部动机成分与工作满意感和工作绩效明显相关。如果一项任务很有意义,则人们会因为把时间浪费在其他无意义的工作当中而恼火。他们完全被内在的任务所吸引,甚至达到朝思暮想的地步。我们甚至可以预期,他们会压缩其他活动时间,为了给他们认为有意义的工作留出更多的时间。当一项任务可以产生巅峰体验时,个体的典型反应是选择这项工作而不是其他工作。胜任感也会激发人们的巅峰体验,我们"最投入的工作是那些我们胜任的工作——我们把所有精力都集中起来应对该活动的挑战"。最后,进步使我们觉得所花费的时间和努力是值得的。你感到对任务很有热情,并愿意在这方面投入你的时间和精力。

当然,托马斯的理论模型尚需进一步的实证检验,但是这一思想给工作场所中的工作设计带来了新的思路。

第三节 过程型动机理论

过程型动机理论重点关注人的心理机制,研究人们如何做出不同的反应,又是如何看待动机过程的。其中主要包括三种理论:洛克的目标设置理论,亚当斯的公平理论,弗罗姆的期望理论。

一、目标设置理论

20世纪60年代末爱德温·洛克(Edwin Locke)提出：人们为了达到目标而工作是工作动机的主要激励源之一。通过给员工设定合适的目标，可以激励员工。这就是目标设置理论(goal-setting theory)的根本出发点。在对这一理论的大量研究基础上，我们现在可以得出这样一些结论：

（1）明确而具体的目标能够提高工作绩效；目标的具体化本身就是一种内在推动力。如果其他条件相同，那么有具体目标的个体会比没有目标或只有笼统的"尽力而为"目标的员工干得更好。

（2）困难的目标，如果能被人们接受，会比容易的目标带来更高的工作绩效。因为，一旦员工接受了一项艰巨任务，他就会投入更多的努力，直到获得一定的结果。

（3）在实现目标的过程中，有反馈比无反馈能够带来更高的工作绩效。因为反馈能帮助人们了解自己所做的和自己想做的之间是否存在差异。也就是说，反馈可以指导行为。但反馈的效果也不尽相同。自发的反馈（即员工可以监控自己的工作进程）比来自外部的反馈更具有激励作用。

（4）如果人们有机会参与目标的设置工作，则目标更有可能被员工们接受。原因在于，人们对于自己亲自参与的选择会做出更大的承诺。进一步，它有可能促使人们愿意为达到目标而付出更多努力。

二、公平理论

斯达西·亚当斯(J. Stancy Adams)的公平理论强调了"公平感"在激励员工过程中的作用。在这里请注意，亚当斯与其他理论家一样，并不关心真实的客观现实，他所关心的是个体在主观认识上的公平感觉。

亚当斯指出，在组织环境中，我们总会把自己的投入（例如努力、经历、教育、能力）和报酬（例如薪水水平、提升、认可）和其他人的投入—报酬进行比较。如图7-5所示，我们考察自己从工作中得到的内容（产出）以及为工作付出的内容（投入），然后把自己的投入—产出比与其他人的投入—产出比进行比较。如果我们感到自己的比率与比较对象的比率相等，则为公平状态，并产生公平感觉；当我们感到这种比率不相等时，就会体验

公平理论

比率比较	感　觉
O/I_a* $< O/I_b$**	由于报酬过低产生的不公平
$O/I_a = O/I_b$	公平
$O/I_a > O/I_b$	由于报酬过高产生的不公平

* O/I_a 代表员工的产出/投入之比。
** O/I_b 代表相关的其他人的产出/投入之比。

图7-5　公平理论

资料来源，罗宾斯，1997。

到公平紧张感。如果我们感到自己报酬过低,则这种紧张感会产生愤怒;如果我们感到自己报酬过高,则这种紧张感会产生内疚。亚当斯认为,这种紧张状态激发了人们的动机,去采取行动纠正这种不公平。

被我们选出来做比较的对象,称为参照对象,它是决定了比较结果的关键。归纳起来,员工可以使用四种参照比较:

(1)自我—内部:员工在当前组织中处于不同职位上的经验。
(2)自我—外部:员工在当前组织以外的职位或情境中的经验。
(3)他人—内部:员工所在组织内部的其他个体。
(4)他人—外部:员工所在组织之外的其他个体。

员工可以把自己与朋友、邻居、同事或其他组织中的成员相比较,也可以与自己过去的工作经历相比较。至于选择哪种参照对象,不仅受到员工所掌握的有关参照对象信息的影响,而且受到参照对象吸引力的影响。

基于公平理论,当员工感到不公平时,你可以预计他们会采取以下几种方式:

(1)改变自己投入,如:不再像过去那样努力;
(2)改变自己产出,如:计件工人通过增加产量但降低质量的做法,来提高自己的工资;
(3)调整自我认知,如:"我过去总以为我的工作属于中等水平,但现在我意识到自己比其他人都更努力";
(4)调整对他人认知,如:"沈强的工作并不像我以前认为的那样令人满意";
(5)更换参照对象,如:"我可能不如我弟弟挣得钱多,因为我们已经不属于同一代人了,但我相比其他同学来说还算不错";
(6)离开该领域,如:辞职。

近年来的研究进一步扩展了公平的含义,提出公平不但包括分配公平(distributive justice),还应包括程序公平(procedural justice)。分配公平指的是人们感到个人之间在报酬数量上的分配是否公平。程序公平是人们感到用来确定报酬分配的程序是否公平。有证据表明,分配公平对员工的满意感有更大影响,而程序公平更倾向于影响到员工的组织承诺、对上司的信任和离职意向。所以,作为管理者应该考虑把分配的决策过程公开化,应该遵循一致和无偏的程序,或采取其他类似措施来增加员工的程序公平感。通过增加程序公平感,即使员工对薪水、晋升和其他报酬不满意时,他们也可能以积极的态度看待上司和组织。

公平理论表明,对大多数员工来说,动机不仅受到绝对报酬的影响,而且受到相对报酬的影响。但是,该理论中还有一些关键问题不够明了。例如,员工怎样处理相互矛盾的公平性信息?员工怎样量化投入和产出的各项要素?这些因素是否随时间而变化,又会怎样变化?不过,尽管仍然存在诸多问题,公平理论仍旧不失为一个十分有用的模型,它促使管理人员对员工激励问题有更深入的理解。

三、期望理论

维克多·弗鲁姆(Victor Vroom)的期望理论(expectency theory)认为,一个人在工作绩效上所付出的努力,取决于他对这种行为能给自己带来某种结果的期望,以及这种结

果对个人的吸引力。因此,该理论主要关注于三种关系(见图7-6):

```
      ①         ②         ③
个人努力 ——→ 个人绩效 ——→ 组织奖励 ——→ 个人目标

①努力—绩效关系
②绩效—奖赏关系
③奖赏—个人目标关系
```

图 7-6　期望理论

首先是努力与绩效之间的关系,称之为期望(expectancy,E)。弗洛姆对期望的定义是:一个人认为自己通过某种程度的努力可以达到一定绩效水平的可能性有多大。

其次是绩效与奖励之间的关系,称之为工具性(instrumentality,I)。弗洛姆的工具性定义为:一个人认为达到一定绩效水平同他想要获得的积极结果之间的联系如何。

最后是奖励与个人目标关系之间的关系,称之为效价(valence,V),也就你预计的某种结果会为你带来的满意或不满意的程度。或者说组织的奖励是否可以满足个人目标,以及这些奖励对个人是否有吸引力。

弗洛姆把动机作为推动个体做出绩效的驱动力(用 F 表示)。F 的大小,取决于这三个因素之积:

$$F = E \times V \times I$$

通过考察该理论的三项因素,有助于我们解释许多问题:

第一,如果个体付出了最大努力,能否在绩效评估当中表现出来?也就是说,人们是否会相信"一分耕耘,一分收获"?遗憾的是,对很多员工来说,这一问题的答案是"否"(见图7-7)。为什么?一种可能是,员工的能力水平存在一定缺陷,因此,无论他多么努力工作也不可能成为高绩效者;另一种可能是,组织中绩效评估体系的设计是为了评估一些非绩效因素,如忠诚感、创造性或冒险性,这就意味着,付出更多的努力并不必然带来更高的绩效评估结果;第三种可能是,员工感觉到她的上司不喜欢她(不论她的感知是对还是错),其结果是,她预计自己不管多么努力,都不会得到良好的评估结果。这些例子表明,员工动机水平低的原因之一可能在于员工的认知,也就是说,她相信自己无论多么努力,都难以获得优异的绩效结果。

第二,如果个体获得了良好的绩效结果,能否得到组织的奖励?许多员工认为在他们的工作当中,绩效—奖励之间的工具性关系并不明确。原因在于,组织除了绩效之外还会奖励其他许多东西。例如,当员工的薪水基于资历、人缘好、巴结领导等因素来确定时,员工很可能会认为绩效—奖励的工具性十分微弱,从而降低了努力工作的动机水平。

最后,个体得到的组织奖励,对他是否有足够的吸引力?员工努力工作原本是希望获得晋升,但得到的却是加薪;或者员工希望得到一个更有趣和更有挑战性的工作,但实际上仅得到几句表扬而已……这些例子表明,根据员工的个人需要量体裁衣设置奖励十分重要。遗憾的是,许多管理者可以自己支配的奖励十分有限,因而难以实现个性化奖励。另外,一些管理者还错误地认为,所有员工都想得到同样的东西,因此,他们忽视了差别化奖励的激励作用。无论哪种情况,员工的动机水平都不会被充分激发出来。

概括来说,期望理论的关键在于认为有三项要素会直接影响到个人的努力或动机。只有三项要素的水平均得到提高,个人才会产生很强的工作积极性。表7-2 显示了这三项要素之间的各种组合情况,以及相应的努力程度。

图 7-7　由于努力而获得奖赏的可能性

资料来源，H. J. Reiz，1976。

表 7-2　影响工作努力的各项因素

期望值	工具性	效价	工作努力程度（动机水平）
高	高	高	很大
高	高	低	不很大
高	低	高	不很大
低	高	高	不很大
高	低	低	小
低	高	低	小
低	低	高	小
低	低	低	极小或没有

四、强化型动机理论

强化型动机理论来自行为主义的观点，前面已经提到，他们认为人的一切行为都是后天在环境中通过条件反射的方式建立和形成的，而动机则是由外部刺激引起的一种对行为的激发力量。在激发个体产生新行为或改变已有行为时，强化是一项必不可少的因素，它使外界刺激与学习者的反应之间建立起条件反射，并通过不断地重复而使二者的联系进一步加强和巩固。

在学习一节中我们已经讨论了行为学派的三种强化理论，以及强化在动机方面的作用。值得注意的是，强化理论并未考虑个体的内部状态，仅仅关注一个人采取某种行动会带来什么后果。由于强化理论忽视了情感、态度、期望、认知以及其他内在变量，忽视了人在动机活动中的自觉性与主动性，因而有着较大的局限性。目前研究者的普遍看法是，强化无疑对动机与行为有着重要影响，但几乎没有学者把它视为唯一的影响。

第四节 动机的整合模型

我们已经知道,由于动机问题的复杂性,研究者从不同角度进行探讨,并发展出了各种理论学派。因此,每种理论都不能全面解释动机问题,但是,它们的内容是可以互为补充的。把它们结合起来综合考虑,可以帮助我们更好地了解动机的实质。

图 7-8 展示的模型中综合了我们所了解的很多动机知识。它的基本框架是弗罗姆提出的期望模型(Robbins,2002)。下面我们介绍一下这个整合模型。

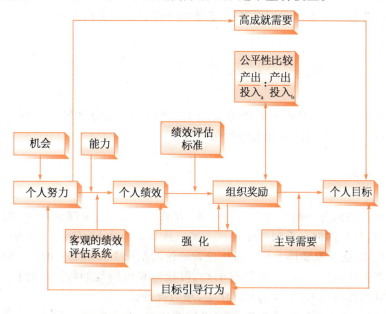

图 7-8　动机的整合模型

资料来源:Robbins, 2002。

首先应明确认识到,机会可以帮助也可以妨碍个人的努力。另外,"个体努力"受到"个人目标"的影响。这与目标设置理论的观点相一致,目标——努力之间的联系表明目标对个体行为具有导向作用。

期望理论提出,如果一个员工感到努力和绩效之间、绩效和奖励之间、奖励和个人目标的满足之间存在密切联系,那么他就会非常努力地工作。这正是该整合模型的核心链。其中每一种联系又受到一些因素的影响。个体的绩效水平不仅取决于他的努力程度,还取决于他在完成工作时具备的能力水平,以及组织在衡量员工绩效方面有没有一个被人们认为公平而客观的绩效评估系统。如果一个人感到自己会根据绩效的水平而受到奖励,那么绩效——奖励之间的关系就会更强。我们还可以预期,动机的折扣性原则会在此起作用。基于工作绩效的奖励会降低个体的内部动机。在期望理论中最后一个联系是奖励——目标的关系。ERG 理论可以进一步解释这种关系:当个体由于工作绩效而获得的奖励可以满足个人的主导需要时,他就会表现出极高的动机水平和工作积极性,从而实现目标。

整合模型中还包括了麦克莱兰德的成就需要理论、强化理论和公平理论。高成就需要者的动机并不来自于组织对他的绩效评估或组织提供的奖励,对他们来说,努力与个人目标之间有着最直接的联系。请记住,对于高成就需要者来说,只要他们从事的工作能提供个人责任感、信息反馈、中等程度的冒险性,他们就会产生完成工作的内部驱动力。所以,这些人并不关心努力—绩效、绩效—奖励、奖励—目标之间的联系。

强化理论也包括在该模型当中,它通过组织提供的奖励对个人绩效的强化而体现出来。当员工看到管理层设计的奖励体系奖励的是高工作绩效时,那么,这种奖励就会进一步强化员工的行为,鼓励他们继续保持高绩效水平。奖励也是公平理论中的关键成分。个人会把自己从投入中得到的奖励(产出)和其他人的投入—产出比进行对比($O/I_a : O/I_b$),若感到二者存在不平等,则会影响个体付出努力的程度。

第五节 动机理论的应用

作为管理者来说,如何将动机理论应用于实践当中,充分激发员工的工作积极性?下面介绍一些得到了普遍认可和运用的激励技术。

一、目标管理

目标管理已经成为一种十分流行的技术,在许多企业、卫生保健机构、教育部门、政府和非营利组织中,你都会看到目标管理方案。那么,何谓目标管理(management by objectives, MBO)?这一激励技术是在目标设置理论的基础上发展起来的,它强调员工参与对目标的设置工作,这些目标应该具有明确、可检验和可测量的特点。包括四个基本成分:目标具体性,参与决策,明确的时间限定,绩效反馈。

第一,在目标中不能仅仅笼统地表明要削减成本、改善服务、提高质量,这些愿望必须要转化成为可以测量和评价的具体目标。例如,采购部成本降低7%;保证所有的电话订货24小时内及时送到;保证产品返修率保持在1%以下。

第二,目标不是由上级单方面确定然后分派给下属的。目标管理运用共同参与决策的方式代替硬性规定的目标。上下级共同选择目标,并对如何衡量绩效达成协议。

第三,管理者和下属不仅要有明确的目标,而且要有完成目标的明确时间限定。

第四,在实现目标的进程中,管理者要不断提供绩效反馈。理想的做法是给个体提供持续性的反馈,从而使他们控制和调整自己的行为。比较现实的做法是:在检查工作进度时,管理者给予阶段性的定期评价。

不过,在有关目标管理的一些研究中,可以看到很多时候它未能达到管理者的期望(Hunter,1991)。在制定目标时,如果对结果存在不切实际的期望、缺乏高层管理者的承诺、管理层无力或不愿根据目标的完成情况分配报酬时,目标管理的效果会大打折扣。

二、员工参与方案

为了鼓励员工对组织的成功做出更多承诺与奉献,不少组织运用了员工参与方案,其中包括参与管理、工作场所的民主化、授权员工等方式。这种激励技术的隐含逻辑基础是：让员工参与影响到他们自己的决策，并增加他们对工作生活的自主权和控制力，会使员工的工作积极性更高，生产率更高，对组织更忠诚，对工作也更为满意。它受到马斯洛的高级需要、赫兹伯格的激励因素、托马斯的内部动机模型的影响。其中最普遍运用的参与方案有：参与管理，质量圈，员工持股计划。

（1）参与管理。所有参与管理（participative management）方案中都有一个明显的共同特征：下属在很大程度上可以与直接主管共享决策权，简言之，他们共同做出决策。

参与管理在当今很多时候被推崇为治疗士气低落和生产力低下的灵丹妙药。然而，这种作法是否有效，关键取决于以下三方面内容：员工参与解决的问题是否切关他的根本利益；员工是否具备必要的能力和知识，从而为决策带来有效的贡献；参与的各方是否相互信任，相互依赖。

为什么管理层希望与下属分享决策权呢？原因包括很多方面。首先，在工作日益复杂的当今世界，管理者常常并不了解员工所做的具体工作。所以，参与做法使那些最了解工作的人完成工作，其结果会带来更完善的决策。其次，员工参与还可以提高人们对决策的承诺。如果员工参与了决策过程，则在实施决策时他们反对这项决策的可能性会更小。最后，员工参与为员工提供了内部奖励，它使人们的工作更有趣也更有意义。

许多研究探讨了参与管理与工作绩效之间的关系，不过研究结果并不一致。人们发现参与管理对员工生产率、动机和工作满意度这些变量只有中等水平的影响。当然，这并不意味着在适当条件下使用参与管理毫无益处。它表明，参与做法的使用并不是提高员工绩效的万全之策。

（2）质量圈。质量圈也是一项常常被人们提到的技术，它最初在美国出现，20世纪50年代传到日本，80年代在北美和欧洲风行一时。质量圈（quality circle）的具体做法是：由八至十名员工和主管组成工作小组，共同承担工作责任。小组成员定期会面——常常是一周一次，利用上班时间和工作场所——讨论质量问题，探讨问题的成因，提出解决建议，并实施纠正措施。他们承担解决质量问题的责任，对工作进行反馈并对反馈进行评价。但管理层一般保留最终决定权来确定是否实施建议方案。

一些研究证据表明，质量圈对工作效率产生一定的积极影响，但它对员工满意度的影响却很小。另一些研究并没有发现质量圈对工作效率有显著的积极影响。可见，许多质量圈方案并未达到预期的效果。其原因可能来自两个方面：第一，员工实际上只有很少的时间参与活动。这些方案通常每周只碰面一次，每次不过讨论两三个小时，其余时间不发生任何变化。这种短短的讨论怎么可能带来重大影响呢？第二，质量圈过程实施的简便性常常会削弱它的效果。质量圈被看作是一种简单方法，对它的实施几乎不需要改变这一方案以外的任何方面。在许多情况下，管理部门的主要参与仅仅是提供资金。所以，质量圈成为管理层推行员工参与方案这一时尚的简便做法。遗憾的是，由于缺少计划性、缺乏高层管理者的承诺与参与等因素，常常导致质量圈的失败。

（3）员工持股计划。员工持股计划（employee stock ownership plans, ESOPs）是公司建立的一项福利措施，作为福利的一部分，员工可以获得股票。很多公司现在超过一半的股票为员工所有，例如联合航空公司（United Airline）、大众超市（Public Supermarket）、格雷巴电器公司（Graybar）、戈尔公司（W. L. Gore）。

有关员工持股计划的研究表明，它可以提高员工满意度，但是，它对绩效的影响并不十分明显。例如,一项研究对45个采用员工持股计划的公司与238个传统公司进行了比较,在雇员增长和销售增长两方面,员工持股公司均优于传统公司(Rosen & Quarrey, 1987)。另一项研究发现,在其他条件相当的情况下,采用 ESOP 的公司与未采用 ESOP 的公司相比,四年之后所有股东的回报率平均高出6.9%(Davidson & Worrell, 1994)。不过,也有一些研究得到了令人失望的结果。

应该说,ESOP 具有提高员工满意度和工作动机的潜力。但是,为了使这种潜力转变为现实,员工除了拥有财务的股份之外,还需要定期了解企业的经营状况,有机会对公司的业务施加影响,真正成为企业的主人翁,这样才能显著改善组织绩效。

三、浮动工资方案

很多组织正在把完全基于服务年限和教育文凭中的报酬体制,改变为浮动工资方案(variable-pay program)。这种激励技术主要受到期望理论的影响。具体而言,要想使动机水平最大化,个体要能看到他们的绩效和报酬之间存在有力的联系。如果报酬完全由非绩效因素决定(如资历、职称),员工就可能会降低努力水平。

这类薪酬形式与传统方案的区别是:前者的工资不仅仅取决于工作时间或资历,它的一部分还决定于个人或组织的绩效水平。和传统的基本工资方案不同,浮动工资不是一种年薪方案,它并不因为你去年拿了60 000美元,就保证今年还会得到这个数目。对浮动工资来说,报酬随绩效的水平而上下波动。浮动工资方案中使用十分广泛的两种形式是,计件工资和利润分成。

(1)计件工资。计件工资已经存在了近一个世纪,作为产业工人的薪资形式一直长盛不衰。它按照工人完成的每一个生产单位付给固定报酬。如果一名员工没有基本工资,仅仅根据自己的产量得到报酬,则是一种纯粹的计件工资方案。不过,大多数组织使用的是一种综合型计件工资方案,员工的报酬是基本的小时工资加上计件工资。所以,一名推销员会得到每天15元的基本工资,再加上每推销一份产品得到的20%提成。这种综合型计件方案给员工提供了一个收入底线,同时又具有激励作用。

已有证据支持了计件工资的效果,尤其是那些采用计件工资制的操作工人。例如,一项针对400家制造企业的研究发现,实施工资奖励方案的公司比没有实施该方案的公司生产率高出43%—64%(Fein, 1973)。

(2)利润分成方案。利润分成方案(profit-sharing plans)是整个组织范围内的报酬分配方案。根据公司的利润而设计出某种特定的公式,以此来计算并分配报酬。这些报酬可以直接以现金支付,也可以是股权分配,后者尤其针对于高层管理者。当你看到花旗集团的首席执行官山福德·威尔(Sanford Weill)年收入超过2亿美元这样的信息时,绝大多数情况下它是基于公司利润业绩得到的股票收入。

研究总体上表明,浮动工资方案在实践中是有效的。有利润分成计划的组织比没有该计划的组织生产率水平更高,并常常对员工的态度产生积极影响(Welbourne & Dmexmejia, 1995)。美国管理协会对83个实行利润分成方案的公司进行了一项研究,结果发现平均而言,不满和抱怨降低了83%,缺勤率降低了84%,浪费时间的现象减少了69%(Cotton, 1992)。从员工的角度来看,浮动工资的缺陷是它的不可预见性。他们无法准确地预计自己明年和后年的收入是多少,并基于这种稳定的预测来安排个人的生活。你所在组织的绩效水平今年可能下滑,经济危机也可能会降低公司的利润,这些因素都会降低你的浮动工资。另外,人们会把每年都得到的绩效奖金视为一种理所当然。如果连续三年得到15%—20%的奖金,你会期望第四年也同样得到它。如果没有兑现,管理层就会看到自己的周围工作倦怠、抱怨不断。

本章小结

动机是指引起和维持个体的活动,并使活动朝向某一目标的内部心理过程或内部动力。动机的性质和强度决定了人们行为的方向和进程,并进一步影响到行为的效果。本章介绍了三大类动机理论:内容型动机理论,过程型动机理论,强化型动机理论,最后引入一个综合动机模型。

内容型动机理论注重解释人们为什么做出这样那样的行为,主要研究激发人们行为的各种动机因素。主要包括五种理论:马斯洛的需要层次理论,阿尔德弗的ERG理论,麦克莱兰德的三种需要理论,赫兹伯格的双因素理论,以及近年来提出的内部动机和外部动机理论。

过程型动机理论重点关注人的心理机制,研究人们如何做出不同的反应,又是如何看待动机过程的。其中主要包括三种理论:洛克的目标设置理论,亚当斯的公平理论,弗罗姆的期望理论。

强化型动机理论来自行为主义的观点,认为人的一切行为都是后天在环境中通过条件反射的方式建立和形成的,而动机则是由外部刺激引起的一种对行为的激发力量。

动机理论可以应用于组织管理的实践中,如目标管理、员工参与方案、浮动工资方案等。

复习思考题

1. 解释动机与行为效果之间的关系。
2. 概述麦克莱兰德提出的三种需要。
3. 比较马斯洛的需要层次理论、阿尔德弗的ERG理论、赫兹伯格的双因素理论的相似性和差异性。
4. 解释动机中的折扣性原则,并谈谈它对管理实践的影响。
5. 识别期望理论中的三项因素,以及它们在动机中的作用。
6. 列出你真心喜欢的三项活动(例如,打网球、读小说、逛商店),然后,列出你真正不喜欢的三项活动(例如,看牙医、打扫房间、严格控制饮食)。应用期望模型来分析你的每一项回答,并评估一下,为什么有些活动能够激发你的努力,另一些活动却不能。
7. 参与管理方案包括哪些类型?为确保它的有效性应该注意哪些问题?

案例　上海浦东大众公司的员工持股计划

上海浦东大众出租汽车股份有限公司是我国出租汽车行业的第一家股份制企业,是由上海大众出租汽车公司(后改制为股份有限公司)、上海煤气销售有限公司、交通银行上海浦东分行等几家单位共同发起,公开募集股本组建的,公司于1991年12月24日成立,于1993年3月4日正式持牌在上海证券交易所上市。

上海浦东大众出租汽车股份有限公司的总股本为25 896.78万股,其中有流通股11 509股占总股本的44.44%。总资产7.11亿元,没有对外负债。年营业收入1.9亿元,年总利润为1.09亿元(1997年的财务数据)。

公司目前拥有出租汽车1 000多辆,是浦东新区客运行业的骨干企业之一。公司主营业务有汽车客运、汽车配件销售、房地产开发、商务咨询等。下属企业有上海浦东大众出租汽车配件公司、上海浦东房地产发展有限公司、上海浦东大众公共交通有限责任公司、上海久企贸易交通有限责任公司、上海久企贸易实业公司、上海发发出租汽车公司、上海浦东大众长途客运公司、上海浦东大众快餐公司。

浦东大众的近期发展目标是,车辆总数要达到10 000辆,成为世界上最大的出租汽车公司之一。

1997年9月18日,上海浦东大众出租汽车股份有限公司职工持股会暨首次会员大会召开,标志着浦东大众员工持股计划的正式运作。

员工持股会会员2 800余人,持有上海大众企业管理有限公司90%的股份,股份总额为6 800万股,每股1元。而上海大众企业管理有限公司通过股权转让方式受让浦东大众法人股2 600万股,每股受让价格4.3元,持有浦东大众总股本20.08%股权,成为浦东大众的最大股东,拥有了浦东大众的管理权。因此,浦东大众员工持股会直接持有上海大众企业管理有限公司90%的股权,间接持有浦东大众总股本20.08%的股权。持股会通过上海大众企业管理有限公司对浦东大众具有间接影响。

一、浦东大众实行员工持股的基本思想

浦东大众建立员工持股会的用意是,使劳动者成为有产者,改变职工的经济地位和社会地位,使企业与员工真正成为利益的共同体,减少企业与员工之间的利益矛盾,改变企业的治理结构。

在浦东大众,股东大会是最高权力机构。但由于上海大众企业管理有限公司掌握了企业的控制权,而员工持股会又是上海大众管理有限公司的最高权力机构,因此员工持股会相当于浦东大众的第二个法人治理机构。职工持股会的代表要进入董事会、监事会,参与决策、决算和监督,以从根本上改变决策者不负经济责任的状况。

二、员工持股的运作办法

员工股由职工直接出资获得。浦东大众员工持股会规定,总经理、党委书记必须持有20万股,其目的是以资产为纽带,把经营者的个人利益与企业的整体利益结合在一起,使企业的经营者既是企业的经营者,又是企业的所有者。持股会对企业各级管

理者和每位驾驶员都规定了相应的持股限额,例如出租汽车队长的限额是5万股,一般职工的持股限额是1万股至2万股。随着企业的发展,职工的持股限额相应进行调整。持股会鼓励所有员工购买一定数量的股份。

职工持股会章程规定,职工所持有的股份,没有特殊情况一不能转让,二不能抛售,一直到退休。会员出资认购的股票,可以在公司职工之间转让。职工与会员离开企业,如调离、被公司辞退、除名或死亡,其所持股票必须全部由持股会收购。

浦东大众职工持股会运行一年来,实践证明是卓有成效的。浦东大众的驾驶员流动率为上海市出租汽车行为最低。勤俭节约已成为所有员工的自觉行动。

(资料来源:代凯军,《管理案例博士评点》,第319页)

问题讨论:

1. 如果你是出租司机,你是否愿意在浦东大众工作?请说明理由。
2. 这种运作方式可以与哪些具体的动机理论联系起来?请具体说明这些动机理论是如何应用的。
3. 员工持股计划存在潜在的缺陷吗?如果有,请指出它们。

第八章

个体决策

【学习目标】

学完本章后,你应该能够:

1. 掌握个体决策的基本要素;
2. 了解评价个体决策的标准;
3. 列出理性决策模型的六个步骤;
4. 描述满意解决模型;
5. 描述隐含偏爱模型;
6. 识别个体决策中容易出现的偏差。

【开篇案例】

该接受这份工作吗?

张小柯手里捏着这封信至少犹豫了两分钟,猜测着种种可能性。最后,他定了定神,轻轻拆开信封,一眼看到"很荣幸地通知您加盟我们的企业……",终于长长地吁了一口气。不过,这种兴奋并没有持续太长的时间,他又面临着接下来的决定了。

从一方面说,能够得到这个职位实在是不错了。据他所知,班上一起要毕业的同学中还有将近半数未找到工作。何况,博雅公司又是个颇有名气的大公司,在销售额和利润上均排在同行业领先地位。

另一方面,他们提供的薪水大约是2 500元,低于自己期望的待遇。另外,这个职位要求他头三年在秦皇岛的研究基地工作,然后再调回北京总部。但是,他即将成家,而且太太肯定会在北京工作,两地分居的日子他也还没有太多思想准备。虽说秦皇岛和北京相隔不算太远,三年时间也不算太长。但是,自己的家庭计划也许需要相应地改变很多。

信的结尾,强调他应该在一周内给公司明确的答复。也许真正棘手的问题就在这里。因为他昨天刚刚与另一家企业——联海公司进行了面试,而且自我感觉还不错。这家公司虽然不如博雅那样有名,做的工作也与专业不太相符,但是待遇很不错,也能留在北京,不过他不太可能在一周内得到准确的答复。

他叹了一口气,把信放在一旁,仰望着天花板。这个职位本身还是不错的,专业也相当对口,可以学有所用,发挥所长。而且,他受聘的职位做的是企业的主打产品,公司非常重视,听人说培训机会很多,发展的空间也很大。

薪水问题也困扰着他,虽然不算太差,而且算是研究生毕业的通常水平,不过,由于自己在大学里的学习和活动表现,以及曾经有过的两年工作经历,他一直期望着可以得到比一般人更高的薪水。

到底该不该接受呢? 如果接受了,则一切烦恼都没有了,他可以开始安心筹措自己的未来了。不过,假使其他公司又提供了相当不错的职位给他,则自己可能会后悔。如果他拒绝了博雅公司的这次机会,情形又会怎样呢? 万一没有其他的工作怎么办? 他又要回到持续了几个月的状况:写求职信,到处奔波,忍受面试的苦恼,然后在漫长的等待中煎熬……当然,最糟糕的可能也不过是回到家乡工作。其实,父母早已经在家乡的小城为他联系好了康泰药业公司。不过,去那里工作除了离父母近一些便于照顾之外,没有更多的优越性。这时,张小柯又想起了前一周他参加的IBM和DELL在校园举办的招聘会,若能在这么有名的企业工作当然也不错……不过,他又觉得门槛太高、竞争太激烈、另外专业谈不上对口……

要考虑的事情真是太多了。他有些坐立不安了,看来,接下来的这一周时间,会是一段漫长的时光。

组织中的个体都要做出决策。例如,高层管理者要决定提供什么样的产品或服务、怎样进行财务运作最为合理、在哪里筹建一个新厂、提拔什么人做经理;中层管理者要决定生产日程安排、甄选新员工、合理分配加薪幅度。由于决策在组织中的重要意义,因此,人们有时把管理称为决策的艺术。当然,决策并不仅仅是管理者的特权。基层员工做出的决策同样影响到他们的工作以及他们为之效力的组织,例如:在工作中付出多大努力,是否服从上司提出的要求等等。近年来,越来越多的组织还把工作相关的决策权授予基层员工处理。可见,无论个体处于组织层级中的哪个层级,他们做出的决策都是组织行为中的重要组成部分,与组织的成功与否息息相关。

但是在决策过程中,你是否也曾有过与张小柯类似的经历:在时间有限、信息有限的状况下,必须做出一个重要抉择?他最后会做出什么样的决策,受到很多因素的影响,而他做出决策的过程,也有许多种不同的形式。本章中,我们主要讨论人们在做出决策时,受到哪些因素的影响,决策过程遵循什么样的规律,以及决策中的哪些因素可能引起决策的偏差等。

第一节 个体决策的基本要素

决策由许多要素构成,包括问题、决策者、决策环境、决策过程以及决策结果本身,如图 8-1 所示。下面,我们针对每一项要素做具体的分析。

图 8-1 决策的要素

一、决策结果

一般说来,评价一项决策的好坏,其标准可以分为效率和效果两大类。

1. 效率标准

决策的效率指的是人们为决策进行的投入与产出的相对结果。如果管理者甲用两个工作日做出的决策,等同于管理者乙用十个工作日做出的决策,那么甲的决策更有效率。

效率的一个主要指标是决策的成本,它包括花费在调查、研究、讨论上的时间与人力,也包括进行数据或资料分析、寻求外界帮忙(例如聘请管理顾问)所花费的资金。

效率的另一个指标是时间,也就是说,从发现问题到找出解决问题的方案过程中的时间差距。如果费时太久,拖延太长,无疑会妨害组织绩效,甚至可能使决策失效。例如,当企业最终决定采取某种价位推销产品时,竞争对手已经捷足先登,占领了市场。

2. 效果标准

评价决策好坏的另一个指标是决策的效果。决策效果指的是决策能够解决问题的程度。假设一位管理者决定雇用一批临时工来减少繁重的订单,而这样做果然使累积的订单减少了许多,那么这项决策就是有效的。如果累积的订单只减少了一小部分,则这项决策只达到了部分效果。

效果方面一个最常用的指标是决策的准确性。准确性包括:决策者是否正确评估了各种资料与消息,是否正确评估了各种方案的成本与效益。对于财务、库存、会计、生产、运输,以及其他可用数量分析的问题,我们可以清晰地看到决策的准确性程度。

效果方面的第二个重要指标是可行性。如果组织无法执行决策,即使最周全的决策也毫无用处。例如,如果不了解战场上严酷、恶劣的环境,指挥官坐在舒适的指挥部里制定的进攻决策,即使周密而完善,也不能在实践中行得通。

最后,大部分的组织决策必须先要争取大家的支持,才能真正发挥作用。一项相当完善可行的新产品推广计划,如果没有推销员的支持,则必然会失败。

综上所述,成本、时间、准确性、可行性与获得支持是评价决策的主要标准。而问题、决策者、决策过程以及决策环境这些要素,则决定了一项决策合乎决策标准的程度。

二、问题

任何决策都源于问题的出现,决策是针对问题做出的回应。那么,什么是问题呢?简言之,就是达到目标过程中遇到的阻碍。问题的某些特性会明显影响到决策过程及决策结果,其中有三种特性尤其值得强调:新异性、不确定性、复杂性。

1. 新异性

有些问题深为决策者所熟悉。例如,学生总要面对期终考试,护士总要面对不听话的病人,交警总要面对违反交通法规的司机……决策者对于这些反复发生的问题的反应都是例行化的,通常利用过去经验和已有的决策过程。不过,另一些问题则是以前从未面对的,基于过去经验总结出来的方法也难以适用。

问题的新异性可能造成两种影响:第一,导致决策过程的迟缓与不确定。一般来说,我们会首先验证例行的程序或方法,如果验证失败,则可能在一段时间里出现混乱局面,大家相互推卸责任,或找出各种理由来解释失败。然后,人们才重新评价问题的情境,寻求新的解决方案;第二,这种问题也会促使决策者必须运用创造力解决问题,使决策具有创新性。决策者的这种素质不仅是组织生存所必须的,而且可以为组织带来成长与发展的机会。

2. 风险与不确定性

每项决策都包含三种成分:投资(或赌注),产生某种结果的概率、后果本身。风险高的决策,也即失败几率大的决策;反之亦然。但是,大部分的决策,在投资、可能的后果及其几率方面都或多或少具有不确定性。例如,一家公司决定引进一套培训计划,以提高新任管理者的管理技能。首先,在投资上可能存在不确定性。这项计划究竟需要花费多少时间？花费多少金钱？管理层需要多大的努力来推行和支持计划？可能的后果及概率也存在不确定性。经过这项培训后，新任管理者到底从计划中获益的程度有多大？他们的管理技能比过去好多少？对组织中的其他人产生多大的影响？

有研究证明，风险与不确定性是决策上的重要变量。一项研究显示，人们对于自己认为不太重要的方面，更愿意冒较大的风险。他们让被试评定12项问题情境的重要性，然后再针对每个问题指出他们愿意冒的风险有多大。结果发现，对男性而言，问题越是重要，他们越不想冒险。有趣的是，对女性而言，并没有发现这种关系（K. Highbee & T. Lafferty，1972）。

琼斯和约翰逊（Jones & Johnson，1973）的研究则显示，决策的后果会影响到人们面对问题情境愿意冒多大风险。首先，研究者让被试相信：用药剂量越大，治疗效果越好，但同时造成的不良副作用的风险也越大。而后，他们在实验中让被试选择药品的不同剂量。实验发现，当告诉被试药品将在30分钟内产生效果，人们选择的剂量较小，平均的剂量为94mg；当告诉被试药品将在3—24小时以后发生作用时，则平均选取的剂量为146—175mg。研究者分析，当决策后的正效果与负效果同时发生时，对决策者而言，负效果更具重要性。

3. 复杂性

在问题的复杂性或难度方面，有一些比较清晰的预测。人们面对复杂的问题，总要比简单问题花费更多的时间。其中一部分原因在于复杂的问题需要处理更多的信息；另一部分原因可能在于，人们感到对于复杂问题的决策更没有把握。

组织中对于复杂问题的反应，常常是进行群体决策。理论上说，由一群人来做决策可以节省时间，提高效率，因为他们可以分工合作。此外，通过群体讨论还可以降低不确定性。不过，群体决策也有自己的问题，我们在群体一章中还会具体讨论。

三、决策者

与其他行为一样，决策行为也受到个人特性的影响。决策者的人格特质、智力水平、生理因素都会影响到决策行为。

1. 人格差异：决策风格

显然，并不是所有个体都以同样的方式做出决策。有的人倾向于做出的决策更加理性，有的人则喜欢决策时更为冒险。不同的个体在决策行为中常常表现出人格差异。

一项关于决策者人格差异的经典研究划分了四种不同的决策风格（Rowe，Boulgarides，1992）。这一模型的基础是认为人们的决策方式在两个维度上存在差异。第一个维度是思维方式：一些人是理性的，他们逻辑严谨，对信息进行序列加工。另一些人则是直觉型的，他们富有创造性，从整体上认知事物。第二个维度是个体对模糊性的容忍力：一些人需要结构化信息最大限度地降低模糊性程度，另一些人却能够在不确定性和模糊性的环境中泰然处之，能够同一时间里进行多种角度的思考。通过这两个维度可以构成四种基本的决策风格：指示型，分析型，概念型，行为型（见图8-2）。

指示型风格的个体不能容忍模糊性，他们注重理性分析并强调效率，由于对效率的

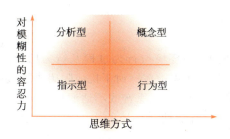

图 8-2　个体的基本决策风格

强烈关注,使得他们会在最低信息量时做出决策,并且没有太多的备选方案可以评估。指示型人做出的决策十分迅速,而且他们更多关注短期效益。

分析型风格的个体则更能容忍模糊性。他们在最终决策之前希望得到更多的信息,并对备选方案进行更多思考。分析型管理者最典型的特点是:他们是仔细的决策者,并且能够适应或处理新异性问题。

概念型风格的个体倾向于使用来自多种渠道的资料,并会考虑很多备选方案。他们关注于长期效益,并且,他们擅长找到创造性的问题解决方案。

行为型风格的个体在组织中关注员工的发展,他们关心下属的幸福感受,并接纳他人的意见。他们倾向于关注短期效益,并且不重视在决策中使用数据。这类管理者致力于回避冲突并寻求被下属接纳。

虽然这四种风格的差异显著,不过,大多数个体不只落在一种类型当中。对于一名具体的管理者,常常会有一种主导决策风格以及其他的辅助风格。

2. 智力水平

从直觉上,我们总觉得一个人的智力水平与他的决策效果有关。但是研究结果可能会使不少人感到惊奇:智力与决策能力之间,并不存在显著的相关。至少我们可以这样说,在组织环境中,即使心智能力会影响到决策的成败,其影响也并不显著。为什么会出现这种现象?有两种可能的解释。一种解释是,组织在甄选决策人员时,往往已将智力水平的高低包含在甄选标准里面了。另一种解释是,智力是一个非常复杂的结构,而不同的决策需要不同的能力,诸如认知能力、记忆、信息发现与处理、评价能力等。由于目前通用的标准智力测验,常常只能反映这些能力的很少部分,因此,无法发现智力与决策成绩之间的关系,也就不足为奇了。

3. 生理因素

不少生理因素也会影响到决策的效果,例如疲劳、酒精及药物的作用。疲劳包括生理疲劳和心理疲劳两种,前者由于大量或连续性的体力活动造成;后者则由于单调枯燥的劳动或紧张焦虑的情绪状态引起。人们发现,无论是生理疲劳还是心理疲劳,都会使人们忽略了应该注意的信息,在必须做出的决策时反应失常——或者是反应过敏,或者是反应迟钝。另外,对于药物和酒精的研究均显示,它们使决策所需要的时间显著增长,且错误率增加。

四、决策环境

决策发生于复杂的环境中,而环境与行为过程及行为后果之间又会交互作用,相互影响。有关决策环境的研究,大多集中在探讨干扰或阻碍决策过程的因素上。

虽然物理因素,例如时间压力、过强噪音或不适温度等因素会造成分心现象,并对决策效果产生不利影响,但总体来说,社会环境的影响更为重要。下面我们主要来看看社会环境中的一些影响要素。

1. 受限制的选择

在决策者拟定的各项备选方案中,有些方案会受到社会环境的限制。例如,学生在面对期末考试时,其中一种解决方案是作弊。为什么绝大部分学生不会选择这一方案呢?因为决策方案受到法律、道德、伦理规范的约束。同时,组织本身也限制着决策者,使人们调整自己的决策,与组织的规章制度、操作程序保持一致,反映出组织对于绩效评估和奖励制度的要求,并符合组织规定的时间限制。另外,决策者所属的非正式群体,也对决策方案的选择产生着重要影响(见表8-1)。

表8-1 决策方案所受的限制

可能的方案	法律限制
	道德与伦理限制
	组织规范与政策限制
	非正式的社会规范限制
	可选择的范围

2. 反馈

决策中的反馈,指的是个人得到自己所做决策质量的信息。许多证据显示,反馈信息对于而后的决策有着重要影响。一项研究表明:对个体先前决策效果的反馈,会影响而后对于工作目标的确定。失败结果的反馈,往往使个体决定降低或维持先前的目标;而成功结果的反馈,则往往会促使个体决定提高未来目标的难度。研究者雇佣了80名学生,按时计酬付给他们薪水。在休息时间,研究者考查了每个学生的工作数量及工作质量。然后,给随机选出的第一组20名学生提供正确而完整的绩效回馈,给第二组20名学生不完整的绩效反馈(只有数量方面),给第三组20名学生不正确的绩效反馈(夸大错误),对最后20名学生则不给予任何反馈。接着,要求所有学生决定下一阶段想完成的工作数量(即未来的工作目标)。结果显示,接下来目标的决策明显受到前面绩效反馈的影响。收到完整而正确反馈的20名学生,设定的目标显著高于其他三组。得到不完整反馈的学生,与没有得到任何反馈的学生相比,在目标的设定上没有显著差异。不过,实际错误被夸大的学生,设定的目标显著低于其他三组(Cummings, Schwab, & Rosen, 1971)。

3. 他人的影响

他人对个体决策的影响,并不仅仅在于对绩效提供反馈。他人的榜样作用、他人的赞赏与批评等等,都会影响到决策过程。

研究表明,对大多数人来说,批评容易造成压力,如果压力过大,则会干扰到决策行为。而表扬通常给人带来喜悦,让你感到被接纳和认可,这种心境有助于决策者的行为更为果断和自信。另外一个现场实验,验证了榜样作用对他人决策行为的影响。该实验是观察行人在通过十字路口时是否闯红灯的行为(Dannick,1973)。研究者让一名男性助手站在马路边上,他有时遵守交通规则(不闯红灯),有时违反交通规则(闯红灯)。通过2 500次以上的观察,研究者发现:研究助手的行为明显影响了其他人的决策。当研究助手闯红灯时,其他人违规闯红灯的行为明显高于助手不闯红灯时的情况。可见,决策者所处的社会环境对决策行为很有影响。

第二节 基本的决策过程模型

一、最优化决策模型

我们首先来看看个体为了获得最佳结果应该如何行动,这种决策模型又称为理性决策模型。它强调决策者是理性的,能够针对具体情境作出价值最大化的抉择。最优化决策模型遵循以下六个步骤(见图8-3)。

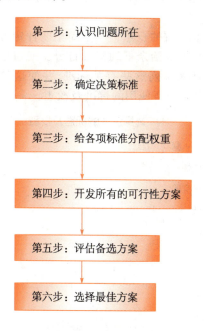

图8-3 最优化决策模型的六个步骤

第一步：认识问题所在

前面已经提到，任何决策都源于问题的出现。当我们在达到目标的过程中受到阻碍时，就意味着问题的存在。不过值得注意的是，实际生活当中问题并不是显而易见地摆在眼前，常常需要决策者敏锐地发掘问题所在。遗憾的是，组织中大部分受过正规训练的管理者都或多或少地掌握解决问题之道，却从来没有学过发掘问题的方法。

为了描述方便，我们以本章开篇案例中张小柯的求职决策作为例子，来看看最优化决策是如何进行的。这里我们假设张小柯毕业后打算立刻工作，而没有考虑其他选择，如出国留学或继续读书深造。此时，他面对的问题十分清晰：由于研究生即将毕业，需要找到一份合适的职业。

第二步：确定决策标准

一旦决策者界定了问题，接下来就需要确定哪些因素与决策有关。经过周全的考虑，张小柯确定了选择职业的下列标准：收入水平，事业发展空间，受聘可能性，企业名气，企业规模，地理位置，专业对口，与父母居住地的距离，业余生活质量，企业的周边环境。这些标准的选择受到决策者个人的兴趣、爱好、价值观等因素的影响，因此，不同个体选择的标准可能不同。例如，同班另一位已经建立家庭并有孩子的毕业生，则会重点考虑孩子的就学环境、企业是否分配住房等因素。

第二阶段十分重要，它表明决策者认为只有这些标准与决策有关，那些没有列入的标准，说明决策者确认它们与决策关系不大。

第三步：给各项标准分配权重

前一步确定的标准虽然都与决策有关，但并不具有同等的效力，其中一些因素比另一些更为重要。因此，第三步要求决策者权衡这些标准，并按重要性程度排列出这些决策标准的次序。

决策者如何确定每个标准所占的权重？一个简单的评定办法是，先把最重要的标准评为10分，而后根据这个水平依次给余下的标准打分。通过给每个标准分配权重，可以使决策者根据自己的个人偏好来排列这些有关标准，并使这种重要性的程度进行量化。表8-2列出了张小柯在求职决策中所使用的标准及权重。

表8-2　选择企业的标准及权重

	标　　准	权　　重
r1	录用可能性	10
r2	事业发展空间	10
r3	企业名气	9
r4	收入水平	8
r5	专业对口	7
r6	地理位置	6
r7	业余生活质量	4
r8	企业规模	3
r9	与父母居住地的距离	2
r10	企业的周边环境	2

第四步：开发所有的可行性方案

第四步要求决策者列出解决问题的所有可能方案，也就是说，要将满足要求的所有可行性方案全部列举出来。在这个例子中，我们假设主人公经过调查和分析后，确认共有 8 家企业具有潜在可能性：A（康泰药业），B（博雅公司），C（联海公司），D（IBM 公司），E（智库集团），F（DELL 公司），G（巨华公司），H（AEC 公司）。

第五步：评估备选方案

备选方案一旦确定，决策者就要开始根据自己的决策标准来分析和评价每一种方案。评估方案是针对每一项标准给各个备选方案打分。其中 1 分为最低分，表示最不满意；10 分为最高分，表示最满意。在我们的例子中，张小柯使用每一项标准分别评估各家企业，评估结果见表 8-3。

表 8-3 表明了在决策标准基础上对 8 种备选方案进行的评估。由于各个标准所占的权重并不相同，因此，表 8-3 中备选方案的得分还应乘以相应的权重分数。这一结果见表 8-4。每个企业得到的总分代表了在标准和相应权重基础上的评估结果。此时，每项方案的优点和缺点已经明显显现出来了。

表 8-3 根据决策标准评估 8 项备选方案

	标 准	备选方案							
		A	B	C	D	E	F	G	H
r1	录取可能性	10	10	9	4	8	5	7	8
r2	事业发展空间	4	9	9	5	5	5	6	7
r3	企业名气	3	9	5	10	4	10	8	6
r4	收入水平	4	5	9	9	5	9	5	8
r5	专业对口	7	9	6	4	9	3	9	8
r6	地理位置	5	7	10	6	7	8	6	7
r7	业余生活质量	5	7	7	8	7	6	10	8
r8	企业规模	5	8	6	10	7	8	9	4
r9	与父母居住地的距离	10	5	4	5	8	5	2	2
r10	企业的周边环境	5	6	10	8	3	8	5	9

第六步：作出抉择

根据各项标准及其权重对每个备选方案进行评估，最后选择总分最高的那个备选方案。这一选择十分简单，总分最高即为最佳选择。对于张小柯来说，意味着他选择了 B，博雅公司。

表 8-4 大学备选方案的评价

	标 准	备选方案							
		A	B	C	D	E	F	G	H
		康泰	博雅	联海	IBM	智库	DELL	巨华	AEC
r1	录用可能性(10)	100	100	90	40	80	50	70	80
r2	事业发展空间(10)	40	90	90	50	50	50	60	70

续表

	标　准	备选方案							
		A	B	C	D	E	F	G	H
		康泰	博雅	联海	IBM	智库	DELL	巨华	AEC
r3	企业名气(9)	27	81	45	90	36	90	72	54
r4	收入水平(8)	32	40	72	72	40	72	40	64
r5	专业对口(7)	49	63	42	28	63	21	63	56
r6	地理位置(6)	30	42	60	48	42	48	36	42
r7	业余生活质量(4)	20	28	28	32	28	24	40	32
r8	企业规模(3)	15	24	18	30	21	24	27	12
r9	与父母居住远近(2)	20	10	10	10	16	10	4	4
r10	企业的周边环境(2)	10	12	20	16	6	16	10	18
总分：		343	490	475	416	382	405	422	432

值得说明的是，最优化决策模型中包含了一个重要的前提条件，即经济人（economic-man）假设，它假定人们是在完全理性的情况下进行决策的，决策者拥有完整全面的信息，可以使决策价值最大化。具体而言，它包括：

- 面对的问题清楚而明确；
- 可以列出解决问题的所有可行性方案；
- 了解各个备选方案的所有可能结果；
- 所有决策标准和备选方案的权重均可以量化；
- 决策者对于具体决策标准及其权重分配的评价是稳定、不变的；
- 没有时间和费用的限制，因而可以获得有关标准和备选方案方面的丰富信息；
- 决策者最终将根据评估分数选择得分最高的方案。

在现实的组织生活中，决策者真的会仔细评估问题所在吗？真的会确定所有的相关指标吗？真的会找到所有的可行性方案吗？并为了寻求最佳选择而仔细评估所有备选方案吗？有时是这样的。当决策者面对的问题很简单而且备选方案不多时，当搜寻和评估备选方案的代价很低时，当决策者是一个缺乏经验的新手时，此时，人们会遵循最优化决策模型描述的过程进行决策。但是，大多数时候人们面对的问题以复杂性和不确定性为特点，决策者的目标与偏好也不明确。他们不可能拥有完善的信息，也无法做到理性地分析信息。反对经济人假设的研究者指出，最优化决策模型的出发点是指出人们应该如何去做，而不是人们的实际行为是怎样的。因此，该模型并不是预测人类行为的良好工具。甚至一些研究者尖锐地批评道："在预测人类的复杂行为方面，你只要用投硬币的方法来猜测，也可以和这种预测做得一样好（Moore，1975）。"

著名的施乐公司根据理性决策原理，设计了一个六阶段理性决策过程，在全公司范围所有重要的决策都要按照这个过程进行决策（Garvin，1993）。如表 8-5 所示。

表8-5 施乐公司理性决策过程

步　骤	需要回答的问题	下一步需要做什么
1. 确认和选择问题	我们想改变什么?	找出差距:以可以观察的术语描述期望的状态
2. 分析问题	是什么阻碍我们达到期望的状态?	记录关键原因,并排出顺序
3. 产生可能的方案	我们如何实施改变?	列出方案清单
4. 选择与计划解决办法	最好的办法是什么?	计划实施并监控变革,设计评价解决方案有效的测量指标
5. 实施解决方案	我们完全按照计划了吗?	落实方案
6. 评价解决方案	实施方案的效果如何?	确认问题已经解决,或达成共识继续寻找问题

二、满意解决模型

与经济人假设相对应,诺贝尔奖获得者赫伯特·西蒙(Herbert A. Simon,1960)提出了另一种假设,称为管理人(administrative-man)假设。他认为,个体在决策时并不完全受理性引导,也没有机会和实力做出完全理性的决策,只能做到部分理性而已,人们的决策行为具有以下特点:

- 只能看出有限的可行性方案;
- 只能知晓每项方案中的部分可能后果;
- 对于实际情况来说,只有一个有限、简单、大概的模型可循。

决策者对于可行性方案及其后果的认识,受到个体认知加工能力和不可避免的认知偏差的限制,也受到时间和资金等资源的限制。而且事实上,对于复杂问题而言,无论个体最终获得多少信息,仍然无法达到完善状态。

西蒙把人的决策过程分为三个阶段:第一个阶段是搜索活动,主要是对环境进行搜索,确定决策的情境。第二的阶段是设计活动,主要是探讨、开发和分析可能发生的行为方案。第三阶段是选择活动,也就是进行实际的选择,从第二阶段开发出的可能行为方案中选择一种行为。

由于人的大脑容量远远达不到完全理性的要求,因此,个体只能在有限理性的范围内活动。他们不是抓住问题的所有复杂方面,而是建构简化的问题,然后,在简化问题的范围内进行相对理性的行为。人们满足于找到一个可以接受的或符合要求的问题解决方案,而不是一个最恰当方案。满意解决决策模型刻画的正是这种决策过程。

满意解决模型的过程是这样的:首先对遇到的问题进行简化处理,使问题变得清晰而单一。然后,个体便开始寻求标准和备选方案。但是,他列出的标准可能远远不够详尽彻底。决策者会确定一个有限的列表,其中包括一些最为重要的项目和十分熟悉的内容。备选方案也主要包括一些显而易见的、易于实现的解决办法。一旦确定了这些有限的备选方案,决策者就开始考查它们。第一个达到了"足够好"标准的备选方案,就会使搜寻工作结束。可见,在满意解决模型基础上,最终的决策是一个符合要求的选择,而不是一个最恰当的选择。图8-4 描述了这一模型的操作程序。

满意解决模型的一个重要特点是,在确定哪一种备选方案时,该方案被安排的先后顺序非常重要。请注意,在完全理性决策模型中,所有的备选方案根据偏好等级由高到

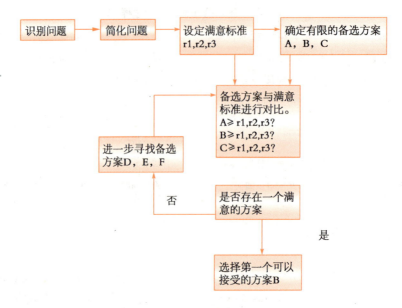

图8-4 满意解决模型

低全部列出,由于考虑到了所有备选方案,因此评估它们时最初的顺序并不重要。任何一种潜在的解决办法都会得到充分彻底的评估。但满意解决方式的操作程序并不如此。假设某一个问题有不止一种解决办法,满意解决模型的最终选择则是决策者遇到的第一个符合要求和可以接受的方案。由于决策者使用简单而有限的模型,他们通常以显而易见的、容易得到的备选方案为开始。尽管针对具体问题来说,独到的、富有创造性的备选方案可能是最佳解决方案,但是,它却不太可能被选中。因为还没等到决策者去搜索与现状相差很大的备选方案时,他很可能已经确定了一个可以接受的方案。

我们如何使用满意解决模型来预测张小柯的求职选择?首先,她要确定选择职业中必不可少的条件,经过粗略估计,他确定了三项满意标准:录取可能性,事业发展空间,企业名气。然后,对手头已有的几个可能方案进行评估,康泰药业、博雅公司、联海公司。结果发现,博雅公司在这里最能满足他的这些必要条件。当他发现了这个企业时,决策的搜索工作也就结束了。如果最初列出的企业名单中没有一个达到"足够好"的标准,他会进一步扩大搜索范围以包括更多的企业。

实际上,大学生在选择职业时所考虑的因素会因地区和个人的不同而有差异。国内对这个问题已经做了很多调查。例如,丁大建等(2004)以北京地区的本科大学生为样本,调查了职业选择决策的影响因素。从大学生就业选择考虑的因素来看,个人的发展占第一位,如表8-6所示。

表8-6 选择职业时影响最大的因素

因 素	重 要 性
有利于个人的发展与晋升	24.79%
工资水平及福利	22.47%
就业地区	20.67%

续表

因素	重要性
单位类型及规模	12.10%
对工作本身的兴趣	11.92%
工作环境与舒适性	4.08%
工作稳定性	2.60%
父母意见	1.22%
老师建议	0.11%
其他	0.05%

三、隐含偏爱模型

另一个用于处理复杂决策的模型是隐含偏爱模型。与满意解决模型类似，它也认为个体通过简化过程来解决复杂问题。但是，隐含偏爱模型中的简化意味着先不进行"备选方案的评估"这一步骤，只是个体先找到一个隐含"偏爱"的备选方案，而后再评估各个备选方案。换句话说，这里决策者并不是理性而客观的。在决策过程的早期，他们已经隐含地选择了一个自己偏爱的方案，而后的过程主要是决策证明练习，即通过而后的过程使决策者和周围的人确信他的隐含偏爱方案确实是"恰当的"选项。

图8-5概括了隐含偏爱模型的决策过程。在面对某一问题时，决策者已经隐含地确定了一个自己偏爱的方案。但决策者并不因此而结束搜索工作。事实上，决策者有时并没有清楚地意识到自己确定了一个隐含偏爱方案，他们还会继续寻找其他备选方案，只不过其余的过程都带上了偏见色彩。这一点十分重要，因为实际上决策者而后的比较仅仅是提供了一个客观的假象。接下来，证实性过程开始了。决策者建立了决策标准和权重，为了确保偏爱模型的成功，在标准和权重的选择中出现了很多知觉和解释的失真。其他备选方案中的若干选项会在相互比较中削减为一个证实性方案。而后是代表性备选方案与隐含偏爱候选方案的比较。即使隐含偏爱方案是唯一可行的方案，决策者也会努力获得另一个可接受的方案作为证实候选方案，以使自己有东西进行比较。

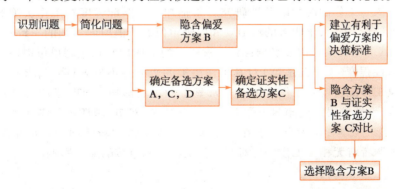

图8-5 隐含偏爱模型

如果隐含偏爱模型起作用，则在决策者愿意承认自己做出决策之前，对新方案的搜寻工作早已结束。这一模型得到了一些实证检验。研究者发现,大学毕业生找工作时,通常在他们正式作出决策的2至8周之前,通过他们提供的线索就能准确地预测87%的工作。可见,决策过程更多受到直观感觉而不是理性客观的影响。

我们运用隐含偏爱模型,来看看张小柯如何选择他想加入的企业。在这一过程的初始,他会感到某个企业从直觉上很适合他,但他可能并没有把这种情况告诉别人,甚至自己都并未明确地认识到这一点。他在考察了大量已有信息之后,最终削减为两个企业进行对比:博雅公司(B)和联海公司(C)。其中一个企业显然是他隐含偏爱的。然后,她开始确定决策的标准和权重。哪个企业名气更高?哪个企业更能提供事业发展空间?哪个企业的专业更为对口?通过对这些标准的评价,他最终发现,自己最初偏爱的企业恰恰就是最恰当的选择。

国内关于大学生选择职业时偏爱的单位类型的调查,可以给我们更多关于职业决策的信息。根据丁大建等人(2004)的调查,在选择单位的类型上,大学生的偏爱倾向表现为外资企业、事业单位、政府机关、私营企业的顺序,差异十分明显,如表8-7所示。

表8-7 大学生就业单位类型选择

单 位	选择人数百分比
政府机关	13.5%
科研、学校、医院、新闻等事业单位	19.7%
大型国有企业	27.4%
外企或合资企业	33.1%
私营企业	3.5%
自己创业	1.8%
尚未考虑好	1.6%
其他	0.4%

在实际的决策过程中,人们的偏爱对于决策的影响往往是无意识的过程。而可能影响偏爱的因素也是多样的。谭亚莉、廖建桥等人(2004)研究了大学生选择工作时决策的影响因素。他们以大学四年级的学生为研究对象,运用标准化的问卷,探讨个人与组织的匹配和个人与工作的匹配以及被研究对象感知到的匹配程度对工作决策的影响。研究得出六点结论:第一,求职者的价值观和应聘单位的价值取向之间的一致性程度(组织配适度)对其工作决策有积极影响;第二,求职者的工作偏好和应聘单位提供的工作特性之间的一致性程度(工作配适度)对其工作决策的影响并不显著;第三,求职者主观感知到的组织及工作配适度对工作决策有非常显著的积极影响;第四,求职者性别对其工作决策有影响,女性较男性更倾向于作出接受工作决策;第五,求职者的潜在工作机会认知对其工作决策有影响,认为自己潜在工作机会较大的人比较倾向于作出拒绝工作的决策;第六,求职者有无相关工作经历对其工作决策没有直接的显著影响。

四、直觉模型

直觉决策最近在一定程度上得到了人们的认可。过去,人们总认为依赖直觉进行决策是非理性的和缺乏效率的。现在,人们越来越认识到,理性分析被过分强调了,在某些情况下,依赖于直觉能够提高决策水平。

什么是直觉决策?在这里,我们将直觉决策(intuitive decision making)定义为一种从经验中提取信息的无意识加工过程,一种不经过复杂的逻辑操作而直接、迅速地感知事物的思维活动。其实,直觉的产生并非毫无根据,它建立在牢固的知识和丰富的经验基础上。它也不一定要脱离理性分析而独自运作,事实上,两者是相辅相成的。

有关专家和新手方面的比较研究为直觉活动提供了极好的证明。迪格鲁特(DeGroot,1965)在一系列著名的实验中,比较了国际象棋大师和象棋初学者的差异:研究者让初学者和象棋大师一起看一个他们并不熟悉的、共有 25 子组成的真实象棋比赛的棋盘。5 至 10 秒之后,把棋子移位,然后让每个人重新恢复棋局。结果发现,象棋大师可以正确排出 20—25 颗棋子,而初学者只能正确排出 6 颗。然后改变做法,这次棋子是随机摆放在棋盘上的。这种情况下,新手仅仅能摆对 6 颗,而象棋大师竟然也只能摆对 6 颗!第二项实验表明,象棋大师并不比初学者有更好的记忆力。他们所拥有的是能力,也就是说,身经百战的下棋经历和头脑中存贮的模局模式,使他们可以利用"组块"加工信息,从而在同样有限的时间内,扩大了识别、存贮、提取信息的能力。研究进一步表明,职业象棋大师能同时下 50 盘或更多盘比赛,此时的决策必须在数秒内作出,而他们表现出的技能水平仅仅比锦标赛中只进行一盘比赛的水平略低一点点,但在锦标赛上的决策却要用半个小时或更长时间作出。专业经验使他们能够识别情境中的模式,并利用过去已获得的、与模式相关的信息,迅速作出决策。可见,直觉决策者可以在信息非常有限的条件下作出迅速决策。

什么时候人们最可能使用直觉决策?有关的研究表明,在八种情况下人们最可能使用直觉决策:

(1) 不确定性水平很高时;
(2) 几乎没有先例存在时;
(3) 难以科学地预测影响变量时;
(4) 拥有的信息及资料相当有限时;
(5) 拥有资料难以明确指出前进方向时;
(6) 分析性资料用途不大时;
(7) 当需要从几个可行方案中选择一个,而每个方案的评价都不错时;
(8) 时间有限,情况危急时。

由于理性分析更符合社会期望,人们常常把自己的直觉能力隐藏起来。一位高层管理人员曾经说过:"有时人们必须为自己的关键决策穿上数据的外套,以使它容易被接受或符合别人的口味,不过这种修饰常常发生在作出决策之后。"从这一点上你可以预计,组织生活中直觉决策所占的比例肯定比我们目前了解的多得多。

直觉决策模型让我们能够理解为什么国内民营企业在创业阶段的决策大多都属于直觉决策。该模型告诉我们,直觉决策的有效性取决于很多条件,在某些条件下的直觉决策是有效的,但必须说明的是直觉决策并不总是有效!有时会导致错误的决策,甚至是致命的。

我们在第一章最后的案例中简单介绍了巨人集团的兴衰历程。巨人集团总裁史玉柱把自己犯的错误概括为两点,一是决策失误,摊子铺得太大;二是管理不善,经营失控。

值得我们深入分析的是为什么巨人集团在创业阶段没有出现决策的失误,而在快速发展阶段却因为决策不善而成为"明星变流星"的典型?

人们在事后分析巨人集团陷入困境的原因时,把巨人大厦工程作为影响公司发展的重要事件。实际上,巨人大厦事件只是表现形式而已,真正的原因来自于决策的失误,因为"拍脑袋"式的决策,因为缺乏客观和科学分析的决策,导致管理的失控。史玉柱自己对这个决策过程的分析,可以使我们更清晰地认识这一点。

方向明等人(1998)曾经专门采访了史玉柱。以下的内容是根据他们的采访记录整理而成的,括号中的内容是笔者的疑问,表示理性决策的分析过程。

记者问:你是什么时候着手建巨人大厦?预计投资多少?当时巨人集团的资产是多少?可用于巨人大厦的资金是多少?

史:我们(指巨人集团)1992年决定盖巨人大厦的时候,曾经打算盖18层,但这个想法一闪而过,出来的方案是38层。(笔者的疑问:为什么一闪而过,38层的决定是怎么形成的?有什么依据吗?需要什么条件?在当时的环境下这些条件能具备吗?是否做过客观的分析?)当时巨人集团的资产规模已经有1个亿了,流动资金约有几百万。我们计划盖38层本意是大多数自用,剩下一小部分租出去,并没想进军房地产业,因此楼层面积设计也不是很大。后来,方案一改再改,从38层加到70层。

记者:巨人大厦的设计从38层怎么变成70层?最初的自用为何变成房地产开发?这是巨人集团投资方向的一个重大转折,是什么因素影响你的决策?这一改动投资预算增加多少?

史:38层的想法出来不久,1992年下半年一位领导来我们公司参观,看到这座楼位置非常好,就建议把楼盖得高一点,由自用转到开发地产上。于是,我们把设计改到54层。(笔者的疑问:公司是自己经营,怎么会因为领导的一句话就改变自己的重大决策呢?)后来,很快又把设计改到64层。此中因素有两个:一是设计单位说54层改64层对下面的基础影响也不大;二是我们也想为珠海市争光,盖一座标志性大厦(笔者的疑问:为所在城市争光无可厚非,但凭一座楼就可以争光了?一座标志性建筑就可以为一个城市争光?)。当时广州想盖全国最高的楼,定在63层,我们要超过它(笔者的疑问:你怎么不想在管理上超过它?)。1994年初又一位领导要视察珠海,同时要参观巨人集团,我们大家觉得64层有点犯忌讳,集团几个负责人就一起研究提到70层,打电话向香港的设计单位咨询,对方告知技术上可行,所以就定在70层。(笔者的疑问:盖楼是给领导看的,还是做办公用的?一个项目只要技术上可行就可以上马吗?是否还要考虑别的影响因素?)

如果盖38层,工程预算大致为2亿,工期两年。后来改为70层,预算增加到12亿元,大约6年完工。我们做这一系列决策时,正赶上全国房地产热,全国在发烧,我们也昏了头(笔者的疑问:大家都在做的事你就去做吗?是否分析过做与不做的利弊?做与不做所需要的条件?生理上的发烧可以传染,思维上的发烧也会传染吗?盲目与直觉是否也会传染?)。

记者:你最初准备筹建38层时,需要投资2亿元,而巨人集团当时可用于大厦建设的资金只有几百万元,你计划如何筹措资金?

史:1992年,中国经济又上快车道,宏观调控也没有开始,房地产形势特别好。虽然手中只有几百万流动资金,但在1993年时巨人6403汉卡在市场上卖得非常好,销售额比上年增长300%,如果一年回报四五千万资金是不成问题的,两年就是一个亿。另外1亿资金靠卖点楼花也能筹到,房地产正热嘛。此外,施工过程中很多款可以等完工之后再付,这样就有资金使用周期的空档,实际建设中用不了2个亿。今天看来,38层的方案我们是能承担的。(笔者的疑问:设想是非常漂亮,但实际运作过程中会不会有其他因素的变化?如果有变化的话如何应对?有什么具体措施吗?因为毕竟是巨大的工程项目,投资很大呀!)

记者:当你将巨人大厦更改为70层时,投资已增至12亿元,你又将如何安排资金?

史:大厦全部投资是12个亿,但在实际操作上我们略改了设计,用不着掏那么多钱。因为巨人大厦是写字楼,不用装修,由租楼或买楼者按自己的风格装修。装修在建筑成本里面比重是相当大的,刨掉这块只需要7个亿资金就够了。当时的想法是,这7个亿我们自筹1/3,卖楼花筹1/3,剩下向银行贷1/3。虽然动用自有资金这一块,从1个亿涨到2亿多,但因盖70层工期也延长3年,而且当时生物工程走势正火,这点资金不难。(笔者的疑问:既然资金不是问题,那为什么最后恰恰是因为资金不足而导致破产呢?)

记者:大厦动工后,你实际筹措到多少资金?

史:大厦动工后,总共筹了2亿多资金,其中我们自己投入6 000万。银行方面我们没贷一分钱,很大一部分靠卖楼花。巨人大厦的楼花在香港卖得相当火,一平方米一万多港币,我们拿到8 000万港币,另外还有5 000万港币要到交楼的时候才能拿到,在8 000万港币里,实际能做6 000万,给了香港代销的律师楼和代理商2 000万港币,国内我们卖楼花筹到了4 000万元,楼花上总共拿了1.2个亿。

记者:你在资金筹措计划中,原打算有1/3从银行贷款,为何没有实施?

史:我们在计划做巨人大厦的时候是想过要贷款,只不过后来没有贷款。1993年下半年,正当我们想在这方面做些工作时,宏观调控开始了。

刚开始,我们倒不觉得贷款很迫切,因为前期卖楼花的形式不错,没有为资金担心,觉得没有银行贷款问题也不是很大。(笔者的疑问:这种感觉的依据是什么?是猜测?还是臆断?是靠个人直觉?还是理性的分析?)1994年下半年,宏观调控影响加深,对香港也产生了作用,这时卖楼花也不行了,就把楼花全部停掉。不过,1994年底到1995年上半年巨人集团效益非常好,我们因此没有感觉到需要找银行借钱。1995年上半年是巨人集团最辉煌的时期,每个月账上这笔钱还没用完,上千万的钱又来了。这种形势使我们认为,只用自有资金盖楼,应该没有什么问题。

通过以上的采访,我们不难看出巨人集团的高层领导在重大决策过程中表现出的"想当然"倾向。我们不能把直觉决策和想当然完全等同起来,但就形式本身来说,两者确实有相似之处。直觉决策的优越性是不可否认的。同时,仅靠直觉,尤其是少数人的个人直觉的决策,也可能给我们带来致命的失误。这一点已经得到国内很多企业兴衰教训的佐证。

第三节 决策偏差

由于个体的认知加工能力有限，人们的决策行为常常不是按照"理性模式"进行的，因此，难免会在决策过程中出现偏差和错误。这种偏差主要表现在以下两个方面。

一、"经验估计"机制带来的偏差

决策行为常常是建立在以往实践探索之上而产生的经验估计（heuristics），这种经验原则有利于人们处理复杂信息，作出决策时采取了判断捷径，但是，也常常导致了系统性偏差。"经验估计"主要包括三种类型：代表性机制（representativeness）、联想性机制（availability）、取舍性机制（adjustment）。每种类型都可能在判断时带来偏差。

1. 代表性机制

人们的许多判断是关于 A-B 两个事物之间的因果关系。心理学的研究发现，这些判断常常是建立在 A-B 之间的相似性基础上，即代表性。例如，一项心理实验设计了这样一种情境：研究者安排一组人由律师和工程师组成，其中 40% 是律师，60% 是工程师。然后让实验对象针对这组成员中的一名成员所做的描述来判断他的职业。从概率论上说，如果这个样本中大多数人是工程师而不是律师，正确的判断应该考虑到这一先验概率条件。但是实验结果发现，人们常常忽略在实验情境中工程师与律师的比率这一信息。如果这段描述中的人具有很强的社交能力、能说会道，实验对象常常会判断他是一名律师而不是一名工程师。因为在我们的日常工作生活中，律师的行为更符合这种经验描述，即具有代表性。这种"代表性"机制使得人们只注意到事物之间的相似性，而对先验概率置之不顾，从而导致系统偏差。再比如，如果从同一所大学中毕业的三名学生都是业绩不良者，那么，管理者可能就会预测，以后再从这所大学来的求职者也不会是好员工。这种判断上的偏差也是由于"代表性"机制引起。

2. 联想性机制

人们在判断某一类现象出现的频率或概率时，不是按照概率论的原理，而是按照心理上联想到的这类现象是否容易的程度来判断。联想程度不仅与事件出现的概率有关（当然，概率越大，出现的次数就越多，人们也越容易联想），还往往取决于许多因素。例如，十分熟悉的事物、引起了强烈情绪反应的事物、最近刚刚发生的事件，都会影响到人们的记忆，使我们更容易记住，也更容易建立联想。例如，很多人对乘坐飞机的担忧远甚于驾驶汽车，因为他们觉得飞行更具危险性。当然事实并非如此。统计数字表明，驾驶汽车出现的事故概率远远大于乘坐飞机。但是，虽然空难几率很小，但每一次事故都触目惊心，而且媒体对空难也予以更多注意，因此在危险性方面，飞行中的空难更容易被联想。我们倾向于高估了空难风险而低估了车祸风险。

3. 取舍性机制

在许多情况下，人们并不是对资料进行系统分析之后才做出结论，而是从初步的数据中就推断出最终的结论。这些最初的数据可能是不充分的，不同的最初数据会导致不同的结论。例如，一项研究让被试估算下面两组数字相乘的结果：

$8 \times 7 \times 6 \times 5 \times 4 \times 3 \times 2 \times 1$

$1 \times 2 \times 3 \times 4 \times 5 \times 6 \times 7 \times 8$

当人们在快速求解时，常常只是计算几个数据然后加以推断，因此不同的初始数据得到不同的结论。研究发现，当数字从小到大的顺序排列时，人们估算的答案平均值是512。而从大到小顺序排列时，其估算的平均值在2 250。这道题的正确答案是40 320。也就是说，人们常常从随机过程中"取舍"某一环节加以推断因果关系，而这种"取舍性"机制常常导致系统偏差。

二、承诺的升级

决策者通常还会有另一种偏差，对于一项失败的活动所进行的承诺升级倾向。

承诺的升级(escalation of commitment)指的是人们一直固守着某项决策，尽管有明显证据表明该决策是错的，也就是坚持错误的决策不放。很多证据表明，当个体感到自己要对失败负责时，就会对这一失败活动增加投入。也就是说，他们"花钱填无底洞"，为了表明自己最初的决策并没有错，并因此而避免承认自己犯了错误。现实生活中常有这样的例子。越南战争期间，美国的很多决策者是希望结束战争的，但总感到不收回过去投入的东西就结束这场战争心犹未甘。人们在赌博时的心态，很多时候可以用承诺升级来分析。赢了的人很得意，还想继续赢下去。而输了的人总会抱有一种幻想：一定要赢回来！即使他们看不到赢的机会。司涛和罗斯(Staw, Ross, 1989)对这种现象进行了分析，发现有四种因素可能导致承诺的升级现象。

一是项目的特点。项目本身的特点对于决策具有重要意义，例如投资回报的延期，回报周期过长，临时性问题的处理等，都可能使决策者坚持甚至增加错误决策基础上的投入。

二是心理因素。一旦决策者作出了错误决策，他可能面临着由于信息加工所导致的认知不协调。为恢复协调状态，可以采取的一种方式就是肯定自己的决策是正确的。同时，因为决策者身在其中，消极的信息往往被忽略了，自己的防御机制就发生作用了。

三是社会压力。对于决策者而言，存在着同伴的压力，或者他们需要维护自己的面子，因此，即使对于自己错误的决策，为了保全面子也要"坚持认为"是正确的决策。俗话说的"死要面子活受罪"可以用这个原因来解释。

四是组织因素。组织的管理制度、组织文化、沟通渠道等结构和功能上的失灵或失效，正常决策体制的弱化，对变革和改进的抗拒等都可能造成对错误决策的盲目追加。

承诺与投入的升级对管理决策具有显著意义。管理者常常为了证明自己的最初决策是正确的，因而继续投入大量资源给那个从一开始就注定失败的决策，很多组织因此而蒙受了巨大损失。另外，锲而不舍、言行一致、坚持到底的精神常常是有效领导者的特点与风格。因此对管理者来说，为了表现出自己的领导有效性，即使转向其他活动更有利,他们也可能受到更大的激励坚持自己的最初选择,做到善始善终。实际上,有效的管理者是那些能够区分出不同情境的人,他们知道哪些情境坚持下去会有报偿,哪些情境则得不到任何效果。

本 章 小 结

决策由许多要素构成,包括问题、决策者、决策环境、决策过程以及决策结果本身。其中问题的新异性、不确定性、复杂性会明显影响到决策过程及决策结果。决策者的个人特性,如人格特质、智力水平、生理因素等都会影响到决策行为。决策的环境也会影响决策行为。评价一项决策结果的好坏可以从效率和效果两方面来看。

基本的决策过程模型有最优化决策模型、满意解决模型、隐含偏爱模型和直觉模型。其中,最优化决策模型遵循六个主要步骤:认识问题所在——确定决策标准——给各项标准分配权重——开发所有的可行性方案——评估备选方案——做出抉择。满意解决模型是首先对遇到的问题进行简化处理,然后,个体开始寻求标准和备选方案。但是,他列出的标准可能远远不够详尽彻底,所以,最终的决策是一个符合要求的选择,而不是一个最恰当的选择。隐含偏爱模型是指在决策过程的早期,他们已经隐含地选择了一个自己偏爱的方案,而后的过程主要是决策证明练习,即通过而后的过程使决策者和周围的人确信他的隐含偏爱方案确实是"恰当的"选项。直觉模型指人们依靠直觉进行决策,直觉决策是一种从经验中提取信息的无意识加工过程,一种不经过复杂的逻辑操作而直接、迅速地感知事物的思维活动。

由于个体的认知加工能力有限,人们的决策行为常常不是按照"理性模式"进行的,因此,难免会在决策过程中出现偏差和错误。这种偏差有"经验估计"机制带来的偏差和承诺的升级两类。

复习思考题

1. 什么是决策?影响决策的基本要素有哪些?
2. 决策者的哪些个人特点会影响到决策过程和决策效果?
3. 什么是理性决策模型?它在哪些条件下是切实可行的?
4. 在有效的决策当中直觉具有什么作用?什么时候它可能最有效?
5. "在大多数情况下,组织中的个人决策是一个非理性的过程。"你是否同意这一观点?请讨论。
6. 从决策的角度你如何分析巨人集团的兴衰?
7. 你是否曾对一项失败的活动增加过投入?为什么会这样做?

案例 鲍勃·鲁兹的直觉决策

20世纪80年代末,鲍勃·鲁兹(Bob Lutz)做出的一项决策至少有两个理由令人感兴趣。它重新塑造了大众对于克莱斯勒公司的印象(现在属于戴姆勒—克莱斯勒公司的一部分);鲁兹在做出这项决策时从根本上抛弃了理性与逻辑的决策规则。

当时鲁兹是克莱斯勒公司的总裁(现在他是通用汽车主管产品开发的副总监,以及通用汽车北美公司的董事长)。1988年一个温暖宜人的周末,鲁兹开着他那辆经典的眼镜王蛇跑车(COBRA)驰骋在公路上。他希望把批评家们对克莱斯勒的那些意见统统抛在脑后——诸如脑筋死板、技术陈旧、生产的车型缺乏吸引力等等。这里面还有一个事实颇带讽刺意味,身为克莱斯勒的总裁却居然喜欢的是福特产品。这种内疲心理使他想到,"如果我把眼镜王蛇的V-8发动机换在克莱斯勒的产品上会怎样呢?"但他很快就意识到克莱斯勒并没有标准的V-8发动机。鲁兹在内心里飞快地盘算着。克莱斯勒不是正在开发一个大马力的十缸发动机用于新型的道奇客货两用车(Dodge pickup truck)上吗?而且,公司为了那种车型正在制造一个五速的重型手动挡。为什么不能利用这些配件生产出一种迷人的、双座的概念型跑车呢?这场革命将可以与60年代眼镜王蛇的设计相媲美,它还可能封住那些克莱斯勒的批评家们的嘴。

星期一,鲁兹开始行动起来。他要求设计人员根据他的构思迅速设计出一个大马力的运动型跑车,使用为卡车系列开发的V-10发动机。但是,这项决策在公司中受到了不小的阻挠。财务总管指出,为了减轻公司债务,投资额度最好降为8 000万美元。市场专员质疑道,道奇经销商们长期以来只习惯销售低于2万元的车型,他们能否有效地销售价值5万元的跑车?其他高层人员也提到,无论是鲁兹本人还是他们都没有进行过市场研究来支持这项决策。

鲁兹没有理会所有的质疑,他亲自挂帅主持这一项目的开发,并要求所有部门都为该项目开绿灯。尽管他没有切实证据来支持他的信念,来表明这种车一定会成功并会提高克莱斯勒公司的地位,但他的直觉告诉他这样做肯定没错,而他跟随着自己的内在直觉。最终,他的直觉被证明是正确的。仅仅道奇毒蛇(Dodge Viper)一项就改变了大众对克莱斯勒公司的看法,它极大地增强了公司的工作士气,最终激励公司于90年代实现了彻底转变。

问题讨论:
1. 鲍勃·鲁兹并不聪明,他不过是幸运而已。你是否同意这种看法?请解释你的理由。
2. 鲍勃·鲁兹的决策中直觉具有什么作用?请讨论。
3. 为什么鲍勃·鲁兹的决策风格能行得通?
4. 你希望鲍勃·鲁兹式的人物为你而工作吗?

第三篇
群体行为

Organizational Behavior

第九章

群 体

【学习目标】

学完本章后,你应该能够:

1. 了解群体的含义和类型;
2. 了解关于群体形成和发展的几个主要观点和理论;
3. 分析影响群体行为的因素;
4. 理解群体角色的内容、实验和相关概念;
5. 理解群体凝聚力的概念及其作用;
6. 总结群体互动中的几种作用;
7. 了解并运用群体决策的几种技术。

【开篇案例】

彬明杰公司的群体凝聚力

彬明杰电气公司在同行业中以超强的员工凝聚力和很低的员工流动率而闻名,近年来的业绩也逐年上升。让外人惊讶的是,公司里的员工在必要的情况下,为了公司的利益常常愿意牺牲他们拥有的家庭、爱好和朋友。公司的管理人员说,是公司里一种特殊的加入仪式起了作用,该公司的每位员工在进入公司时都经历了这种仪式,老员工称这种仪式为"签约参加工作"仪式。通过这种"签约"活动,员工们感觉不再是被强制工作,而是自愿参加工作。一旦他们签约参加了工作,那么就等于他们宣誓:"我愿意做这项工作,并且全心全意地把它做好。"

彬明杰电气公司对于年轻的工程人员有着什么样的诱惑力呢?很显然,彬明杰电气公司最强的吸引力不是项目本身。一位经理曾经这样叙述过:"那些工程学校本来是准备培养大型工程项目的人才,但许多年轻人最终只成为普通甚至平庸的设计者,我认为,这是非常令人遗憾的……我们要使我们的公司成为年轻人愿意奋斗的地方,他们在这里有工作动力,认为工作是快乐,要塑造这样的环境,当然不能仅仅靠办公楼和实验室,最主要的是依靠进入公司的每一位员工组成的这个群体。"

对于申请成为群体成员的人,公司一般是这样审查的:

审查员:这件事很麻烦,如果我们雇佣了你,你在工作中会遇到很多难题,你可能会加入一个已经工作很久的团队,他们中有很多出色的员工,难免有些自负。

新成员:没关系,我会努力融入他们的。

审查员:我们将要做的这个项目是世界性的,原来国内没有人做过,工作会非常艰苦,而且常常要花费很长时间。

新成员:那正是我想要做的,有意义的事情总是要费一些功夫的。我会付诸行动的。

审查员:我们可能只招收今年最好的毕业生,还有很多和你一起应聘的毕业生,他们都很优秀,都有一技之长,我们将在 28 名候选人中选两位。

新成员:我知道这有多难。如果我被录取,我会感到很荣幸,也会努力珍惜这个机会的。

……

这些问题谈完以后,项目经理说:"这就像是招收你去执行一项生死任务一样,你可能将要去死,但你将要去光荣地死去。"

(案例改编自《组织行为学》,〔加〕休·J·阿诺德、〔美〕丹尼尔·C·菲尔德曼著,邓容霖等译,中国人民大学出版社,1990 年,p.161)

很多组织寻找与自己意见相同的新成员,并且让他们因为通过了很高的门槛进入了组织而感到自豪,还会让新成员看到未来的希望,同时给他们施加适当的压力,这样的做法常常能起到增强群体凝聚力的作用。不过凝聚力是否对组织有益则是另一个问题。

上面案例中的彬明杰电气公司创造了一个有凝聚力的群体,他们的绩效也证明了他们把这种凝聚力用得很好。

群体是由很多人组成的,群体是如何组成和发展的呢?一个群体的成员之间是如何相互作用的?我们会在这一章中一起讨论这些问题。下面我们就从群体的一些基本概念开始。

第一节 群体的基本概念

想一想我们每天的生活、学习和工作,就会发现我们自己都不是独立存在的,都和他人发生着各种联系和相互作用,换句话说,我们都生活在群体中。当个人处于群体中时,他们的行为与独处时是不同的。因此,了解群体对于解释组织行为是非常重要的。

一、群体的定义和分类

1. 定义

群体泛指通过一定的社会关系结合起来进行共同活动的集体。例如,以血缘关系结合起来的集体是氏族、家庭群体;以地缘关系结合起来的集体是邻里群体;以业缘关系结合起来的则是各种职业群体。

关于群体有几种不同观点。第一种观点认为,社会群体是一个广义的概念,包括家庭、乡村、城市、政党、国家乃至人类各种不同类型的社会结合。第二种观点认为群体仅仅是指人际关系亲密的初级群体或小群体,如家庭、邻里、朋友群体等。第三种观点比较折中,认为社会群体是人们通过一定的社会关系结合起来进行共同活动的集体,是人们社会生活的具体单位。

在组织行为学中,我们可以把群体简单地定义为:为了实现某个特定的目标,两个或两个以上相互作用、相互依赖的个体的组合。

2. 分类

群体的类型多种多样,依照不同的标准,可以把社会群体划分为不同的类型:①按照群体内的人际关系,可分为初级群体和次级群体。②按照群体的规模可分为大型群体和小型群体。前者通常指社会组织,后者指小群体。③按照群体成员个人的归属感可划分为内群体与外群体。④按照其他特征还可以分为主要和次要群体,联盟制、会员制和参照群体,正式和非正式群体,命令型、任务型、利益型和友谊型群体等等。这里我们主要介绍几种在组织研究中常用的群体类型。

(1)正式群体。

正式群体是指组织结构确定的、职务分配很明确的群体。在正式群体中,一个人的行为是由组织目标规定的,并且指向组织目标的。比如现代组织中财务、市场、生产和人力资源等各种职能部门,还有企业中流行的跨职能团队都是这一类型的群体。

(2)非正式群体。

非正式群体是那些既没有正式结构,也不是由组织确定的联盟。它可能是出于政治、友谊或共同兴趣的原因而形成的。比如几个来自于不同部门的员工常常在一起吃午餐,并在周末一起打乒乓球。

非正式群体对于组织有积极和消极两方面的作用。它的积极作用包括:使组织成为更有效的完整系统;减少管理者的工作量;弥补管理者的能力缺陷;为雇员的情绪提供一个安全的释放通道;促进沟通等(Davis and Newstrom, 1985)。另一方面,它也可能产生一些消极作用:与正式群体目标冲突;限制群体成员的产出;从众行为;阻碍进取;抵制变革等。

由于非正式群体总是不可避免地存在,而且"非正式社会网络具有巨大的影响力,有时会超过正式组织等级的影响力……"(Barnes and Kriger, 1986)。所以它的作用应该被开发出来以促进组织目标的实现。

(3) 群体还可以具体细分为以下类型:

命令型群体——组织结构规定的、由直接向某个主管人员报告工作的下属组成的群体。如,一个市场营销部经理和他的十名下属组成一个命令型群体。

任务型群体——为完成一项任务而在一起工作的人组成的群体,一般也是由组织结构决定的。任务型群体的界限不仅仅局限于直接的上下级关系,还可能跨越直接的命令关系。如,为解决制造载人航天飞机过程中的一个难题而建立的专家小组就是一个任务型群体。应该指出,所有的命令型群体都是任务型群体,但任务型群体却不一定是命令型群体。

利益型群体——大家为了某个共同关心的特定目标而走到一起的群体。比如,公司中的一些员工为了与管理方协商工资办法的修改方案而结合在一起组成的群体。

友谊型群体——基于成员共同特点而形成的群体,这些共同特点可能是年龄相近、性格相似、同一所学校毕业、有同样的业余爱好,等等。这种群体往往是工作情境之外形成的。

这四种群体中,前两种多见于正式组织中,而后两种则是非正式的联盟。

3. 个体为何加入群体

是什么动力使个体加入群体呢?其中有很多复杂的原因。对个人来说,一般可以解释为不同群体为其成员提供了不同的利益,满足了成员个人不同的需要。关于个人的需要和动机理论,在本书的第七章有详细介绍。一般来说,个体加入群体可以满足这样一些需要:安全需要,地位需要,自尊需要,情感需要,权利需要,实现目标的需要。

二、群体的形成和发展

1. 群体形成的动力

前面提到了个人出于各种需要加入群体,但人们是如何形成群体的?为什么一个群体中有甲和乙,却没有丙和丁呢?人们常说"物以类聚,人以群分",这又是什么道理呢?研究者提供了下面这样一些理论帮助我们解释这些现象。

(1) 相近性理论。

相近理论实际只能算一个简单的解释,而不是一个理论。它提出,人们相互亲近是因为他们在精神上或空间上的接近。比如,在公司里,一个办公室里的同事比办公室相隔较远的同事之间更容易形成群体,班级里座位相邻的同学比不同角落里的同学更容易形成群体。

（2）Geoge Homans 三要素理论。

Geoge Homans 的理论建立在活动、交往和感情之上。这三个要素互相联系：人们共同进行的活动越多,他们交往的次数就会越多,他们之间的相互情感(喜欢或者不喜欢的程度)也会越强烈,而相互间喜欢的情感越强烈,又会导致他们之间共同活动和交往的次数增多。而在一个群体中,相互的交往也是合作和解决问题以实现组织目标的基础。

（3）平衡理论。

古人说"道不同,不与为谋",我们换个说法,就是"与之为谋者,同道也"。说明人们组成群体,是有某种共同基础的。国外有学者的研究证明了这个道理,Theodore Newcomb（1980）的群体平衡认为,人们之间相互吸引是基于他们对与双方都相关的共同目标具有相似的态度。

如图 9-1 所示,个体 X 与个体 Y 交往,并建立关系形成群体,因为他们有共同的态度和价值观 Z。一旦这种关系形成,参与者将努力在吸引和共同态度之间保持对称的平衡。如果不平衡出现,将会付出努力恢复平衡。如果平衡不能被重建,这个关系将瓦解。

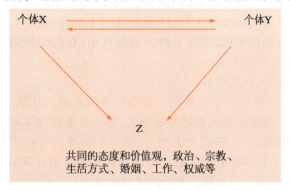

图 9-1　群体形成的平衡理论

2. 群体的发展阶段

人的一生有不同的发展阶段,最近的研究表明,群体的发展没有固定和标准的模式,不同类型群体的发展过程可能存在一些差异。但一般群体的发展通常可以被划分为几个阶段,在本节中,我们将介绍大家比较熟悉的两个模型：群体发展五阶段模型和最近的研究发现——间断—平衡模型,并对它们进行评述。

（1）群体发展的五阶段模型。

关于群体的发展阶段,20 世纪 60 年代中期,人们普遍接受五阶段模型(Bruce. Tuckman,1965）,即群体发展要经历五个阶段的程序：形成阶段、震荡阶段、规范化阶段、执行任务阶段、中止阶段。如图 9-2 所示。

第一阶段：形成(forming) 形成阶段的特点是不确定性,甚至是混乱。群体成员不确定群体的目标、结构任务和领导权,各自摸索群体可以接受的行为规范。当群体成员开始把自己看作是群体的一员时,这个阶段就结束了。

第二阶段：震荡(storming) 震荡阶段的特点是冲突和对抗。群体成员接受了群体的存在,但对群体加给他们的约束,仍然予以抵制。而且,对于成员的角色、责任、控制权等

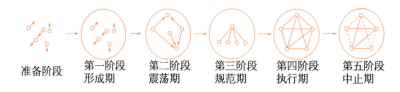

图9-2 群体发展的五阶段模型

也还存在大量的争执。这个阶段结束时,群体的领导层次就相对明确了。

第三阶段:规范化(norming) 经过震荡期后的调整,规范期群体内部成员之间开始形成亲密的关系,群体表现出一定的凝聚力,并开始进行合作和协作。当群体结构稳定下来、群体对于什么是正确的成员行为达成共识时,这个阶段就结束了。

第四阶段:执行任务(performing) 在这个阶段中,群体结构已经开始充分地发挥作用,并已被群体成员完全接受。群体成员的注意力已经从试图相互认识和理解转移到努力高效地完成群体任务。

第五阶段:中止阶段(adjourning) 对于长期性的工作群体而言,执行任务阶段是最后一个发展阶段,而对暂时性的委员会、团队、任务小组等工作群体而言,还有一个中止阶段。在这个阶段中,群体开始准备解散,注意力放到了群体的收尾工作。群体成员在这时的反应差异很大,有的很乐观,沉浸于群体的成就中,有的则很悲观,惋惜在工作群体中建立的友谊关系不能延续下去。

对五阶段模型的一些补充解释:

① 冲突可能有利于群体绩效。我们一般会认为随着群体从第一阶段发展到第四阶段,随着冲突的减少和群体成员关系越来越亲密,群体会变得越来越有效,但在复杂的因素影响下情况却未必如此。一些研究表明,一定水平的冲突有利于群体绩效的提高,比如一些与工作相关的争执和冲突对于避免错误和提高绩效很有效果。所以,我们有时会发现群体在第二阶段的绩效超过第三和第四阶段的情况。

② 各阶段间不一定有明确的界限。很多同学在学了五阶段模型以后用它对照自己所处的团队,发现并不吻合。事实上,正如我们前面提到的,群体的发展并没有固定的模式,并不总是明确地从一个阶段发展到下一个阶段的。有时,几个阶段同时进行,比如一个执行紧急抢险任务的群体,就可能前四个阶段同时进行。

③ 群体发展的五阶段模型是在不考虑组织环境的条件下探讨群体发展可能经历的阶段。这里的"组织环境"包括群体完成任务所需要的规则、任务的内容、信息和资源、角色的分配、冲突的解决、规范的建立等等。所以,五阶段模型为我们提供的是一个分析群体内部作用变化的分析方法,而不是一个用来对照现实群体发展的严格的工具。

(2)间断—平衡模型。

20世纪90年代提出来的"间断—平衡模型"也称为"点状均衡模型"(E. Romanelli and E. Tushman,1994),研究人员在对十多个任务型群体进行了现场和实验室研究之后发现群体的形成和变革运作方式的时间阶段上是高度一致的:①群体成员的第一次会议决定群体的发展方向;②第一阶段的群体活动依惯性进行;③在第一阶段结束时,群体发生一次转变,这个转变正好发生在群体寿命周期的中间阶段;④这个转变会激起群体的重大变革;⑤在转变之后,群体的活动又会依惯性进行;⑥群体的最后一次会议的特点是,活动速度明显加快。这个过程如图9-3所示。

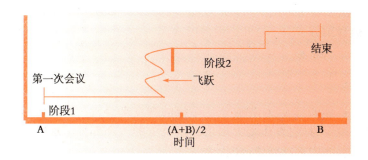

图 9-3　间断—平衡模型

第一次会议是群体发展的开始,这时,成员们一起决定群体发展的方向,确定群体的基本规范和未来的行为模式。这些内容成为群体发展方向的大框架,在群体发展的前半阶段会基本维持不变。在这个阶段中,群体按惯性保持最初的一种活动模式,一般不会轻易改变。

在这些研究中,出现了一个共同的现象引起了研究者的兴趣。研究发现每个群体都在其寿命周期的同一时间点上发生转变——正好在群体的第一次会议和正式结束的中间阶段——尽管这些群体完成任务的时间并不相同,有的几个小时,有的可能几个月。但是,存在一个普遍的现象,似乎每个群体在其存在时间的中间阶段都要经历中年危机。这个危机点促使群体成员认识到,时间紧任务重,必须迅速行动。这个危机点成为第一阶段结束的标志。成员们认识到必须开始变革,抛弃旧的模式,采纳新的观点。

如果这种认识转化为实际行动,转变调整后的群体就进入了发展的第二阶段。这一转变对于群体来说是一次提升和促进,群体开始在新的水平上发展。第二阶段是一个新的平衡阶段,或者说又是一个依惯性运行的阶段。在这个阶段中,群体开始实施在其转变时期创造出来的新计划。

当群体完成工作任务后,最后一次会议会成为一个总结,标志着群体任务的结束。

总之,群体的间断—平衡模型强调的是群体发展中期的转折点,群体在其长期的依惯性运行的存在过程中,会有一个短暂的变革时期,这一时期的到来,主要是由于群体成员意识到他们完成任务的时间期限和紧迫感而引发的。如果能利用好这一特殊时期对群体进行变革提升,就能改善群体绩效,使群体发展上升一个台阶。

第二节　群体行为的解释

为什么每个群体会表现出不同的行为方式,会有不同的成绩?因为一个群体在运作过程中受到很多因素的影响,这些因素使不同的群体有了差异。在本节中我们将介绍这样一些影响群体行为的因素。

这些因素大致可以分为三类。首先,工作群体不可能孤立存在,它们处在一个更大的环境或群体中,要受到大环境的影响。例如,商学院的学生是一个群体,但同时他们也是所在大学的一部分,他们必须遵守学校的规章制度和学生守则。其次,群体自身有一个内部的环境,包括群体成员的角色、群体规范、群体结构等。这些因素都决定着群体内部的相互作用模式和其他过程。最后,群体所承担的任务也会影响群体内相互作用的过程和结果,也就是说,任务的内容、性质、类型等都会影响到群体的绩效。

下面我们就详细分析一下这几方面的因素。

一、群体的外部环境条件

要理解工作群体的行为,首先应该从系统的观点来分析。就是说,我们应该把群体放在它所处的环境中,把它看作是大的组织系统中的一个部分。这时,大的组织系统中就会有下面这样一些因素对群体产生影响。

1. 组织战略

群体是生存在一个组织中的,组织的整体战略会对群体有直接的影响。这些影响可能通过任务、资源、权利等的分配和安排作用于群体。举个例子,假如一所大学的目标是在十年内建设成为以社会科学为主的研究型大学,它的战略会定位在加强社会科学类学科的专业建设,以及鼓励教师的科研工作、对学生科研能力的培养等方面。这个战略是由学校的管理人员共同确定的,那么这个战略会如何影响群体呢?管理人员会开始重视相关院系的工作,比如社会学院、经济学院、人力资源和劳动关系学院、公共管理学院等,学校会了解他们的学科建设计划,和专家一起讨论合理的方案,为他们制定一些工作目标,给予相应的资源和政策的支持,并定期检查保证计划实施。阶段目标实现时,也许还会给予这些院系适当的奖励。一个院系作为一个群体,它的发展目标、具体措施、内部资源的分配、成员的相互作用都会受到学校这一系列活动的影响,群体会采取相应的行动作为回应。

2. 权力结构

权力结构就是组织里的权力分配体系,一般是由正式的组织结构决定的。权力表现为组织成员之间的一种组织关系,在组织结构中的上下层次关系和横向部门机构中,都包含着权力的分配关系。从权力结构中能看出谁有权做决策,谁有权下命令和分派任务,谁向谁汇报工作。

组织的权力结构通常决定着一个工作群体在组织中的位置,它影响了一个群体的正式领导与组织的正式关系以及群体领导与他的群体成员的关系。有的群体可能会由群体内的一个非正式领导控制,但作为组织正式任命的领导,群体的正式领导会具有群体内其他成员所没有的权力,这些权力会影响群体的运行情况。

3. 正式规范

与组织的非正式的规范相比,正式规范一般是成文的,是大家都必须遵守的明文规定。组织一般会采用规则、程序、说明、政策等形式作为正式规范来使员工的行为标准化。

现在流行的特许经营的形式,虽然允许独立经营,但很多规范是要服从总部的要求的。比如 IBM 的销售店面都采用统一的装修风格;麦当劳公司对经营过程有严格的要求,包括填写菜单的格式、烹调汉堡包和灌装饮料的方法都设有标准的工作程序。所以,被许方的工作群体只能在有限的范围内制定自己独立的标准。

组织中各部门的情况也类似，组织要求全体员工遵守的正式规定越多，组织中各个工作群体的成员行为就越一致。

4. 组织资源

组织所拥有的资源也影响着群体的活动。各种资源，比如资金、时间、原材料、设备是由组织分配给群体的，这些资源是富裕还是短缺，对工作群体的行为有着巨大影响。因为群体在工作中是需要支持的，这些必要的支持直接决定群体是否能正常的运转下去。有些组织规模大，资金充足，各种资源丰富，群体就有可能得到充分的工作支持，它们的员工就可能拥有高质量的工具和设备来完成工作任务。然而，如果一个组织资源有限，那么它的工作群体所能拥有的资源当然也就比较有限。所以，从这个方面说，一个工作群体所能做的事情在很大程度上取决于其资源条件的充足与否。

5. 人员甄选过程

工作群体是由成员组成的，而工作群体的成员首先是这个群体所属的组织的成员。比如，一所大学的经济学院的教师既是经济学院教职工群体的成员，又是全校教师队伍的成员。而经济学院在招聘教师时必须考虑学校对教师的标准和要求。因此，一个组织在甄选员工的过程中所使用的标准，将决定这个组织工作群体中成员的类型。在很多情况下，这些标准还不仅仅是知识、学历和经验上的，而是包括个性、价值观和文化方面的，这些方面对群体的影响尤为重要。

6. 组织文化

每个组织都有自己的文化，文化是一个组织的"性格"，它是被成员们接受了的一种规范。组织文化规定了哪些行为是可以接受的，哪些行为是不可以接受的。员工在进入组织几个月之后，一般就能了解其所在组织的文化。通过观察，他们就能够知道，上班时应该如何着装，组织的规章制度是否都应该严格地遵从，在组织中应该如何与领导相处，诚实和正直等品质是否很重要，等等。组织文化向员工们说明了，组织所重视的价值观是什么，提倡的行为方式是什么。工作群体的成员如果正确认识并接受了组织主导文化所蕴涵的价值标准，就更容易得到组织的承认，并在组织中发挥作用。

二、群体的内部结构

1. 成员

根据常识，我们常常会做出这样的判断：群体成员能力越强，群体绩效也会越好。事实是这样吗？作为群体的组成部分，每位成员的能力确实都会直接影响群体的绩效结果，一些研究已经证明，如果一个人具备的能力对于完成任务至关重要，这个人会更愿意参与群体活动，一般来说贡献也会更多，成为群体领导的可能性也更大。但后来人们发现，仅仅用成员个体的能力水平是无法预测群体绩效的。群体的业绩不是每个人业绩的简单加和，群体中还有一些重要的因素，如成员间的相互作用也起着重要的作用。

从成员个体上看，能影响群体行为和群体业绩的最重要的因素除了个体的能力之外，还有成员的个性特征。有一些人格特质对于群体生产率、群体士气和群体凝聚力有积极的作用，如乐观外向、善于社交、有责任心等。还有一些特质在不同的文化中有所不同，如在中国文化中，更接受谦虚、随和、乐于助人的特质，而美国的文化更接受独立性强、自主、自信的特质。另外有一些特质，不管在什么样的文化下总会对群体产生消极的作用，如独断专行、统制欲强、孤独悲观等。个性特征能够通过影响群体成员在群体内部相互作用方式而对群体绩效产生影响。

那么，如果了解了群体成员的能力和个性特征，是否就能预测群体绩效了呢？还有一个重要的问题——组合搭配。研究发现，成员在工作能力上互补的群体更容易有高绩效；另外个人能力和个性特征决定了成员在群体中的角色，各种角色的适当搭配也会影响群体绩效；还有价值观相似的成员更容易相互理解，进而密切合作等等。这个问题我们在下一章的团队中还会讨论到。

2. 角色

角色这个词最初来自于戏剧中，演员按照剧本中对某个人物的描述进行表演，包括人物的行为、语言和一些细节表现等等都要在舞台上反映出来，这时，我们说这位演员在扮演一个角色。莎士比亚说："世界是一个大舞台，所有男人和女人不过是舞台上的演员。"意思是说，生活和工作中也是由一个个的场景和情境组成的，每个人都是演员，在每个场景中扮演着一种角色（role）。扮演一个角色，首先需要一些布景和道具，再通过衣着、仪表、言谈举止等表现出来。

当我们在工作群体中使用"角色"这个词时，是指人们对社会性单位中处于某个职位的人所应该做出的行为模式的期待。如果我们每个人都只选择一种角色，并可以长期一致地扮演这种角色，那我们的行为只需要按一种角色表现就可以了。但是很不幸，我们每天的工作生活都要不停地变换情境，我们需要按不同的角色要求来改变自己的行为。

例如，许平是一个能源公司华北区人力资源部的部门经理，仅仅在工作单位，他就需要扮演多种角色。他是能源公司的雇员，是公司总经理的下属，是华北区市场部经理的同级同事，是人力资源部员工的领导，是公司有关薪酬改革问题的发言人。在周末的同事聚会时，他是同事的朋友，是足球队的前锋，是俱乐部的会员，是餐厅的顾客。回到家里，他是儿子、兄长、丈夫、父亲。这些角色有时是相互兼容的，有时却是相互冲突的。比如，许平在给公司提出裁员建议时，如果裁员名单中有一个是他的好朋友，他会怎么做？公司有一段时间常常需要加班到深夜，而许平的女儿马上就要参加中考，妻子又到外地出差，他又怎么做呢？

人们在不同的群体中扮演不同的角色时，一般都会经历下面这样几个阶段：

（1）角色期待。

角色期待（role expectation）是指，人们按照社会角色的一般模式对一个人的态度、行为提出合乎身份的要求并寄予期望。简单说，就是别人认为你在一个特定的情境中应该做出什么样的行为反应。比如，我们一般会认为大学生是力求上进、有热情、爱学习、不畏世俗、勇于创新、有社会责任感的；认为大学教授是博学、正直、为人师表、善于引导学生思考、能启发新的思想的；我们还会认为政府公务员应该为民服务，不怕吃苦，清廉自律。当角色期待集中在一般的角色类别上时，就成为角色定式或角色刻板印象了。

在组织中，雇主与雇员间也存在一种特殊的角色期待，学者们将其命名为"心理契约"（psychological contract）。心理契约是指：在雇主和雇员之间，存在一种不成文的约定,它规定了双方的期待,也就是雇主对雇员,以及雇员对雇主的期待和要求。一般来说,雇员期待雇主公正地对待雇员,给他们提供可以接受的工作条件,清楚地表达一天的工作任务,对员工的工作好坏给予反馈。雇主期待雇员工作态度认真,听从指挥,忠于组织。可是,事情不会总按人们想象的那样发生,当心理契约中蕴涵的角色期待没得到满足时,就会出现问题了:如果是雇主没能满足雇员的角色期待,雇员的绩效和工作满意度就会受到消极影响。如果雇员没能满足雇主的角色期待,雇员可能会被雇主认为是没有能力或是不努力的,严重时可能还会受到处罚,甚至被解雇。

组织中的角色期待会对扮演角色的人产生作用吗?答案是肯定的。当你对一个角色有所期待时,你会无意识地通过言行流露出这种期待,而如果角色的扮演者愿意并且善于捕捉这些信息,他就会按你期待的去做。这实际上和"皮格马利翁"效应的原理相同。美国学者 Livingston 曾在《哈佛商业评论》上发表了《管理中的"皮格马利翁"》一文,最早论述了管理者的期望对于下属人员会产生重要影响力。

(2) 角色知觉。

社会或他人对角色的期望只是一种外在的力量,还不是角色承担者自己的想法。所以,仅仅有角色期望,并不能预测一个人的行为,人们对角色的扮演更大程度上取决于他们自己对角色的认识、理解——即角色知觉。一个人对于自己在某种环境中应该有什么样的行为反应的认识,就是角色知觉(role perception)。

由于每个人的知识背景、价值观念、生活经验、道德水平以及所处的环境不同,因而对同一角色的理解可能会有很大差别。以一位乘公共汽车的青年为例,中国人崇尚尊老爱幼,车上的青年可能会主动给上车的老人让座,老人们认为自己受到帮助和尊敬也会很开心;而美国人崇尚独立、自立,青年认为如果自己给老人让座是对老人身体健康的怀疑,而老人也不愿意受到别人的特别关照和特殊待遇,坚持站着还能表示自己还年轻,身体还很好。

人们这些对角色的认知是从哪里来的呢?事实上,我们周围的各种刺激都在向我们灌输各种角色的概念,包括我们的父母、老师和朋友的观念,学校教育,书本和电影的内容,各种媒体报道等等。生活经历是一个人对角色认识的主要来源。

(3) 角色扮演。

对角色的扮演是角色知觉的进一步发展,是人们用实际行动表现出来的角色。比如前面提到的让座的例子,在角色知觉之后,人们表现出来的行为可能是:中国的青年让了座,美国的青年没有让座。但是,角色的扮演又不完全取决于扮演者对角色的知觉,它还受到当时主观、客观多方面条件的限制。比如,一位新上任的厂长,对厂长角色的知觉是大胆改革,以全厂的发展为目标,但是在上级领导、下属和员工都不愿面对改革、缺乏信心、胆怯规避的情况下,他就不得不对自己的领导行为方式做一些改变了。

(4) 角色冲突。

当一个人需要同时扮演多种角色时,他就承担了多种角色期待,如果个体服从一种角色的要求,那么就很难服从另一种角色要求,这时就可能会产生角色冲突(role conflict)。在极端情况下,可能包含这样的情境:个体所面临的两个或更多的角色期待是相互矛盾的。

角色冲突是从古至今都存在的问题了。古代的"忠孝难两全"说的就是人们常要面对的角色冲突。作为孩子要孝顺父母,作为臣民要服从君主。时间和精力是有限的,选择的道路也不能轻易变换,当行孝和尽忠发生冲突,需要人们做出选择时,人们常常会非常痛苦。

同样的道理,在组织内部不同的角色期待也会带来角色冲突,也会影响到组织成员的行为。人们感觉到角色冲突时,内心会产生紧张感和挫折感,需要通过一些行为反应来平衡这种感觉。这时,不同的人可能会选择不同的行为。比如,个体可以采取一种正规的、符合正式规范的做法。这样,角色冲突就可以依靠能够调节组织活动的规章制度来解决。个体还可以采取其他行为反应,比如退却、拖延、谈判,或是像我们在讨论认知不协调时提到的重新定义事实或情况,减少认知不协调进而消除内心的紧张感。

为了理解上面提到的这些关于角色概念,我们一起来看一个社会心理学中的经典实验——津巴多(Zimbardo)的模拟监狱实验。

斯坦福大学(Stanford)的心理学家菲利普·津巴多(Philip· Zimbardo)在1971年和他的同事完成的这个角色实验对于说明人们对角色的认知和扮演问题很有说服力。

实验的地点是斯坦福大学的心理学系办公大楼地下室。这里被布置成一个模拟的"监狱"。研究者以每天15美元的价格雇佣了24名学生来参加实验。这些学生都是普通的大学生,他们在普通人格测验中,得分属正常水平,其他各方面也都很正常。实验者随机地把这些学生分成两部分,给每一部分分别安排了角色,一部分人为"看守",另一部分人为"罪犯",学生们被告知了一些基本规则。

在模拟实验刚刚开始的第一天,两类扮演不同角色的学生之间并没有多大差别。值得我们注意的是,学生们都没有受过专门训练如何做监狱看守员或是如何扮演罪犯。实验者只告诉他们"维持监狱法律和秩序",不要理会"罪犯"的胡言乱语(如罪犯说,禁止使用暴力)。为了更真实地模拟监狱生活,罪犯可以像真正的监狱中的罪犯一样,接受亲戚和朋友的探视。模拟看守8小时换一次班,而模拟罪犯除了出来吃饭、锻炼、去厕所、办些必要的其他事情之外,要整日整夜地呆在他们的牢房里。

在这个过程中,研究者始终在悄悄地观察记录。罪犯没用多长时间,就承认了看守的权威地位,或者说,模拟看守调整自己,进入了新的权威角色之中。特别是在实验的第二天看守粉碎了罪犯进行反抗的企图之后,罪犯们的反应就更加消极了。不管看守盼咐什么,罪犯都唯命是从。事实上,罪犯们开始相信,正如看守所经常对他们说的,他们真的低人一等、无法改变现状。而且每一位看守在模拟实验过程中,都作出过虐待罪犯的事情。例如,一位看守说:"我觉得自己不可思议……我让他们互相喊对方的名字,还让他们用手去擦洗厕所。我真的把罪犯看作是牲畜,而且我一直在想,'我必须看住他们,以免他们做坏事'。"另一位看守补充说:"我一到罪犯所在的牢房就烦,他们穿着破衣服,牢房里满是难闻的气味。在我们的命令面前,他们有人开始痛苦地哭。他们没有把这些只是当作一次实验,一切好像是真的,尽管他们还在尽力保持自己原来的身份,但我们总是向他们表明我们才是上司,这使他们的努力收效甚微。"

这次模拟实验相当成功地证明了个体学习一种新角色是多么迅速。实验本来计划进行两周,但由于参加的学生在实验中表现出病态反应,在实验开始6天之后,研究人员就不得不终止了实验。

从这个监狱模拟实验中我们能得到什么启发呢?

我们知道,参加这次实验的学生并没有受到任何培训,但能够扮演出被安排的角色。他们是按照人们对于"罪犯"和"看守"的角色期待去扮演的。而对这些角色期待的了解又是通过各种途径得到的。就像我们大多数人一样,通过电影、电视、小说故事、大众传媒和自己的亲身经历,如在家庭(父母与孩子)、在学校(老师和学生),以及其他各种包含权利控制关系的情境,学习到了关于罪犯和看守的角色定式的内容。这个过程就是角色认知的过程。

在这个基础上,这些学生就能够不费力地、迅速地进入到被安排的角色中。在这个例子中,我们可以看到,人格正常、没经过新角色要求训练的人,也会非常极端地表现出与他们所扮演的角色一致的行为方式。有学者用三十年前的津巴多模拟监狱实验来分析发生在21世纪现实中的美军虐待伊拉克战俘事件,依然能够解释美军士兵的行为。

3. 领导

一个工作群体一般都会有一个正式领导,比如一个部门的主管、一个研究中心的主任、一个项目组的组长。群体领导对群体绩效具有巨大影响,这种影响是多方面的,比较复杂,我们将用一章的篇幅来讨论领导问题。在第十二章中,我们将回顾过去有关领导方面的研究,并研究群体领导对群体成员和群体绩效的影响。

4. 规范

(1)对"规范"研究的由来。

让我们一起回忆一下前面提到的霍桑实验,其中一个阶段的实验引发了研究者对群体规范的思考。在我们熟悉的照明实验(继电器实验)之后,研究者又开始进行绕线研究。绕线工人被安置在独立的实验室里,但和前面的照明实验不同,绕线研究没有加入任何实验性变化,而只是安排了一位观察员和一位访谈员在实验室收集实验数据。还有一个不同的条件,也是后来引发研究者兴趣的地方是:研究者在绕线车间里安排了一位车间的常规主管,他的主要作用是维持秩序,和他日常的职责一样。

绕线实验的结果基本上与照明实验相反。结果并没有像照明实验里那样出现产量的持续上升,实验发现产量实际是被绕线工人们自己严格限定着的。根据科学管理的动作分析,工人们每天可以完成7 312个绕线任务,这大概是2.5套设备。而工人们却认为一天最合适的工作量是2套设备。这样,2.5套代表了管理层的产量标准,而2套则是非正式群体的标准和实际的产量。研究人员认为,实际上,并不是工人达不到2.5套设备的产量,而是非正式群体每天完成2套的规范限定了工人们的产量。于是,没有人愿意提高自己的产量去打破这个规范。

群体动力学对这个问题的解释是,社会压力使成员们都服从群体规范。正如前面的实验中,因为产量最高的工人不必面临被解雇的危险,还能够得到较高的工资,那么工人们按道理应该愿意努力工作的。可是群体成员们根据经验发现这样下去会导致大家的恶性竞争,他们的付出越来越多,得到的回报却不一定能上升。所以工人们一致地限制自己的产量,而且对不服从这个不成文规定的成员施加"惩罚",这些"惩罚"可能是社会排斥、嘲笑、诅咒,甚至是殴打。群体压力对于促使工人们服从非正式的群体规范非常有效,甚至比用工资和奖励维持的正式组织的管理规范更有效。

(2)"规范"的概念。

所谓规范,是指人们共同遵守的一些行为规范。广义的规范包括社会制度、法律、纪律、道德、风俗和信仰等,这些都是一个社会里多数成员共有的行为模式。所有群体都形成了自己的规范(norms)。群体通过自己的规范让群体成员知道自己在一定的环境条件下,应该做什么,不应该做什么。对于每位成员来说,群体规范就是在某种情境下群体对他的行为方式的期望。一旦群体规范被群体成员认可并接受以后,它们就成为一种影响群体成员行为的手段了。

群体中有正式规范和非正式规范。其中,正式规范是写入组织手册和规章制度的,规定着员工应遵循的规则和程序。还有一些规范是非正式的,比如,不需要明文规定,员工就知道,应该保持办公室的整洁,不能无休止地和同事闲聊,不能衣冠不整地来上班。再比如,某个单位的领导有逢年过节接受下属礼品的习惯,本来这在组织里是一个很不好的现象,但是如果领导认同了这种做法,并且对送了礼品的下属表现出特殊的关照,以后就很可能在组织里形成一个非正式的群体规范——过节时应该给领导送礼。

(3) 规范的一般类型。

一个工作群体都有自己独特的规范,包括正式的和非正式的,每个群体都不可能完全相同。但就大多数工作群体而言,规范一般可以划分为以下类型:

第一类规范与群体工作和绩效方面的活动有关。群体通常会明确地告诉其成员:他们应该多努力地工作,应该怎样去完成自己的工作任务,应该达到什么样的产出水平,应该怎样与别人沟通,等等。这类规范会直接影响员工个人的工作绩效。

第二类群体规范是群体成员的形象方面的,包括应该如何着装,使用什么样的礼仪,在何时应该忙碌,何时可以聊聊天,在其他地方时应该如何代表群体的形象等。有些组织制定了正规的着装制度,有些则没有,但即使是没有这类制度的组织,组织成员对于上班时该如何着装,也有些心照不宣的标准。群体成员被认为应该对组织忠诚,在其他地方不能做有损组织利益的事,如在他人面前贬损自己的群体等等。

第三类群体规范是一些社交上的约定。这类规范常常来自于非正式群体,主要用来约束非正式群体内部成员的相互作用。包括人们日常交友的范围、谈话的方式、交往的方式等。比如,小晴总是和小丽、小丹一起吃午饭,如果她某天去找公司总裁一起吃午饭,大家就会觉得很奇怪,因为不符合一贯的"规范"。

第四类群体规范对群体的资源分配做了规定。这类规范包括对困难任务的分配、工作所需的工具和设备的使用安排、群体的薪酬和奖励体系,等等。

(4) 规范的形成。

群体规范不是一天两天形成的,它的形成是一个产生—强化—固化的过程,是需要一段时间的。

一般来说,群体规范是在群体成员掌握使群体有效运作所必须的行为的过程中逐步形成起来的。当然,群体中的一些关键事件可能会缩短这个过程,并能迅速强化新规范。大多数群体规范是通过以下四种方式中的一种或几种形成起来的:

- 重要人物明确的陈述。陈述者通常是群体的主管或某个有影响力的人物。例如,群体领导可能曾经具体地强调过,上班时不得打私人电话,不能在办公室里大声喧哗。
- 群体历史上的关键事件。有的规范是因为某些事件发生后才制定出的。比如,在工作中,曾有人没有穿戴安全防护设备就进入建筑工地,而导致在意外事故中死亡,后来工地上就有了"不戴安全防护设备禁止入内,违者重罚"的规范。
- 过去经历中的保留行为。以往的经历会对人的某些行为进行强化,人们习惯性地认为自己应该这样或那样做。所以很多工作群体在添加新成员时,会关注新成员以往的背景和经历,他们喜欢与群体其他成员有相似背景的人,因为这样的新成员很可能有很多与群体成员相似的"规范"。

5. 地位

虽然我们做了很大努力尽量实现社会成员地位的平等,但我们发现在追求无等级社会的征途上仍然步履维艰。地位(status)是指人们对群体或群体成员的位置或层次的一种社会性的界定。我们生活的社会中处处都有等级和地位的差异,很多个人的特征都可以成为地位的象征,如职务、薪水、能力、知识、职业、荣誉等等。即使在很小的群体中,我们也能找到地位的差异,这些差异通过权力、角色行为、礼仪等方面表现出来。在理解人类行为时,地位是一个重要的因素,如果个体认识到,自己的地位认知与别人对自己地位的认知不一致,就会对个体的行为反应产生巨大影响。有学者用它来解释贪污腐败的现象,作为政府官员,被人们认为是社会上地位较高的职业,人们认为他们应该过着体面的生活,但当他们不高的工资难以在物质上显示出他们的地位时,他们就开始考虑其他不正当的办法了。

(1)正式地位与非正式地位。

在组织中,地位有正式的和非正式的。正式地位是组织通过任命职务或授予头衔等等使个体获得的地位。如,任命一名车间工人为流水线上的班组长,这名工人在班组中就具有了正式地位。在更多的情况下,我们所说的地位是非正式意义上的。地位可以通过教育、年龄、性别、技能、经验等特征而非正式地获得。某个特征是否与地位有关,要看这个群体的成员是如何看待它的。我们应该注意,有时非正式地位可能比正式地位更重要。

维廉姆·怀特(William F. Whyte)曾做过一个经典的饭店研究。这个研究表明了地位是怎样对人们的感觉和行为起作用的。怀特认为,在一个群体中,如果行为的命令是由地位高的人向地位低的人发出的,那么他们在一起能够合作得比较愉快;如果某种行为的命令是由地位低的人最先发出,在正式和非正式地位系统之间就会引起冲突。他引用的一个例子是:以前,顾客的菜单由饭店侍者直接递交给结账人员——这意味着,地位低的侍者在交往中占了主动地位。后来,饭店把菜单上装上了铝线,这样,菜单就可以挂起来用钩子钩,结账人员觉得必要时,才把菜单用钩子钩过来,这样结账人员就居于主动地位了。

怀特还注意到厨房中的一个例子,那些把菜单交给厨师,然后把做好的菜端出去的服务人员工作所需技能并不高,但同样地,他们在相互作用过程中也处于主动地位。当服务人员以明确或不明确的方式催促厨师"加快速度"时,在他们之间就会产生冲突。怀特在他的研究中还提出了一些建议,告诉餐馆的管理者在一些方面的改变能够使工作程序与人们的实际地位等级更相符合,而且还能够改善员工关系,提高他们的工作效率。

(2)地位对群体规范的影响。

在本节的下一部分会提到群体中的"从众行为",这是一种由于对群体规范的遵从而产生的现象。但许多研究表明,地位对从众行为会产生有趣的影响。比如,与群体其他成员相比,一个地位较高的群体成员具有较大的偏离群体规范的自由。他们比地位低的同伴能够更有效地抵制群体规范施加给他们的从众压力。如果一个群体成员很为群体中其他人所看重,而他又不在乎群体给予他的社会性报酬,那么在一定程度上,他就可以漠视群体规范的从众规范。

这种发现能够解释,为什么许多明星运动员、著名演员、一流的推销员、杰出的学者,对约束着他们同事的一些社会规范不屑一顾。作为一个地位较高的人,他们的自主范围会比较大。

6. 规模

群体规模能够影响群体的整体行为吗?答案是肯定的。所以我们在很多组织和活动中,会把人数控制在一个合理的范围内。

当然,没有研究的证据能够给出一个确定的最合适的群体人数。合适的群体规模往往随任务不同而不同。事实表明,小群体完成任务的速度比大群体快。但是,如果需要群体解决复杂的问题或是提出很多丰富的观点,则大群体比小群体表现得好。因此,如果群体的目标是了解事实或是收集建议,那么大群体可能更有效。相反,而在执行生产性任务时,成员在7人左右的小群体会更为有效。

随着群体规模的增大,群体绩效会产生什么变化吗?20世纪20年代末,德国心理学家瑞格尔曼(Ringelmann)在拉绳实验中,比较了个人绩效和群体绩效。他原来认为,群体绩效会等于个人绩效的总和,也就是说,三个人一起拉绳的拉力是一个人单独拉绳时的3倍,八个人一起拉绳的拉力是一个人单独拉绳时的8倍。但是,研究结果没有证实他的期望。三人群体产生的拉力只是一个人拉力的2.5倍,八人群体产生的拉力还不到一个人拉力的4倍。

其他一些用相似的任务重复瑞格尔曼的研究基本上支持了他的发现。群体规模的增大,与个人绩效是负相关。就总的生产力来讲,4人群体的整体生产力大于1人或2人的生产力,但群体规模越大,群体成员个体的生产力却降低了。

这种现象被学者们称为"社会惰化效应",群体规模的增加产生了社会惰化效应,其中是有它的道理的。我们将在后面的群体互动部分详细讨论这个问题。

三、群体凝聚力及其作用

1. 群体凝聚力的概念

群体凝聚力有时也称为群体内聚力,指的是群体成员之间的相互吸引力及对群体本身的认同程度。那些内部冲突较多、群体成员之间缺乏合作精神的群体凝聚力较低,在完成工作任务时,不如那些群体成员协调一致、相互喜欢的群体有效。

我们一般会认为有效的工作群体凝聚力高。在下面的部分,我们一起来讨论一下哪些因素会影响群体的凝聚力,群体凝聚力又是怎样作用于组织绩效的。

2. 群体凝聚力的影响因素

凝聚力主要受下列因素的影响:群体成员交往、加入群体的难度、群体规模、群体的性别构成、外部威胁、群体以前的成功经验。

(1)群体成员的交往。凝聚力是在交往中产生的,一些从来不在一起交往的人很难相互吸引。前面讲过的 Geoge Homans 三要素理论就解释了这个现象。

人们在一起的时间长短,影响人们之间的凝聚力。如果人们在一起的时间比较多,他们就会更加友好。他们会自然而然地相互交谈,作出反应,相互打招呼,并进行其他交往活动。而这些相互作用通常又会使他们发现大家共同的兴趣,增强相互之间的吸引力。

群体成员在一起的机会取决于他们之间的物理距离。不难想象,与住宅距离较远的群体成员相比,住宅距离较近的群体成员之间关系更加密切。住在同一个街区,同在一个停车场停车,共用一个办公室的人更容易形成凝聚力较高的群体,因为他们之间的物理距离最小。例如,研究发现,同一个组织的文秘人员中,任何两个人之间相互交往的多少完全取决于他们办公桌之间的距离。

群体成员在一起时信息的沟通也影响群体凝聚力。信息越畅通的群体,凝聚力越大;而肃静沉闷的大办公室,分散在一条长装配线上工作的小组、噪音大的工厂,由于信息不易沟通会降低凝聚力。

(2) 加入群体的难度。我们也许都有过这样的经验,如果费了很大功夫加入一个群体,我们会更珍惜我们的成员身份,更喜欢这个群体。加入一个群体越困难,这个群体的凝聚力就可能越强。要进入一所一流的医学院,就要经过激烈的竞争,这种竞争就导致医学院一年级学生班级的凝聚力很强。为了进入医学院,他们具有一些共同的经历:申请、书面考试、面试、等待最后的结果。正是这些共同经历增强了他们之间的凝聚力。

(3) 群体规模。如果说群体凝聚力随着群体成员在一起的时间的增多而增强,那么群体规模越大,群体凝聚力就应越小,因为群体规模越大,群体成员之间进行相互作用就越难。各种研究也证实了这一点。随着群体规模的增大,群体成员之间的互动变得更困难,群体保持共同目标的能力也相应减弱。毫不奇怪,随着群体规模的增大,群体内部产生小集团的可能性相应增大。群体内部再产生小集团通常会降低群体的整体凝聚力。

(4) 群体成员的性别构成。最近研究一致发现,女性的凝聚力高于男性。例如,在一项研究中,全部6个成员都是女性的群体和男女混合的群体比6个成员都是男性的群体凝聚力高。在另一项研究中发现,女性篮球队的群体凝聚力高于男性篮球队。为什么会出现这种情况尚不清楚。但是,一个比较合理的假设是,与男性相比,女性与自己的朋友、同事、伙伴竞争较少,而合作较多,这样就有助于增强女性群体的凝聚力。

(5) 外部威胁。如果群体受到外部攻击,群体的凝聚力会增强,很多研究证明了这个结论。球场上,比赛最激烈时,双方的拉拉队和队员们都会显示出最强的凝聚力。还有很多例子都能表明,群体受到外部攻击时,群体内部通常会加强合作。

虽然在受到外部威胁时群体通常会变得凝聚力更强,这种现象并不是无条件的。如果群体成员认为他们的群体无力应付外部攻击,群体作为安全之源的重要性就会下降,群体凝聚力就很难提高。另外,如果群体成员认为外部攻击仅仅是因为群体的存在引起的,只要群体放弃或解体就能终止外部攻击,群体凝聚力就可能降低。

(6) 以前的成功经验。如果群体一贯有成功的表现,它就容易建立起群体合作精神来吸引和团结群体成员。一般来说,成功的企业与不成功的企业相比,更容易吸引和招聘到新员工。对于成功的研究小组,知名大学和常胜运动团队,也同样如此。另外由过去的成功带来的群体的地位也影响群体凝聚力。比如有光荣称号,或有较高技术水平,或富于挑战性工作,或有较多经济报酬,或有较多晋升机会,或有较多自由而不受太严厉监督的群体,凝聚力一般较大。成功的经验能让群体成员们更热爱自己的群体,对未来的成功有更强的信心。

3. 凝聚力对群体生产率的影响

研究表明,一般来说,凝聚力高的群体比凝聚力低的群体更有效,但凝聚力与群体效率的关系比较复杂,我们不能简单地说凝聚力高就好。社会心理学家斯坦利·沙克特(Stanley Schachter)曾做过一个经典的研究,对于我们在组织管理中理解和应用群体凝聚力很有启发。

这个研究在高度控制下考察群体凝聚力和引导作用对生产力的影响。研究中有这样几个实验组:
（1）高凝聚力,积极引导;
（2）低凝聚力,积极引导;
（3）高凝聚力,消极引导;
（4）低凝聚力,消极引导。

以往的很多研究发现,群体凝聚力对于群体绩效有显著的正向影响。但是对于群体绩效更重要的影响因素是引导方式。沙克特的研究说明,绩效在很大程度上依赖于高凝聚或低凝聚的群体是怎样被引导的。

图9-4中总结了研究结果。一个高凝聚的群体被给予积极的引导,则会产生最高的生产力,但高凝聚的群体如果被给予差的引导,则可能会导致最低的生产力。这里的引导在组织中就表现为领导。一个高凝聚力的群体就像一把双刃剑,它的前进方向和绩效表现,依赖于它如何被领导。这样看来,管理者手中的低凝聚力的群体似乎更加安全些。但如果管理者希望实现生产力的最大化,就必须建立高凝聚力的群体,并给予正确的领导,可能的话,还可以引导其发展为自我管理型团队。

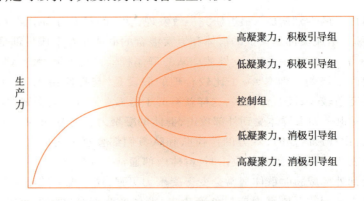

图9-4　沙克特对群体凝聚力研究的"叉"型结果

四、群体互动

1. 社会助长作用和社会干扰作用

社会助长是指个体与别人在一起活动或有他人在场时,个体的行为效率提高的现象。早在1897年,社会心理学家特瑞普里特(N. Triplett)就通过实验证实了社会助长现象的存在,他的研究也被认为是社会心理学的经典研究之一。特瑞普里特发现,个体在独自骑单车的情况下时速是每小时24英里,在旁边有人跑步伴随的情况下时速是每小时31英里,而在与他人骑单车竞赛的情况下时速是每小时32.5英里。因此,特瑞普里特认为,个体在进行作业操作时,如果有他人在场,或是与他人一起从事一项行为操作,那么,个体的行为效率就会提高,他把这个现象叫做社会助长。后来,有很多研究证实了社会助长现象的存在,但也有一些研究得出了相反的结果。事实上,我们有时在从事一项行为操作时,他人在场的确可以使我们的行为效率提高;但有时,他人在场不但不能促进我们行为效率的提高,反而会影响我们的正常工作,使我们的工作效率下降,比如,在考试的时候,考生就特别害怕监考老师走到他们眼前,有的人甚至在老师站在旁边时,一个字都写不出来了。这种当他人在场或与他人一起从事某项工作时而使个体行为效率下降的现象被称作社会干扰。

那么,为什么会出现社会助长或社会干扰呢?心理学家扎琼克(R. B. Zajonc, 1965)指出,他人在场,增加了个体的活动驱力或动机,这种驱力或动机的增加对作业成绩的影响依作业的性质而定,当作业所需要的反应是已经长久练习了的或天生即会时,动机的增强将对个体起促进作用。就简单工作而言,他人的存在有助于个体效率的提高,对高水平的人来说,他人的存在就可能起助长作用。但是,当作业所需要的反应是尚未完全学会的行为时,动机的增强反而会破坏个体的表现,例如,在解较难的数学题或记忆新的语文材料时,若有他人在场,个体的工作效率往往会下降。可能的原因是他人的存在会分散个体的注意力,当简单的工作不需要个体投入全部的注意力时,人们可以通过更加努力来弥补自己的分心,但当进行复杂的工作而分心时,这种努力就无法弥补分心所造成的损失。

2. 社会惰化作用

社会惰化作用是他人对个体行为所造成的另一种影响。社会惰化主要指当群体一起完成一件工作时,群体中的成员每人所付出的努力会比个体在单独情况下完成任务时偏少的现象,它一般发生在多个个体为了一个共同的目标而合作,自己的工作成绩又不能单独计算的情况下。例如,社会心理学家拉塔奈(B. Latane, 1979)曾在个体独自的情况下和在不同群体规模的情况下测量个体鼓掌和欢呼的声音强度,他发现,与个体独自情况相比,个体的声音强度(鼓掌声和欢呼声)是随着群体规模的增大而减弱的,如图9-5所示。

拉塔奈认为,出现社会惰化的原因可能有三个。第一,社会评价的作用。在群体情况下,个体的工作是不记名的,他们所做的努力是不被测量的,因为这时测量的结果是整个群体的工作成绩,所以,个体在这种情况下就成了可以不对自己行为负责任的人,他的行为不会影响他人对自己的评价,于是为工作所付出的努力也就减弱了。第二,社会认知的作用。在群体中的个体,也许会认为其他成员没有努力,没有尽到应尽的职责,所以自己也就开始偷懒以求得心理的公平感,从而使自己的努力下降了。第三,群体责任的扩散的作用。在一个群体作业的情况下,每一个成员都是整个群体的一员,需要与其他成员一起接受外来的影响、一起承担群体责任,成员们会认为群体责任应该由大家一起承担,当群体成员增多时,自己所担负的责任就减少了,因而,个体所付出的努力就降

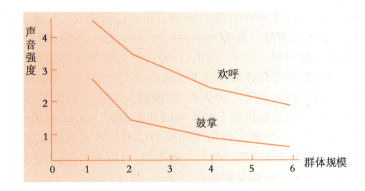

图 9-5 群体规模与个体努力程度的关系

低了。

　　工作群体中这种社会惰化效应对于组织行为学来说,意义是重大的。如果管理人员想借助群体的力量,来强化士气和工作团队,他们就必须提供衡量个人努力程度的手段。否则,管理人员就应该权衡一下群体可能带来的生产率的下降程度,是否可以接受。但是,这种结论带有西方的偏见,它与个人主义文化是并行不悖的,像美国和加拿大这样的国家是由个人主义支配的个人主义主宰一切,社会惰化现象可能比较突出。在个人主要受群体目标激励的集体主义社会里,这种结论就不一定适用了。比如,一项关于美国员工和中国、以色列(两者都是集体主义国家)员工的比较研究发现,中国员工和以色列员工没有卷入社会惰化的倾向。事实上,中国员工和以色列员工参与到集体中时,工作绩效比单独工作时绩效要高。

　　社会惰化作用在很多情况下都会减弱群体的工作效率。为了减少社会惰化现象,我们可以采取这样一些方法:(1)不仅公布整个群体的工作成绩,而且还公布每个成员的工作成绩,使大家都感到自己的工作是被监控的,是可评价的。(2)帮助群体成员认识他人的工作成绩,使他们了解不仅自己是努力工作的,他人也是努力工作的。(3)不要将一个群体弄得太大,如果是一个大群体,就可以将它分为几个小规模的群体,使得更多的成员能够接受到外在影响力的影响。

3. 从众行为和服从行为

(1) 从众行为。

　　当我们作为群体成员时,总是希望自己能被群体接受和认同的,你是否会因为这样的想法而赞成群体内大多数人的意见呢?如果有过这样的情况,就很可能是从众的表现了。从众是群体里一种普遍的现象,它指个人的观念或行为由于真实的或想象的群体的影响或压力,而趋向于与多数人保持一致的现象。从众在日常生活中可以表现为对特定的或临时的情境中的优势观念和行为方式的采纳,如跟随潮流、人云亦云等;也可以表现为对长期性的占优势地位的观念和行为方式的接受,如顺应传统风俗和习惯等。大量事实表明,群体能够给予其成员巨大压力,使他们改变自己的态度和行为,与群体标准保持一致。

　　个体是不是接受所有他们所在的群体给予他们的从众压力呢?很明显,答案是否定的,因为人们通常参加多个群体,而这些群体的规范是不相同的。在有些情况下,这些规范还可能互相矛盾。那么,个体该怎么办呢?答案是,他们遵从自己认为很重要的群体的规范,这些群体可能是他们现在已经参与的,也可能是他们希望以后能够参与的。这种个体认为很重要的群体,是参照性群体,其特点是,个体了解群体中的其他人;个体认为自己是这个群体的一员,或者渴望成为这个群体的一员;个体感到群体中的成员对自己很重要。从参照性群体的定义也可以看出,不是所有的群体都能给予其成员相同的从众压力。

从众行为从心理上可以分为两种不同的形式,一种为表面上顺从,另一种为内心真正的接受。前者只是行为上的顺从,并非发自内心,甚至在心里还会反对自己的从众行为,因此是一种假从众。后者是指在行动和信念上都发生了接受,个体完全放弃了自己原有的态度或行为方式,而是出于自愿地接受了大多数人的主张,因此是一种真正的从众。从众有的时候对群体具有积极的意义,如果群体中大多数人的观点保持一致,有利于群体正常运转和大家齐心合力实现群体目标。同时,从众也会对群体产生消极的意义,例如人们为了避免受到伤害而强调与大多数人保持一致,往往放弃自己原来的正确主张,甚至顺从了错误的行为方式,变得人云亦云,没有自己的独立人格,这是不利于个体的健康发展的。

社会心理学家阿希(S. Asch,1956)曾进行了有关从众的经典研究,他在实验室中考察了影响从众的各种因素。阿希把被试组成7人小组,请他们进行线段长度的知觉判断。7名被试中只有1人是真被试,其他都是实验者助手。被试们围桌而坐,他们的任务是依次比较判断如图9-6中所示的A、B、C三条线段中的哪一条线段与标准线段X一样长。实验的材料共有18套如图9-6的卡片,每套两张。在实验中,要求被试大声说出他所选择的线段。真被试总是被安排在倒数第一、二位回答。18套卡片共呈现18次,前几次判断,大家都做出了正确的判断,从第七次开始,实验者安排那些假被试,也就是他们的助手们,故意做出错误的一致性的选择。在这个过程中,实验者真正的目的:观察真被试在群体压力下的选择是独立的还是从众的。在这种情境下,真正的被试实际上面临着一个两难问题,自己的眼睛如果没有问题的话,那么是相信自己的眼睛做出正确的判断,还是依从于多数人所造成的压力做出错误的判断。结果发现,在整个实验过程中大约有35%的被试出现了从众行为,选择了与群体中其他成员的回答保持一致,也就是说,他们知道自己的答案是错误的,但这个错误答案与群体其他成员的回答是一致的。

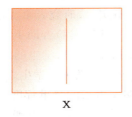
X

A B C

图9-6 阿希从众实验的卡片

从这个实验中,我们可以得出什么结论呢?阿希实验的结果表明,群体规范能够给群体成员形成压力,迫使他们的反应趋向一致。我们都渴望成为群体的一员,而不愿意与众不同。我们可以把这个结论进一步展开:如果个体对某件事情的看法与群体中其他人的看法很不一致,他就会感到有很大的压力,驱使他与其他人保持一致。

进一步的研究发现,个体在下列情境中比较容易发生从众现象。①判断作业的难度较高,所呈现的刺激模糊不清时,个体顺从社会压力的倾向就越高。②群体极具吸引力并有高度的凝聚力时,个体较容易表现从众行为。③个体感受到群体成员个个能干,自己却无法胜任时,较容易表现从众行为。④个人的反应将会被群体大众所知道时,个体较容易表现从众行为。⑤群体至少具有三个成员,并且他们的反应是一致的时候,成员较容易从众。⑥在鼓励遵从社会准则的文化背景下,个体较容易从众。可见,影响从众的因素主要有群体的一致性,群体的规模,群体的权威性,个体的人格,自我卷入水平,以及文化差异与个体差异。

对于个体为什么会从众的原因,研究者主要从四个方面来分析。①行为参照。群体中的他人的行为或者观点,可以作为自己行为或意见的参照,特别是当个体处于自己对情境缺乏把握的情况下,就更需要参照他人的表现。②个体对他人的信任和群体对个体的吸引力。如果一个群体是具有较高凝聚力的,或者成员之间是高度信任的,那么,这个群体就会保持较高的一致性。③害怕与众不同的心理状态。当个体的表现与众不同时,他就会面临强大的压力乃至于制裁,他会感到自己缺乏社会支持,处于孤立状态,所以,人们一般都会避免这样的情境。④情绪不稳定、有悲观情绪或是过于依赖他人的成员,由于对群体抵抗力就差或是缺乏自信,更容易从众。

(2)服从行为。

服从是指按照他人命令去行动的行为,也是人际互动的基本方式之一。但是,服从与从众有着本质的不同。在从众情况下的个体,虽然没有按照自己的本愿去行动,但却是自愿的;而在服从情况下的个体,则完全是在不自愿的情况下,应别人的要求去行动的。服从包括两个方面:对权威人物命令的服从,在有一定组织的群体规范影响下的服从。

关于服从的经典研究是由社会心理学家米尔格拉姆(S. Milgram)于1963年在美国的耶鲁大学进行的。这项研究是社会心理学领域中最具影响力的实验之一。米尔格拉姆通过公开招聘的方式,以每小时付给4.5美元的价格招聘到40名自愿参加者,他们包括教师、工程师、邮局职员、工人和商人,平均年龄在25—50岁之间。实验者告诉被试,他们将参加一项研究惩罚对学生学习的影响的实验,要求两人一组,用抽签的方式决定其中一人当学生,另一人当教师。教师的任务是朗读配对的关联词,学生的任务是记住这些词,然后教师呈现这些词,让学生在给定的四个词中选择一个正确的答案,如果选错了,教师就通过按电钮给学生以电击作为惩罚。事实上,研究者事先已经安排了每次抽签的结果总是真正的被试作为教师,而作为学生的却是实验者助手。实验过程中,当学生的假被试和当教师的真被试被分别安排在不同的房间里,学生的胳膊上绑上电极,被绑在椅子上,以便在记忆词汇发生错误时被教师惩罚。教师与学生之间是通过声讯的方式进行联系的。教师的操作台上每个电键都标明了电击的严重程度,从15V的"轻微",到450V的"致命"。这些电击实际上都是假的,但为了使教师相信整个实验,首先让其接受一次强度为45V的电击作为体验。

在实验中,每当学生出错,主试就命令教师施予电击,而且要逐步加大强度,随着电击强度的增加,学生也由呻吟、叫喊、怒骂逐渐到哀求、讨饶、踢打,最后昏厥。若被试表现犹豫,主试则严厉地督促他们继续实验,并说一切后果由实验者承担。

结果显示,在整个实验过程中,当电压增加到300V时,只有5人拒绝再提高电压;当电压增加到315V时,又有4人拒绝服从命令;电压为330V时,又有2人表示拒绝;之后,在电压达到345V、360V、375V时,又各有1人拒绝服从命令。共有14人(占被试的 35%)做出了种种反抗,拒绝执行主试的命令。另外 26 名被试(占被试的 65%)则服从了实验者的命令,坚持到实验的最后,尽管他们表现出了不同程度的紧张和焦虑,如图 9-7。

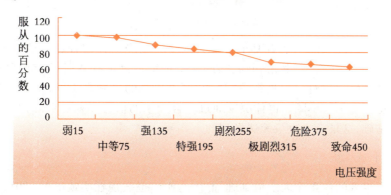

图 9-7　米尔格拉姆的服从实验

影响服从的因素很多,概括起来主要有三个方面:①命令发出者。他的权威性,他对执行命令者是否关心、爱护,他是否监督命令执行的全过程等,都会影响到服从。②命令的执行者。他的道德水平、人格特征以及文化背景等也都会影响到他对命令的服从。③情境因素。例如是否有人支持自己的拒绝行为,周围人的榜样行为怎样,奖励结构的设置情况,自己拒绝或执行命令的行为反馈情况怎样等,也会影响到个体的服从行为。

社会心理学家认为个体之所以会有服从行为,主要的原因是两个。第一,合法权力。我们通常认为,在一定情境下,社会赋予了某些社会角色更大的权力,而自己有服从他们的义务。比如学生应该服从教师,病人应该服从医生等,在实验室中,被试就应该服从主试,特别是陌生的情境更加强了被试服从主试命令的"准备状态"。第二,责任转移。一般情况下,我们对于自己的行为都有自己的责任意识,如果我们认为造成某种行为的责任不在自己,特别是当有指挥官主动承担责任时,我们就会认为该行为的主导者不在自己,而在指挥官。因此,我们就不需要对此行为负责,于是发生了责任转移,使得人们不考虑自己的行为后果。

第三节　群体决策

在处理关于集体的问题时,我们常常会召集大家开一个讨论会一起商量解决。开会就是群体决策的一种方式,我们发现开会是各种组织中一个不可缺少的活动,所以群体决策在组织中是有它的积极作用的,正如中国的古话"三个臭皮匠,顶个诸葛亮"。

与群体决策相对的是个人决策,我们已经在第八章介绍过,群体决策在决策上的步骤与个人决策基本相同,我们就不再重复了。这一节中我们就专门讨论一下群体决策的优缺点、改善方法和一些常用的群体决策技术。

一、群体决策的优点

1. 信息和知识更完全

我们知道进行决策的一个重要步骤是对现有的信息进行解释和评估。信息的来源可以有很多渠道,大众媒体、书籍刊物、访问调查或朋友间的交谈等等,获得信息时每个人还会根据自己的理解对信息进行筛选。每个人接触的人和事不同,知识背景不同,最终获得的信息当然也就不同。群体决策通过综合大家的信息和知识资源,为正确的决策提供更好的基础,这是个人决策无法做到的。

2. 观点更多样性

除了提供更多的信息作为决策基础,群体的作用也表现在决策的过程中。每个人思维方式不同、经历不同,对同一件事会有不同的看法,对同一个问题也会提出不同的解决方案。而且,大家在一起讨论时,能够互相学习补充、互相激发灵感,很容易产生新的想法。这样,群体就有机会更全面地考虑问题,并选择一个尽可能好的方案。

3. 决策更容易被接受

很多决策虽然在制定的时候经过了周密地考虑,被制定者认为是合理的,但执行的时候却因为不为人们所接受而夭折。但是,如果在决策的时候,那些会受到决策影响的人和将来要执行政策的人能够参与进来,他们以后就更容易接受决策,而且会鼓励别人也接受政策。这样,不但企业的执行力会因此增强,员工的满意度也会有所提高。现在很多企业采用员工参与的管理方式,也体现出了群体决策的这个优点。

二、群体决策中的问题

1. 群体思维

你有过这样的经历吗?在会议上、课堂里或朋友聚会的讨论中,你很想说出自己的看法,但最终还是放弃了。当然,这可能是因为害羞,但还有一个可能就是由于群体思维所害。

群体思维的概念是社会心理学家欧文·贾尼斯提出的,他将其定义为"由于群体压力所导致的思考能力、事实检测和道德判断的退化"(Irving Janis, 1972)。群体思维特别容易发生在高凝聚力的群体中。为什么群体思维是群体决策中的一个问题呢?因为群体思维实际上是源于个体成员从众以及达成一致性的压力。简单说,就是人们认为应该服从大多数人的想法,达成群体的一致意见,因此,就没有人提出更多的想法供大家讨论,少数人的观点也会受到压制。

历史上有很多例子可以证明群体思维的危害。在政府的政策制定群体中,这个现象非常明显,例如,英国第二次世界大战前对希特勒的绥靖政策,美国对珍珠港偷袭的毫无防备,尼克松执政期间的水门事件,里根执政期间的伊朗门事件,克林顿执政期间的白水事件,古巴的"猪罗湾"入侵事件等都是例证。

那么当群体思维出现时,我们是否能识别出来呢?贾尼斯发现,群体思维是有很多症状的,是它们导致了一种围绕大多数人的某个看法的"一致性幻觉",我们可以总结如下:

(1)在团队成员之间存在"无懈可击的错觉",使大家变得过分乐观,并愿意冒异常的风险。

(2)成员们集体地建造"合理化",使得警告和其他负面反馈信息都打了折扣。

(3)成员们盲目地相信该团队的固有"道德标准",并且使关于他们周围的"敌人"的负面观点"刻板印象"化。

(4)对任何对该团队的共同幻觉表达怀疑或质询多数派看法的个体施加直接压力。

(5)尽管有疑虑,那种"不愿意偏离"的思想似乎使团队形成一致意见,减少了个人怀疑的倾向。

我们想知道什么样的群体更容易出现群体思维的现象,研究者们关注了这样几个中介变量,发现它们对群体思维有影响,这些变量是:群体凝聚力、群体领导者的行为、与外部人员的隔离。研究发现:(1)凝聚力较强的群体内部讨论较多,能够带来更多的信息,但这种群体是否不鼓励成员提出不同的意见,还没有定论;(2)如果群体领导鼓励成员提出不同的意见,群体成员会提出更多的想法和解决方案;(3)群体领导如果在讨论初期表现出对某种方案的偏爱,会限制群体成员对这个方案的批评意见,所以它很有可能成为最终方案;(4)如果与外界隔离,群体内部体提出的可供评价和选择的方案会减少。

2. 群体决策的极化现象

我们知道,在做同样的决策时,一些人倾向于冒险,而另一些人可能比较保守。事实证明,群体决策与个人决策在冒险或保守的风格上是存在差异的,群体决策在更多的情况下倾向于冒险。

在群体讨论中,往往会出现这样的现象:群体成员的观点不断朝着更极端的方向转移,而这个方向是讨论前他们已经倾向的方向。也就是说,群体讨论会进一步夸张个体成员的最初倾向(请参考 Daniel J. Isenberg,1986)。

为什么会出现群体决策中的极化现象呢?

克鲁特(H. Crott,1986)认为,造成群体极化的原因主要有以下几个方面。第一,群体使个人的责任得到分散。一般情况下,个人在能够对自己的行为有足够的监控的时候,会对自己的行为有强烈的责任意识。但是,当个体处于群体状况下的时候,会受到群体的影响,就不能够对自己的行为进行监控,从而使个人行为的责任意识下降。责任意识下降的结果,必将使人们的冒险性得到鼓励。第二,群体内的信息交流使个体倾向于认为自己掌握了足够多的信息。个体处于群体情境下,不同的信息可以进行交流,大家通过交流信息,彼此的信息就得到了互换,这就使得成员们都会认为自己掌握了大量的信息,对于做出决策应该有足够的证据,因此,就会对自己的判断格外自信,故而排除一切其他信息,使得自己的态度或意见倾向于冒险。第三,群体领导者的冒险信息促进了整个群体的冒险性。一个有较高凝聚力的群体,其领导者是有威望的,他对于群体成员的影响力也是巨大的。因此,如果一个群体的领导者是具有冒险性态度或意见的话,就倾向于影响成员,最终使群体讨论的结果导致极端。第四,社会比较的机制使群体成员之间互为影响。每个成员都把别人的意见或态度作为自己表达意见或态度的参照点,于是,个人的判断总是依赖于别人的判断,结果就在不知不觉中造成了群体决策倾向于冒险。第五,竞争性的群体气氛鼓励冒险。群体的气氛通常是热烈的,情绪是高涨的,这样的群体气氛容易使得成员热血沸腾,倾向于冒险。另外,文化价值也倾向于对高冒险性有较高评价,高冒险性通常与英雄气概联系在一起,这样的文化氛围也使得人们倾向于冒险。

三、其他问题

群体决策中还会出现一些其他问题,如缺乏组织,信息中的系统偏差,无意识的机制,无生产力的角色,与局外人不合作以及一些人际方面的问题等。

四、群体决策技术

由于群体决策中可能出现前面提到的这些问题,我们可以采用一些改进的群体决策技术来避免这些问题。头脑风暴法、名义群体法、德尔斐法以及电子会议技术都是一些有效的工具

1. 头脑风暴法

头脑风暴简单说就是群体成员坐在一起,就需要决策的问题畅所欲言,不允许大家对这些想法加以评论。互动群体中产生的从众压力会导致成员倾向于赞成大多数人的意见,这会妨碍创造性方案的形成。头脑风暴法就是为了克服群体讨论中的这个问题。

头脑风暴法具体可以这样操作:6—12人围坐在一张桌子旁,群体的领导先把问题说明白,确保每位成员都清楚地了解。然后,在给定的时间内大家可以自由发言,尽可能多地想出问题的各种解决方案。在讨论的过程中,任何人都不能对别人的观点加以评价,哪怕某些观点是异想天开或者稀奇古怪的。所有提到的方案都被记录下来,最后再拿出来由大家一起讨论分析。

头脑风暴法是创造新观点新方案的一种方法。群体决策中有的环节需要创新或是需要全面思考,这时使用头脑风暴法效果很好。

2. 名义群体法

名义群体法简单说就是一个"纸张群体"。之所以这样命名,是因为在决策过程中为了减少成员相互之间的影响,限制群体成员的讨论和人际沟通。社会学家曾经做过研究,把完全互动的群体和名义群体相比较,发现在思想的数量、想法的创新性、想法的质量等方面,名义群体确实有优势。我们在前面讨论过群体决策中很容易出现从众行为和群体成员意见相似的倾向,名义群体法正是避免了这方面的问题。

名义群体法在具体操作时可以按以下步骤进行:
(1)主持人把问题介绍清楚,并确保每位成员都明白;
(2)群体成员每个人分别写下自己对于解决这个问题的看法或观点;
(3)每位成员开始向其他人说明自己的一种观点,一个人接一个人地进行,每次表达一种观点。在这个过程中,所有的观点都被记录下来;

（4）群体开始讨论每个人的观点，允许个人对自己的观点进行解释和补充，大家对每个观点进行讨论评价；

（5）由每位成员独自对这些观点进行排序。最终的决策结果是排序最靠前、选择最集中的那个观点。

名义群体法的主要优点是，既有不受相互间影响、独自创造的过程，又有一起讨论的互动作用，结合了个人决策和群体决策的优点。

3. 德尔斐法

德尔斐法最早是在 1953 年由美国 RAND 公司的研究人员发展出来的，设计的目的是为了调查某一特殊领域内专家的共识意见。最初应用于军事部门的预测，后来普遍地运用于科学和技术领域的长期规划。它神话式的名称源起于古希腊的城市名 Delphi，传说中的阿波罗神颁布未来圣谕之处。

德尔斐法与名义群体法相似，不同的是德尔斐法中没有群体成员面对面聚在一起讨论的环节，群体成员是不需要见面的。在德尔斐法中，专家们通常要经过至少两个回合以上的意见调查，第一回合搜集比较广泛的意见回复。在对回收意见进行分析与修正后，结果被反馈给专家们。第二回合开始，专家们针对反馈再提一次意见。因此，德尔斐法也被视为是一种"平衡意见"的好工具。此法提供了某一领域内专家意见的综合评析，而不仅是片面的截取少数几个声音。因此，它常常用来评价某专业领域的当前地位。

它的具体操作步骤是：

（1）在问题明确以后，主持人把精心设计的问卷发给群体成员，通过填写问卷可以提出解决问题的可能方案；

（2）每位群体成员匿名独立填写第一份问卷；

（3）主持人把第一次问卷调查的结果整理出来；

（4）把第一次问卷调查的结果发给每个人一份；

（5）在群体成员看完整理结果以后，要求他们再次提出解决问题的方案。结果通常是启发出新的解决办法，或使原有方案得到改善；

（6）如果有必要，重复步骤 4 和 5，直到找到大家意见一致的解决方案为止。

德尔斐法的一个优点与名义群体法相同，也可以避免成员间的相互影响，特别是那些不利于提出创造性意见的影响。还有一个优点是地点的灵活性，因为德尔斐法不需要群体成员见面，所以在不同地方的成员都可以参与到同一个决策中。如果企业在决策时用这样的方法，由于避免了召集各地区的人员到一起开会，有时还可以节省巨额成本。

德尔斐法也有它的缺点。一个缺点是耗费时间，由于步骤较多，所以不适合用于那些需要马上得到结果的决策。另一个缺点是由于没有成员面对面的相互作用，所以一般不会像群体讨论那样得到那么多丰富的答案和方法。还有一个受到质疑的地方是，这种方法倾向于强迫取得最后共识意见，而其中主持人的综合分析作用就很重要了，所以主持人对各种观点分析得是否仔细会影响最终的解决方法。

4. 电子会议技术

现代的计算机和网络技术可以使成员们不用见面就能够一起进行讨论决策。

最近的一种群体决策方法是命名小组法与复杂的计算机技术的混合。我们称之为电子会议技术(electronic meetings)。

只要技术条件具备,这个概念就很简单了。50人左右围坐在马蹄形的桌子旁,面前除了一台计算机终端之外,一无所有。问题通过大屏幕呈现给参与者,要求他们把自己的意见输入计算机终端屏幕上。个人的意见和投票都显示在会议室中的投影屏幕上。

电子会议技术的主要优势是:匿名、可靠、迅速。与会者可以采取匿名形式把自己想表达的任何想法表达出来。参与者一旦把自己的想法输入键盘,所有的人都可以在屏幕上看到。与会者可以老老实实地表现自己的真实态度,而不用担心受到惩罚。而且这种方法决策迅速,因为没有闲聊,讨论不会离开主题,大家在同一时间可以互不妨碍地相互"交谈",而不会打断别人。

专家们认为,电子会议技术比传统的面对面的会议快55%。例如,佛尔普斯·道奇采矿公司(Phelps Dodge Mining)运用这种方法,使他们的年度计划会议从几天缩短到12小时。但这种方法也有缺点。那些打字速度快的人,与口才好但打字速度慢的人相比,能够更好地表达自己的观点;想出最好建议的人也得不到应有的奖励;而且这样做得到的信息也不如面对面的沟通所能得到的信息丰富。虽然这种方法现在正处于幼年阶段,但未来的群体决策很可能会广泛地采用电子会议技术。

表9-1 群体决策效果的评价

	头脑风暴法	名义群体法	德尔斐法	电子会议技术
观点的数量	中等	高	高	高
观点的质量	中等	高	高	高
社会压力	低	中等	低	低
财务成本	低	低	低	高
决策速度	中等	中等	低	高
任务导向	高	高	高	高
潜在的人际冲突	低	中等	低	低
成就感	高	高	中等	高
对决策结果的承诺	不适用	中等	低	中
群体凝聚力	高	中等	低	低

本 章 小 结

群体泛指通过一定的社会关系结合起来进行共同活动的集体。在组织行为学中,我们可以把群体简单地定义为:为了实现某个特定的目标,两个或两个以上相互作用、相互依赖的个体的组合。组织研究中常用的群体类型有正式群体、非正式群体、命令型群体、任务型群体、利益型群体、友谊型群体。

群体形成的动力理论我们介绍了相近理论、Geoge Homans 三要素理论和平衡理论。

群体发展的理论模型我们介绍了群体发展的五阶段模型和间断——平衡模型。

群体行为的解释主要分析群体的外部环境条件（包括组织战略、权力结构、正式规范、组织资源、人员甄选过程、组织文化），群体的内部结构（包括成员、角色、领导、规范、地位、规模），群体凝聚力（影响因素和作用）和群体互动作用（社会助长作用和社会干扰作用、社会惰化作用、从众行为和服从行为）。

我们还介绍了群体决策的优点和可能出现的问题，并介绍了几种常用的群体决策法。

复习思考题

1. 如何解释人们会走到一起组成群体？
2. 在组织行为学的研究中，主要有哪几种类型的群体？
3. 简述并评价群体发展的五阶段模型。
4. 成员的哪些特征会影响群体行为？
5. 津巴多（Zimbardo）的模拟监狱实验说明了什么？
6. 规范一般有哪些类型？规范是如何形成的？
7. 正式地位和非正式地位是由什么决定的？它们哪个更重要？
8. 群体凝聚力受哪些因素的影响？
9. 沙克特的群体凝聚力研究说明了什么？
10. 研究者通过什么实验发现了从众行为，是如何操作的？

案例　我的新伙伴

长江三角洲的一家家具厂实行计件工资制，其中一个生产班组是一个凝聚力很强的群体。他们能从生产每一件产品中获得可观的报酬。但曾经有人告诉他们，如果他们卖力地生产，每小时生产太多的产品，管理部门有可能会降低每件产品的报酬。他们并不清楚其中的原因，也不知道管理者最多究竟需要多少产品，所以很害怕自己的产量会超过管理者的需要，而使自己虽然生产了更多产品却并不能得到更多的报酬。在这样的情况下，会发生什么呢？

下面是一位工人自己讲述的故事：

我刚来工厂的第三天，在我清理木屑时，在木屑里、木堆后面或者是机床下面，我发现一些家具木料。最初几次，我总是非常不高兴地告诉机床的操作工："嘿，看我发现了什么了！"然而，操作者并不在乎我的发现，我觉得有些奇怪，猜测其中一定有什么问题。徐明是这个机床的操作工，四十多岁，平时很内向，似乎从没有提高嗓音说过话。可是这次,当我把他的机床后面清理出来的家具木料放到他面前时,他却大喊到:"是哪个笨蛋叫你当侦探的?以后不许你到我的机床后面,我会告诉你该清理什么的!……"

我感到很迷惑,又非常委屈,眼泪就忍不住地流了出来。我忽然觉得手足无措,不知道自己做错了什么,以后要怎样做。下班后,我跑到一个角落点了一支烟使劲抽着,既郁闷又愤怒。一会儿,徐明过来找我了,他说:"听着,孩子,不要生气。我是想让你和我们保持一致,你刚来这儿,有些事情可能不明白,让我告诉你吧!我们周围开机床的几个工人经过协商规定了一个产量标准以及应该交给老板的产量,既不多生产也不少生产。有的人有时生产的产量可能会不够,所以我们会互相帮助一下,你知道我们班组的团结和讲义气是有名的,所以我们总是保留一些加工完的木料藏起来以备互相补用。"听他说着,我倒觉得很内疚了,为他们的这种团结所感动,我向他表示我的歉意,但他只是继续说着:"你看,孩子,老板总是想要更多的产品,而一旦我们拼死为他生产了更多的产品,他也不会在乎,只认为我们是因为做得熟练了,理所当然应该多生产。所以我们商定了一个上交给老板的产量标准——既不多也不少,你明白吗?孩子,如果你连续在这儿太快地运送木料,老板会知道我们的效率实际可以达到多少,他会认为我们平时是在偷懒的。"徐明把胳膊放在我肩上,他说:"所以,你应该算出你运送多少木料才不超过我们生产的产量。怎么样?能做到吗?我们相信你能做到的。"我说:"当然,我明白你的意思。"

我吸取了这个反复实践多次所得到的教训:除非绝对需要,否则不要做更多的工作。

……

(案例改编自《组织行为学》,〔加〕休·J·阿诺德、〔美〕丹尼尔·C·菲尔德曼著,邓容霖等译,中国人民大学出版社,1990年,p.164)

问题讨论:
1. 文中讲述故事的工人在新的工厂遇到了什么问题?
2. 这个团结的班组中的成员共同约定一个产量是一种什么现象?如何解释这种现象?
3. 既然这是一个凝聚力很强的群体,为什么还不能带来最好的绩效?
4. 你觉得这个工人以后会怎样做?如何解释他的这种转变呢?

第十章

团队建设

【学习目标】

　　学完本章后,你应该能够:
　1. 熟悉团队的概念和类型;
　2. 分析团队绩效的影响因素;
　3. 分析团队运作过程中的几种作用;
　4. 知道如何组建团队和激活团队的活力;
　5. 分析并解决团队中常见的一些问题;
　6. 了解团队训练的几种方法;
　7. 理解团队精神的概念;
　8. 运用所学知识进行团队合作。

【开篇案例】

新东方团队

新东方学校主宰着北京乃至全国的出国培训市场,据不完全统计,在海外各大名校就读的中国留学生中,有70%曾在新东方就读。

俞敏洪把新东方的成功归纳于团队的力量。

顶梁柱:徐小平、王强、包凡一……

徐小平,新东方教育科技集团董事。在一次新东方开会讨论一个关系到学校前途的问题时,徐小平的发言被人戏说为"好像是美国国会在辩论。"关于徐小平最著名的事情是,1984年的国庆游行队伍里打出了"小平您好"的标语,当晚,徐小平和另外两人去做采访,写出了一篇激情洋溢的报道。第二天,《光明日报》和《人民日报》都登出来了。多年以后,这条报道仍是中国改革开放中最著名的一条新闻报道。

1995年底俞敏洪第一次出国,第一站就是走进徐小平的家。因为俞敏洪把徐小平当作是在大学时代所碰到的最好的老师之一。激动过后,俞敏洪邀请徐小平回国创业,希望把当时小小的新东方做大做好。

1995年底,"两个皮箱一个梦",徐小平回来了。

王强,美国纽约州立大学计算机硕士,英语教学专家,美语思维学习法创始人。当年俞敏洪见到王强时,他是美国贝尔实验室一名出色的研发工程师。俞敏洪的造访以及他所展示的如火如荼的中国机会吸引了王强。

1996年,王强终于下定决心回国。

包凡一,1988年在加拿大获得传播学硕士学位以及MBA学位,曾就职于美国通用汽车公司,大学时是睡在俞敏洪上铺的兄弟。

1997年回国加盟新东方。在浙大等高等学府的千人讲座上,学子们常常心甘情愿地站立3个小时,听包凡一讲述"留学文书的写作技巧"。在包凡一的帮助下,很多本来没有希望拿到奖学金的学生拿到了奖学金,而那些本来已经拿到了奖学金的学生,在他的指导下申请到了更好的学校。

……

类似的例子数不胜数。在俞敏洪的团队里,还有周成刚、陈向东、李丰、张亚哲等。他们都是性情中人,每次聚会大家都会小酌一番。在新东方的团队里有许多俞敏洪的高中和大学同学。创业初期,因为同学、好友的关系,新东方的成员之间无所不谈,这样的沟通极大地推动了新东方的成长。

1995年,这种友情却成了新东方的"绊脚石":权力和利益的交叉出现了。俞敏洪意识到,这个时候需要有一个新的组织结构,让贤者各归其位,才能把他们的特长发挥到极致。在友情为基础的结构里,你不能下命令、不能指挥,只能通过友情来权衡利益和权力,很可能形成一个矛盾圈和是非圈。俞敏洪意味深长地说:"这个问题如果得不到及时解决,如果没有良好的组织结构和利益分配机制,新东方很可能做不下去。"

2001年,新东方教育集团注册成立,并组建了董事会。经过短短几年的发展,新东方目前已经在全球建立了13所短期培训学校。2003年,新东方教育科技集团正式挂牌成立,除新东方学校外,还拥有北京新东方大愚文化传播有限公司等5家子公司。

新东方在飞速发展,一路跌撞后,俞敏洪决定从矛盾中寻找契机,对内部进行重新定位。经过整整四年的努力,情况终于有了好转。

俞敏洪认为周成刚的管理能力比较强,于是周成刚就去了上海新东方学校做校长。3年的经营管理周成刚果然成绩斐然。现在他已升任为新东方教育科技集团副总裁兼北京新东方学校校长。

2005年,新东方的大学校园将会投入建设。然而,就在成功看来是那么一帆风顺时,新东方却遭遇了成长的阵痛:原新东方的两位高层胡敏和江博另立门户。俞敏洪说,出去的人并不意味就没有才能,也许是为了大家都能做得更好。

痛苦变革的直接结果是:新东方现在的10位校长、财务总监和审计总监等高管,过去与俞敏洪没有任何渊源。新东方内部和俞敏洪原来有关系的人和后来进入的新人,他们现在的文化理念以及平时的价值观都取得了一致,新的管理体系建立起来了。

经过一番大刀阔斧的改革,俞敏洪终于松了一口气:我的团队已经融合得很好。

(案例改编自:"新东方创始人俞敏洪:哈佛最具号召力的中国校长",《华夏时报》2004年12月24日)

什么样的团队能成就一番事业?团队的业绩受哪些因素的影响?新东方的团队经历了一番波折,是否所有团队都会面临这些问题?如何使一个团队成为一个强有力的高绩效团队?我们是否能成为优秀的团队成员?在这一章中,我们将一起探讨这些问题的答案。

第一节 团队的含义

最早的团队出现在那些著名的、重视质量的大公司,如,沃尔沃、丰田、摩托罗拉、通用电气等,它们的成功使"团队"这种工作方式很快风靡全球。实践表明,当一项任务需要多种技能和经验才能完成时,团队工作能够实现 1+1>2 的效果。在第九章内容的基础上,这一章将进一步讨论组织中的团队这一特殊的群体。

一、什么是团队?

1. 团队的概念

团队是一种特殊的工作群体,第九章我们已经知道群体是两个或两个以上相互作用和相互依赖的个体,为了实现某个特定目标而结合在一起。工作团队与普通的群体不同,它是这样一种群体,它通过其成员的共同努力产生积极协同作用,团队成员努力的结果使团队的绩效水平远大于个体成员绩效的总和。团队工作强调集体的绩效、共同的责任、积极的合作和相互补充的技能。

2. 团队和群体有什么区别

有一个需要与工作团队区别开来的概念是工作群体，在工作群体中，成员们通过相互作用，来共享信息，做出决策，帮助每个成员更好的承担起自己的责任。与工作团队相比，工作群体的主要目的是共享信息，而不是协作配合，它强调个体化的责任，对于成员技能的搭配也没有特别的要求。工作团队是以个别努力导致集体绩效大于个别绩效总和的团体。因此，团体(work group)与团队不同，前者是一群人，后者则为具有集体绩效的一个强有力的单位。前者典型地由管理阶层指导，后者则强调自我管理(self-managed)。我们把这些特征总结出来放在表10-1中，便于大家比较。

表10-1 群体与团队的比较

	一般的工作群体	有效的工作团队
合作方式	共享信息	协作配合
责任承担	个体责任	共同的责任和个体的责任
工作目标	不明确或个人化的	成员有共同的目标
培训	个人技能的培训	个人培训和团队训练
交流	个人感受不需要交流	公开表达感受、交流看法
成员关系	各自为政，有限的信任	相互间充分的信任和支持
成员技能	符合其职位要求	相互补充的技能
工作结果	个人绩效	集体绩效

3. 团队的类型

团队有不同的类型，根据团队的存在目的，组织中的团队一般可以分为三种常见类型：问题解决型团队、自我管理型团队、多功能团队。

（1）问题解决型团队。

问题解决型团队(problem-solving teams)产生于20多年前，是最早的团队形式。那时的团队一般由来自同一个部门的5—12个工人组成，他们定期见面，一起讨论如何提高产品质量、生产效率和改善工作环境。在问题解决型团队里，成员就如何改进工作程序和工作方法互相交换看法或提供建议。但是，这些意见一般是提供给管理者的，这些团队几乎没有权力根据团队建议单方面采取行动。

20世纪80年代，一种被称为"质量圈"的问题解决型团队在企业中非常流行，这种工作团队由职责范围部分重叠的8—10名员工及主管人员组成，定期一起讨论面临的质量问题，分析原因，并提出可行的解决办法。

（2）自我管理型团队。

最初的问题解决型团队虽然在解决问题上有明显的作用，但在调动员工参与决策的积极性方面还没有起到作用。于是，管理者们又建立了一种新型的团队形式，与原来的问题解决型团队相比，新型的团队不仅注意问题的解决，而且执行解决问题的方案，并对工作结果承担全部责任，这样的团队被称为"自我管理型团队"(self-manager work teams)。它通常由10—15人组成，他们承担的责任包括控制工作节奏、决定工作任务的分配、安排工作时间等。完全自我管理型团队甚至可以挑选自己的成员,并让成员相互进行绩效评估。

我们可以在很多知名的大公司找到自我管理型团队成功的例子。施乐公司(Xerox)、通用汽车公司(General Motors)、高斯·布莱温公司(Coors Brewing)、百事可乐公司(PepsiCo)、惠普公司(Hewlett-Pachard)、霍尼韦尔公司(Honeywell)、马氏公司(M&M/Mars)、爱纳人寿公司(Aetna Life)是我们比较熟悉的推行自我管理型工作团队的几个代表,现在,美国大约1/5的公司采用了这种团队形式。

尽管这些成功的例子很诱人,但我们仍要注意,有些组织采用自我管理型团队的效果并不理想。一些研究也表明,实行这种团队形式并不一定带来积极的效果。比如,与传统的工作组织形式相比,自我管理型团队成员的缺勤率和流动率偏高。有学者解释,可能是由于自我管理型团队如果长时间缺乏统一的控制,会脱离组织的标准和要求,不利于组织的发展。

(3) 多功能团队。

多功能团队(cross-functional teams)也是应用很广泛的一种团队类型。它由来自同一等级、不同工作领域的员工组成,他们为了完成一项共同任务来到一起。

许多组织在完成一项新任务时采用这样的团队。例如,在20世纪60年代,IBM为了开发卓有成效的360°系统,组织了一个大型的任务攻坚队。攻坚队成员来自于公司的多个部门。到20世纪80年代末,多功能团队在几乎所有主要的汽车制造公司里都被采用,包括丰田、尼桑、本田(Honda)、宝马(BMW)、通用汽车、福特、克莱斯勒等公司在完成复杂的项目时都采用了多功能团队的形式。

多功能团队是一种有效的方式,它能使组织内(甚至组织之间)不同领域员工之间交换信息,激发出新的观点,解决面临的问题,协调复杂的项目。当然,多功能团队的管理不是管理野餐会,在其形成的早期阶段往往要消耗大量的时间,因为团队成员需要学会处理复杂多样的工作任务。在成员之间,尤其是那些背景不同、经历和观点不同的成员之间,建立起信任并能真正的合作也需要一定的时间。在本章后面,我们将讨论一些方法,有助于管理者促进和建立成员间的信任关系。

第二节 团队运作分析

一个健康、快乐和成功的人需要什么条件呢?我们可能会说需要结实的骨骼、健康的血液、正常的新陈代谢,需要乐观开朗和乐于助人的生活态度、努力不懈和坚持到底的工作精神,需要全面的知识和某个专业的一技之长……

团队也是一个有机体,一个工作有效、成员开心的团队也是需要一些条件的。《西游记》是我们耳熟能详的经典故事了,师徒四人就是一个成功的团队,一起完成了西天取经的任务。谈到他们成功的原因,我们能列举出很多:佛祖给他们施加的强制力;唐僧的镇静和处事不惊;孙悟空的大仁大义,不畏艰险,不记个人恩怨;沙僧和白龙马的勤勤恳恳,任劳任怨;猪八戒虽然有遇到困难有时开小差的念头,但在同伴们的裹胁下,也能适时出力,完成功业,还常常调节旅途中的气氛,给大家带来欢乐。当然,一路的艰难险阻也增加了他们师徒四人的凝聚力。

一、团队绩效的含义

前一章中我们曾讨论过一些有关群体绩效的概念和影响因素。由于团队是一种特殊的群体,我们将在前面知识的基础上讨论团队绩效的影响因素,看看哪些因素对于塑造高绩效团队有积极的作用。

1. 团队绩效的定义

在讨论团队绩效的影响因素之前,我们首先应该弄清楚什么是团队的绩效。因为对于团队绩效没有单一的、统一的测量方法,很多学者提出过不同的标准。我们在这里选择一个较宽泛的定义,根据 Hackman(1987)和 Sundstrom et al(1990)提出的,团队的效能通过以下指标衡量:

(1)团队的产出(质量、数量、速度、客户满意度等);
(2)团队为其成员带来的收益;
(3)有利于团队未来更有效工作能力的加强。

2. 团队绩效的结构模型

在组织行为研究的文献中,对团队绩效有一个"输入—过程—输出"的结构模型。这个结构告诉我们,对团队输入各种各样的因素时,这些因素影响了发生在团队内部成员间的人际交换,而它们又反过来影响团队的输出。

图 10-1 团队绩效的"输入—过程—输出"的结构模型

所以输入变量和过程变量都是我们要寻找的绩效影响因素了。

输入变量可以主要分为两类:团队层面的特征(如成员的同质性、团队内聚力、团队规范等)和团队成员个人层面的特征(如个人的技能、态度、行为等)。团队内部的运行过程受这些"输入变量"的影响,同时直接影响团队的绩效。

过程变量包括团队成员间的相互作用和环境的影响因素,包括沟通、合作、冲突以及团队所在组织的特征等。

团队输出就是团队的绩效,它包括我们在上面提到的那些绩效内容。

"输入—过程—输出"模型为我们提供了一个对绩效影响因素进行分类的有用框架(参见图 10-1)。在这个模型的基础上,我们可以把团队绩效的影响因素分为三类:

第一类　团队成员个人特征;
第二类　团队整体的特征;
第三类　团队运行过程的特征。

下面我们将详细讨论一下这些因素的作用。

二、影响团队绩效的成员个人特征

群体绩效的潜在水平很大程度上取决于成员个人给群体带来的人力资源。它包括群体成员的能力和性格特征,它是最常见的研究群体设计变量之一。通过评估成员个人的特征可以部分预测群体绩效。团队成员的个人特征主要可以分为两类:人格特征和专业技术。

1. 人格特征

有一些人格特征受到研究者的关注,如外倾性(extraversion)、工作投入(involvement)、自我知觉(self consciousness)、团队导向(team orientation)等,他们发现这些因素都对团队绩效有积极影响。特别是其中的团队导向性对于团队绩效有非常重要的作用,团队导向性指一个人喜欢在团队中工作的程度。

2. 专业技术

在专业技术对绩效影响的研究中,有不一致的发现。创造性、经验、知识、认知能力等因素对团队绩效有积极的影响,但其他研究不能提供有关认知能力或专业技术与团队绩效之间有联系的证据。

3. 团队角色的分配

在第三章介绍人格特征时,我们曾提到人格和能力与工作性质的匹配能够提高个体的工作绩效和满意度。在工作团队中也是同样的道理。团队中也许没有明显的工作差异,但也有成员间的角色划分。如果团队成员所扮演的角色能够满足团队工作的需要,而每个人扮演的角色又与他们各自的人格特征相匹配,这样的团队往往能表现出较高的绩效。

梅雷迪斯·贝尔宾(R. Meredith Belbin)经过一系列的研究证明,在团队中人们常常扮演8种潜在的团队角色(如表10-2所示),他们都能对团队做出积极的贡献。我们在表10-2中简洁地描述了这8种角色的成员所做的事情和他们各自的性格特征。

分配这些角色需要很高的团队领导技能,必须考虑到个人的个性特征和能力特征。但有的团队中,这些角色是不需要专门的人来分配的,成员们会根据自己的特点和偏好各就各位,如果成员的角色组合恰好能够符合团队工作的需要,团队成员就可能和睦共处,各自发挥作用,给团队绩效带来积极的作用。

表10-2 团队成员的角色及其特征

角色	职责	成员特征
主席	阐明目标和目的,充分利用团队资源,帮助分配角色、责任和义务,为群体做总结	稳重,智力水平中等,信任别人,公正,自律,积极思考,自信
塑造者	寻求群体进行讨论的模式,促使群体达成一致,并做出决策	有较高的成就,容易激动,敏感,好交际,喜欢辩论,具有煽动力

续表

角　色	职　责	成 员 特 征
楔子	提出建议和新观点,为行动过程提出新的视角	个人主义,慎重,知识渊博,非正统,聪明
监听评价者	分析问题和复杂事件,评价各种想法和建议,评估其他人的贡献	冷静,聪明,言行谨慎,公平客观,理智,不易激动
公司工人	把谈话和观念变成实际行动,高效系统地执行大家一致同意的计划	吃苦耐劳,实际,宽容,勤劳
团队工人	根据别人的建议去处理事情,为别人提供个人支持和帮助	喜欢社交,敏感,以团队为导向
资源调研员	向团队介绍外部信息,与外部联系和谈判	有求知欲,多才多艺,喜爱社交,直言不讳,具有创新精神
实施者	保证团队不轻易犯疏忽性的错误,做好那些需要特别细心的工作	力求完美,坚持不懈,勤劳,注意细节,充满希望

三、团队整体特征

在关于团队整体特征对团队绩效影响的研究中,被经常选作自变量的因素有这样一些:团队成员的构成(成员在众多特征上的差异的程度,相互熟悉的程度);团队凝聚力(人际吸引的程度和团队成员间的共鸣程度);团队规范(团队成员共同持有的关于成员应该如何表现的期望);团队规模;团队的决策自主性(在目标、处理事务先后和解决问题的方法等方面不受团队外部力量影响的程度);团队领导的作用;团队的集体效能感等。

其中有关团队凝聚力、团队规范、团队决策方式的问题与群体相似,只需要读者通过与第九章比较理解就可以了。但是,它们都是影响团队绩效的重要因素,我们在这里不再赘述不代表它们就不重要,请读者注意。

1. 成员的构成

有了成员个人的与工作相关的能力和智力水平以及个性特征,还是不足以预测群体绩效。团队作为一个整体,存在成员间的相互作用和共同协作。所以成员的构成在一定程度上比单个成员的特征对团队的影响更大。

（1）成员多样化与绩效。

团队效能受团队成员异质性(heterogeneity)影响的程度究竟有多大？这是一个复杂的问题。Jackson等人(1995)评论并总结了有关成员多样化与团队效能之间关系的原则。他们认为异质性确实与团队的创造性和决策的有效性有关,异质性包括个性、性别、态度、背景或经验等方面的特征。例如,Bantel & Jackson(1989)研究发现,在金融工业企业中的组织变革与该工业企业高层管理团队中成员特长的异质性有关。Kanter(1989)研究表明,异质性的组织更有可能获得成功,来自不同背景的员工能在一起工作并向其组织目标靠近,组织的绩效就越高。

但是,有一个比较一致的判断,一个有效的团队至少应该需要三种不同类型的技能。第一,需要具有技术专长的成员。第二,需要具有解决问题和决策技能、能够发现问题、提出解决问题的建议,并权衡这些建议,然后作出有效选择的成员。最后,团队需要若干善于聆听、反馈、解决冲突及其他人际关系技能的成员。如果一个团队缺乏某一类成员,就不能正常运转,或者不能充分地发挥其绩效潜能。

在团队成员差异性的问题很多研究得出了不同结论。学者们给出了一个可能的解释:团队成员的差异性在某个程度以下时,由于差异性能够引入大家不同的观点,能够使大家的技能相互补充,所以对团队运行过程有正面作用。而如果超过了这个程度,差异性的负面作用(比如严重的沟通问题和冲突)就变得很明显,使得成员差异性对团队运行过程的整体影响变为负面作用了。

(2)成员熟悉度和绩效。

近来研究与团队绩效有关的群体构成的另一个方面就是群体成员之间的熟悉度。有关这一问题的早期研究(对飞机组人员的研究)认为,由相互熟悉的人们组成的团队总体上要比相互不熟悉的人们组成的团队更有效。Goodman & Leyden(1991)调查了不同的相互间熟悉的煤矿工人在 15 个月中的劳动生产率(每班产煤吨数)、工作表现和产煤环境。结果发现,较低的熟悉度与较低的劳动生产率相关。Dubnicki & Limburg(1991)研究发现,建立时间长久的关心健康的团队在一定程度上其有效性更高,而刚建的团队则表现出更有活力。然而 Katz 在 1982 年的一项研究结果表明,也许是瞬间,也许是一个团队成立后 2 年或 3 年,群体资历和成员间的熟悉度不利于群体绩效。

2. 团队的规模

一个团队合适的人数规模为 2 到 16 人,好的工作团队规模一般比较小。一些研究得出了这样一些结论:如果团队成员需要面对面的顺畅交流,规模最多为 12 人;7 人或更小规模的团队的团队成员的交往方式与 7 人以上的团队不同;16 个人组成的理事会操作方式与 7 人组成的理事会不同;对于问题解决型团队来说,人数在 10 人或 10 人以下为佳。

总的来说,团队规模不宜过大。如果团队成员多于 10 人或 12 人,会带来很多问题,比如在交流时会遇到许多障碍,讨论问题或做决策时也难以达成一致。一般来说,如果团队成员很多,就难以形成凝聚力、忠诚感和相互信赖感,而这些条件却是高绩效团队所不可缺少的,我们将会在后面提到。

3. 团队目标

有效和成功的团队具有一个团队成员共同追求的、有意义的目标,这种目标是一种远见,也可以称之为愿景。它能够为团队成员指引方向、提供推动力,让团队成员乐意为它贡献力量。例如,苹果电脑公司设计麦肯塔实计算机的开发团队的成员,几乎都承诺要开发一种用户适用方便可靠的机型,这种机型将给人们使用计算机的方式带来一场革命。有了这样的愿景,成员们觉得对未来充满了希望,他们认为自己的工作结果将会有重大的意义,于是充满激情地投入工作。

成功的团队在确定一个目标后,还会把它转变成为具体的、可以衡量的、现实可行的绩效目标。具体的目标可以促进明确的沟通,它们还有助于团队把自己的精力放在达成有效的结果上,是团队激励的重要因素。团队绩效的目标可有许多形式:数量、速度、准确性等等。有研究证据表明：与缺乏目标（或难以定义的目标）相比，具体的、有难度的团队目标可以提高团队绩效。

4. 团队领导

目标决定了团队最终所要达成的结果。但如何把目标转化为实际行动，还需要团队领导提供工作的重点和方向。例如，产品开发团队的领导确定出工作的时间进程表、工作的整体思路和各项任务的安排等。在团队中，对于谁做什么和做多少的问题，团队成员应该取得一致意见。另外，团队需要决定的问题还有：如何安排工作日程，需要开发什么技能，如何解决冲突，如何作出决策和进行修改。决定成员具体的工作任务内容，并使工作任务适应团队成员个人的技能水平。所有这些，都需要团队的领导发挥作用。

还有一些研究证明了领导对于团队的各方面的作用。Eden(1990)曾作过一个关于领导者对群体绩效的期望值影响群体绩效的现场实验研究。实验干预控制的目的就是利用专家提供的信息，通过培训来提高群体领导者对群体绩效的期望值。这些群体是由以色列国防军（Israeli Defense Forces）的官兵组成的。他们在一个有很高威望的排长的领导下，进行为期11周的训练。在训练结束时，他们的体能和认知测验结果要比对照组好。原因是，排长们从一开始就认为这个组的绩效会比其他组（对照组）高。

George & Bettenhausen(1990)通过对某百货店销售团队的研究，发现领导者情绪的好坏与员工的离职率成反比。在商业组织中的另一项研究则将公司CEO依据职位权力支配的优势程度及其高层管理团队的规模作为公司绩效的预测指标进行调查测量，结果发现当公司CEO成为公司的绝对权威者时，公司绩效在混乱的环境中更糟，而当高层管理团队的规模更大时则更好。在中国，领导的作风往往也是影响群体绩效的一个重要因素。

5. 集体效能感

我们曾经讨论过自我效能感，它是人们对自己是否能够完成任务，以及完成质量情况的一种信念。它会影响人们的选择和对事情投入的努力。自我效能感的概念是由心理学家班杜拉（Albert Bandura）提出的。与自我效能感相对应，他还提出了团队情境下的效能感。集体效能感被定义为一个团队中的成员对于他们的团队能够完成某项工作目标的共同的信心(Bandura, 1997)。集体效能感虽然部分地决定于个人效能感，但它并不是所有团队成员个人自我效能感的简单平均，而是团队成员对于团队作为一个整体完成任务的能力的信心。

后来，越来越多的研究证明了集体效能感对团队工作的作用。这些研究分析了不同的社会系统，包括教育系统(Goddard, 2002)、商业组织(Gibson, 1995；Hodges & Carron, 1992；Little & Madigan, 1994)、运动队(Carron, 1984；Feltz & Lirgg, 1998；Mullen & Cooper, 1994；Spink, 1990)、战斗连队(Lindsley, Mathieu, Heffner, & Brass, 1994)和城市社区(Sampson, Raudenbush, & Earls, 1997)等。研究结果一致表明：集体效能感越高，团体取得的成绩越好。此外，跨文化研究证实了效能信念的普遍性功能价值(Earley, 1993, 1994)。不论何种文化倾向，强烈的效能感都会提高团队努力的程度和最终的绩效。这些研究发现集体效能感与个人的自我效能感一样，在很大程度上影响集体的行为和绩效水平。

四、团队运行的过程

团队是如何运行的？团队运行过程受哪些因素的影响？这是团队研究者关注的重要问题。有关团队运行过程的研究，最常关注的变量有以下这些：责任的分配、绩效评估和奖惩体系、交流的强度（频率，团队内成员交换信息的持续时间）、合作的强度（团队内成员相互支持的程度）、团队内部冲突的强度（发生在同一团队内成员之间有关个人的或任务的问题的频率）。下面我们就其中的一些因素做简单的介绍。

1. 责任分配

在第九章，我们已经了解到，个人可能会隐身于群体，他们在集体努力的基础上，会成为社会惰化的一员，因为他们的个人贡献无法直接衡量。高绩效团队通过使其成员在集体层次和个人层次上都承担责任，从而消除这种倾向。

成功的团队能够使其成员个人共同为团队的目的、目标和行动方式承担责任。团队成员很清楚：哪些是个人的责任、哪些是大家共同的责任。

因此，有效的团队一定是责任分配明确的团队，团队成员对于自己承担的任务和责任不仅有清晰的认识，而且愿意承担。

2. 适当的绩效评估与奖酬体系

怎样才能使团队成员在集体和个人两个层次上都具有责任心呢？以往人们常用的以个人导向为基础的评估与奖酬体系必须有所变革，新的评估应该能够充分地衡量团队绩效，应该重视集体奖励的部分。

传统的个人绩效评估方式，如固定的小时工资、个人激励等等，与高绩效团队的开发是不一致的。因此，除了根据个体的贡献进行评估和奖励之外，管理人员还应该考虑以群体为基础进行绩效评估、利润分享、小群体激励，及其他方面的变革，来强化团队的奋进精神和承诺。

3. 团队内部冲突的强度

团队内部的冲突是不可避免的。冲突从性质上看并不是完全相同的，有的冲突是有关私人问题的，我们称之为"私人冲突"；有的冲突是有关工作任务的，如工作流程的冲突或是观点不一致等，我们称之为"任务相关冲突"。

实证研究发现了私人冲突对团队绩效（如决策质量、任务绩效、成员满意度等）有明显的负面作用，这就说明私人冲突对于团队的成功是有阻碍作用的。而任务相关冲突却不同。研究者发现这类冲突对团队绩效同时具有正面和负面作用。有学者做过回归分析，发现任务相关冲突与团队绩效之间的倒 U 形曲线关系，也就是说，适当的任务相关冲突对于团队绩效是有促进作用的，但过多的冲突仍然对团队工作是不利的。

4. 团队中的合作行为

合作是指成员之间相互支持和帮助，通过个人的努力对其他成员的工作或团队总体绩效有所贡献的行为。

从工作任务上看，成员可以通过合作来发挥各自的优势，补充不足，还能使群体资源的使用效率提高。从心理感受上看，团队成员通过在合作中的相互作用，能够形成默契，从而对团队产生归属感和认同感，同时还能使团队成员心理放松、愉快地工作。有很多研究都探讨团队的合作行为对团队绩效的影响，虽然研究者们对合作行为的定义不同，但都得到了一个普遍的结论：团队中的合作行为对于团队绩效有积极的作用。下面我们把合作与竞争进行对比讨论。

五、竞争与合作

在社会生活中，竞争与合作是经常发生的。在篮球比赛中，同一球队的前锋、后卫与中锋的关系就是合作；而与比赛对手就是竞争的关系。团队强调的是合作，但仍然无法避免团队成员间的竞争或团队之间的竞争。

1. 合作和竞争的概念

所谓合作，是指人们为了实现某个共同目标而进行的协同活动。一般来说，合作有两种主要形式，分工和互助。多个人合作完成一件事，每人承担一部分工作，这叫分工；几个人相互补充，共同完成一项活动，这叫互助。

所谓竞争，是指与合作相对立的行为，人们为了各不相同的目的而进行的活动，或为了同一个目的，但在达到目的的过程中必然损害或牺牲对方的利益的行为。心理学家霍曼斯说，竞争是人们为了实现有利于自己的目的而进行的活动。通常，这种活动趋向于损害其他人的收益。竞争的特点在于，个人在竭力实现自己目标的同时，力图阻止而不是支持别人接近目标。

在人们的相互作用中，属于合作一类的行为还有顺应、协调及联合等；属于竞争一类的行为还有冲突、反对及分裂等。合作与竞争是人们彼此间相互作用的多种形式之中的两种基本形式。

合作与竞争尽管按其性质是相互对立的，但是两者并不是水火不相容的。事实上人们的许多活动都是既有竞争，又有合作的。比如前面提到的篮球比赛，两队之间是竞争，同一个队伍之间就是合作了。即便是两队之间的竞争，也要以对方的存在为前提，竞争的实现是双方的共同活动。一个球队成员之间的分工，当然是合作，但在战胜对手的过程中，每个成员贡献的大小是不一样的，因此，成员之间也会展开竞争。

2. 合作与竞争的形成

人们的合作或竞争行为都是在社会生活过程中形成的，都是社会化的结果。正如马克思所说，"一个人假使完全是在孤独中长大的，就不显示他的竞争倾向。"

人们之间之所以合作或竞争，主要是由于他们之间的相互依赖关系的性质所决定的。我们可以把人们之间利害相依的关系分为三类：

第一类是利害一致或共同利益关系。具有利害一致的关系的人们，由于目标相同，利害与共，通常都会表现出合作行为。

第二类是冲突或利益矛盾关系。一个人的所得，有赖于他人的所失，他人得得越多，自己失得越多。处于利害冲突关系中的人们，通常都会采取竞争的行为。

第三类是利害共存或混合利害关系。既有共同的又有分歧的利害关系的人,就可能同时表现出合作与竞争的倾向,这就形成了混合利害关系。在这种情况下,人们的行为会表现出两面性。

心理学家道奇通过实验研究发现:合作的特点不仅在于有关方面对于实现共同目标而相互依赖、相互帮助有所认识,而且还在于每个人都对他人采取积极友善的态度,具有喜欢的感情。竞争的特点在于,有关各方都清楚地知道自己实现目标就妨碍他人实现目标;每个人都对自己的竞争对手采取消极冷淡的态度,具有不喜欢的感情。

3. 影响合作与竞争的因素

一个人在与别人相互作用的过程中,受什么因素影响而表现出竞争或合作的行为呢?换言之,合作或竞争行为的选择,受什么因素的影响呢?研究表明,主要受以下因素的影响。

(1) 动机。

一个人在需要、动机方面的特点对他的行为方式的选择与确定起着决定性的作用。成就需要强、成就动机高的人,时时处处要与别人进行比较,要超出别人,这种人在工作中往往表现出更强的竞争倾向。而交往需要强、交往动机高的人则容易与别人相处,更倾向于表现出合作行为。个人行为动机对合作或竞争的影响可以用道奇的实验来说明。道奇把被试分为三组,通过不同的指导语分别诱导出三种不同的动机,对于甲组被试,强调不仅要考虑自己的得失,也应照顾别人的利益,从而使之产生合作的动机;对于乙组被试,强调怎么对自己有利就怎么做,不要管别人,一切以个人利益为重,使之形成"个人主义"的动机;对于丙组被试则极力鼓动赢得越多越好,超过别人越多越好,从而形成竞争的动机。各组被试在进行卡车运输实验中的活动表明,甲组被试采取合作行为的最多,丙组最少。

在实验室里的行为是受研究者操纵和支配的。现实生活中,在人们相互作用的具体情境中,支配各自行为的动机,当然是人们以往所受教育的表现,是个人修养的表现,是社会化的结果。然而,任何人对于别人究竟是合作或是竞争,都不完全是由他自己的动机特点所决定的,他必须考虑对手的情况。对方打算怎么做,对方的意图是什么等。这些问题将对一个人的行为选择有重要影响。俗话说"他对我不仁,我就对他不义"。虽然这是不可取的,但毕竟是人们在生活中的行为动机的表现。通常,在互不了解的人们之间,正确认识对方的意图并不容易,特别是在缺乏信息沟通的条件下。因此,交往的双方更多地是凭借自己的经验去估计或判断对方。如果一个人的经验认为"一般人都是具有竞争倾向的",他就容易把交往的对方判断成是竞争的。反之亦然。显而易见,错误判断或理解对方意图的情况是很难避免的,根据自己的经验对别人作出判断,是很可能发生错误的。

(2) 威胁。

威胁是对将要做出对对方不利事情的一种言语表述,是迫使对方答应自己要求或进行合作的一种手段。如学校里学生必须遵守考场纪律、考试不准作弊,否则如何如何的规定;公司里上班不许迟到,否则扣奖金等,都属于威胁的范畴。

威胁是人们在生活和工作中经常使用的手段,对于解决冲突、达成合作,确实有一定的效果。但是必须注意的是,威胁有时反而会导致冲突的升级。事实上,双方都没有威胁手段,比一方拥有威胁手段时实现合作的可能性更大;一方拥有威胁手段比双方都拥有威胁手段时,更容易实现"合作"。

(3) 信息沟通。

交往双方相互之间的信息交流和沟通,对于正确理解对方的意图会有促进作用。双方各自说明自己的意图和目的,主动解释自己的动机,可以减少对方作出错误判断的机会,增加相互信任。相反,如果交往的双方各自隐瞒自己的意图,不进行沟通,就难以避免胡乱猜疑,从而导致误解。遗憾的是,在现实生活中,人们之间一旦出现分歧或发生冲突,往往是减少甚至是取消沟通的机会,不再来往了,甚至不再说话了。互不沟通的结果是导致双方更加不信任,更容易产生误解。因此,信息的沟通和交流,是增加合作的有效途径。对于组织管理来讲,为了增加合作行为,上下级之间的沟通尤其重要。因为管理者与被管理者本来就是一对矛盾,各自站在自己的立场上看问题,容易形成偏见和误解。这时候,如果管理者能够主动与下属和员工进行沟通,可以在很大程度上减少冲突的根源,促进合作。

(4) 个性特征。

一个人的个性特征,对于他对别人采取行为的方式具有决定性的作用。其中性格和能力的影响最为明显。

在性格方面,好胜的人倾向于在各种活动中与别人竞争;富有自制力的人容易与别人合作;多疑的人难以与别人合作;自信的人更容易与人合作。

能力的差异也是导致相互竞争的原因之一。研究表明,人们倾向于与自己能力大致相当的人竞争。霍夫曼把被试分成每三人一组,各组里都有一位是由研究者的助手装扮的。研究者事先向另外两个人暗示"第三者的能力高超"。当要求各组被试分别解答难题时,各组中真正的两个被试都展开了激烈的竞争,但在解题过程中都不与研究者的助手竞争。相反,如果研究者说第三者的能力一般,则两个真正的被试也会与研究者的助手展开竞争。这个事实说明,在由能力高低不同成员组成的团队里,为什么更容易产生合作和友好的行为。

(5) 组织文化。

组织气氛和文化是影响合作与竞争的重要因素。如果一个组织鼓励成员之间相互竞争,以个体的业绩作为评价成员的唯一指标,则成员之间就可能展开激烈的竞争。相反,如果组织制度鼓励团队业绩,则更容易导致合作行为。组织内部信息畅通、沟通及时,就可以避免很多误解和偏见,更容易诱发合作行为;反之,如果组织内部沟通不畅,信息闭塞,相互之间不了解,就可能导致更多的竞争。

第三节 有效的团队管理

很多使用了团队的组织都抱怨他们的团队没有实现他们期望的效果(Kepner and Tregoe, 1996)。的确,团队工作的形式虽然诱人,但是如果没有有效的团队管理,依然不能发挥团队的优势,严重的还可能会给组织带来很多问题。

这一节中我们将主要从实际操作的角度介绍一些对团队进行有效管理的方法。

一、组建团队

一个团队在组建时就已经很大程度上决定了团队今后成功的可能性。如何使团队在建立时就有一个良好的开始呢?

我们可以通过回答下面这些问题给一个团队进行定位。

- 我们是谁?
- 我们在哪儿?
- 我们要去哪儿?
- 我们如何到那里?
- 我们的期望是什么?
- 我们能得到哪些支持?
- 我们可以得到什么回报?

不需要太多的说明,这些问题本身已经说明白了组建团队时我们要考虑的问题。

"我们是谁?"是关于团队成员的问题。我们需要什么样的成员,每个成员如何进入团队,他们都有什么样的能力,个性如何。在挑选团队成员时,就应该考虑到这些因素,他们应该具备扮演团队成员角色所必需的素质。同时,团队成员间应该彼此熟悉,可以采用大家自我详细介绍的方式,每位成员把一些个人信息与其他成员分享,比如"我有什么能力,能为团队做什么贡献,我有哪些不足需要弥补,我有什么爱好,持有什么样的价值观"等。

"我们在哪儿?"是团队对于自己整体的自我认识。可以通过分析团队现在的任务,团队自身的优势和劣势,面临的机会和威胁等明确团队目前的状况。

"我们要去哪儿?"是团队的使命、目标和愿景。关于目标和愿景的重要性,我们已经在第九章中讨论过了。这是团队中鼓励成员们不懈努力的动力。

"我们如何到那里?"是对行动计划的思考。有了团队目标,还需要有具体实施的方案,这个方案告诉我们,谁做什么,什么时候做,如何做,以及需要与其他成员和组织如何配合。

"我们的期望是什么?"是对成员个人和团队的阶段任务的描述。包括应该让每个成员清楚他们的团队角色、责任和权利范围。举个例子,有的领导喜欢用"你尽量把它做好",可是做到多好,什么是好都不清楚,下属就会无所适从或是工作结果不像预先期望的那样。

"我们能得到哪些支持?"这是解决团队工作的条件保障。成员个人需要哪些方面的培训或指导? 工作中什么地方需要用到设备、工具或资金? 这些问题如果没有解决,团队绩效也难以达成。

"我们可以得到什么回报?"这是对团队整体和每个成员所付出努力的回报。作为一种激励因素,应该在建立团队时明确。

二、激活团队的活力

1. 提高团队工作能力

以下四个步骤有助于开发团队的能力:
- 分享所有相关的商务信息(而且要保证团队成员完全明白这些信息)。
- 强化团队处理问题的能力(将训练和工作直接同团队的实际问题结合起来进行)。
- 提高团队的决策能力。
- 对团队进行重新设计。

领导的作用就是同团队一起工作,帮助其提高使用信息、解决问题和决策的能力。当团队表现出可以为决策负责的能力的时候,便可被授予更高级的权力、资源、信息和培训。界定团队界限有助于团队聚焦于它能做什么,防止它做出与组织目标不相符的决议。边界条件建立了团队开展工作的界限或限制。这种管理技术为团队提供了较高层次的自治。当出现问题或面临机会时,鼓励团队做出创造性的决议。当团队不断成熟并在成熟标尺上充分显示其能力时,其边界条件会不断加宽。

边界条件的特点如下:
- 时间界限:规定时间限制和界限。
- 资源:规定最大限度的可用资源。
- 设备:明确设备界限或限制。
- 权力:规定指令边界。
- 管理哲学:规定团队必需遵行的根本管理原则。
- 预算:规定团队可以开支的上限。
- 场位/实体空间:规定实物界限。
- 安全:规定团队必须考虑的保护界限。
- 法律:规定必须遵守的相应法规。

2. 增强团队凝聚力

(1)凝聚力的评价。

团队凝聚力是一个构造出来的概念,很难准确地进行测量和评价。通常,有两种主要的评价方法。

① 问卷调查法。

根据团队凝聚力的定义,我们可以从团队的目标状况、成功的行为、工作绩效、人际吸引力、成员满意度、团队地位等方面来考察一个团队,分别从上述各方面提出一些问题,编制成问卷,由团队成员回答。通过问卷,可以测量和评价团队的一般状况,能够有效地说明团队凝聚力的高低。在编制问卷时需要注意,应尽量把影响凝聚力的因素都包括在里面。只有这样,才能从总体上反映团队凝聚力的真实面貌。

② 数量分析法。

评价团队的凝聚力,很少用定量的方法,因为很难用数字来说明一个团队凝聚力的

高低。但考虑到结论性的评价,为了说明问题,可以采用定量的方法进行评价。常用的方法如下面的公式:

$$团队凝聚力 = \frac{团队成员实际相互选择的数目}{团队成员可能相互选择的数目}$$

其中团队成员相互选择可以根据他们对"你喜欢和团队中的哪些人一起工作?""你喜欢和团队中哪些人一起出游?"等问题的回答来计算。用上面的公式得出的分数,是介于0和1之间的某个值。数值越大,说明团队的凝聚力越强。

一般而言,在评价群体凝聚力时,同时使用上述两种方法。第一种方法能够比较详细地给出凝聚力的具体表现;第二种方法可以从总体上对群体的凝聚力给出一个定量的描述。这种描述特别有利于不同群体间的相互比较。

(2)增强凝聚力的方法。

我们在前面已经讨论过群体凝聚力的影响因素,对照这些因素我们可以发现有这样一些方法可以用来增强团队凝聚力:

- 增加团队成员交流和交往的机会;
- 保证团队成员间信息尽可能透明和共享,沟通的通畅无阻;
- 为成员进入团队设置一些门槛,使最终加入团队的成员珍惜自己的成员身份;
- 鼓励团队中的互助行为,对有利于团队合作的行为进行适当奖励;
- 把团队成员的规模控制在合适的范围内,使每个人都有机会和精力与其他所有成员进行深入交往和互动;
- 除了特殊组织的需要,应该尽量保证团队成员的性别比例平衡;
- 了解每位成员的个性和能力特征,把他们合理搭配并安排适当的角色;
- 为团队设置具有一定挑战性的目标,适当的时候可以人为地施加一些外部的威胁;
- 对团队的成绩进行集体奖励。

3. 解决团队中一些隐藏的问题

团队中存在的问题,有的是成员们没有认识到的,有的是认识到却难以改变的。在 Lawrence Holpp 和 Robert Phillips 的著作中列出了下面这些常见的通病,团队可以通过比较看看自己是否存在这些问题。

(1)公司为什么不重视我们。

在大多数企业组织中,管理层有时需要建立和培训员工团队。对员工个人来说,常常觉得自己受到了很大的重视。如果他们从未受到过上司的如此关注,这时会忽然感到自己很有能力,对组织很重要。

当然这也会导致产生不现实的期望,反过来会带来沮丧感。美丽的泡影破灭时,新团队会认定他们被管理层误导了,就会一心想做一些自己做主的事(如自行制定生产定额),全然不顾自己该解决的问题(如确保每个员工不需主管监督准时上班)。因此必须时时提醒这些团队,他们的主要职责是将工作干好,而不是去关心公司的产品价格等问题。

建议:不要过分渲染团队概念,让大家首先了解工作内容。

告诉团队最初应去解决自己"影响力范围"内的问题,即围绕他们直接投入和产出的环境;告诉团队一个时间范围;要想让团队最终成为一个自我管理的单元,就要制订计划；告诉团队如何达到这个目标；立刻明确权限；告诉团队，工作仍是工作，不是一个职位或流程。团队成功最关键的标准是完成工作的能力。

（2）乌龟与野兔赛跑。

慢腾腾的执着可能会赢得一些竞赛，但不会总是赢。各人的工作风格不同，在把他们集中到一个团队时，乌龟式工作风格的团队成员必须学会同作风麻利的员工一起工作。

尽管团队中有一定余地可以兼容不同工作风格的员工，但仍然非常有必要制订起码的要求以便避免冲突。虽然人们对不同工作的偏好可以通过岗位轮值得到满足，但工作的速度和质量是所有团队成员都必须遵守的标准。

建议：统一业绩标准。平等的业绩标准可以培养团队成员间的相互尊重。

平衡不同工作的要求。团队成员轮流做几个工作时，不要安排得有些人"累个死"，有些人却"闲得慌"，这样前者就成了惩罚，而后者成了美差。

通过培训鼓励尊重不同风格。让人们知道，只要人人都始终保持高标准，他们解决问题时尽可八仙过海，各显其能。

（3）把握好尺度。

许多团队刚一拥有新发现的权力和职责兴奋不已，以致首次遇到始料不及的障碍时，一下子蒙了，只好打退堂鼓。他们非但不承认变革并非轻而易举，反而耸耸肩，报以"我早就说过。"这无疑判了进一步冒险的死刑。

建议：要未雨绸缪。事先考虑到可能遇到的阻力和失败，团队就能制订应付突发性事件的计划。避免一开始就上大项目。这样失败所引起的后果就会更严重。

同时进行几个项目。有些项目必定会成功，另一些则可能陷入困境。把这些成功和失败作为学习的经验。

（4）不关我事。

团队组成之后，工作制度随之改变。一些人会产生抗拒心理："这不关我事"、"我没有受过那方面的培训"或者"这是管理层的事"等。

传统的职位内容半页纸就能说得明明白白，经过半天的培训，工作起来就能得心应手，而今这种职位越来越少。团队成员不得不同时学习几种职位、随时准备换工作、升任领导职务、掌握新的技能，并且仍然能以比以往更快的速度完成工作。因此，如果不伴有相应的公正奖励，人们抗拒这些变革也就不足为奇了。

建议：确保你的要求合理，将变革化成一个个的小步骤，逐步引进。

（5）与人相处的技巧。

尽管许多团队成员上岗时人际交往技巧已不错，但仍要确保每个成员都懂得团队中互动的基本原则。组建团队是为了高产出，但只有成员积极参与、共同解决问题，才能保持上乘的生产率和产品质量。就发展团队而言，增进交流和改进工作方法同样重要，必须认真对待。

建议：确保每个人都有良好的基本技巧，如能够提开放式问题、能积极聆听、即使有冲突也能与他人相处。

问"我们进展如何？"鼓励团队定期进行团队精神或团队风貌的气氛测验。

业绩评估期间，寻求同伴的反馈。让团队根据工作质量、合作情况、所起作用和知识程度等方面评比成员。

4. 进行团队训练

因为团队在组织中的作用日益突出，对团队进行有计划的训练就成为一种需求。目前西方已经发展出很多团队训练的方法，在中国也已经有很多组织尝试过一些，普遍反映有一定的效果。下面我们介绍几种常见的团队训练。

（1）团队拓展训练。

拓展训练是一种新型的学习方式和训练方式，它利用崇山峻岭、瀚海大川等自然环境，通过各种精心设计的活动，在共同解决问题、应对挑战的过程中，达到"激发潜能，熔炼团队"的培训目的。它不同于传统灌输式的学习方式，它强调一种体验，通过体验去感悟，并用体验式的方法来建设团队，将平凡人变成勇士，将同事变为朋友，将上下级变为知己，从而促进团队成员的情感交流。

这种培训起源于第二次世界大战期间。盟军在大西洋上的商船队屡遭德国潜艇的袭击，许多船员落水丧生。人们发现，能够生还的人不一定是那些年轻力壮的水手，而是那些年老体弱，但有丰富经验和良好心理素质的人。

团队拓展训练的目的是打造团队凝聚力。在训练中，个人的领导能力、组织能力、团队精神、身体素质都得以发挥和锻炼。如在海上求生的项目中，项目场景设置为大家在一艘轮船上，员工们面对一面4米高墙，要在40分钟之内不借用任何工具全部逃生。在这种条件下，大家只有用肩膀搭起一座人墙，相互支撑，团结一心，才能成功。这个项目的最大难度是如何把最后一个人顺利救上去，这样，选择在最后逃生的队员为其他队员奉献的不仅仅是自己支持他人的力量，更重要的是将自己撤离的机会给了自己的队友。在这个时候，也许大家没有太多的语言，但是大家多的是一份默契，这种默契使安全逃生的队友时刻为自己的队员加油，在下面的队员不会放弃队友们的关心，他们的努力会让所有人为之震惊，在队友的帮助下，最后会成功逃生。

（2）敏感性训练。

敏感性训练由美国心理学家勒温（Kurt Lewin）1946年所创。它借用团体间的互动改变职员的行为，训练由10—15人组成。训练中由行为科学专家与职员共同组成，会议中没有特定的议题，且参与的专家对任何议题不做引导，仅激发参与者说出自己的思想和感受，自由自在的讨论，使参与对自己的行为认知增强，同时了解他人对自己的看法与态度。以改进团队成员对于"我怎样认识自己？"、"别人怎样看待我？"和"我怎样认识别人？"等问题的敏感性。

美国学者利兰·布雷德福（Leland Bradford）认为，可以在类似实际工作环境的实验室中组成训练团体，提高受训者对于自己的感情和情绪以及与他人相互关系的敏感性，进而改变个人和团体的行为，实现提高工作效率和满足个人需要的目标。

（3）组织映像法。

组织映像法由Fordyce & Weil等人提出。当组织中某一部门或团队与其他部门或团队出现矛盾时，由单位派出双方成员代表召开会议，开诚布公表达各自的想法、观念和感觉等，使团队成员明了为何产生问题，进而化解问题，改善各部门之间的关系。

（4）管理方格训练。

管理方格训练（grid training; the management grid program）是针对团队领导的训练，由布莱克与莫顿（Blake & Mouton）提出，我们将在第十二章介绍他们的领导方格理论。训练者对管理人员的管理方式进行训练和改进,使管理者朝向(9.9)团队型的管理方式发展,既重视工作任务之达成,也重视工作人员的需求,进而建立团队型的管理形态,也是最理想的形态,既兼顾任务效率又激发成员的工作热情与创新动力。

第四节　把自己塑造成为优秀的团队成员

现在团队工作的形式已经在各种组织中日益盛行,企业中有生产团队,政府里有管理团队,大学里还有科研团队。在这个个性张扬、共性奇缺的时代,许多企业的经营者都在大声疾呼:"我们越来越迫切地需要更多、更有效的团队来提高我们的士气"。

优秀的团队成员是工作团队高绩效的基础,但我们也许并非生来就是合适的团队选手。那么,团队合作的精神和能力可以培养吗?答案是肯定的。

一、团队精神

培养自己成为团队成员,首先要使自己具备团队精神。

自 20 世纪 70 年代起,团队精神在西方风起云涌。跨入 21 世纪,团队精神不仅经久不衰,而且更加流行,团队精神的流行风正刮遍全球,席卷整个世界。目前美国众多的企业都在努力培养整个企业内的团队精神,建立起各种类型的团队,把越来越多的工作交给团队来完成。例如,美国佛罗里达电力公司(Florida Power and Light)在 20 世纪 90 年代初,就成立了 1 900 个品质小组团队,采用团队的方式来开展工作,几乎每个员工都参加了一个团队。在理论界,众多的学者都在开展如何培养团队精神的研究,各类建设团队的专家备受企业界的欢迎,各种有关团队的书籍更是层出不穷,广受推崇。据 1993 年的统计,美国企业层领导中看得最多的管理类图书就是有关团队的。在教育界,西方已经开始重视团队精神的培养。比如在美国,由于团队精神与美国传统社会文化存在着很大差别,如何培养团队精神就成为教育界的一个新课题。著名的哈佛大学商学院,最近就开始重写课程内容,寻找新的教科书与参考书,努力传授这个新时代最重要的团队精神,因为哈佛以前也只是教学生(包括工商界领袖)如何做自己的事,对团队精神的培养很少关注,如果再不更新教学内容,就会落后于时代潮流。

团队精神为什么如此流行?追根溯源,还要从 20 世纪 60 年代日本的经济腾飞说起。60 年代至 70 年代中期,日本经济迅速发展,成为世界经济大国,企业国际竞争力跃居世界前列。以美国为首的西方国家同时也对日本企业展开了深入的研究,以寻求日本经济奇迹的秘密。经研究,有一种观点为大家所普遍接受,那就是,日本地狭、物少、人多,其经济的腾飞虽说有内外各方面的原因,但从根本上说还是日本企业本身的竞争能力使然。而企业的竞争力虽然也源于各方面的因素,但从根本上说以及从日本的现实情况来看,对人力资源的有效开发才是最终的制胜因素。但是,假如以日本最优秀的员工与欧美最优秀的员工作一对一的对抗赛,日本的员工多半不能取胜。但如果以班组和部门为单位比赛,日本总是会占上风。日本企业的优势就是源自于良好的团队精神和强烈的合作意识。

通过对日本竞争力源泉的研究,人们醒悟到,单打独斗在现代不可能获得成功,依靠个人奋斗的个人英雄主义时代已一去不再。要想取得成功,必须充分运用人力资源,尤其要尽力形成强大的团队合力。

团队协作对个人的素质提出了较高的要求。除了应具备优秀的专业知识以外,还应该有优秀的团队合作能力,这种合作能力有时甚至比你的专业知识更加重要,我们将在下面详细讨论。其次,要认清自己的地位价值,无论你在企业中充当什么角色,你的每一项工作与他人的工作都有一个接口,这就意味着你的工作需要得到他人的帮助,要想得到别人的帮助,必须先要帮助别人。第三,要认识到"支持,是团队合作的温床"。必须学会依赖伙伴,并把伙伴的培养与激励视为最优先的事,懂得取胜要靠大家协调合作的道理,正如任何产品或企业的品牌不是自制的,要经过各方检验、认可才能形成的,同样,个人品牌也不是自封的,而是需要被大家所公认的。第四,要端正心态,视需要自觉调整角色,学会欣赏别人。这是一种人格的修养、一种气质的提升,它有助于自己逐渐走向成熟,走向成功,它对于一个人的生存能力、协作能力、发展能力的提高,都具有十分的意义。对于组织而言,使用这样的人,也是信任和放心的。

二、如何与团队成员合作

仅有团队精神是不够的,合作必须体现在实际行动中。国外研究总结出了成员在合作中会表现出的行为,我们可以作为参考,来培养自己的合作能力。我们综合了很多学者的研究:Bell & Lyon, 2000;Braun & Morgan, 1997;Bowers, Morgan, Salas, and Prince, 1993;Canon-Bowers et al. ,1995;Dickinson and McIntyre, 1997;Kaber and Endsley, 1997。他们的研究说明,合作行为一般会有以下表现。

1. 自信肯定

自信肯定指做出决定、表达创新观点,以及在被事实说服以前坚持自己的观点的意愿。

表现出自信肯定的行为有:
- 直面不确定的情境和冲突矛盾;
- 不确定时提出疑问;
- 面临挑战时坚持一个立场;
- 提出建议;
- 表达关于决策、过程、战略的观点。

2. 做出决策

包括给出解决问题可能的所有方案,评价每种方案的结果,挑选最好的一种,并在做出决策前积极地收集相关信息。

表现出做出决策的行为有:
- 就有关可能的方案和看法进行交流;
- 收集信息以评价备选方案;
- 就各种方案的结果进行交流;
- 反复核对信息来源;

- 挑选最优方案；
- 制定计划；
- 执行制定出的决策。

3. 领导作用

团队领导作用包括为其他团队成员提供方向、结构和支持。它不一定指某个有正式授权的个人。团队的领导作用可以由几个团队成员共同完成。

表现出领导作用的行为有：
- 向团队成员准确解释完成团队任务的过程中，团队需要每个人做什么；
- 倾听团队成员关注的问题；
- 提供有关团队方向、战略、任务轻重缓急的指示说明；
- 设置团队目标，并根据这些目标对团队进行引导；
- 对团队成员的绩效提供反馈。

4. 交流沟通

交流沟通是指团队成员之间，按特定的习惯和合适的表达方式进行信息交换的一种活动。交流的一个目的是阐明事实和自己的想法或者告知已经收到对方信息。

表现出交流沟通的行为包括：
- 在采取行动之前确认信息；
- 表明已收到并重复信息以确认自己理解；
- 使用恰当的表达方式；
- 陈述简要清楚，没有造成歧义的信息；
- 建立并使用常规和标准的语言；
- 主动提供回复（合适地提供比对方要求更多的细节和信息）。

5. 形势估计

形势估计指表达对有关形势的各种看法，包括对环境中各种要素的看法、对团队任务目标的理解，以及对未来形势的预测。形势估计能够使团队成员共同了解团队所处的情境。

表现出形势估计的行为有：
- 在不断变化的系统中对目前团队所处形势做出估计；
- 辨认出问题，考虑需要采取的行动；
- 针对预防错误交换信息和看法；
- 及时记录团队成员对形势估计的不同看法；
- 表达自己已经了解团队目前的状态和整体目标；
- 对多方信息的整合；
- 正确地对信息和行动区分先后顺序。

上面所列的是西方的研究结果。要成为一个好的团队成员，我们还应该加入我们自己的文化认同的东西。比如，在团队合作中要能够宽容和理解他人，用委婉的方式提出建议，不要表现锋芒毕露，要谦虚向他人学习等等。我们可以在一般人际交往中积累经验,逐渐培养适当的交往和合作方式。

三、培养成员间彼此信任的关系

信任(trust)是指团队成员彼此相信各自的正直、个性特点、工作能力。信任别人和获得别人的信任是合作的重要前提;团队成员之间相互高度信任是有效的团队合作的基础。

但是,从经验中我们不难知道,信任是脆弱的,它需要很长时间才能建立起来,却又很容易被破坏,也许一件小事就能破坏两个朋友之间长久的信任关系,而且破坏之后要恢复也很困难。另外,因为信任会带来信任,不信任会带来不信任,要维持一种信任关系就需要管理人员处处留意。

过去的研究把信任这个概念区分了五个维度:
- 正直(integrity):诚实、可信赖。
- 能力(competence):具有技术与人际知识和技能。
- 一贯(consistency):可靠,行为的可预料性。
- 忠诚(loyalty):愿意为别人维护和保全面子。
- 开放(openness):愿意与别人自由地分享观点和信息。

就团队成员之间的信任关系而言,研究发现,这五个维度的重要程度是相对稳定的,通常其顺序是:正直＞能力＞忠诚＞一贯＞开放,而且,正直程度和能力水平是一个人判断另一个人是否值得信赖的两个最关键的特征。

下面是人们总结出的一些可以用来培养信任感的方法,可以作为我们的参考。

(1)合理处理个人利益和集体利益。表明你既是在为自己的利益而工作,又是在为别人的利益而工作。我们每个人都关心自己的利益,但是,如果不顾所在团队、部门、组织利益,而完全为了自己的利益利用团队中的伙伴、利用工作、利用所在的组织为个人的目标服务,就不会得到他人的信任。

(2)把自己视为团队中的一员。当把自己视为团队的一部分时,我们就会用言语和行动来支持所在的工作团队。当团队和团队成员受到外来者攻击时,会去维护它们的利益,你能这样做了,说明你对你的工作群体是忠诚的。

(3)坦诚对待团队伙伴。让人们充分了解信息,解释你作出某项决策的原因,对于现存问题则坦诚相告,并充分地展示与之相关的信息。

(4)公平待人。在进行决策或采取行动之前,先想想别人对决策或行动的客观性与公平性会有什么看法,尽可能做到客观公正。

(5)重视感情的交流。那些只是向员工传达冷冰冰的事实的组织管理人员与团队领导,容易遭到员工的冷漠与疏远。说出自己的感觉,别人会感觉到我们是真诚的、有人情味的,他们会借此了解并尊敬我们的为人。

(6)表明一贯的价值观。不信任来源于不知道自己将面对的是什么。花一定的时间来思考我们的价值观和信念,让这些价值观在我们的决策过程中一贯地起到指引作用。一旦了解了我们的主要目的,行动相应地就会与目的一致,而我们的一贯性能够赢得信任。

(7)替他人保守秘密。我们都信任那些值得依赖的人。因此,如果别人告诉我们一些秘密,他们一定是确信我们不会同别人谈论这些秘密。如果人们认为一个人总会把别人的私人秘密透露给不可靠的人,他们就不会信任这个人。

(8)适当表现才能。表现出你的技术和专业才能以及良好的商业意识,能赢得他人的仰慕和尊敬。应该特别注意培养和表现你的沟通、团队建设和人际交往等方面的技能。

本 章 小 结

> 工作团队是这样一种群体,它通过成员的共同努力产生积极协同作用,团队成员努力的结果使团队的绩效水平远大于个体成员绩效的总和。团队工作强调集体的绩效、共同的责任、积极的合作和相互补充的技能。团队有不同的类型,根据团队的存在目的,组织中的团队一般可以分为三种常见类型:问题解决型团队、自我管理型团队、多功能团队。
>
> 团队的效能通过以下指标衡量:团队的产出;团队为其成员带来的收益;有利于团队未来更有效工作的能力的加强。影响团队绩效的团队成员个人特征主要可以分为两类:人格特征和专业技术。另外,团队成员的角色分配也有影响。影响团队绩效的团队整体特征有成员构成、团队目标、团队领导、集体效能感。理解团队的运行过程,我们需要理解团队中的责任分配、团队内部冲突、团队中的合作行为。

复习思考题

1. 如何区分工作团队和工作群体?
2. 什么是自我管理团队?它有什么优点和不足。
3. 如何衡量团队的效能?
4. 简述团队绩效的"输入—过程—输出"结构模型。
5. 团队中一般有哪些角色组成?
6. 哪些个人因素影响团队绩效?
7. 哪些团队整体特征因素影响团队绩效?
8. 如何激活团队的活力?
9. 如何增加别人对你的信任?
10. 请设计一些提高团队凝聚力的游戏。

自我评估练习

别人是否认为我可以信赖?

要了解别人对你的信赖程度,请完成下面的问卷。但首先你要找出一位适合对你进行评估的人(比如同事、朋友、上司、团队领导)。

请运用下面的量表给每个题目打分:

强烈反对　　1 2 3 4 5 6 7 8 9 10　　强烈赞同

　　　　　　　　　　　　　　　　　　　　　　　　　　得分

1. 别人可以期望我很公正。　　　　　　　　　　　——
2. 你对我应该有信心，我对于别人告诉我的事会保密。　——
3. 我会讲真话，这一点毫无疑问。　　　　　　　　——
4. 我永远不会故意向别人掩饰自己的观点。　　　　——
5. 如果我承诺要帮助某人，那我一定会做到这一点。　——
6. 如果我同别人有约，那我一定会准时赴约。　　　——
7. 如果我借了别人的钱，我一定会尽快归还。　　　——

自我评估训练答案：
将 7 项得分相加，下面提供了对你总分的参考解释。
57—70 分 = 你非常值得信任
21—56 分 = 你值得信任的程度中等
7—20 分 = 你在这方面的评价很低

案例　高绩效团队的困惑

　　君仪公司生产管理部经理郑胜甫这几天心情想好却好不起来。

　　郑经理所在的是一家合资的日用消费品生产制造企业，这家企业近几年发展迅速，平均每年都有10%以上的销售增长。虽然近两年竞争越来越激烈，但是由于公司在前几年打下了扎实的管理基础，公司仍能继续保持平稳发展的势头。

　　但最近郑胜甫越来越感到本部门的创新氛围大不如前。部门成员对本职工作都非常熟悉，工作完成情况也较好，但都有一种不思进取的态度。另外，部门成员对待其他部门的态度看法也与以前不同，平时言谈中总是流露出不满的情绪，诸如某某部门的人员如何如何"没有理念"，"没有思路"，自满懈怠的情绪在部门成员间平时的交谈中表露无遗。郑胜甫感到一种可怕的东西在笼罩并渐渐吞噬着自己的这个团队。他觉得现在到了该好好想想本部门问题的时候了。

　　郑经理于五年前进入此公司并在生产管理部门担任部门负责人，生产管理部共有四位员工，他们是进入公司刚满一年的王均，赵婕，进入公司三年的段拥炬与冯传敏。

　　在进入此部门两星期后，经过观察，郑经理发现王均做事有条理，交给他做的事总能有计划地完成，但缺点是在工作中主动性不够；赵婕天性活泼开朗，经常在工作中提出一些新鲜点子，但是做事条理性欠缺，老是丢三拉四的。段拥炬先生从公司刚成立就已在此部门工作，经验丰富，而且工作积极主动。冯传敏与段拥炬同为公司资深员工，工作经验丰富，且人脉活络、人缘很好，在公司各个部门都有朋友。

　　四年前公司 ERP 系统成功上线后，经过业务流程重组，郑胜甫负责的生产管理部门主要包括以下这些工作职责：1. 制作生产计划；2. 制作产能计划；3. 安排日常生产排程；4. 制作采购计划；5. 制作分销资源计划。

郑胜甫利用业务流程重组的机会,将手下四位员工的工作职责进行了重新划分,经验丰富的段拥炬被安排负责制作生产计划与产能计划,同样经验丰富的冯传敏负责制作分销资源计划。王均负责安排日常生产排程,赵婕负责制作采购计划。

由于公司采用了目标管理工具,每个员工都要参与制定每个人各自的工作目标,所以大家都清楚地知道个人及上级的工作目标,郑胜甫为生产管理部制定的目标是生产计划达成率为90%以上;原辅料、半成品、成品的库存控制在4 000万元人民币以下;客户订单的交货期为5个工作日以内。

而此目标又分解到部门其他四位员工,如赵婕负责采购计划,她的目标是原料库存在2 500万元人民币以下,缺料率在2%以下,主要原料缺料率为0%。由于每个人都有落实到自身的具体数字目标,都可衡量,且ERP系统保证了所有的数据都可随时提供,绩效反馈非常有效,公司的激励制度也得以有效实施。

公司各方都对这个部门的工作满意度较高。

由于本部门工作完成情况要与其他部门配合,所有的工作都需要与人沟通才能完成。所以郑胜甫在部门内一直强调沟通的重要性,并积极提倡协同配合。经过努力,部门内逐渐形成了互相信任、互相帮助、开诚布公的氛围。

郑胜甫要求各成员将各自的具体工作细节写成流程,供部门内所有人员参考,相互学习后,部门内所有人都具备了单独完成各项工作的能力。

过去,在郑胜甫的倡导下,部门中一直活跃着创新观念,如"鼓励提出不同意见"、"不能提出改进意见,就不要反对别人的观点"、"不提出改进意见,就完全按别人意见做"等小口号都是他们总结出来的。

经过这几年的成长,生产管理部已成为一个工作绩效高、学习能力强、工作满意度高、内部凝聚力强的团队,部门内的成员都以在这个团队中工作为荣。然而,当前在这个团队中出现了诸如篇头提及的一些不和谐的现象,下一步郑胜甫该怎么办?

(改编自《新浪潮》第245期)

问题讨论:
1. 请分析郑先生是如何成功塑造高绩效的工作团队的。
2. 请说出给这个团队带来高绩效的原因是什么。
3. 目前郑先生所领导的团队为什么会出现问题?如何克服?

第十一章 人际沟通

【学习目标】

学完本章后,你应该能够:

1. 掌握沟通的定义;
2. 了解沟通的功能、过程;
3. 掌握三种不同的沟通方向;
4. 了解沟通与组织绩效和员工满意度之间的关系;
5. 了解有效沟通的障碍;
6. 了解沟通中出现的新问题:沟通的性别差异、跨文化沟通和电子沟通;
7. 应用一定的沟通技巧进行有效的沟通。

【开篇案例】

沟通创造生产力

对于那些有着成千上万名来自世界各地员工的跨国公司来说,有效的沟通不但可以建立一种和谐的企业文化,更可以大大降低由于沟通不畅所带来的巨大的内部交易成本。以下是记者与一资深咨询顾问孙××的一段对话的节选,从中可以看出沟通不仅是信息传递和交流的重要途径,而且更是创造和谐人际关系的润滑剂,由此营造的良好的工作环境将给员工带来更高的绩效和工作满意度,从而给企业带来更强的凝聚力和更高的生产率。

问题1:为什么需要商务沟通?

记者:工作场合的沟通,即:商务沟通。对于一个企业来说,商务沟通为什么那么重要?

孙:国外一个权威的调查显示,在公司里,老板认为自己已经花了百分之六七十时间用于沟通,但员工依然认为,他们与老板之间最大的问题在于沟通不足。这个调查结果告诉我们,企业沟通良好,不仅在于增加沟通时间,更在于如何改善和运用沟通技巧进行更有效的沟通。

记者:实际上现在许多公司里,虽然同事们每天都在上班、合作共事,但好像除了工作之外,私人的情感交流极少,下班后就回家,像现在大都市里的邻里,住了许多年却不知道对门是谁。

孙:确实如此。心理学家作过观察,有两个金钱以外的因素促使员工更努力地工作:一是他的工作能经常得到别人的认可和鼓励;二是他有好的工作群体和工作伙伴。上述两者都依赖于上司和员工以及员工之间良好的信息和情感的交流。

问题2:透明沟通何以能减低公司内部成本?

记者:说到沟通中出现的问题,最常听人讲到的,就是"不被理解"。在企业中,因没有完整或正确理解对方话语中传达的意思所造成的麻烦和损失不少吧?

孙:沟通中最常见的问题是,说的人认为自己说得很清楚,但听的人却把意思理解错了,人际沟通中的误解或曲解就由此产生了。在商务领域,这样的误解或曲解就会给组织带来损失。有调查说,企业中有60%—80%的问题是由于沟通不畅造成的,这里的"不畅",指的是两层含义,一是指沟通不够,二是指有沟通但信息没有被接收方正确地理解。因此,信息的发送者必须注意表达的方式及其效果,接收者则要注意对信息完整和正确的接收。

公司里科学合理的操作规程、工作流程也是有效沟通的表现之一,可以大大降低公司内部的运营成本。

在企业并购过程中,沟通对于促进文化的整合尤其发挥着重要的作用。由于我国长期以来存在着一种"被并购企业就是经营失败的企业"的思想,这种思想将阻碍被并购企业人才的稳定。为此,并购企业可以安排一系列的员工沟通会议,让员工清楚并购的大致情形,如:股权的变化、未来的经营方向等,分析企业生产经营存在的优势和弱势，给员工一个相对宽松的环境，使他们在心理上有一个适应的过程，以逐渐接受新文化，促使并购双方的企业文化达到充分融合。因此，加强沟通便成为一种解决员工思想问题、提高士气的重要方式。

问题3：如何提高沟通效率？

记者：既然沟通如此重要，那么企业可以通过什么方法提高员工的沟通技巧呢？

孙：沟通中确实有很多技巧和原理需要掌握并运用。比如：提问，提问分客户导向的提问和人际沟通导向的提问。两种导向的提问，其方法是不一样的。再比如，我们建议通过换位思考来改进沟通技巧等。其实，很多的误解是由于信息发送者和信息接收者之间有差距，当时如果没有及时澄清的话，可能会造成今后的合作障碍，及时的求证和反馈会减少误解；公司中，上司和员工之间进行适当的换位思考也将有助于双方的沟通。

我们判断一个企业的凝聚力、员工对组织的忠诚度及归属感，员工对公司的牢骚和抱怨往往是一个有说服力的指标。如果沟通渠道顺畅，抱怨可以在公开场合表达，那么背后的牢骚和消极情绪就会减少，人心所向，这个企业就能够健康发展。日本、美国的很多公司所设计的让员工释放消极情绪的发泄办法，也是可以采用的沟通渠道之一。

第一节 沟通概述

一、沟通的定义和功能

如开篇案例所说，沟通对于组织成员高效、协调地展开工作具有极其重要的作用，沟通与组织绩效之间存在着正相关。巴纳德（Barnard，1968）认为："在任何一种彻底的组织理论中，沟通都占有中心的地位。"卡茨（Katz，1974）认为："沟通是组织的本质"。既然沟通这么重要且无所不在，那么什么是沟通呢？

1. 沟通的定义

一般而言，沟通是指人们传递信息、思想和情感的过程。对于这个概念，有三点需要把握：第一，定义中"传递"一词是广义的，其方式可以是口头的，也可以是书面的或通过电子化方式进行的；其内容可以是对于有关人物或事件的描述，也可以是态度或情感的交流；其目的可以是传达信息或取得后者对人物或事件的看法等。第二，沟通的完整意义不仅是指信息被成功地传送出去，更是指信息所包含的意义被正确地接收和理解。因此，沟通实质上是一种理解的交换。第三，良好的沟通有时被理解为意见一致。其实，意见一致与理解正确并不是一回事，沟通双方能否达成一致协议，别人是否接受自己的观点，并不是沟通良好与否这一因素决定的，它还涉及双方的根本利益是否一致，价值观念是否类同等其他关键因素。最好的例子就是商务谈判，尽管双方的沟通已经非常充分，彼此的观点和要求也非常清晰，但由于根本利益的冲突，也可能导致协议最终无法达成。

这种现象充分说明:他人接受你的观点和理解你的观点是两个不同的概念。

因此,有效的沟通不在于是否达成一致意见,而在于是否彼此理解。

2. 沟通的功能

沟通在管理工作中占有非常重要的地位。我们在第一章中介绍了管理者的基本技能要求,其中,沟通技能是管理者的基本技能之一。所有重要的管理职能都要依靠管理者与下属人员或其他人员之间的有效沟通来实现:与下属一起设置工作目标,制定工作方案,处理工作过程中可能出现的冲突或矛盾,处理有关工作信息,对下属的工作给予指导,评价下属的工作绩效并将评价结果及时反馈给下属等。同时,管理者还要接受来自高层领导的指示,正确理解这些指示的含义,把握领导的意图,等等。可以说,管理者绝大部分的日常工作就是进行沟通。具体地说,在群体或组织中,沟通主要发挥着四个主要的功能:控制、激励、情绪表达和信息传递(罗宾斯,2003)。

首先,沟通可以通过指派任务、设立目标、建立权威和责任等方式来控制员工的行为。比如,员工必须遵守组织中的权力等级和规章制度;有关工作方面的不满和抱怨,应首先与直接上司沟通;必须按照工作说明书工作;要遵守公司的政策法规等。组织内的正式沟通可以实现这种控制功能,非正式沟通有时也同样控制着行为。比如,当工作群体中的某个员工工作十分勤奋并使其他成员相形见绌时,其他人会通过非正式沟通的方式控制该成员的行为。

沟通通过以下的途径来激励员工:明确告诉员工做什么、怎么做、如何提高绩效以及向员工展示战略愿景、促使团队合作、唤起员工的责任感等。在本书第六章里有关目标设置和强化理论的介绍,也隐含了沟通的这一功能:具体目标的设置、实现目标过程中的持续反馈以及对理想行为的强化等,这些沟通的努力都激发着产生高绩效的动机。

对大多数员工来说,工作群体是主要的社交场所,员工通过群体内的沟通来表达自己的挫折感和满足感。因此,沟通提供了一种释放情感的情绪表达机制,并满足了员工的社会需要。本章最后的案例中,芒克的震惊,不是来自于沟通的内容,而是来自于沟通的方式,以及由此而来的突兀的无可掩饰的感受。如果不是面对面的沟通,怎么可能体会到如此强烈的感受呢?可见,面对面的沟通,具有不可取代的效果。

沟通的最后一个功能与决策角色有关,它为个体和群体提供决策所需的信息,使决策者能够确定并评估各种备选方案,并进一步做出战略选择。

以上四种功能无轻重之分。你几乎可以在群体或组织的每一次沟通中,实现这四种功能之中的一种或几种。

以上是一般意义上的沟通的功能。组织中的沟通,实际上主要承担两个职能:一是帮助和支持组织成员完成组织目标;二是促使组织成员结合成一个统一的整体。

由于组织中不同成员承担的职能和扮演的角色不同,在完成任务的过程中,就需要不同的信息。任何人在完成自己的工作任务时,都需要三种信息:一是做什么、二是怎么做、三是为什么要做?这三种信息的性质不同,来源迥异。有的是通过工作职责界定的,有的是通过组织文化传递的,有的是通过书面和口头沟通实现的。由于不同的人在组织中处于不同位置,因而不同的人对信息的需求程度就会不同,所需信息的性质和类别也有差异。这种差异,往往是导致工作失误的重要原因。表11-1列出了管理者和员工对信息重要性的不同排序。

表 11-1　雇主和员工对信息重要性的排序

雇主的排序	信息的类型	员工的排序
1	关于公司的信息和公司未来的信息	2
2	员工的薪酬、福利和待遇	3
3	个人信息	5
4	公司的规章制度	6
5	晋升和培训机会	4
6	社会活动	7
7	影响员工个人的信息	1

资料来源:Bovee,Thill,(1989),p.10。

二、沟通的过程

沟通是信息、思想或情感的传递与接收。沟通的目的是让接收者正确并完整理解发送者所要传递的信息,良好的沟通将有助于在彼此之间搭建起一座分享信息和感受的桥梁。

任何一次完整的沟通,均包含以下七个步骤,如图 11-1 所示。

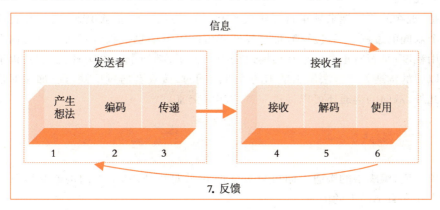

图 11-1　沟通过程模型

(1) 产生想法。

在进行一项沟通之前,发送者的脑海中一定产生了某些想法并且希望把这些想法传达给别人。这些想法即为沟通的信息源,它是沟通所要传输的本质内容,也是衡量一项沟通是否有效的最重要的指标,即看接收者是否准确无误地接收到了这些本质的信息。

(2) 编码。

即把第一步形成的想法编译成适当的文字、图像或其他传输符号,它是待传输信息的物质载体。编码的目的是为了把我们所想要表达的思想以别人能够理解的形式表达出来,它受到四个条件的影响:技能、态度、知识和社会—文化系统。

(3) 传递。

编码步骤完成后,接下来就是传输渠道的选择。口头传达还是书面传达?通过正式渠道还是非正式渠道？在什么时候、什么场合比较合适等。信息发送者要设法保证沟通渠道的合理畅通，使信息有充分的机会送达给接收者。

（4）接收。

信息被发送后，并不能保证一定会被信息接收者接收。比如，由于时间不凑巧，接收者没有接收到该信息；由于传递方式选择不佳，影响了传递信息的质量；还可能因为接收者的情绪不佳而拒绝接收等。无论哪种情形，他人是否接收信息将直接决定沟通能否继续进行。

（5）解码。

接收者接收到信息的载体之后，需要把其中加载的信息按照自己理解的方式翻译出来，这就是对信息的解码。解码的过程同样受到该接收者的知识水平、兴趣爱好以及文化背景等的影响，如果这些影响因素和信息发送者的差异过大，就极有可能发生对信息曲解或误解。在组织管理中，管理者往往会忽视这一点，他们只是简单地通知或下达指令，以为万事大吉了，却没有意识到只有接受信息的人理解了信息，才算送达了信息，才算完成了成功的沟通。

（6）使用。

单向沟通的最后一个环节是信息接收者对信息的使用，比如接受指示开展工作、对不足予以改进、受到激励提高干劲等，一项简单的沟通至此完成。

（7）反馈。

但是，现在的组织越来越重视反馈的作用。因为他们已经意识到，沟通在更多的时候是一个双向的过程。通过反馈，信息发送者可以了解信息接收者对所传递的信息的理解和使用程度；是否有重要信息在传输过程中丢失了，必须予以再次补充说明；提请自己注意对以后的沟通方式方法做出适当的改进。同时，接收者通过反馈可以加深对信息的理解。此外，双向的沟通还可以促进双方的感情交流。

三、沟通的方向

简单来说，组织中的沟通方向可分为横向和纵向两种，其中纵向沟通又可分为自上而下的沟通和自下而上的沟通。

1. 自上而下的沟通

自上而下的沟通指沟通信息从组织上级向下级传递，表现为上级对下级的通知、指示、命令协调以及绩效评价等。每个组织都缺少不了这种形式的沟通，它是管理者行使职权的重要手段。但相对而言，这种沟通形式在等级比较森严的组织中较多。古典管理理论学家比较重视这种形式的沟通，卡兹和卡恩曾指出这种沟通方式大体有五个目的：一是有关工作方面的指示；二是提醒对于工作及与其他任务的关系的了解；三是为下级提供有关程序与实务的资料；四是向下级反馈工作绩效；五是向员工阐明组织的目标，使员工增强"任务感"。自上而下的沟通不一定要通过口头形式或面对面的接触，上级在布告栏上公示一项新的政策，采取的也是自上而下的沟通方式。

当信息从上级向下级传递的时候，往往伴随着权力和权威，所以它在很大程度上影响着员工对上级的忠诚和信任度。如果员工从上级那里得不到所需的信息或得到的信息是虚假的,他们就会对上级乃至整个组织产生怀疑:他们为什么不告诉我们真实的情况?他们这样做的目的是什么?所以对于每一条自上而下的沟通信息,管理者们都应慎重对待,首先自己要了解清楚相关的信息,其次要采取积极的态度向下沟通,确保信息不仅仅是"传达"下去了,而是真正为员工们所接收到了。美国管理协会曾进行过一个统计研究,试图确定在对下级的具体工作职责上、上下级之间存在的一致性程度。结果发现,在下级的职责、下级做好工作必须达到的要求、下级对工作改进的意见、妨碍下级工作的因素等维度上,上下级之间几乎都不会达成一致意见,如表11-2所示。

表11-2 上下级关于对下级工作要求的基本方面的一致性程度

	0	1	2	3	4
	几乎完全不一致	不到一半的项目一致	一半左右的项目一致	一半以上的项目一致	几乎所有的项目都一致
工作职责	3.4%	11.6%	39.1%	37.8%	8.1%
工作要求	7.0%	29.3%	40.9%	20.5%	2.3%
下级工作的未来变化	35.4%	14.3%	18.3%	16.3%	18.7%
妨碍下级工作的因素	38.4%	29.8%	23.6%	6.4%	1.7%

资料来源:邹宜民,2004。

另外还需要注意的是,信息本身在传递过程中可能会逐级丢失也就是所谓的"沟通漏斗",这一点在自上而下的沟通中体现得尤为明显。曾经有学者调查了100家工业企业的沟通效率,结果发现在逐级传送中信息发生了如表11-3所示的损失。

表11-3 沟通信息在组织层级上的损失百分比

组织层级	信息接受百分比	信息损失百分比
董事会	100	0
副总裁	66	34
高级经理	56	44
工厂主管	40	60
总领班	30	70
员工	20	80

层级越多,沟通路径上的节点数目也就越多,信息的损失也会加剧。为了弥补这一损失,很多组织同时采用了自下而上的沟通方式。

2. 自下而上的沟通

和自上而下的沟通相对,自下而上的沟通是指信息从下级向上级传输的过程,比如下级向上级请示工作、汇报工作进展、进行申诉等。自下而上的沟通是很有必要的,因为如果管理者不了解员工的需求,对下情茫然无知就没有办法做出科学的决策;同时,如上文所说,自下而上的沟通也是对自上而下的沟通的补充,管理者可以从中得知下属对有关的管理政策、指示命令是否理解到位、在执行的过程中是否有什么困难等。更重要的是,自下而上的沟通给员工提供了一个表达意见、释放情绪的机会,让员工感到上级对自己的重视,工作积极性会大大提高。但是,除非管理人员积极鼓励,自下而上的沟通很容易受阻,尤其是在规模较大、层级较多的组织中,信息很容易被层层过滤并延误,因为各级管理人员都不情愿把问题往上呈报,这样做无异于承认自己的失败。他们往往忽视反馈上来的信息,或者很自然地选择对自己有利的信息往上传递,当信息最终传到上级管理者那里很可能已经时过境迁、面目全非了。而下级在看到自己所反馈的信息毫无作为时,会产生挫折感,也就不再积极地进行自下而上的沟通了。要实现有效的向上沟通,一方面要采取多种灵活的沟通渠道,比如走动管理、开门政策、职工大会、意见箱等,打消员工与上级的心理距离感,鼓励员工积极向上沟通;另一方面,管理人员必须"调准"员工,如同人们用收音机调准频道(戴卫斯,1989)。"调频"要求管理人员对来自不同渠道的员工信息,有灵活的适应能力,要求对来自员工的甚至微弱的信号,有敏锐的感觉能力,并且能够始终如一地意识到下情上达的极端重要性。

3. 水平沟通

水平沟通指在组织中处于同一层级的单位或个人之间的沟通。这种平行的沟通能够促进部门协作,培养员工之间的合作精神。和纵向的沟通方式相比,水平沟通能够提高效率,并能在一定程度上减少信息的丢失。但是它也有不利的一面,经常性的交流密切了组织成员之间的相互关系,他们极易形成自己的小群体,一旦这个群体有意越过或避开他们的直接领导做事时,他们就破坏了垂直的沟通渠道而可能导致严重的后果。

四、组织沟通

在现代管理理论中,企业内部的信息沟通是管理的一项重要内容。组织内部有效的沟通能够把许多独立的个人、群体联系并组织起来,组成思想和行动高度一致的整合群体,形成良好的合作和文化氛围,保证组织目标的实现。可见,信息沟通应该是群体心理与行为的重要组成部分,是有效领导者最经常性的活动。

关于组织沟通,有很多实证方面的研究,它们分别从不同的角度,证明了沟通和组织效能的关系,下面分别予以简单的介绍:

(1)员工可获得的信息量和组织承诺的关系。有研究证明,沟通能够显著提高员工的满意度和组织承诺。Putti 于 1990 年对 122 个工程公司的白领进行了问卷调查,结果发现,员工能够获得的信息量和其组织承诺呈正相关,因为对信息获得的满意能够使其产生对组织的归属感,同时能够加深对组织的目标和价值观的认识和理解。

(2)沟通与组织竞争力的关系。Tucker 在《Organizational communication: Development of Internal Strategic Competitive Advantage》一文中提到通过分享信息和知识,沟通能够培养部门之间的合作精神,提升组织战略性的竞争力。许多组织对其结构进行变革,比如建立跨部门的团队、采取参与式的管理风格等,以此来减少沟通的障碍,促进部门之间跨职能的沟通。

(3)沟通方向与绩效和员工满意度的关系。科恩(Cohen,1995)在他的一项研究中指出,水平沟通能够调节薪酬满意度和工作绩效之间的关系,而信息的准确度能够调节工作满意度和工作绩效之间的关系。Cohen 进一步把沟通的影响因素划分为以下维度:信息的准确度、沟通意愿、信息负荷、对上司的信任度、上司的影响力和沟通满意度。Jose

R Goris 在 2000 年的一项研究所得到的结果在 Cohen 的研究基础上更进了一步:当员工个人需要(成长需要和工作强度需要)和工作特征匹配程度较低时,下行沟通能够有效预测员工绩效和工作满意度;而当员工的个人需要和工作特征匹配程度较高时,上行沟通和水平沟通能够对工作绩效和工作满意度进行较好的预测。

沟通在组织管理中发挥如此重要的作用,我们几乎可以把沟通视为整个管理活动的"瓶颈",如果沟通这个瓶颈不畅通,或者堵塞了,管理者的任何管理活动都无法实施。关于沟通和组织管理工作的关系,可以用图 11-2 表示。

图 11-2 沟通"瓶颈"

有多个因素可能阻碍组织中的沟通,比如组织机构臃肿,机构设置不合理,各部门之间因职责不清、分工不明而导致的多头领导,或因人设事,人浮于事等,都会给沟通双方造成一定的心理压力,影响沟通的进行。要改进组织中的沟通效果,可以从以下七个方面着手:

(1) 理解组织沟通的必要性,了解沟通与组织的凝聚力、生产效率的密切关系。
(2) 界定清晰的职责,用制度保证正式沟通的顺利进行。
(3) 把握沟通要领,提升沟通技巧。
(4) 呈现全部事实,减少信息失真。
(5) 客观分析问题,减少主观偏见对沟通所造成的影响。
(6) 跳出自己的角色,站在对方的角度,进行换位思考。
(7) 寻找有效的方案。

第二节 开发有效的沟通

所谓有效的沟通,是指在恰当的时候、在适宜的场合用能被别人正确理解和执行的方式表达思想和感情的一种互动过程。要实现有效的沟通,需要借助适当的沟通渠道,认清并排除沟通过程中可能存在的障碍。

一、有效沟通的障碍

沟通的障碍大致可以分为四类。

1. 信息传达的问题

(1) 噪音:主管和员工沟通时,如果外在环境嘈杂吵闹或者沟通的双方因生理或心理因素而无法专心,沟通的正确性就会被降低。

（2）传达工具不当：口齿不清晰的主管应尽量少用口头沟通；文笔功夫不够或字迹不清楚的人最好少进行书面形式的沟通。从理论上讲，这种由于沟通方式不当而引起的沟通障碍是很难纠正的。此外，忙碌的主管找人传话时，应该选择适当的人作为沟通的工具。

（3）组织庞大层级过多：一个组织过于庞大或层级过于严密，则书面公文旅行的时间必然要加长，自然会产生过滤的现象，从而降低沟通的有效性。

所谓过滤是指发送者有意操纵信息，以使信息显得对接收者更为有利。比如，一名管理者告诉上级的信息都是上级想听到的东西，这名管理者就是在过滤信息。个人兴趣和对重要内容的认识也会导致过滤的产生。通用电子公司的前任总裁曾说过：由于 GE 每个层级都对信息进行过滤，使得高层管理者不可能获得客观信息，因为"低层的管理者们以这种方式提供信息，他们就能获得自己想要的答案。这一点我很清楚，我曾经也在基层工作过，也曾使用过这种手段。"

过滤的主要决定因素是组织结构中的层级数目。组织纵向的层级水平越多，过滤的机会就越多。

（4）地位不对称：由于员工对主管的惧怕心态，他们不会主动地与主管沟通；而一般主管在潜意识里轻视员工的意见，甚至下意识地希望员工不要提出太多的问题或建议，因此，有的主管常做出表面忙碌的样子，借此减少与员工接触的机会。这完全是由于主管和员工在组织中地位差异所造成的。实际上，这会在很大程度上使主管失去许多有价值的建议。

2. 语言（符号）的问题

同样的词汇对不同的人来说含义是不一样的，"语言的含义并不在语言中，而在说话者的心中"。年龄、教育和文化背景是这方面的三个最主要因素，它们影响着一个人的语言风格以及他对词汇的界定。在一个组织中，员工常常来自于不同的背景，有着不同的说话风格。另外，部门的分化使得专业人员发展了各自的行话和技术用语。在大型组织中，成员分布的地域也十分分散（有些人甚至在不同国家工作），而每个地区的员工都使用该地特有的术语或习惯用语。

（1）专门术语：现代社会分工越来越细，专业术语越来越多。一般而言，主管的学识优于员工，言谈之间不免夹带一些专门术语，通常容易使对方产生威胁感，尤其对新进的员工来说，这种威胁感更大，这样一来必然增加职工的不安全感，从而导致沟通的失败。有时，当主管和技术人员进行沟通时，由于技术人员所使用的专业术语主管也不太了解，同样会带来沟通的麻烦。

（2）字义含糊：任何语言都包含有具体含义和抽象含义。具体性的语言有客观的事物作为凭证，容易使沟通的当事人一目了然。而抽象性的语言一般没有固定一致的意义，沟通的参与者对此容易产生不同的理解。因此，在组织内部，主管与员工沟通时应尽量避免过多使用抽象化的语言，从而减少因字义含糊不清而导致的沟通障碍。

3. 沟通渠道的问题

沟通的渠道即沟通所借助的媒介，一般包括以下几种：电话、传真、电子邮件、面对面、会议、备忘录、文件、正式报告等，不同的渠道有不同的优势和劣势。

电话沟通的优点是比较方便迅速,不受距离限制,在交流过程中可以直接问答,进行即时的双向沟通。其缺点是:它是口头沟通的一种方式,一旦发生纠纷,往往出现口说无凭的情况,因此应注意做好电话录音,或通话记录工作,待通话结束及时予以整理、送达对方证实并要求对方在核实后的记录上签字。电话沟通还受信息传达者的口头表达能力和信息接收者的倾听能力的影响,口误或使用有歧义的词汇都可能造成接收者对信息的误解。另外,由于双方在电话沟通中看不到对方的表情,这就损失了很多非言语的信息。

传真、电子邮件沟通的优点在于正规化,有据可查,可以保留。另外,它同电话沟通一样,可以不受距离的限制。其缺点在于不如电话沟通快捷,在形成文字的时候往往需要再三斟酌,需要专门的设备,在沟通的过程中看不到表情,同时还是单向沟通。

面对面的沟通是传递信息最多的沟通方式,因为沟通双方可以看见对方,所以可以通过观察身体语言等传递的很多非言语信息,对于不易理解的信息可以当面予以解释。同时,面对面的沟通是一个双向沟通的过程,有助于信息传递的准确性。其缺点是受沟通的时间、地点限制,受沟通对象的地位和面子影响(比如上级容易给下级带来心理压力感),传达的范围有限,需要沟通双方及时反应。

会议沟通的优点在于可以多向沟通,可以利用氛围(比如鼓励发表意见的氛围),可以利用多种媒介(如录音、录像),信息传达的范围比较广,同时有利于集思广益。其缺点在于比较耗费时间,多向的沟通容易显得杂乱,受时间地点的限制。另外,群体思维的存在还使得会议沟通的结果容易走向极端。

文件、备忘录沟通的优点在于比较正式,有据可查,可以事先准备,还可以控制篇幅,使沟通变得简短。缺点在于它是单项的沟通,信息发送者无法对接收者的信息接收情况进行控制,同时信息要形成文字时需要斟酌,这在一定程度上损耗了沟通的时效性。

最后,正式报告也是一种沟通渠道,其优点在于正式,比较完整和充分,传播的范围广。其缺点在于需要大量时间,用词可能不易理解,费用高,单向沟通。

要促进有效的沟通,在沟通渠道的选择上应该注意两点:一是要充分了解各种沟通渠道的优缺点,选择合适的沟通渠道;二是要尽量确保沟通渠道的自由畅通。这一点可以借鉴国外许多知名公司的做法,比如经常性的员工会议,到会者可以不拘形式自由提问,而管理者则倾听员工提出的问题或意见。再比如,惠普公司的创始人之一普利特以举行啤酒聚会沟通与下属的感情。与此相类似,国外众多大公司的高层管理者都养成了与员工一起就餐的习惯,以非正式的聊天方式无拘无束地谈天说地,目的在于营造一种坦率、自由的沟通氛围,缩小管理者和被管理者之间的距离。

4. 沟通参与者的问题

(1) 失真源。

现实生活中,完美的沟通并不容易达到,因为沟通过程中的每一个环节都有可能造成信息的丢失,我们可以用沟通漏斗来解释这一现象(如图11-3所示)。

之所以会出现沟通漏斗现象,是因为现有的文字符号无法完全表达人类丰富的思想和情感。就算是能完全表达出来,接收者也不见得能完全理解和记住。沟通漏斗现象可以解释为什么接收者最后所得到的信息很少与发送者的原本意图完全一致。

导致信息失真的因素包括信息本身、传输渠道以及沟通双方的个人特征等,我们可

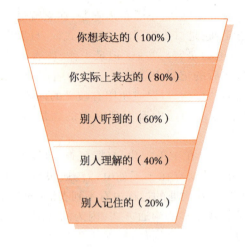

图 11-3　沟通漏斗

以把它们称之为失真源。比如：发送者缺乏必要的表达能力和技巧，信号选择不当或信息内容本身的模糊，传输渠道以及传输的时机、地点选择不当，同时个人的知识技能、文化背景、对待信息的认真程度等都会在很大程度上影响最终的沟通效果。

(2) 沟通焦虑。

有效沟通的另一个主要障碍是，一些人（大约占总人数的5%—20%）总有某种程度的沟通焦虑或紧张。尽管很多人都害怕在人群面前讲话，但沟通焦虑所产生的问题比这严重得多，它会影响到整整一类的沟通技术。这种人在口头沟通、书面沟通或两者兼而有之的沟通中感到过分紧张和焦虑。比如，口头沟通的焦虑者可能会发现自己很难与其他人面对面交谈，或当他们需要使用电话时极为焦虑。为此，他们会依赖于备忘录或信件传递信息，即使打电话这种方式更快更合适。

研究表明，口头沟通的焦虑者回避那些要求他们进行口头沟通的情景。我们可以预期，当这些个体选择工作时，不会选择诸如教师这样的工作岗位，因为这些职业首先要求从业者有良好的口头沟通能力。但是，几乎所有的工作都要求进行一定的口头沟通。有证据表明，口头沟通的高焦虑者为了把沟通需要降低到最低限度，他们会歪曲工作中的沟通要求。比如，他们不仅自己极少使用口头沟通，而且告诉其他人自己不需要太多的沟通就能有效地从事工作，从而使自己的行动合理化。

(3) 感知差异。

主管的社会背景、经济实力以及受教育程度常常优于员工，因此，生活经验的不同使得主管与员工对组织的知觉有所差异：主管希望通过组织来达成个人自我实现的目标，为此，主管通常比较关心组织的使命和目标；相对而言，员工比较希望满足个人安全与生理上的需要，一般对组织的目标采取比较淡漠的态度。由于主管和员工的这种知觉上的差异，难以达成和谐的沟通效果。

(4) 语言代表事实的问题。

语言不是事实。使用语言进行沟通的结果是容易使人形成一种"望文生义"的习惯，而不愿去探究事实的真相。主管在不太了解员工的实际绩效时，往往容易根据别人的语言报告作为衡量的标准，这样一来，反而增加了主管与员工之间的沟通障碍。

(5) 语言表达能力。

不论主管或员工,在沟通时都会有"辞不达意"的时候,这种情况也限制了沟通的有效性。

(6) 刻板印象。

人们对人和事物的认识往往容易形成刻板印象。所谓"刻板印象",指的是人们对某一类人或事物产生的比较固定、概括而笼统的看法,如干部是什么样的人,教师是什么样的人;南方人什么样,北方人什么样等。生活在同一地域或文化背景中的人们常表现出许多相似性,人们在社会知觉中便将这些相似特点加以归纳、概括并在认识中固定下来,形成了刻板印象。刻板印象一旦形成,就很难改变,人们在社会知觉中会用它去"同化"某一个体。只要某一个体被同化到某个群体,知觉主体对该群体的刻板印象自然也适合于这个个体。表11-4列举了我们对不同国家人民的刻板印象。不客观或不完整的刻板印象不但会影响沟通时的诚意与信心,而且会加深彼此的怀疑与猜测,进而破坏有效的沟通。

(7) 选择性知觉。

一般人虽然有根据事实说话或报告的愿望,但是在运用语言重新叙述某一事物的过程中,人们常会根据自己的需要、动机、经验、背景及其他个人特点有选择地遗漏、添加或更改事实的某些细节,这已经在心理学研究里得到了验证。比如,一位面试主考官认为女职员总是把家庭放在第一位,那么无论求职者是否真有这种想法或这种表现,他均会在女性求职者中感受到这样的判断。用选择性知觉来解释就是:尽管他看到的不是事实,但他会对所看到的东西进行解释并把它称之为事实。不论有意还是无意,这种对选择性知觉也妨碍了有效的沟通。

表11-4 中国人对一些国家人民的刻板印象

美国人	日本人	俄国人	中国人
民主的	善模仿的	狡猾的	爱好和平的
天真的	爱国的	欺诈的	保守的
乐观的	尚武的	有野心的	爱好传统的
友善的	进取的	残酷的	耐劳的
热情的	有野心的	不择手段的	友善的
进取的	有礼貌的	唯物的	容忍的
坦率的	小气的	野蛮的	无效率的
喜欢夸耀的	耐劳的	好战的	仁慈的
爱冒险的	狡猾的	冷漠的	迷信的
慷慨的	勇敢的	投机分子	勤奋的

资料来源:李剑锋,2003。

(8) 情绪。

在接收信息时,接收者的感觉会影响到他对信息的解释。不同的情绪感受会使个体对同一信息的解释截然不同。极端的情绪体验,如狂喜或悲痛,都可能阻碍有效的沟通。这种状态常常使我们无法进行客观而理性的思维活动,代之以情绪性的判断。

(9) 过早下结论。

许多人在沟通的过程中,或根据先入为主的印象,或依据心中的成见,或凭着个人的推测,在尚未完全了解事实或尚未进入情况时就匆匆忙忙地下了结论。过早下结论不仅浪费了沟通时间,而且也掩盖了事实真相。

(10) 以推测当事实。

沟通的过程中经常会有简化语言的倾向,譬如在工厂里看到一名穿白大褂的女士匆匆走过,马上会有人说:"厂里有人生病了吧?"这显然是推测。正确的说法应该是"我刚才看到一位穿白大褂的女士匆匆走过,不知发生了什么事。"简化语言可能会导致以推测代替事实,沟通的内容将会失真。

(11) 倾听能力欠佳。

沟通是一种说与听相互作用的过程。虽然大多数的人不耳背,但其中很大一部分人却不是好听众。有人把倾听能力欠佳的人归为五种:

- 只喜欢讲而不耐烦听的人;
- 只注意听内容而忽视说话者感觉的人;
- 过分积极而让人胆怯的人;
- 过分被动而懒得听的人;
- 时常把别人的意思领会错的人。

由于做不到听话听音,人们的沟通效果因此大打折扣。

二、开发有效的沟通

开发有效的沟通,首先应注意排除的是沟通的各个环节中可能发生的沟通障碍。比如,对于信息的发送者来说,应提请自己注意:为什么要发送信息?信息是传递给谁的?对方的接收和感知能力如何?应该用什么样的语言和方式传递信息更有效?在什么时间、什么地点发送信息比较合适?等等。对于信息的接收者来说,应密切注意信息的发送者所传达出的任何信息,积极倾听;如有必要,可请求复述或解释;与发送者保持必要的联系等。对于发送者和接收者双方来说,都应该认识到沟通中的误解是在所难免的,双方都有责任使信息准确无误地传递、接收和理解;双方还可以分享由信息产生的观点和情感。

对于组织管理者来说,设计和建立一个有效的沟通制度是促进组织沟通的有为之举。由于大多数组织结构具有复杂性,因而更加有必要设立企业内部畅通的沟通渠道和有效的沟通维护制度。组织中常见的布告栏、会议、内部刊物、绩效考评等都是促进内部沟通的尝试和设置,但这些措施或设置往往没有达到预期的效果也是非常普遍的实际。究其原因,其中之一可能要归咎于高层对这些沟通行为的处理不当了。比如,高层管理者很少对自下而上沟通行为予以鼓励和强化;有些不仅没有强化,反而以这些信息为把柄对下属进行打击、惩罚甚至开除。这些都有悖于设置沟通制度的初衷。其结果不仅使制度形同虚设,而且大大挫伤了员工的自尊和积极性,反而产生了得不偿失的结果。为此,组织管理者首先应该是沟通的表率,以善于沟通、善于倾听来营造和维持健康、积极的沟通氛围。由于长期受计划经济和大权力距离文化的影响,中国企业管理者的沟通能力尤其薄弱。美国专家帕瑞(Perry, S.)使用"管理才能评价法"对不同国家的经理人进行测试。该测试共设置有12个关键管理能力维度,并将它们归为四类(见表11-5)。

表11-5 经理人的四类关键管理能力

行政能力 （自我工作管理）	沟通能力 （与人沟通协调）	督导能力 （建立工作团队）	认知能力 （思考清晰程度）
1. 时间管理与安排	4. 倾听与组织信息	7. 训练教导与授权	10. 问题确认与解决
2. 目标与目标设定	5. 给予明确的信息	8. 评估部属与绩效	11. 决断与风险衡量
3. 计划与工作安排	6. 获得正确的信息	9. 行为规范与管理	12. 清晰思考与分析

其中，他花了6年时间对中国7 000位经理人的能力进行了测试，结果如表11-6及图11-4所示：

表11-6 各国经理人12项关键管理能力平均得分　　　　　　　　　　（单位：%）

国家	马来西亚	菲律宾	中国	澳洲	加拿大	美国	英国
得分	32	34	48	51	55	56	57

图11-4 中国经理人与欧美经理人管理才能比较

资料来源：邹宜民，2003。

由表11-6和图11-4可以看出，中国经理人的行政能力较强，高于欧美经理人平均55分的水平；其余三项能力：认知能力、沟通能力和督导能力均低于欧美55分的平均水平，尤其沟通能力最弱，得分仅为38分，只相当于欧美平均水平的69%，说明提高我国企业经营管理者的沟通能力已成为提高我国企业管理水平的一项重要的任务。

除上述之外，还有一些促进有效沟通的办法：

（1）坦诚。如果沟通的双方缺乏相互的信任，彼此隐瞒各自的真实意图，那么交流很难是诚心诚意的；如果双方都是坦诚的，信息是开放的、明晰的，沟通的目的是彼此明了的，那么只要有合作的可能，一般都能达成双赢的沟通效果。

（2）利用反馈。许多沟通问题的出现就是由于误解或信息不准确造成的，利用反馈可有效的降低这种障碍。反馈应该是建设性的，要有利于沟通的持续进行，其基本的指导原则是：①反馈应建立在沟通各方信任的基础之上；②反馈内容应该明确具体，不可泛泛而论；③在接收者做好反馈准备的时候，有选择地将重点问题首先予以反馈；④避免过早评价或判断对方的观点，那样只会引起冲突或中断反馈；⑤认真听，同时观察对方在反馈过程中的非语言信息，很多时候，这些非语言信息可以证实或驳斥反馈的真实性。

（3）使用明确、简洁的语言。尽量使用双方都明白易懂的语言进行沟通，避免语意歧义造成的不必要的麻烦。

（4）有效地倾听。曾经有人说："造物之所以赐给我们两只耳朵与一张嘴巴，恐怕是希望我们多听少说"。但遗憾的是,绝大多数人却反其道而行!

在面对面的沟通场合里,倾听不仅是指一般所熟悉的"耳到",即运用听觉器官去接收信息,它还包括眼到、心到与脑到。

眼到:即观察沟通对手的脸部表情、眼睛、手势、体态与穿着等,以判断他的口头语言的真正涵义。

心到:即以换位思考的态度站在沟通对手的立场与角度,去体会他的处境与感受。

脑到:即运用大脑去分析沟通对手的动机,以便了解他的口头语言是否话中有话、弦外有音。

除非同时做到耳到、眼到、心到和脑到,否则他将无法获致良好的倾听效果,换言之,他将处于某种程度的"听而不闻"的状态。

同样是全神贯注的倾听,掌握一些倾听技巧会有助于提高沟通的质量,实现沟通双方的愉悦的情感交流。下面的八种行为与有效的倾听技能有关。

① 使用目光接触。当你在说话时对方却不看你,你的感觉如何?大多数人将其解释为冷漠或不感兴趣。你用耳朵倾听,别人却通过观察你的眼睛判断你是否在倾听。

② 展现赞许性的点头和恰当的面部表情。有效的倾听者会对所听到的信息表现出兴趣。如何表示?通过非言语信号。赞许性的点头、恰当的面部表情,与积极的目光接触相配合,向说话人表明你在认真倾听。

③ 避免分心的举动或手势。表现出感兴趣的另一作法是避免那些表明思想走神的举动。在倾听时,注意不要进行下面这类活动:看表,心不在焉地翻阅文件,拿着笔乱写乱画等。这会使说话者感觉到你很厌烦或不感兴趣。更重要的是,这也表明你并未集中精力,因而很可能会遗漏一些说话者想传递的信息。

④ 提问。批判性的倾听者会分析自己所听到的内容,并提出问题。这一行为保证了理解和准确,并使说者知道你在倾听。

⑤ 复述。复述指用自己的话重述说话者所说的内容。有效的倾听者常常使用这样的语句:"我听你说的是……"或"你是否是这个意思?"为什么要重述已经说过的话呢?有两个原因。首先,它是核查你是否认真倾听的最佳监控手段。如果你的思想在走神或在思考你接下来要说的内容,你肯定不能准确复述完整的内容。其次,它是精确性的控制机制。用自己的语言复述说者所说的内容并将其反馈给说话的人,可以检验自己理解的准确性。

⑥ 避免打断说话者。在你做出反应之前先让说话者讲完自己的想法,在事实清楚、证据确凿之前,不要轻易下结论或猜测他人的想法。注意自己的偏见:即使是思想最无偏见的人也不免心存偏见。诚实地面对、承认自己的偏见,并且聆听对手的观点,容忍对方的偏见。

⑦ 不要多说。大多数人乐于畅谈自己的想法而不是聆听他人所说。很多人之所以倾听仅仅因为这是能让别人听自己说话的必要付出。尽管说可能更有乐趣而沉默使人不舒服,但我们不可能同时做到听和说。一个好听众应该知道这个道理并且不会多说。

⑧ 抑制争论念头。你和你的对手之所以为对手,意味着你们之间必有意见不一致之处。然而,打断他的谈话,纵使只是内心有此念头,也会造成沟通的阴影。学习控制自己争论的冲动。放松心情,记下要点以备接下来的讨论之用。

⑨ 使听者与说者的角色顺利转换。对于在报告厅里听讲的学生,可能比较容易在头脑中形成一个有效的倾听框架。为什么呢?因为此时的沟通完全是单向的,教师在说而学生在听。然而在大多数工作情境中,听者与说者的角色在不断转换。有效的倾听者能

够使说者到听者以及听者再回到说者的角色转换十分流畅。从倾听的角度而言,这意味着全神贯注于说者所表达的内容,即使有机会也不去想自己接下来要说的话。

⑩ 除上述要点外,还有一些特别的口头线索值得注意:

- "顺便说说":此用语暗示的是这句话不重要。可实际上,"顺便说说"语句里包含的才是说话者真正想表达的意思或想了解的信息。所以千万不要以为对方真的是"顺便说说"。
- "坦白地说":这措辞很奇特。逻辑上,以"坦白地说"开头的论点暗示着对手在其他论点上并不坦白、诚实。不过,使用此措辞的人真正要说的是:"我要你特别留心我即将要说的话,因为我认为这句话很重要"。此措辞并不和坦白、诚实绝对相关,只是一条线索,显示对方即将说出重要的话,值得你注意倾听。
- "在我忘记之前……":此措词类似于"顺便说说",表面看来并不重要,不过隐藏着对方很重要的观点,应把它视之为对方即将谈及重要事情的信号。一旦你成为一位好的聆听者,你会发现人们愿意和你说话,而你的知识也会大为长进,获得人们的敬重。

(5)适当自我暴露。自我暴露是指把自己的信息与别人分享,恰当的自我暴露有助于促进沟通。但是,人们也不会愿意与过于暴露自己的人做进一步的交流和沟通的,原因是后者总想着自己,并且过于泄露地向他人展示自己。

(6)合理利用小道消息。小道消息有三个特点:一是它不受管理层的控制,二是大多数员工认为它比从正式渠道得来的信息更可信,三是它在很大程度上有利于传播者自身的利益。那么,由小道消息得来的信息精确吗?有证据表明其中加载的真实成分比例为75%。小道消息是否来自于搬弄是非者的好奇心?其实很少如此。根据经验,当组织处于变革时期,或有重大的人事、机构设置或决策变动时,小道消息的传播将更加盛行,也就是说,如果情境对人们十分重要但又模棱两可、前景不明并因而激起人们的焦虑情绪时,小道消息会作为情境的反应而出现。小道消息至少充当了以下四个功能:建构和缓解焦虑、使支离破碎的信息自圆其说、把群体成员甚至局外人组织成为一个整体、表明信息发送者的地位或权力(我是圈内人,我有获得信息的渠道和途径)。

对于任何群体来说,小道消息都具有过滤和反馈的双重机制,都属于沟通网络的一部分。对小道消息进行了解和研究,有助于管理者了解哪些事情对员工来说是很重要的。另外,管理者还可以利用小道消息传播迅速的特点,预试重大的决策或变动可能带来的反应,对于重要政策的出台还可以起到缓冲震荡的作用。

研究表明,员工获得关于组织信息的重要途径是通过小道消息(参见表11-7)。

表11-7　员工从哪里获得信息

小道消息	66%
上司	47%
公司的出版物	42%
备忘录	40%
公告栏	38%
管理会议	29%

资料来源:Bovee, Thill (1989), p.13。

可见，小道消息在组织沟通中扮演了重要角色。无论如何，小道消息都是对真实情况的一种臆测和选择性传播，传播面过广、影响过大，失真成分过多，将会引起员工思想涣散和积极性的降低。因此，管理者应尽可能地利用正式的沟通渠道，确保信息及时、准确地传递给组织成员。表11-8 提供了减少小道消息消极效应的几项建议。

表11-8　减少小道消息消极效果的建议

1. 公布进行重大决策的时间表；
2. 公开解释那些看起来不一致或隐秘的决策或行动；
3. 对目前的决策和未来的计划，强调其积极一面的同时，也指出其不利的一面；
4. 公开讨论事情可能的最差结局，这肯定比无端的猜测所引起的焦虑程度要低。

资料来源：斯蒂芬·P·罗宾斯，2003。

第三节　有关沟通的当前问题

一、男女之间的沟通差异

男性和女性，不仅身体素质、性格特征，以及免疫力有很大差异，而且在交流方式上也不大相同。比如，有一对夫妇正在驾车行驶，妻子问丈夫道："想停下来喝点什么吗？"丈夫实话实说："不想。"他们继续行驶。结果呢，确实想停下来喝一杯水的妻子十分懊恼，因为丈夫没有理解她的愿望；丈夫则看到妻子在生气，也气得很，心里嘀咕："她干吗不直接说？"在这种情况下，如果双方多了解一点彼此不同的交流方式，绝不可能都生起气来。很遗憾，丈夫没能看出妻子问他想不想停下来，不是想立即得到一个决定，而是想和他商量一下。妻子呢，没有意识到丈夫说"不"的时候，只是在表达自己的意愿，而不是在支配她。

一般来说，男人受着来自外部环境和内心的双重压力，他们习惯以独处的方式来减缓紧张。男性被公认"勇敢、果断、有胆识"的象征——这是外界对他们的重压。为了维护"我是顶天立地的男子汉"这一信条，男性的发言有攻击性，他们一方面忖度别人，思考怎样征服他人，同时又时时担心自己的尊严是否受到蔑视，自己的能力是否得到认同等。于是，男性几乎将生活中的一切活动视为验证自己是好汉的机会，谈话自然也不例外。结果，谈话成了维护自我形象的一种竞赛，在这场竞赛中，要么为了取得某种优势，要么为了阻止摆布。而女性更习惯揣摩自己，更在乎他人的评价，更多想怎样让他人接受自己。女性喜欢用倾诉来消除焦虑，交谈是获得别人确认和支持的有效方式，女性从彼此交谈中，或者找到双方的共同点，或者体会到对方的同情。

上述特点表现在沟通上，男性一般喜欢打断别人的谈话、以沉默对抗多言、转移话题、拒绝、否定等，表现出一种非合作的谈话形态。与之相反，支持性的回应和提出鼓舞性的问题（提供对方继续阐述的机会），则是女性常见的谈话方式，我们可以称之为合作性的谈话方式。根据某些社会语言学家的研究，当合作性的女性碰到一个非合作性的男性，很容易使对话变成男性主导谈话的场面。因为女性支持他要说的话，而且将控制话题的权力让给他（黄惠慈，2001）。女性的问题是，当他们以合作性态度支持男性的时候，她便不能将自己的观点带进讨论里。她们的表现犹如球赛中的拉拉队员或裁判,而不是球赛中的队员。另外,男女的沟通特质还受男女在团体中所扮演的不同角色的影响,女性在团体中多半扮演的角色有:创造亲密和等值的气氛;以温和、可被接受的方式提出批评;试图将别人的谈话作正向解释,努力去发掘对方省略下来的话或对方真正想表达的话(黄惠慈,2001)。而男性在团体中扮演的角色往往是:运用语言以确定其支配地位;运用语言争取别人对他的注意力,让自己站在团体的中央;倾听者很少会给予说话者支持性的反应,而会以攻击性的批评或笑话处理自己对别人所陈述内容的意见(黄惠慈,2001)。正是因为这样的角色差异,男性在团队中更勇于展现自己,而女性更倾向于表现得更符合别人的期望以获得更多的社会认可。

以下是心理学家发现的男女沟通方法的不同之处:

- 男性比女性更为饶舌,根据研究资料统计,对同一事情的叙述,女性平均使用的叙述时间为3分钟,而男性则多达13分钟。
- 男性较女性喜欢在交谈中插嘴,打断别人的说话。
- 在谈话中,女性比男性更喜欢凝神注视谈话的对方,而男性则只从对方的语言中寻求理解。
- 在谈话过程中,男性注重控制谈话的内容,以显示他的力量,女性则注重维持对话的延续。
- 女性比男性更易将个人思想向别人诉说,男性自认为强者,故较少暴露自己。
- 女性的谈话方式较男性生动活泼,而男性则只注重语言力量的表达。
- 一般而言,女性显露笑容的机会较男性多。
- 女性习惯于接受挑战;男性则喜欢挑战别人。

女性在交往过程中原则性、精神性较强;而男性则随机性、生物性强。

女性不愿意同性当上司,也不喜欢与同性上司有深入的沟通;男性则不愿异性当上司。

二、跨文化沟通

在经济全球化的趋势下,越来越多的企业进入了全球化发展的阶段,其经营活动的背景不再局限在单一的本土,而是有着多种文化主体和多种差异很大的文化环境,这就不可避免地涉及企业的跨文化管理问题。要进行成功的跨文化管理,离不开成功的跨文化沟通。从广义上来讲,跨文化管理不仅仅是跨国管理,还包括跨地区的管理。

不同的文化所导致的沟通差异很大。比如一般来说,西方社会比较注重个人发展及成就,阶级观念并不牢固,因此他们的沟通方式比较直接、注重效率。不少在中国社会里生活或工作的西方人士,都会觉得中国人比较含蓄和不易捉摸。反过来看,中国人做事则以中庸为本,重视团体的和谐。在工作时,他们不希望过分突出自己,更不愿意和同事或上司发生任何明显的冲突。因此,跨文化沟通的主要特点是它的差异性,来自不同文化背景的人把各自不同的感知、价值观、规范、信仰和心态带入沟通过程,沟通的发起者来自一种文化背景,而接收者来自另一种文化环境,从一种文化中传来的信息,总是被信息接收者按照自己的文化背景以及由这种文化背景所决定的方式加以理解。与一般的沟通活动相比,跨文化沟通的难度更大。

要找出跨文化沟通的有效方法,首先需要明确在跨文化沟通中有哪些影响因素,找出这些因素并努力正确理解和处理这些干扰因素,就可以实现跨文化管理中的有效沟通。影响跨文化沟通的因素主要有以下几个。

1. 语言障碍

每一种语言都有其特有的俚语及习惯用语,如果不知道他人的语言风格,就会导致沟通障碍。例如,一位好莱坞的工程师在完成了一天的工作之后,向导演询问自己的工作成果怎么样,导演以一种十分欣慰的表情给了这位工程师一个格外垂青的好莱坞式的回答,导演说:"你在执行一项不寻常的任务"(注:"you are doing one hell of a job",直译为"你简直像在下地狱")。工程师不懂这句俚语的褒扬含义,理解为是对他的揶揄和非难,于是立即勃然大怒,一场争论就此爆发了。还有一些词汇根本就没有办法互译,对于没有双语理解能力的人来说,双方根本没有办法进行直接沟通。

2. 感知差异

感知是指个人对外部世界的刺激进行选择、评价和组织的过程。感知与文化有着密切的关系。萨姆瓦等学者认为,有五种主要的社会—文化因素对发展感知起着重大的影响作用,这些文化方面的因素有:信仰、文化价值观、心态系统、世界观、社会组织。首先,不同的民族和文化有着不同的信仰,它们决定着人们的价值选择和判断。其次,后天习得的文化价值观是人们在做出选择和解决争端时作为依据的一种规则体系。再次,不同文化背景的人具有不同的心态系统;而世界观更是在无形之中影响着人们对事物的理解。最后,跨文化沟通双方由于来自于不同的社会组织,不同的社会组织拥有不同的组织文化,这种组织文化的不同,也决定了其成员的行为规范和价值判断的不同。由此可见,上述五个文化方面的因素决定了沟通者对沟通所传达信息的感知,正是由于文化差异的存在,使人们对同一事物的描述和理解产生了差异,由此出现了沟通障碍。因此在跨文化沟通中,需要从上述的五个方面的文化因素入手,分析自己和沟通对方对同一事物的不同感知,才能进行有效的跨文化沟通。

3. 刻板印象

如前所述,先入为主的刻板印象会极大地影响我们对沟通信息的接收和理解。比如,当我们面对一个美国人的时候,在沟通之前我们可能就会在心里想"他是个美国人,他肯定会……"。这样的结论无需耗费任何努力和精力,也无需对他人做出观察,大大简化了信息的处理过程。虽然这种因为成见而导致的信息处理过程的简化,有时可以有效提高沟通的效率,但是成见作为我们头脑中的图像,常常是僵化的、难以改变的,往往容易造成沟通失误,造成对别人传达信息的误解。国内的一个著名国企的人力资源总监曾讲过这么一个故事:通常大家在心目中都认为美国人表态比较直接,所以大家在和美国人沟通的时候一般直接关注于他/她最开始说的几句话,但有一次一个美国人在说了一大堆的"Yes"之后才跟了一个"But",而思维的定势让在座的很多人都忽略了那个"But",要不是翻译最后的解释,大多数人对那位美国人的意见都完全意会反了。所以,在沟通之前,应对自己脑中的成见有一种客观的认识,设法消除这些成见,适时地从群体的总体文化特征中跳出来,对个体所存在的差异进行一定的分析。

4. 换位思考能力的缺乏

身处不同的文化背景之下,沟通双方尤其需要设身处地站在别人的角度上思考问题,而不少人缺乏这个意识和能力,在沟通的时候往往以自己的价值和标准去判断别人,不能完全了解、评价、接受他人的文化差异。一旦在沟通上出现了障碍,不是从文化差异上去寻找根源,而是误认为是对方的有意冒犯,这就进一步激化了矛盾。

实现有效的跨文化沟通,可以考虑从以下几个方面着手:

(1) 学会包容。面对差异,重要的是要有一颗能够包容的心,意识到差异是必然存在的,而文化本身并没有优劣之分。当发生沟通误解时,一定要多想想自己和对方的文化规则,尤其要经常从别人的角度着想,以积极的态度对待差异。

(2) 知己知彼。即一方面学习、接近对方的新文化,一方面善于"文化移情",理解他文化(左慧玲,2001)。文化移情要求人们必须在某种程度上摆脱自身的本土文化,摆脱原来自身的文化约束,从另一个不同的参照系(他文化)反观原来的文化,同时又能够对他文化采取一种比较超然的立场,而不是盲目地落入到另一种文化俗套之中。另一方面,我们要加强对自己文化的理解,了解我们平常所表现出来的共同的语言、行为等外在符号背后所隐藏的含义,这种隐藏于内心的东西不仅影响到了我们传达信息的方式,同样影响了我们接收信息的方式。通过加深对双方文化的了解,我们在沟通的过程中就可以有意识地选择便于双方理解的方式。

(3) 跨文化培训。培训主要解决两个方面的问题:一是观念的转变;二是技巧的提升。一些西方管理专家提出,跨文化培训是人力资源发展的重心所在,培训的主要内容有:文化认识、文化敏感性训练、语言学习、跨文化沟通及处理跨文化冲突的技巧、地区环境模拟等。跨文化培训的主要目的在于:减少管理人员在跨文化管理过程中可能遇到的文化冲突;促进当地员工对公司经营理念及习惯做法的理解;维持组织内良好稳定的人际关系;促进企业内信息的畅通及决策过程的效率;加强团队协作精神与公司凝聚力。

(4) 使用非语言沟通。在语言沟通出现障碍的时候,我们要充分调动非语言的表达方式,比如使用图片、音乐、肢体语言等,和单纯的语言相比,这些非语言的表达方式在跨文化的沟通中可理解度更高。

三、电子沟通

进入20世纪90年代以来,以国际互联网为代表的计算机网络技术的迅速普及和广泛应用对人类的生活方式、行为方式和社会互动关系产生了前所未有的影响。作为一种新的传播媒介,网络技术的特质带来的沟通方式的变化日益受到学者和公众的关注。常用的电子沟通方式包括视频会议、电子邮件(E-mail)、电子公告(BBS、内部网)、网络聊天(QQ、MSN)等。

以数字化为特征的现代信息网络技术的最大优点是信息资源的共享性、开放性以及"平民性"等,而网络技术的虚拟现实性则大大改变了人类的沟通关系和主体状况。这一点无论怎样估计都不算过分。所谓"网络形成"在某种意义上可以视为人们相互联系并建立沟通关系的过程(白淑英,2001)。只要有网络,人们之间的交流沟通就可以超越一切时间、地理位置的限制,并且每一个网民都可以同时是信息的创造者和使用者。"非典"肆虐期间,人与人之间的交往受到了极大的限制,很多企业启用了视频会议系统,一些学校则采用了网上教学的方式。非常时期,电子沟通所发挥的作用是无可替代的。

电子沟通最大的优点是快速便捷,不过有研究表示,正是这些优点限制了电子沟通的功效。常常传入我们耳朵的关于网络的抱怨有:"资料太多,简直是信息泛滥了"。因为网络被鼓励广泛地使用,具体操作起来又没有什么特殊的限制,于是信息泛滥就成了电子邮件系统和公司局域网的一大"特色"。同样地,便于使用的优点意味着每个单位和个人都可能利用电子沟通向他人推销自己,结果造成网页和电子邮件泛滥,大量的信息以各种形式出现,但反馈机制却很有限,远远达不到与其匹配的程度。另外,由于技术性的问题,操作不当就可能导致信息的丢失,同时还存在信息安全和信任危机的问题。有一篇对网络传播中传播心态的分析的文章指出,虽然"调查显示99%的网民称自己的言论是真实的,但问及他人言论的信任问题时,这个比例降到了83%"。不信任造成情感的不投入,在一定程度上影响了沟通的效果。

为了提高电子沟通的效果,首先要从技术上解决沟通的安全性问题,比如可以采用数字签章等安全措施,验证正式文件的真实性与完整性,以创建出完整、可稽核的记录。其次要建立良好的信息发送机制和反馈机制,保证相关的个人且只有相关的个人能够获得信息。最后,在使用电子沟通工具的时候要注意方式方法。

本 章 小 结

沟通是指人们传递信息、思想和情感的过程。有效的沟通不在于是否达成一致意见,而在于是否彼此理解。

沟通在管理工作中占有非常重要的地位。它通过指派任务、设立目标、建立权威和责任等方式来控制员工的行为,并通过各种途径来激励员工。沟通提供了一种释放情感的情绪表达机制,并满足了员工的社会需要。沟通还与决策角色有关,它为个体和群体提供决策所需要的信息,使决策者能够确定并评估各种备选方案,并进一步做出战略选择。

完整的沟通包含以下七个步骤:产生想法、编码、传递、接收、解码、使用和反馈。

组织中的沟通方向可分为横向和纵向两种,其中纵向沟通又可分为自上而下的沟通和自下而上的沟通。横向的又称为水平沟通。

影响有效沟通的障碍是多种的,大致可以分为四类:信息传达的问题;语言(符号)的问题;沟通渠道的问题;沟通参与者的问题。

沟通有效性的提升亟需组织管理者自身的沟通能力的提高。掌握一些必备的沟通技巧将有助于达成有效的沟通。

还要注意在目前沟通中出现了以下一些新问题:沟通的性别差异、跨文化沟通和电子沟通。

复习思考题

1. 什么叫沟通？正确理解沟通有什么意义？
2. 组织中,沟通有什么功能？
3. 沟通过程包括哪些环节？
4. 举例说明沟通与组织效能的关系。
5. 影响有效沟通的障碍有哪些？如何开发有效的沟通？
6. 什么叫失真源、沟通漏斗及沟通焦虑？为什么会发生这些现象？它们对于沟通有怎样的影响？
7. 组织中为什么会出现小道消息？如何处理小道消息的负面影响？
8. 讨论男性和女性在沟通风格上的差异。
9. 试述跨文化沟通的意义。

案例 芒克的震惊

芒克是万豪国际酒店的副总裁,他当时分管波士顿的一家拥有1 150个房间的会议酒店,是万豪国际酒店集团中最大的酒店之一。有一次,芒克与酒店负责电话总机业务的一个年轻经理聊天,这个年轻经理只有20多岁,是酒店雇用的年轻初级经理中最出色的一个。芒克问他未来5年的工作设想,他回答说,他真的不知道5年之后还会不会继续在万豪酒店工作。他说,我现在每周至少要工作50个小时,有时甚至达到55—60个小时。每天上下班各需要一个小时,这样,每天我为工作付出的时间不是10小时,而是12个小时。我不知道这种状况我还能支撑多久,我希望有工作之外的生活。

芒克感到很震惊,并不是因为他讲的这些感受,毕竟芒克在他这个年纪时也需要长时间工作,也有他这样的想法。

现在请你不要继续读下去,先来推测一下:芒克为什么会感到震惊？在企业中高层领导与基层主管直接交流似乎不是很难的事情,也不会是十年不遇的事情,年轻经理的回答为什么会引起芒克的震惊呢？

"令我吃惊的是,他说出这些感受时的表现是这样的从容。想当年,如果我与我的老板进行同样的谈话,我是绝对不会对老板说'我不想在公司干了'"。

你推测对了吗？芒克的震惊,不是来自于沟通的内容,而是来自于沟通的方式,是为年轻经理的直率和坦然而震惊。这样的感受,如果不是面对面的沟通的话,怎么可能出现呢？可见,面对面的沟通,具有不可取代的作用。

(资料来源:Munck,2001)

问题讨论：
1. 面对面沟通与其他的沟通方式相比，有哪些优点与缺点？
2. 现在年轻人的工作和生活价值观是什么？与他们的前辈相比发生了怎样的变化？
3. 这种变化对他们与公司上级，与工作群体的沟通产生了怎样的影响？

第十二章

领　　导

【学习目标】

学完本章后,你应该能够:
1. 掌握领导的概念,能够区别领导和管理这两项职能;
2. 了解领导理论的发展阶段;
3. 熟悉领导的特质理论及其演变过程;
4. 比较三种不同的领导行为理论;
5. 熟悉领导权变理论的主要代表人物及相应的理论内涵、适用的情境等;
6. 熟悉领导理论的新进展。

【开篇案例】

任正非:再苦战八年 ——"糊涂"领袖的国际野心

混沌与秩序

"爱祖国、爱人民、爱公司、爱自己的亲人是我们凝聚力的源泉"——《华为公司基本法》第一章"公司宗旨"下"核心价值"第四条。

华为未来的"全球五百强"蓝图该怎么画?任正非的标准答案一定是:"我不清楚未来会怎样。未来怎么发展,我也糊里糊涂";"我们可能活不成了,产品低价也卖不出去,这种恶劣的情况会维持七、八年"。

然而,早在多年前,混沌中的华为就已清醒地看到自己的未来:《华为公司基本法》第一条:"追求是在电子信息领域实现顾客的梦想,并依靠点点滴滴、锲而不舍的艰苦追求,使我们成为世界级领先企业"。

"前几年,我们在挣扎,是为了有饭吃,今后十年,我们要进入技术起飞阶段。"任正非在《基本法》完稿时说。时至 2003 年,与思科的官司戏剧性地证明了任当年的预想,华为的确不是一个技术平庸的公司:官司了结之时,华为已经化解了思科在中国数据通信领域超过 80% 的垄断地位,并低调而策略地挽起 3COM 公司的手,向更广阔的海外市场挺进。

这种论调的发生还有一个极其不相称的背景:2004 年,华为真正开始高歌猛进,上一年,华为进入技术大鳄思科的黑名单,并借助那场惊扰业界的官司声名鹊起。2003 年华为不仅在海外市场取得了超过 10 亿美金的销售业绩,更重要的是突破了欧美主流运营商的防线,与朗讯、北电等一流设备商同台角逐。2004 年,华为将海外业绩锁定 20 亿美金,实现 100% 的增长。

《华为公司基本法》

中国首部公司管理基本法,共计 6 章 103 条,全篇弥漫着任氏风格的煽情、辩证而又实用主义的色调,分别对公司价值观、经营政策、人力资源管理、业务流程做了系统的原则性描述,观点鲜明,但极少出现明确的数据和目标。任正非说,我们的基本法本身没有一个最终明确的态度,它是模糊、混沌中的一条光束。大家都逐渐向它靠拢,在靠拢过程中,具体事情具体分析。

是观念诞生了华为,还是秩序锻造了华为?

几乎是《基本法》进入实际性操作之时,任正非也开始系统引进国际化公司的治理来强化那些"光束"的执行。

1996 年,华为以 3 个月时间,在深圳西丽湖畔探讨工资改革方案。同年底,引入美国 HAY 咨询公司香港分公司任职资格评价体系;1998 年,成为国家劳动部两个与英国合作的"任职资格标准体系"试点企业之一;2000 年,邀请 IBM 为 IPD(集成产品开发)提供咨询,打破以部门为管理结构的模式,转向以业务流程为核心的管理模式。

寻找这束混沌中的光束,华为用了近十年。1987 年创业,至 1998 年《华为公司基本法》出炉,当年销售额开始突破 100 亿元;在以后追寻光束的 5 年中,华为的销售规模上升了3倍多,2003年达317亿元。

封闭与开放

2003年春节以后,华为在媒体的曝光率已到了无以复加的地步:与思科的纠缠使之成为"IT第一案"的当然主角。有人发现,一向沉默的华为开始低调而又积极地用它专业化的水准与公众以及主流媒体斡旋;媒体对华为的言论开始微妙地从猜测、质疑的口吻更多地转向肯定与证实;华为甚至还用对待其客户一般的礼遇,款待国内外知名媒体的造访。尤其是在宣布与思科和解之后,华为的积极表现为此次的"和谈"结局赢得了胜利者的形象。

实际上,任正非一向的低调有两重注解:专注于通讯设备领域的华为,长年与国内运营商打交道,客户的性质决定了华为直销为主的营销模式,这一点明显区别于做PC、家电等终端消费品的联想、TCL、康佳等企业,品牌指向的不同决定了华为内敛的性格;另外,华为并不是一家无时无刻必须接受投资者拷问的上市公司。

但是事情正在发生微妙的改变。2004年,华为走到了一个关键节点:年内成功实行公司分拆的华为,在剥离了"华为移动"、"华为投资"等多家公司后,厘清股权结构的"华为技术"很快成为华为第一个上市的公司奔赴海外资本市场;另外,随着市场以及产品结构的拓展,公司的品牌指向正在发生变化,海外市场的份额将在年内突破公司收入的30%,达到40%,而去年已经达到28亿销售额的数据通信产品在未来的快速增长,以及正在大肆招兵买马扩军中的移动终端业务也使华为的产品越来越接近海外陌生人群和终端消费人群。所有的变化都将决定华为公众策略的转变,而媒介将成为华为创造价值的平台——华为将会越来越开放。

法国最有影响的《费加罗报》和《回声报》等多家媒体近日以"华为的国际野心将变成现实?"为题做长篇报道,华为以低于竞争对手20%的价格赢得了欧洲运营商的青睐,2004年华为将在欧洲市场实现1亿美元的销售额,其中25%是由于与法国第二大固定网络运营商Neuf电讯公司的合作所获得。

华为正在越来越被定义为世界的华为。

(资料来源:根据21世纪经济报道(2004/9/6)整理)

第一节 领导与领导者

一、什么是领导?

领导是一种重要的管理职能,也是人类社会活动的重要要素。任何一个组织,都离不开领导和领导者。过去,人们更多地把领导和拥有某种职务联系在一起,认为领导就是统治和指挥别人。现代的领导观念认为:领导的实质是影响别人,领导是一种影响过程。这之中的差异主要集中在两个方面:(1)领导是否应该是非强制性的(即向下属施加影响时不采用权威、奖励和惩罚方式);(2)领导与管理之间是否有区别。后一问题尤其成为近年的热点话题,很多专家在这方面有着不同的看法。

哈佛商学院的亚伯拉罕·扎莱兹尼克（Zaleznik，1986）指出，管理者和领导者是两类完全不同的人，他们在动机、个人历史及想问题做事情的方式上存在着差异。他认为，管理者如果说不是以一种消极的态度，也是以一种非个人化的态度面对目标的，而领导者则以一种以人为本的、积极的态度面对目标；管理者倾向于把工作视为可以达到的过程，这种过程包括人与观念，两者相互作用就会产生策略和决策。领导者的工作则具有高度的冒险性，他们常常主动寻求冒险，尤其当机遇和奖励很高时；管理者喜欢与人打交道的工作，他们回避单独行为因为这会引起他们的焦虑不安，他们根据自己在事件和决策过程中所扮演的角色与他人发生联系。而领导者则关心观点，以一种更为直觉和移情的方式与他人发生联系。

同在哈佛商学院的约翰·科特（Kotter，1990）却从另一角度指出了管理与领导的差异。他认为，管理主要处理的是复杂的问题。优秀的管理通过制定正式计划、设计规范的组织结构以及监督计划实施的结果而达到有序而一致的状态。相反，领导主要处理变化的问题，领导者通过开发未来前景来确定前进的方向，然后，他们把这种前景与组织成员进行交流，激励组织成员克服障碍达到这一目标。科特认为要达到组织的最佳效果，领导和管理具有同等的重要性，两者不可或缺。

我们使用的是广义的领导概念，它包含了目前有关这一主题的所有观点，我们把领导定义为一种影响一个群体实现目标的能力。这种影响的来源可能是正式的，如来源于组织中的管理职位。由于管理职位总与一定的正式权威有关，人们可能会认为领导角色仅仅来自于组织所赋予的职位。但是，并非所有的领导者都是管理者，也不是所有的管理者都是领导者。仅仅由于组织提供给管理者某些正式权力并不能保证他们实施有效地领导。我们发现那些非正式任命的领导，即影响力来自于组织的正式结构之外的领导，他们的影响力与正式影响力同等重要，甚至更为重要。换句话说，一个群体的领导者可以通过正式任命的方式出现，也可以从群体中自发产生。

有关领导的文献很多，其中相当一部分的观点甚至是相互冲突和矛盾的。为了能在这一丛林中认清方向，我们主要介绍其中的四种观点。第一种尝试是了解领导者与非领导者相比具备哪些人格特质，第二种尝试是试图根据个体所表现出来的行为特点来解释领导的有效性。由于前两种尝试均以不正确的和过于简单化的领导概念为基础，因此常常被称为"错误的开始"。第三种观点运用权变模型弥补了先前理论的不足，并将各种研究发现综合在一起。直到最近，人们的注意力又回到特质上来，但从另一角度上看待这一问题，这就是第四种观点。

二、领导者的特质理论

组织的成败，很大程度上取决于领导者的作用。那么，怎样才能成为好的领导者？成为一个卓越的领导者必须具备什么样的素质？那些成功的领导者果真具有人们所说"天赋的特质"，是"天才的领导"吗？怎么分离这些特质？

玛格丽特·撒切尔（Margret Thatcher）担任英国首相时期，她的领导风格非常引人注目，人们常常这样描述她：自信、铁腕、坚定、雷厉风行……这些特点所指的都是一个人的特质。无论是撒切尔首相的拥护者还是批判者，都认为她具有这些特质，无疑，他们也都成为特质理论的拥护者。

各种媒体一直是特质理论(Trait Theories)的忠实信徒。他们把玛格丽特·撒切尔、罗纳德·里根、纳尔逊·曼德拉、泰德·特纳、杰西·杰克逊等人称为领导者,并用有魅力、热情、勇气、自信等词汇描述他们。其实,并不仅仅舆论界持这种观点,其渊源可追溯到古希腊。例如,亚里士多德认为,所有的人从出生之日起就已注定了其"治人"或"治于人"的命运。著名的历史学家托马斯也曾经说过:"世界的历史就是伟人的历史"。

传统的特质理论认为:有效的领导者拥有一系列区别于无效的领导者和下属独特的个性特征,这些特质是人与生俱来的,只有先天具备这些特质的人才可能成为领导者。受这种观点的影响,早期的心理学家们从特质研究着手,希望发现领导者与非领导者在个性、社会、生理或智力因素方面的差异。

早期研究领导的代表人物吉赛利(Ghiselli,1963)提出了有效的领导者应具有的8种个性品质:语言才能、首创精神、督导能力、较高的自我评价、与员工关系密切、决断能力、兼备男性或女性优势、高度成熟等。另一个代表人物斯托格蒂尔(Stogdill,1974)则进一步扩大了特质的范围,认为领导者应该具有以下16个特质:有良心、可靠、责任感强、有胆略、对目标热情且持之以恒、勇于冒险并有创新精神、勇于实践、自信、直率、有理想、善于处理人际紧张并忍受挫折、风度优雅、身体强壮、智力过人、有组织能力、有判断力等。

约翰·科特(John Kotter)在1976年至1981年,对全美9个不同集团的15个总经理进行了深层次的观察,这是至今为止规模最大的研究。研究发现:总经理们主要表现出以下几个维度的特征(见表12-1)。

表12-1 总经理们的共同个性特征

基本个性特征	
需求/动机 • 相同的权利 • 相似的成就 • 抱负较高	性格特征 • 情绪平稳坚定 • 性情乐观开朗
认知倾向 • 高于平均智力(并非高明) • 适度的强硬有分析能力	人生观 • 风度翩翩善于与他人交往 • 异乎寻常的兴趣爱好,使他们宜于广泛与经营专家们交往
信息资料、人际关系沉淀	
信息资料 • 在涉及的产业中知识面广 • 在企业组织中知识面广	人际关系 • 在企业界中有着十分广泛的合作关系 • 在从事的实业中也有着十分广泛的合作关系

资料来源:约翰·科特,1997。

在《现代企业的领导艺术》一书中,科特在研究了企业高层管理工作实践之后,提出了成功领导的一些素质要素,如表12-2。

然而,众多分离领导特质的研究努力均以失败告终。比如,一份研究综述概括了20篇研究报告,共列出了近80项领导特质,其中被四位学者的研究同时认可的因素仅有5项,也就是说,人们并未找到一些特质因素用以区分领导者与下属以及有效领导者与无效领导者。不过,大多数人仍然相信所有成功的领导者都具备一系列一致且独特的个性特点,在确定与领导关系密切的特质方面的研究中也发现,领导者拥有不同于非领导者的六项素质,即:进取心、领导和影响他人的愿望、正直和诚实、自信、智慧、与工作有关的知识和技能。然而这些特质仅仅是领导者应具备的前提条件。

表 12-2　成功领导的素质要素

1. 行业和企业知识
- 有广泛的行业知识
- 广泛了解公司情况
2. 在公司和行业中的人际关系
- 在公司和行业中建立了一整套广泛而稳固的人际关系
3. 信誉和工作记录
- 在公司主要活动中，有很高的声望和出色的工作记录
4. 能力和技能
- 思维敏捷(适当强的分析能力，良好的判断力，以及能从战略上、全局上考虑问题的能力等)
- 很强的人际交往能力(能迅速建立起良好的工作关系，感情投入，有说服力，注重对人及人性的了解)
5. 个人价值观
- 十分正直(能公正地评价所有人的人和组织)
6. 进取精神
- 有充沛的精力
- 很强的领导动机(它是建立在自信心基础上的对权力和成就的追求)

资料来源：约翰·科特，1997。

美国学者近几年的研究认为，领导者的技能结构可分为知识层面、观念层面、能力层面，这三个层面实际上反映了对领导者要求的三项标准，即：(1)技术性标准，指从事具体的操作性工作所需的知识和能力；(2)人际性成分，指人际交往与协调过程中所需的知识和能力；(3)思维性成分，指概念性、分析性、战略性的成分。根据美国《财富》杂志对美国500家大公司领导者群体的调查，对领导者的素质要求的智能结构为：决策、观念技能占47%，人际成分占35%，专业技能占18%。同时，根据国外学者的研究分析，上述三个成分各自所占的比重，会随着管理层级的变化而变化，如图12-1所示。

图 12-1　领导者技能结构

从图 12-1 中不难看出两个鲜明的变化规律：一是随着管理层级的提高，对领导者智能构成中所要求的技术性成分比重锐减(图中左区域)，而思维性成分的增加明显(图中右区域)；二是其中的人际成分(图中中间区域)的比重则随管理层级的提高变化不是十分显著。在领导者的智能结构中，需要具备的能力素质依次为人际关系能力、思维能力和专业相关技能。

另外，最近的研究表明，个体是否是高自我监控者(在调节自己行为以适应不同环境

方面具有很高的灵活性)也是一项重要因素,高自我监控者比低自我监控者更易于成为群体中的领导者。我国近年也开始进行对企业家素质的研究,认为在诸多的企业家特质中,社会适应性是起重要作用的特质。在我国,一大批成功的企业家,不是因为其具有高学历或高技术,而是因为其具有较好的社会适应性,包括诸如较好的社会洞察力、善处人际关系、对专业知识和管理知识较好的理解能力、在顺境和逆境中都能有较高抱负的意志力和确立奋斗目标时表现出的较好的变通性。总之,大半个世纪以来的大量研究使我们得出这样的结论:具备某些特质确实能提高领导者成功的可能性,但没有一种特质是成功的保证。

现代领导理论认为,领导是一个动态的过程,是一种发展变化的行为过程。领导者的特性和品质并非与生俱来的,而是在具体实践中逐渐形成的,是可以训练和培养造就的。特质论之所以在解释领导行为方面不成功,我们认为至少有四个原因:第一,它忽视了下属的需要;第二,它没有指明各种特质之间的相对重要性;第三,它没有对因与果进行区分(如:到底是领导者的自信导致了成功,还是领导者的成功建立了自信?);第四,它忽视了情境因素。这些方面的欠缺使得研究者的注意力转向其他方向。因此,虽然在过去的十年中研究者对特质论表现出复苏的兴趣,但从20世纪40年代开始,特质理论就已不再占据主导地位了。40年代末至60年代中期,有关领导的研究着重于对领导者偏爱的行为风格的考查。

然而,我们必须承认,一个人的某些特点对于他能否成为一个有效的领导确实具有决定性的作用。我们在第一章中讨论了管理者应具备的特点,就是为了说明企业领导者可以在加强自己的综合素养方面做些努力。

第二节　领导的行为理论

由于特质论的解释不够充分,研究者开始把目光转向具体的领导者所表现出来的行为上,希望了解有效领导者的行为是否有什么独特之处。比如,美国航空公司(American Airlines)总裁罗伯特·科兰多尔(Robert Crandall)和桑比姆—奥斯特公司(Sunbeam-Oster)前总裁保罗·凯扎伦(Paul B. Kazarian)都成功地领导各自公司渡过了艰难时期,而他俩的领导风格也是共同的——严厉、强硬和专制。我国的很多成功的企业也都实行所谓"军事化"或"半军事化"的管理,他们的决策和领导方式在相当的程度上是强硬和专制的,并且在一定时间阶段里是相当有效的。这是否表明专制行为被大多领导者所偏爱或更有效?为了回答这一问题,我们在此介绍四种不同的行为理论。在此之前,我们先来看看行为观点在实践中的意义。

特质理论与行为理论在实践意义方面的差异源于两者深层的理论假设不同:如果特质理论有效,领导从根本上说是天生造就的;相反,如果领导者具备一些具体的行为,则我们可以培养领导,即通过设计一些培训项目把有效的领导者所具备的行为模式植入个体身上。这种思想显然前景更为光明,它意味着领导者的队伍可以不断壮大。通过培训,我们可以拥有无数有效的领导者。

一、领导方式理论

对领导方式的最早分类是我们都很熟悉的三种类型：民主、专制和放任。这三种领导方式的差异可以从以下四个维度来说明。

1. 组织方针的决定

- 专制型领导：一切由领导者个人决定；
- 民主型领导：所有的方针都经过集体讨论后决定，领导者在其中加以引导、激励和协助；
- 放任型领导：撒手不管，由集体或他人决定。

2. 对组织活动的观察和了解

- 专制型领导：强调对下属工作的指示与指导，分层次分等级的进行，下属无法了解组织活动的整体目标和最终目的；
- 民主型领导：鼓励员工参与决策的制定，尽量让组织成员了解组织的整体设想和目标，领导者提供实现目标的手段和支持；
- 放任型领导：只提供完成工作所需要的信息，对下属的要求和询问不作过多的指示。

3. 工作的分配与合作者的选择

- 专制型领导：完全自己决定，然后通知其成员和下属；
- 民主型领导：采用、集体讨论和协商的办法，工作的合作成员由下属自己选择；
- 放任型领导：完全不干预。

4. 对工作过程的参与

- 专制型领导：除示范外完全不参与集体作业，领导者根据个人的好恶来评价员工的工作成果；
- 民主型领导：与成员一起工作，但避免过多的干涉和指挥，领导者依据客观标准对成员进行表扬或批评；
- 放任型领导：不主动提供工作意见，不参与具体工作，对成果不做任何评价。

上述三种类型的领导方式在组织决策、工作参与度等方面的比较及其影响效果见表12-3和表12-4。

表12-3　三种领导方式的比较

	专　制	民　主	放　任
组织方针的决定	一切由领导者一人决定	所有的方针经由集体讨论后决定	任由集体或个人决定，领导者不参与
工作的分担与同伴的选择	由领导决定后通知成员	成员可以自由结合，协商决定	领导者很少参与任务的确定

续表

	专 制	民 主	放 任
工作参与及工作评估	领导亲自表扬或批评	与成员一起工作但不做太多的具体工作	不主动提供意见对成果不做评价
团体活动的了解	成员不清楚团队的最终目标	每个人都清楚总体目标和个人的责任	领导自己清楚

表12-4 三种领导方式的影响效果

领导类型	生产量	士 气	领导者人际关系	领导者指导员工情况
民主型	0.82	0.86	0.86	0.62
专制型	-0.53	-0.73	-0.12	-0.37
放任型	-0.84	-0.85	-0.67	-0.558

从经验来看,我们一致鼓励民主型的领导,不主张专制型和放任型的领导。实际上,从国内外企业的经营实践来看,无论哪种领导方式,在不同的环境和条件下都有成功的事例,不可简单地说哪种方式更有效。问题在于如何根据具体情况,选择合适的领导方式。

二、领导行为理论

1. 俄亥俄州立大学的研究

最全面且重复较多的行为理论来自于20世纪40年代末期在俄亥俄州立大学进行的研究,研究者希望确定领导行为的独立维度,他们收集了大量的下属对领导行为的描述,开始时列出了一千多个因素,最后归纳出两大类,称之为结构维度和关怀维度。

结构维度(initiating structure)指的是在达成组织目标时,领导者更愿意界定和建构自己与下属的角色。它包括设立工作、工作关系和目标的行为。高结构特点的领导者向组织成员分派具体工作,要求员工保持一定的绩效标准,并强调工作的最后期限。

关怀维度(consideration)指的是领导者尊重和关心下属的看法与情感,更愿意建立相互信任的工作关系。高关怀特点的领导者,他们愿意帮助下属解决个人问题,友善而平易近人,公平对待每一个下属,并对下属的生活、健康、地位和满意度等问题十分关心。

以这些概念为基础进行的大量研究发现,在结构和关怀方面均高的领导者("高—高"领导者)常常比其他三种类型的领导者(低结构,低关怀,或两者均低)更能使下属取得高工作绩效和高满意度。但是,高—高风格并不总能产生积极效果。比如,当工人从事常规任务时,高结构特点的领导行为会导致高抱怨率、高缺勤率和高离职率,员工的工作满意水平也很低。还有研究发现,领导者的直接上级主管对其进行的绩效评估等级与高关怀性呈负相关。总之,俄亥俄州立大学的研究表明,一般来说,"高—高"风格能够产生积极效果,但同时也有足够的特例表明这一理论还需加入情境因素。

2. 密执安大学的研究

与俄亥俄州立大学的研究同期,密执安大学调查研究中心也进行着相似性质的研究:确定领导者的行为特点,以及它们与工作绩效的关系。

密执安大学的研究群体也将领导行为划分为两个维度:员工导向(employee oriented)和生产导向(production oriented)。员工导向的领导者重视人际关系,他们总会考虑到下属的需要,并承认人与人之间的不同。相反,生产导向的领导者更强调工作的技术或任务事项,主要关心的是群体任务的完成情况,并把群体成员视为达到目标的手段。

密执安大学研究者的结论对员工导向的领导者十分有利。员工导向的领导者与高群体生产率和高工作满意度呈正相关,而生产导向的领导者则与低群体生产率和低工作满意度联系在一起。

3. 管理方格论

布莱克和莫顿(Black & Mouton,1964)两人发展了领导风格的二维度观点,在"关心人"和"关心生产"的基础上提出了管理方格论(Managerial Grid),它充分概括了俄亥俄州立大学的关怀与结构维度以及密执安大学的员工取向和生产取向维度,提出了管理方格理论。

管理方格如图12-2所示,分别用横坐标和纵坐标表示关心人和关心生产,它在两个坐标轴上分别划分出9个等级,从而生成了81种不同的领导类型。但是,方格理论主要表明的并不是得到的结果,而是为达到这些结果领导者应考虑哪些主要因素。

布莱克和莫顿根据自己的研究得出结论,(9,9)风格的管理者工作效果最佳。但遗憾的是,方格论只是为领导风格的概念化提供了框架,未能提供新信息以澄清领导方面的困惑。并且,也缺乏实质证据支持所有情境下(9,9)风格都是最有效的方式。

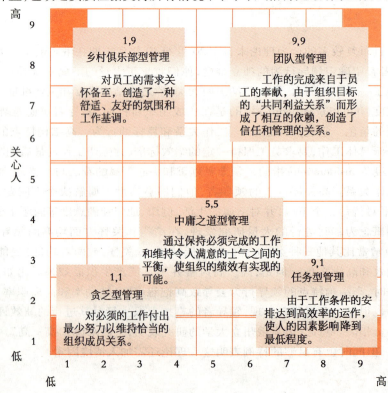

图12-2　管理方格图

人们越来越清晰地认识到,为了预测领导成功而对领导现象进行的研究其实比分离特质和行为更为复杂。由于未能在特质和行为方面获得一致的结果,使得人们开始重视情境的影响。领导风格与有效性之间的关系表明,X 风格在 A 条件下恰当可行,Y 风格则更适合于条件 B,Z 风格更适合于条件 C。但是,条件 A、B、C 到底是什么呢?这说明了两点:第一,领导的有效性依赖于情境因素;第二,这些情境条件可以被分离出来。因此,没有绝对有效的领导方式,任何一种方式都要考虑环境因素。这就是权变理论的基本思想。

4. 斯堪的纳维亚学者的研究

前面介绍的三种行为观点都是在 20 世纪 40 年代末至 60 年代初提出来的。这些观点是在世界发展较为稳定且可预测的背景下提出的,一些研究者认为它们未能很好反应当今变化极快的现实,于是芬兰和瑞典的研究者再次质疑是否在把握领导行为的实质方面只存在两个维度。他们的基本假设是:在变化的世界中,有效的领导者应该表现出发展取向(development-oriented)的行为。这些领导者重视尝试的价值,寻求新方法,发动和实施变革。

斯堪的纳维亚研究者重新考察了俄亥俄州立大学的原始实验数据,他们发现俄亥俄的研究数据中包括了发展因素,如"做事总愿意采用新方法"、"运用新观点解决问题"及"鼓励下属采取新活动"。但是,这些项目在当时并不能很好地解释有效的领导。斯堪的纳维亚研究者认为,这是因为在那个时代里,开发新观点和实行改革并不是十分重要的。然而,在今天的动态环境中,情况发生了根本改变。所以,这些学者进行了新的研究,以考察是否还有第三个维度——发展维度——与领导的有效性有关。

初步的证据是十分积极的,研究者采用了一些芬兰和瑞典领导者的样本,有力支持了应该把发展取向的领导行为作为一个分离和独立的维度的观点。也就是说,传统上只重视两类领导行为的观点在 20 世纪 90 年代似乎并不十分适当。另外,尽管在传统结论中缺乏确凿证据,但也表现出具有发展取向行为的领导者更令下属满意、被下属评价为更有能力。

第三节 领导的权变理论

对影响领导效果的主要情境因素进行分离的研究很多。在权变理论的发展过程中,人们经常使用的调节变量有:工作的结构化程度,领导者—成员关系的质量,领导者的职位权力,下属角色的清晰度,群体规范,信息的可靠性,下属对领导决策的认可度,下属的工作士气等。我们主要介绍其中的四种观点:费德勒模型、赫塞和布兰查德的情境理论、领导者—成员交换理论和路径—目标理论。

一、费德勒模型

第一个综合的领导模型是由弗莱德·费德勒(Fred Fiedler,1964)提出的。费德勒的权变模型指出,有效的群体绩效取决于以下两个因素的合理匹配:与下属相互作用的领导者的风格和情境对领导者的控制和影响程度。费德勒开发了一种工具,叫做最难共事者问卷,简称 LPC,用以测量个体是任务取向型还是关系取向型。另外,他还分离出三项情境因素——领导者—成员关系、任务结构和职位权力,他相信通过操作这三项因素能与领导者的行为取向进行恰当匹配。从某种意义上说,费德勒的模型属于过了时的特质理论,因为LPC问卷只是一份简单的心理测验。然而,费德勒走得比忽视情境的特质论和行为论远得多,他将个性评估与情境分类联系在一起,并将领导效果作为两者的函数进行预测。

1. 确定领导风格

费德勒相信影响领导成功的关键因素之一是个体的基础领导风格,因此他首先试图发现这种基础风格是什么,并通过LPC问卷来测量。问卷由16组对照形容词构成(如快乐—不快乐,高效—低效,开放—保守)。费德勒让作答者回想一下自己共事过的所有同事,并找出一个最难共事者,在16组形容词中按1—8等级对他进行评估。费德勒相信,在LPC问卷的回答基础上,可以判断出人们最基本的领导风格。如果以相对积极的词汇描述最难共事者(LPC得分高),则回答者很乐于与同事形成友好的人际关系,也就是说,如果作答者把最难共事的同事描述得比较积极,那么他就是关系取向型的。相反,如果作答者对最难共事的同事看法比较消极(LPC得分低),那么他可能主要感兴趣的是生产,因而属于任务取向型的。另外,有大约16%的回答者分数处于中间水平,很难被划入任务取向型或关系取向型中进行预测。

费德勒认为一个人的领导风格是固定不变的,这意味着如果情境要求任务取向的领导者,而在此领导岗位上的却是关系取向型领导者时,要想达到最佳效果,则要么改变情境,要么替换领导者。费德勒认为领导风格是与生俱来的,个人不可能改变自己的风格去适应变化的情境。

2. 确定情境

用LPC问卷对个体的基础领导风格进行评估之后,需要再对情境进行评估,并将领导者与情境进行匹配。费德勒列出了三项维度,他认为这是确定领导有效性的关键要素。这三项维度是:领导者—成员关系、任务结构和职位权力,具体定义如下:

(1) 领导者—成员关系:领导者对下属信任、信赖和尊重的程度。
(2) 任务结构:工作任务的程序化程度(即结构化或非结构化)。
(3) 职位权力:领导者拥有的权力变量(如聘用,解雇,训导,晋升,加薪)的影响程度。

费德勒模型的下一步是根据这三项权变变量来评估情境。领导者—成员关系或好或差,任务结构或高或低,职位权力或强或弱。他指出,领导者—成员关系越好,任务的结构化程度越高,职位权力越强,则领导者拥有的控制和影响力也越高。比如,一个非常有利的情境(即领导者的控制力很高)可能包括:下属对在职管理者十分尊重和信任(领导者—成员关系好),所从事的工作内容(如薪金计算,填写报表)具体明确(工作结构化高),工作给他提供了充分的自由来奖励或惩罚下属(职位权力强)。相反,如果一个资金筹措小组不喜欢他们的主席则为不够有利的情境,此时,领导者的控制力很小。总之,三项权变变量总和起来,便得到八种不同的情境或类型,每个领导者都可以从中找到自己的位置。

3. 领导者与情境的匹配

费德勒模型指出,在了解了个体的LPC分数并评估了三项权变因素之后,当两者相互匹配时,会达到最佳的领导效果。费德勒研究了1 200个工作群体,对八种情境的每一种类型,均对比了关系取向和任务取向两种领导风格,他得出结论:任务取向的领导者在非常有利的情境和非常不利的情境下工作更有利（见图12-3），也就是说，当面对Ⅰ、Ⅱ、Ⅲ、Ⅶ、Ⅷ类型的情境时，任务取向的领导者干得更好，而关系取向的领导者则在中等有利的情境，即Ⅳ、Ⅴ、Ⅵ型的情境中干得更好。

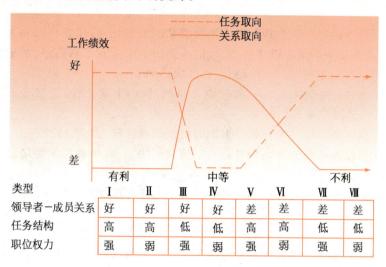

图12-3　费德勒的权变模型

如何将费德勒的观点应用于实践？我们可以寻求领导者与情境之间的匹配。个体的LPC分数决定了他最适合于何种情境类型。而情境类型则通过对三项情境变量（领导者—成员关系，任务结构，职位权力）的评估来确定。但要记住，按照费德勒的观点，个体的领导风格是稳定不变的，因此提高领导者的有效性实际上只有两条途径：第一，你可以替换领导者以适应情境。如果群体所处的情境被评估为十分不利，而目前又是一个关系取向的管理者进行领导，那么替换一个任务取向的管理者则能提高群体绩效。第二，你可以改变情境以适应领导者。通过重新建构任务或提高/降低领导者可控制的权力因素（如加薪、晋职和训导活动），可以做到这一点。假设任务取向的领导者处于第Ⅳ类型的情境中，如果该领导者能够显著增加他的职权，即在第Ⅲ类型的情境中活动，则该领导者与情境的匹配十分恰当，会因此而提高群体绩效。

二、赫塞—布兰查德的情境理论

保罗·赫塞（Paul Hersey,1977）和肯尼斯·布兰查德（Kenneth Blanchard,1977）开发的领导模型称为情境领导理论（situational leadership theory），它被广大的管理专家们所推崇，并常常作为主要的培训手段而应用。如《财富》500强企业中的北美银行（BankAmerica）、卡特皮拉公司（Carterpilar）、IBM公司、美孚石油公司、施乐公司等都采用此理论模型，此外，它还为所有的军队服务系统所承认。

情境理论是一个重视下属的权变理论。选择正确的领导风格可以获得领导的成功，在这一点上，赫塞和布兰查德认为下属的成熟度水平是一权变变量。在进一步讨论之前，首先我们要澄清两个问题：(1)为什么要重视下属？(2)成熟度这个术语是什么意思？

在领导效果方面对下属的重视反应了这样一个事实：是下属们接纳或拒绝领导者。无论领导者做什么，其效果都取决于下属的活动。然而这一重要维度却被众多的领导理论所忽视或低估。对于成熟度,赫塞和布兰查德将其定义为:个体完成某一具体任务的能力和意愿的程度。

1. 领导风格

情境领导模式使用的两个领导维度与费德勒的划分相同:任务行为和关系行为。但是,赫塞和布兰查德更向前迈进了一步,他们认为每一维度有低有高,从而组合成四种具体的领导风格:指示、推销、参与和授权。具体描述如下:

- 指示(高任务—低关系):领导者定义角色,告诉下属干什么、怎么干以及何时何地去干,其强调指导性行为。
- 推销(高任务—高关系):领导者同时提供指导性行为与支持性行为。
- 参与(低任务—高关系):领导者与下属共同决策,领导者的主要角色是提供便利条件与沟通。
- 授权(低任务—低关系):领导者提供极少的指导或支持。

2. 下属的成熟度

赫塞—布兰查德理论的最后部分定义了下属成熟度的四个阶段:

M1:这些人对于执行某任务既无能力又不情愿。他们既不胜任工作又不能被信任。

M2:这些人缺乏能力,但却愿意从事必要的工作任务。他们有积极性,但目前尚缺乏足够的技能。

M3:这些人有能力却不愿意干领导者希望他们做的工作。

M4:这些人既有能力又愿意干让他们做的工作。

图 12-4 概括了情境领导模型的各项要素。当下属的成熟度水平较高时,领导者不但可以减少对活动的控制,还可以减少关系行为。在 M1 阶段中,下属需要得到明确而具体的指导;在 M2 阶段中,领导者需要采取高任务和高关系行为。高任务行为能够弥补下属能力的欠缺,高关系行为则试图使下属在心理上"领会"领导者的意图。在 M3 阶段中出现的激励问题运用支持性、非指导性的参与风格可获最佳解决。最后,在 M4 阶段中,领导者不需要做太多事情,因为下属既愿意又有能力承担责任。

敏锐的读者可能注意到,赫塞和布兰查德的四种领导风格与管理方格中的四"角"极为相似,指示型风格等同于(9,1)领导者;推销型风格等同于(9,9)领导者;参与型风格等同于(1,9)领导者;授权型风格等同于(1,1)领导者。是否情境理论与管理方格论大体相同,两者的主要差异只是将(9,9)型的内容("一种适合于所有情况的风格")做了改动,认为"正确的"风格应与下属的成熟度相联系?赫塞和布兰查德否认了这种看法。他们认为方格论强调的是对生产和员工的关注,是一种态度维度,而情境领导模式却相反,强调的是任务与关系的行为。尽管赫塞和布兰查德这样辩驳,但它们之间的差异确实很小。如果认为情境领导理论是在方格论基础上的改进,它反应出了下属成熟度的四个阶段,则更易于对它的理解。

最后,我们再回到一个重要的问题上来:是否有证据支持情境领导理论?前面已指出,这一理论很少被研究者所重视。就目前的研究资料来看,对来自这一理论的结论应该比较谨慎。一些研究者认为有证据部分地支持这一理论,另一些人却指出没有发现这一假设的支持证据。因此,在这种时候任何热情的认可都应十分慎重。

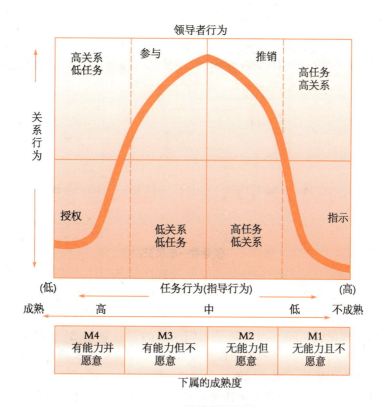

图 12-4　情境领导模型

三、领导者—成员交换理论

我们在此介绍的大多数领导理论都基于这样一个假设：即领导者以同样方式对待所有下属。但请你回想一下，在群体中你是否注意到领导者对待不同下属的方式非常不同？是否领导者对自己的圈内人士更为优惠？如果你回答"是"，那么就会认可乔治·格瑞恩（George Graen，1995）和助手们的发现，这就是领导者—成员交换理论的基础。

领导者—成员交换（LMX）理论（leader-member exchange theory）指出，由于时间压力，领导者与下属中的少部分人建立了特殊关系。这些个体成为圈内人士（in-group），他们受到信任，得到领导更多的关照，也更可能享有特权；而其他下属则成为圈外人士，他们占用领导的时间较少，获得满意的奖励机会也较少，他们的领导—下属关系是在正式的权力系统基础上形成的。

该理论指出，当领导者与某一下属进行相互作用的初期，领导者就暗自将其划入圈内或圈外，并且这种关系是相对稳固不变的。领导者到底如何将某人划入圈内或圈外尚不清楚，但有证据表明领导者倾向于将具有下面这些特点的人员选入圈内：个人特点（如年龄、性别、态度）与领导者相似，有能力，具有外向的个性特点（见图12-5）。LMX 理论预测，圈内地位的下属得到的绩效评估等级更高，离职率更低，对主管更满意。

对 LMX 理论进行的考查总体上提供了支持性证据。这方面的理论和研究尤其提供了十分明显的证据——领导者对待下属的方式是有差异的。但这种差异绝不是随机的；

另外,圈内和圈外的不同地位与下属的绩效和满意度有关。

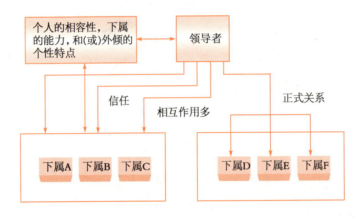

图 12-5　领导者—成员交换理论

四、路径—目标理论

路径—目标理论已经成为当今最受人们关注的领导观点之一,它是罗伯特·豪斯(Robert House,1977)开发的一种领导权变模型,这一模型从俄亥俄州立大学的领导研究和激励的期望理论中吸收了重要元素。

该理论的核心在于,领导者的工作是帮助下属达到他们的目标,并提供必要的指导和支持以确保他们各自的目标与群体或组织的总体目标相一致。"路径—目标"的概念来自于这种信念,即有效的领导者通过明确指明实现工作目标的途径来帮助下属,并为下属清理路程中的各种路障和危险从而使下属的这一旅行更为顺利。

按照路径—目标理论(path-goal theory),领导者的行为被下属接受的程度取决于下属将这种行为视为获得满足的即时源泉还是作为未来获得满足的手段。领导者行为的激励作用在于:(1)它使下属的需要满足与有效的工作绩效联系在一起;(2)它提供了有效的工作绩效所必需的辅导、指导、支持和奖励。为了考查这些方面,豪斯确定了四种领导行为:指导型领导让下属知道期望他们的是什么,以及完成工作的时间安排,并对如何完成任务给予具体指导。这种领导类型与俄亥俄州立大学的结构维度十分近似;支持型领导十分友善,并表现出对下属需求的关怀,这种领导类型与俄亥俄的关怀维度十分近似;参与型领导则与下属共同磋商,并在决策之前充分考虑下属的建议;成就取向型的领导设置有挑战性的目标,并期望下属实现自己的最佳水平。与费德勒的领导行为观点相反,豪斯认为领导者是弹性灵活的,同一领导者可以根据不同的情境表现出任何一种领导风格。

以下是由路径—目标理论引申出的一些假设:

- 与具有高度结构化和安排完好的任务相比,当任务不明或压力过大时,指导型领导会带来更高的满意度。
- 当下属执行结构化任务时,支持型领导会带来员工的高绩效和高满意度。
- 对于能力强或经验丰富的下属,指导型的领导可能被视为累赘多余。
- 组织中的正式权力关系越明确、越官僚化,领导者越应表现出支持型行为,降低指导型行为。

- 当工作群体内部存在激烈的冲突时,指导型领导会带来更高的员工满意感。
- 内控型下属(即相信自己可以掌握命运)对参与型领导更为满意。
- 外控型下属对指导型领导更为满意。
- 当任务结构不清时,成就取向型领导将会提高下属的期待水平,使他们坚信努力必会带来成功的工作绩效。

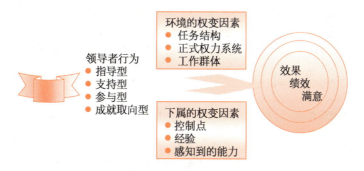

图 12-6　路径—目标理论

对上述这些假设的验证性研究的结果是十分积极的。这些证据支持了理论背后的逻辑实质。也就是说,当领导者弥补了员工或工作环境方面的不足,则会对员工的绩效和满意度起到积极的影响。但是,当任务本身十分明确或员工有能力和经验处理它们而无需干预时,如果领导者还要花费时间解释工作任务,则下属会把这种指导性行为视为累赘多余甚至是侵犯。路径—目标理论的前景如何?它的结构框架经历了实证检验,不过,我们预期这一理论将会纳入更多的中间变量,进一步得到改进和扩展。

五、领导者—参与模型

1973 年维克多·弗罗姆(Victor Vroom,1973)和菲利普·耶顿(Phillip Yetton,1973)提出了领导者—参与模型(leader-participation model),该模型将领导行为与参与决策联系在一起。由于认识到常规活动和非常规活动对任务结构的要求各不相同,研究者认为领导者的行为必须加以调整以适应这些任务结构。弗罗姆和耶顿的模型是规范化的——它提供了根据不同的情境类型而遵循的一系列的规则,以确定参与决策的类型和程度。这一复杂的决策树模型包含七项权变因素(可通过"是""否"选项进行判定)和五种可供选择的领导风格。

弗罗姆和亚瑟·加哥(Arthur Jago,1995)最近又对该模型进行了修订。新模型包括了与过去相同的五种可供选择的领导风格,但将权变因素扩展为 12 个,其中 10 项按 5 级量表评定,表 12-5 列出了这 12 项变量。

该模型认为对于某种情境而言,五种领导行为中的任何一种都是可行的,它们是:独裁 I(AI),独裁 II(AII),磋商 I(CI),磋商 II(CII)和群体决策 II(GII),具体描述如下:

- AI—你使用自己手头现有的资料独立解决问题或做出决策。
- AII—你从下属那里获得必要的信息,然后独自做出决策。在从下属那里获得信息时,你可以告诉或不告诉他们你的问题。在决策中下属的任务是向你提供必要信息而不是提出或评估可行性解决方案。

表 12-5　修订的领导者参与模型的权变变量

QR：质量要求
这一决策的技术质量有多重要？
1 ──────── 2 ──────── 3 ──────── 4 ──────── 5
不重要　　　　不太重要　　　　中等重要　　　　比较重要　　　　非常重要

CR：承诺要求
下属对这一决策的承诺有多重要？
1 ──────── 2 ──────── 3 ──────── 4 ──────── 5
不重要　　　　不太重要　　　　中等重要　　　　比较重要　　　　非常重要

LI：领导者的信息
你是否拥有充分的信息做出高质量的决策？
1 ──────── 2 ──────── 3 ──────── 4 ──────── 5
没有　　　　　可能没有　　　　拿不准　　　　　可能有　　　　　有

ST：问题结构
问题是否结构清楚？
1 ──────── 2 ──────── 3 ──────── 4 ──────── 5
不是　　　　　可能不是　　　　拿不准　　　　　可能是　　　　　是

CP：承诺的可能性
如果是你自己做决策，你的下属肯定会对该决策做出承诺吗？
1 ──────── 2 ──────── 3 ──────── 4 ──────── 5
不是　　　　　可能不是　　　　拿不准　　　　　可能是　　　　　是

GC：目标一致性
解决此问题后所达成的组织目标是否是下属所认可的？
1 ──────── 2 ──────── 3 ──────── 4 ──────── 5
不是　　　　　可能不是　　　　拿不准　　　　　可能是　　　　　是

CO：下属的冲突
下属之间对于优选的决策是否会发生冲突？
1 ──────── 2 ──────── 3 ──────── 4 ──────── 5
不是　　　　　可能不是　　　　拿不准　　　　　可能是　　　　　是

SI：下属的信息
下属是否拥有充分的信息做出高质量的决策？
1 ──────── 2 ──────── 3 ──────── 4 ──────── 5
不是　　　　　可能不是　　　　拿不准　　　　　可能是　　　　　是

TC：时间限制
是否因为时间紧迫而限制了你包含下属的能力？
1 ──────── 2 ──────── 3 ──────── 4 ──────── 5
不　　　　　　　　　　　　　　　　　　　　　　是

GP：地域的分散
把地域上分散的下属召集到一起的代价是否太高了？
1 ──────── 2 ──────── 3 ──────── 4 ──────── 5
不　　　　　　　　　　　　　　　　　　　　　　是

MT：激励-时间
在最短的时间内做出决策对你来说有多重要？
1 ──────── 2 ──────── 3 ──────── 4 ──────── 5
不重要　　　　不太重要　　　　中等重要　　　　比较重要　　　　非常重要

MD：激励-发展
为下属的发展提供最大的机会对你来说有多重要？
1 ──────── 2 ──────── 3 ──────── 4 ──────── 5
不重要　　　　不太重要　　　　中等重要　　　　比较重要　　　　非常重要

- CⅠ—你与有关的下属进行个别讨论,获得他们的意见和建议。你所做出的决策可能受到或不受到下属的影响。
- CⅡ—你与下属们集体讨论有关问题,收集他们的意见和建议,然后你所做出的决策可能受到或不受到他们的影响。
- GⅡ—你与下属们集体讨论问题,你们一起提出和评估可行性方案,并试图获得一致的解决办法。

弗罗姆和加哥运用计算机程序简化了新模型的复杂性。不过,如果这其中不存在"灰色带"(即变量十分清晰,能够以"是"或"否"准确回答),没有严格的时间限制,并且下属在地域上也不分散时,管理者依然可以运用决策树来选择他们的领导风格。图12-7描述了其中一种决策树。

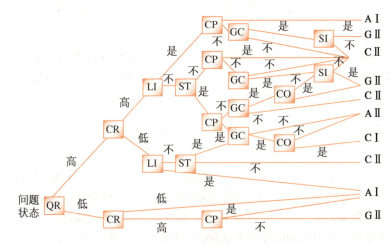

图 12-7　修订的领导者—参与模型

QR:质量要求:这一决策的技术质量有多重要?
CR:承诺要求:下属对决策的承诺有多重要?
LI:领导者的信息:你是否拥有充分的信息做出高质量的决策?
ST:问题结构:问题是否结构清楚?
CP:承诺的可能性:如果是你自己作决策,你的下属肯定会对该决策做出承诺吗?
GC:目标一致性:解决此问题后所达成的组织目标是否是下属所认可的?
CO:下属的冲突:下属之间对于优选的决策是否会发生冲突?
SI:下属的信息:下属是否拥有充分的信息做出高质量的决策?

对最初版本的领导者—参与模型进行的考查得到的结果十分积极,由于修订的模型新近出现,其效度还有待于评估。不过新模型是1973年版本的直接扩充,它与我们目前对该模型价值的认识应是一致的。所以,在此我们有充分的理由相信修订后的模型对于帮助管理者在不同情境下选择最恰当的领导风格提供了非常有效的指导。

在这里需要提醒大家注意两点。首先,修订后的领导者—参与模型十分复杂、繁琐,以至于本书中不可能进行更细致的介绍。不过,表12-5中提供给大家的这些变量会使我们了解到在选择你的领导风格时应考虑哪些权变变量;其次,领导者—参与模型进一步证实领导研究应指向情境而非个体,也许称为专制和参与的情境要比称之为专制和参与的领导更讲得通。与豪斯的路径—目标理论相同,弗罗姆、耶顿和加哥都反对把领导者的行为看作固定不变的,他们认为,领导者可以根据不同的情境调整他的风格。

在领导领域中,如果我们认为个体领导风格的范围很窄,如费德勒的观点,那么为了领导成功,就必须把他设置在恰当的情境中。但还有另一种可能性:如果豪斯和弗罗姆等人是对的,个体领导者首先评估情境的可行性,再相应调整自己的风格。到底我们应该调整情境以适应个体呢,还是应该调整个体以适应情境?答案可能取决于领导者本身,尤其是领导者在自我监控方面的程度。我们知道,个体在行为的灵活性程度上存在差异。一些人很容易调整自己的行为以适应外部情境;另一些人则不管情境如何均表现出行为的高度一致性。高自我监控者一般可以调整自己的领导风格以适应变化的情境。

第四节 关于领导的最新观点

在这一主题中我们列出了三种观点来概括领导理论的最新看法:领导的归因理论,领袖魅力的领导,以及交易与变革的领导。本节的这些观点有一个共同之处,即它们都减少了理论的复杂性,而从普通人的角度上看待这一主题。

一、领导的归因理论

归因理论主要用于了解原因与结果之间的关系。当一件事发生时,人们总愿意将它归因于某种原因。在领导情境下,归因理论指的是,领导主要是人们对其他个体进行的归因。运用归因理论的框架,研究者发现人们倾向于把领导者描述为具有这样一些特质,如智慧、随和的个性、很强的言语表达能力、进取心、理解力和勤奋。并且,人们发现高—高领导者(即在结构和关怀维度方面均高)与人们对好领导具有哪些因素的归因相一致。也就是说,不论情境如何,人们都倾向于将高—高领导者知觉为最佳。在组织层面上,归因理论的框架说明了为什么人们在某些条件下使用领导来解释组织结果。这些组织绩效常常是极端情况。当组织中的绩效极端低或极端高时,人们倾向于把它们归因于领导。这一点有助于解释当组织承受严重的财政危机时,首席执行官们的敏感性,无论他们是否与此事有关;它还说明为什么这些首席执行官都会因为极好的财政状况而赢得人们的好评,不管实际上他们的贡献大小。

在领导的归因理论(attribution theory of leadership)文献中,有一个十分有趣的现象,人们常常认为有效的领导者所做的决策前后一贯或坚定不动摇。对于为什么李·艾柯卡和罗纳德·里根(在其第一期总统任职中)被公认为领导人的一种解释是,他们两人对自己所做出的决策和设置的目标都非常承诺、坚定、前后一致,有证据表明人们认为"伟人式"的领导者是从困难或不寻常入手,通过决心和毅力,最终彻底获得成功的人。

二、领袖魅力的领导理论

领袖魅力的领导(charismatic leadership)理论是归因理论的扩展。它指的是当下属观察到某些行为时,会把它们归因为伟人式的或杰出的领导能力。大部分领袖魅力的领导研究是确定具有领袖气质的领导者与无领袖气质的领导者之间的行为和个性差异,以解释优秀领导者的与众不同。西方学术界和公众普遍认为富兰克林·罗斯福,约翰·肯尼迪,马丁路德·金,沃尔特·迪斯尼、泰德·特纳等人是具有领袖魅力的领导者。根据这个标准,我国的开国元勋毛泽东、改革开放的总设计师邓小平都是很典型的具有领袖魅力的领导。

实际上,关于领袖魅力的领导理论的来源是欧洲大陆而不是北美。早在20世纪20年代末,德国著名社会学家韦伯就提出了"领袖魅力"这个概念,并试图用"魅力权威"这个概念来解释社会中的权威分类问题。韦伯被认为是第一个使用魅力这个概念来描述社会中的权威的理论家。他的概念对今天的领袖魅力领导理论具有重大影响。韦伯把社会中的权威分为三种类型:魅力型、传统型、法理型。他认为领袖魅力的权威,不是来自角色、身份或头衔,而是来自个人出众的品行。这些出众的品行使他们与普通人不一样,从而形成了他的权威(Weber,1947)。

韦伯的思想因为在20世纪40年代末翻译成英文才开始在美国广泛传播,并对学术界的研究产生了影响。但人们仍然存有疑问:领袖魅力的焦点在哪里?是在领导者个人出类拔萃的特性中?还是在更广泛的社会背景里?或者在追随者的关系中(Conger, Kanungo,1988)。后来,领导理论家们借鉴了社会学家和政治学家的有关研究结果,对这个问题有了新的认识,从而形成了比较系统的领袖魅力的领导理论。

一些研究者试图确认具有领袖魅力的领导者的个性特点。罗伯特·豪斯(以路径—目标理论而著名)确定了三项因素:极高的自信、支配力以及对自己信仰的坚定信念(House,1977)。瓦伦·本尼斯(Warren Bennis,1985)研究了90位美国最杰出和最成功的领导者,发现他们有四种共同的能力:有令人折服的远见和目标意识;能清晰地表述这一目标,使下属明确理解;对这一目标的追求表现出一致性和全身心的投入;了解自己的实力并以此作为资本。不过,在此方面最新最全面的分析是由麦吉尔大学的康格(Conger)和凯南格(Kanungo)进行的。他们的结论是,领袖魅力的领导人有如下特点:他们有一个希望达到的理想目标;为此目标能够全身心的投入和奉献;反传统;非常固执而自信;是激进变革的代言人而不是传统现状的卫道士。表12-7总结了区别有领袖魅力的领导者与无领袖魅力的领导者的关键特点。

表12-7　领袖魅力的领导者的关键特点

1. 自信:领袖魅力的领导者对他们的判断和能力充满信心。
2. 远见:他们有理想的目标,认为未来定会比现状更美好理想目标与现状相差越大,下属越有可能认为领导者有远见卓识。
3. 清楚表述目标的能力:他们能够明确地陈述目标,使其他人都能明白。这种清晰的表达表明了对下属需要的了解,然后它可以成为一种激励的力量。
4. 对目标的坚定信念:他们被认为具有强烈的奉献精神,愿意从事高冒险性的工作,承受高代价。为了实现目标能够自我牺牲。
5. 不循规蹈矩的行为:他们的行为被认为是新颖、反传统、反规范的。当获得成功时,这些行为令下属们惊诧而崇敬。
6. 作为变革的代言人出现:他们被认为是激进变革的代言人而不是传统现状的卫道士。
7. 环境敏感性:他们能够对需要进行变革的环境限制和资源进行切实可行的评估。

近期的研究试图确定领袖魅力对下属造成了哪些实质性影响。这一过程的第一步是领导者清晰地描述宏伟前景。这一前景将组织的现状与更美好的未来联系在一起,使下属有一种连续的认识。而后,领导者向下属传达高绩效期望,并对下属达到这些期望表现出充分的信心。这样做提高了下属的自尊和自信水平。接下来,领导者通过言语和活动传达一种新的价值观体系,并以自己的行为为下属设立了效仿的榜样。最后,领袖魅力的领导人可以做出自我牺牲和反传统的行为来表明他们的勇气和对未来前景的坚定信念。

领袖魅力的领导者对下属有什么影响呢?有关这方面越来越多的研究表明,领袖魅力的领导与下属的高绩效和高满意度之间有着显著的相关性。为领袖魅力的领导人工作的员工受到激励而付出更多的工作努力,而且,由于他们喜爱自己的领导,也表现出更高的满意度。

既然领袖魅力如此理想,人们是否可以学做领袖魅力的领导者呢?抑或领袖魅力的领导人天生具有这些气质?尽管仍有少数人强调领袖魅力不可能被习得,大多数学者专家认为个体可以经过培训而展现领袖魅力的行为,并因而享受到"领袖魅力领导者"所自然得到的效益。比如,一群研究者指出一个人可以通过以下三个阶段的学习变成领袖魅力的领导者。首先,个体要保持乐观的态度;使用激情作为催化剂激发他人的热情,运用整个身体而不仅仅是言语进行沟通。通过这些方面可以开发领袖魅力的氛围。其次,个体通过与他人建立联系而激发他人跟随自己。第三,个体通过调动跟随者的情绪而开发他们的潜能。研究者利用这种方法使商业专业的在校大学生成功地"扮演"了领袖魅力的角色。他们指导学生清晰地表述一个极高的目标,向下属传达高绩效的期望,对下属达到这些目标所具备的能力表现出充分的信心,重视下属的需要;学生们练习表现出有力、自信和动态的形象,并使用富有魅力的迷人语调。为了进一步捕捉领袖魅力的动态和生动特征,研究者还训练这些学生使用领袖魅力的非言语特点,他们或者坐在自己的办公桌上,或者在桌边漫步,身体向前倾向下属,保持直接的目光接触,呈现放松的姿态和生动的面部表情。研究者发现,这些学生学会了如何展现领袖魅力,并且,这些领导者的下属表现出更高的工作绩效,对工作任务的适应性,以及对领导和群体的适应性。

有关这一主题的最后一点是:领袖魅力的领导对于员工的高绩效水平来说并不总是必需的。当下属的任务中包含观念性要素时,它最为恰当。这可以解释为什么领袖魅力的领导者更多出现于政治、宗教以及战争期间,或在一个引入重要新产品或面临生存危机的企业中出现,因为在这些情况下十分注重观念。富兰克林·罗斯福在经济大萧条中给美国人指出了光明的前景;斯蒂夫·乔布斯(Steve Jobs)在20世纪70年代末80年代初提出了个人电脑必将极大改变人们的日常生活的前景,从而在苹果公司赢得了技术员工坚定的忠诚和承诺。然而,当危机和剧烈变革的需要减退时,领袖魅力的领导人事实上可能会成为组织的负担。为什么?因为领袖魅力的领导人过分的自信常常导致了许多问题。他们不能聆听他人所言,受到有进取心的下属挑战时会十分不快,并对所有问题总坚持自己的正确性。比如,菲利普·凯恩(Phillipe Kahn)就是一位具有领袖魅力风格的领导者,在波兰德全球软件公司(Borland International)最初的创业时期,他立下了汗马功劳。然而,在公司的成熟时期,这位首席执行官却成为企业的负担,他独断的风格、自负而鲁莽的决策使公司的未来前景陷入危机之中。

三、交易型领导与变革型领导

当前,变革型与交易型领导是学者们热衷研究的主题。你会发现,由于变革型领导也具有领袖魅力,因此这一主题与前面对领袖魅力领导的讨论有一定重复之处。

本章中介绍的大多数领导理论——如俄亥俄州立大学的研究,费德勒的模型,路径—目标理论,都讲的是交易型领导者。这些领导者通过明确角色和任务要求来指导或激励下属向着既定的目标活动。但是还有另一种领导类型,他们鼓励下属为了组织的利益而超越自身利益,并能对下属产生深远而不同寻常的影响。他们是变革型的领导者,这其中包括有限零售连锁店的莱斯立·韦克斯纳(Leslie Wexner)和通用电气公司的杰克·韦尔奇(Jack Welch)。他们关怀每一个下属的日常生活和发展需要;他们帮助下属以新观念看待老问题从而改变了下属对问题的看法;他们能够激励、唤醒和鼓舞下属为达到群体目标而付出更大的努力。表 12-8 概括了两种类型的领导者在四个方面的不同特点。

表 12-8　变革型领导者与交易型领导者的特点

- 交易型领导者
  权变奖励:努力与奖励相互交换原则,良好绩效是奖励的前提,承认成就。
  通过例外管理(主动):监督、发现不符合规范与标准的行为,把它们改正为正确行为。
  通过例外管理(被动):只有在没达到标准时才进行干预。
  自由放任:放弃责任,回避决策。
- 变革型领导者
  领袖魅力:提供远见和使命感,逐步灌输荣誉感,赢得尊重与信任。
  感召力:传达高期望,使用各种方式强调努力,以简明了的方式表达重要意图。
  智力刺激:鼓励智力、理性活动和周到细致的问题解决活动。
  个别化关怀:关注每一个人,针对每个人的不同情况给予培训、指导和建议。

我们不应认为交易型领导与变革型领导采取截然对立的方法处理问题。变革型领导是在交易型领导的肩膀上形成的,它导致的下属努力水平和绩效水平比单纯的交易观点好得多。此外,变革型领导也更具领袖魅力。"单纯领袖魅力的领导仅仅是想让下属适应领袖魅力的世界就足够了,而变革型领导者则试图逐步培养下属的能力,使他们不但能解决那些由观念产生的问题,而且完全能解决那些由领导者提出的问题。"

有相当多的证据支持变革型领导优于交易型领导。比如,对美国、加拿大和德国的军队官员进行的大量研究发现,在每个水平上,对变革型领导者的评估都比交易型对手更好。在联邦快递公司中,那些被下属评估为更具变革型领导的管理者,被他们的直接上级主管评估为有更高成就的人和更应晋职的人。总之,所有证据表明,变革型领导与低离职率、高生产率和高员工满意度之间有着更高的相关性。

四、通过授权而领导

近十年来一个重要发展趋势对领导有巨大意义,这就是在管理工作中通过授权(empowerment)来领导。具体而言,专家们向管理者建议,有效的领导者与下属共享权力和责任。授权的领导者角色是:表现信任,展示前景,清除阻碍绩效提高的障碍,为员工提供鼓励、激励和辅导。率先迈进"授权浪潮"的国际知名公司有通用电气公司、英特尔公司、福特公司、土星公司、斯堪的纳维亚航空集团等。另外,还有更多的公司在实施全面品质管理时把授权活动作为努力的一个方面。

目前的授权运动的问题在于它忽视了领导可以共享的程度以及领导共享的有效性

条件。一些因素如精简机构、员工技能的提高、组织对继续培训的承诺、全面品质管理项目的实施、自我管理团队的引入,毫无疑问使得运用授权进行领导的情境数量增加,但绝不是所有情境!对授权运动毫无保留地接受,或把它作为领导的通用观点,绝不是最佳的做法。

此外,还要考虑追随者的情况。曾经有人说过,成为优秀领导者的条件是有"一流的追随者"。这句话虽然听上去有些讽刺意味,但事实上有它的道理。我们都知道许多管理者无法"把马强拉到水边饮水",但事实上,也有许多下属并不跟随队伍。

直到最近我们才认识到,成功的组织除了要有能够统领的领导者,还需要有能够追随的跟随者。事实上,任何组织中下属的数目远远多于领导者,因此可以说,无效的追随者比无效的领导者会对组织造成更大障碍。

有效的追随者应具备什么样的品质?一位研究者概括出四个方面:

- 他们能够很好地管理自己:他们能够自我思考,独立工作,不需要具体指导。
- 他们能够对目标做出承诺:有效的追随者除了思考自己的生活之外,还会对一些事情做出承诺,如一个目标,一件产品,一个团队,一个组织,一种想法。大多数人都喜欢和除了体力投入之外还有情感投入的同事合作。
- 他们建构自己的能力并为达到最佳效果而付出努力:有效的追随者掌握那些对组织很有用的技能,他们对自己设置的绩效目标比工作要求和工作群体的要求更高。
- 他们诚实,有勇气,值得信赖:有效的追随者是独立而批判性的思考者,他们的知识和评价均值得信赖。他们有很高的道德标准,信誉良好,敢于对自己的错误承担责任。

五、领导学理论研究的最新发展

随着社会和经济的发展,领导学的理论研究也在不断发展着。心理学家豪斯是传统的领导学研究的代表人物,他在领导特质理论、领导行为方式理论、权变理论等方面均有建树,他在20世纪90年代提出的魅力领导理论可以说是特质理论的最新里程碑。但是,在90年代中期以后,他开始突破原来的研究模式,对领导者行为与企业文化结合起来研究,从而提出了"基于价值观的领导学"(VBL)理论。

1. VBL 理论的定义

"持有明确而崇高价值观的领导者向组织注入核心价值观,并以此作为种子要素孕育组织文化,在文化中沟通信仰、传递愿景和从事所有组织实践,强化领导者提出的核心价值观,使下属认可并内化为组织核心价值观以形成持久的行为动机,激励下属做出岗位要求以外的努力。"

2. VBL 的组成要素

从上述定义可以得知,VBL 的组成要素包括:领导价值观、领导动机、领导行为、企业核心价值观、企业愿景、企业文化等。

(1) 领导价值观。领导价值观是 VBL 理论的种子要素。VBL 理论强调领导者必须具有明确而又崇高的价值观,这是实施基于价值观领导的前提条件。如果领导者本身不明确自己所持有的价值观,他就不可能有意识地输出并教育他人认可他的价值观;如果领导者自身的价值观低劣,他就不可能赢得下属的信任和具有对下属的长期激励。

（2）领导行为。领导者必须能够结合组织目标和组织实践,用集体行动的强化使个体价值观成为企业的共享价值观,即企业的核心价值观。

（3）领导动机与领导行为是 VBL 的强化要素。

（4）企业核心价值观。它与企业愿景是 VBL 的衍生要素。这是因为企业核心价值观是对领导价值观的衍生,企业愿景又是对企业核心价值观的衍生。

（5）企业愿景或共同愿景。领导者必须将企业核心价值观具体化、目标化,并将其融入企业愿景,使组织成员在为实现组织愿景的工作过程中形成对企业核心价值观的认可与内化,成为时刻指导个体行为的标准。

（6）企业文化和领导素质。这两项被称为基本要素。企业文化就像土壤,种子只有在适合其需要的土壤中生根发芽,员工也必须在适合自己成长需要的企业里才能健康成长;领导素质对于任何领导过程都是必不可少的,价值观型领导的良好素质和领导魅力对他的组织成员有着长期的激励作用,领导者所表现出的自信、果断与雄心能帮助下属建立必要的自信与实现目标的决心。

基于价值观的领导者的动机应该是最佳领导动机的组合搭配:高度的权力动机、与之相应的责任感、适度的成就动机与较低的情谊动机。领导动机的强化作用是潜在的,持久的,形成了对领导者本人的长期激励;而领导行为属于浅层次的强化因素。对于基于价值观的领导,各种领导行为都围绕激励下属实现企业愿景和内化核心价值观而展开。

与传统的行为理论不同,VBL 理论认为,领导行为只构成对领导活动的强化作用,它与领导绩效之间并不形成必然的因果联系。

3. 基于价值观的领导过程

一般说来,基于价值观的领导过程可以分为四个阶段:

（1）领导者向组织注入价值观。这种价值观不仅包括道德标准的认同,还应包括经营管理方面的实用的价值观念。领导者向组织注入价值观,会为企业价值和企业文化定下基调,为企业经营管理阐明基本原则。

（2）价值观共鸣引起下属的动机与情感。由领导者倡导的价值观与下属的认识和向往相一致时,会引发下属的动机与情感,激发其自我牺牲和实现自我价值的愿望。

（3）共同价值观的形成。领导者的价值观被注入到组织中去,这一价值取向被下属认同时,组织成员会改变自己原有的价值观,使之同领导者和群体的价值观达成一致,从而实现价值观共享。

（4）对共同价值观的强化。组织的优秀的价值观和价值体系可能是前任领导灌输到组织成员中来的,也可能是现任领导者与组织成员共同建立的,领导者要通过各种形式对企业的核心价值进行强化,并将其一代一代地传递下去。

4. 价值观型领导者的个人魅力

豪斯指出:个人魅力是价值观型领导者所具备的重要特征之一。价值观型的领导唤起追随者的拥戴,一般领导者只是利用组织赋予的领导职位与下属保持一种契约式的领导关系。相比之下,拥有个人魅力的价值型领导与追随者之间的关系更具活力(古承运,2004)。

第五节 领导班子的结构

一、领导班子结构的内容

不同的音符才能构成美妙和谐的音乐。不同素质、不同知识结构、不同智能结构、不同年龄的人,才能组成合理的群体结构,各部门、各单位、各层次都是这样。领导班子同样也存在结构问题。现代领导最主要的还不是个体优秀,而是作为集体应有最佳的结构组合,既是集体领导,就有结构组合问题;既有结构组合,就有最佳化的问题。

1. 专业结构

专业结构是指社会中的各种智力要素,按其专业与职能之不同,形成一个合理的比例构成。

领导班子的专业化并不等于科技专家化。科技专家们有一技之长,从事领导和管理有许多有利条件,我们应该重视从他们中间选拔领导,但是并不是每一个科技专家都具有管理才能,并不是科学界越知名,工程师越高级,他们的管理才能也越大。

2. 年龄结构

年龄结构是社会整个智力结构中一个重要的亚结构。不同年龄的人既有不同的智力,也有不同的职能,有的任务需要老年人来承担,有的工作则需要中年人与青年人来完成。

3. 智能结构

智能指的是人们运用知识的能力,智能结构同样是一个十分重要的问题。

智能结构是指具有不同特点和水平的"知"、"才"的人配合而组成的集体。这里需强调"不同"和"配合"。

4. 知识结构

知识结构也占有十分重要的地位。一个企业,一个科研,不可能也不需要所有成员都具有同等的知识水平。一个合理的知识结构,必须由初级、中级、高级知识水平的人,按一定的比例构成一个完整的结构。

二、科学地组建高层领导层结构

1. 注意选拔主导型人才

在大型组织的群体中,如果按人与人之间行为的传递、接收和相互影响来分,不外乎有三种类型：主导型、依附型、中间型。

主导型人才——他们注重人本身的内在价值体系,对自己认识很深刻,在人的群体中常常能成为一个举足轻重的角色。他们富于创造性,并能在工作中证实自己的能力。这种人在人的群体中是角色的传递者,他们通过自己的行为影响其他许多人。

依附型人才——他们的行为较多地受到其他角色传递者的外在影响,属于角色的接受者。这种人所表现的行为,是一种顺势行为。在群体中,他们往往能较好地完成组织指派的任务,但自己却缺乏主见,更少创见。

中间型人才——当然,实现生活中并不存在截然的主导型和依附型人才,这两种类型只不过是一种理想状态,多数人乃是主导型和依附型兼而有之的中间型,只是两者的比重大小不同罢了。

2. 重视高层领导层的智力结构

就领导者的素质而论,应当有这样四种风格和素质相差很大的人组成:

（1）有思想、有观点,全局观念很强,善于思考,出主意,决策、决断能力很强的人;

（2）非常善于行动,沉着、镇定、坚毅、顽强、果敢,执行能力很强的人;

（3）善于处理人事关系,协调矛盾,涵养很高,能默默无闻工作以创造良好气氛的人;

（4）对环境变化十分敏感,善于捕捉信息的人、发现机会的人。

3. 保证高层领导层的团结措施

高层领导层成员中不同的智力特点和素质结构,自然地向人们提出了另一个问题:既然高层领导层中有几种不同素质的人一起工作,他们的性格差距又如此之大,如果他们之间出现了不团结的现象该怎么办呢?

（1）任何高层领导成员都是组织中的一员,一旦领导层明确了各自的基本职责和任务范围,就表明了各自的决策权,他的决定应该就是整个领导层的决定,任何人都应该尊重他的意见。如果出了问题,也应由他一个人负责。但他代表的是整个领导层的意见。

（2）高层领导成员中任何人都不允许对不是自己责任范围内的事做决定,最明智的做法是连个人意见都不要表示。

（3）高层领导成员之间应该互相维护彼此在下属心目中的威望,互相尊重。

（4）高层领导者中最好有一位德高望重、最有才能和魅力的人做"班长",但不是家长式的独断专行者,他可以协调成员之间的关系,平衡各种矛盾。

（5）在可能的情况下,高层领导成员应该主动的承担没有明确管辖范围的工作,保证领导集体的分工合作。

对于企业领导者来讲,理想的结构应该是:

对于高层领导,从行为上,应该摆脱日常事务的纠缠,离开办公室,用大量的时间与企业外部交往,如政府官员、其他大企业的领导等。这样可以及时了解和把握政策动向,捕捉商业信息。从能力上,他们应该有胆量,有魄力,有思想(不一定是系统的思想),善于综合各种信息,发现商业机会,提出思路和观点,设置远大的目标,并能把自己的想法传达给下属成员,鼓舞士气,激发斗志和干劲。

对于中层领导,应该善于领会和理解,善于沟通,及时、准确地把握高层领导的意图,具备扎实的理论功底,能够把高层领导的思路和想法变成切实可行的方案,并能赢得上司的信任和下属的支持。

对于基层领导,主要是脚踏实地,以身作则,能够带领下属把中层领导提出的方案变成实际行动,变成经济效益。

本 章 小 结

领导是一种影响一个群体实现目标的能力,它的实质是对他人的影响力。领导影响力的来源可能是正式管理职位,也可能是非正式任命的领导个人。

领导特质理论认为:有效的领导者拥有一系列区别于无效的领导者和下属独特的个性特征,这些特质是人与生俱来的,只有先天具备这些特质的人才可能成为领导者。

领导的行为理论认为有效的领导者具备一些具体的行为,我们可以通过设计一些培训项目把有效的领导者所具备的行为模式植入个体身上来培养领导。领导行为理论主要有:(1)领导方式理论认为领导方式可以分为民主、专制和放任三种类型。(2)俄亥俄州立大学的研究发现领导行为可以从结构维度和关怀维度两个维度来描述。(3)密执安大学的研究也在同一时期类似地把领导行为划分为两个维度:员工导向和生产导向。(4)布莱克和莫顿管理方格论发展了领导风格的二维度观点。(5)斯堪的纳维亚学者的研究提出在两维度之外还应该加上发展取向的维度。

领导的权变理论是对影响领导效果的主要情境因素进行了分离的研究。在权变理论的发展过程中,人们经常使用的中间变量有:工作的结构化程度,领导者—成员关系的质量,领导者的职位权力,下属角色的清晰度,群体规范,信息的可靠性,下属对领导决策的认可度,下属的工作士气等。在本书中我们重点理解几种主要观点:费德勒模型、赫塞和布兰查德的情境理论、领导者成员交换理论和路径—目标理论。

一些关于领导理论的最新观点包括:领导的归因理论,领袖魅力的领导,以及交易与变革的领导,基于价值观的领导理论等。

在各类型组织、各部门、各单位、各层次的领导班子安排中,我们应该注意不同素质、不同知识结构、不同智能结构、不同年龄的人合理搭配,才能组成有效的领导群体。

复 习 思 考 题

1. 领导者是否应具备某些个人特点?请举例说明。
2. 你如何理解领导者的风格?你自己是什么领导风格?你的上司是什么领导风格?你觉得这些风格是否有效?
3. 请用费德勒的权变模型分析一个具体的例子。
4. 领导者应如何根据下属的成熟度而改变自己的领导方式或风格?
5. 对比情境领导理论和管理方格论。

6. 你如何评价领袖魅力理论？你认为什么样的企业管理者才具有领袖魅力？
7. 变革型领导、交易型领导各有哪些特点？请对它们的领导效果做对比分析。

案例 惠普 CEO——卡莉·费奥利那

在硅谷的高精尖世界里，男性一直是主角。如果有人能把女性的阴柔与枯燥的高科技结合在一起，那该是创世纪的杰作。也许正是因为如此，惠普公司女总裁卡莉·费奥利那的出现才如一缕轻风，在业界激起层层涟漪。

卡莉·费奥利那（Carly S. Fiorina），1979 年毕业于斯坦福大学，修读中世纪历史和哲学。大学毕业之后她奉父亲之命进入法学院学习，后来发现自己并不喜欢法学院，便于一个学期之后退学开始了自己的职业生涯。1980 年在马里兰大学获得 MBA 学位，后当过中介公司的秘书和英语老师，然后投身 AT&T 的销售电话服务。1995 年，费奥利那参与 AT&T 分拆朗讯科技，其后便平步青云。1998 年升为朗讯科技的全球服务供应业务部行政总监，管理一个占公司总收入达 6 成的部门。1999 年 7 月出任惠普公司董事局主席，2002 年她领导了 IT 业界历史上最大的合并（惠普公司与康柏电脑公司在 2002 年 5 月份合并，产生了一支分布在 160 多个国家、15 种语言执行业务的强大生力军。至 2002 年 10 月 31 日，合并后的公司收入达到 741 亿美元），她以果敢决断连续几年被《财富》杂志评为最优秀的女企业家。

无论是 AT&T、郎讯还是在惠普，只要是卡莉·费奥利那曾效力过的地方就会留有辉煌的一页。她的一位同事说，"卡莉·费奥利那好像永远都能把别人的要求和目标记得一清二楚。在她的字典里，定义一个问题与解决一个问题并无区别。"卡莉·费奥利那的能力何在？只要翻翻简历，就可略见一斑。

卡莉·费奥利那担任 Lucent 全球服务供应商总裁时，该公司的业务飞速拓展，国际收入迅猛增长，几乎每个产品系列在全球各个市场都赢得了新的市场份额。六年前，当一小群行政官聚在卡莉·费奥利那的办公室，庆祝连续三年的赢利时，卡莉·费奥利那主持了又一场精彩的会议。这一点似乎根本就毋庸置疑。据一位与会者回忆，"卡莉·费奥利那没有像一般的老总那样说'干得不错，但是我不满意'。相反她说，'你们太棒了，但是我知道你们想做得更好。'"卡莉·费奥利那不仅善于领导，她的业务能力也很强。在 1996 年 Lucent 公司上市及收回 AT&T 的股本的策划与执行中，卡莉·费奥利那担当了急先锋的作用。直至今天，Lucent 公司仍是有史以来最大和最成功的 IPO。

为 AT&T 作业务员，到韩国办事时，她令东道主惊讶。面对男性同行必须应付的烈酒，应酬，阿谀奉承，卡莉·费奥利那应付得游刃有余。一开始还怕因为对其性别考虑不周而失之急慢的韩方工作人员事后对其大加赞赏。卡莉·费奥利那回忆说，"他们几乎改变了所有的形容词。一开始的'漂亮'，'美丽'，'风度'到最后都不见了……"

在韩国老板"大开眼界"的十年之后，重新认识卡莉·费奥利那的担子落在了华尔街股市分析师身上。Merrill Lynch 证交所的 Mike Ching 在形容离开郎讯效力惠普的卡莉·费奥利那时说,她始终"精力充沛",堪称"惊人的交际大师"。Paine Webber 分析师 Walt Piecyk 则将郎讯的成功上市归功于卡莉·费奥利那的才能,"300 亿美元的销售业绩无论如何都让人不能小觑"。Piecyk 说,"卡莉·费奥利那似乎很了解远程通讯业务,她很清楚该怎样把客户的需求转化成一种有益的环境。"

由于缺乏战略眼光和营销才能,在前任总裁刘·普莱特任职期间,惠普收入的增长速度总是在持续下降,20 世纪 90 年代中期,下降幅度竟为 20%。1999 年卡莉·费奥利那临危受命,上任之初便发出了改造惠普的明确信息:"我们需要重新唤醒速度感,唤醒我们的紧迫感。"惠普股票迅速从 70 美元左右攀升到 118 美元。2002 年她领导了 IT 业界历史上最大的合并,震惊业界。

了解的人都说卡莉·费奥利那是至善至美的拉拉队队长。她善于辞令,巧于交际。自从因向联邦机构成功推销电话服务而小有名气后,就坚信自己适合营销管理。从大学教书转行到 Network Systems 的设备部,负责技术维修后,卡莉·费奥利那被派往韩国、日本以及中国台湾组建合资企业。尽管亚洲市场主管历来是男性的天下,卡莉·费奥利那来了,不仅来了,而且是满载热情地来了。40 岁的时候,卡莉·费奥利那已掌管了北美的全部业务。

在男性世界的摸爬滚打中,卡莉·费奥利那格外引人注目。每当遇到跟性别有关的话题时,她总是尽量保持低调。"我希望每个人都能明白,在公司的管理机制中并没有什么所谓的'玻璃屋顶'去限制你的发展。我的性别是很有趣,但是与公司的整个发展来看,那不是最重要的。"尽管有很多人愿意把卡莉·费奥利那的成功看成是女性与男性拥有平等机会的胜利,卡莉·费奥利那自己却宁愿将性别问题淡化。她说:"我首先是管理者,然后才是女人,只要你行,就没有什么能掣肘你的发展。"

在谈到对个性或者领导力方面的经验和体会时,卡莉说:"任何人都可以在任何地方、任何时候发挥他的领导作用,我认为领导力和你领导多少人、你的企业有多大、你的头衔是什么或者你的预算有多少都没有关系。谁都可以发挥领导作用,随时随地都可以发挥领导作用。我认为个性和领导力讲的是一种选择,是要发挥积极的影响。任何人都能发挥积极的影响。有些领导人的舞台非常大,他们的行动能产生极大的影响,而另一些领导人的舞台则比较小。但是就像往一个池塘里面扔石头能产生很大的涟漪一样,即便是微小的领导行动也能发挥很大的作用。如果谁都选择在任何时候、随时随地发挥领导作用,那么领导的角色就是找到其他的领导人,并且释放他们的潜力,让他们发挥积极的影响。"

2005 年 2 月 9 日,惠普董事会主席兼首席执行卡莉·费奥利那结束了 6 年惠普董事会主席兼首席执行官生涯,不知道这位成功的执行官的下一站又会是在哪里。

(资料来源:根据 http://www.sina.com.cn 2005 年 2 月 9 日提供的资料改编)

问题讨论:
1. 卡莉的个性特征对她的领导风格有什么样的影响?
2. 性别是否会成为女性领导者发展的障碍?
3. 你认同卡莉关于领导的看法吗?

第四篇
组织行为

Organizational Behavior

第十三章 权力和政治

【学习目标】

学完本章后,你应该能够:

1. 了解权力的概念、权力的来源及其分类;
2. 理解权力的核心是依赖;
3. 能够运用权力的两面性分析现实中的现象;
4. 能够区分权力与权威、权力与权术、权力与影响力的辩证关系;
5. 掌握非权力影响力的因素;
6. 掌握引发组织政治因素的因素以及增强权力的政治策略。

【开篇案例】

到了嘴边的鸭子竟然飞了

王帆经过某化工公司销售部总监的亲自面试,成功地进入公司担任市场部副经理一职。到了公司才发现,原来公司已经有了一位比王帆年长一些,资历较深的市场部副经理了。整个市场部门共有8位职员,但是没有正职经理。市场部的工作主要是配合销售部门的统筹,负责华东地区的市场活动。虽然王帆与那位副经理负责的工作范围不同,但非常明显,两位之间是竞争对手的关系。

一进公司,王帆就明显感觉到那位副经理对他的敌意。在工作中,整个部门都不太配合王帆。比如,王帆想看一些历年的报告和资料,但没有一个同事愿意主动协助他。王帆明白自己是新官上任,大家有抵触情绪是难免的,因此常借中午吃饭之际"厚着脸皮"与下属拉近关系,主动介绍给大家一些经济实惠的餐馆。一开始有些冷场甚至有些尴尬,但是时间久了,大家也开始熟悉起来。王帆逐渐得到了一些同事的认可,熟悉起公司的整个运作情况。王帆与销售总监的关系一直不错,毕竟是他招来的,工作中遇到什么困难或有什么想法,王帆都会和他沟通,也与负责销售那块的主管沟通,渐渐地,与原来的副经理之间也开始有了一些配合,整个市场部门的工作表现得到了公司的认可。

两三年之后,正当王帆觉得自己很有希望晋升为市场部经理一职时,公司突然从外面招聘了一人来担任市场部正经理一职。这让王帆感到吃惊、失望,同时也很灰心。王帆觉得自己和原来的那个副经理相比,优势在于自己比他年轻,对公司营运的掌握可能比他更好一些,升职的几率很高。但是出乎意料之外的是,公司没有实行内部提拔,竟然外聘了一位新的经理。王帆认为自己的发展受到了限制,结果王帆和原来的副经理都相继辞职,离开了公司。

(根据 www.netbig.com/training 提供的资料改编)

第一节 权力概述

中国有句俗语:"大丈夫不可一日无权,小丈夫不可一日无钱",不容置疑的语气表达了人们对于拥有权力的渴望和坚决。尽管权力生长并渗透于社会生活的各个角落,包容着人与人之间的各种交往和社会组织的运行,然而在描述权力时,人们还是会非常谨慎地选用那些晦涩的语言,并且在日常生活中,多数人更愿意谈论金钱甚至性,而不愿意谈论权力。那么权力到底是什么呢?组织行为研究者在过去二十多年的研究中已经认识到,组织是高度政治化的,而权力就是这种游戏的名称。权力和群体、非正式组织、互动行为、冲突以及压力等构成了组织动力学研究的重要课题。

一、权力的含义和特点

权力是人类社会中普遍存在的一种泛化了的文化现象,几乎每个论述权力的作者都会有自己不同的定义。中国古代的思想家们习惯于论证权力集中于君主一人之手的意义。商鞅称:"权者,君之所独制也",君主须"秉权而立"。韩非强调"权重位尊","势重者,人主之渊也","主之所以尊者,权也"。R·H·陶奈认为,权力是"一个人(或一群人)按照他们所愿意的方式去改变他人或群体的行为,以及防止他自己的行为以一种他所不愿意的方式被改变的能力"。这种能力是人在改造世界的活动中所借助的一种手段,它的实现常常需要获得外部力量的援助。外在资源的稀缺性以及分配上的不平等,强化了权力,使得权力的真实存在成为验证主体身份、社会地位及其实力的标志。托夫勒则把权力视为由暴力、财富和知识三要素为基础产生的一种有目的地支配他人的力量。社会学家马克斯·韦伯把权力定义为"社会关系中的一个行动者扮演某种角色以排除阻力达成自己意愿的可能性"。作为韦伯权力定义的追随者、美国社会学家彼德·布劳认为权力是"个人或集团通过威慑力量不顾反对而把其意志强加于他人的能力"。帕森斯的定义是:"权力是一种保证集体组织系统中各单位履行有约束力的义务的普遍化能力。"费弗尔则简单地将权力定义为潜在的力量,是"影响行为、改变事情的进程、克服阻力和让人们进行他们本不会做的事情的潜在的力量。"(弗雷德·鲁森斯著,王垒译,2003)

美国著名的管理学专家斯蒂芬·P·罗宾斯把权力定义为"一个人(A)用以影响另一个人(B)的能力,这种影响使B做在其他情况下不可能做的事"(罗宾斯,1997)。这个定义包含以下几个要点:(1)权力是潜在的,无需通过实际来证明它的有效性。例如,一个人可以拥有权力,但不一定运用权力。因此,它是一种能力或潜力。(2)依赖关系。权力最重要的一点就是它是依赖的函数。假如B对A的依赖性越强,则在他们的关系中A的权力就越大。依赖感建立在B感知到的自身所能及的范围以及他对A所控制的资源的重要性的评价。因此,只有当A控制了B所期望拥有的事物时,A才拥有对B的权力。(3)假设B对自己的行为有一定的自主权,也即B有一定的自主权做出依赖于A的选择。如果B的工作行为已经事先严格地被规范好了,那么他将没有任何选择依赖于A的余地了。

权力具有以下几方面的特点:

(1)权力的发生是以人和意志的存在为前提的,它存在于人际互动关系之中。权力的主体是人,或人格化了的组织——群体或国家。人是具体的权力操作载体,通过人的类别及其行为方式而使权力呈现出多姿多样的色彩。群体或国家则是通过某种载体,比如组织机构的复杂运作使权力得以具体化。尽管权力本身并不是一种关系,但权力是人与人之间的社会关系的投射,以及由此展开的人与物之间的关系。

(2)权力是一种外在性能力,它无法以物质或精神的方式在人的肌体内积淀下来转化为一种生物机能而世代遗传。权力的产生既可以是有意识的行为结果,也可能是由无意识或非目的性的行为所造成的。有意识的行为源于人类先天具有的一种生存意识或组织管理的秩序化要求。无意识的权力现象更多地源于人的自然特性,比如个体的气质、容貌、性情、品性、文化修养等常常可以造成对他人的一种权力关系:相对劣势的一方往往因无形的压力而不自觉地顺从相对优越的一方,赋予后者以支配他们的权力。我们可以在周围诸多的小团体中找到很多的佐证,当那些出类拔萃者鹤立鸡群般地成为天然的群众领袖时,他们的权力所赖以生存的土壤,恰恰是由那些崇拜者辛勤耕耘而造就的。

（3）权力可以通过权力主体的更换而发生转移,因而权力具有可交换性。权力的可交换性在于它的第二个特点：权力能力的外在性。外在性的特点表明了它与权力主体的生理能力以及由后天习得并转化为人的内在智能不同。比如,分析能力是融合于人的生理能力,它无法在各主体之间进行转移。而大多数的权力则可以从主体中分离出来,并能够在不同的主体间进行转移。

（4）权力具有不平等性,这是权力的本质特点。权力一般以"命令—服从"的轨迹运行。这里,"命令"并不一定是以明示性的语言或行为的方式表达;服从也具有特别的意义,它既是权力的构成要素之一,又是权力实际存在的重要条件。没有服从,就没有真正意义上的权力。

二、权力的来源和分类

1. 个体权力

权力几乎无所不在,凡是存在着优劣的对比、命令和服从的对应,崇拜、敬畏、依赖等情感之处,都有可能发生权力的足迹。那么权力究竟从何而来？是什么赋予个体影响他人的能力？弗伦奇（French）和瑞文（Raven）提出了个体权力的五个基础或源泉：强制权、奖赏权、法定权、参照权和专家权（如表13-1所示）。其中,强制权、奖赏权和法定权更多地与一个人的职位权力相关,专家权和参照权更多地源自个人因素。

表13-1　权力基础的测量

一个人是否具备权力的基础？对下列问题的确定性反应就可以回答这个问题。
- 这个人可以为难他人,你总是避免惹他生气。（强制性权力）
- 这个人能给他人以特殊的利益或奖赏,你知道与他关系密切是大有益处的。（奖赏性权力）
- 这个人掌握支配你的职位和责任的权力,期望你服从法规的要求。（法定性权力）
- 这个人的知识和经验能使你尊重他,在一些问题上你会服从于他的判断。（专家性权力）
- 你喜欢这个人,并乐意为他做事。（参照性权力）

资料来源：斯蒂芬·P·罗宾斯(1997),《组织行为学》。

（1）强制性权力。

这种权力源于恐惧。在组织中,表现为具有强制性权力的人有能力和机会对另外的组织成员施加惩罚或给此人造成不良的后果,或至少可以通过恐吓威胁对方让其相信自己拥有惩罚他人或可以给他人带来不愉快的结果的权力。比如,A拥有能够对B行使解雇、停职或降级等方面的权力,而B又很在乎目前的这份工作,那么,A对B就拥有了强制性权力,尽管不断完善的法规越来越制约着不规范的权力。同样,如果A能给B分派他不喜欢的工作或以B感到尴尬的方式对待B,那么A对B也拥有强制性权力。用操作学习的术语讲,这意味着这个人拥有具有给予惩罚或负强化的权力；用期望理论的术语,这意味着权力源于对不服从权力所有者的意愿就会被惩罚的期望。很多的组织行为可以用这种强制性权力来解释。

源于恐惧的这种权力还可表现为对他人的伤害权,比如:政府依靠军队和法律资源来使公民顺从于它的管理和统治;商家依赖于它们所控制的资源行使对市场的垄断权;学校依赖于他们拒绝学生接受正规教育的权力。荷枪实弹的暴徒也依赖于这种强制权实施对他人的生命和财产的控制和剥夺。对于大多数人来说,对权力的负面印象就源于这种形式的权力。

(2) 奖赏性权力。

与强制性权力相反的是奖赏性权力。这种权力是基于个人控制资源和奖赏他人的能力之上的。人们服从于一个人的愿望或指示是因为这种服从能给他们带来益处。因此,那些能给人们带来他们所期望的报酬的人就拥有了权力。在组织中,管理者拥有许多潜在的奖赏资源,诸如加薪、晋升、有价值的信息、遂愿的工作安排、责任的分配、新的设备、反馈和赞扬等。用操作条件学习的术语来讲,这意味着管理者拥有给予正强化的权力;用期望理论的术语来讲,这意味着他拥有提供正性效价(valence)的权力,并且其他人也知觉到了这种能力。

必须特别注意的是,奖赏性权力的关键是接受方的知觉,即取决于接受方追求这种东西的程度。如果管理者认为为下属提供晋升是奖赏的事情,而该下属并不看重这种晋升或有认为比晋升更有意义的追求,那么该管理者就并不真的具有如他自己想象中的权力奖赏程度。相反,管理者有可能自己并不认为是在给予下属奖赏,比如耐心地倾听下属的抱怨,并以抱怨者满意的方式妥善地处理事件,下属会认为这是奖赏。所以,奖赏性权力的关键是接受方的知觉,只要下属认为他有,他就确实拥有这种权力。

强制性权力与奖赏性权力实际上是一对相对的概念。如利用强制性权力,可以剥夺他人有价值的东西或给他人造成不良的影响。利用奖赏性权力,你可以带给他人某种积极的利益或帮助他免于消极的影响。与强制性权力一样,不一定非得要成为管理者才能通过奖赏性权力来施加影响,诸如友好、接受和赞扬之类的奖赏,组织中的任何一个人都可以使用。

(3) 法定性权力。

在正式的群体或组织中,法定性权力是指一个人通过组织中正式层级结构中的职位所获得的权力。它与通常所说的权威非常接近,和强制性权力及奖赏性权力密切相关,但与后两者的不同之处,在于它不依赖于与其他人的关系,而是基于这个人所拥有的位置和角色。例如,人们具有法定性权力是由于他们的头衔或在组织中的位置,而不是他们的人格或他们如何影响他人。

法定性权力主要有以下三个来源。

第一,源于当前社会、组织或团队的文化价值观的认同。比如,在组织中,管理者通常具有法定性权力,是因为员工相信等级结构的价值,在这种结构中,担任高层职位的人被设定为对低层级的员工具有权力。另外,在组织中盛行的价值观也决定这种法定性权力,比如,在街道上的一群社会青年中,最凶狠的那个可能容易获得法定性权力。

第二,源于一种被接受的社会结构。例如,当蓝领工人接受一家公司的雇佣时,他们实际上接受了公司的等级制度并承认他们上级的法定性权力。

第三,源于被指定成为一个强有力的个人或团体的代表或代理。被选举成为官员,担任委员会的主席,成为公司董事会的成员等,都是获得这种形式的权力的例子。

（4）参照性权力。

参照性权力的基础是对于拥有令人期望的资源或个人特质的人的认同。如果我崇拜并认同你，那么你就可以对我施加权力，因为我想取悦于你。

参照性权力的形成是由于对他人的崇拜以及希望自己成为那样的人。从某种意义上来说，这也是一种超凡的魅力。参照性权力可以用来解释为什么人们要花几百万美元去请名人做产品广告。市场研究表明：像比尔·考斯比（Bill Cosby）、伊丽莎白·泰勒（Elizabeth Taylor）、迈克尔·乔丹（Michael Jordan）等名人能影响人们对于照片加工器、香水和运动鞋等商品的选择（斯蒂芬·P·罗宾斯，1997）。

参照性权力与上述几种权力的差异性较大，它不管被参照对象是否具有强制或奖赏的权力，或是否具有合法性，只要参照者认同被参照者的个人特点，那么这种权力就会产生。在组织中，如果你能言善辩、极富主见、形象良好、极具魅力，一般说来你就具备了个人特点，也能够影响他人去做你想做的事。

（5）专家性权力。

专家性权力来源于专长、技能和知识。专家被认为在某个领域具有权威的知识或理解力，尤其在科技和专业化技术发展迅速的今天，这类权力更为常见。

所有种类的权力都基于个人的知觉，但专家性权力对知觉的依赖性可能更强。特别地，在专家的权力被认可之前，权力运用的对象必须知觉到权力的代表者是可靠、值得信赖和相关的。

可靠性来源于专家具有可信的资格。例如一个非常成功的足球教练，对于一个有抱负的青年球员在如何进行足球训练方面的指导就拥有了专家性权力。如果这个教练试图给出如何打篮球或如何管理一家公司的建议，他将只具有值得怀疑的可靠性。

除可靠性之外，专家性权力的代表还必须具有可依赖性和相关性。可依赖性是指寻求这种权力的人必须具有诚实可信的声誉。比如，丑闻将损害政治人物在选民心中的专家性权力。相关性指的是这种权力只局限在相关的专业领域，前已所述，足球教练关于外交事务的评论或建议，就既不具有可靠性，也不具有相关性，因此，他在这个领域将不具有专家性权力。

很明显，专家性权力是最为脆弱的权力类型。但组织中的管理者必须经常依靠拥有专家性权力的人为他的管理活动服务，随着组织专业化和技术化的程度越来越高，组织各层次成员的专家性权力正变得越来越重要，一些低层级的具有专家性权力的员工也经常被安排参加到组织高层的决策会议中来。

最近的研究表明，弗伦奇和瑞文的五种基本权力基础或许可以整合为一个整体性的权力量度。这个新的权力量度具有内部一致性，并且与五种独立的权力基础显著相关。它还可以解释在研究权力与其他因素如抵制、顺从和控制的关系时的其他一些附加变量。比如，研究发现，程序公正可能在权力基础中起一定的作用。权力基础与有效的工作反应是相关的，但工作反应也被员工对程序公正的知觉所调节。这意味着，在现实中，员工倾向于按照权力所有者表现出来的行为的公正性形成自己评价性的知觉，并相应地做出反应。特别地，当行为表现得公正且合理时，员工对于上级运用的权力影响会给予更为积极的反应。

2. 部门权力

组织中不同部门的权力客观上也存在着大小不同，其决定因素也取决于由部门的功

能属性而定的其他部门对它的依赖程度的大小。具体地说,其决定因素有:

(1) 对克服组织不确定性作用的大小。该部门的功能属性越强,对处理不确定性事件的作用越大,那么该部门权力就越大;反之就越小。

(2) 可替代性的大小。该部门的可替代性越低,那么该部门的权力就越大。

(3) 中心性。中心性一方面表现在一个部门在企业关键活动中的地位;另一方面表现在该部门与其他部门的相关性上,即与该部门发生工作关系的部门的多少,及这些部门对该部门依赖程度的大小。中心性和权力相联结,反映了部门对于实现企业目标做出的贡献,贡献越大,中心性就越强,权力就越大。

由此可见,组织中那些具有审批、财务、审计职能以及处于工作流程中关键环节的部门,其权力较大,上游部门的权力比下游的权力要大(如表13-2所示);而充当服务、咨询和联络角色的部门权力则相对较小。并且,权力较大部门的管理者,他不但对部下有较多的影响能力,而且在需要其他部门的合作方面也具有较大的优势。从动态角度来看,部门可以通过争取参与重大决策的过程来扩大它的权力,假如该参与对组织是有利的,那么这种活动是应该得到组织支持的,但应该控制在一定的范围之内,否则,一可能会使资源不恰当地向该部门倾斜而造成浪费,二可能带来组织整体的决策失误,三可能会加大部门间的冲突。因此,过于争取权力的活动对组织是有害的。

表13-2 财务功能的权力地位

战略应变	企业财务功能应变范围	作为权力来源的价值
依赖性	重要的、资源配置方面的决策; 收集其他部门所需要的资源; 为其他部门提供必要的信息和资源。	非常高
中心性	管理企业中的关键资源; 是企业的重要语言之一; 大部分的企业决策是利润决策; 为企业提供重要的、衡量绩效的标准。	非常高
财务资源	为企业收集财力资源; 审计企业的资源。	非常高
可替代性	专有的知识和技能基础; 可替代性不大; 要求有精通的专业资格。	适中或高
不确定性的处理	试图评价战略选择方案的风险; 处理企业与环境之间的衔接环节; 为企业解决集资问题; 给投资者提供必要的信息。	高

资料来源:根据www.glr.com.cn网上资料改编。

由上表提供的信息可以看出,财务功能在各种战略应变措施中都发挥着很重要的作用,具有非常大的权力。具体体现在:它的中心性很强,其他部门与财务部门之间是很紧密的相互依赖关系,财务功能当中仅有一些活动具有可替代性,核心业务如核算、利润决策以及为投资者提供必要的信息等具有严格的不可替代性。此外,它在处理外部环境不确定性方面也发挥着重要的作用。

三、依赖：权力的关键

彼德·布劳在他的《社会生活中的交换与权力》一书中，对于渗透在社会生活各个角落的权力现象做过深入细致的分析。他认为，如果一个人能提供满足他人需要的服务，并且他人无法或极少有可能从别处得到这种必需的服务，那么他便拥有了对他们的权力。在上下级、长幼、朋友、同事等关系中都有权力的存在，权力甚至存在于相恋者之间。他描述说，在爱情关系中，陷得较浅的一方往往处于有利的位置上，而陷得较深的一方居于明显的劣势，由于他/她对维持两人关系过于关心或投入，使自己对恋人产生了一种依赖或无可替代感，从而给予较浅的一方以利用自己情感的权力。这个形象的剖析揭示了权力的核心：依赖。也即：一个人权力的大小，可以由别人对其依赖性的大小来衡量，取决于他被需要和被取代的程度，即可选择性。举例来说，当 A 拥有 B 所需要的某种东西，而 B 是该资源的唯一控制者时，B 便因此获得了对 A 的权力。依赖与可替代的资源成反比的，古语说得好："在失明者的国度里独眼者就是国王"。一个人所掌握的资源越多，别人手中的权力就越小。如果某种资源充足，拥有此种资源不会增加你的权力。正如每个人都极富智慧，那么智慧就没有什么特殊价值了。同样，对富豪来说，金钱不再是权力。另外，通过控制信息、尊严或其他别人渴望的东西而形成垄断，也会对此有所需求的人对控制者产生权力。这可以说明为什么大多数组织要开发多个供应商而不是只与一家厂商保持业务关系，还可以说明为什么许多人都渴望在金钱上保持独立，因为金钱上的独立能减少他人支配我们的权力（罗宾斯，1997）。依赖之所以能成为权力的核心，是因为在一个组织中，总是有某些资源是及其重要且有限的，有些资源是稀缺的且不可替代的。

值得注意的是，对于管理者来说，下属也是有权力的。一个管理者的位置越高，他下属的权力就越大，尽管这些权力是暂时的、影响是有限的。下属虽然不具有组织赋予的资源，但他们具有自身的人力资源，他们可以通过影响上司的目标顺利实现与否来奖惩上司。

四、权力的两面性

权力就像组织里的血液一样不可或缺，毕竟权力是改变他人所必需的，只有影响他人，才能建立对组织战略的认同，因而它是达成组织目标、推动组织变革的催化剂，是实现超出人们预期的组织绩效的重要手段。但是，权力是一柄双刃剑，其威力来源于权力的两面性：正性权力和负性权力。著名的心理学家戴维·麦克莱兰关于权力需要的研究表明，任何组织中都存在两种主要类型的权力：正性权力和负性权力。在人们的一般认知中，权力更多的是负性的内涵，人们用"权力饥渴症"这种称谓来形容对权力的负性感受，正如麦克莱兰所说"权力与过度饮酒、更多的侵略性冲动、收集标志声望的用品，如敞篷汽车等相联系……关注这种个人化权力的人更易超速、发生事故、与人发生争斗。如果……被政治官员所拥有，特别是在国际关系领域，结果可能是不佳的。"（弗雷德·鲁森斯，王垒译，2003）

与之相对的是麦克莱兰确定的社会权力。其特点是"关注团队，寻找可以驱动团队成员的目标，帮助团队塑造其成员，主动为团队成员提供实现目标所需要的手段，让团队成员感到自己具有实现目标所需要的能力和力量"。根据这种社会权力的定义,管理者可能经常处于这样一种不稳定的位置,即在个人的控制欲和表现出更多的社会性之间徘徊,正性权力可以使组织活动更有效率,而负性权力则使其活动与人性化的管理相对立。最近的研究还发现,具有高度权力需要的人可能会压制信息流,特别是对那些与自己期望的行动相左的信息,因此会对有效的管理决策产生负面的影响。

权力的两面性,值得每一个权力拥有者经常思考和认真面对。权力本身不一定是恶魔,恶魔是它的黑暗面,是对权力的滥用所产生的负面影响。美国著名管理学大师劳德鲁曾说:"权力是需要通过理智来控制的";美国《时代》周刊曾有一篇文章这样写道:"权力的作用往往是被一些管理者误用了,他们企图用它去指挥自己想指挥的一切,殊不知,这种指挥常常是徒劳无益的。聪明的管理者并不善于让权力暴露出来,而是用人性去管理、去接近下属。"这段富有启发意义的表述告诉每位管理者这样一个道理:权力的作用不是棍棒,而是连接人心的工具。

第二节 权力、权威、权术和影响力

一、权力和权威

权威作为政治学的一个重要范畴,与马克斯·韦伯的名字是联系在一起的。它提出的合法性思想以及建立在合法性基础之上的权威的三种类型说,使在他之后的权力研究都难以避开权威的问题。韦伯认为,产生于合法性基础之上的权威有三种类型:传统型权威、超凡魅力型权威与法定理性型权威。他把权威定义为"某个确定群体的人们对来自某个确定源泉的命令至少是最低限度的自愿服从的概率"。该理论的焦点就是权威与权力的关系问题。权威是一种特殊的合法的权力,这是韦伯的权威观的第一层内涵。第二层内涵,权威是一种普遍的规范力量,它主要是指法律和道德的权威。这一层面的权威没有具体的执行主体,一般表现为组织与舆论的力量,并由它们加以维持。第三层面的权威是一种人格化的概念,它与个人杰出的才能与品质、显赫的地位、良好的声誉等相联系,主要表现为一种感召力。詹姆斯·哈林顿把经纶之术和高深的学问家叫做权威,指的就是这类权威。日常生活中,人们称某某人为权威人士,使用的也是这一层面上的权威。

上述三个层面的涵义表明了权威与权力之间虽然密切但并不必然的一种关系。第一层面的权威显然是权力型的权威;第二层面的权威中,法律的权威与部分约束力较强的道德权威,通过某些环节如组织和公共舆论,可以间接地表现为权力型权威。对于那些较弱的道德权威和不具约束力的组织规章,则主要由人们自己决定是否遵守以及遵守的程度,这部分权威和第三层面权威一起,构成非权力型权威。权力型权威主要存在于上下级以及组织与个人之间,其结果是引起服从;非权力型权威一般存在于平等关系之中,那些杰出者对于次优者产生影响力或示范效应,从而形成一种自愿追随的类服从关系。这种追随关系还强调它的持续性,一个偶然的权力行为,或时而产生服从、时而引起抗拒的不稳定的权力不能称之为真正意义上的权威。

因此,我们可以用这样的一个公式来表示:权威 = 位置权力 + 个人权力。位置权力是组织所赋予的、某个具体职位或岗位所特有的权力。个人权力更多地受诸如能力、知识经验、资历、品格、个性等个人特征的影响。组织中的任何一个人都同时具有位置权力和个人权力。但在运用权威实施管理的时候，不同的人可能更倾向于使用不同的权力。作为管理者，应尽可能地以完善的个性、卓越的领导能力以及良好的亲和力，在组织中形成一种持续的服从或类服从的关系氛围、赢得下属发自内心的尊重和心甘情愿的追随。通过这种发自内心的自愿的依存，使组织管理者和下属在目标取向上的获得协调一致，从而共同营造良好的组织绩效。

值得注意的是，权力本身可以具有权威性，而具有权威性的权力才能为他人所认可。任何学者在对权力进行定义或者论述时，都无一例外地肯定权威对于权力的意义。权力的权威性来源于权力运作的规则性和公开性。无规则的权力运作只会导致人们的反感、不安，而绝不可能给人们和社会带来自觉服从与安全稳定。权力运作的公开性是权力的必然属性与基本要求。没有公开性，其特定性就难以明确，强制性就难以体现，权威性就无从产生。权力的公开性还是权力运行可预测性的必要条件，但权力未必能使自己的公开性得以彻底贯彻和体现，如果运用法律来规制权力，就可能保证权力的权威性。法律是集权力和权威于一身的典范，权威性、公开性和可预测性在法律身上表现得相得益彰。

二、权术：权力的具体运用

上述五种基本的权力都可以通过权术的方式表达出来。但同样的权力，不同的人运用起来可能结果不一样，这就是人们所说的权术问题。最近的研究表明，权力拥有者为达到他们的目的而采取的行为有一定的标准模式，他们经常使用的权术主要有以下七个维度或策略：

（1）合理化：这是一种最常用的表达方式（如下表所示），它通过使用事实或数据的办法，使自己的观点看起来符合逻辑或合情合理，从而让他人接受你的想法。

（2）友情：提出请求之前，先进行吹捧、表现得友好而谦恭，取得对方的好感后，提出自己的请求。经验表明，要试图影响自己的领导者，动用这种友情的方式会比较有效。

（3）结盟：争取组织中他人的拥护以获得对自己要求的支持。比如，如果想影响组织中更多的人物，与其他的部门经理或者领导结盟是一个较好的方法。你的员工会认为你是在支持他们，这个时候你的影响力和领导力已经在扩大了。

（4）谈判：双方坐下来谈判尽可能达成双赢的结果。这种方式给员工一种平等的感觉，有利于问题的解决。

（5）硬性指示：直接使用强制的方式，如要求服从、重复提醒、命令，并指出制度要求服从。

（6）高层权威：从上级那儿获得支持来强化要求。

（7）法规的约束力：运用组织制定的奖惩规定。如引用组织关于加薪、绩效评估或晋升等规章制度来支持你的决定。

以上七个维度的权术并不是均等地被运用的，如表13-3所示，不管用于影响上级还是下级，合理化这一维度是最为常用的策略。此外，研究者还发现了影响权术选择的四个权变因素：管理者的相对权力，管理者试图影响他人的目的，管理者对于被影响者服从于他的程度的期望和组织的文化。

表 13-3　按使用频率高低排列的权术

	管理者影响上级	管理者影响下属
高使用率 ↕ 低使用率	合理化 结盟 友情 谈判 硬性的指示 高层权威 ＊	合理化 硬性的指示 友情 结盟 谈判 高层权威 规范的约束力

＊对上级的影响中删去了规范的约束力
资料来源：斯蒂芬·P·罗宾斯，孙健敏译，1997，《组织行为学》。

- 管理者的相对权力。它通过两种方式影响权术的选择。首先，那些被视为掌握了有价值的资源或被认为占据支配地位的管理者，他们所运用的权术多于那些权力相对较小的管理者。其次，权力较大的管理者比权力较小的管理者更频繁地使用硬性的指示。经验中经常遇见的情形是，管理者一般先对下属提出要求，当被下属拒绝或看起来下属不太愿意服从时，管理者会使用更直接的策略："根据××规定，你必须这样去做"。相对而言，权力较小的管理者如遇到抵制，更容易停止行动，因为采取强硬的指示他会觉得代价太大。
- 管理者试图影响他人的目的。管理者还会依据目的的不同选用不同的权术。当管理者想从上级那儿获取好处时，他们会使用友情的方式，更多地依赖甜言蜜语并促进与上司的友好关系。当他想说服上级接受新的建议时，他往往使用合理化的策略。这种与目标的匹配的权术同样也适用于处理对下级的影响。比如，管理者运用合理化的方法给下级灌输自己的思想并运用情感的手段来赢得下级的好感。
- 管理者对成功的期望。这也会影响他对权术的选择。假如一个管理者有运用简单的要求来获得服从的成功经验，他会倾向于用相对简单的指示和要求；当成功不太容易预测时，管理者更愿意运用硬性的指示和法规的力量来达到他的目的。
- 组织文化。组织文化各有特色，且差异很大。例如，有些组织的文化营造的是员工之间关系和谐、轻松、相互支持的气氛；另一些组织的文化则很正规、很保守，强调等级和服从。因此，不同的组织文化对管理者权术的选择有极大的影响。

三、影响力

影响力是指一个人在与他人交往中，以其身份和个性特征影响与改变他人的心理与行为的能力。影响力取决于一个人的地位、能力、品格、知识、才能等多方面的因素。与权力相比，影响力被认为在范围上更广、更多地和领导力相联系，但两者显然都包括在领导过程中。领导者的影响力包括权力性影响力与非权力性影响力两大类，这里我们所说的影响力，更多强调的是后者，即非权力性影响力。

1. 权力性影响力

权力性影响力也叫强制性影响力。一般说来，权力性影响力是由社会赋予个人的职务、地位、权力等构成的，所以它是权力拥有者才具有的。它具有两方面的特点：对领导者来说,具有外加性;对于被领导者来说,具有很大的强迫性。

2. 非权力性影响力

美国管理学家亨利·艾伯斯说:"假如一个组织领导没有影响力,那么不论它是学校、企业、军队、还是国家就不能生存"。在构成领导者权威的诸因素中,非权力性影响力越来越成为主要的因素。非权力性影响力也叫自然性影响力,它与法定权力无关,也并非外界所赋予的,它是领导者通过自身的个性特征与所做所为形成的,具有内在的号召力。它的特点是:从领导者角度说,具有很强的内在性;对被领导者来说,具有自愿性。具体地说,构成非权力性影响力的核心要素是领导者的品格、才能、知识和情感因素等。也就是我们所说的个人权力。

- 品格因素。品格是指一个人的道德品质、人格、作风等,这是非权力性影响力的本质性因素,对于管理者来说尤其是一个非常重要的影响力源泉,坦诚、友善、诚实、正直、守信、行为具有可预测性等品质会对管理者的权威产生很大的影响。彼得·德鲁克说过:"人的品格和正直本身并不能有什么成就,但一个人如果没有品德和正直,那他干什么事情都不免失败。因此,必须将是否存在个人品质上的缺点作为审视一个人的维度,有这个缺点的人根本就没有资格做领导,尽管他有做出成就的能力和特长。"
- 才能因素。才能指一个人在实践中形成并表现出来的聪明才智与工作能力,它是构成领导者影响力大小的主要因素。才能因素具有很强的实践性,在实践中通过才能的展示,员工对领导者产生敬佩感。
- 知识因素。知识是人类实践经验的科学总结,知识本身就是一种科学赋予的力量,因为领导者决策行为所体现出来的知识的科学性,因而给人以信赖感。
- 情感因素。领导者与被领导者之间也是一种人际关系,存在感情上的联系,故有亲疏、好恶之分。情感属于精神因素,员工感受到的是领导者的亲和力和亲切感。

麦克莱兰在1978年指出,那些想给企业带来变革而制定战略决策的人,有两种基本的选择:其一,他可以营造出一种形势,使别人按照他的意愿去做。其二,他可以尽量与人们沟通,以求改变他们看事物的角度,继而按照他所建议的方法行事。很明显,上述第一种情况,决策制定者是在使用权力的基础上达到目的;而在第二种情况下,他是在利用他的影响力。处于变革过程中的组织领导者,应尽可能扩大自己非权力性影响力,缩小自己的权力性影响力。因为权力不能带来激励、权力不能使人自觉、权力不能使人自动产生对外来文化和新领导方式的认同。非权力性影响力表面上虽无合法权力那种明显的约束力,但实际上,它不仅确实具有权力的性质,而且常常能发挥权力影响力所不能发挥的约束和引导作用。

第三节 组织政治

一、组织政治的定义

根据斯蒂芬·P·罗宾斯的定义,组织政治是指那些不是由组织正式角色要求的,但又影响或试图影响组织中利害分配的活动(罗宾斯,1997)。这个定义包含了两层意思,一是该政治行为是在工作要求范围之外的,因此可以推断,行为的主体具有使用权力的欲望;二是主体行为对组织的利害分配活动产生了影响或潜在的影响。

组织政治的这一定义的涵盖面很广,诸如揭发、散布谣言、向新闻媒介泄漏组织活动的机密、为私利而与组织中的其他成员进行交易等,都属于该定义的政治活动。表13-4提供了测试一个组织的政治化程度的简易办法。

表13-4 组织政治状况的快速测定法

> 你所在的组织的政治化程度如何?根据以下的量表回答下面的五个问题。
> SD = 强烈反对;D = 反对;U = 不确定;A = 赞成;SA = 极力赞成
> 1. 决定一个人升迁的因素是个人偏好而非绩效。
> 2. 组织里没有唯唯诺诺者的市场,只要是好建议,就算和上司的意见冲突,也会被采纳。
> 3. 不管你的工作质量如何,如果你是个老好人那么你也能混得下去。
> 4. 鼓励员工大胆发表言论,即使这一言论与组织现有观念相背。
> 5. 存在妨碍工作绩效的小集团或非正式组织。
> 评分:1、3、5项如为SD,则各得一分;如为D得2分,依此类推,如为SA则得5分。2、4项则相反,如为SA则得1分,总分越高,组织政治状况越严重。

资料来源:斯蒂芬·P·罗宾斯,孙健敏译,1997。

二、引发政治行为的因素

组织中的政治行为,有些是由个人特点引发的,有些是组织文化或组织内部环境导致的结果。图13-1给出了引发政治行为的个人和组织因素。

(1)个人因素。从对个体的个性特质的研究发现来看,研究发现有高度自我监控、具有内部控制点、权力需要强烈的人更容易卷入政治行为。

比起自我监控能力较差的人来说,自我监控能力较强的人对社会关系比较敏感,他们更擅长于有手腕的政治行为,并表现出较强的社会从众倾向。那些属于内控的人,因为他们相信自己能控制所处的环境,因此更趋于采取主动的态度操纵形势的发展。毫不奇怪,具有马基雅维利个性特点的人具有控制的愿望和对权力的需要,为了实现个人的利益他们对玩弄政治手腕更觉得心安理得。

此外,个人对于组织的投资、他感觉到的其他可选择的余地、以及对成功的期望,都会影响他参与非法政治活动的程度。为了获取更多利益,一个人对组织的投资越大,那么离开组织给他带来的损失就越大,因此,他就越不可能采用非法的政治手段。一个人可选择的工作机会越多,他越有可能冒一定的风险采取非法的政治活动。最后,如果一个人对于使用非法手段获得成功的期望不高,他也不会贸然行事。对使用非法手段获得成功期望较高的人往往是两类人:政治技巧娴熟、经验丰富有权力的人和毫无经验不能正确判断自身所处环境的人。

(2)组织因素。政治活动更多的源于组织特征,而非个人的差异。因为许多组织的员工都具有以上列举的个性特征,但采用政治行为的程度和技巧却相去甚远。

虽然个体差异在促进一个组织的政治化倾向中所起的作用不可忽视,但事实证明,特定的情境和文化更有助于政治行为的产生。具体地讲,当一个组织的资源趋于紧缺、现有的资源模式发生变化或存在提升的机会时,往往容易引发政治行为。此外,如果组

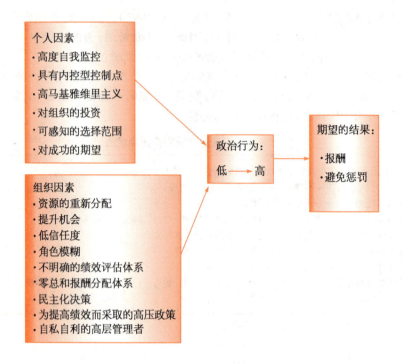

图 13-1 引发政治行为的因素

资料来源:斯蒂芬·P·罗宾斯,孙健敏译,1997。

织文化带有如下特征:缺乏信任、角色模糊、绩效评价体系不明确、零总和报酬分配体系、民主化的决策、以高压为手段追求高绩效、自私自利的高层管理者,那么这样的组织往往成为孳生政治行为的温床。

当组织要提高效率时,必须相应地减少资源。由于担心丧失资源,人们会采取政治行为来保护自己的既得利益。任何变革,特别是那些可能带来资源分配方式变化的改革,都可能引起冲突并增加政治化行为。

晋升决策一致被认为是组织中最具有政治性的行为。晋升或发展的机会促使组织成员为有限的资源展开竞争,并试图影响决策的结果。

组织中信任程度越低,政治行为发生的频率越高,非法的政治行为也相应越多。因此,高信任度一般来说可以抑制政治行为,特别是非法政治行为。

角色模糊意味着对员工行为的范围、职权缺乏明确的界定。因此,对员工的政治行为的范围和功能几乎没有什么限制。由于政治行为是指那些正式角色要求范围之外的行为,因此角色越模糊,一个人越容易卷入政治行为而不被觉察。

绩效评估以主观标准为主,且结果指标又比较单一,或者行为和评估之间的时间拖得很长,那么员工参与政治行为而且能蒙混过关的可能性就越大。主观的绩效评价标准缺乏精确性,使用单一的评价标准使得员工只致力于达到这一目标,而以牺牲其他重要的工作内容的良好绩效为代价。从员工开始工作到对其工作进行评估,这一时间的长度也是相关的原因。这个时间越长,员工越不容易对自己的政治行为承担责任。

如果组织采取零和或非得即失的报酬分配体系,那么员工越容易卷入政治化行为。

零总和报酬分配方式把分配量看成固定的数额,因此,任何个人或群体的所得必然以另一个人或群体的所失为代价。如果我赢了,你必定要输。如果要把每年1万元的增资分配给五个员工,那么任何一人所得超过2千元的话,那么另外的一个或几个人的所得就会减少。这就使得人们总是一方面力图贬低他人的作用,同时想办法使自己显得劳苦功高。

员工感到工作的压力越大,他们越有可能卷入政治行为。当员工必须严格地对自己的工作结果负责时,他就会想尽一切办法来确保结果对他有利。

最后,当员工看到高层管理人员致力于政治行为,特别是在这些人还获得了成功及一定回报后,组织中就会形成支持政治行为的氛围。从某种意义上说,高层管理人员的政治行为不言而喻地表明这种行为是可接受的,这就等于允许低层次的员工使用政治行为。

三、印象管理

试图控制他人形成对自己的印象的过程被称为印象管理。一般地,人们对于别人如何认识和评价自己总是很感兴趣的。在组织中,得到他人的积极评价会对自己大有裨益。研究发现,重视印象管理的是那些高度自我监控的人,他们善于观察环境,并能及时调整自己的行为和形象,以适应环境的需要。自我监控能力较低的人,不管后果是否对自己有利,总是表现出与他们的个性特点一致的形象。至于如何通过印象管理的办法来影响他人对自己的知觉,可详见本书的第六章,这里不再赘述。

四、防御性行为

组织中的政治行为还包括保护自我利益以及晋升。为避免责备或变革,个人常常卷入反应性或保护性的防御行为中,常见的防御性行为(defensive behavior)包括回避、避免责备和避免变革等。

(1)回避。有时,最好的政治策略是避免任何行为,也即:最好的举动就是没有举动。但是,角色期待常常迫使一个人至少要表现出正在做事的样子。下面是回避行为的六种最普遍的方式。

- 服从:抛出组织的规则、政策或先例来解释责任,比如,"有关规定清楚地指出……"或"我们向来都是这样做的",从而避免将矛盾集中在自己身上。
- 推卸责任:把某项工作或决策的责任转嫁到别人身上。
- 装聋作哑:这是从策略上表现无能的一种方式,通过谎称无知或无能来回避某项不喜欢的工作。
- 物化人格:把其他人当作事物或数字来对待,与问题保持距离,避免个人特性或时间可能对他们产生的影响。例如,医生经常以病房号或病名指代病人,就是为了避免将个人牵扯进去。
- 拖延和掩饰:拖延指延长工作时间使你显得很忙。例如,将一项只需要两个星期的工作延长至四个月。掩饰是指掩盖绩效和产量的任何变化。这两种方式都是为了使你显得很忙碌,总在工作。

- 耍花招：即在公开场合高度赞扬某组织决策，或表现出对推行某政策的迫不及待，而私下里其实什么也没做。

（2）避免责备。为了避免实际的或潜在的消极后果而招致的责备，以下六种技巧可以供任意使用。

- 缓冲：即以寻找证据为理由拖延做出答复的时间，以树立你有能力和考虑问题周到全面的形象。例如，"我不能给你提供这个信息，除非我得到你正式的书面申请。"
- 安全行事：对可能不利的情境采取回避的做法。比如，只承担那些成功可能性较大的项目；把有风险的决策交给上司拍板；巧妙地表达判断意见；在冲突时保持中立。
- 辩解：为减轻对消极后果承担责任而寻求解释，或通过道歉表示悔过。
- 找替罪羊：把对消极后果的责备推到不该受到责备的外部因素上。如："本来我可以按时交论文的，但在最后期限的前一天，我的计算机出毛病了，所有的信息都丢失了"。
- 歪曲：即通过曲解、夸大、谎报、有选择地透露或故弄玄虚等方法控制信息。
- 增加承诺：为蹩脚的决策和失败的行为寻找开脱的方法之一是增加对决策的支持。通过对先前行动增加资源上的投入，可以表明先前的决策并没有错。当你在"犯错误之后继续投入"时，可以证明你对过去行动的信心和行为的一贯性。

（3）避免变革。那些感受到变革威胁的人常常采用两种防御方式：抵制变革和保卫领地。

- 抵制变革：指某种形式的过度服从、故意拖延、安全行事和误报等各种行为的总称。
- 保卫领地：指保卫地盘，不让他人侵入。正如一位采购主管所说的："告诉生产线上的人，和客户谈判是我们的工作，不是他们的。"

（4）防御性行为的后果。从短期来看，广泛地使用防御性行为可以很好地增进个人利益。但从长远来看，这种行为往往演变成为一种长期的、甚至病态的行为。那些总是采取这种行为的人最后发现，这是他们所知道的唯一反应方式。就这一点来讲，他将失去同事、上司、下属和客户的信任与支持。但在中等程度上，防御性行为可能是在组织中谋求生存和发展的有效手段，因为管理者也比较认同从适度的改良着手去推动组织变革。

对于组织来说，防御性行为往往会降低组织的有效性。从短期来看，这种行为会拖延决策，增加个人和群体之间的紧张气氛，减少冒险的成分，降低贡献和评估的可靠性，妨碍组织的变革。从长期来看，防御性行为会导致组织的僵化和停滞不前，使组织不能及时跟上市场的变化，相反形成的是使政治倾向浓烈、员工士气低下的组织文化。

五、增强权力的政治策略

组织内显然有很多的权力来源，按照从公开到隐蔽的顺序对这些权力来源进行分类（参见图13-2），你可以试着去分析自己以及你周围的人是怎么运用权力的、为什么有些人能够凭借着权力青云直上，而有些人却总是处于权力核心的边缘，他们总是必须给那些成功地获得了一些权力的人让路。

图 13-2　权力的获取

根据〔英〕尼尔·M·格拉斯著,徐玮等译(2004)改编。

由图示可以看出,缺乏驾驭技巧的人更倾向于运用公开的权力,他们依赖于组织赋予的职位权力以及对资源的控制权力,甚至利用奖励或惩罚等杠杆迫使下属顺从于他们的指示和命令。那些等级分明、强调权威和官僚色彩浓郁的组织显然较多的依靠图示左侧的权力来源来运转,在这样的组织里,人们更多地通过职位权力以及组织的规章来取得对他人的影响;获取信息的途径也往往比较隐秘,比如通过和上司的亲密关系或私交等来获取,并尽可能地对那些与自己期望相左的信息进行压制。在更加开放、扁平和基于团队运作的组织中,人们通常会不得不利用更微妙的办法,如通过和下属之间双赢的谈判、富有魅力的个性展示以及向下属传达组织愿景等途径来赢得合作伙伴的支持和追随。

很明显,一个人能利用的权力来源越小、政治技巧越弱,他的工作效果就越小,其中最有力的佐证便是组织里各种各样的技术专家,无论他们多么聪明,政治技巧的缺乏使他们只能位于组织核心权力圈的边缘。

为了使自己在组织中的活动更有效,可以采取哪些策略来提高自己的权力及其影响力呢?图 13-3 列出了权力经营者心照不宣的惯用清单,相信它们会对你更精于政治行为有所帮助。

图 13-3　组织中常用的政治技巧

(1)制造有利于组织的舆论。有效的政治技巧需要伪装个人的利益。不管你的目的多么自私自利,你也得用看起来是出于对组织利益考虑的方式表达出来。那些让人一眼就看出是在以组织的利益为代价、谋求私利的人活动几乎总是要受到指责、失去影响力、甚至有可能最终被组织所抛弃。

(2)支持你的上司。很显然,你的前途把握在你目前的上司手中。因为他评价你的绩效,因此必须能够使上司站到你的一边。你应该尽一切努力帮助你的上司获得成功,使他春风得意,在他受困时支持他,并花费一定的时间找出他用来评价你的绩效的标准。不要拆上司的台,更不要在别人面前说他的坏话。

（3）加强联络。应该保持与其他经理和其他部门正式与非正式的接触和沟通，和那些有可能影响你的上级、同级或下级建立关系，尤其加强与那些有权势的头面人物的接触。这有助于把有权势的人包括在你的阵营里。他们能够给你提供通过正常渠道无法得到的重要信息。此外，决策往往总是有利于那些有后台支持的人，强大的联盟可以在你需要的时候给你提供有力的支持。另外，在任何提议中，注意尽可能地考虑那些你希望获得其支持的人物的需求。

（4）注意维护个人形象。个人形象应该与组织文化倡导的相匹配，诸如服饰、语言风格、待人接物的方式等，哪些是受到鼓励的、哪些是需要避免的；组织环境鼓励冒险还是稳重内敛；同事关系是严肃刻板的还是轻松愉快的，等等，如果你对这些都有细致的了解并力求使自己的形象与之相适应，那么你就具备了建立积极形象的条件。因为组织的绩效考核不可能是一个完全客观的过程，你的风格和那些"硬件"一样也被并入了考虑的范畴。

（5）控制资源。控制组织稀缺或重要的资源是获得权力的好方法。知识和专门技能是可控的特别有效的资源途径，它们使你在组织中更有价值，因此也更容易获得安全感和发展的机会，你的主张也更容易被采纳。

（6）使自己显得必不可少。除了程式化的流程和标准化的质量体系，我们接触的其他很多事情是没有客观标准的，因此可以通过使自己显得必不可少来增强自己的权力。你可以不必真的是不可缺少的人物，只要组织的最高决策者认为你给组织做出的贡献目前是无人能代替的，那就足够了，他们在相当程度上会尽量满足你的要求和愿望。

（7）化解对立面。不要把矛盾放在心里影响交往过程中的情绪，而应该在适当的场合公开分歧，发表积极的可行性的化解建议，分而治之是比较有效的战略。

（8）回避危险人物。几乎每个组织都有一些地位不稳固的危险人物，他们的绩效和忠诚是值得怀疑的。必须谨慎地和这些人保持距离，以免他们影响你的绩效，因为绩效考评里不可避免地包含有很大的主观因素。

（9）让别人了解你的显著绩效。由于绩效评估包含了一定比例的主观判断成分，因此，让管理者了解你的贡献是很重要的。如果你有幸承担了一项其成功会引起他人注意的工作，那就没有必要采取直接的措施来提高你的知名度。但假如你的工作是不怎么引人注意的，或者由于你的特殊贡献是团队成就的一部分而不为人所了解。在这种情况下，应该通过其他手段引起他人的注意，如在例行的工作报告中突出自己的成就，或让满意的顾客向你的上级表示他们对你工作的肯定，与那些对你的成就评价较高的人建立良好的关系等诸如此类的技巧。当然，精于此道的人还可以通过游说去争取承担那些成就容易被人注意的工作。

（10）趁热打铁。在自己的成绩和声誉最辉煌时，尽快发展自己。

（11）引导沟通。为了避免遭受强烈的反对，可以预先抛出方案的大致内容，借以引导人们的舆论和视线，采取渐进式的变革往往比激进式的更有可能成功。也可以将那些激进的或冲击较大的变革轻描淡写为无足轻重的变革。

（12）战略撤退。在形势明显不利的情况下，暂时撤退不失为一种明智之举。

有效的管理者总是能接受组织的政治特性。通过运用政治的观点来评价组织中的各种行为，你就可能更好地预测别人的活动，并运用这些信息来形成你的政治策略，以便为你自己和你的工作部门带来好处。有效的管理者还得非常留心组织中诸如：溜须拍马、传布谣言、盗用他人的创意或研究成果以及暗讽打击等消极的政治现象，这些手段实际上是玩弄权术，在一定程度上是违背道义原则的，然而这些现象在每个组织中总会或多或少地存在，作为管理者应该及时发现并制止这些不利于组织健康发展的政治手腕，避免组织陷入权力游戏的漩涡。

在目前的状态下，对于组织中的政治行为是否与实际的绩效有积极的联系，我们只能进行一些推测。但是，我们已有丰富的证据说明，高明的政治技巧必然能带来良好的绩效评估，获得加薪和晋升。对于政治行为和员工的满意度的关系，研究发现，员工感觉到组织中政治行为越多，他们的满意度就越低。但是，这个结论需要考虑员工在组织中的等级状况来进行一定的调整。想从权力游戏中获得好处，一个人需要一定的权力基础和影响别人的手段，显然，低等级的员工不具备这样的资源，因此，他们把组织中的政治行为看成是挫折的来源，并表现出较低的满意度。而等级位置较高的员工，由于他能够处理政治行为并从中得到好处，因此，他们一般不会表现出消极的态度。

本 章 小 结

权力是指一个人（A）用以影响另一个人（B）的能力，这种影响使 B 做在其他情况下不可能做的事。

权力具有以下特点：它的发生以人和意志的存在为前提，存在于人际互动关系之中；它是一种外在型能力，无法以物质或精神的方式在人的肌体内积淀下来转化为一种生物机能而世代遗传；但是却可以通过权力主体的更换而发生转移；不平等性是权力的本质特点。

权力可以分为个体权力和部门权力。个体权力按照权力来源不同可以分为强制性权力、奖赏性权力、法定性权力、参照性权力和专家性权力几类。而部门权力的大小则取决于克服组织不确定性、可替代性大小等多方面因素。

理解权力要记住：依赖是权力的关键。

权力也有两面性：正性权力和负性权力。正性权力可以使组织活动更有效率，而负性权力则使其活动与人性化的管理相对立。

权威是某个确定群体的人们对来自某个确定源泉的命令至少是最低限度的自愿服从的概率。马克斯·韦伯认为权威有三种类型：传统型权威、超凡魅力型权威与法定理性型权威。权力本身可以具有权威性，而具有权威性的权力才能为他人所认可；权力的权威性来源于权力运作的规则性和公开性。

权术是权力的具体运用，经常使用的权术有七个维度或策略：合理化，友情，结盟，谈判，硬性指示，高层权威和法律的约束力。

影响力是指一个人在与他人交往中，以其身份和个性特征影响与改变他人的心理与行为的能力。影响力包括权力性影响力与非权力性影响力两大类。与权力相比，影响力被认为在范围上更广、更多地和领导力相联系，但两者都包括在领导过程中。

组织政治是指那些不是由组织正式角色要求的，但又影响或试图影响组织中利害分配的活动。引发政治行为的因素包括个人方面的因素（比如高度自我监控、具有内控型控制点、高马基雅维里主义、对组织的投资、可感知的选择范围、对成功的期望）和组织因素（比如资源的重新分配、提升机会、低信任度、角色模糊、不明确的绩效评估体系、零和报酬分配体系、民主化决策、为提高绩效而采取的高压政策、自私自利的高层管理者）。

在组织的政治行为中，个人常常采取回避、避免责备、避免变革等防御性行为。从短期来看，广泛地使用防御性行为可以很好地增进个人利益。但从长远来看，这种行为往往演变成为一种长期的，甚至病态的行为，往往会降低组织的有效性。

增强权力的政治策略通常有：制造有利于组织的舆论，支持你的上司，加强联络，注意维护个人形象，控制资源，使自己显得必不可少，化解对立面，回避危险人物，让别人了解你的显著绩效，趁热打铁，引导沟通，战略撤退。

复习思考题

1. 什么叫权力？权力的来源和分类有哪些？
2. 为什么说权力的核心是依赖？
3. 怎样认识权力的两面性？
4. 权力和权威有什么区别？
5. 简述权术常用的维度。
6. 非权力影响力的影响因素有哪些？
7. 引发组织政治的因素有哪些？
8. 增强权力的政治策略有哪些？

案例　加拿大戴亚米公司

戴亚米公司是加拿大家用电器方面第二大生产商。它生产的3/4产品通过批发的形式卖给了零售店。这些零售店贴上自己的商标销售这些产品。除此之外，戴亚米公司还向美国和欧洲出口。

萨利文在七年以前被提升为运输经理，他的整个事业生涯都是在戴亚米公司度过的。早期，他的任务是跟踪运输和审定运费。有时他也做一些其他的运输工作，比如，驾车接载重要来访者参观，给国外来宾安排旅游车观光名胜。

近年来运输部发生了很大的变化，运输经理的位置升格为企业高级管理人员，而他的下属们则用大量的时间与数以百计的运输公司谈判、打交道，以降低运费和改善服务。

运费逐渐上升到了几乎占家用电器批发价的10%。取得便宜运费对于戴亚米公司的利润额来说至关重要。由于美国以及设在渥太华的加拿大联邦政府放宽了相关法规,戴亚米公司所在的省也大量减少了有关的规定。运输公司过去习惯于采取君子协定的方式确定运费,不论哪一家货运公司的承运价格也大同小异。现在,卡车运输、火车运输在互相竞争,都想捞取戴亚米和其他制造商的业务。

戴亚米公司运输部使用计算机计算最优化运输价格。从渥太华到多伦多之间,洗衣机的卡车运费在400美元至800美元之间,网络提供了大量的随行就市的运费信息,公司据此可以选择最经济的运输方式。

萨利文最近会见了加拿大国内航运公司的爱里伯斯·地。她抱怨说,很多卡车从港口返程的时候都是半载。于是,她建议,如果戴亚米公司能够租用那些半载的卡车,那么,加拿大国内航运公司可以给他优惠价格。这样一来,戴亚米公司可以省去10%到15%的运费,把货品从工厂运到新布恩斯维克。

萨利文没有承诺,但是答应研究一下细节并核算一下费用。几天之后,在一次部门的会议上,萨利文非常惊讶的发现,他所在部门内部对于戴亚米公司和加拿大国内航运公司打交道的争论意见很大。一位经理认为,戴亚米公司可以选择最低的运费而不必与其打交道,另一位经理相信,戴亚米公司可以迫使加拿大国内航运公司做出进一步的让步,因为,戴亚米公司是一个很大的客户。这位经理相信,戴亚米公司可以利用加拿大国内航运公司对蒙特利尔运输公司进行压价,以便使蒙特利尔运输公司成为戴亚米公司的两家主要的运输公司之一(所谓主要运输公司是托运方以一定价格提供大量的运输业务)。鹬蚌相争之下,戴亚米公司就可享有较低的运费。

第二天,戴亚米公司总裁对萨利文说,把加拿大国内航运公司视为戴亚米公司的运输公司是一个好的建议。他希望萨利文能够与加拿大国内航运公司达成协议,从而使戴亚米公司节约大量运费。

萨利文感到震惊,他没有想到,公司总裁会如此之快知道他所在的运输部内部的辩论及其间的细节。他不知道下一步该怎么做为好。

(资料来源:根据www.cec.globalsources.com提供的资料改编)

问题讨论:

1. 运输部面临的问题是什么?萨利文是一位有能力的政治家吗?
2. 解释一下为什么在过去的几年当中,戴亚米公司的运输部的地位和影响在不断地增加。
3. 从萨利文的个人利益出发,利用为数不多的卡车运输公司为戴亚米公司服务并使之依附于该公司是否恰当?

第十四章

组织文化

【学习目标】

学完本章后,你应该能够:

1. 掌握组织文化的定义;
2. 了解组织文化的产生及发展;
3. 列举组织文化的几种分类;
4. 掌握组织文化的功能;
5. 了解组织文化是如何创造、维系和传承的;
6. 掌握克拉克洪—斯托特柏克构架和霍夫斯塔德的组织文化分析模型;
7. 了解组织文化的有关测量方法和工具。

【开篇案例】

华为的文化

华为实行军事化管理是社会上广泛的"共识"。华为的管理是不是简单用一个"军事化管理"就可以总结的呢？因为很多人一想起"军事化管理"就想起了无条件服从……这样看起来，管理似乎也太简单了。

看到这里的时候，请你和我一起掩卷沉思，在华为这种类型的公司里可不可能实现所谓的"军事化管理"？

我说不可能，如果你是一个对人性、对管理、对企业有所了解的人，你肯定和我的答案相同。

组织能约束大家的本质是什么？就是假设我不遵守组织纪律将会有什么样的后果。不遵守军队纪律，就会有灭顶之灾；不遵守教主的指令可能会被下油锅；你说不遵守任正非的命令会怎么样？大不了不干了！

华为公司的员工大多数从名牌大学毕业，思维活跃、开阔，具有强烈的现代意识，从事着充满机会和诱惑的 IT 业，生活在求贤若渴的深圳，兜中又不乏储备过冬的银子，他们大可以轻松地说：大不了不干了，正好别人还等着我。

在华为，进入过猎头公司视野的人比比皆是，主动跳槽更是轻而易举的事。2000年，华为杭州办事处的传输产品部办公室，坐在最前面的人办公桌上的电话响起，是猎头公司打来的，电话接完后，紧接着第二排的电话又响起，还是猎头公司打来的。电话铃一路此起彼伏地响到最后，目的都是一个：为某大公司挖传输人才。挖人挖到不管场合，不管对象，多么的"丧心病狂"啊！这就是华为员工在 IT 业的地位，有的企业甚至曾经有个不成文的内部约定，只要是在华为呆过的，是人就要……华为从各大名牌高校毕业的研究生就有数千名，博士、博士后也有几百名。你想，任正非要在华为实行军事化管理，芸芸众生会同意吗？

你再想想，员工可以不买你的账，甩手就走、另谋高就，公司还敢、还能够实行所谓的军事化管理？哪一天士兵可以说这仗我不打了，枪一扔就跑回家而国家却奈何他不得，你再看看军队会是什么样子。

之所以很多人以为华为公司进行军事化管理，是因为华为过于神秘、华为的工作压力较大、华为人执著的目标导向以及华为公司令行禁止的组织原则造成的，不巧，这位任正非正好又是位军人出身。

实在要说华为的管理和军事有关，那就应该说华为是吸收了军事管理中对企业有益的思想，并结合现代的科学管理勾兑出了令行禁止的军队优良作风而已。

事实上，华为公司虽然与员工签订了合同，但是员工可以在合同没有到期的情况下，无须交纳任何违约金就扬长而去。在华为培训完还没上岗、白拿数万元工资的应届毕业生如果辞职，他无须承受任何违约责任的情况也并不鲜见。不要说在内地，一个档案，一个户口，一个违约金足以让一个毕业生心力交瘁，即使在深圳特区的知名企业中，这些做法也大行其道。而华为不设任何障碍，来去自由。至于说前不久华为状告3个员工侵权案,就这个案子而言,我不知内情,但面对员工出走后带走大量完全可以把他们告得家破人亡的知识产权,华为也都睁一只眼闭一只眼,这是不争的事实。

关于任正非到底何许人也,很多人为了把华为摆弄得更加神秘,于是把任正非也描绘得高深莫测,《华为的冬天》所引发的现象就是一个典型的例子。

任正非不是想象中的农民,是农民也没什么不好,华为很多时候的作风就有点像"农民";任正非也不是传说的"行伍"出身,行伍我觉得也没什么不好,可人们总是和"四肢发达,头脑简单"组合在一起。于是,任正非何许人,"土狼首领"之谓也,简直是想把华为公司描述成一个动物园。

其实,他出身书香门第,毕业于某建筑学院,他的技术成就曾获得全军技术策划一等奖,他在1978年参加过全国科学大会,是军队中少数几个党外人士代表之一,当时只有33岁,6 000人中只有150人在35岁以下。加入中国共产党之后,紧接着就在1982年,他成为党的十二大代表。

在华为,任正非是大家的偶像,这个偶像不是造出来的,因为对大多数员工来说,他就在身边。任正非生活中主要是两件事,第一是在公司坐班到处溜达;第二是华为公司最大的"销售人员",被办事处人员拉去在全国、全世界到处见客户。他每到一个办事处,不是住在宾馆里听取汇报,而是要招集所有的人开会。一个都不能少。

在华为,很多人都有机会面对面地和任正非接触,哪怕是新员工,任正非都可能要去座谈。因此,把任正非奉为偶像不是神话的包装,而是对英雄的崇拜。

2001年,任正非由于拜访客户的原因到了杭州,某一天招集全办事处100多人开会。他开会主要是讲公司的形势、行业的形势、国家以及国际形势。那天,我们个个都精神振奋,伸长了脖子准备听任正非时事开讲。

谁知,任正非突然问:邵书文(杭州办事处主任),华为电气的人来了没有?答曰没有。任正非一听就来了气,桌子一拍:"邵书文,我跟你们说过多少遍了,开会一定要把华为电气的人叫来,我们不能因为把华为电气卖给艾默生了,把人家的钱收了,就可以甩手不管了,我们还要把别人扶上马送一程。"

这时,办事处的管理代表(相当于人力资源经理)应二达站起来说:"任总,这不能怪邵博士(邵书文是清华大学的博士),这是我的责任。邵博在开会之前叫我把华为电气的人叫来,我说他们今天在培训,因此就没叫了。"

任正非火气降了下来:"你们是具体做事情的,责任不在你们,我要处罚就处罚一把手。"说时迟,那时快,任正非扯下一张纸就写上了。"邵书文,我要通知市场干部部降你500元工资,你有没有意见?"邵博连忙说:"没意见!没意见。"

"没意见就赶快上来签字。"

(摘自:汤圣平,《走出华为》,中国社会科学出版社,2004年版,有删减)

每每听到Coca-Cola的时候,人们脑海中总会浮现出洋溢着激情的红色字符;途经肯德基店门口,有人会潜意识地搜寻那位带着慈祥笑容、叼着烟斗的老爷爷;提及IBM时,人们不禁想到"蓝色巨人"的称号及其优良的服务;而谈论海尔时,许多人联想到的则是张瑞敏的"日事日毕,日清日高"和那对可爱的海尔兄弟。

随着经济全球化的推进，人们耳熟能详的企业越来越多。那么隐藏在这些标志、称号、人物的背后是什么呢？是什么支撑着这些企业，让它们能够在众多的企业中脱颖而出，成为人们关注的焦点呢？这一章我们将关注组织文化，通过本章的学习，你将对这些生动的公司象征物有着更深刻的理解，了解到组织文化是什么，它的功能如何以及它是怎样形成的。

严格地讲，组织文化与企业文化是有区别的，前者是针对所有组织而言，后者仅指企业组织。但有关组织文化的大多数研究都来自于企业组织，所以，我们也把组织文化与企业文化这个两个概念作为同义词对待了。

第一节 什么是组织文化

一、组织文化的兴起

根据哈佛商学院科特教授的考证（科特·赫斯克特，1997），组织文化这个概念一直到 20 世纪 70 年代才成为人们关注的热点问题，在这之前，包括杜拉克和马契这样的管理大师，在其著作中也没有使用过"组织文化"或"企业文化"这个概念。1979 年，第一篇论述企业文化的学术文章出现了（Pettigrew，1979）。从那时开始，一批以哈佛商学院和麻省理工学院的教授为代表的人物推动了"企业文化"或"组织文化"运动，一大批重要的著作在这个时期出现，包括大内的《Z 理论》，帕斯卡和阿索斯的《日本管理的艺术》，迪尔和肯尼迪的《企业文化——企业生存的习俗和礼仪》，彼德斯和沃特曼的《追求卓越》，戴维斯的《管理企业文化》等。对组织文化有兴趣的读者肯定非常熟悉这些影响深远的著作。为便于记忆，我们把这五本著作称为企业文化的"五经"。

Davis, S. (1984). Managing Corporate Culture. Cambridge, Mass: Ballinger.

Deal, T. Kennedy, A. (1982). Corporate Cultures. Reading, Mass: Addison-Wesley.

Ouchi, B. (1981). Theory Z. Reading, Mass: Addison-Wesley.

Peters, T., Waterman, R. (1982). In Search of Excellence. New York: Harper & Row.

Pascale, R., Athos, A. (1981). The Art of Japanese Management. New York: Simon & Schuster.

这是关于早期企业文化研究的代表性著作，其中的很多观点目前仍然被人们所引用。通过这五本书我们不难发现，关于组织文化的早期研究，基本上是建立在三个基础之上所形成的有关概念和理论。一个基础是对那些表现比美国公司好、业绩持续增长的日本公司的研究；第二个是对那些面临 20 世纪 70 年代竞争更加激烈的市场环境，公司的业务能够保持蒸蒸日上的美国企业的研究；第三个是对那些为应付新的竞争局面、力图开拓创新、实施变革但难脱困境的公司的研究。

在 20 世纪 80 年代，另外还有几本有影响的关于企业文化的著作，我们将其称为"四书"。

Schein, E. (1985), Organizational Culture and Leadership, San Francisco: Jossey-Bass.

Hofstede, G. (1980) Culture's Consequences. Beverly Hill, Calif.: Sage Publication.

Kilmann, R., Saxton, M., Serpa, R. (1986). Gaining Control of the Corporate

Culture.

Sathe, V. (1985). *Culture and Related Corporate Realities*. Homewood, Ill.: Richard D. Irwin.

"四书""五经"基本上奠定了组织文化研究的基础。后来的很多研究,都是在这个基础上展开的。

二、组织文化产生的背景及发展过程

任何一种新兴的理论,都不是无源之水,它总是在前人理论研究、实践探索和特定的时代背景下产生的。

1. 组织文化产生的理论背景

组织文化的真正兴起是在 20 世纪 80 年代,作为在管理理论基础上发展起来的组织文化理论,也是在前人各种管理学说——古典管理理论、行为科学理论、管理理论丛林等基础上,通过对企业运营过程的不断研究,反复实践,加以改造和创新形成的。它从一个全新的视角来思考和分析企业这个经济组织的运行,把企业管理和文化之间的联系视为企业发展的生命线。企业管理从技术、经济上升到文化层面,是管理思想发展史上的一场革命,它给企业管理带来了勃勃的生机和活力。

组织文化的另一个孕育基础则是文化学,这是一门对人类社会的各种文化现象进行系统研究的科学。文化学在世界上兴起于 19 世纪末,至今已有一百多年的历史,经历了多个发展阶段。到今天,文化学将经济活动和组织文化作为文化现象来研究,是当代文化学最新发展的标志。组织文化既是当代文化学的最新研究课题,也是组织借文化力来推动自身发展的强有力武器,因此,组织文化的兴起无论对文化学还是对企业发展来说,都具有划时代的意义。

2. 组织文化产生的时代背景

一方面,从 20 世纪 50 年代以来,日本经济发展异常迅速,到了 70 年代,美国企业界日益受到来自日本的挑战。美国人对造成日本"奇迹"的"东方魔术"惊叹不已,渴望能把成功的秘诀学过来,重振雄风。于是在 70 年代末 80 年代初,掀起了一场日美管理比较研究热潮,这个热潮催生了组织文化理论。

另一方面,20 世纪七八十年代的西方企业界,许多企业面临的内外部环境发生了显著的变化:科学不断昌明、技术迅猛发展,市场呈现全球化倾向,竞争日趋激烈,企业员工的文化素质、生活水平、参与管理的意识和能力不断提高,并且有不断要求进一步改善的趋势。在这种形势下,传统的过分偏重理性、刚性的制度管理其缺陷就日益明显,因为制度有三个难以克服的缺陷:一是有限性,再严密的制度也不可能包罗万象;二是强制性,可以想象在强制管理下,员工不能最大限度地发挥其聪明才智;三是静止性和滞后性,无法应对组织面临的多变的内外部环境。

所以客观上需要有新的理论来弥补这一不足,而组织文化能自觉引导组织成员的行为,弥补这些缺陷。在组织共同价值观念的理性约束下,组织成员清晰地知道"这些是我应该做的"、"那些行为是应当避免的",如果成员的某项行为违背了组织的理念,群体压力将促使其自动纠正行为。组织文化正是通过这种微妙的暗示，以无形的手调节着成员的自我行为。正如 Deal & Kennedy 所说："定义中的文化是一种无形的、隐含的、不可捉摸而又理所当然（习以为常）的东西。但每个组织都有一套核心的假设、理念和隐含的规则来规范工作环境中员工的日常行为……除非组织的新成员学会按这些规则做事，否则他不会成为组织的一员。"（Deal，T. Kennedy，A.，1982）

3. 组织文化研究的发展过程

加利福尼亚大学的管理学教授威廉·大内从 1973 年开始研究日本公司的企业管理方法，认为面对日本的挑战，美国应当从日本成功的经验中吸取有益的成分。他经过长期研究，写出了他自认为"阐述处理日本企业管理和美国生产力中根本性问题的书"——《Z 理论——美国企业界怎样迎接日本的挑战》。大内在分析了美国占多数的 A（America）型组织和日本类型的 J（Japan）型组织之后，提出了他所设计的"Z 型组织"和"Z 型文化"。他认为，一个公司的文化由其传统和风气所构成，此外还包括一个公司的价值观，如进取、守势、灵活性——即确定活动、意见和行动模式的价值观。一家 Z 型公司的所有领域或方面，从其战略到认识，没有不为这种文化所涉及的，即使产品也是由这些价值观所决定的。他清楚地认识到，一个经济组织不只是一种经济的产物，同时也是一种社会文化的产物，反过来，它又对文化产生巨大影响，因此企业的经济文化是一个双向互动的过程。

20 世纪 80 年代初，美国哈佛大学教育研究院的教授泰伦斯·迪尔和麦肯锡咨询公司的顾问艾伦·肯尼迪在长期的企业管理研究中积累了丰富的资料。他们在 6 个月的时间里，集中对 80 家企业进行了详尽的调查，写成了《企业文化——企业生存的习俗和礼仪》一书。该书被评为 20 世纪 80 年代最有影响的 10 本管理学专著之一，成为论述组织文化的经典之作。它用丰富的例证指出：杰出而成功的企业都有强有力的组织文化，即为全体员工共同遵守，但往往是自然而然约定俗成个人非书面的行为规范；并有各种各样用来宣传强化这些价值观念的仪式和习俗。正是组织文化——这一非技术、非经济的因素，导致了这些企业的成功。

美国哈佛大学的安东尼·阿索斯和斯坦福大学的理查德·帕斯卡尔在麦肯锡咨询公司的 7S 理论基础上比较了日本企业和美国企业在观念上的区别，特别是比较了日本松下公司及其优秀领导人松下幸之助和美国国际电话电报公司及其成功的领导人哈罗德·吉宁之间的区别。阿索斯和帕斯卡尔认为，美国企业家重视硬件，而日本企业家不但重视硬件，更重视诸如共有价值观、作风、人员、技巧等软件因素。

企业文化学者、企业问题专家、麦肯锡咨询公司的托马斯·彼得斯和小罗伯特·沃特曼在 1982 年出版的《追求卓越》一书中提到，超群出众的企业，必然有一套独特的文化品质，这种文化品质使它们脱颖而出。这些品质包括：贵在行动，紧靠顾客，鼓励革新、容忍失败，以人促产，深入现场、以价值观为动力，不离本行，精兵简政，辩证处理矛盾。

彼得·圣吉（Peter M. Senge）教授和麻省理工学院的一群工作伙伴及企业界人士，创立了人们得以由工作中得出生命的意义、实现共同愿望的"学习型组织"理论，这一在系统动力学与组织学、创造原理、认知科学等知识体系基础上构筑的学习型组织理论，开创了"自我超越"和"共同愿景"的组织文化新概念，进一步发展和丰富了 20 世纪 80 年代以来形成的组织文化理论。在圣吉看来，人类对于学习有一种深切的动力，所以，企业家创造的组织文化只要切合人性,就可能形成一种学习型的组织文化;同时,人们在自我超越的驱动力下,在共同愿景的牵引下,企业就有可能形成使人产生奉献精神的组织文化。

到 20 世纪 90 年代,随着以速度求效益的"知识经济"的来临,越加激烈的竞争态势要求企业应变能力的提高和升级,组织文化开始越来越多地强调柔性管理、模糊控制、管理创新、机制创新等。新经济时代组织文化所面临的种种冲击与变革,迫使人们去思考,如何去创新组织文化。"企业再造"即是对知识经济时代的竞争的回应,而作为再造工程的倡导者——迈克尔·海默(Michael Hammer)和杰姆斯·钱彼(James Champy)认为,一些公司在一个或多个领域取得惊人成就的根本原因在于追求根本性的改变而不是渐进式的改良,这种企业再造工程应当建立一种与之相适应的组织文化。另外,科特和赫斯克特还从组织文化与企业长期经营业绩之间的关系层面剖析了两者的互动性,进而指出解决企业经营业绩如何运用组织文化使之增长的问题。

三、组织文化的定义

每一个组织都有其与众不同的文化,例如松下的文化精髓认为"松下电器公司是制造人才的地方,兼而制造电器器具";索尼享有"索尼产品永远是最新的"的美誉;戴姆勒-奔驰公司则以其"品质管理和品质文化"制胜。

简言之,组织文化就是指组织成员的共同价值观体系,它使组织独具特色,区别于其他组织。具体地,它还包括组织内独特的信念、假设、期望、追求、价值准则、行为规范、处事方式以及物质环境等。

有人对组织文化的定义作过统计,共有 180 多种,几乎每一个管理学家和组织文化学家都有自己的定义,下面列举一些国内外学者对组织文化的定义,以便我们更好地理解组织文化这一概念:

(1)彼得斯和沃特曼认为:组织文化就是员工做出不同凡响的贡献,从而也就产生有高度价值的目标感,这种目标感来自对生产、产品的热爱,提高质量、服务的愿望和鼓励革新,以及对每个人的贡献给予承认和荣誉。(Peters, T., Waterman, R., 1982)

(2)迪尔和肯尼迪认为:组织文化是价值观、英雄人物、习俗仪式、文化网络、企业环境的凝聚。(Deal, T. Kennedy, A., 1982)

(3)沙因认为:组织文化是组织在寻求生存的竞争"原则",是新员工被组织所录用必须掌握的"内在规则"。(Schein, E., 1985)

(4)霍夫斯塔德认为:组织文化是一种"组织心理"及组织的潜意识,它一方面在组织成员们的行为中产生,另一方面又作为"共同的心理程序"引导这些成员的行为。(Hofstede, G., 1980)

(5)科特和赫斯克特认为:组织文化是指一个企业中各个部门,至少是企业高层管理者们所共同拥有的那些企业价值观念和经营实践。……是指企业中一个分部的各个职能部门或地处不同地理环境的部门所拥有的那种共同的文化现象。(John P. Kotter, James L. Heskett, 1997)

(6)刘光明认为:组织文化所包含的价值观念、行为准则等意识形态均为该组织成员所共同认可。组织文化有广义和狭义之分。广义的组织文化是指企业物质文化、行为文化、制度文化、精神文化的总和,狭义的组织文化是指以企业价值观为核心的企业意识

形态。(刘光明,2002)

纵观前人对组织文化的定义,我们还可以从下面对组织文化的结构解析来加深对组织文化系统的理解,组织文化可分为三个层次:

表层文化。如商标、公司名称、员工服装、办公环境、作息时间、同事间称呼等等。
中层文化。如规章制度、行为规范、工作传统、礼仪、报纸杂志等等。
深层文化。如人性假设、事业追求、价值准则、人生信念、思维方式等等。

四、组织文化的类型

艾默瑞(Emory)大学的杰弗里·桑南菲尔德将组织文化分为四种类型(Sonnenfeld,1988):学院型文化、俱乐部型文化、棒球队型文化、堡垒型文化。这种划分并不是绝对的。事实上,很难将某公司绝对地归入某一类型,只能看主要特征与哪一类相同或相似。不同企业在不同的发展阶段,其企业文化类型是变化的。如苹果电脑公司从棒球队型起家,现已变成学院型。同时桑南菲尔德还发现,这4种不同的文化类型能够吸引不同个性的人。员工个性与组织文化的匹配影响着一个人在管理层级上升迁的高度和难易程度。

(1)学院型(academy)。这是为那些想全面掌握每一种新工作的人准备的。拥有这种类型企业文化的公司喜欢雇用年轻的大学毕业生,并对他们进行大量的专门培训,使他们不断成长、进步,然后指导他们在特定的职能部门领导或从事各种专业化的工作。桑那菲尔德认为,IBM公司、可口可乐公司、宝洁公司、通用汽车公司都属于这种类型。

(2)俱乐部型(club)。这种公司非常重视适应、忠诚感和承诺。与学院型相反,这种公司把管理人员培养成专才,其中人员的资历、年龄、经验是最重要的。像贝尔公司、德尔塔航空公司、政府机关和军队都属于此种类型。

(3)棒球队型(baseball team)。这种公司是冒险家和改革家的天堂。他们在各种年龄和有经验的人中寻找有才能的人,公司根据员工的生产能力付给他们报酬。由于它们对工作出色的员工予以巨额报酬和较大的工作自由度,员工一般都会拼命工作。这种类型在会计、法律、咨询、广告、投资银行、软件、生物研究等领域较为普遍。

(4)堡垒型(fortress)。与棒球队重视创造发明相反,堡垒型公司则着眼于公司的生存。这类公司在以前可能是上述三种中的一种,由于各种原因衰落了,所以它要尽力保全现存的财产。这类公司工作安全保障不足,但对于喜欢流动性和挑战性工作的人来说,则是令人兴奋的场所。

另一种分类方式是罗杰·哈里森(Harrison,1972)将组织文化分成的四种类型。这四种组织文化的区别在于权力是集中的还是分散的,以及政治过程是以关键人物还是以要完成的职能或任务为中心的。(参见图14-1)

(1)权力文化,也叫独裁文化:由一个人或一个很小的群体领导这个组织。组织往往以企业家为中心,不太看中正式的组织结构和工作程序,对领导者非常忠诚。随着组织规模逐渐扩大,权力文化会感到很难适应,开始分崩离析。当领导者开始被一群急于吸引他们的注意力并排斥对手的、善于讨好逢迎、指鹿为马的下属所包围时,权力的争斗已经开始了,组织内部就开始出现大量的政治活动。

(2)角色文化,也叫官僚文化:在这样的组织里,你是谁并不重要,重要的是你在什

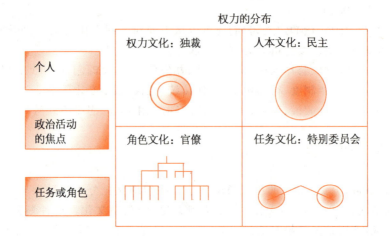

图14-1 罗杰·哈里森模型

么位置上,以及你和什么位置比较接近。事情都是按照规矩处理的,人们喜欢的是稳重、长期和忠诚,有的甚至是效忠。个人的特殊表现和行为上的活力被看成是一种威胁。角色文化看起来能带来安全和稳定,但它并不能适应环境的变化,当组织不得不作出重大变化或者面临危机的时候,这种文化会遭受大范围的创伤。

(3) 任务文化,也叫特别委员会文化:是以临时小组为中心建立起来的组织。组织成员组成一个个团队,执行一样任务,任务完成后团队就解散了,再为另一项新的任务组建一个新的团队。咨询公司、工程公司和广告公司等是这种文化的典型例子。有管理权威认为这是最理想的组织模型之一。但这种文化要求人们必须公平竞争,而且当不同群体争夺重要资源或特别有利的项目时,很容易转化成恶性的政治紊乱。

(4) 人本文化,也叫民主文化:通常为学术机构、小型工作室、律师事务所所采用的模式。这种文化允许每个人都按照自己的兴趣工作,同时能保持相互有利的联系。在这样的组织里,组织实际上服从于个人的意愿,或者被个人所左右。

也有人以流程为标准将组织文化分为四种类型。

(1) 功能型文化:在过去的一百多年直到二十几年前,公司的组织模式基本上属于单一功能型结构。其核心是制度化,它更注重的是组织和上下级关系,组织的权威性和员工的专业技能。它强调稳定性和可靠性,尽可能使风险减到最小,一般只简单地采用财物指标来评价公司和部门的业绩。拥有这种类型文化的组织必然会有金字塔式的组织结构,晋升通道较为单一。其典型特征有:清晰的责任体系;合理的控制跨度;强调技术和业务的专业化;基于委员会的团队,部门职责较清晰;强调依据预算和业务计划的财务结果。这类组织非常重视长远计划,往往要做十年甚至二十年的规划。许多传统产业,如钢铁企业、汽车制造企业具有较强的功能型文化特征。(参见图14-2)

(2) 流程型文化:近一二十年,功能型文化在美国有了较大转变。许多大中型企业,为了消除部门间的壁垒,能以最快的速度为客户提供产品和良好的服务,开始强调部门间的合作和团队工作。如IBM公司,在10多年以前,由于运作效率很低,加上员工只对其上级负责,外部的市场压力很难快速传递到员工的身上,因此公司和客户的距离越来越远,蓝色巨人也逐渐被客户所抛弃。郭士纳担任公司CEO后,对IBM的组织结构进行了较大改革,将公司由部门责任严密的功能型文化转变为以客户为导向的强调部门团队

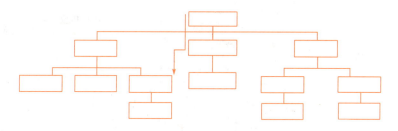

图 14-2　功能型工作文化的组织模式

合作的流程型文化,从而使 IBM 获得了新的活力。

　　流程型文化的最大特点是使客户满意最大化,从外部来看,具体表现为对客户的理解,重视对客户的承诺,获得客户的信任。从内部来看,从以产品为中心,到以流程为中心,从部门间严格的责任划分到部门间的团队工作。其主要的特点有:以客户满意为导向来确定价值链;基于团队和相互学习的工作关系,共同承担责任;非常强调质量和改进;以定量和定性方法来测量结果;围绕流程和供应链来设定部门其核心是面向客户,业务流程以客户为中心展开,它所强调的是客户满意和稳定的回报。(参见图 14-3)

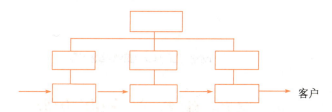

图 14-3　流程型工作文化的组织模式

　　(3) 基于时间型文化:从 90 年代初开始,出现了一批基于时间型文化的企业,它们不仅仅满足于产品质量和客户满意,而是想办法以最快速度把新产品和服务推向市场。因此,在公司战略上,速度是第一位的,其次才是技术和客户满意。其核心是市场反映速度,它所关注的是市场需求的变化,追求市场领先和投资回报率。因此,基于时间型特征的公司不是以传统的投资回报来做简单的评价,而是鼓励员工培养多种能力,采用更灵活动态的方法来评价公司绩效,如经济附加价值或新产品或服务所达到的竞争地位。所以,这类公司会尽最大可能利用人才和财力资源,以非常灵活的方式和最快速度抓住现存的或潜在的市场机会,并使市场最大化。

　　基于时间型文化特征的企业能迅速适应商业环境变化,抓住机会,集中公司资源,以最快速度把产品和服务推向市场。其主要的特点有:强调高增长和新市场进入;项目驱动;权力取决于对资源的控制;跨部门团队,包括高水平的专家。(参见图 14-4)

　　(4) 网络型文化:这种类型的组织内部没有严密的层级关系,它承认个人特殊性贡献,通过与其他公司结成战略伙伴或充分利用外部资源以及发挥个人的天才使公司效益最大化,它强调以合伙方式共同为公司总目标服务。如律师事务所的合伙人或共享利润的公司经营决策层基本属于网络型组织。其主要特点有:以合伙人方式分配权力;强调对公司总体目标的贡献;以"合同"方式在主要合伙人间形成网络。其核心是敢冒风险,捕捉机会,它所关注的是市场的开拓与渗透。(参见图 14-5)

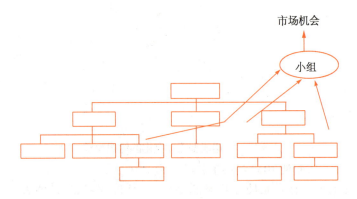

图 14-4 时效型工作文化的组织模式

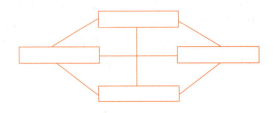

图 14-5 网络型工作文化的组织模式

第二节 组织文化的功能

一、文化的功能

组织文化对组织实施的是软性管理,其作用是规章制度等硬性管理所无法替代的。

(1) 它起着分界线的作用。开篇我们就讲到了组织文化是多种多样的,即使是同一产业或者行业的组织,由于不同的国度、不同的文化背景,必然有着不同的组织文化,比如日本有"丰田文化",美国则有"通用汽车文化";甚至在同一个国家,也会因地域、组织各自不同的历史而形成不同的组织文化,如我国的"大庆文化"、"鞍钢文化"、"宝钢文化"都有各自不同的内涵。这些相互迥异的组织文化把各种组织区分开来,组织文化成为组织间的分界线,正因为如此,人们才绝不会把穿着小丑服的麦当劳叔叔和穿着西服的肯德基爷爷混淆。

(2) 它表达了组织成员对组织的一种认同感。组织中的成员来自五湖四海,不同的风俗习惯、文化传统、行为方式、目的愿望等都会导致成员之间的摩擦、排斥、对立、冲突乃至对抗,这些都不利于组织目标的顺利实现。而组织文化通过建立共同的价值观和寻找观念的共同点,不断强化组织成员之间的合作、信任和团结,使之产生亲近感、信任感和归属感,实现文化的认同和融合。具有强文化的组织,通常在员工身上都有着强烈的文化烙印,员工常常表现出对组织的高度认同感。正如 1982 年《华尔街日报》一篇文章指出,IBM 的文化极为深入,以致有一位任职 9 年后离开的人说:"离开这家公司就像移民一样。"

(3) 它是协调个人和组织关系的"粘合剂",它使组织成员不仅仅注重自我利益,更考虑到组织利益。由于组织文化是组织成员共同的价值观体系,因此,组织目标同绝大多数成员的个人目标是一致的,组织成员在共同价值观和奋斗目标的牵引下,向着同一个方向前进,在实现组织目标和利益的同时,个人的利益及价值也得到了实现。华为的老总任正非讲过:"建立以国家文化为基础的企业文化是公司全体员工的粘合剂,它是企业发展的灵魂,管理的精髓,规范员工行为的准则,增强沟通与理解的桥梁"。

IBM 前总裁小托马斯·沃森也曾谈到:"一家公司衰落、垮台了,人们会仔细地去琢磨和分析其原因所在。技术落伍了、用户的口味改变了、时尚变化了、竞争对手强大了,不可否认,这些因素都起了一定的作用,谁也不会争辩说它们不重要。不过,我却怀疑这些因素是不是决定性的。我以为一家公司的成功与失败之间的真正差异,往往可以追溯到这样一个问题:这个组织到底能把它的员工们的干劲和才智发挥多少出来。在帮助它的员工们彼此间找到共同目标方面,它做了些什么?在逐代更迭、瞬息万变的情况下,它怎么能维持住这种共同目标和方向感?请考虑一下任何一家已持续经营多年的大型组织吧,你会发现它的活力并不在于它的组织结构形式、营销战略对头或管理技巧高明,而在于我们称之为信念的那种因素以及这信念对其员工们的感染力。我坚定地相信:为了生存下去并取得成功,任何一个组织都必须具备一整套健全的信念,来作为它一切政策和措施的前提。其次,我还认为,公司取得成功的唯一最重要的因素便是忠实地严守这些信念。"

(4) 它有助于增强社会系统的稳定性。组织如同一个缩小化的社会,其内部自有一套运行机制和规律,组织文化就类似于社会系统中人们的主流价值观,组织文化越强,价值观就越统一,则组织成员的态度和行为越为一致,组织越稳定。而各组织作为组成社会这个大系统的微观单位,其稳定必然有助于增强整个社会系统的稳定,特别是优秀的组织文化、组织精神、组织价值观、伦理道德规范等以产品和成员的言行为载体,随组织知名度的扩大辐射到社会的每一个角落,甚至影响整个社会的价值观。

例如,四川长虹集团"产业报国,以民族昌盛为己任"的企业精神,流露出强烈的爱国热情。这种爱国热情可以随长虹知名度的提升得到更多人的认同,从而激发整个社会的爱国热情。文化是一种社会粘合剂,它通过为组织成员提供言行举止的标准,而把整个组织聚合起来。

(5) 文化作为一种意义形成和控制机制,能够引导和塑造员工的态度和行为。1995年默赫特(美,G. Moorhead)和格列芬提出,组织文化是一套帮助组织内的成员理解什么行为是可以被接受的,什么行为是不可以被接受的价值观(转引自罗长海的《企业文化学》,1999)。组织文化中的核心理念、隐含规则对组织中的每一个成员的心理和行为产生一种约束和规范作用,这种约束规范引导并塑造着成员的态度和行为,使得组织成员的信念、行为与组织的要求尽可能一致,而一些不符合公司核心价值观和公司战略目标的行为则受到抑制。组织文化弥补了管理制度的缺陷,是一种投入代价小、影响范围大的高层次管理,它追求的是无为而治的境界。

任何一个组织都是由人组成的,为某一目标而奋斗的机构。凡是由一群人构成的组织,就需要一定的程序和规矩来协调和规范人的思想观念和行为方式,以保证组织成员都朝着同一个目标而努力。哲学家冯友兰先生讲过:"人都生活,其生活必多少依照一种规律。犹之乎人都思想,其思想必多少依照一种规律。一种规律,为人的思想所必依照者,即是逻辑的规律。这规律并不是人所规定的,以硬加于人的思想者,而是一种本然的规律,为人的思想所本须多少依照而不可逃者。"可见,任何组织都需要一定的章法来规范成员的思想认识和行为。这种章法,界定了组织可接受的东西和必须拒绝的东西,包括是非标准和好坏标准。这种章法和规矩的正式化,也就构成了一个组织的核心价值观。

(6)组织文化有助于"以人为本"理念的贯彻。国内很多企业都提出了以人为本的管理思想,却未能很好地说明如何实践"以人为本"。总结华为公司的发展历程,证明组织文化可担此重任——承认人的需要,满足之;尊重人的个性,容纳之;重视人的价值,实现之;开发人的潜能,利用之;统一人的思想,引导之;把握人的行为,规范之;鼓励人的创造,奖励之;构造人的环境,提高之——将"以人为本"的思想作为组织文化的主旋律。(孙健敏,1999)

二、作为束缚的文化

组织文化虽然在控制和预测员工的行为方面起到了较大作用,但是正如谚语所讲的那样"每一个硬币都有两面",组织文化在以下诸多方面也起到了阻碍和束缚作用。

(1)变革的障碍。组织文化在对变革的抵制方面常表现选择性知觉,也称为文化过滤。组织文化可能比较突出组织中的某些要素,使得成员很难考虑用其他方式处理问题。因此,在一个拥有强势文化的组织中,人们很可能被某种思维方式所主宰,很难接受变革,因而缺乏变革的视角和变革的气氛。例如,通用汽车中有许多内部培养起来的经理,他们受到公司强势文化的长期影响,因此一旦在通用汽车内部发动变革,他们作为组织文化的代言人开始出来阻挠变革的进行。

(2)多样化的障碍。组织决策需要成员思维和方案的多样化,然而一个强势的组织文化要求组织成员在思维方式和理念上尽可能地与组织的共同价值观保持一致,这必然导致决策的单调性,抹杀了多样化带来的优势,在这个方面组织文化成为组织多样化、成员异质化的障碍。

(3)兼并和收购的障碍。在组织间的兼并与收购当中,除了考虑产品线的协同性和融资方面的因素外,更多的应当考虑文化方面的兼容性。如果两个组织的文化无法成功的整合,将导致组织出现大量的冲突、矛盾乃至阵营对抗。2001年9月4日,美国惠普公司通过换股,以250亿美元的天价并购康柏,但此后8月28日,美国惠普公司公布的第三季度财务报告显示,惠普同期收入由去年的186亿降至165亿美元,低于华尔街分析师预期的168亿美元,这是一个不祥的信号。"合并是容易的,但是现在到了最困难的时刻。"一位专门研究公司治理结构的学者内尔·米诺(Noel Minoah)说:"其实,新惠普的最大挑战来自于合并过程中的各种资源的整合,首当其冲的就是这两种代表不同企业文化的整合。"(引自青年报文章,2002/9/8)被合并的康柏公司相对而言是一个年轻的计算机公司,有着惊人的发展速度。迅速崛起的康柏决定了该公司的企业文化注重于以业务为导向,强调以快速地抢占市场为第一目标;然而惠普公司是一个具有60多年历史的公司,在长期的发展过程中,惠普积累及建立了深厚的文化底蕴——惠普之道,这种有着绵厚力量的企业文化和以市场为标向,并且注重快速反应的康柏公司文化,具有一定的差距。组织文化成为了众多公司兼并收购案成功与否的关键。

第三节　组织文化的创造、维系与传承

一、组织文化的创造——组织文化是如何形成的？

任何组织文化都不是凭空产生的，其形成并非一朝一夕的事情，需要长时间的积累、沉淀，那么究竟组织文化的形成过程是怎样的呢？

组织文化的源头来自于假设，即企业家头脑中对企业经营管理的基本问题的深层次思考。企业家在思考过程中，构建了企业的基本价值观、基本理念和行为准则，它通过一定的方式传达出去，为员工所接受，并在将其贯彻于企业的经营管理制度和经营管理过程中，体现于员工的观念和行为上，这就是组织文化的实质。图14-6为约翰·科特、詹姆斯·赫斯克特（《企业文化与经营业绩》，华夏出版社1997年版）提出的组织文化产生的一般模式。

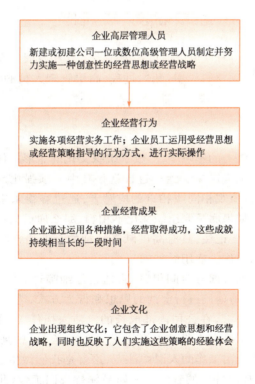

图14-6　组织文化的形成模式

组织文化产生所需要的条件具有共通性，因此，企业都有自己的文化。著名组织行为学家沙因（Edgar Schein）及其同事曾经论证说：组织文化产生的必要条件在于企业成员能够在相当长的一段时间里保持相互间的密切联系或交往，并且该企业无论从事何种经营活动均获得了相当的成就。当他们处理所遇到的问题时，不断重复使用的解决问题的方式方法就会生成他们组织文化中的一个部分。它们有效使用的时间越长，它们就会越加深入地渗透于组织文化之中。这些融入组织文化的价值观念或特定问题的解决方

法可以从企业不同层次的人员中产生：它们可以是个人的或群体的，也可能源于企业基层或企业的最高管理者。但是在组织文化力量雄厚的公司企业中，这些价值观念大都出自公司发起人或企业初创时期的其他领导人士。（Schein, E., 1985）

组织的初创者一手建立起整个组织，他们的个人价值观、道德取向、个性特征、行为方式、决策风格、经营理念等等都给组织烙下了深深的印记。由于在初创期，组织内部的一切都处于混沌状态，任何重大的初始事件对于组织来说一般都有较为深远的影响，因而从某种程度上说，组织的初创者对组织核心价值观的形成，其影响是最为深刻的。

有人称联想的创始者柳传志先生就是联想文化。曾在西安军事电讯工程学院接受过5年军营训练的柳传志先生，其基本性格、做事风格、思维模式和价值观受到其军队生活很深的影响，因此，联想文化的主基调就是严谨、高效、务实、集体主义和目标导向。直至今时今日，柳传志先生虽退居幕后，其个人的许多思想，比如"只讲功劳，不讲苦劳"，"说到做到"，"迟到者受罚"，对团队协作的强调等具有军事特色的文化元素，却已渗透深入到联想的五脏六腑，形成了强大的联想文化。

二、组织文化的维系——组织文化是如何被强化的？

组织文化一经形成，自身就可以通过多种途径生存和发展。在组织文化的维系过程中，有三个因素起着特别重要的作用：甄选过程、高层管理人员的举措、社会化与组织化的方法。

1. 甄选过程

组织在创始者个人魅力的影响下，形成了组织文化的雏形。任何新生事物都需要得到不断的强化才能变得强大起来。甄选过程就是其中一项强化剂。组织通过甄选标准的设立，筛选出与自身价值观相同或相近的应聘者，通过赢得未来雇员的认同以确保组织核心理念得到巩固。如果雇员同组织文化不相容，那么雇员对组织的承诺和满意度都会很低，流动率会升高。要记住，具有高度献身精神的企业通常都十分仔细地对待它们所要雇用的人并以价值观作为雇用的基础。

宝洁自成立到现在的大部分时间里，一直通过仔细筛选有潜力的新进人员，雇用年轻人做基层工作，严格塑造他们遵行宝洁的思想和行为方式，清除不适合的人，中级和高层的职位只限于由忠心不二、在公司内部成长的宝洁人担任。《美国最适合就业的100家大公司》一书写道："从没有人带着在其他公司的经验，以中高层的职位进入宝洁"。IBM也告诉任何想进入公司工作的人说："注意，这就是我们做生意的方式……我们对做生意代表什么意义，拥有很特别的看法——如果你替我们工作，我们会教导你怎么对待顾客，如果我们对顾客和服务的看法跟你不同，我们就分手吧，而且越早越好。"

2. 高层管理者

高层管理者在强化组织文化方面主要起着表率模范的作用，企业高层往往是组织文化、组织风气的创立者。他们的价值观直接影响着企业发展的方向。"行动比语言更响亮"，高层管理者的行为往往比他们说服员工的话语影响更大，更为见效。在无形之中，高层管理者的言谈举止、个人偏好都向下属传递着信息：什么样的行为是组织所认可的，什么样的价值观是组织所倡导的。高层管理者通过自己的所作所为,把行为准则渗透到组织中去。比如高层管理者在对下属进行奖励或者提升时,就会在潜意识中遵循组织的核心价值观,对那些同组织文化相符的员工行为予以嘉奖,从而对员工的态度和行为起到引导作用,强化组织文化。

在思科,广泛流传着这样一个故事,一位思科总部的员工看到他们的总裁钱伯斯先生,大老远地从街对面小跑着过来,这位员工后来才知道,原来钱伯斯先生看到公司门口的停车位已满,就把车停到街对面,但又有几位重要的客人在等着他,所以他只好几乎是小跑着回公司了。因为在思科,最好的停车位是留给员工的,管理人员哪怕是全球总裁也不享有特权。钱伯斯给所有思科员工传递着一个重要理念——员工是思科最宝贵的财富。

3. 社会化与组织化

人出生以来只是一个自然人,只有在接受家庭、学校等社会学习之后才成长为一个社会人。在这个过程当中,人们形成了基本的世界观、价值观和人生观,完成了社会化(socialization)的过程。然后,当人们即将进入一个组织工作或者生活时,自身的价值观与组织的共同价值观出现差异,这种差异使得人们不得不又重新调整自己,以使得自己能够符合组织文化的要求,此个体将组织价值观内在化并由社会人成长为组织人的过程就称为个体的组织化(systematization)。

组织化过程的关键阶段是新员工刚进入组织的时候。许多公司也认识到了这一点,因此在员工甫入公司时,就会对新员工进行为期几天乃至几周的培训,以介绍公司的成长历程、核心价值观等等,帮助员工顺利完成组织化的过程。比如,在迪斯尼乐园所有新进人员都要接受很多天的培训,迅速学习一种新语言:员工是"演员表上的演员";顾客是"贵宾";群众是"观众";值班是"表演";职务是"角色";职务说明是"剧本";制服是"戏装";人事部门是"分派角色的部门";当班是"在舞台上";下班是在"后台"。迪斯尼用有关迪斯尼特性、历史和神话的问题做练习,不断地在演员表上的新人心里灌输和加强公司的基本理念。从里到外,迪斯尼推行严格的行为准则,要求演员迅速抹掉不符合个人特定角色的个性。一位作家说过:"迪斯尼是一家封闭得让人奇怪的公司。他们严密控制一切,那种偏执狂程度之高,是我这么多年以来写作美国企业消息所罕见。"

要注意的是,组织文化与个人之间的影响并非完全是单向的,一方面个体在不断地适应组织的文化和行为规范,同时另一方面新加入组织的成员其自身所带的价值观与理念也在影响着组织原有的文化,即是说组织文化并非是一成不变的。

4. 小结

图 14-7 组织文化创造与维系模型

图 14-7 总结勾画了组织文化的创造与维系过程。最初的组织文化源于组织创建者

的个人价值观。这反过来对员工甄选标准产生了强烈影响。组织现任高级管理人员的行动,为员工行为标准设定了一个范围,什么是可接受的行为,什么是不可接受的。怎样对员工进行社会化,取决于两点,一是在甄选过程中,是否成功地保证了新员工的价值观与组织价值观相一致;二是组织的高级管理人员偏爱什么样的员工社会化方法。

三、组织文化的传承——员工如何学习组织文化?

正如 Cabrera & Bonach 所说:一个企业的文化起始于它的创建者的价值取向,同时也受到社会经济学的、组织环境与制度上的调整。组织文化通过组织特有的故事、仪式、物质象征和语言进行维持和传递。(Cabrera, & Bonache,1998)

1. 故事

一个企业在发展壮大过程中总会经历许许多多的事件,这些历史事件常常被作为企业神话、英雄传说之类流传下来,这些奇闻轶事深深隐含着组织的核心价值观,并传达着组织创始者、接任者个人理念对整个组织的影响。

在中国企业界,可能最为出名的故事莫过于海尔的张瑞敏砸冰箱事件了。1985 年,张瑞敏刚到海尔(时称青岛电冰箱总厂)。一天,一位朋友要买一台冰箱,结果挑了很多台都有毛病,最后勉强拉走一台。朋友走后,张瑞敏派人把库房里 400 多台冰箱全部检查了一遍,发现共有 76 台存在各种各样的缺陷。张瑞敏把职工们叫到车间,问大家怎么办?多数人提出,也不影响使用,便宜点儿处理给职工算了。当时一台冰箱的价格 800 多元,相当于一名职工两年的收入。张瑞敏说:"我要是允许把这 76 台冰箱卖了,就等于允许你们明天再生产 760 台这样的冰箱。"他宣布,这些冰箱要全部砸掉,谁干的谁来砸,并抡起大锤亲手砸了第一锤!很多职工砸冰箱时流下了眼泪。然后,张瑞敏告诉大家——有缺陷的产品就是废品。三年以后,海尔人捧回了我国冰箱行业的第一块国家质量金奖。(引自 2000 年 4 月,世界商学院高级经理人教育联盟 2000 年年会闭幕式上,张瑞敏受邀所作的题为《海尔的竞争优势在于创新》的演讲)

2. 仪式

仪式是为了表明和强化组织最关键的价值观,最重要的目标和最重要的人而进行的重复性活动。在仪式的重复过程中,组织所强调的信息得到传承和强化。

可能最为常见的仪式就是酒店在每天开业前由酒店或者大堂经理举行的一段训话,所有的酒店员工列队倾听,并且整理装束,以最整洁、精神的面貌开店营业,迎接顾客。此外,有的酒店还会要求员工高声朗读酒店口号,比如"服务第一"、"永远微笑"、"不怕失败,要数一数二"等等。这些仪式反复强调着企业对员工的要求和期望,传递着组织核心价值观。

3. 物质象征

在一个组织中,谁拥有着重要的资源和物质,就意味着他在这个组织中的地位和重要性,他的独特能力也就是组织文化所推崇的。因此,物质象征传达了什么才是组织重视的。

在玫琳凯化妆品公司为美容顾问设立的多种奖励办法中,最著名的就是象征成功的"粉红色的轿车"计划。玫琳凯公司垄断了世界上"粉红色"轿车的使用权,因而驾驶着这种颜色的轿车就象征着你在玫琳凯事业的成功。至今已有价值一亿多美元的一万多辆这样的车辆,行驶在世界各地。这项物质奖励传达了玛丽·凯理念,实现他们的销售指标很重要,通过努力工作和足够的勇气,他们也能获得成功。

4. 语言

语言也是文化传承的途径之一,而且是最为常用的途径。因为沟通在组织中无时无刻不在进行,语言作为沟通方式之一,承担着重要的传递信息的功能。

2000年,新官上任的杨元庆胸前多了一个小标牌,上面写有5个字——"请叫我元庆"。杨元庆首倡的"联想文化"闪亮出炉。打那以后,杨元庆绝对禁止联想员工称呼他"杨总",而是叫他元庆。这项由人力资源部门发起的活动"请叫我元庆"正是杨元庆针对联想内部缺乏沟通和协作的情形,将亲情成分引入联想文化,试图以此建立一种相互信任和协作的文化。(引自2004-5-8《中国财富》:"关于中国CEO日益年轻化"的思考)

四、建设道德的组织文化

1. 组织文化呼唤道德的加入

2001年,安然、World Com、安达信等世界知名企业在如日中天的时候却轰然倒下,不是因为资本的紧缺也不是因为企业的环境,更不是什么经营不善,但它们就是在没有任何征兆的情况下不可恢复地失去了生存的权利,在一个日臻完美的市场经济社会里,是什么力量使他们如此脆弱?

安然引发的一场全球性的信用危机使得政府、企业、学术界开始探讨诸如公司治理结构问题、高管人员的道德问题。无独有偶,中国一直都面临着信用缺失的道德危机,秦池的川酒勾兑、三株的虚假广告、飞龙的虚假伟哥、南德的虚张声势、银广夏、蓝田股份、郑百文等一批上市公司的财务造假、赖账、骗账等等。

其实,我们面临的不仅仅是信用的缺失,环境的污染、能源的无节制消耗使得我们生存的社会环境和自然环境都面临着巨大的威胁和挑战。

面对日益激烈的全球竞争,道德缺失所带来的交易成本不仅会导致组织在竞争中逐渐丧失竞争力,而且由此带来的社会负效应极大,它损害了消费者及整个社会的福利最大化。为了改变这一窘境,呼唤道德回归组织的声音越来越大了。

2. 道德与组织文化的关系

最新的研究成果与实践经验表明,道德也是组织文化建设的重要组成部分。道德具备了组织文化的基本特征和主要职能,属于组织文化的高层次意识。道德在这里是指组织成员在履行职责时必须遵循的包括信念、习惯、传统诸多因素在内的要求。

在组织文化中融入道德的要素,使组织树立符合社会利益的道德观、价值观,将对组织及组织成员的行为产生道德约束作用。把道德纳入组织文化建设,道德将不再仅仅是一个道德准则或是道德理念,它与组织文化的诸种要素共同发挥导向功能、凝聚功能、激励功能和约束功能,最大限度地调动组织各种积极因素和潜力。一个道德低下的组织,其文化肯定是失调的或畸形的,一个文化偏激的组织,其道德肯定是粗俗的或偏颇的。因此,道德和组织文化是紧密不可分的。

建设组织文化绝对不能忽视道德的培育工作,同时道德的培育也离不开组织文化这片沃土。因为道德行为依靠人们的内心信念和社会舆论予以维系,从其靠人们的内心信念指导方面说,道德行为需要有一种价值体系作为意义的源泉;从靠社会舆论予以维系的角度说,道德行为需要一种对其形成支持并对非道德行为加以抑制的社会舆论气氛,而这两者都深深地依赖于组织的文化。在企业中,能够为员工提供意义和价值源泉的,只有组织的文化,特别是它的核心价值观。那么应当如何建设组织文化以增加组织的道德决策和伦理行为呢?

3. 建设道德的组织文化的途径

(1) 高层管理者的榜样作用。

正如美国企业伦理学家詹姆斯·E·波斯特所分析的那样:"一个公司的行为是伦理的还是非伦理的,管理者是关键性因素之一。作为主要决策的制定者,管理者比其他人有更多的机会为公司建立伦理形象。管理者,特别是顶层管理者所秉持的(道德)价值观,将为在公司工作的其他人树立榜样。"(詹姆斯·E·波斯特,1998.)

松下幸之助的经验之谈也认为:一个管理者以德服人是最重要的。企业家只有做人恒于正派,做事恒于诚信,良心恒于践行,才能使自己的事业不断发展。"管理者究竟能做到几分大公无私,以无私之心观察事物是成功的经营者与失败经营者之间的最大分野。"(松下幸之助,1987)

(2) 变革和改进组织文化。

波斯特指出:"个人价值和伦理特征在改进一个公司的伦理行为方面起着重要作用,然而,这种作用不是单独发挥的,因为个人价值观还受一个公司文化的影响。"(詹姆斯·E·波斯特,1998)

戴维·J·斐里切也指出:"虽然决策者个人价值观左右着私人生活中的伦理决策,但在职业生活中,个人价值被组织结构中的其他力量中和了,这些力量能改变个人价值观在决策中的作用。"因此,如何变革和改进组织文化,以保证组织行为更有可能合乎伦理,便成为当前条件下企业尤其需要解决的一个迫切问题。(戴维·J·斐里切,1999)

要注意对组织文化进行深层次的变革,对组织的价值观做出适应时代和环境的调整,使之具有更大兼容性和开放性。组织价值观是组织文化的核心部分,是组织成员获得行为意义的源泉,因而是企业道德行为的最重要的精神支撑。"组织文化给考虑决策道德方面的管理者所提供的支持取决于构成文化的共有价值观","如果企业的共有价值观支持道德标准,组织文化就支持合乎伦理行为;如果共有价值观不支持道德行为,组织文化就不支持合乎伦理的行为。"作为组织文化的内髓,组织的核心价值观通常不易变化,尽管如此,企业的领导也必须适应环境的变化对企业价值观进行调整。例如在当代,企业的核心价值观就应更多地表现出对员工创新精神的鼓励和对伦理道德的特别关切;组织文化的社会化和组织化过程,也应采取非正规的、可变的和富于弹性的方式。

(3) 提高员工自身的道德修养。

各种各样的人具有不同的性格特征、处于不同的社会地位、获得不同的劳动报酬,难免出现各种各样的不良心理。如果不对这些不良心理进行主动疏导,便会直接导致不良的道德行为。在培育组织道德时,必须充分运用心理学原理,客观分析员工的心理动态,把员工的道德心理逐步引导到良性循环上来。

同时组织可以通过奖励来鼓励和支持道德行为并通过惩罚来阻止不道德行为,以使员工逐渐树立正确的道德观,指导自身做出理性、符合道德的决策。

第四节　组织文化的分析和测量

一、组织文化的分析方法

德克萨斯(Texas)大学的 Tomasz Lenartowicz 和南卡罗莱纳(South Carolina)大学的 Kendall Roth 将目前流行的评价文化的方法归纳为两大类:一类是以文化为中心的,另一类是以个性为中心的。以文化为中心的文化评价法是定性的方法,它起源于文化人类学,常被称作"人种学描述法"。而以个性为中心的评价方法常用于在描述一个文化时获取定量数据,它通过两类基本的方式来评价文化,一类是替代的方法,称作"区域从属法";另一类叫"价值观推断法",它又可以进一步的划分为直接推断和间接推断。(Tomasz Lenartowicz, Kendall Roth,1999)

所以总的说来,评价文化的方法共有四种:人种学描述法,区域从属法,直接的价值观推断法,间接的价值观推断法。下面我们对这四种文化的评价方法作个简要介绍:

1. 人种学描述法(ethnological description)

此法属于定性的方法,主要是用于识别或者比较文化。人种学描述法始于对社会结构、人类产品和集体行为的观察,进而做出关于文化类型的结论。这个方法从 20 世纪初就开始使用。它赞同人类学专家的观点,认为文化非常复杂,是无法测量的,只能够进行观察和描述。这种方法提供了描述性的数据,这些数据细致地描绘出了文化类型和各自的文化特征。

人种学描述法收集到的数据可作为二手资料,因此人种学描述常作为许多商业学者的二手资料的来源。这种方法的另一个重要优点在于它确定了文化的分析单元,因为研究文化的一个基础工作就是确定应当在何种水平或者层面上来评价文化。

另一方面,尽管这个方法在研究跨文化形成假设过程中提供了非常有用的信息,却没有能为我们提供定量的结果或者测量工具。因此,它在商业的跨文化研究中并没有得到广泛的应用。例外的是 Childers 和 Rao 在 1992 年用此种方法来支持关于泰国和美国经理人的差异研究。而在非商业研究中的一个例子则是,克拉克洪和斯托特柏克在 1961 年使用这个方法来区分出美国的五类亚文化。

2. 区域从属法(regional affiliation)

第二种文化评价方法是区域从属法。它是一种替代法,使用那些反映文化或者类似于文化的样本特征来定义文化的类型。该种方法常用的样本特征包括:国籍,出生地以及居住地。这些替代因素是以下面的理论作为基础的:关于民族特征的概念;假设核心文化价值观的习得是在童年时期;以及文化和地域是密不可分的。区域从属法最本质的就是——这些替代因素将文化类型同地域联系起来了。

区域从属法的使用需要满足以下两个条件：一是社会人口统计方面的可变性在样本设计和在协变量使用的时候都应得到控制。协变量包括年龄、性别、学历以及其他与研究相关的人口统计变量。二是如果研究包括了个体水平的测量，那么被试应当被询问他们是在哪里度过童年的，因为他们的文化价值观主要就是在他们成长的地方形成的。

此种方法的缺陷在于缺少了验证因变量与文化间假设关系的测量工具。另外，这些替代因素只是帮助划分了文化类型，得到的数据也只是定类的。因而，当需要定比或者定距数据时这个方法不太适用。

3. 直接价值观推断法(direct values inference)

它是通过测量样本中的被试的价值观，并在这些价值观集合的基础上推断了文化的特征。该方法假设文化的概念化是基于价值观的。

1952年，克罗伯和克拉克洪(Kroeber, Kluckhohn, 1952)列出了164个文化的定义。这些定义虽然来自不同的研究领域和不同的时期，但是都反映出同一个观点就是——文化是某一特殊群体共同享有的习得特征。这些特征隐含在象征物，仪式或者活动中。

霍夫斯塔德(Hofstede, 1991)也认为文化的核心来自于价值观，这些价值观因个性而异。

如果承认价值观是文化结构形成的基础，那么用价值观模型来评价文化的基本机制为：

(1) 个体的价值观层次决定了人们需求满足的过程(马斯洛)；
(2) 人类需求满足的过程影响着人们在社会群体中的共同行为；
(3) 不同的文化取决于各群体中人们的共同行为。

许多不同的价值观模型都可用于支持直接价值观推断法。其中一个模型就是霍夫斯塔德总结的文化的四个工作价值观维度：不确定性规避，个人主义，男性主义和权力距离。这些维度成为广泛研究的对象，并且在国际商业研究中被频繁引用。霍夫斯塔德在1980年开发出了一套评价工作价值观的工具叫做价值观调查模型(value survey module, VSM)，然而VSM的使用是相当有限的。第二个模型就是基于罗克奇价值观调查问卷(rokeach values survey, RVS)的模型。

关于直接价值观推断法，还有三个方法上的问题需要注意：第一，拥有不同社会人口统计特征的人群的价值观是不同的，因此有必要控制社会人口统计变量，或者使用大样本以便社会人口统计的影响得以随机化。第二，价值观模型工具要求被试具有理解所有价值观涵义的能力。最后，直接价值观推断法在定义文化群体上是不充分的。

4. 间接价值观推断法(indirect values inference)

直接价值观推断法是基于一手数据的，而间接价值观推断法使用的则是二手数据。但两者最本质的区别还是在于间接推断法并未通过调查群体成员就归纳出文化类型的特征。在这种方法当中，我们将其他研究中得到的文化特征用作基准，来推断已由前述替代要素如：国籍、出生地、居住地等划分文化类型后的被试样本的文化特征。间接价值观推断法的前提假设是被研究的样本同作为基准的样本是一致的。

关于这种方法的一个问题就是从基准样本推断被试样本时潜在的测量误差，因为为因变量提供数据的样本同为自变量提供数据的样本并不一定具有相同的特征。因此,由于两个样本的地理方面和人口统计方面的差异导致了在测量文化特征时可能产生严重误差。显然,使用间接价值观推断法最关键的问题就是抽样。一般有两种方法来减少上述的测量误差:一种是保证基准研究的样本和现在的研究的样本足够大,使得影响价值观的变量随机化。二是确保现在研究样本的特征同基准样本的特征是一致的。经过后一种方法处理后的间接价值观推断法称作"基准验证法"(validated benchmark,VB),它是对间接价值观推断法的一个修正。

5. 评价文化的四种方法的比较

表 14-1 评价文化的方法的总结

方法	在研究中的使用	提供的数据类型	主要的缺点	主要的优点
人种学描述法	非常有限	N/A	缺少定量测量;耗时	拥有理论支持;区分了不同的人群
区域从属法	广泛	定类	缺乏有效性	便利性
直接价值观推断法	有限	定距	抽样问题	获得定距数据
间接价值观推断法	有限	定距	使用的只是二手资料;潜在的测量误差	便利性

注:表格来源于 Tomasz Lenartowicz,Kendall Roth。

二、组织文化的分析模型

前面我们介绍了分析文化特征的几种方法,下面我们对其中两个常使用的文化分析模型进行详细阐述。

1. 克拉克洪—斯托特柏克构架(Kluckhohn-Strodtbeck framework)

在分析文化差异时引用最多的方法之一就是克拉克洪-斯托特柏克的构架。这一构架确定了六项基本的文化维度:与环境的关系,时间取向,人的本质,活动取向,责任中心和空间概念。下面我们分别对每一项维度进行考察。

(1)与环境的关系。人们是屈从于环境,还是与环境保持和谐关系,抑或能够控制环境?在很多中东国家中,人们把生活视为命中注定的事情。当什么事情发生了,他们倾向于认为是"主的旨意"。相反,美国人和加拿大人则相信他们能够控制自然。比如,他们愿意每年花费上亿经费从事癌症研究,因为他们相信可以找到癌症的病因,发现癌症的治疗办法,最终消除这种疾病。

介于两个极端之间的是一种更为中立的看法,即希望寻求与自然的和谐关系。比如,很多远东国家的人们,对待环境的做法就是以它为中心活动。

可以预期这些对待环境的不同看法会影响到组织的实践活动。我们以目标设置为例说明。在屈从环境的社会中,目标的设置并不普遍。如果你相信人们在实现目标的过程中不可能做很多事,那有什么必要设定它呢?在一个与环境保持和谐的社会中,可能会使用目标,但人们预期到它会发生偏差,并且对未能达到目标的惩罚也是极轻的;而在一个控制环境的社会中,广泛地应用着目标,人们希望实现这些目标,并对未能达到目标的惩罚也是很严重的。

(2) 时间取向。文化注重的是过去、现在还是将来？不同的社会对时间的价值观也不一样。比如,西方文化把时间看作一种紧缺的资源。"时间就是金钱"而且必须高效利用。美国人关注的是现在和近期未来。你可以在绩效评估的短期取向中看到这一点,典型的北美组织每6个月或一年对员工进行一次评估。相反,日本人则以一种更长远的观点看待时间,并且也在他们的绩效评估方法中得到反映。日本的工人常常用10年以上的时间来证明他们的价值。

还有一些文化对时间持另一种观点:他们关注的是过去。比如,意大利人就追随着他们的传统,并寻求保护他们历史的实践活动。

对不同文化的时间取向的了解能够帮助你对下面这些问题有所认识:最后期限的重要程度,是否普遍采用长期计划,工作任务安排的长度以及构成迟到的原因。比如,它可以解释为什么美国人热衷于安排和维持约会,还可以解释为什么并不是每个社会都像北美人那样迷恋节省时间的设备,如记事本,昼夜邮寄服务,汽车电话,电子邮件和传真机等。

(3) 人的本质。文化把人视为善的、恶的、还是两者的混合物？在很多发展中国家,人们认为自己本质上是诚实和可信的,然而有个别国家则认为人的本质是非常邪恶的。北美人的看法倾向于在两者之间,他们认为人本质上是好的,但必须谨慎小心才能不被利用。

你可以看到文化中对人本质的看法如何影响到管理者主要的领导风格。如果国家关注的是人的邪恶一面,则采用更为专制的风格来规范人的行为;而在强调信任价值观的文化中,参与甚至自由放任的领导风格占主流;在混合型文化中,领导风格可能会重视参与,但同时拥有严格的控制手段以迅速识别违规行为。

(4) 活动取向。一些文化重视做事或活动,他们强调成就。另一些文化重视存在或即时享乐,他们强调体验生活并寻求对欲望的满足。还有一些文化重视控制,他们强调使自己远离物质而约束欲望。

北美人生活在做事取向的社会中。他们工作勤奋,并希望因为自己的成就而获得晋升、加薪,以及其他方式的认可。相反,墨西哥人则是存在取向。在这种文化中,下午的午睡总是步履缓慢,他们还强调即时享乐。法国人则是控制取向,并且强调理性和逻辑。

对文化中活动取向的理解能使你认识到这样一些问题:人们是怎样对待工作和娱乐的,他们是如何做出决策的,他们在奖励分配上使用的是什么标准。比如,在存在取向占主导地位的文化中,决策很可能是情绪型的;相反,在做事取向和控制取向的文化中,决策很可能分别强调实证和理性。

(5) 责任中心。文化还可以按照对他人幸福的责任而分类。比如,美国人是高度个人主义的,他们使用个人特点和个人成就来定义自己。他们相信一个人的责任是照顾好自己。而马来西亚人和以色列人更注重于群体。比如,在以色列集体农场中,人们共同工作,共享奖励。他们看重的是群体的和谐、统一和忠诚。英国人和法国人则遵循另一个取向:他们依赖于等级关系,这些国家中的群体分成不同的层次等级,每个群体的地位保持稳定,不随时间的改变而改变。等级社会倾向于实行贵族统治。

文化的这一维度对于组织中的工作设计、决策方法、沟通类型、奖励系统和选拔活动有着重要影响。比如,在个人主义社会中的选拔重视的是个人成就。而在群体社会中,能与他人很好地合作则可能最为重要。在等级社会中,选拔决策以候选人的社会等级为基础。这一维度有助于解释为什么在美国个人简历(在此列出了个人成就)十分流行,而对裙带关系(聘用自己的亲属)持消极意见。

(6)空间概念。克拉克洪—斯托特柏克构架的最后一个维度与空间的拥有有关。一些文化非常开放,并公开从事商业活动。另一些极端的文化则极为重视让事情在私下进行。大多数社会是两个极端的混合物,并落在某一处中间位置上。

日本的组织表现出他们社会的公开特性。那里几乎没有私人办公室。经理和操作工人在同一间屋子里、在中间不分隔的桌子上办公。北美人的公司也反映出他们文化的价值观。他们通过一个人使用的办公室和拥有的秘密来反映这个人的地位。重要会议都要在关着门的房间里进行。空间常常是除本人之外其他人无权使用的。在具有混合取向的社会中,隐私和公开也是交融在一起的。比如,这里可能拥有很大的办公室,但墙却仅5—6英尺高,因而创设了"有限的隐私"。在空间概念方面的这些差异中,对于组织管理,如工作设计与沟通,都有着显著的影响。

(7)总结。表14-2概括了克拉克洪—斯托特柏克构架中的六种文化维度,以及每一种维度可能的变化情况。为了便于参考,表中的锯齿型连线体现了美国人在这些维度上所在的位置。

表14-2 克拉克洪-斯托特柏克的价值维度的变化

价值维度	变化		
与环境的关系	控制	和谐	屈从
时间取向	过去	现在	未来
人的本质	善	混和	恶
活动取向	存在	控制	做
责任中心	个体主义的	群体的	等级的
空间概念	隐私的	混和的	公开的

注:锯齿线体现了美国在这些维度上的倾向。

2. 霍夫斯塔德的构架(Hofstede's framework)

对文化差异进行的更全面的分析是由吉尔特·霍夫斯塔德(Geert Hofstede)进行的。大量早期的组织研究,或是只包括了极有限的几个国家,或是对不同国家的不同公司进行分析。霍夫斯塔德则相反,他对在40个国家中为一家多国公司工作的11.6万名员工进行了调查,这一数据排除了把差异归因于不同公司活动与政策的不同理由。因此,他所发现的国家之间的差异可以令人信服地归因于民族文化的差异。

他的巨大数据库表明,民族文化对雇员与工作相关的价值观和态度起着主要影响。更为重要的是,霍夫斯塔德发现,管理者和雇员的差异表现在民族文化的四个维度上:①个人主义与集体主义;②权力距离;③不确定性规避;④生活数量与生活质量(事实上,霍夫斯塔德称第四个维度为男性主义与女性主义,我们在这里变换了一种说法,因为其带有强烈的性别歧视色彩)。

(1)个人主义与集体主义。个人主义(individualism)指的是一种松散结合的社会结构,在这一结构中,人们只关心自己的或直系亲属的利益。在一个允许个人有相当大自由度的社会中这是可能的。与个人主义相反的是集体主义（collectivism），它以一种紧密结合的社会结构为特征。在这一结构中，人们希望自己所归属的群体（比如一个组织）中的其他人在他们遇到困难时能帮助和保护自己。以这种安全感为交换条件，他们感到自己应该对群体绝对忠诚。

霍夫斯塔德发现，一个国家的个人主义程度与这个国家的富足程度密切相关。像美国、英国和荷兰等富裕的国家，都是极为个人主义的，而像哥伦比亚、巴基斯坦等贫穷的国家，则是极为集体主义的。

（2）权力距离。人们天生具有不同的体力和智力，从而造成了财富和权力的差异。社会如何处理这种不平等呢？霍夫斯塔德使用权力距离（power distance）一词作为衡量社会对机构和组织内权力分配的不平等这一事实认可的尺度。一个权力距离大的社会认可组织内权力的巨大差异，雇员对权威显示出极大的尊敬。称号、身份及地位占据着极为重要的地位。一些公司发现，在与权力距离大的国家谈判时，所派出的代表应至少与对方头衔相当才有利。这样的国家有菲律宾、委内瑞拉、印度等。相反，权力距离小的社会尽可能减少这种不平等。上级仍拥有权威，但雇员并不恐惧或敬畏老板。丹麦、爱尔兰及奥地利是这类国家的典型。

（3）不确定性规避。我们生活在一个不确定的世界中，未来在很大程度上是未知的，不同的社会以不同的方式对这种不确定性作出反应。一些社会使其成员接受这种不确定性，在这样的社会中，人们或多或少对风险泰然处之。他们还能对与自己不同的行为和意见表现容忍，因为他们并不感觉因此而受到了威胁。霍夫斯塔德将这样的社会描述为低不确定性规避（uncertainty avoidance）的社会，也就是说，人们感到相对的安全。属于这类的国家有新加坡、瑞士和丹麦。

高不确定性规避的社会以成员中的高焦虑水平为特征。其以不安、压力、进取性为证据。在这种社会中，由于人们感到受社会中不确定性和模糊性的威胁，他们创建机构来提供安全和减少风险。他们的组织可能有更正式的规则，人们对异常的思想和行为缺乏容忍，社会成员趋向于相信绝对真理。在一个高不确定性规避的国家中，组织成员表现出较低的工作流动性，终身雇佣是一种普遍实行的政策，这一点是很显然的。属于这类的国家有日本、葡萄牙和希腊等。

（4）生活数量和生活质量。第四个维度也分为两个方面。有的文化强调生活数量（quantity of life），这种文化的特征是过分自信和物质主义。还有的民族文化则强调生活质量（quality of life），这种文化重视人与人之间的关系，并对他人幸福表现出敏感和关心。

霍夫斯塔德发现，日本和奥地利在生活数量维度上得分高，而挪威、瑞典、丹麦和芬兰则在生活质量维度上得分高。

霍夫斯塔德根据上述这四个维度对40个国家进行对比，发现美国文化的排列位置如下：

- 个人主义与集体主义：在所有国家中个人主义的得分最高；
- 权力距离：低于平均值；
- 不确定性规避：明显低于平均值；
- 生活数量与质量：在生活数量方面明显高于平均值。

这些结果与美国在世界上的形象十分一致。在权力距离上低于平均分与一个国家的人期望政府代表的类型是民主理想型联系在一起。在这一类型中,美国的得分排在少数人作为统治阶层、大多数为无权主体的国家之下,而排在那些对平等主义价值观有极高承诺的国家之上。在不确定性规避上明显低于平均分也与政府的代表类型拥有民主化理想相一致。美国人觉得自己相对而言不受不确定性的威胁。另外,对美国人进行描述时,最常见的刻板印象之一是个人主义的伦理道德。而基于霍夫斯塔德的研究,这种刻板印象似乎是很有基础的。美国在他的整个定向中,个人主义的分数被列为世界第一。最后,在生活数量上明显高于平均数也是不足为怪的。资本主义看重的是进取心和男性主义,这与霍夫斯塔德描述的数量特点是一致的。

我们没有足够的空间列出霍夫斯塔德从40个国家中获得的全部结果,但表14-3中列出了其中一部分数据。由于我们主要关注的是识别文化之间的相似性与差异性,让我们来看看在四个维度上与美国最为接近的国家和最不一致的国家。

表14-3 霍夫斯塔德的文化维度举例

国　　家	个人主义/集体主义	权力距离	不确定性规避	生活数量
澳大利亚	个人的	小	中等	强
加拿大	个人的	中等	低	中等
英国	个人的	小	中等	强
法国	个人的	大	高	弱
希腊	集体的	大	高	中等
意大利	个人的	中等	高	强
墨西哥	集体的	大	高	强
新加坡	集体的	大	低	中等
瑞士	个人的	小	低	弱
美国	个人的	小	低	强
委内瑞拉	集体的	大	高	强

注:生活数量分数弱等于生活质量分数强。

美国的个人主义分数极高而权力距离分数较低。同样格局的国家还有英国、澳大利亚、瑞典、挪威和新西兰;在这个维度上与美国最不一致的国家有委内瑞拉、哥伦比亚、巴基斯坦、新加坡和菲律宾。

美国在不确定性规避方面得分低而在生活数量方面得分高。同样格局的国家有爱尔兰、菲律宾、印度和南非;在这个维度上与美国最不一致的国家有智利、葡萄牙和前南斯拉夫共和国。

三、组织文化的测量

对于组织文化的定量化测量,由于研究者的训练背景、关心的主题与使用的方法各异,形成了多元化的风貌。本书将从企业层面和个人层面来对两种典型测量问卷进行应用性介绍。

1. 企业层面上的研究

(1) 原理。

大多数企业层面上的研究关注的是组织文化和企业有效性之间的关系。研究者构建测量问卷中,主要是为了深入探究组织文化如何影响企业的有效性。在众多的测量问卷中,较有影响力的有 Denison 构建的组织文化问卷(organizational culture questionnaire,简称 OCQ)、Quinn 和 Cameron 构建的组织文化评价量表(organizational culture assessment instrument,简称 OCAI)。本书主要介绍 OCAI 问卷。(Cameron, & Quinn, 1998)

美国密西根大学商学院的 Quinn 教授和西保留地大学商学院的 Cameron 教授在竞争价值观框架的基础上构建了 OCAI 量表。OCAI 的突出优点在于为管理者提供了一个直观、便捷的测量工具,在组织文化变革的工作中具有相当的实用价值。

OCAI 根据六个维度的判据来评价企业文化:主导特征、领导风格、员工管理、企业凝聚、战略重点和成功准则。问卷共有 24 个测量条目,每个判据下有四个陈述句,分别对应着四种类型的企业文化。对于某一特定企业来说,它在某一时点上的企业文化是四种类型文化的混合体,通过 OCAI 测量后形成一个剖面图,可以直观地用一四边形表示(如图14-8 所示)。图 14-8 中的四个象限代表着不同特征的企业文化,分别被命名为宗族型、活力型、层次型和市场型。

宗族型	活力型
友好的工作环境。人们之间相互沟通,像一个大家庭。领导以导师甚至父亲的形象出现。组织靠忠诚或传统凝聚员工,强调凝聚力、士气,重视关注客户和员工,鼓励团队合作、参与和协商。组织的成功意味着人力资源得到发展。	充满活力的、有创造性的工作环境。人们勇于争先、冒险。领导以革新者和敢于冒险的形象出现。组织靠不断实验和革新来凝聚员工,强调位于领先位置。组织的成功意味着获取独特的产品或服务,鼓励个体的主动性和自主权。
层次型	市场型
非常正式、有层次的工作环境,人们做事有章可循。领导以协调者和组织者的形象出现。组织靠正式的规则和政策凝聚员工,关注的长期目标是组织运行和稳定性和有效性。组织的成功意味着可靠的服务、良好的运行和低成本。	结果导向型的组织。人们之间富于竞争力,以目标导向。领导以推动者和竞争者的形象出现。组织靠强调胜出来凝聚员工,关心声誉和成功,关注的长期目标是富于竞争性的活动和对可度量目标的实现。组织的成功意味着高市场份额和市场领导地位。

图 14-8 OCAI 模型

(2) 应用。

OCAI 的突出优点在于为企业管理实务者提供了一个直观、便捷的测量工具,而且在企业文化变革方面有较大的实用价值,可以按照下面的 OCAI 问卷和指导语来测量企业文化。

首先根据企业的现状,按照和每种判据下四种情况的符合程度,将 100 分分配给这四种情况(例如:60-20-10-10)。依此类推,先回答完所有描述现状的测量条目;然后回到问卷的开始,思考这样的问题:如果你的企业在今后五到十年内要达到成功,你觉得企业文化"应该"怎么样?请在"偏好"列下面,按照"应该"的企业文化和每种判据下四种情况的符合程度,将100分分配给这四种情况(例如:20-50-20-10),并回答完所有描述偏好的测量条目。

表14-4 文化特征问卷

	1. 主导特征	现状	偏好
A	本单位非常富有人性化,就像是一个大家庭。大家彼此非常了解		
B	本单位充满活力,富有开拓精神。人们愿意表现自己,并承担风险		
C	本单位以目标导向为主,主要关注工作完成的状况。人们之间充满竞争,并以成就为导向		
D	本单位控制严格、层级分明。人们做事严格遵守正式的流程		
	总分	100	100
A	本单位的领导风格以指导、促进和培养下属为主		
B	本单位的领导风格以开拓、创新和富有冒险精神为主		
C	本单位的领导风格以务实、有闯劲和结果导向为主		
D	本单位的领导风格以协调、组织或平稳运营为主		
	总分	100	100
	3. 员工管理		
A	本单位在管理风格上的特点是团队合作,强调观念一致性和员工参与		
B	本单位在管理风格上的特点是敢冒风险,强调创新、自由和独特性		
C	本单位在管理风格上的特点是强调努力竞争、高标准、高成就		
D	本单位在管理风格上的特点是提供雇佣保障,强调一致、共性和稳定		
	总分	100	100
	4. 组织凝聚		
A	本单位的凝聚力来源是忠诚和相互信任,对组织的忠诚是非常重要的		
B	本单位的凝聚力来源是对革新和发展的追求,强调凡事领先		
	2. 领导风格	现状	偏好
C	本单位的凝聚力来源是强调成就和完成目标,积极进取和追求获胜是大家的共同特征		
D	本单位靠正式的规章制度将大家凝聚在一起,并强调单位的良好运营		
	总分	100	100
	5. 战略重点		
A	本单位强调员工发展,坚持信任、开放和参与式的氛围		
B	本单位重视获取新资源和创造新的挑战,崇尚尝试新事物和探索新机遇		
C	本单位强调竞争行为和成就,重视不断达到更高的目标以及在市场中获胜		
D	本单位强调持久性和稳定性,重视效率、控制和良好的运营		
	总分	100	100
	6. 成功标准		
A	本单位判断成功的标准基于人力资源发展、团队合作、员工忠诚和对人的关心程度		

续表

B	本单位判断成功的标准基于对最新、最独特产品的拥有程度,强调产品领先和革新		
C	本单位判断成功的标准基于在市场和竞争中获胜,强调有竞争力的市场领导地位		
D	本单位判断成功的标准基于效率,强调可靠的产出、良好的规划和低成本		
	总分	100	100

如果你已经回答完毕,请将对应的测量项目得分填入下面的计分卷,其中"小计"是指把对应的六个测量项目得分相加,"平均"是指把小计得分再除以六。

5　计分卷

1. 文化现状:

宗族型	活力型	市场型	层次型
1A	1B	1C	1D
2A	2B	2C	2D
3A	3B	3C	3D
4A	4B	4C	4D
5A	5B	5C	5D
6A	6B	6C	6D
A 小计	B 小计	C 小计	D 小计
平均	平均	平均	平均

2. 文化偏好:

宗族型	活力型	市场型	层次型
1A	1B	1C	1D
2A	2B	2C	2D
3A	3B	3C	3D
4A	4B	4C	4D
5A	5B	5C	5D
6A	6B	6C	6D
A 小计	B 小计	C 小计	D 小计
平均	平均	平均	平均

以一个例子来说明:假如你最终的现状得分分布为 30-50-15-5,而偏好得分分布为 10-20-30-40,那么你可以把这两种得分分布画在图 14-9 中非常形象的表示出来(现状用实线,偏好用虚线):

这样,你所在企业的文化变革方向就表现的一目了然。如果你愿意组织企业的一个团队来做这样的测试,可以先每人用计分卷做出得分,然后通过讨论(注意:不要平均每个人的得分)来决定企业文化的现状和偏好。如果团队的人数比较多,可以先分成小组,然后平均小组讨论后的得分。如果把团队通过讨论后的得分作为比较"客观"的结果的话,OCAI 还可以判断每个人和"客观"现状和偏好的差距。总体上看,OCAI 在辨识企业文化的类型、强度和一致性方面都是非常有用的。

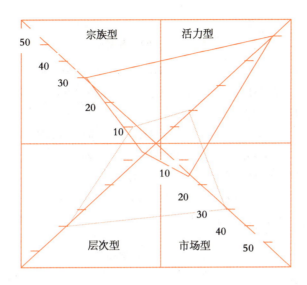

图 14-9　OCAI 模型应用举例

2. 个体层面上的研究

（1）原理。

大部分个体层面上的组织文体研究者认为组织价值观是组织文化的核心，而且它能通过理论和方法上进行重复鉴定，也能做操作性定义和测量，所以大多数个体层面上的组织文化量表严格地说都是组织价值观的量表。这些测量问卷以 Chatman 的 OCP 问卷影响力最为广泛。

美国加州大学的 Chatman（Chatman，J. A. 1991）教授为了从契合度的途径研究人—企业契合和个体有效性（如：职务绩效、组织承诺和离职）之间的关系，构建了企业价值观的 OCP 量表。最初的 OCP 量表由 54 个测量项目组成，反映了企业价值观的一些典型特征。Chatman 认为 OCP 量表可以区分出七个维度（革新性、稳定性、尊重员工、结果导向、注重细节、进取性和团队导向），但是在实际的不同测量应用中，每个维度对应的测量项目可能有所差别。

OCP 量表的测量项目通过对学术和实务型文献的广泛回顾来获得，经过细致的筛选最终确定 54 条关于价值观的陈述句。和多数个体层面上的研究采用 Liket 的计分方式不同，OCP 量表采用 Q 分类的计分式，被试被要求将条目按最期望到最不期望或最符合到最不符合的尺度分成 9 类，每类中包括的条目数按 2-4-6-9-12-9-6-4-2 分布，实际上是一种自比式（ipsative）的分类方法。在西方国家，OCP 是最常用的企业价值观测量量表之一，它在我国台湾和香港地区也有一定的影响。Judge 将 OCP 精简为包括 40 个测量项目的量表，Q 分类按 2-4-4-6-8-6-4-4-2 分布。

（2）应用。

OCP 包括的价值观维度很具体，感兴趣的读者可以按照下面的 OCAI 中文版和指导语来测量一下你所在企业的文化。

以下是 40 条关于价值观的表述，请你根据你对所在企业的了解，将企业对每个价值观的重视程度按顺序填入现状栏中；然后将你心目中理想公司的企业价值观特征按重要顺序填入偏好栏中。

表 14-5 OCP 量表一

1. 热衷工作	2. 稳定发展	3. 人际和谐	4. 研发创新	5. 社会责任
6. 负责尽职	7. 冒险精神	8. 成长机会	9. 工作自主	10. 井然有序
11. 工作时间长	12. 注意细节	13. 业绩挂帅	14. 团队合作	15. 同仁融洽
16. 人性化管理	17. 赏罚公平	18. 科学求真	19. 宽容大量	20. 保障工作
21. 迅速果断	22. 竞争能力	23. 诚信原则	24. 追求卓越	25. 经营理念
26. 结果重于过程	27. 工作期望很高	28. 积极有冲劲	29. 勇于面对冲突	30. 不拘泥于形式
31. 表扬工作优良者	32. 对员工很支持	33. 自我激励反省	34. 资讯流通分享	35. 快速掌握机会
36. 环境应变能力	37. 凡事理性分析	38. 注重企业形象	39. 强调产品品质	40. 讲求与众不同

表 14-6 OCP 量表二

现 状	偏 好
头等重视：□□ 第二等重视：□□□□ 第三等重视：□□□□ 第四等重视：□□□□□□ 第五等重视：□□□□□□□□ 第六等重视：□□□□□□ 第七等重视：□□□□ 第八等重视：□□□□ 第九等重视：□□	头等重视：□□ 第二等重视：□□□□ 第三等重视：□□□□ 第四等重视：□□□□□□ 第五等重视：□□□□□□□□ 第六等重视：□□□□□□ 第七等重视：□□□□ 第八等重视：□□□□ 第九等重视：□□

通过这类的分类，你可以判断出企业价值观中哪些是企业现在所重视的，你还可以和偏好的价值观相比较，看看价值观还需要做怎样的改进。如果按头等重视（重要）到第九等重视（重要）按 9-8-7-6-5-4-3-2-1 的方式计分，则每个价值观都有具体的得分。你可以通过组织企业中熟悉企业文化和企业经营的人员组成一个团队，通过讨论发现本企业"客观"和"将来应该（偏好）"的价值观条目得分。这样，你还可以去观察企业员工和企业之间对价值观的现状和偏好的差距。这些信息对于企业的价值观建设是非常有用的。例如，如果你的企业现状中"稳定发展"、"井然有序"排名靠前，而偏好反映出"冒险精神"、"快速掌握机会"和"结果重于过程"排名靠前，那么在设计企业价值观时，就要注意反映创新、结果导向的内容。你还可以考察员工们的偏好和企业偏好之间价值观的差距，重点通过各种方式向员工灌输差距大的价值观。

3. 我国的情况

清华大学经管学院是国内最早涉及企业文化量化研究的商学院，并且专门成立了企业文化测评的项目科研组，对中外企业文化的量化管理进行了较为系统的研究。并在此基础上，提出了由八个维度 40 多道测试题组成的测评量表。分别为：客户导向、长期导向、结果导向、行动导向、控制导向、创新导向、和谐导向和员工导向。相对而言，清华大学经管学院的量表显得更为详细，能较为准确地测量出企业文化的优势所在。其理论基础也是目前中国企业文化测评中心（CCMC）的企业文化核心价值观的测评量表的来源之一。

目前，中国企业文化测评中心（CCMC）所建立的企业文化测评量表体系是自2002年起，在吸收了国外成熟的企业文化量化研究和国内著名商学院的研究成果的基础上，经过100多家中国企业的企业文化实践检验，建立的科学、权威、简单、有效的测评体系，分别由：企业文化类型、企业文化核心价值观和企业文化环境测评三大部分组成，三个部分分别从组织和员工个人的角度测评出企业文化运动的方向和规律，三者之间具有密切的关联度，组成了严密的企业文化测评量表系统。并以此为核心，针对企业的具体实际开发具有针对性的企业文化测评量表，如金融行业文化测评量表。最终通过企业文化雷达图将企业文化运动的方向和规律直观形象地表达出来，为企业文化的诊断、提炼、贯彻、评估乃至变革提供科学客观的基础。

此外，香港科技大学的忻榕、徐淑英教授采用开放式问卷和典型组讨论的方法，探讨了中国国有企业文化的结构，辨识出了十个企业文化的维度，并和OCP量表对比了异同之处。今后如果在国内能产生更多此类规范的企业文化质化研究，无疑会为测量研究打下良好的基础。

本 章 小 结

组织文化自20世纪70年代开始兴起，其孕育的理论基础是丰富的管理学和文化学。另一方面经营管理实践对理论发展的需求也引发了对组织文化的热烈探讨。

组织文化就是指组织成员的共同价值观体系，它使组织独具特色，区别于其他组织。具体地，它还包括组织内独特的信念、假设、期望、追求、价值准则、行为规范、处事方式以及物质环境等。

组织文化的类型被杰弗里·桑南菲尔德分为学院型、俱乐部型、棒球队型和堡垒型四种类型；罗杰·哈里森则把组织文化分为权力文化、角色文化、任务文化和人本文化；而我国有学者则将组织文化划分为功能型文化、流程型文化、基于时间型文化和网络型文化。

组织文化有着规章制度不可替代的作用，但是当组织面临变革、多样化或者兼并收购的时候它也有可能成为组织的障碍。

最初的组织文化源于组织创建者的个人价值观，而组织现任高级管理人员的行动、甄选过程以及对员工的社会化方式也不断巩固和维系着组织文化。并且组织文化通过组织特有的故事、仪式、物质象征和语言在组织内部进行着传承。

评价文化的方法共有四种：人种学描述法，区域从属法，直接的价值观推断法，间接的价值观推断法。它们各自提供的数据都有所不同，各有优点和缺点，在研究中的使用情况也各异。

常用的文化分析模型有两个：克拉克洪—斯托特柏克构架和霍夫斯塔德的构架。

组织文化的定量化测量，一般有企业层面和个人层面的两种典型测量问卷。前者关注的是组织文化和企业有效性之间的关系。这类测量问卷中,主要是为了深入探究组织文化如何影响企业的有效性。较有影响力的有 Denison 构建的组织文化问卷(organizational culture questionnaire,简称 OCQ)、Quinn 和 Cameron 构建的组织文化评价量表(organizational culture assessment instrument,简称 OCAI)。而后者认为组织价值观是组织文化的核心,大多数个体层面上的组织文化量表严格地说都是组织价值观的量表。这些测量问卷以 Chatman 的 OCP 问卷影响力最为广泛。

复习思考题

1. 制度化和组织文化之间有什么关系?
2. 列举国内外对组织文化类型的划分,并试图举出相应的企业案例。
3. 文化有哪些功能?它又是怎样对组织产生束缚的?
4. 哪些因素影响着组织的创造、维系和传承?
5. 分别按照克拉克洪—斯托特柏克构架的六项维度和霍夫斯塔德构架的四个维度比较中国、美国、日本的文化区别。
6. 组织文化的分析方法有哪几种?试比较几种方法的优缺点。

案例 3M 的管理哲学

一、背景资料

3M 公司是坐落在美国中西部明尼苏达州首府圣保罗市的一个巨型企业,不仅在财务上创下令人美慕的纪录,最重要的是它有一套独特的管理文化和管理哲学,借助于这套管理文化和管理哲学,公司在创新产品方面取得了举世瞩目的成就,3M 在这方面的卓越表现,绝非偶然。在这套企业价值观的指引下,公司所采取的多元产品的发展策略,使这个巨型企业把创新渗透到各个领域、各个环节、企业管理的各个方面。3M 公司 1980 年的营业额高达 61 亿美元,名列财富杂志 500 家大企业第 51 位,可以说是顶呱呱的"巨型企业":迄今 3M 总计已经发明了 5 万种新产品,几乎平均每年推出 100 种以上的产品,拥有 40 个产品部门,而且每年有新的产品部门成立。60 亿美元的营业额,3M 的税后纯利润就高达 6.78 亿美元,位居"财富"100 大排行榜第 5 名,仅次于索喜奥石油(Solilo)、柯达(Kodak)、IBM 以及美国家用产品公司(American Home Products)。

二、3M 公司的企业文化和管理哲学

(一)培育热衷奉献的企业精神和"创新斗士"

3M 公司企业文化最大的特色,就是公司所推行的热衷奉献的企业精神和培育"创新斗士"的企业战略。在这种企业理念的指引下,3M 公司大力开展多元化经营策

略,它所从事的行业很多,其中以胶带与其相关产品(包括透明胶带 Scotch Tape)为最大,占其营业总额的17%,其他营业项目包括印刷系统、研磨剂、粘胶、建筑材料、化学制品、保护药、摄影产品、印刷产品、录音器材、电用制品、保健药品等。尽管实施了多元化战略,3M 公司主要还是被化学工程师所驾驭,以发展上漆与砌合工业技术为重心,但这并不表示他们只会开发普通毫无特色的产品。财富杂志指出,3M 公司在过去两年中推出的新产品包括:用于游泳保护的防晒乳液、加速外科医生缝合伤口的特殊缝合器、不需加入昂贵的银元素的特制平版胶卷、以及可以抑制杂草生长的药剂等。

  3M 公司在实施企业文化和企业精神培育中,极力培育员工一个重要的观念,即"热衷、奉献"的企业精神,公司决策层指出,培育热衷奉献的企业精神,是企业员工从事任何工作所必需的,就拿新产品开发来说,没有热衷奉献的企业精神,公司的新产品开发就不可能有今天这样的成功。财富杂志对于这种观念曾作评论如下:"最令 3M 感到欣慰的是,公司每个人在开发新产品时,或是把别人没有信心的产品成功地推入市场时,或想出如何大量降低生产成本时,都能把产品当作自己的事业一样来处理,而且上司多半都放手让他们这样做。"3M 公司非常重视建设"创新斗士"的支援系统,公司管理人员成为创新者的"保护者"。由于公司的创新传统由来已久,主管本身必然经历过发明新产品的过程,如作风怪异、不按牌理出牌、曾遭受封杀、热衷埋头苦干于某项发明工作,也许曾在那儿对着自己心爱的发明熬了十年以上。但是如今,身为主管,坐镇在那儿,负责保护年轻一辈的"创新斗士",使他们免于公司职员贸然的干扰,适时把这些干扰者赶出"创新斗士"的避难巢。在 3M 公司,主管为了保护年轻的"创新斗士",往往会来上一堂企业文化教育课,在鼓励创新者的同时,批评干扰者,为创新者开辟创新的通路、创造良好的创新氛围。"船长那穷饶舌,不到舌头流血是不会罢休的。"这是海军用来形容年轻军官第一次引航指挥大船进入港口的情形;但是在 3M 公司,则是用来形容主管把开发新产品的重要任务,交给年轻一辈的苦口婆心过程。在 3M 公司,"斗士主管"并非是"顶头上司",而是雇来利用他的耐心与技术,负责培养新生代的创新斗士。"创新产品小组"(new venture team),是 3M 公司支援系统的基本单位。这种创新专案小组具有三个重要特征,即由各种专业人才全力共同参与的无限期任务;全是自愿者、具有相当的自主权。

  一个创新小组的成员至少要包括技术人员、生产制造人员、营销人员、业务人员或财务人员,而且全部都是专职的。3M 公司的决策层明白,在这种制度下,有些成员也许不能立刻派上用场,而造成人才浪费的现象。例如,在发展的初始阶段,大概只需用1/3 的生产制造人员,但是 3M 公司似乎愿意付出这种代价,好让工作人员专心一致、热衷投入工作。他们的观点是,唯有指派专任工作,才能促使员工全力以赴,专注于一项任务之中。3M 另一个刺激员工效忠奉献的方法是,让创新小组的成员完全由自愿者来组成。一位 3M 主管表示:"小组的成员都是招募而来的,公司绝不硬性指派。这其中有很大的区别,比如说,假定我是个营销人员,被指派去评估技术人员的构想,在大多数的公司里,通常我只请他把所有缺点都挑出来。然后说这个构想很糟,我就能苟然脱身了事。……可是如果我是自愿参加小组工作的话,这种事就不可能发生了。"最后,3M 公司还特别保证,创新小组具有相当的独立自主权与工作保障。公司规定,在新产品发表会以前,小组成员不得解散。麻省理工学院研究3M公司有20年之久的罗勃斯(Edward Roberts)指出,3M公司对小组的工作人员说:"我们对你们的承诺是以整组成员为单位,要你们达到公司评估工作表现的规定标准,公司自会让你们随着新产品进入市场,步步升迁,随着产品销售业绩的成长,获取应得的利润,万一你们失败了,我们还有个后援补救制度,那就保证是让你们再回到参加小组前的那个职位。"

为了保证3M公司培育热衷奉献的企业精神和"创新斗士"的制度,3M公司实施奖励制度,不论是对整个小组或个人,都有鼓励作用。当他们的产品发展计划越过重重障碍,有所成就时,组里每位成员都会因此获得晋升,这样,创新斗士自然获益匪浅。那么,在3M公司中,一个成功的创新小组的工作人员,他的事业前途有何展望呢?罗勃斯作了如下的描述:"在3M公司,一个人只要参与新产品创新事业的开发工作,他在公司里的职位等级与酬佣类别,自然就会随着产品的营业成长而改变,比如说,他也许一开始只是个生产第一线的工程师,领这一职位等级最高或最低的薪水,一旦他的产品打入市场后,就可晋升为'产品工程师'。当产品每年的销售总额达到100万美元时,这个产品成为'具有充分资格'的产品,而这时他的职称与支薪等级都有了重大的改变。等到该产品销售额突破500万美元大关的时候,他就可以做到整个产品线的'工程技术经理'了。假如该项产品再进一步破了2 000万美元大关,就可升格为一个独立的产品部门,他若是开发该产品的主要技术人员,这时就自然成为该部门的'工程经理'或是'研究发展主任'了。"

假如你想要深入了解3M是如何激发公司内部的企业活力的话,最好从整个公司"价值观"开始了解,尤其是它的"第十一诫:切勿随便扼杀任何新的构想。"公司有时或许会拖拖拉拉,不够积极,或是不肯准予成立一个创新小组,但它绝不会射杀新构想的创导者。为了进一步了解3M公司是如何培养整个公司企业的价值观,可以从3M公司的每一个高级主管的经历中得到有关的内容。该公司前几任董事长以及几位重要决策者都有一段脍炙人口的成功发明史,整个3M公司的最高主管阶层就是年轻一辈学习仿效的典范。那些希望成为创新斗士的年轻人,往往从这些前辈的事迹中得到启示与激励,德鲁与博顿的发明过程,就是一个典型的例子,对公司年轻的一代,常富有启发性。根据现任董事长李尔说,"我们的业务人员到汽车工厂例行检查时,注意到工人正在为新型双色汽车上漆,因为两种漆老是会流到一块,而感到束手无策。当时实验室一位名叫德鲁的年轻技师,研究开发出一种可以掩盖不需油漆部分的强有力胶带,于是不但解决了汽车油漆工的问题,同时也为3M公司发明了第一个纸带产品。到了1930年,也就是在杜邦推出玻璃纸的6年后,德鲁又研制出把粘胶涂到玻璃纸上的方法,透明胶带就是这样诞生的。不过,刚开始只用于工业包装上,直到一位3M的业务经理博顿,发明了一种内有切纸刀片装置的卷轴,透明胶带才真正开始推广,广泛应用到办公室里。"这个代表性的小故事,反映出3M公司的典型作风,并具有重要的意义:1)企业与顾客相互影响的密切关系。2)显示出并非只有技术人员才能发明新产品。3)对3M公司而言,任何新产品的发展计划都具有无限的市场潜力。

(二) 3M公司不畏失败、鼓励创新的企业价值观

3M公司历来有鼓励创新、不畏失败的企业传统,对于成功者,他们给以英雄式的

款待,对于失败者,他们照样给以鼓励。

创新斗士一旦发明成功了,立刻会受到3M英雄式的热情款待。李尔自豪地指出,"每年都会有15个到20个以上行情看好的新产品,突破百万元销售大关。你也许会以为这在3M公司不会受到什么注意,那你就错了。这时镁光灯、鸣钟、录影摄影机,全部出笼热烈表扬这支企业先锋队的成就。"就是在这样的鼓励下,3M公司年轻的工程师勇敢地、带着新构想,跨出象牙塔,到处冒险。在3M的价值观里,几乎任何新产品构想,都是可接受的。尽管该公司是以上漆与砌合工业为主,它并不排斥其他类别的新产品。罗勃斯观察说:"只要产品构想合乎该公司财务上的衡量标准,如销售成长、利润等,不管它是否属于该公司从事的主要行业范围内,3M公司都乐于接受。"而且,在3M公司,失败者是会受到鼓励的,所谓"有志者事竟成",公司决策层鼓励员工这样做。李尔董事长经常利用过去的实例,勉励员工,不要怕失败,即使失败也切勿气馁,应当发挥企业家奋斗的精神,他说:"在3M公司,你搞科研开发有坚持到底的自由,也就是意味着有不怕犯错、不畏失败的自由。"不屈不挠、坚持到底,在3M公司终有成功的一天。一位3M的主管指出:"我们不会随便扼杀新构想,但有时难免会把一些构想给打歪了。毕竟我们是在'人'的身上下赌注。有时你总免不了在迫不得已的情况下,必须终止一个尚未成功的产品计划。但就是这样,你才能迫使那些真正狂热的发明者,想尽办法,非使他的产品计划成功不可。"

乍看起来,这似乎是非常自相矛盾的做法:一方面非常支持任何有潜力的产品构想发展;另一方面又绝不随便过度在这上面投资,因为3M公司毕竟是个非常讲求实际效益的公司。他们典型的做法通常是这样的:假如一个"创新斗士"的产品构想,已由理论阶段发展到成形阶段。他们可以开始组织创新小组,通常是五六个人一组。但计划发展到一半,忽然遭遇意想不到的困难,这时3M公司就会很快地取消这项发展计划,不过,这位创新斗士若是真的非常热衷于这项计划,公司非但不会反对,反而会鼓励他独自或是找个伙伴,花精力继续坚持下去。3M公司发现,大体而言,一个新产品要经过十年以后,市场才会真正接受它,所以,在此之前创新斗士必须经历一番盛衰更迭的命运,直到最后,市场才会成熟,时机终于来到,他的创新获得重现,开始扬眉吐气,出人头地。3M公司是第一个将产品创新视为一种数字游戏的公司。负责研究发展部门的副总经理亚当斯(Robert M. Adams)道出3M公司所持的态度:"我们公司的作风是,做一点,卖一点,然后再进一步开发一点。"他的一位同事进一步阐解3M公司的策略说:"从小处着手,朝大目标迈进。投下适当的资本,取进一步所需的知识技术、增加利润,很短的期间内,进行无数个小试验。一项新发展就是一连串的出击汇集,只要是有可能发展成大发、利市的产品,该计划决不会受到不必要的干扰,任何新构想都具有无限的发展潜力。"因此,在3M公司,到处可以看到,"创新斗士"在那儿一个一个地试验着,但大多数都遭到失败的命运,少部分稍有收获,最后总有几个通过重重考验终于获得成功。

凡是想要组织一个创新小组的斗士,物理专才也好,微机专才也好,3M公司都乐于提供研究基金,供其使用。而且在圣保多市,器材设备齐全的总公司本身就是一个优良的实验场所,他们能够把几个构想迅速地转换成几个上市的新产品,这种本领足以令人叹为观止。而且,整个新产品发展过程使用者(顾客)从头到尾都会参与其中。更令人惊讶的是,3M 公司每个新产品发展计划书非常简短,平均大约只有 5 页。然而,一位 3M 公司副总裁却不以为然地说:"你们对于 3M 公司这一点完全估计错了,在大多数的公司里,新产品提案书通常至少在 200 页以上,在 3M 公司,第一次提出新产品提案,只需用一个条理分明的句子说明就行了。"这位副总裁接着说:"在开发的初级阶段,我们不会把时间、精力无谓地浪费在计划一切都还是生死未卜的事情上。我们当然要有计划,如精密周详的销售实施计划,但一定要在研究发展到相当程度,有所端倪之后,才做这些详细的计划。在一开始,还没根据顾客的需求做些简单的实验之前,我们为什么要把时间用来写上 250 页的计划书?"同样的道理,3M 另一位主管表示:"经验告诉我们,在新产品尚未进入市场前,我们实在无法精确地预估新产品将会有多少销售成长,因此,我们现在都是在产品上市以后才做销售预测。"在对 3M 公司的组织结构的评价上,罗勃说,若是单从理论上来看,3M 公司的组织结构似乎并没有什么独特之处。一位 3M 主管甚至用更强烈的措辞说:"组织结构上的形式与我们根本不相干。"话虽如此,3M 公司的组织结构多少仍是有几个重要特征的。3M 公司始终维持分权自主的组织结构,10 年前,3M 就已有 25 个部门,发展到目前已有 40 个部门,而且仍将继续成立新部门。与其集中追求一个部门的业务成长,3M 宁可采取分散的方式,这一向是 3M 公司通向成功必经的途径。此外,在 3M 公司若是某部门产品开发小组的工作人员提出一项新构想,正常途径是先向直属上司申请发展基金,要是遭到上司的拒绝,这时 3M 公司就可以通过企业有关规章制度中的规定和企业文化手册中规定的有关条款,转向另一个申请部门,若是再度吃到闭门羹,还可再转向其他部门申请,他也许是属于开发粘胶产品小组,但可以随心所欲到其他各个产品部门,兜售他的新构想。即使他仍旧四处碰壁,几乎到了穷途末路的地步时,3M 还有个最高法庭,即"创新事业发展部门",供他们提出最后的申诉。通常,真正非常高深特殊的研究提案,都在此获得最后的判决。

三、点评

1. 为什么这样的方式能在 3M 公司做得如此成功呢?很简单,3M 公司利用各种激励机制,鼓励主事者这样做:任何一个创新小组的筹划者,只要他能争取到外来的基金来支援小组的研究开发,他就会获得相当的报偿奖励。这项规定也同样有效地应用到部门主管之间。此外,在 3M 公司,还有许多直接的奖励制度,促使你寻找机会推销你的构想,或是尽量找机会发掘新构想。为了配合这套制度的发展,3M 对于人事的调动非常富有弹性。例如,甲小组的工作人员的构想,一旦被乙小组的一位部门经理所采纳,那么这位工作人员便可随着他的构想一起转移到乙小组工作。还有其他相关的规则,如 3M 公司规定每一个部门最近 5 年的新产品的销售额,至少要占该部门总营业额的 25%。通常这样的营业目标,在其他公司都是以整个公司为基准的,但事实上,这种目标在企业中下层各部门就可以达到的。因此,3M 公司始终要求各个部门必须达到这个目标,迫使 40 个部门主管不得不竞相努力开发研究新产品。

2. 在 3M 公司的企业文化中最重要的一个观念,也是公司一再强调的观念,那就是整体性和系统性,公司的成功绝不只是建立在一两个因素上,当然,不可否认的,"创新斗士"、"斗士主管",以及创新小组是整个创新过程的重心。然而,他们之所以能成功,主要还是因为有众多的英雄从各方面的支援:公司价值系统的支持、有容忍失败的气度、采取渗透特殊市场的策略、密切的顾客关系、由小而大的开发研究方式、富有弹性的公司人事组织、没有过多的纸上作业与繁文缛节、激烈的内部竞争,综合这些因素,经过多年来一起共同发挥作用,才使得3M公司这种创新产品的策略能有今日如此杰出成功的表现。

3. 在一个积极、创新、追求成功的企业环境中还有一大特色,那就是有容忍失败的宽宏雅量。3M公司的企业文化中的信条之一就是:"你必须接受失败。"爱默生公司的奈特也强调:"你需要有承担失败的能力。除非你肯接受错误,否则你不可能有任何创新、突破。"对失败的容忍精神已成为杰出公司的精神内涵之一,3M公司的这个企业文化精髓是直接由公司高阶层灌输和培养起来的,这种企业精神和"创新斗士"意味着企业在创新中必须经历无数的试验,遭受多次失败;否则,就无法从失败中学习新的知识,不过,最值得注意的是:经常性沟通,能将失败所带来的打击与惩罚,减少到最低程度。最严重的挫败,亦即那些真正会留下疮疤的失败,通常是在缺乏认真明确的指导沟通的情况下,任由计划进行了好几年所产生的后果。但在杰出公司里那种开放的沟通环境中,上司与属下、同事之间,开诚布公,互相沟通交换意见,你根本无法隐瞒任何事情,而且实在没有必要这样做。因此,"创新斗士"的支援系统很多,支援的方式更是不虞匮乏。"创新斗士"是不会自然而然就产生,所谓时势造英雄,要有适当的环境才能培养出来的,如公司的传统精神、多方面的支援系统、对失败的容忍态度等,鼓励培养出这批努力不懈的"创新斗士",而不只限于几个富有创意的奇才。

(来源:《中外企业文化案例》作者:刘光明)

问题讨论:

1. 3M公司培育热衷奉献的企业精神和"创新斗士"的特色是什么?它对公司的成长产生了什么作用?

2. 3M公司组织文化和企业理念对开展多元化经营策略及它所从事的行业产生了什么影响?

3. 3M公司的企业价值观是什么?对于成功者,3M公司是怎样对待的?对于失败者,他们又是怎样对待的?

4. 为什么说3M公司的组织文化是直接由公司高阶层灌输和培养起来的?

第十五章 组织变革与发展

【学习目标】

学完本章后，你应该能够：

1. 掌握组织变革的定义；
2. 理解组织变革的原因；
3. 掌握几种主要的组织变革模型；
4. 描述说明组织变革成功的"七因素"模型；
5. 总结抵制变革的个人原因和组织原因；
6. 列举克服变革阻力的方法；
7. 列举学习型组织的特征；
8. 定义组织发展；
9. 描述五种具体的组织发展方法；
10. 了解组织发展专业人员的资质模型。

【开篇案例】

旭日升的变革

  人们记忆中的旭日升"冰茶"是 1993 年以一个供销社为基础发展起来的饮料巨头，初期发展迅猛。1995 年，旭日升冰茶销量达到 5 000 万元。1996 年，这个数字骤然升至 5 个亿，翻了 10 倍。在市场销售最高峰的 1998 年，旭日升的销售额达到了 30 亿元。

  旭日升的成功很大程度上是因为它选择了一个百姓熟悉而市场欠缺的切入点，并创造了一个全新的"冰茶"概念。1999 年，旭日集团确定"冰茶"为集团商品特有名称，并在工商局注册。

  另外，创业早期，旭日集团在全国 29 个省、市、自治区的大城市密集布点，建立了 48 个旭日营销公司、200 多个营销分公司，编织起了庞大的营销网络。短短几年间，旭日集团一跃成为中国茶饮料市场的龙头老大。

  旭日升的成功引来了众多跟风者的竞争。康师傅、统一、可口可乐、娃哈哈等一群"冰红茶"、"冰绿茶"相继出现在了消费者的面前。旭日升"冰茶"的独家生意很快就被分食、弱化了。2001 年，旭日升的市场份额从最初的 70% 跌至 30%，销售额也随之大幅下降。

  伴随着产品先入者的优势被削弱，管理上的问题也就越来越多地暴露出来。

  据介绍，在渠道建设方面，不论进入哪一个城市，不论什么职位，旭日集团都从冀州派遣本地人马。但是管理这些网点的制度规范却很滞后。总部与网点之间更多的是激励机制，少有约束机制。

  集团采取按照回款多少来考核工作。有报道说，有些从集团派出的业务人员为了达到考核要求，私自和经销商商定：只要你答应我的回款要求，我就答应你的返利条件；可以从集团给你要政策，甚至允许你卖过期产品。更有些业务人员，主要的精力，除了催款和许诺，就是和经销商一起坑骗企业。

  面对如此严峻的形势，旭日集团开始了变革。变革的力度可以用"大破大立"来形容。

  第一步是企业高层大换血。目标是将原来粗放、经验主义的管理转为量化、标准化管理。集团引进了 30 多位博士、博士后和高级工程师，开始接手战略管理、市场管理、品牌策划和产品研发方面的工作。其中集团的营销副总经理就是可口可乐中国公司的原销售主管。

  第二步是把 1 000 多名一线的销售人员重新安排到生产部门，试图从平面管理向垂直管理转变。集团总部建立了物流、财务、技术三个垂直管理系统，直接对各大区公司进行调控，各大区公司再对所属省公司垂直管理。这样的人员调动是集团成立 8 年来最大的一次。

  第三步是把集团的架构重新划分为五大事业部，包括饮料事业部、冰茶红酒事业部、茶叶事业部、资本经营事业部和纺织及其他事业部，实现多元化经营。

令人意想不到的是,大刀阔斧的变革并没有让产品的市场表现有所好转,相反,组织内部却先乱了。

在"空降兵"进入集团并担任要职后,新老团队之间的隔阂日益加深。国外来的"洋领导"移植的成功模式在元老那里碰壁,元老们的经验之谈在新人那里触礁。由于公司最初没有明确的股权认证,大家都不愿意自己的那一份被低估,元老们心里想的是"当初我的贡献比你多",而新人则认为"今天我的作用比你大"。

旭日升高层大幅调整之后,又把1 000多名一线业务人员调回生产部门,单从这一点就能想象出变革带来的震荡有多大。人员的调整不仅关系到个人利益的重新分配,更重要的是,它关乎销售渠道的稳定性和持续性。于是矛盾不可避免地尖锐起来,企业出现了混乱。

自2001年,如日中天的旭日升开始明显地滑落,2002年下半年,旭日升停止铺货。一度风光无限的"旭日升"渐渐成为人们脑海中的一个回忆。

对于旭日升衰落的原因,也有不同的说法。但是知情人士认为,始自2000年的企业内部"管理变革"才是真正的要害所在。这好比是一个体质很差的病人,给他服用药力太猛的补药,可能在病尚未恢复之时就丢了命。

旭日升的变革失败,使我们要考虑变革承受力的问题。当组织无法承受这样的变革时,再好的解决方案也无济于事,反而会造成组织的动荡和衰败。亲爱的读者,您怎样看待这个问题?如果您是当初旭日升的决策人,您又准备如何实施变革?

第一节 组织变革的基本概念

近代的管理哲学家说:凡事多变,就像历史是时间的洪流一般,而唯一不变的是变革(The only constant is change.)。这种"不变"通常不是规划的改变,是非意志所能控制的。当今正是一个变化多端的时代,全球市场一体化的不断深入,新技术、新产品大量出现,政治变化风起云涌;我国企业与组织也处于高新技术、全球化经济以及改革开放全面深化的环境中。动态的、变化不定的环境要求组织去适应,组织只有不断进行有效的变革,才能适应新的不断发展的形势。

一、什么是组织变革?

所谓的组织变革是指组织受到外在环境的冲击,并配合内在环境的需要,而调整其内部的若干状况,以维持本身的均衡。组织总是不断地进行一定的变革,比如工作流程调整优化,甄选与录用,机构改革与整合,执行新制度,实施新技术等等。组织总是面临来自竞争对手的、信息技术的、客户需求的各种压力。因此,组织变革已经成为管理的重要任务之一。

组织变革概括地说可以分为五类:组织结构变革、技术变革、组织管理制度变革、人员变革以及组织物理环境变革。结构变革涉及对权力关系、协调机制及其他类似的结构变量的改变。技术变革包括对工作流程、方法以及所用设备的调整。人员变革涉及对员工态度、技能、期望、观念和行为的改变。组织管理制度变革包括组织的管理理念与管理方法的改变。物理环境变革包括对工作场所的位置和布局安排的改变。

图 15-1　变革类型

二、为什么要组织变革?

美国管理咨询专家汤姆·彼得（Tom. Peters）（王英，1995）把企业组织为什么要变革归纳为"企业变革十要素"（见表15-1）。

表 15-1　企业变革十要素

	要素	描述
1	前所未有的不确定性	与20年前相比,今天的任何事情都变得不稳定和难以预测,而绝大多数处于困境无法解脱的公司恰恰是拒绝正视这一点。
2	市场细分化	今天的市场被越来越细分化了,但是,大型公司的传统优势却是大规模生产。于是,在细分市场面前,它们面临着小公司的强劲挑战。
3	时间	速度、灵活性、适应性已经成为竞争的主要手段,因为在计算机时代,任何决策结果可以被迅速反馈。
4	质量、设计与服务	在这个已经充分国际化的年代,质量、设计与服务的激烈竞争使得企业除非"迷恋"于质量、设计与服务的不断进步,否则只能自食受顾客冷落的苦果。
5	大公司行为	大公司往往机构臃肿,官僚作风盛行,懒于进取和变革。在朝气蓬勃、灵活机动的小公司面前,大公司的优势正在丧失。除非在未来通过变革保持和发扬优势,否则,它们将被市场竞争所淘汰。
6	组织结构	等级制度已经成为过去,随着管理信息系统、计算机网络系统和专家系统的建立,没有传统的"完备的管理阶层",亦可发挥正常的功能。
7	规模经济作用的弱化	规模经济的老观念已经受到了挑战,规模大固然对聚集资本和控制市场有利,但是,未来的巨型企业将是由一群小企业聚集而成的企业集团。
8	协作网络	如今,一家成功的公司不可能脱离其他公司,它必须依赖与其他企业的协作网络。相互协作的公司必须着眼于共同成功和共同获利。

续表

	要 素	描 述
9	国际化	现今,任何企业的经营都是共同的而不是孤立的。由于信息可以在全球范围内充分传递,任何国家的市场都不仅仅是本国企业的市场,而同时也是其他国家公司的市场。
10	工作内容丰富化	生产线上的工作是受到批评最多的领域,在未来,必须给予操作工人更多的决策权和参与权。

罗宾斯(2003)将能够激发变革的因素概括为劳动力的性质、技术、经济冲击、竞争、社会趋势、世界政治六种力量。

表15-2　变革的动力

动　力	例　子
劳动力的性质	文化多元化 专业人员的增加 许多新员工技术不足
技术	电脑速度更快价格更低 移动通讯设备 人类基因编码的破译
经济冲击	网络公司股票的起落 欧元价值下跌 安达信公司倒闭
竞争	全球竞争者 兼并与联合电子商务成长
社会趋势	网上聊天室 社会老年化 离婚率上升
世界政治	伊拉克战争 全球反恐怖主义 中国市场开放

国内2004年开始出现的"民工荒"、"技工荒",以及国际化人才争夺,大学生扩招造成的毕业生猛增使得劳动力性质发生变化,几乎每个组织都不得不进行调整以适应环境。为了吸引和留住以多样化为特点的劳动力队伍,人力资源政策和实践也必须加以变革。另外,许多公司不得不在培训方面大量投资,以提高员工的阅读、行政、计算机及其他技能。

技术使工作和组织发生了变化。例如,由于计算机控制取代了直接监督,使管理者的控制跨度更为广泛,组织结构也更扁平。不但组织越来越具有适应性,他们的员工也是如此。在有关群体和组织设计的讨论中,我们谈到许多工作正在重新设计。从事狭窄、专业化、常规工作的个体正在被工作团队所取代,团队成员从事多种工作并积极参与群体决策。

经济的变动给组织带来巨大的冲击。近几年,证券市场持续低迷,中国国有资产改革与重组。这些经济冲击对某些行业和公司的影响尤其厉害,当他们遇到这些经济冲击时,所产生的后果非常严重。

全球经济意味着竞争者来自国内也来自国外。成功的组织将是那些根据竞争做出相应变革的组织。它们紧跟时代的脚步，能够迅速开发新产品并投放市场。它们依赖于短、平、快进行产品的开发和生产。换句话说，它们很灵活地适应竞争需要。

社会趋势也需要组织去适应。例如，结婚和离婚两方面有一个明显的趋向。年轻人的婚姻推迟，离婚率不断增加。这种社会趋势导致的明显后果是单亲家庭数量不断增加。而单亲家庭对住房的需求也随之上升。如果你在房地产公司工作，这是一个决定房屋大小和布局的重要因素。同样，单身家庭的膨胀增加了对单份冷冻食品的需求，而这种要求和食品制造组织息息相关。

伊拉克的战争让萨达姆倒台，海湾的紧张局势让原油市场价格像跳台阶一样上涨，全球与石油相关的组织都受到影响，不仅如此，整个世界的进出口贸易都受到海湾局势的左右，比如浙江温州就有很多企业因为伊拉克局势的动荡，得不到订单或者终止供货，不得不停产。

Andrew H. Van De Ven, Marshall Scott Poole (1989) 总结各个学者的观点，将组织产生变革的原因归纳为四类，简要说明如表 15-3 所示。

表 15-3　关于组织变革原因的相关理论

类　别	内　　容
生命周期论	许多管理学者引用有机物的生长过程，启发式地比喻组织体由初始状态到最终状态的发展过程。用有机物的诞生、发育、成熟、衰弱直至死亡来说明组织的生命周期。依据生命周期说，变革是时机成熟时发生的。也就是在发展中的组织体中，内建着一个形式、一种逻辑、一项程序或一组密码，促使组织体依循一定的变革程序，由现在的状态过渡到预先所设定的结果状态。组织体的发展，终究还是受制于这个预先设定的因子操控。
目的论	依据目的论，组织体的发展，是朝向一个目标状态前进。目的论假定，组织体能有目的性地或调适性地行动，不管是自我行动或与其他人或组织体互动。也就是说，组织体已建构了目标状态，组织体能透过行动达到目标状态，组织体能自我省察前进方向。因此，这个理论认为组织发展就是：目标形成、执行、评估乃至于基于自身的认知与意愿而修正其目标等周而复始的一系列行动。
辩证论	组织体存在于多元体系中，充斥着相互冲突的事件与力量或相互矛盾的价值观，相互竞争以期能够获得优势或控制权。这些对立，可能存在于组织体内，或者一些相互冲突的目标间，或者一些相互冲突的利益团体间；也可能存在于组织体外，组织体与其他组织体间。辩证论势必存在两个以上的个体，相互对立而处理其间之冲突。
演化论	演化在于解释组织体重复地、累积地、随机地发生突变（variation）、选择（selection）及留存（retention）的演变过程。在组织及管理的应用上，演化论大都用来描述组织人员的整体变革。但不管组织是何规模水平，演化论模型都可用来解释组织间发生突变、选择及留存的演变过程。

三、进行怎样的变革

1. 无计划的变革和有计划的变革

某高校食堂员工向管理人员反映："我们中的大部分人无法承受从早上 6 点开始到下午 6 点的工作，而且食堂安排如此长的工作时间也是违法的，如果你们不实行八小时工作制,我们将提起劳动仲裁并离开这里。"管理者认真地听完他们的最后通牒,同意了他们的要求。扩招了一部分员工,并实行轮班制。

一家大型汽车制造商花了数十亿美元装配了一套最先进的机器人技术,并将这套新设备应用于质量控制部。复杂的计算机控制装置能显著提高发现和修正错误的能力。这套新装置会极大改进质量控制部门员工的工作,但同时管理者也预料到相当多的员工会抵制这套新设备,所以经营人员设计出一套方案来帮助员工熟悉这项新设备并处理他们可能感觉到的各种焦虑。

以上两个情景都是变革(change)的例子。也就是说,两者都注重于使事情发生变化。但是只有第二个情景描述的是有计划的变革(planned change)。

组织中的许多变革与食堂里发生的变革类似——当事情发生后才实施变革,这种变革是无计划的。

但是,我们所关注的是预先的、有目的的变革活动。在本章中,我们把变革视为一种有意图的、目标取向的活动。有计划变革的目标是什么?主要有两个:第一,提高组织适应环境变化的能力;第二,改变员工的行为。

进行有计划的变革,需要对组织变革需求进行诊断,下图 15-2 这个模型提供了一种组织变革需求诊断的思路。

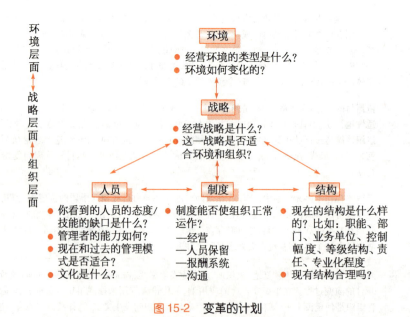

图 15-2　变革的计划

资料来源:Liz Clarke(1998),Change. Prentice Hall Press。

图 15-2 为我们展示了在进行有计划变革中,需要涉及哪些因素。这个模型显示了在组织变革中,环境、战略以及组织三个层面的联动关系。有计划变革开始于对经营环境发生了哪些变化的了解,而战略是对外部经营环境的挑战,但是如果缺乏组织内部各种能力的支持,战略就无法灵活的去应对外部挑战。如果我们认为配合组织资源(人员、制度、组织结构)的战略是应当适应外部环境的,那么很显然一旦环境或者战略发生变化时,组织的各个组成部分也应当发生相应的变革。总而言之,我们在考虑进行有计划变革的任何时候,都应当充分分析上图中所涉及的各个要素以及各要素之间的联动关系。

2. 从活动开始的变革和从结果开始的变革

大多数公司的重要绩效改进方案在经营和财务业绩方面所起到的作用微乎其微，因为管理层关注的是活动，而不是结果。通过推行以活动为中心的方案，诸如七步式问题解决办法、统计过程控制、全面质量管理培训，管理者误以为有一天结果会自然而然地显现。但由于在活动与结果之间并无明确的联系，这种改进很少能显现出来。罗伯特·H·沙佛和哈威·A·汤姆森（1992）建议采用另外一种方法——以结果驱动的改进方案，它关注的是要在几个月内实现的具体、重要的经营改善。

（1）从活动开始的变革。

以活动为中心的方案依赖于范围宽泛的政策，更注重于花费大量时间的准备工作，而不是获得一些重要的结果。引入这些方案的公司有一种错误的假设：只要它们足够多地执行了"正确的"改进活动，真正的绩效改进就必然会成为现实。这些方案的核心——我们称之为"以活动为中心"——是一种根本错误的逻辑，它把目的与手段、过程与结果混为一谈。这种逻辑建立在以下信念的基础上：只要管理者根据竞争标定了自己公司的绩效水平，评估了顾客的期望水平，对员工进行了七步式问题解决办法的培训，那么，销售额就会上升、库存量就会减少、质量就会提高。

有六种原因表明了"以活动为中心"的绩效改进方案的不利之处：

① 没有针对于具体的结果。管理者期望这些步骤能够带来更好的经营业绩，但他们对于这些活动是如何能够带来结果的，自己都没搞清楚。

② 范围过大，活动过于分散。活动与利润之间难以建立起联系的原因是，很多公司在整个组织中同时开展了大量不同的活动，因而使问题变得复杂化了。这就好像在研究某一种疾病的治疗情况时，让一组患者同时服用10种不同的药物。

③ "结果"是个忌讳之词。当以活动为中心的方案未能在财务和经营业绩方面有所改善时，管理者很少抱怨，因为害怕被别人指责为短视，即为了谋取短期效益而牺牲长期利润——正是这种主观上认定的罪名，致使企业在资金和人力资源上大量投资，并因而丧失了它们的竞争优势。真正勇敢的管理者，是那些坚持要看到自己的投资与短期有形回报之间有明确必然联系的管理者。

④ 误导性的测量办法。活动必定产生结果是一种错误的信息，一旦传播开来，活动的倡导者就容易把对活动本身的测量与对实际绩效改进的测量混为一谈，从而掩盖了自己的错误。公司在宣布其质量实施方案时所表现出的自豪感，和他们宣布自己取得了实际绩效改进时所表现出的自豪感完全一样，但他们忽视了（或根本没有意识到）两者之间的显著差异。

⑤ 职能专家和顾问驱动。绩效改进方案常常由职能专家、外部顾问或其他专家来设计，而不是经营管理者自己来设计。这一事实，更加重了以活动为中心的方案所存在的问题。在许多案例中，管理者之所以寻求外部的帮助，是因为他们自己对绩效改进的办法已经江郎才尽了。所以，当职能专家和变革大师对"全面质量管理"和"持续改进"持一种狂热的热情，并向他们承诺一个光明的未来，且这种活动只需要管理者提供信仰和资金的保证时，管理者便会张开双臂欢迎他们。

但是，大多数这种绩效改进专家的能力仅局限于发动一些相互无关的活动组合，很少直接针对具体的结果。他们设计培训课程；建立自我指导工作团队；构建新的质量测评体系。高层管理者全身心地投入到这些活动中,以缓解(至少在短时间里)自己在实际绩效改进方面所承担的重任。

⑥ 正统观念倾向,而不是实证主义倾向。由于开始和结束的界限不明确,原因和效应之间的联系也不明显,因此,在以活动为中心的改进方案中,显然缺乏这样的机会:管理者学习一些已有的有效经验,并把它们应用于未来的方案之中。相反,由于各种办法依赖的基础都是信仰而不是证据,活动的倡导者——相信自己已经知道了所有的答案——主要是鼓励人们全身心地投入到"正确的"步骤中。

(2) 以结果驱动的转型。

以结果驱动的改进措施与以活动为中心的方案形成了鲜明的对比,它避开了冗长的准备仪式,直接针对可以迅速夺取的重要战役。以结果驱动的办法具备四项活动中心方案不具备的关键效益:

① 公司只引进自己需要的管理和程序革新办法。以结果驱动的方案要求管理者明确确定他们想实现的目标,并仔细选择那些有助于实现目标的革新措施。只有当这种变革措施能够促进目标的实现时,管理者才会在管理风格、工作方法、目标设置、信息系统和顾客关系方面做出改变,使它成为一种即时性模式。而以活动为中心的方案则与此相反,所有的员工之所以都被派去接受培训,以至于成为一种例行要求,是因为这样做是"正确的"。

② 通过实证检验,以了解哪些因素起作用。由于管理层采取序列式办法引进各种管理和过程的革新措施,并把他们与短期目标结果联系起来,因此可以很快发现每种方法对结果的贡献程度。

③ 频繁的强化促进了绩效改进过程。没有比频繁的成功更强大的激励因素了。通过把大范围的、笼统的改进目标替换成小范围的、渐进式的、可以迅速见到有形结果的项目,管理者和员工可以品尝到成功的果实。"感觉到自己有能力成功",不仅是一种必要的强化措施,而且可能进一步增强管理层对渐进式改进措施的信心和技能。

④ 通过不断吸取前阶段的经验和教训,并把它应用于尔后阶段中,管理层形成了一种持续的学习过程。以活动为中心和以结果驱动的方案最终都要指向经营业绩的根本性变化。但以活动为中心的方案关注的是企业文化重整、大范围的培训方案和耗资巨大的程序革新;相反,以结果驱动的方案则以确定最迫切需要改进的绩效项目入手,制定出能迅速实现的渐进式目标。

管理层把每一种渐进式项目都作为一块试验田,从而逐步获得经验,它是构建整个组织范围中绩效改进的基础。在产生了实际效果的基础上,管理者们会鼓励这种绩效改进过程不断扩展。并且,在实现各种绩效改进的过程中,他们引进了大量的管理创新办法。

四、关于组织变革的几个主要模型

在对组织变革进行研究的过程中,中外学者提出了不同的理论模型。

1. 勒温(Lewin)三步骤模型

心理学家勒温(1951)提出的有计划的组织变革模型可以说是最著名的组织变革模

型,它包含解冻、变革、再冻结等三个步骤,用以解释和指导如何发动、管理和稳定变革过程。这套模型是一种针对企业变革阻力的动态分析技术,其目标是对企业变革阻力进行有效的管理,及时化解变革阻力,并将其转化为动力,促进企业成长。

在勒温的模型中,现状可以视为一种平衡状态。要打破这种平衡状态——必须要克服个体阻力和群体的从众压力——因此"解冻"是必要的。它可以通过以下三种方式之一实现(见图 15-3):A. 推动力(driving forces)(脱离现状的引导行为),B. 抑制力(restraining forces)(阻碍偏离现有平衡状态的活动),C. 以上两种方法的结合。

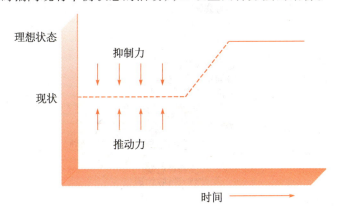

图 15-3 解冻过程

维斯伯德(Weisbord)(1987)认为就像抽烟一样,虽然有强烈的"推动力"来戒烟,包括:社会压力、金钱花销、癌症威胁、新法令的禁止、小孩的反对及其他人的关心等,也有相对的另一股"抑制力"来维持抽烟,例如:习惯的养成、友谊交往、压力疏解、配偶抽烟及对他人劝阻抽烟方式的反感等。因此,不是增加正向推动力的力道,就是减少负面抑制力的力量,才能使组织变革解冻并开始顺利推动。

"解冻"之后,"移动"到新状态,"重新冻结"(refreezing)新变革使之持久。

(1)解冻(unfreezing)。解冻意指降低致力于维持现状的力量,通常的做法是提出刺激性的问题,让人们认清变革的需要,并寻求新的解决之道。此外,应注意创造一种开放的氛围和心理上的安全感,减少变革的心理障碍,提高变革成功的信心。

(2)推动(movement)新变革:勒温的第二个步骤,其目标在于转变或变化在此变革中,部门或组织中的个人行为。执行变革意指发展新的行为、价值观及态度,其方法通常是透过组织结构的变革,或以人力资源为基础的组织变革与组织发展技术。变革是一个学习过程,需要给干部员工提供新信息、新行为模式和新的视角,指明变革方向,实施变革,进而形成新的行为和态度。勒温认为,变革是个认知的过程,它由获得新的概念和信息而得以完成。

(3)重新冻结(refreezing)。勒温认为组织似乎很容易回复变革前的做事方式,除非此变革经历再冻的步骤。通过对组织的再冻,使其达到新的均衡状态而得以强化。在再冻结阶段,利用必要的强化手段使新的态度与行为固定下来,使组织变革处于稳定状态。勒温强调建立新的系统与程序(如薪酬计划与评估程序),以支持与维持所推动的变革。

2. 李皮特(Lippitt)等人的变革模型

李皮特等人(1958)将变革模型加以扩大,认为变革过程包括下列五个阶段:

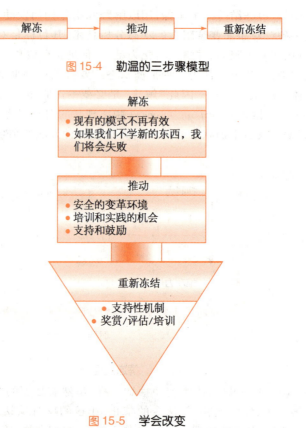

图 15-4　勒温的三步骤模型

图 15-5　学会改变

资料来源：Liz Clarke(1998). Change. Prentice Hall Press。

（1）发展变革需要：此阶段即解冻步骤，是将旧有态度、传统习俗及支持行为加以改变，并透过各种方式来确认变革需要。

（2）确定变革关系：变革推动者与组织内的成员彼此之间建立起同心协力的工作关系，以便将来实际推行变革时，对于抗拒变革的力量能减至最低，来增加变革成功的机会。

（3）实施变革措施：此阶段为实际改变的步骤，经由认同作用（identification）及内化作用（internalization）来产生新行为。

（4）维持稳定变革：此阶段即再冻结步骤，设法将变革活动扩大，并配合组织内部其他措施，使之成为整体管理活动的一环，逐步予以制度化，成为持续性工作并获得内部员工的支持。

（5）结束协助关系：变革推动者在适当的时机结束组织进行变革行动，但为了激励被服务组织能学习自我解决的能力，只要在组织习得变革的专业知识，变革推动者就可以退出了。

3. 勒维特（Leavitt）模型

勒维特（1976）认为组织由四个彼此具有互动关系的变量构成，即工作、人员、技术及结构，而且任何组织变革都牵涉这四个变量。这四个变量之间关系如图15-6所示。

勒维特认为任何组织变革，其特定的目标可能只是改变这四个变量其中的一个，但四个变量之间有高度的互动关系，所以相互之间都能彼此影响、相互牵动，所以任何变革

图 15-6　勒维特变革模型

在推行之时就得有缜密的分析与规划,才能将无法预期的不良后果减至最低,顺利达成组织变革的目的与成效。

4. 布洛克(Bullock)和巴滕(Batten)的有计划的变革整合模型

有计划的变革整合模型(integrative model of planned change)是布洛克与巴滕(1989)提出的,他们认为有计划的变革包括四个阶段,即探索、计划、行动和整合阶段。(参见图15-7)

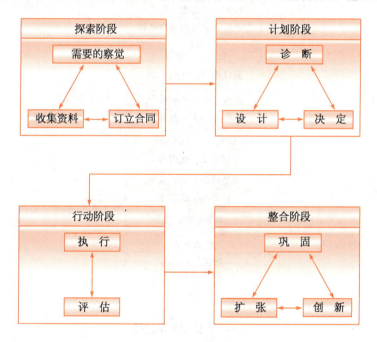

图 15-7　有计划的变革整合模型

资料来源:Cummings,Thomas G. & Huse E. F.,"Organization Development and Change", 2nd ed. St. Paul, West Publishing Co. 1989, p.53。

（1）探索阶段(exploration phase)：此阶段由需要的察觉、收集资料和订立合同三个循环过程构成。

（2）计划阶段(planning phase)：此阶段由诊断、设计及决定三个循环过程构成。

（3）行动阶段(action phase)：此阶段由执行和评估两个循环过程构成。

（4）整合阶段(integration phase)：此阶段由巩固、扩张及创新三个循环过程构成。

以上四个阶段循序渐进,整合了阶段(phase)和过程(process)两个方面,构成一个完整的有计划的变革模型。

5. 莉兹·克拉克(Clarke,1994)的组织变革过程

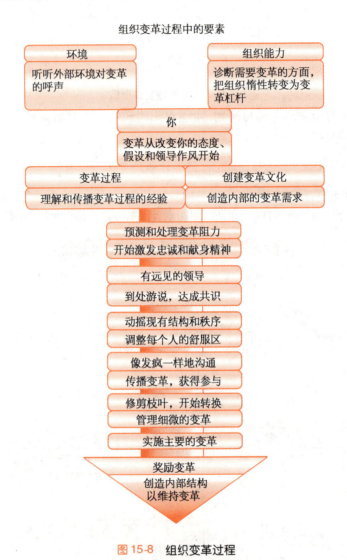

图 15-8 组织变革过程

6. 活动研究模型

活动研究(action research)是指一种变革过程,这种过程首先系统地收集信息,然后在信息分析的基础上选择变革行为。活动研究的重要性在于它为推行有计划的变革提供了科学的方法论。

活动研究的过程包括五个阶段:诊断、分析、反馈、行动和评价。你会注意到这些步骤十分类似于科学方法。

(1)诊断。变革推动者在活动研究中通常是外部顾问,他们从组织成员那里收集变革需要方面的信息。这种诊断与医生了解病人到底得了什么病相似。在活动研究中,变革推动者提出问题,与员工面谈,考察记录,并倾听员工所关注的问题。

（2）分析。第二步要对诊断阶段所收集的信息进行分析。员工认为哪些过程是关键的？这些问题以什么形式出现？变革推动者把这些信息综合成这几个方面：主要关心的问题，问题的范围和可能采取的行动。

（3）反馈。活动研究还包括了变革对象的广泛参与。也就是说，任何变革方案涉及的员工都必须积极参与问题的确定以及解决办法的寻求。所以，第三步是让员工共同参与前两步发现的问题。在变革推动者的帮助下，员工可以开发任何有关变革的行动计划。

（4）行为。现在就是活动研究中的"行为"阶段了，员工和变革推动者采取具体行动来改进所发现的问题。

（5）评价。最后，变革推动者评估行动计划的效果。他们以收集到的原始资料为参考点，对此后发生的变革进行比较和评价。

活动研究对组织至少有两点好处：第一，着眼于问题。变革推动者客观地发现问题，问题的类型决定了变革行为的类型。虽然从直观上看这是显而易见的，但事实上大量的变革行为并不是这样，而是以解决问题的方法为中心。变革推动者先有一个好的解决方法——例如，实行弹性工作制，建立工作团队或目标管理方案——然后寻求与这种解决方法相应的问题。第二，由于活动研究中包括了员工的大量参与，所以减弱了变革阻力。实际上，只要员工在反馈阶段积极参与，变革过程通常就有了自身的动力。参与变革的员工和群体就成为带动变革的持续的、内部的力量源泉。

五、实施成功变革的关键要素

1. 约翰·科特的关于"企业转型努力为何会失败"的研究

约翰·科特（John. P. Kotter，1995）曾在十年的时间里留心观察了100多家试图把自己改造成更具竞争实力的公司。其中有大型组织（福特公司，Ford），也有小型企业（兰德马克通讯公司，Landmark Communication），有美国公司（通用汽车公司，General Motors），也有其他地方的公司（英国航空公司，British Airlines），有处于严重危机状态的公司（东方航空公司，Eastern Airlines），也有盈利丰厚的公司（布里斯托尔-迈尔斯-斯奎布公司，Bristol-Myers-Squibb）。他们在很多不同的方面进行努力：全面质量管理，企业再造工程，规模合理化，结构重组，企业文化重整，以及观念态度转变。但是，几乎在每一个案例中，他们的基本目标都是一样的：从根本上改变企业的经营运作方式，以帮助企业适应更具挑战性的新型市场环境。其中一些公司获得了极大成功，还有一些则彻底惨败。而大多数公司的变革努力落在两极之间，但明显地偏向低分一边。

科特从比较成功的案例中总结出来的第一条基本经验是：变革过程要经历一系列阶段，总和起来，常常需要一段相当长的时间。跳过其中的一些阶段只会造成一种速度的假象，绝不会产生令人满意的结果。第二条基本经验是：在变革的任何阶段中出现的关键性错误都会造成毁灭性的影响，会阻碍变革动力，否定经过艰苦努力而取得的成果。较少的错误可以把成功和失败区分开来。

错误1：缺乏足够的紧迫感

当公司中的某些人或某些群体以挑剔的眼光审视企业的竞争态势、市场地位、技术趋势、经营业绩时，大多数成功的变革努力由此开始起步了。

不良的经营业绩对于第一阶段来说是福也是祸,其积极方面在于:资金亏损引起了人们的注意和重视,但同时它使得调整的空间更小。良好的经营业绩也存在着不利的方面——它使人们更难信服需要进行变革,但你拥有更多的资源帮助你进行变革。

然而,不管经营业绩的起点是好还是差,在科特所观察到的比较成功的案例中,都会有一个个体或群体促成了一场针对潜在的、不愉快事实的坦率讨论:关于新的竞争态势,利润的萎缩,市场份额的下降,盈利低迷,收入增长的匮乏,以及有关竞争地位下降方面的其他指标。由于对带来坏消息的人进行攻击似乎是人类的一种普遍倾向(当组织的首脑不是变革精英时尤其如此),因此,这些公司的高层管理人员常常利用局外人士带来那些人们不想听到的消息。所有这种活动的目的,引用一位曾是欧洲某大型企业的首席执行官的话,为的是"让现状看起来比对未知的探索更有危险"。

什么时候紧迫感达到了足够高的程度?根据科特的观察,答案是当公司的管理层中75%的人真正认识到企业的常规状态彻底不能接受时。低于这一比率将会给变革过程的随后阶段带来严重问题。

错误2:未能建立一个强有力的领导联盟

重大变革方案在开始时常常只有一两个人操作。在成功的变革案例中,领导联盟随着时间的推移而不断发展壮大。

无论是小企业还是大公司,在变革努力的第一年里,成功的领导队伍中可能只有3至5人。但是在大公司中,在进展到第三阶段之前,这个联盟要成长为20至50人的规模。高层管理者常常构成了这个群体的核心,但有时你还会在这个群体中看到董事会成员、关键顾客代表、甚至是具有影响力的工会领袖。

在管理层级中的高度紧迫感非常有助于领导联盟的建立,但仅仅如此并不够,还需要有人把这些人组织在一起,帮助他们形成对公司问题和机遇的共同评价,并建立最基本的信任和沟通。脱产休整(off-site retreat)两三天,是完成这项任务的一个常用手段。

在第二阶段失败的公司常常低估了实施变革的难度,因而也低估了强有力的领导联盟的重要性。有时,由于高级管理层没有团队工作的经历,因此低估了这种联盟的重要性。有时,他们希望由一名职能管理人员,如人力资源、质量管理或战略规划方面的高级经理来领导这个团队,而不是一名关键的、直线经理来领导。无论这个职能管理者多有能力,多么投入,缺乏强大的直线领导的群体不可能拥有他们需要的权力。

缺乏足够强大的领导联盟的变革努力可能在一段时间里会有显著进展,但迟早变革的对立面会联合起来,使变革最终停顿下来。

错误3:缺乏愿景规划

在科特所见到的每一例成功的转型努力中,领导联盟都勾画了一幅未来前景的蓝图,这幅蓝图很容易与顾客、股东和员工进行沟通,并能极大地感染他们。这一愿景规划常常不局限于人们在5年经营计划中制定的数字,它有助于明确组织前进的方向。

如果没有切实的愿景规划,企业转型努力会很容易在一大堆混乱且自相矛盾的项目中烟消云散。如果没有合理的愿景规划,财务部门的再造工程项目、人力资源部的新型360度绩效评估、工厂的质量管理方案、销售队伍中的文化变革项目,都会毫无意义。

在失败的企业转型努力中,常常可以看到大量的计划、指令和方案,但是没有愿景规划。在科特所看到的一些不太成功的案例中,管理层有了这种意识,但由于太复杂或太模糊,因而难以运用和实施。

这里有一个非常有用的简单法则：如果你不能在5分钟内向别人介绍你的愿景规划，并从对方那里得到一个表明理解和感兴趣的反应，那么，你在转型过程的这个阶段的工作就尚未做好。

错误4：欠缺对愿景规划的沟通

在沟通方面科特总结了三种形式，都非常普遍。第一种形式，一个群体确实开发出了一个非常好的企业转型愿景规划，然后，通过召开一次会议或发布一次信息来进行沟通。在使用了每年公司内部沟通总量的0.0001%进行沟通后，这个领导群体对于几乎没有人理解新的工作办法而感到迷惑不解。第二种形式，组织中的首脑花了大量时间对员工队伍进行演讲，但大多数人依然不理解它（这不足为奇，因为它仅仅用了年沟通总量的0.0005%来沟通愿景规划）。第三种形式，公司在新闻通讯和演讲方面投入了更多精力，但一些德高望重的高层管理人员的行为却依然与愿景规划背道而驰。其结果是群体中玩世不恭的态度兴起，而对这种沟通的信任感却降低了。

如果员工不相信实施有益的变革是可能的，他们是不会愿意做出牺牲的，即使他们自己也对现状感到不满。如果不进行大量的、有说服力的沟通，就永远无法赢得员工队伍的身心。

擅长沟通的管理人员把这些信息和他们的日常活动结合在一起。在有关企业问题的例行讨论中，他们讨论的是提出的解决方案是否适合于公司的未来前景。在定期的绩效评估中，他们讨论的是员工的行为如何支持或损害愿景规划。在对分部进行季度业绩审核时，他们不仅关心数量，还关心分部管理人员对于变革的贡献程度。在与员工的例行问答中，他们把对问题的回答与变革的目标结合在一起。

在比较成功的转型努力中，高级管理人员利用现有的各种沟通渠道来传播愿景规划。他们把枯燥乏味的公司新闻变成阐述愿景规划的生动鲜明的文章；他们出席那些冗长的、流于形式的管理季度会议，并把它们变成对企业转型的热烈讨论场所；他们抛弃了很多泛泛的管理教育，取而代之的是针对企业问题和新愿景规划的课程。其中的指导原则很简单：利用一切可能的渠道，尤其是那些被无用信息占据和浪费的渠道。

沟通来自于言和行两方面，而后者常常更有力。没有什么比重要人物的言行不一更容易危害变革的。

错误5：没有扫清实现新愿景规划道路上的障碍

当变革过程不断向前进展时，成功的转型努力就开始要包括大量人员了。员工们受到鼓励去尝试新办法，开发新思想。唯一的限制条件是：活动要在总体愿景规划的大前提下进行。参与的人越多，得到的结果就越好。

在一定程度上，领导联盟通过对新方向的成功沟通可以授权给其他人执行任务。但仅仅有沟通往往还不够，还需要扫清前进道路上的障碍。很多时候，员工理解了新的愿景规划，也希望为实现它助一臂之力，但在前进道路上却可能横卧着巨大障碍。有时，这个障碍来自于人们的头脑中，此时我们面对的挑战是让人们相信外界没有障碍存在。但是，在大多数情况下，这些障碍是确确实实存在的。

有时，这种障碍是组织结构：狭窄的工作类别会严重损害提高生产率的努力，或让人们很难考虑到顾客。有时，报酬或绩效评估系统会使人们在新的愿景规划和个人利益之间做出抉择。可能最糟糕的是，拒绝变革的上司与要求变革的上司自始至终步调不一。

在企业转型的前一半过程中，任何组织都不可能有足够的动力、精力或时间清除掉所有的障碍。但是，对于那些巨大的障碍，必须勇敢地面对并予以清除。如果障碍物是一个人，那么，以一种符合新愿景规划的方式对他公正对待是很重要的。但是，一定要采取行动，包括授权给其他人从事工作和维护变革努力的整体信誉。

错误6：没有系统地计划和夺取短期胜利

真正的企业转型需要时间，如果不实现一些短期目标并为此而庆祝的话，变革努力就会面临着缺乏动力的风险。大多数人如果在12—24个月内见不到令人振奋的证据，以表明变革努力会达到预期的结果，他们就会不再继续这种"长征"了。如果没有短期效益出现，很多人会放弃努力，甚至积极投入到阻碍变革的队伍中。

夺取短期胜利与渴求短期胜利不同。后者是消极被动的，而前者则是积极进取的。在成功的企业转型中，管理者积极寻求各种办法以获得明显的业绩改进，并对参与的员工进行奖励（包括表彰、晋升以及奖金）。

当人们明确认识到重大变革需要花很长时间后，紧迫感就会下降。夺取短期胜利的承诺有助于保持紧迫感，并促使人们进行周密的、分析性的思考，以明确阐述或修改愿景规划。

错误7：过早地宣布大功告成

尽管庆祝短期胜利很好，但宣布大功告成却会是个灾难。要想使变革深入到企业文化之中，这一过程至少需要5至10年的时间，新的工作办法会很脆弱，而且很容易倒退回原来状态。

对不成熟的胜利进行庆祝是扼杀变革动力的直接凶手。而后，强大的传统势力又会卷土重来。

具有讽刺意味的是，往往是变革的推动者和变革的抵制者联合起来共同庆祝不成熟的胜利。变革推动者全身心地投入其中，这种热情掩盖了他们对变革进程的清醒认识。然后，抵制者也加入进来，他们迅速寻找一切机会使变革停顿下来。庆功会结束后，抵制者指出胜利是战役成功的标志，而打了胜仗的士兵应该解散回家。疲倦的改革队伍也觉得自己打了胜仗。一旦回到家中，基层的士兵就不愿意再爬回变革的战船上了。随后不久，变革便停顿下来，而传统又悄然复苏。

与此相反，成功的企业转型的领导者则不是宣布大功告成，他们利用短期胜利所赢得的信誉进一步解决更重大的问题。他们着手处理那些与企业转型的愿景规划不一致的、而以前没有正面交锋过的体制和结构。他们非常注意人员的晋升和聘用，并十分关心人员的培训和开发。他们要进行的新的再造工程项目比以前的规模更大。他们懂得变革努力的时间不是以月为单位，而是以年为单位计算的。

错误8：未能让变革在企业文化中根深蒂固

最后，只有当变革成为"这就是我们这里的做事风格"时，只有当变革渗入公司机体的血脉时，变革才会巩固下来。如果新行为不植根于社会规范和共同认可的价值观上，那么一旦变革的压力解除了，它们就会很快败下阵来。

要使变革在企业文化中根深蒂固，有两个要素尤为重要。第一个要素是有意识地向人们表明，新方法、新行为和新态度是如何有助于人们改进工作绩效的。如果你让人们自己去形成这种联系，他们有时会建立非常错误的联系。而帮助人们认识到正确的联系需要沟通。

第二个要素是要花费足够多的时间，以确保下一代高级管理层真正成为新的工作办法的楷模和表率。如果晋升要求不改变,变革会很难坚持下去。一个糟糕的组织高层继任决策,会使10年的艰苦努力付诸东流。当董事会不是变革努力的一个必要组成成分时,就可能出现不良的继任决策。由于董事会未能理解变革的具体含义,他们意识不到自己对高层继任者的选择不当。

2. 孙健敏关于变革成功所需因素的研究

中国人民大学的孙健敏(2002)提出了"七因素模型"用以评价变革方案是否有效,它是预测变革能否成功的工具,有助于我们理解和推行成功的变革。孙健敏认为,要想使变革成功需要7个因素:

第一,变革的压力;
第二,清晰的共识;
第三,变革的能力;
第四,易于达到的第一步目标;
第五,示范或榜样;
第六,对变革(效果)的强化;
第七,评估与改善。

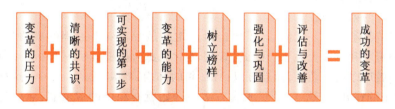

图 15-9　七因素模型

(1) 变革的压力。

压力是必需的,否则员工就不会把变革列入他们思考的议事日程上。员工有许多需要,在有限的时间里他们希望通过工作来追求的目标很多,而变革本身不是他们要追求的目标,除非高层管理者能采取确定的行动来保证这些变革一定会带来效果,或者在改革的初期,通过具体生动的、富有感染力和说服力的沟通(演讲和动员)使员工相信变革对自己有好处,否则,员工就不会对变革产生兴趣,而是去追求其他需要的满足。

推行变革的压力可能来自于内部和外部两个方面。

实施变革的外部压力也是多方面的,如政府的立法,政策的变化,政治需要,资金的短缺,或竞争的加剧,顾客不满意或质量问题也会形成变革的压力。

内部压力可能来源于高层决策者规划新的发展方向,员工对组织的不满,离职率增加或绩效有问题。没有这些压力的话变革就不会成为优先的工作。例如,绩效评估体系常常被放到次要位置上,因为高层经理没有对中层经理执行评估给予足够的压力。

(2) 共识。

要使变革有效,就必须达成清晰的共识,帮助人们理解变革的目的并对变革做出承诺。

员工需要有参与感,并共同制定目标,而不只是别人传达给他们的一种目标陈述。高层管理者必须找到一种方式,能够把目标有效地传达给全体员工。为此,沟通能力就显得十分重要了。

一般来讲,参与目标实现过程的人有一种需要或愿望,他们会关注目标的可行性和适宜性,他们希望获得充分的证据来表明目标的意义,如果目标没有被员工理解,或者在组织内没有达成共识,员工常常是接到目标任务后就匆忙动手,辛苦了半天,结果却是失败或不成功。在有些组织中,管理层认为他们的目标很清晰,但遗憾的是这种清晰的目标没有传达给全体员工,没有让员工认识到目标的必要性、可行性和现实性。员工接到的往往是公司的任务通知、文件或通过公司的报纸、宣传栏获得这些目标。这样的话,期望他们全心全意地投入这个目标并为实现目标而努力是不现实的。

(3) 变革的能力。

这是指有效地推行变革所需要的资源和技能,包括资金投入、时间周期、人员变动、培训等等。组织的高层管理者需要进行推行变革的规划和预算。通常,资源和培训的成本是考虑到了,但没有时间把新的工作方式转换到实际工作中。例如,在关于质量控制方案的调查中发现,参与品管圈的员工常常抱怨,他们的经理没有给他们足够的时间参与这些活动,也没有人告诉他们为什么要这样做以及如何做得更好(为什么原来的方法就不行了),由于这种新的动议只存在于高层,于是员工便失去了兴趣。由于缺乏足够的资源、时间或技能,从而导致焦虑和挫折感。

(4) 可行的第一步。

任何变革都不可能一蹴而就,需要经过一定的过程。变革过程的成功与否,与变革的第一步是否顺利有很大关系。因此,管理层一定要为员工提供一种机会,使他们在明确变革目标后可以马上动手,而且可以很快(短时间内)看到一定的结果。这种技巧被称为"鼓励微小的获胜"。这样,使员工在方案一开始就有积极的成就感,然后他们就会投入更多的时间和精力。

许多变革方案之所以失败,是因为管理层宣布实施变革后,就在高层商定一个方案,然后在员工中大讲特讲其重要性。接下来就是几年的时间任其发展,没有规定出切实可行的步骤,在真正见效之前,缺少可衡量的改革指标,不知如何评估变革的效果。缺乏有效的第一步,员工便不知道如何开始,也就不可能投身于变革方案的实施。

(5) 树立榜样。

这是要求组织的高层领导把体现远见和变革效果的价值观和行为方式落实到实际中,通过自身的言行体现出来。高层管理者的行为必须与他们所表达的希望保持一致,否则,员工会变得迟疑不决或顾虑重重,甚至对高层领导失去信任。管理者应真诚正直。这样,员工看到管理者的活动,并将其作为榜样,知道管理者对自己的期望,自然会全力以赴。例如,如果变革方案包括客户至上,管理者首先要用自己的行动表明客户是上帝,并愿意为此付出一切,这样,员工才能做到客户至上。

(6) 变革的强化。

这可能是来自组织管理层的奖励或认可,也可能是对那些阻碍变革的人的调离或降职,也可以通过改变程序或流程来巩固变革,以保证变革成为日常运作的一部分。晋升、绩效评估、报告系统等必须与这种变革保持一致,否则,一旦关键人物不在或变革的压力取消,员工又会回到过去习惯的行为方式或工作方式中。

(7) 评估。

许多变革方案在推行的过程中根本没有对实施结果进行及时的评估,或者只是蜻蜓点水,作一些表面文章。结果导致变革只是在管理者个人感情的基础上进行,没有深入到员工的心中,或者被放弃。及时评价变革的结果,不仅有利于管理者监控组织进程,而且有利于强化员工的参与和成就感。评估变革方案的一种最好方式是使用所谓的 4 水平结果模型。4 水平模型包括:

- 反应——通过问卷调查或评价参与变革的人对变革方案的各方面的态度来了解变革进行的情况。包括沟通状况、工作满意度评价、团队工作等。
- 学习——这个水平主要关注参与变革的人需要什么知识,已经学到了什么知识,可能包括变革的理由、关于变革过程的信息,如质量工具、愿景陈述等。
- 行为——这是为了测量工作中实际发生的行为改变的程度,必须与变革想要调整的个人和群体的工作绩效直接有关,为此,常使用行为评定量表。
- 结果——主要涉及组织目标的达成程度,团队或组织是否更有效? 流动率降低了吗? 工作满意度提高了吗? 事故和牢骚少了吗? 组织的运行效率提高了吗? 评价这个水平时,所有的衡量指标都取决于要考察的结果。

使用这些维度,我们可以对变革方案的实施结果进行全面系统的分析,并可用来确定变革方案是否应该继续,还是需要在某些方面作些改进或进行调整。调查和基础测量指标应该在变革方案开始时就收集上来,并在变革进行过程中重复进行。

一项变革方案进行了一年到一年半后,管理者或所有者通常应提出这样的问题:这项变革方案是否确实改变了一些东西? 许多组织对这个问题没有准确地回答,他们只是把时间、资金和人力资源投入到变革中,却不去过问是否真正发生了变化或带来了效果。变革之前和变革之后建立衡量指标是证明变革价值和有效性的唯一途径。

以上制约变革的 7 个因素,实际上是一个评价变革的模型。这个模型可用来规划一项新的变革,也可以用来考察已经推行的变革方案是否有效,还可以用来预测一项变革方案可能会遇到什么问题。如果模型中的 7 个因素中任何一个在变革过程中缺乏或漏掉,组织就会出现各种症状,这些症状反过来又成为缺乏某些因素的指标。实际上,这些症状在提醒管理者:变革方案出问题了(如表 15-4 所示)。

表 15-4　当缺乏某些因素时可能出现的症状

因素一: 变革的压力	因素二: 清晰的共识	因素三: 变革的能力	因素四: 可实现的第一步	因素五: 树立榜样	因素六: 强化和巩固变革	因素七: 评估与改进	缺乏某因素的后果
欠缺	√	√	√	√	√	√	成功的变革
√	欠缺	√	√	√	√	√	马上动手,很快搁浅
√	√	欠缺	√	√	√	√	焦虑,挫折感
√	√	√	欠缺	√	√	√	随意的努力,走形式
√	√	√	√	欠缺	√	√	悲观与不信任
√	√	√	√	√	欠缺	√	重蹈覆辙
√	√	√	√	√	√	欠缺	怀疑与停滞不前

上述模式可以用来对组织变革进行诊断和预测。例如,召开变革方案讨论会,在变革方案会议上,把变革的计划(如图15-2所示)呈现给员工,让他们回答在变革过程中他们经历过哪些症状,根据员工的回答,管理层很快就可以确认存在的问题。通常,3—4个因素会变得特别突出,成为当前人们最关心的问题。

然后,要求员工分组讨论改善这些因素的方法。如果管理得当,员工应该能想出清晰、具体的方法来改善这些制约变革有效进程的因素。

应用这个模型的另一种方法是设计一个调查,就每个因素提出具体问题,然后计算所得的分数,可以发现哪个领域需要改进。已经有标准的调查问卷来测量这些维度。让所有的员工填写问卷,统计结果可以提供客观指标,让管理者明白员工如何看待这些因素,哪些最需要改进。

也可以组建"推行变革团队",为管理者提建议,改进制约因素。

全球性的发展趋势告诉我们:在今天的企业管理中,管理者不可能把员工排除在变革方案的推动者之外,否则,即使变革方案本身很完美,也难以成功。值得注意的是在我国目前的环境下,从实践来看,许多管理者对员工不是信不过,就是瞧不起,因此,在制定变革方案的过程中很少听取员工的意见或建议,导致变革是在强迫的条件下,做表面文章,员工在心理上并没有接受,自然缺乏积极性和主动性,从而导致变革的效果不理想或失败。这时候,管理者往往不是从工作方法或领导方式上找原因,而是认为变革方案不好,于是又提出一种变革方案,若不行,再提出一种变革方案,最终导致哪一项方案都不成功。

第二节　影响变革的因素

一、变革阻力

前面我们在勒温三步骤模型中谈到了变革的推动力和抑制力。在研究中发现,个体和组织都抵制变革,在面临现状改变的压力时,努力地维持现状。这种表现,一方面使组织行为具有一定的稳定性和可预见性。如果没有什么阻力的话,组织行为会变得混乱而随意。变革的阻力还可以成为功能正常的冲突源。例如,对组织重组计划或生产线改进方案的抵制会激发对这些变革观点优缺点的有益讨论,并因而会得到更完善的决策。但另一方面,变革的阻力也有明显的缺点,它阻碍了适应和进步。

变革阻力的表现多种多样,可以是公开的、潜在的、直接的或延后的。公开和直接的阻力最容易处理。例如,当提议实施变革时,员工会很快做出反应,他们怨声载道,消极怠工,并声称要进行罢工或其他类似举动。但潜在的阻力十分微妙——它可能会降低对组织的忠诚感,丧失工作积极性,增加错误率,因"病"请假的缺勤率上升——因此也更难识别。同样,延后的反应使阻力源和对阻力的反应之间的联系比较模糊。一项变革刚开始出现时可能只会产生很小的反应,但在几个星期、几个月甚至数年后,阻力就暴露出来了。一项单独的变革本身可能刚开始时产生的影响很小,但后来却可能会成为"最终导致失败的致命因素"。对变革的反应可能积累起来,然后以看起来和原先对变革的反应完全不相称的行为爆发出来。然而,变革的阻力常常是延后的或储备的,它所表现出来的是对以往变革的累积反应。

下面我们从组织和个体两个层面来看看变革所遇到的阻力。

二、组织层面变革阻力

组织就其本质来说是保守的,它们积极地抵制变革。这种现象随处可见:政府机构想继续从事它们干了数年的工作,不论它们的服务是否仍被需要;有组织的宗教深深的植根于历史中,改变教义需要极大的恒心和耐心。教育机构是为了开放思想和挑战已有学说而存在的,但他们自己也极端地抵制变革。大多数学校现在仍在使用与很多年前本质相同的教学技术。很多商业公司也强烈地抵制变革。D. Katz 和 R. L. Kahn(1978)认为组织阻力主要有六个原因(见图 15-10)。

图 15-10 抵制变革的组织阻力

(1)结构惯性。组织有其固有的机制保持稳定。例如,甄选过程系统地选择一定的员工流入,一定的员工流出。培训和其他社会化技术强化了具体角色的要求和技能。而组织的规范化提供了工作说明书、规章制度和员工遵从的程序。

经过挑选符合要求的员工才会进入组织,此后,组织又会以某种方式塑造和引导他们的行为。当组织面临变革时,结构惯性就充当起维持稳定的反作用力。

(2)有限的变革点。根据我们前面所阐述的环境、战略、组织是联动的,一个层面的改变必须辅之以其他层面的变革。例如,如果只改变技术工艺而不同时改变组织结构与之配套,技术变革就不大可能被接受。所以子系统中的有限变革很可能因为更大系统的问题而变得无效。

(3)群体惯性。在群体一章中我们讲到了一个重要的概念叫做群体压力,身在组织的个体即使想改变他们的行为,群体规范也会成为约束力。例如,单个的成员可能乐于接受组织的变革要求,但如果其关系密切的群体成员向其施加压力,他也可能做出抵制变革的行为。

(4)对专业知识的威胁。组织中的变革可能会威胁到专业群体的专业技术知识。分散化个人计算机的引进就是一个例子,这种计算机可以使管理者直接从公司的主要部门中获得信息。但它却遭到许多信息系统部门的反对。为什么?因为分散化的计算机终端的使用对集中化的信息系统部门所掌握的专门技术构成了威胁。

(5)对已有权力关系的威胁。任何决策权力的重新分配都会威胁到组织长期以来已有的权力关系。在组织中引入参与决策或自我管理的工作团队的变革,就常常被基层主管和中层管理人员视为一种威胁。

(6)对已有资源分配的威胁。组织中控制一定数量资源的群体常常视变革为威胁。它们倾向于对事情的原本状态感到满意。变革是否意味着它们的预算减少或人员减少呢?那些最能从现有资源分配中获利的群体常常会对可能影响未来资源分配的变革感到忧虑。

三、个人层面的阻力

变革中个体的阻力来自于基本的人类特征,如知觉,个性和需要。下面是罗宾斯(1997)概括的个体抵制变革的五个原因(见图15-11)。

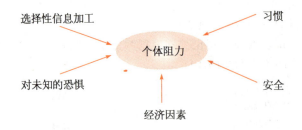

图 15-11　抵制变革的个体阻力

(1)习惯。习惯导致了对变革的与工作相关联的阻力。习惯了始终采用某种方式来处理事情的个体可能不会在政治或文化上抵制变革,但是可能由于技术原因在改变行为方式上有困难。例如:一些办公室工作人员可能在从电动打字机转变到文字处理程序的使用时有困难。

(2)安全。有高安全需要的人可能抵制变革,因为变革会给他们带来不安全感。当西尔斯公司宣布要解雇50 000名员工或福特公司引进新的机器人设备时,这些公司的许多员工感到自己的工作受到威胁。

(3)经济原因。第三个个体阻力源是变革会降低收入。如果人们担心自己不能适应新的工作或新的工作规范,尤其是当报酬和生产率息息相关时,工作任务或工作规范的改变会引起经济恐慌。

(4)对未知的恐惧。由于不知道或很难预知未来使得在许多个体中产生不安进而抵制。如果全面质量管理的引进意味着生产工人不得不学习统计过程控制技术的话,一些人会担心他们不能胜任。因此,如果要求他们使用统计技术,他们会对全面质量管理产生消极态度或者产生功能失调的冲突。

(5)选择性的信息加工。个体通过知觉塑造自己的认识世界。这个世界一旦形成就很难改变。为了保持知觉的完整性,个体有意对信息进行选择性加工,他们只听自己想听的,而忽视那些对自己已建构起来的世界形成挑战的信息。

四、变革阻力的克服

约翰·科特(Kotter,1979)认为变革过程有障碍,组织是难以推动变革的,科特建议变革推动者可采用下列方式,以消除个人或组织对变革的抗拒。

(1)教育和沟通。在变革之前,通过与员工进行沟通,帮助员工了解改革,为变革作准备。这种策略的基本假设是,产生阻力的原因在于信息失真或沟通不良:如果员工了解了全部事实并消除了所有误解的话,那么阻力就会自然消失。沟通可以通过个别交谈、小组讨论、备忘录或报告来实现。

（2）参与和投入。个体很难抵制他们自己参与做出的变革决定。透过让员工（特别是持反对意见的员工）参与帮助设计和执行变革，增进其对变革的承诺，可提高变革决策的质量。如果参与者具有一定的专业知识，能为决策做出有意义的贡献，那么他们的参与就可以减少阻力，获得承诺，并提高变革决策的质量。

（3）促进与支持。当部属感到害怕或焦虑时，适时给予支持、做一个良好的倾听者、提供心理咨询和治疗、新技术培训或短期的带薪休假、处理员工的重要问题，协助其促成变革。这个策略的不足之处是费时，另外，实施起来花费较大，并且没有成功的把握。

（4）协商与协议。变革推动者处理变革的潜在阻力的另一个方法是，以某些有价值的东西换取阻力的减低。例如，如果阻力集中于少数有影响力的个人身上，可以商定一个特定的报酬方案满足他们的个人需要。当变革的阻力非常强大时，谈判可能是一种必要的策略。但其潜在的高成本是不应忽视的。另外，这种方式也有一定的风险，一旦变革推动者为了避免阻力而对一方作出让步时，他就可能面临着其他权威个体的勒索。

（5）操纵和收买。操纵是指隐含的影响力。这方面的例子有：歪曲事实使事件显得更有吸引力，封锁不受欢迎的信息，制造谣言使员工接受变革。如果工厂的管理者威胁说，员工要是不接受全面的工资削减方案，工厂就要关门，而实际上并无这种打算的话，管理层使用的就是操纵手段。收买是一种包括了操纵与参与的形式。它通过让某个变革阻力群体的领导者在变革决策中承担重要角色来收买他们。之所以征求这些领导者的意见，并不是为寻求更完善的决策，而是为了取得他们的允诺。控制和收买相对成本都较低，并且易于获得反对派的支持，但如果对象意识到自己被欺骗和被利用时，这种策略会产生适得其反的结果，一旦被识破，变革推动者会因此而信誉扫地。

（6）强制。最后一项策略是强制，即直接对抵制者实施威胁和压力，从事威胁性的行为，如失去工作、减少升迁机会、丧失特权等来威胁员工。此种强制力虽能减少员工抗拒变革，但容易产生员工不良的感觉与敌视。强制的优缺点和操纵与收买相似。

表 15-5　减低变革阻力的方法

方式	➡何时用	➡优点	➡缺点
教育与沟通	沟通不良并且劳资关系以相互信赖为特征	产生帮助改变的意愿	费时
参与与投入	其他人有重要的资源或权力	获得承诺，提高决策质量	费时，可能带来劣等决策
促进与支持	抗拒来自资源或适应问题	直接满足特定的资源或调整需要	费时，花费较大，成功可能性低
协商与协议	有人会因改变而损失	避免重大抗拒	潜在高成本，使人起而效尤
操纵与收买	其他方法无效或太贵	快、成本低、易于获得反对派支持	一旦被识破，变革推动者会信誉扫地
强制	其他都无效或变革者决心极大时	快、成本低、压制抗拒	会有奋起反抗的可能

第三节　实施组织变革

一、一些具体的手段和措施

前面我们介绍的关于组织变革的主要模型中,已经解释了变革所需要经历的步骤。但是实施变革具体的手段与措施是什么?

如果你与管理者谈谈,或看看畅销的商业期刊,会发现有两个方面已经成为当代变革的最主要主题:激发组织的创新和创建学习型组织。这两种手段加上流程再造和 ERP 是现今组织变革较为常见的手段与措施。下面我们将对这四种手段、措施进行简单介绍。

二、创新

一个组织怎样才能更具创新性?在这方面没有必然的模式,但研究者在对创新组织进行研究时,发现有一些特征出现的频率极高,我们将其归纳为三种类型:结构、文化和人力资源。因此,如果变革推动者要创造一种创新的气氛,他们应考虑在组织中引进这些特点。下面我们先来弄清创新的含义,再来看看这些特点的含义。

1. 定义

我们说变革是使事情发生变化,而创新则是一种更具体的变革类型。创新(innovation)是指用以发明或改进一项产品、工艺或服务的新观点。所有的创新都包含着变革,但并不是所有的变革都涉及新的观点或带来显著的改进。组织中创新的范围可以从很小的改进,到重大的产品突破。创新的含义包括产品创新,还包括了新的生产工艺、新结构或经营体制以及与组织成员有关的新计划或新方案。

2. 创新源

在潜在的创新源方面研究最多的是结构变量。一篇有关组织结构与创新关系的综述报告得出如下结论:第一,有机式结构对创新有积极影响,因为它的纵向变量少,正规化和集权化的程度比较低,有机组织促进了灵活性、适应性和相互影响力,从而使创新更容易被接纳;第二,创新和长时间的任期有关,很明显,管理者的任期为他如何完成任务以及获得什么样的理想结果提供了合理的理由和相关的知识;第三,资源的宽松孕育着创新,充足的资源使组织能够购买创新成果,担负创新费用及承受失败的损失;最后,在创新组织中,部门之间的沟通密切,这些组织较多地采用了委员会、特别工作组和其他便于部门之间沟通的机制。

创新的组织往往具有相似的文化。它们都鼓励尝试,无论成功还是失败都给予奖励。他们还赞赏错误。遗憾的是,在太多的组织中,人们都是因为没有失败而不是因为成功而获得奖励。这样的文化压制了冒险和创新。只有当人们感觉到自己的行为不会受到任何惩罚,他们才会提出新观点,尝试新办法。

在人力资源领域中,我们发现创新组织积极组织员工的培训和发展,使他们跟上时代的脚步。他们为员工提供很高的工作保障,使员工不会担心由于犯错误而被解雇。他们还鼓励个人成为变革的倡导者,一旦出现了一种新观点,变革倡导者就会积极、热情地宣传,提供支持,克服阻力,确保创新顺利推行。最近一项研究发现,这种变革的倡导者具有共同的个性特征:非常自信,持之以恒,精力充沛,敢于冒险;他们还具备与变革型领导风格有关的特征:他们用自己对创新潜力的远见以及坚定不移的信念来鼓舞和激励其他人,他们还善于获得他人的承诺,以支持自己的事业。另外,这些倡导者从事的工作一般能提供相当大的决策自主权,这种自主权有助于他们在组织中引入和实施创新。

三、创建学习型组织

学习型组织成为时代的潮流。当今许多管理者和组织理论家都在寻找新的方法对这个相互依赖并且不断变化的世界做出有效的反应,学习型组织的出现引起了他们极大的兴趣。这里我们将阐述什么是学习型组织以及管理学习的方法。

1. 什么是学习型组织?

学习型组织(learning organization)是一个不断开发适应与变革能力的组织。正如人要学习一样,组织也要学习。"所有的组织都在学习,不管它们是否有意识这么做,这是它们维持生存的基本条件。"Peter Senge(1990)对学习型组织定义为:在其中,大家得以不断突破自己能力的上限,创造真心向往的结果,培养全新、前瞻而开阔的思考方式,全力实现共同的抱负,以及不断一起学习如何共同学习。David A. Garvin(1993)则对学习型组织下了一个较明确的定义:一个学习型组织乃是一组织其具有良好的知识建立、获取及转移能力,同时能修正自身的行为以反应新的知识与观察力。

2. 组织学习的类型

一般的学习类型有以下二类,单环路学习(single loop learning)、双环路学习(double loop learning)。

(A) 单环路学习

单环路学习是指组织内部所设计的一个诊断与监视错误并且矫正错误的机制,换言之,当发现错误时,改正依赖于过去的常规程序和当前的政策。这种学习机制的设计,容易产生"刺激—反应"的行为特征,因此比较适用于稳定的组织,又称之为适应性的学习。

(B) 双环路学习

学习型组织运用的是双环学习。当发现错误时,改正方法包括:组织目标、政策和常规程序的修改。双环学习向组织中根深蒂固的观念和规范提出挑战,其有利于提出截然不同的问题解决办法和实现变革的巨大飞跃。单环路学习,明显的有其不足,毕竟没有一个组织既有的规范与标准永远能适应外在环境的变化。所谓双环路学习,除了进行单环路的学习模式之外,更进一步去检视组织规范、目标及可能存在的错误假设,并予以矫正。因此,双环路学习是一种创新的学习,学习结果不只产生表面的变革,更可以造成组织深层结构的改变。

表15-6 学习型组织的特性

> 1. 有一个人人赞同的共同构想。
> 2. 在解决问题和从事工作时,抛弃旧的思维方式和常规程序。
> 3. 作为相互关系系统的一部分,成员们对整个的组织过程、活动、功能和与环境的相互作用进行思考。
> 4. 人们之间坦率地相互沟通(跨越纵向和水平界线),不必担心受到批评或惩罚。
> 5. 人们摒弃个人利益和部门利益,为实现组织的共同构想一起工作。

资料来源:斯蒂芬·P·罗宾斯(1997),孙健敏译,《组织行为学》,北京:中国人民大学出版社。

表15-6归纳了学习型组织的五个特征,这种组织中的成员摒弃旧的思维方式,相互之间坦率真诚,了解组织怎样运行,制定每个人都认同的计划或构想,然后共同工作实现这个构想。

学习型组织的支持者们认为这种组织是解决传统组织固有的三个基本问题的良方,这三个问题是:分工,竞争和反应性。首先,专业化的分工制造了隔离带,从而把一个组织分割成相互独立且常常相互冲突的领域。其次,过分强调竞争常常会削弱合作。管理层的人相互竞争以显示谁更正确,谁知道的更多,谁更有说服力;部门之间本应相互合作,共享信息,他们却也在相互竞争;项目小组的领导者相互竞争以显示谁是最好的管理者。第三,反应性使管理者的注意力发生了偏离,他们更注重解决问题而不是开发创新。问题的解决者尽力避免发生某些事情,而创新者努力带来新的东西。对反应性的一味强调会排挤创新和不断的改进,鼓励人们为"救火"而忙碌。

如果把学习型组织看作是建立在以往的大量组织行为观念上的理想模式,会有助于你更好地理解什么是学习型组织。没有一个公司曾经或将会完全具备表15-6列出的所有特征。所以,你应该把学习型组织视为奋斗目标而不是对组织结构活动的现实描述。同时,还应注意学习型组织与以往的组织行为学概念的关系,如全面质量管理,组织文化,无边界组织,功能冲突和变革型领导行为等等。比如,学习型组织采用全面质量管理进行不断改进,它以重视冒险、开放、成长的文化为特征,它打破了等级层次和部门分工带来的障碍从而寻求一种"无边界"的状态,它支持不同意见、建设性批评和其他功能正常的冲突。为了实现共同目标,学习型组织需要变革型领导行为。

3. 管理学习

你怎样改变组织使之成为一个不断的学习者?管理者又能做些什么使其公司成为一个学习型组织呢?

(1)制定战略。管理者要明确表明他对变革、创新和不断改进的承诺。

(2)重新设计组织结构。正式的组织结构可能会成为学习的严重阻碍。通过下面的方法可以强化人们之间的相互依赖关系,减少人们之间的界限:使组织结构扁平化,取消或合并一些部门,更多运用多功能工作团队。

(3)重新塑造组织文化。前面我们提到,学习型组织以冒险、开放和成长为特征。管理者以其言谈(战略)和举止(行为)界定了组织文化的基调。也就是说,管理者需要通过行动证明他们倡导冒险并允许失败,这意味着奖励那些抓住机遇的人和犯了错误的人。管理者还需要鼓励功能正常的冲突。一名学习型组织的专家说:"在工作中开启人们之间坦诚的钥匙是让他们放弃自己内心不同意却表面同意的做法。我们总认为意见一致是如此重要,但是,你不得不给大家带来异议、冲突和困境。我们团结起来会比单个一个人更聪明。"

第四节 组织发展

一、组织发展(OD)的含义

组织发展与组织变革关系密切,组织发展可以看成实现有效组织变革的手段。在管理变革的讨论中,不包括组织发展就不够完整。

组织发展是一个很模糊的概念,学术界并没有一个普遍认同的定义。有代表性的定义是著名的组织变革学家伯克(Burke,1982)的:组织发展(OD)是通过利用行为科学技术和理论对组织文化实施有计划的变革过程。

而哈佛商学院教授比尔(Beer,1980)则指出:组织发展是一个系统的收集数据、诊断、行动计划、干预和评价的过程。其目的在于提高组织结构、流程、战略、员工和文化的一致性;开发新的创造性的组织解决方案;提高组织自我更新的能力。组织发展需要组织成员与变革专家共同合作,运用行为科学理论、有关的研究和技术才能实现。

不过,在此我们更为推崇的还是罗宾斯(Stephen. P. Robbins,1997)所给出的组织发展(organizational development)定义,这个术语包括了建立在人本主义的民主价值观基础上的有计划变革的干预措施的总和,它寻求的是增进组织的有效性和员工的幸福。

组织发展方案重视人员和组织的成长、合作与参与精神以及质询精神。变革推动者在组织发展中具有指导作用,但同时组织发展也非常重视合作。对组织发展中的变革推动者来说,并不重视权力、权威、控制、冲突以及强制这样的概念。下面简要概括一下大多数组织发展活动的基本价值观念。

(1) 尊重人。认为个人是负责的、明智的、关心他人的,应该受到尊重。
(2) 信任和支持。有效和健康的组织拥有信任、真诚、开放和支持的气氛。
(3) 权力均等。有效的组织不强调等级权威和控制。
(4) 正视问题。不应该把问题掩盖起来,要正视问题。
(5) 参与。受变革影响的人参与变革决策的机会越多,他们就越愿意实施这些决策。

二、组织发展的理论依托

随着经济全球化进程的加快和技术进步的日新月异,变革成为当今组织生活的一个不可回避的特征。组织变革可能是主动的,在西方被称为有计划的变革,也可能是被动的,也就是应对性的变革。组织发展属于有计划的变革的一种技术,目的在于提高组织的有效性。

所有关于组织发展的思路都依赖于某种理论,都是关于有计划变革的理论。有计划的变革这一概念关注组织中如何实施有效的变革。对于这一问题,我们在前面组织变革部分为大家列出了七种较有影响的观点。

下面我们将为大家再次详述其中两个模型,因为它们在组织发展方面是影响最深的模型。

其中一个即是由勒温最早提出来的(Lewin,1951)三步骤模型。他认为变革就是改变使得系统的行为保持稳定的那些力量。具体说来,一个人在某一时间点上的行为是两种力量相互作用的结果——一种力量是要维持现状,另一种力量是要变革。当两种力量平衡的时候,人的行为就维持目前的状态,勒温称其为"准静止平衡态"。要改变这种状态,我们可以增加推动变革的力量,或者减小维持目前状态的力量,或者两种方法共同使用。勒温把这种变革过程描述为三个阶段(模型图示参见"组织变革"部分)。

活动研究模型则是把有计划的变革看成是一个循环过程,在这个过程中,前期关于组织的研究为后续的行动提供信息,然后评价行动的结果,为进一步的行动提供信息,如此往复。这个研究与行动的循环过程,需要组织成员和组织发展专家的密切合作,它特别强调在行动或实施变革之前要收集数据、进行诊断,以及在采取行动之后对结果的评价(Sussman,Evered,1978)。

活动研究是组织发展中影响最广泛的模型。近20年来,活动研究被扩展到很多其他领域,模型本身也经过了修正和完善(Elden,Chisholm,1993)。修正后的模型如图15-12所示。

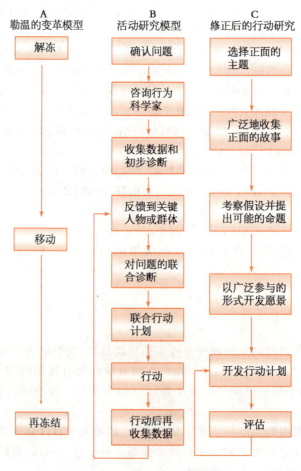

图15-12　勒温模型与活动研究模型的比较

修正后的活动研究模型主要有两个方面的变化，一是强调组织成员在变革过程中的参与程度。在传统的模型中，咨询顾问或组织发展专家在管理层的同意和协助下完成所有的变革，虽然这种趋势依然具有生命力，但新的趋势是让组织成员参与整个变革过程，从了解组织，提出方案，到实施变革，每一环节都需要组织成员的广泛参与，首先让组织成员认识自己所在的组织，然后让他们了解为什么要变革和如何变革。这种思路也被称为"参与式行动研究"，"行动学习"，"欣赏式调查"。其用意是一样的：避免管理层或顾问的单方面的变革行动，通过全体员工的参与，提高组织变革的整体性，而不是单纯地处理个别的问题。

另一个变化是以解释性的或社会解释主义的观点来看待有计划的变革。新模式认为，组织中所使用的词汇和对话会决定组织生活中什么是重要的和有意义的。组织中最重要的变革是组织成员一起讨论什么是正确的事。欣赏式调查帮助组织成员理解和描述组织在最好的状态时在做什么，并将这种认识转换成组织未来应该成为的形象。这种效果可以用自我实现预言来解释（Eden，1986）。

三、组织发展的具体方法

有哪些组织发展的技术或措施能带来组织变革？下面我们介绍变革推动者可能会使用的五种方法。

1. 敏感性训练（sensitivity training）

你可能听说过一大串名称实验室训练、敏感性训练、交朋友小组，T 小组（训练小组）它们都指的是通过无结构小组的相互作用改变行为的方法。在训练中，成员处于一个自由开放的环境中，讨论他们自己以及他们的相互交往过程，并且有专业的行为科学家稍加引导。这种小组是过程导向的，也就是说，个人通过观察和参与来学习，而不是别人告诉他学什么，他就学什么。专业人员为参与者创造机会，让他们表达自己的观点、信仰和态度。专业人员自己并不具有任何领导角色的作用，并且在此过程中他们要尽量避免担任领导角色。

T 小组的目标是使主体更明确地意识到自己的行为以及别人如何看待自己，并使主体对他人的行为更敏感，更理解小组的活动过程。它追求的具体目标包括：提高对他人的移情能力，提高倾听技能，更为真诚坦率，增强对个体差异的承受力，改进冲突处理技巧。

如果个人对别人如何看待自己缺乏了解，那么通过成功的 T 小组训练会使他们的自我知觉更为现实，群体凝聚力更强，功能失调的人际冲突减少。进一步而言，敏感性训练的理想结果将是：个人和组织更为一体化。

敏感性训练的方法是现代组织发展手段中最早使用的，但这些手段现在已经不常使用了。关于敏感性训练的效果问题，一直是组织发展学界争论最多的话题。

2. 调查反馈（survey feedback）

调查反馈是通过问卷和调查，从组织和部门收集、评估、反馈组织成员所持有的态度、识别成员之间的认知差异以及清除这些差异的一种工具，用于诊断组织并开发适当的工具来促进组织的发展。调查反馈是在组织发展的历史进程中一种主要的技术,最开始这种手段只是通过问卷收集关于人员态度的数据,后来发展到用面谈或者收集其他诸如生产率、流动率和缺勤率等更客观的数据来补充说明人员态度。

调查反馈通常包括以下五个步骤:

(1)包括最高管理层在内的所有组织成员,共同参与调查的最初设计;

(2)使用调查工具对组织所有部门和人员进行调查;

(3)组织发展咨询人员分析调查数据,将结果列表,提供诊断分析的方法,指导客户开展调查反馈工作;

(4)从组织最高层到部门经理层再到更低层次,依次往下反馈数据;

(5)举行反馈会议,共同讨论数据。

3. 过程咨询(process consultation)

过程咨询旨在帮助部门经理、雇员和团队评估并改进包括沟通、人际关系、决策、任务绩效等过程。没有组织能够尽善尽美地运作,管理者常常发现自己部门的工作绩效还可以改进,但却不知道要改进哪些方面以及如何改进。过程咨询的目的就是让外部顾问帮助客户(常常是管理者)对他们必须处理的事件进行认识、理解和行动。

过程咨询与敏感性训练的假设很相似:即通过协调人际关系和重视参与可以提高组织的有效性。但过程咨询比敏感性训练更为任务导向。

过程咨询中的顾问"让管理者了解在他的周围以及他和其他人之间正在发生什么事",他们不解决组织中的具体问题,而是作为向导和教练在过程中提出建议,帮助管理者解决自己的问题。

顾问和管理者共同工作,诊断哪些过程需要改进。在这里之所以强调"共同工作",是因为管理者在对自己所在部门的分析过程中还培养了一种技能,这种技能即使顾问离开以后仍然能持续存在。

另外,管理者在诊断和提出各种方案两方面的积极参与使他能对过程和解决方法有更好的理解,并选择一个较少阻力的行为方案。

重要的一点是,过程顾问不必是解决具体问题的专家,他的专业技能在于诊断和开发一种帮助关系。如果管理者和顾问均不具备解决某一问题所需要的技术知识,则顾问会帮助管理者找到一位这方面的专家,然后指导管理者如何从专家那里尽可能多地获得资源。

过程咨询适用于:管理者知道问题存在但不知道问题具体在哪里;管理者不确定究竟采纳何种具体的咨询和帮助手段;管理者可以通过参与对问题的诊断工作而获益;目标是顾问与管理者共同接纳的且顾问有能力建立一种帮助管理者实现目标的关系;管理者清楚地知道哪种手段是可行的;管理者有能力学会如何评价和解决他们的问题。

4. 团队建设(team building)

团队建设是有计划地帮助团队改善他们完成任务的方式、帮助团队成员提升其人际交往及问题解决技能的一系列活动。

团队建设适用于那些拥有团队的组织,无论这些团队是固定的还是临时性的。它可以帮助问题解决型团队最大化利用成员的资源和贡献;可以为组成成员提供高水平激励,完成群体决策;还可以帮助团队克服各种诸如冷漠、成员普遍失去兴趣、生产率下降、团队内的抱怨增多、会议缺席率高、缺乏创新、来自团队外部的关于服务和产品质量的投诉增多以及成员间敌对冲突等具体问题。

团队建设可以应用于群体内部,也可以应用于群体之间的相互依赖活动中。并不是所有的群体活动都有互相依存的功能。

在团队建设中一般考虑的活动包括:目标设置,团队成员间人际关系的开发,用以明确每个成员的角色和责任的角色分析,以及团队过程分析。当然,团队建设可能强调或排除某些活动,这取决于团队的发展目标和团队遇到的具体问题。但从根本上说,团队建设试图运用成员间的高度互动来提高信任和开放程度。

让团队成员先来确定团队的目标和重心可能是有益的。这会使成员之间对目标的不同看法暴露出来。随后,成员可以评价团队的绩效水平:他们在建构重点和实现目标上的效果如何?由此确定出潜在的问题。接着,在团队成员都出席的情况下,可以引发自我批评式的讨论。

团队建设也可用于确定每个成员的角色,它可以对每个角色进行鉴别和澄清。对一些个体来说,团队建设为他提供了深入思考某些问题的机会。比如,要使团队达到最优效果,那么他的工作意味着什么?他需要承担哪些具体的任务?

另外,团队建设与过程顾问从事的活动十分相似,即分析团队内的关键过程,明确完成工作的办法以及如何改进这些过程以提高团队的效率。

5. 群体间关系的开发(intergroup development)

组织发展关注的一个重要领域是群体间功能失调的冲突。因此,这一点也成为变革努力的主题之一。

群体间发展致力于改变群体间的态度、成见和观念。例如,在一家公司中,工程技术人员认为会计部门是由一群害羞而保守的人组成,人力资源部是由一群"更关注受保护群体的员工感情不受伤害,而不是公司利益的极端自由主义者"组成。这些成见显然给部门间的协调活动带来了负面影响。

尽管有不少方法可以改善群体间关系,但最常用的是强调问题解决方法。这种方法首先让每一个群体独立列出一系列清单,其中包括对自己的认识,对其他群体的认识,以及其他群体又是如何看待自己的。然后各群体间共享信息,讨论他们之间的相似之处和不同之处。尤其要明确指出不同之处,并寻找导致分歧的原因。

群体间的目标不一致吗?有一些认识受到歪曲了吗?成见是在什么基础上形成的呢?是否有一些原本意图受到了歪曲而导致了差异?每个群体所界定的概念和术语不同吗?对这些问题的回答可以使我们认识到冲突的真实本质。一旦找到了冲突的成因,群体就可进入整合阶段寻找解决方法改善群体间的关系。

为了进一步深入诊断以找出各种可行性方案改善群体间关系,还可以建立亚群体,它由来自于每个冲突群体的成员组成。

四、组织发展专业人员的角色

组织发展专业人员可以是来自组织内部的,也可以是来自组织外部的。内部咨询专家是组织的成员,而且通常来自人力资源部门。他们可以单独执行 OD 的角色,也可以同时承担着其他工作,比如作为薪酬专员、培训专员或者劳资关系专员等。许多大型组织,比如 Intel,Philip Morris,Procter Gamble,Citygroup 等都建立起了专门的 OD 咨询部门。

而外部咨询专家则不是客户组织的内部成员,他们通常在咨询公司、大学工作或者自己单干。组织通常在自己无法解决时引入外部咨询专家的专业技能,并且外部人员提供了一个审视组织发展过程的独特的、更为客观的视角。表 15-7 描述了外部咨询专家和内部咨询专家在不同的变革咨询阶段的角色区别。

表 15-7 外部咨询专家和内部咨询专家的区别

变革的阶段	外部咨询专家	内部咨询专家
进入阶段	• 获得客户 • 建立关系 • 学习公司的行话 • 面临着"展示问题"的挑战 • 耗费时间的 • 压力阶段 • 根据自己的标准选择项目/客户 • 不可预测的成果	• 客户已经存在 • 关系已经存在 • 了解公司的行话 • 了解导致问题的根本性原因 • 时间有效率的 • 较为舒适的阶段 • 有义务与所有的人合作 • 稳定的工资
签订合同	• 正式文件 • 可以随意中断项目 • 监控实际支出 • 信息是保密的 • 失去合同的危险 • 保持第三方的角色	• 非正式的协议 • 必须完成所分派的项目 • 没有实际支出 • 信息可以是公开的也可以是保密的 • 客户报复的风险和丢失工作的危险 • 以第三方、推动者(站在客户的立场上)或者辅助者的身份行事
诊断阶段	• 第一次接触组织中的大部分成员 • 外部专家身份带来的威望 • 能迅速建立起信任感 • 信息保密会增加政治上的敏感度	• 同组织中的许多成员都有联系 • 威望取决于职位的等级和客户的声望、地位 • 一直以来由于值得信赖而维持着声望 • 公开共享信息会减少政治上的阴谋
介入阶段	• 坚持主张有效信息,能够在充分信息的基础上自由作出决策并获得了内部的认同度 • 活动限制在客户的组织界限内	• 坚持主张有效信息,能够在充分信息的基础上自由作出决策并获得了内部的认同度 • 可以为跨越组织界限打扰其他客户获得支持
评价阶段	• 把重复的业务和客户的推荐作为衡量项目成功的主要工具 • 很少能见到长期的结果	• 把重复的业务,薪酬的提高以及晋升作为衡量成功的主要工具 • 能够目睹变革最终制度化 • 对出色工作能获得较多的认同

五、组织发展专业人员的资质要求

根据目前有关的研究来看,有效的组织发展专业人员(OD)的资质模型是个性特征,经验以及技能的综合。表 15-8 列出了成功的变革实施者所拥有的特质和能力:诊断能力,关于行为科学的基本知识,执著,了解咨询专业人员操守的理论和方法,设置目标的能力,解决问题的能力,进行自我评估的能力,客观看待事物的能力,想象力,灵活性,诚实,有恒性以及信誉。

表 15-8　组织发展专业人员的资质要求

	基础资质	核心资质
知识	1. 组织行为 　A. 组织文化 　B. 工作设计 　C. 人际关系 　D. 权力和政治 　E. 领导 　F. 目标设置 　G. 冲突 　H. 道德	1. 组织设计:形成和排列组织要素的决策过程,包括但是也不仅仅只限于组织结构,人力资源制度,信息系统,奖酬制度,工作设计,政治制度和组织文化。 　A. 组合和排列的概念 　B. 组织是由多个子系统组成,在各种分析层次上的诊断和设计模型,包括工作结构,人力资源,信息系统,奖酬制度,工作设计,政治体系等等 　C. 组织设计中的关键筹划领导者
	2. 个人心理学 　A. 学习理论 　B. 激励理论 　C. 知觉理论	2. 组织研究:现场研究方法;访谈;内容分析;问卷和访谈草案设计;设计变革评价过程;纵向的数据收集和分析;理解和测试 α、β 和 γ 的变化;以及一系列的定量和定性的方法。
	3. 群体动力学 　A. 角色 　B. 沟通过程 　C. 决策过程 　D. 群体发展的阶段 　E. 领导	3. 系统动力:描述并理解系统是如何进化和发展的,以及除了计划中的调节外(比如进化和革命,间断平衡理论,混沌理论,灾难理论,渐进 vs. 激进变革,转换理论等等),系统是如何对外生和内生的干扰进行反应的。
	4. 管理和组织理论 　A. 计划,组织,领导和控制 　B. 解决问题和决策 　C. 系统理论 　D. 情境理论 　E. 组织结构 　F. 环境和技术的特点 　G. 组织制度和模型	4. 组织发展和变革历史:那些导致组织发展、变革出现和发展的社会的、政治的、经济的和个人的推动力,包括关键的筹划领导者,他们书面和行动背后潜在的价值观,关键事件和书面报告以及相关的文件资料。 　A. 人际关系活动 　B. NTL(the national training laboratory)/T 小组/敏感性训练 　C. 调查研究 　D. 工作生活质量 　E. 研究机构 　F. 关键筹划领导者 　G. 人文主义的价值观 　H. 道德声明
知识	5. 研究方法/统计 　A. 集中趋势法 　B. 分布方法 　C. 基础抽样理论 　D. 基础实验设计 　E. 样本推断统计法	5. 变革的理论和模型:基本的行动研究模型,共享的行动研究模型,计划模型,变革类型学(比如快速、缓慢、渐进的、激进的、革命性的),勒温的模型,过渡模型等等。

续表

	基础资质	核心资质
知识	6. 相当的文化视角 　A. 自然文化的维度 　B. 工业文化的维度 　C. 制度的内涵	
	7. 商业运作实用知识 　A. 人际沟通(倾听,反馈和表达) 　B. 合作精神/共同工作 　C. 解决问题 　D. 使用新技术 　E. 概念化 　F. 项目管理 　G. 推荐/教育/指导	
技术		1. 管理咨询过程:进入,制定合同,诊断,设计适当的介入,实施这些介入,管理突然事件以及评价变革过程的能力。
		2. 分析/诊断:实施关于组织有效性的调查能力,洞察导致目前组织有效性水平低的根本性原因;核心技能包括以下所有系统——对个体,群体,组织和跨组织的以及对个人自身的理解和洞察的能力。
		3. 设计/选择适当的、相关的介入:理解如何选择,调整或设计有效的介入以使组织从现有状态调整到它所期望的未来状态。
		4. 帮助促进和流程咨询:协助个体或群体向目标前进的能力;对个体和群体流程实施调查的能力,以使顾客能够对整个事件进行把握,增加其对自身行为活动的结果的反应的能力,以及培养出增加控制的能力意识。
		5. 培养顾客的能力:在实施变革的过程中顾客在实施基于价值观和道德行为的变革的计划技术方面有所长进,有能力在未来计划和实施一个成功的变革。
		6. 评价组织变革:设计和实施评价变革的影响和效果的程序,包括对可选择性的解释的控制以及对绩效结果的诠释。

表格来源:《Organization Development & Change》,第 7 版,Thomas G. Cummings, University of Southern California, Christopher G. Worley, Pepperdine University。

总之,组织发展与变革是 20 世纪 70 年代西方新兴起的一股潮流,中国的组织面临全球范围内新的竞争格局而我们不得不做出新的应对的时候,而组织变革则成为我们社会的一个主体。但是,必须承认的是,国内以企业为代表的组织变革或组织发展还面临着很多障碍,这些障碍主要体现在:(1)传统价值观和行为模式;(2)组织高层领导对变革的愿望是否强烈;(3)组织内部管理技能是否到位;(4)是否具有有经验的组织变革专家(孙健敏,2000)。

运动与发展是辩证唯物主义一个重要观点。同样,变革是组织管理的重要问题。

现实世界是动荡不定的,要在竞争的环境中运作良好,组织及其成员就必须经历动态的变革,环境、战略和组织在变革中协调变动。

在大多数组织中,管理者是主要的变革推动者。他们通过制定决策和角色榜样行为,塑造了组织中的变革文化。而经典的变革模型为管理者推动变革提供了思路与参考。

变革的具体方法多种多样,最重要的是根据变革需要,选择适合本组织的策略与手段。同时变革专业人员需要具备一定的素质,才能推动组织变革与发展的成功。

本 章 小 结

组织变革是指组织受到外在环境的冲击,并配合内在环境的需要,而调整其内部的若干状况,以维持本身的均衡。组织总是不断地进行一定的变革,比如工作流程调整优化,甄选与录用,机构改革与整合,执行新制度,实施新技术等等。组织总是面临来自竞争对手的、信息技术的、客户需求的各种压力。因此,组织变革已经成为管理的重要任务之一。

组织变革概括地说可以分为五类:组织结构变革、技术变革、组织管理制度变革、人员变革以及组织物理环境变革。

变革的实施有无计划的变革和有计划的变革之分。我们关注的通常为有计划的组织变革。有些公司是从活动开始进行变革,而那些变革成功的组织中更多实施的是从结果开始的变革。

关于组织变革的模型有很多,具有代表性的主要有勒温的三步骤模型,李皮特等人的变革模型,勒维特模型,布洛克和巴滕的有计划的变革整合模型,孙健敏教授的组织变革过程模型,莉兹·克拉克的组织变革过程模型以及行为研究模型。

约翰·科特在"企业转型努力为何会失败"方面有较为深刻的研究,他总结出了8点变革中的导致失败的错误原因。孙健敏教授则从正面对变革成功所需的因素进行了研究,归纳总结出决定变革成功与否的七因素。

变革的阻力有来自于组织层面的,包括:对已有的资源分配的威胁,对已有的权力关系的威胁,对专业知识的威胁,结构惯性,有限的变革点以及群体惯性。

变革的阻力也有来自于个体的,包括:习惯,安全,经济因素,对未知的恐惧,选择性信息加工。

约翰·科特建议可以采取以下措施来消除个人或组织对变革的抗拒:教育和沟通,参与和投入,促进与支持,协商与协议,操纵和收买,强制。

创新则是一种具体的变革类型。创新是指用以发明或改进一项产品、工艺或服务的新观点。

学习型组织是一个不断开发适应于变革能力的组织。

组织学习的类型有以下两类,单环路学习、双环路学习。

组织发展与组织变革关系密切,组织发展可以看成是实现有效组织变革的手段。组织发展的具体方法主要有以下五种:敏感性训练,调查反馈,过程咨询,团队建设和群体间关系的开发。

复习思考题

1. 组织变革变什么？
2. "抵制变革是不理智的反应"，你是否同意这种观点？请解释。
3. 为什么参与方式被认为是减少变革阻力的有效技术？
4. 中国民营企业会遇到哪些变革阻力？
5. 勒温的三步变革模型是怎样处理变革阻力的？
6. 阐述行动研究的过程。
7. "学习型组织反对分工、竞争和反应性"，请解释这个论点。
8. 组织发展有哪些特征？

案例 科龙地震

2000年3月22日，科龙集团宣布调整高层领导班子，聘任屈云波、黄小池、王康平等3人为分管营销、技术、生产的副总裁，原来几个副总裁除李国明升为常务副总裁外，解除4位科龙"开国元勋"的副总裁职务，并宣布实行决策层与执行层分离，从而正式揭开了科龙大规模人事调整和组织转型的"革命"序幕。

消息传出，社会为之震动。这个刚刚还被《财富》杂志中文版评为1999年度"整体最受赞赏公司"、"产品/质量最受赞赏公司"、"具有最创新管理方式"三项荣誉的公司，竟忽然发生了地震，戏剧化地出现在公众面前，令人目瞪口呆。一时间，媒体连篇累牍地予以报道。"大换血"、"大地震"的新闻标题，配以新任几位副总裁的照片出现在各大媒体的显要位置上。

然而，科龙声称，这种领导核心的调整只是科龙改革万里长征的第一步。当时的科龙集团总裁王国端同时宣布，酝酿已久的企业组织转型还将在以下几个方面实现方向性改变：

观念：产品销售、推销→营销

战略：产品战略→产业战略

组织：专业公司→事业单元制

　　　分权分制→集权分制

人事：经验型、忠诚型、勇气型→知识化、专业化、国际化

管理：生产型→快速掌握市场变化

其实，在这几个方向中，最基本也最紧迫的是向市场导向型企业的转变，因此科龙此次新上任的营销副总裁屈云波是此次科龙改革的关键人物，也备受瞩目。

整个集团总部、生产系统、技术系统随即展开大规模的调整。在接下来的时间里，科龙在内部展开了轰轰烈烈的人事换血。几乎所有的中层、基层乃至所有岗位都要竞

争上岗。在表面上看来,这一次改革确实"动了真格"。

但凡了解科龙的人都知道,这是一家相当优秀的制冷企业,一直以产品质量可靠,经营稳健著称于世,在股市上一直以业绩较好的蓝筹股形象出现,并在管理和与国际化接轨方面都给人留下良好印象。而如今,科龙何以一反过去的低调作风?一举换掉三个副总裁?何以进行组织转型?是不是经营管理出现了重大问题?屈云波是营销方面的专家,但在实战方面能不能胜任?如此大规模的变革会不会导致失控?⋯⋯种种疑问悬于脑际,弥久不散。

然而震动的冲击波还在后面。2000年6月22日,科龙集团宣布为实行决策层与执行层的彻底分离,王国端不再兼任总裁,而聘请当地容桂镇镇长徐铁峰担任,意味着刚刚发动革命不久的王国端事实上已经下台。8月份,原为一家咨询公司的总经理,与屈云波同时空降到科龙担任战略发展总监的宋新宇宣布辞职,而原海尔集团的广告总监张彬悄悄入主科龙,担任新成立的整合传播部总监,小天鹅家电公司一位副总经理陈文军则担任冰箱营销部总监。9月份,又传出消息,常务副总裁李国明辞职,他的离去显示科龙的改革已经将几乎所有的原高层换掉(年底的时候又传出王国端要辞职的消息)。12月,新任财务副总裁,来自香港安达信财务公司的余楚媛小姐悄然出现在科龙高层阵营中⋯⋯在来来往往中,在一系列足以令人眼花缭乱的变化中,人们发现,科龙在进行完完全全的"大换血"。

2001年1月10日,在广东省顺德市容桂镇最豪华的仙泉酒店,科龙集团举行了进入新世纪后的第一个新闻发布会,名为"新世纪,新形象,新科龙"——科龙新CI启动仪式暨世纪品牌工程阶段成果发布会。在发布会上,科龙展示了自身一年来变革的营销方面的成就:新CI,新的广告片,新的广告口号和与电通、奥美传播方面合作的阶段性结晶。座位上坐着科龙一年组织转型后基本上尘埃落定的高层干部和来自全国各大媒体的记者。

人们发现改革后的科龙集团确实是以一个全新的形象出现在人们面前。然而这个"全新"的形象能赢得企业、社会和消费者的广泛认同吗?这个"全新"能把科龙带出困局,并带来新的辉煌吗?

许多人依然心存问号。但从这次发布会上,许多传媒人士感受到,此举标志着科龙内部的调整和转型基本告一段落,下一步它将把眼光放到市场上,正如一篇新闻报道中所称的,"这是一个历史性的转折时刻。科龙将开始向市场展示其令人生畏的力量。它依旧是一支令对手不可忽视的力量。"

确实,科龙在一年多的改革之后,在2001年空调回款方面取得了很大的成就,并且销售也比较喜人,并一度采取提价策略,到四五月份,徐铁峰已经在满怀信心地说,2001年肯定盈利。

种种迹象也显示,科龙在改变,在一步步往好的方向转变。虽然其间还存在种种的艰难和曲折,有不和谐的声音出现。但不管结果怎样、不管未来如何,经历了历时一年痛苦的变革和调整,经历了一年多时间反复的规划与磨合,经历了许多的曲曲折折,经历了一年的披荆斩棘,科龙终于无大碍地挺过来了,而且未来已经向其拉开了希望的大门。

(改编自段传敏,《科龙革命500天》,广州出版社,2002)

2001年10月29日,正在艰难进行、而且刚刚亮出一抹亮色的科龙革命突生"变局"。当天,科龙电器的最大股东,隶属于容桂镇政府的"广东科龙(容声)集团有限公司"与格林柯尔公司达成股权转让协议,向后者出售科龙电器20.6%的法人股权,作价5.6亿元。这样,格林柯尔一举成为科龙电器的单一最大股东。

11月2日,在科龙召开的临时董事会上,格林柯尔迫不及待地提出更换董事会成员的要求,包括董事长徐铁峰、营销副总裁屈云波、财务副总裁余楚媛,执行董事、冰箱公司总经理以及4位非执行董事在内的8名董事提出辞职。12月23日在公司召开的临时股东大会上,上述请辞最后批准生效。2002年1月31日,科龙电器股份有限公司在广州举行正式媒体见面会,新的科龙高层管理团队浮出水面。

问题讨论:
1. 科龙集团在组织变革中是如何体现环境、战略、组织三者是联动的?
2. 请选用本章中所介绍的任意一个组织变革模型来分析科龙的变革。
3. 请根据上述材料分析科龙变革中遇到的阻力以及如何克服阻力。

参考文献

第一章

1. 卡斯特，罗森茨威克(2000)，《组织与管理——一种系统学说》，北京：中国社会科学出版社，第4页。
2. 孙健敏(1998)，《管理》，北京：中信出版社。
3. 休·J·阿诺德，丹尼尔·C·菲尔德曼(1990)，《组织行为学》，北京：中国人民大学出版社。
4. 亨利·西斯克(1985)，《工业管理与组织》，北京：中国社会科学出版社，第149—153页。
5. 斯蒂芬·罗宾斯(1997)，《组织行为学》，北京：中国人民大学出版社。
6. Barnard, C. (1938). The Functions of the Executive. Cambridge, MA: Harvard University Press.
7. Boisot, M. & Liang, X. G. (1992). The nature of managerial work in the Chinese enterprise reform: A study of six directors. Organization Studies. 13 (2), pp. 161—184.
8. Cameron, K. (1978). Measuring organizational effectiveness in institutions of higher education. Administrative Sciences Quarterly. Vol. 23, pp. 604—629.
9. Yuchtman, E. and Seashore S. (1967). A System Resource. Approach to Organizational Effectiveness. American Sociological Review. Vol. 32, pp. 891—903.
10. Luthans, F., Hodgetts, R. M., & Rosenkrantz, S. A. (1988). Real Managers Cambridge, MA: Ballinger. p.4.
11. Hellriegel, D., Slocum, J. W., & Woodman, R. W. (2000). Organizational Behavior, Ohio: South-Western College Publishing. pp. 4—27.
12. Homans, G. C. (1950). The Human Group. New York: Harcourt, Brace and World.

13. Ignatius, A. (1990). China's plant managers are struggling. The Asian Wall Street Journal. April 18, 1990, p. 18.
14. Davis, K., & Newstrom, J. W. (1985). Human Behavior at Work Organizational Behavior. McGraw-Hill Book Company.
15. Mintzberg, H. (1973). The nature of Managerial Work. New York: Harper and Row.
16. Schermerhorn, J. R. & Nyaw. M. K. (1991). Managerial leadership in Chinese industrial enterprises. In O. Shenkar (Ed.), Organization and Management in China, 1979—1980. Armonk, NY. M. E. Sharpe, 1991. pp. 9—21.
17. Seashore, S. E. & Yuchtman, E. (1967). Factorial analysis of organizational performance. *Administrative Sciences Quarterly*. Vol. 12, pp. 377—395.
18. Shenkar, O., & Von Glinow, M. A. (1994). Uncovering paradox in organizational theory and research: Using the case of China to illustrate national contingency. *Management Science*, 1994, 40 (1). pp. 56—71.
19. Shenkar, O., Ronen, S., Shefy, E., & Hau-siu, I. C. (1998). The role structure of Chinese managers, *Human Relations*. Jan 1998, p.51.
20. Shenkar, O. (1996). The firm as a total institution: Reflections on the Chinese state enterprise. *Organization Studies*. 1996, 17(6). pp.885—907.

第二章

1. 斯蒂芬·P·罗宾斯(1997)，孙健敏等译，《组织行为学》，北京：中国人民大学出版社。
2. S·阿尔特曼，E·瓦伦齐，R·霍德盖茨著，魏楚千等译(1990)，《管理科学与行为科学——组织行为学：实践与理论(上)》，北京：北京航空航天大学出版社。
3. 丹尼尔·A·雷恩著(1997)，李柱流等译，《管理思想的演变》，北京：中国社会科学出版社。
4. 谢安田(1979)，《企业研究方法》，台北：中华书局。
5. 弗里蒙特·E·卡斯特，詹姆斯·E·罗森茨韦克(1983)，马洪译，《组织与管理》，北京：中国社会科学出版社。
6. Zalezmik, R. B., Christensen, C. R., & Roethlisberger, F. J. (1958). The Motivation, Productivity, and Satisfaction of Workers: A prediction study. Boston: Division of Research, Harvard University Graduate School of Business Administration.
7. Munsterberg, H. (1913). Psychology and Industrial Efficiency (Boston: Houghton Mifflin).

第三章

1. 田兴燕，郑全全(2002)，"人格情绪导向模式"，《应用心理学》，第2期。
2. 李剑锋(2004)，《组织行为管理》，中国人民大学出版社。
3. 孟慧，李永鑫(2004)，"大五人格特质与领导有效性的相关研究"，《心理科学》，第3期。
4. 奥伯利·丹尼尔斯著，高卓，张葆华译(2002)，《正面强化的神奇力量》，新华出版社。

5. 葛树人(1976),《心理测验学》,台北:桂冠图书公司。
6. 彭聃龄(2001),《普通心理学》,北京师范大学出版社。
7. Basic Books, New York. A 10th anniversary edition, with a new introduction was published in 1993.
8. Bliese, P. D., & Britt, T. W. (2001). Social Support, Group Consensus and Stressor-Strain Relationships: Social Context matters, Journal of Organizational Behavior, Vol. 22.
9. Cattell, R. B. (1973). Personality Pinned Down. Psychology Today, July, pp. 40—46.
10. Gerrig, R. J. & Zimbardo, P. G. (2002). Psychology and Life. Pearson Education.
11. Guilford, J. P., & Hoepfner, R. (1971). The analysis of intelligence. New York: McGraw-Hill.
12. Gardner, H. (1983), Frame of Mind: The Theory of Multiple Intelligence. New York: Basic Books.
13. Kilduff, M., & Day, D. V. (1994). Do Chameleons Get Ahead? The Effects if Self-monitoring on Managerial Careers. Academy of management Journal, Vol. 37.
14. Mount M. K., Barick, M. R. & Strauss, J. P. (1994). Validity of Observer Ratings of the Big Five Personality Factors, Journal of Applied Psychology, Vol. 79.
15. Robbins. S,(2002). Organizational Behavior. Pretice Hall.
16. Vernon, P. E. (1971). The structure of human abilities. London: Methuen.

第四章

1. 马剑宏,倪陈明(1998),"企业职工的工作价值观特征分析",《应用心理学》,第4期,第10—14页。
2. 王新玲(1987),"关于北京市一所中学学生的价值系统与道德判断的调查报告",《心理学报》,第4期。
3. 王文慧,梅强(2002),"企业员工满意度的评估模型与对策研究",《科技进步与对策》,11月号,第131—133页。
4. 宁维卫(1996),"中国城市青年职业价值观研究",《成都大学学报》,第4期,第10—12页。
5. 冯伯麟(1996),"教师工作满意度及其影响因素的研究",《教育研究》,第2期,第42—49页。
6. 孙健敏(1993),"青少年价值观类型与亲社会行为关系的研究",见章志光编《学生品德形成新探》,北京:北京师范大学出版社,第268—285页。
7. 许燕(1999),"北京大学生价值观及教育建议",《教育研究》,第5期。
8. 张勉,李树茁(2001),"企业员工工作满意度决定因素实证研究",《统计研究》,第8期,第33—37页。
9. 陈卫旗(1998),"中学教师工作满意度的结构及其与离职倾向、工作积极性的关系",《心理发展与教育》,第1期,第38—44页。
10. 陈红雷,周帆(2003),"工作价值观结构研究的进展和趋势",《心理科学进展》,第6期,第700—703页。

11. 胡蓓，陈建安(2003)，"脑力劳动者工作满意度实证研究"，《科研管理》，第 24 卷，第 4 期，第 139—144 页。
12. 胡军生，肖健等(2003)，"老年人与青年人价值观的比较研究"，《中国老年学杂志》，第 23 卷，第 6 期，第 336—338 页。
13. 俞文钊(1996)，《合资企业的跨文化管理》，北京：人民教育出版社。
14. 袁声莉，马士华(2002)，"员工满意度实证研究"，《技术经济与管理研究》，第 3 期，第 22—24 页。
15. 高尚仁(1998)，《心理学新论》，北京：北京师范大学出版社，第 403 页。
16. 殷红霞，"西部高科技企业员工工作满意度调查与激励体系的重新设计"，《西安财经学院学报》，第 17 卷第 5 期，2004 年 10 月，第 64—67 页。
17. 潘悦华，"员工满意度评估与应用研究"，《云南财经大学学报》，第 19 卷第 1 期。
18. Adler, N. J. (1983). Cross-cultural management research: The Ostrich and the trend. Academy of Management Review. April, pp. 226—232.
19. AldagR. J., & Brief, A. P. (1975). Some correlates of work values. Journal of Applied Psychology. December, pp. 757—760.
20. Allport, G. W., & Vernon, P. E. (1951). Study of Values. Boston: Houghton Mifflin Company.
21. Bem, D. J. (1972). Self-perception theory. In L. Berkowitz (ed.) Advances in Experimental Social Psychology. Vol. 6, New York: Academic Press. pp. 1—62.
22. Cherrington, D. J., Condie, S. J., & England, J. L. (1979). Age and work values. Academy of Management Journal. September, pp. 617—623.
23. Dose, J. (1997). Work Values: An integrated framework and illustrative application to organizational socialization. Journal of Occupational and Organizational Psychology. No. 3, pp. 219—242.
24. Elizur, D. (1984). Facets of Work values: A structural analysis of work outcomes. Journal of Applied Psychology. Vol. 69, pp. 373—389.
25. Festinger, L. (1957). A theory of Cognitive Dissonance. Stanford, Ca: Stanford University Press.
26. Graves, C. W. (1970). Levels of existence: An open systems theory of values. Journal of Humanistic Psychology. Fall. pp. 131—155.
27. Gildkin, L., Braye, C. E., & Caunch, C. L. (1989). U. S. -based cross cultural management research in the eighties. Journal of Business and Economic Perspectives, Vol. 15, pp. 37—45.
28. Javidan, M., & House, R. J. (2001). Cultural Acumen for the Global Manager: Lessons from Project GLOBE. Organizational Dynamics. Spring, pp. 289—305.
29. Kabanoff, B., Holt, J. (1996). Changes in the espoused values of Australian organizations 1986—1990. Journal of Organizational Behavior. , May, pp. 201—219.
30. Keller, L. M., Bouchard, T. J., Jr. Arvey, R. D. , (1992). Work values: Genetic and environmental influences. Journal of Applied Psychology. Feb. pp. 79—88.
31. Kluckhohn, F. R., Strodtbeck, F. L. (1961). Variations in Value Orientation. Evan-

ston, IL: Row Peterson.

32. Kreitner, R., & Kinicki, A. (1998). Organizational Behavior. 4th Edition. McGraw-Hill. p. 79.

33. Lewis, P. V. (1985). Defining Business ethics: Like nailing jello to the wall. Journal of Business Ethics. October, pp. 377—383.

34. Posner, B. Z., Schmidt, W. H. (1992). Values and the American managers: An update updated. California Management Review. Spring, p. 86.

35. Raelin, J. A. (1987). The 60s kids in the corporation: More than just daydream believers. Academy of Management Executive. February, pp. 21—30.

36. Rokeach, M. (1973). The Nature of Human Values. New York: Free Press.

37. Rokeach, M., & Ball-Rokeach, S. J. (1989). Stability and change in American value priorities, 1968—1981. American Psychologist. May, pp. 775—784

38. Rousseau, D. M. (1997). Organizational behavior in the new era. In J. T. Spence, et. al. (Eds.). Annual Review of Psychology. Vol. 48, p. 523.

39. Sagie, E. D. (1999). Facets of personal values: A structural analysis of life and work values. Applied Psychology: An International Review. Vol. 48, No. 1, pp. 73—87.

40. Schwartz, S. H. (1992). Universals in the content and structure of values: Theoretical advances and empirical tests in 20 countries. In M. P. Zanna Ed. Advances in Experimental Social Psychology. New York: Academic press. p. 4.

41. Spranger, E. (1928) Type of man. Translated by P. J. W. Pigors, New York: Halle.

42. Super, D. E. (1962). A life-span, life-space approach to career development. Journal of Occupational Psychology. Vol. 52, pp. 129—148.

43. Wanous, J., Reichers, A. E. (1997). Overall job satisfaction: How good are single item measures. Journal of Applied Psychology, April, pp. 247—252.

44. Wicker, A. W. (1969). Attitude versus action: The relationship of verbal and overt behavioral responses to attitude objects. Journal of Social Issues. Autumn, pp. 41—78.

45. Weber, M. (1951) The Religion of China. Translated by Hans H. Gerth Glencoe, Now York: The Free Press.

46. Weber, M. (1958). The protestant Ethics and the Spirit of Capitalism. Translated by Talcott Parsons. New York: Scribner's.

第五章

1. 石林(2003),"工作压力的研究现状与方向",《心理科学》,第3期。
2. 孙健敏(2002),"人力资源管理中工作设计的四种不同趋向",《首都经济贸易大学学报》,第1期。
3. 李秀娟(2003),《组织行为学》,北京:清华大学出版社。
4. 郑日昌、陈永胜(1991),《学校心理咨询》,北京:人民教育出版社。
5. 彭聃龄(2001),《普通心理学》,北京:北京师范大学出版社。
6. Cohen, S. & Syme, S. L. (1985). Social Support and Health. New York: Academic Press.

7. Ekman, P. (1984). Expression and the nature of emotion. In K. R. Scherer and P. Ekman (Eds.), Approaches to emotion (pp. 329—343). Hillsdale, NJ: Erlbaum.
8. Ekman, P. (1994). The nature of emotion: fundamental questions. Oxford University Press, New York.
9. Gerrig, R. J., & Zimbardo. (2002). P. G. Psychology and Life. Pearson Education.
10. Izard, Carroll E. (1977). Human Emotions. New York: Plenum Press.
11. Larsen, R. J., & Diener, E. (1992). Problems and promises with the circumplex model of emotion. Review of Personality and Social Psychology, 13, pp. 25—59.
12. Lazarus, A. A. (1994). How certain boundaries and ethics diminish therapeutic effectiveness. Ethics and Behavior, 4, pp. 255—261.
13. Reisenzein, R. (1994) Pleasure-arousal theory and the intensity of emotions. Journal of Personality and Social Psychology 67(3), pp. 525—539.
14. Russell, J. A. (1980). A circumplex model of affect. Journal of Personality and Social Psychology, 39, pp. 1164—1178.
15. Salovey, P. & Mayer, J. D. (1990). Emotional Intelligence: Imagination, Cognition, and Personality. NY, Harper.
16. Yerkes, R. M. and Dodson, J. D. (1908). "The Relation of Strength of Stimulus to Rapidity of Habit Formation," Journal of Comparative and Neurological Psychology, 18, pp. 459—482.

第六章

1. 张志学，张文慧(2004)，"认知需要与战略决策过程之间的关系"，《心理科学》，第2期。
2. 保罗·罗森菲尔德等著，李原译(2002)，《组织中的印象管理》，北京：清华大学出版社。
3. Asch, S. E. (1946). Forming impressions of personality. Journal of Abnormal and Social Psychology, 41, pp. 258—290.
4. Becker, T. E., & Martin, S. L. (1995). Trying to look bad at work: Methods and motives for managing poor impressions in organizations. Academy of Management Journal, 38, pp. 174—199.
5. Dearborn, D. C., & Simon, H. A. (1958), Selective Perception: A Note on the Departmental Identifications of Executives. Sociometry, 21, pp. 140—144.
6. Heider, F. (1958). The Psychology of Interpersonal Relations, John Wiley & Sons, New York.
7. Giacalone, R., & Rosenfeld, P. (1991). Applied impression management: How image-making affects managerial decisions. Newbury Park, CA: Sage Publications.
8. Goffman. E, (1959). The Presentation of Self in Everyday Life. Doubleday: Garden City, New York.
9. Leary, M. R., & Kowalski, R. M. (1990). Impression management: A literature review and two-component model. Psychological Bulletin, 107, pp. 34—47.

10. Odom, J. M. (1993). Industrial and environmental activities of sulfate-reducing bacteria. In J. M. Odom and Rivers Singleton, Jr. (eds) The sulfate-reducing bacteria: contemporary perspectives.
11. Rosenthal, R., & Jacobson, L. (1966). Teachers' expectancies determinants of pupils IQ gains. Psychological Reports. p. 19.
12. Schlenker, B. R., & Weigold, M. F. (1992). Interpersonal processes involving impression regulation and management. Annual Review of Psychology, 43, pp. 133—168.

第七章

1. Adams J. S. (1965), "Inequity in Social Exchange," in L. Berkowitz(ed.), Advances in Experimental Social Psychology, New York: Plenum. pp. 267—300.
2. Cotton, J. L. (1993). Employee Involvement, Sage Publication.
3. Alderfer, C. P. (1969), "An Empirical Test of a New Theory of Human Needs," Organizational Behavior and Human Performance, pp. 142—175.
4. Deci, E. L. (1994). Intrinsic Motivation(New York: Plenum, 1975), Review of Educational Research, Fall, pp. 363—423.
5. Herzberg F., Mausner B., & Snyderman B. (1959), The Motivation to Work (New York: Wiley).
6. Locke, E. A(1980), Latham vs. Komaki: A Tale of Two Paradigms. Journal of Applied Psychology, February, pp. 16—23.
7. Maslow A. (1954), Motivation and Personality. New York: Harper & Row.
8. McClelland D. C. (1975), Power, The Inner Experience. New York: Irvington.
9. Robbins, S. (2002). Organizational Behavior, Pretice Hall.
10. Thomas K. W. (2000), Intrinsic Motivation and How It Works. Training, pp. 130—135.
11. Vroom V. H. (1964), Work and Motivation. New York: John Wiley.
12. Welbourne, T. M. & Gomez-Mejia, L. R. (1995), Gainsharing: a Critical Review and a Future Research Agenda, Journal of management, pp. 21—23.

第八章

1. 丁大建，高庆波(2004)，"2003年北京地区高校本科毕业生就业意愿调查报告"，见曾湘泉《变革中的就业环境与中国大学生就业》，北京：中国人民大学出版社，第159—176页。
2. 方向明等(1998)，《研究失败》，北京：当代中国出版社。
3. 谭亚莉，廖建桥，张亚利(2004)，"工作决策影响因素的实证研究"，《科研管理》，第25卷，第6期，第70—75页。
4. Cummings, L. L., Schwab, D., & Rosen, M. (1971). Performance and knowledge of results as determinants of goal setting. Journal of Applied Psychology, 55, pp. 526—530.
5. DeGroot, A. D. (1965). Thought and choice in chess. The Hague: Mouton.

6. Moore, J. C. (1975). The Existence of Compensated Equilibrium and The Structure of The Pareto Efficiency Frontier. International Economic Review, 16 (2), pp. 267—300.
7. Garvin, D. A. (1993). Building a learning organization. Harvard Business Review. July-August, pp. 78—91.
8. Highbee, K. & Lafferty, T. (1972), Relationships among Rish Preferences, Importance and Control. Journal of Psychology, Vol. 81.
9. Jones, E. E. & Johnson, C. A. (1973), Delay of Consequences and the riskness of decisions, Journal of Personality, Vol. 41.
10. Rowe, A. J. & Boulgarides, J. D (1992). Managerial Decision making, Prentice Hall.
11. Simon, H. A. (1960). The New Science of Management Decision. NY: Harper.
12. Staw, B. M., Ross, J. (1989). Understanding behavior in escalation situations. Science, October, pp. 216—220.

第九章

1. 休·J·阿诺德〔加〕,丹尼尔·C·菲尔德曼〔美〕(1990),邓容霖等译,《组织行为学》,北京:中国人民大学出版社。
2. 斯蒂芬·P·罗宾斯(1997),孙健敏译,《组织行为学》,北京:中国人民大学出版社。
3. Tuckman, B. W. (1965). Developmental Sequence in Small Group. Psychological Bulletin, November.
4. Isenberg, D. J. (1986). Group Polarization: A Critical Review and Meta-Analysis. Journal of Personality and Social Psychology, 50 (6), pp. 1141—1151.
5. Romanelli, E., & Tushman, E. (1994). Organizational Transformation as Punctuated Equilibrium: An Empirical Test. Academy of Management Journal, Vol. 37, No. 4, pp. 1141—1166.
6. Homans, G. C. (1950). The Human Group. Harcourt, Brace & World, New York, pp. 43—44.
7. Janis, I. L. (1972). Victims of Groupthinking. Houghton Mifflin, Boston, p. 9.
8. Keith D., & John W. N. (1985), Human Behavior at work, 7th ed., Mcgraw-Hill, New York, 1985, p. 311.
9. Latane, B. (1981). The psychology of social impact. American Psychologist, 36, pp. 343—356.
10. Louis B. B., & Mark P. K. (1986), The Hidden Side of Organizational Leadership, Sloan Management Review, Fall, p. 15.
11. Rodrigues, A., & Newcomb, T. M. (1980), The balance principle: Its current state and its integrative function in social psychology. Review of International Psychology, 14 (2), pp. 85—136.
12. Livingston, S. (1988). "Pygmalion in Management", Harvard Business Review, September.
13. Isenberg, D. J. (1986). Group Polarization: A Critical Review and Meta-Analysis. Journal of Personality and Social Psychology, No. 50.

第十章

1. 中国人力在线,"谁是团队最大的敌人",改编自 Lawrence Holpp, Robert Phillips 著作。
2. Carron. A. V. Cohesion in sport teams. In J. M. Silva. III. & R. S. Weinberg (Eds). Psychological foundations of sport.
3. Dubnicki C, Limburg WJ. (1991). How do healthcare teams measure up? Health forum Vol. 34, No. 5, pp. 10—11.
4. Eden, C., and Jim Radford, J. (1990). Tackling Strategic Problems: the Role of Group Decision Support, Sage Publication.
5. George, J. M. & Bettenhausen, K. (1990). Understanding prosocial behavior, sales performance, and turnover: A group-level analysis in a service context. Journal of Applied Psychology, Vol. 75, No. 6, pp. 698—709.
6. Gibson, CBD Determinants and consequences of group-efficacy beliefs in work organizations in US, HongKong, and Indonesia, [Z] Unpublished doctoral dissertation, University of California, Irvine, CA 1995.
7. Goodman, P. S. & Leyden, D. P. (1991). "Familiarity and Group Productivity". Journal of Applied Psychology, Vol. 76, No. 4: pp. 578—586.
8. Hackman, J. R. (1987). The design of work teams. In J. W. Lorsch (Ed.), Handbook of organizational behavior, Englewood Cliffs, NJ: Prentice-Hall. pp. 315—342.
9. Kepner, C. & Tregoe, B. (1996). Worker Performance. Kepner-Tregoe, Princeton, NJ.
10. Little, B. L., & Madigan, R. M. (1994) Motivation in work teams: A test of the construct of collective efficacy. Paper presented at the annual meeting of the Academy of Management, Houston, TX.
11. Belbin, R. M. (1996), Management Team — why they succeed or fail. Butterworth-Heinemann.
12. Sundstrom, E., De Meuse, K. P., & Futrell, D. (1990). Work teams: Applications and effectiveness. American Psychologist, Vol. 45, pp. 120—133.

第十一章

1. 凯茨·大卫斯(1989),《组织行为学》,北京:经济科学出版社。
2. 白淑英(2001),"网络技术对人类沟通方式的影响",《社会学研究》,第1期。
3. 孙彤(2000),《组织行为学》,北京:高等教育出版社。
4. 左慧玲(2001),"有效的跨文化沟通",《中外管理导报》,第8期。
5. 李剑锋(2003),《组织行为学》,北京:中国人民大学出版社。
6. 斯蒂芬·P·罗宾斯(1997),《组织行为学》,北京:中国人民大学出版社。
7. 邹宜民(2004),《组织行为学》,南京:南京大学出版社。
8. 黄惠慈(2001),"大学生男、女谈话策略之比较研究",《两性平等教育学术研讨会论文集》。
9. Barnard, C. (1968). The Functions of the Executive. Cambridge: Harvard Business

School Press.

10. Bovee, C. L., & Thill, J. V. (1989). Business Communication Today 2nd ed. McGraw-Hill.
11. Cohen, A. (1995). An examination of the relationships between work commitment and network domains. Human Relation, 48, pp. 239—263.
12. Goris, J. R., Vaught, B. C., Pettit, J., Jr. (1986). Effects of communication direction on job performance and satisfaction: A moderated regression analysis. The Journal of Business Communication. Vol. 37, p. 348.
13. Katz, R. L. (1974). Skills of an effective administrator. Harvard Business Review. September-October, pp. 90—102.
14. Munck, B. (2001), Changing a culture of face time. , Harvard Business Review Nov Vol. 79, pp. 125—131.
15. Putti, J. M., Aryee, S., & Phua, J. (1990). Communication Relationship Satisfaction and Organizational Commitment. Group & Organization Studies. 15, pp. 44—52.
16. Tucker, M. L., Meyer, G. D., & Westerman, J. W. (1982). Organizational communication: Development of internal strategic competitive advantage. The Journal of Business Communication. 33, pp. 51—69.

第十二章

1. 斯蒂芬·P·罗宾斯(1997), 孙健敏译,《组织行为学》, 北京:中国人民大学出版社。
2. 约翰·科特著(1997), 史向东、颜艳、李晓涛译,《现代企业的领导艺术》, 北京:华夏出版社, 第34页。
3. 约翰·科特著(1997), 史向东、颜艳、李晓涛译,《总经理》, 北京:华夏出版社, 第43页。
4. 郭宝林(2002), "领导理论研究综述",《山西经济管理干部学院学报》, 2002, 3。
5. 百灵网, 2004.8.25。
6. Bennis, W., & Nanus, B. (1985). Leader: The Strategies for Taking Charge. New York: Harper & Row.
7. Black, R. R., & Mouton, J. S (1964). The Managerial Grid. Houston,Tex. :Gulf.
8. Conger, J. A.,'& Kanungo, R. N. (1988). Charismatic Leadership. Calif. : Jossey-Bass Publishers. p. 19.
9. Friedland,W. H. (1964). For a Sociological Concept of Charisman.´Social Forces, 43 (1), pp. 18—26.
10. Ghiselli, E. E. (1963). Managerial Talent. American Psychologist. October, pp. 631—641.
11. Graen, G. B. & Uhl-Bien, M. (1995). Relationship-Based Approach to Leadership: Development of Leader-Member Exchange (LMX) Theory of Leadership Over 25 Year: Applying a Multi-Domain Perspective. Leadership Quarterly, pp. 219—247.
12. Hersey, P., & Blanchard, K. H(1977). Management of Organizational Behavior. (4th

ed.) Englewood Cliffs, N. J.: Prentice-Hall.
13. House, R. J. (1977). A 1976 theory of charismatic leadership. In J. G. Hunt and L. L. Larson (Eds.) Leadership: The Cutting Edge. Carbondale: Southern Illinois University Press.
14. Kotter, J. P. (1990). What leaders really do? Harvard Business Review. May-June, pp. 103—111.
15. Stogdill, R. (1974). Handbook of Leadership New York: Free Press.
16. Vroom, V. H., & Yetton, P. W. (1973). Leadership and Decision Making. Pittsburgh, Penn.: University of Pittsburgh Press.
17. Vroom V. H. & Jago, A. G. (1988). The New Leadership: Managing Participation in Organization. pp. 169—181.
18. Weber, M. (1947). The Theory of Social and Economic Organization. Translated by A. M. Henderson and T. Parsons, New York: Free Press.
19. Zaleznik, A. (1986). Excerpts from Managers and Leaders: Are they different. Harvard Business Review. May-June, p. 54.

第十三章

1. 弗雷德·鲁森斯著,王垒译(2003),《组织行为学》,北京:人民邮电出版社。
2. 尼尔·M·格拉斯著,徐玮等译(2004),《管理是什么》,北京:中国社会科学出版社。
3. 李剑锋(2000),《组织行为管理》,北京:中国人民大学出版社。
4. 斯蒂芬·P·罗宾斯著,孙健敏译(1997),《组织行为学》,北京:中国人民大学出版社。
5. 林喆(1997),《权力腐败与权力制约》,北京:法律出版社。
6. 邹宜民(2004.1),《组织行为学》,南京:南京大学出版社。
7. 彼德·布劳著,孙非、章黎勤译(1988),《社会生活中的交换与权力》,北京:华夏出版社。
8. Freach, J. R. P. & Raven, B. (1959). The Bases of Social Power. In D. Cartwright (ed.), Students in social Power (Ann Arbor: University of Michigan, Institute for Social Research), pp. 150—167.
9. Raven. B. J (1993). The Bases of Power: Origins and Recent Development. Journal of Social Issues, Vol. 49, pp. 227—251.
10. www.netbig.com/training.
11. www.cec.globalsources.com.

第十四章

1. 刘光明(2002),《企业文化》,北京:经济管理出版社。
2. 孙健敏(1999),"以人为本是企业文化的主旋律",选自黄卫伟,吴春波主编《走出混沌》,北京:人民邮电出版社。
3. 吴春波,孙健敏(2004),《我是谁》,北京:新华出版社。

4. 罗长海(1999),《企业文化学》,北京:中国人民大学出版社。
5. 《惠普康柏合并遭遇文化冲突 同期收入比去年下降》,《青年报》,2002/9/8。
6. 约翰·科特,詹姆斯·赫斯克特〔美〕(1997),《企业文化与经营业绩》,北京:华夏出版社。
7. 世界商学院高级经理人教育联盟 2000年年会闭幕式上,张瑞敏受邀所作的题为《海尔的竞争优势在于创新》的演讲。
8. 关于中国CEO日益年轻化的思考,2004/5/8.《中国财富》。
9. 詹姆斯·C·柯林斯,杰里·I·波勒斯〔美〕(2002),《基业常青》,北京:中信出版社。
10. 詹姆斯·E·波斯特等〔美〕(1998),《企业与社会》,北京:机械工业出版社。
11. 松下幸之助(1987),《松下经营成功之道》,北京:军事译文出版社。
12. 戴维·J·斐里切〔美〕(1999),《商业伦理学》,北京:机械工业出版社。
13. 刘孝全,张勉(2004),"企业文化测量研究述评",学习导报,4月23日。
14. Sonnenfeld, J. A. (1988). The hero's farewell: what happens when CEOs retire, 1954— Oxford University Press.
15. Harrison, R. (1972). How to describe your organization. Harvard Business Review, September-Oct.
16. Schein, E. (1985). Organizational Culture and Leadership, San Francisco: Jossey-Bass.
17. Cabrera, E. F & Bonache, J. (1998). An expert HR system for aligning organizational culture and strategy <J>. Resource Planning, 1998,22(1): pp. 51—60.
18. Lenartowicz, T., & Roth, K. (1999). A Framework for Culture Assessment. Journal of International Business Studies, Fourth Quarter.
19. Hofstede, G. (1991). Cultures and Organiztions: Software of the Mind. Cambridge MA: University Press.
20. Hofstede, G. (1980). Culture's Consequence: International differences in work-related values. Newbury Park, CA: Sage.
21. Kluckhohn, F. & Strodtbeck, F. (1961). Variations in Value Oeientations. Westport, CT: Greenwood Press.
22. Cameron, K. S. & Quinn, R. E. (1998). Diagnosing and changing organizational culture: Based on The Competing Values Framework. Addison-Wesley.
23. Chatman, J. A. (1991). Matching people and organizations: selection and socialization in public accounting firms. Administrative Science Quarterly. 36: pp. 459—484.
24. Deal, T. & Kennedy, A. (1982). Corporate Cultures. Reading, Mass: Addison-Wesley.
25. Pettigrew, A. (1979). On Studying organizational culture. Administrative Science Quarterly, Vol. 24, pp. 570—581.

第十五章

1. 孙健敏(2000),Organization development and change in Chinese State-owned enterprises. Leadership and Organizational Development Journal, No. 8.

2. 孙健敏(2002),"我们的变革成功了么?",《人力资源开发与管理》,第12期。
3. 斯蒂芬·P·罗宾斯(1997),孙健敏译,《组织行为学》,北京:中国人民大学出版社。
4. 王重鸣(2000),《管理心理学》,北京:人民教育出版社。
5. 王英(1995),"美国的企业组织变革理论",《外国经济与管理》,第6期。
6. John. P. Kotter 著,孙健敏,李原译(1999),原文《领导变革:为什么企业转型的努力会失败》,摘自《变革》,中国人民大学出版社,哈佛商学院出版社。
7. 罗伯特·H·沙佛和哈威·A·汤姆森著,孙健敏、李原译(1999),原文《成功的变革方案从结果开始》,摘自《变革》,中国人民大学出版社,哈佛商学院出版社。
8. Van de Ven, A. H., Angle, H. L., & Poole, M. S. (1989). Research in the Management of Innovation: The Minnesota Studies, ed., Cambridge, Mass.: Ballinger/Harper & Row.
9. Beer, M. (1980). Organization Change and Development: A systems view. Reading, Mass.: Addison-Wesley.
10. Bullock, W. A., & Batten, D. (1989), Organization Development and Change, C. G. Thomas, and H. F. Edgar, S. T. Paul, WEST, Minneapolis, MN.
11. Cummings, Thomas G. & Huse E. F., Organization Development and Change. St. Paul, Minn, West (1989).
12. Katz, D, Kahn, R. L. (1978). The Social Psychology of Organizations, 2nded. New York: Wiley, pp. 714—715.
13. Eden, D. (1986). OD and self-fulfilling prophecy: Boosting productivity by raising expectations. Journal of Applied Behavioral Science. Vol. 22, pp. 1—13.
14. Elden, M., Chisholm, R. (1993). Emerging varieties of action research: Introduction to the special issue. Human Relations. Vol. 46, No. 2, pp. 121—142.
15. John. P. K., & Schlesinger, L. A. Choosing Strategies for Change. Harvard Business Review, March-April 1979, pp. 106—114.
16. Leavitt, H. J. (1976), Applied Organization Change in Industry, in J. G. March Handbook of Organization, Rand McNally & Co., Chicago, IL.
17. Lewin, K. (1951), Field Theory in Social Science, Harper and Row, New York, NY.
18. Sussman, G., & Evered, R. (1978). An assessment of the scientific merit of action research. Administrative Science Quarterly. Vol. 12, pp. 582—603.
19. Lippitt, R., & Waston, J. (1958). The Dynamics of Planned Change. New York: Harcourt.

虽然学习组织行为学已经有20多年的历史了,在1996年和2003年先后翻译完罗宾斯的组织行为学第7版和第10版以后,对这个领域的认识仍在不断深化。这个领域的发展可谓日新月异,新的理论和概念层出不穷。编写一本符合国内大学实际情况的教科书,对我来说仍然是一种挑战。虽然很想能使这本教材更多反映中国人自己的研究成果,但由于各种原因,还是未能实现这个理想。出版社已经三番五次地催要书稿,实在无法再拖下去了。匆忙中成书,必然有许多纰漏,诚望各位读者批评指正。

本书是集体劳动的结晶。参与本书资料收集、提纲讨论、初稿编写和文字润色的还有冯静颖、姜嬿、邓晓丹、程一兵、张明睿、左君红、彭文彬等,她(他)们对本书的完成发挥了决定性作用。相信,给出版社交稿前的那个奋战的通宵,会成为我们终生难忘的记忆。

利用这个机会,想表达一下对很多人的感激。

感谢书中引用的各位作者以及各位主人公,他们的出色研究工作和卓越的实践经历使我的书内容更加充实。特别是关于中国企业的案例,因为我们有一大批优秀的企业和企业家,有一批敢于和善于探索的人,即使是失败的案例,也会使我们从中学到很多有益的经验。

感谢劳动人事学院各位同事和老师的支持与配合。

感谢复旦大学出版社苏荣刚先生的理解、支持和关心。

感谢我的所有研究生对我的支持和鼓励。

孙健敏

2005年7月于北京

图书在版编目(CIP)数据

组织行为学/孙健敏,李原编著. —上海:复旦大学出版社,2005.8(2019.7重印)
(21世纪人力资源管理丛书)
ISBN 978-7-309-04522-2

Ⅰ.组… Ⅱ.①孙…②李… Ⅲ.组织行为学 Ⅳ.C936

中国版本图书馆 CIP 数据核字(2005)第 039358 号

组织行为学
孙健敏 李 原 编著
责任编辑/苏荣刚

复旦大学出版社有限公司出版发行
上海市国权路 579 号 邮编:200433
网址:fupnet@fudanpress.com http://www.fudanpress.com
门市零售:86-21-65642857 团体订购:86-21-65118853
外埠邮购:86-21-65109143 出版部电话:86-21-65642845
江苏省句容市排印厂

开本 787×1092 1/16 印张 28.25 插页 2 字数 669 千
2019 年 7 月第 1 版第 15 次印刷
印数 46 301—47 900

ISBN 978-7-309-04522-2/F·991
定价:49.00 元

如有印装质量问题,请向复旦大学出版社有限公司出版部调换。
版权所有 侵权必究